Christoph Levin
Fortschreibungen

Beihefte zur Zeitschrift für die alttestamentliche Wissenschaft

Herausgegeben von
Otto Kaiser

Band 316

Walter de Gruyter · Berlin · New York
2003

Christoph Levin

Fortschreibungen

Gesammelte Studien zum
Alten Testament

Walter de Gruyter · Berlin · New York
2003

∞ Gedruckt auf säurefreiem Papier,
das die US-ANSI-Norm über Haltbarkeit erfüllt.

ISBN 3-11-017160-0

Bibliografische Information Der Deutschen Bibliothek

Die Deutsche Bibliothek verzeichnet diese Publikation in der Deutschen Nationalbibliografie; detaillierte bibliografische Daten sind im Internet über <http://dnb.ddb.de> abrufbar.

© Copyright 2003 by Walter de Gruyter GmbH & Co. KG, D-10785 Berlin

Dieses Werk einschließlich aller seiner Teile ist urheberrechtlich geschützt. Jede Verwertung außerhalb der engen Grenzen des Urheberrechtsgesetzes ist ohne Zustimmung des Verlages unzulässig und strafbar. Das gilt insbesondere für Vervielfältigungen, Übersetzungen, Mikroverfilmungen und die Einspeicherung und Verarbeitung in elektronischen Systemen.

Printed in Germany
Umschlaggestaltung: Christopher Schneider, Berlin

Meinen Eltern in Dankbarkeit:
Pfarrer Rolf Levin
Elisabeth Levin geb. Rüter

Inhalt

Vorwort 7

Altes Testament und Rechtfertigung 9

Tatbericht und Wortbericht in der priesterschriftlichen
Schöpfungserzählung... 23

Gerechtigkeit Gottes in der Genesis 40

Dina: Wenn die Schrift wider sich selbst lautet 49

Der Dekalog am Sinai 60

Über den ‚Color Hieremianus' des Deuteronomiums 81

Das Deuteronomium und der Jahwist 96

Das System der zwölf Stämme Israels 111

Das Alter des Deboralieds 124

Das vorstaatliche Israel 142

Erkenntnis Gottes durch Elia 158

Die Instandsetzung des Tempels unter Joas ben Ahasja 169

Josia im Deuteronomistischen Geschichtswerk 198

Noch einmal: Die Anfänge des Propheten Jeremia 217

Das Kinderopfer im Jeremiabuch 227

Die Entstehung der Rechabiter 242

Amos und Jerobeam I. 256

Das Amosbuch der Anawim 265

Das Gebetbuch der Gerechten. Literargeschichtliche Beobachtungen
am Psalter 291

Ps 136 als zeitweilige Schlußdoxologie des Psalters 314

The Poor in the Old Testament: Some Observations 322

Nachweis der Erstveröffentlichungen 339

Register
    Hebräische Wörter und Wendungen 341
    Stichworte 343
    Autoren 348
    Bibelstellen 354

Vorwort

Es war Walther Zimmerli, der den Schlüsselbegriff der *Fortschreibung* in die literarkritische Arbeit am Alten Testament eingeführt hat (Ezechiel [BK XIII] 1969, 106*). Zimmerli setzte das Wort noch in Anführungszeichen und sprach von einem „eigentümlichen Vorgang". Dieser Vorbehalt konnte bald entfallen. Heute ist erwiesen, wie angemessen der Begriff seinem Gegenstand ist. Eigentümlich bleibt der beschriebene Sachverhalt gleichwohl: in dem Sinne, daß mit dem Vorgang der Fortschreibung die Eigenart des Alten Testaments besonders treffend erfaßt ist, womöglich besser als mit der Suche nach Quellen und Redaktionen oder dem Interesse an Buch- und Endgestalten – so gut er mit all dem vereinbar ist. Das Alte Testament ist sowohl als literarische Gattung als auch in der Entfaltung seiner Theologie zum überwiegenden Teil die Fortschreibung seiner selbst. Das ist keine neue Einsicht. Durch die analytische Literaturwissenschaft werden die rabbinischen Auslegungsregeln, wie sie in den Middoth Hillels erfaßt sind, ebenso als gegenstandsgerecht erwiesen wie die befreiende reformatorische Erkenntnis, daß die Heilige Schrift sich selbst auslegt.

Die einundzwanzig exegetischen Aufsätze, die in dieser Sammlung vereint sind, befassen sich jeder auf seine Weise mit solchen Fortschreibungen innerhalb des Alten Testaments. Aber nicht nur das: Sie wollen selbst Fortschreibungen sein, die im Rückgriff auf den überlieferten Text dazu beitragen, die Bedeutung des Alten Testaments für unsere Gegenwart zu entfalten. Fortschreibungen sind sie auch im Rückblick auf zwei Jahrhunderte überlieferungskritischer Bibelwissenschaft, in die sie sich einreihen. Fortschreibungen sind sie darin, daß sie die Ergebnisse weiterführen, die ich in meinen größeren Büchern dargelegt habe, voran das Bild der Literatur- und Theologiegeschichte, das in der Dissertation über die Verheißung des neuen Bundes entworfen ist. Schließlich schreiben die Aufsätze sich untereinander fort. Der Leser wird „Fortschreibungsketten" entdecken, die aus der Arbeit an den Büchern Genesis, Deuteronomium, Könige, Jeremia, Amos und den Psalmen erwachsen sind. Immer wieder auch stieß ich in unterschiedlichen Texten auf dieselben Themen und Motive. Ich nenne vorab nur den Begriff des Wortes Jahwes, das Problem der Gerechtigkeit Gottes und die Geschichte der Frömmigkeit in spätalttestamentlicher Zeit einschließlich ihrer sozialen Voraussetzungen. Solche Zusammenhänge sichtbar und damit die vorgeführten Beweisketten womöglich evidenter zu machen, sind der wichtigste Grund, der mich bewogen hat, die Aufsätze gesammelt noch einmal abzudrucken.

Ohne das Recht der literar-ästhetischen Arbeitsweise zu bestreiten, die gegenwärtig vor allem in der angelsächsischen Forschung ihre Blüte erlebt, bleibe ich bei der Auffassung, daß das Alte Testament literar-historisch gelesen werden will, wenn seine religionsgeschichtliche und seine theologisch-kerygmatische Bedeutung erfaßt werden sollen. Daß die historische Zugangsweise zuletzt etwas in Mißkredit geraten ist, beruht auf falschen Erwartungen: Nicht die Vielfalt der Entwürfe ist es, die die Wissenschaft diskreditiert, in der es keine unbefragten

Sachverhalte geben darf, sondern das Festhalten an vermeintlich lehrbuchreifen Gewißheiten. Gerade um des Glaubens willen darf man im Umgang mit der Heiligen Schrift historische Wissenschaft und Glaubensgewißheit nicht verwechseln.

Der Leser wird nicht übersehen, daß ich dennoch überzeugt bin, daß es Evidenzen gibt. Voraussetzung ist eine gegenstandsgerechte Methode. Ohne (in der Regel schriftliche!) Quellen gibt es keine Geschichte. Arbeit an der Geschichte und Religionsgeschichte Israels ist zuallererst Textarbeit. Es ist unter dem Zugriff der litterar-historischen Kritik, daß das Alte Testament sich als Geschichtsquelle ersten Ranges erweist, die unser Zutrauen verdient. Die Analyse ist nicht ins Belieben gestellt, so daß man sie so oder anders betreiben könnte. Ihre Ergebnisse sollten die Grundlage der religionshistorischen Synthesen bilden, auch wo sie dem biblischen Geschichtsbild und der bisherigen Wissenschaftstradition widersprechen. Oder sie gehören nach den Regeln der Kunst widerlegt!

Beim Wiederabdruck blieben die Aufsätze, wie es üblich ist, unverändert; nur daß sie drucktechnisch vereinheitlicht wurden. Allerdings habe ich mir die Freiheit genommen, hie und da in den Wortlaut einzugreifen, um die Lesbarkeit zu verbessern. Das betraf naturgemäß die älteren Aufsätze am stärksten. In dem Aufsatz über die Anfänge Jeremias wurden zwei längere Anmerkungen gestrichen. Wo es sinnvoll schien und möglich war, sind die bezogenen Texte angeführt, um den Nachvollzug zu erleichtern.

Otto Kaiser war sofort bereit, das Buch unter die Beihefte zur Zeitschrift für die alttestamentliche Wissenschaft aufzunehmen. Rudolf Smend beriet mich für den Umfang der Sammlung, Ulrich Nolte für die Anordnung. Den Titel verdanke ich Erik Aurelius. An der Bearbeitung der Vorlagen haben Michaela Fridrich, Okka Kaufmann, Tanja Schultheiß, Christian Wetz und Martina Wolter mitgewirkt. Albrecht Döhnert, Klaus Otterburig und Claus-Jürgen Thornton haben seitens des Verlages die Drucklegung betreut. Ihnen allen danke ich von Herzen.

München, am 11. Oktober 2002   Christoph Levin

Altes Testament und Rechtfertigung[1]

I

In der deutschen Fassung der Apologie der Confessio Augustana vom September 1531 ist im Artikel IV „De Iustificatione" der Definition, die Lehre von der Rechtfertigung allein aus Glauben sei der „praecipuus locus doctrinae christianae", hinzugefügt, sie sei jener Artikel „wilcher auch zu klarem, richtigem verstande, der gantzen heiligen schrifft furnemlich dienet, vnd zu dem vnaussprechlichen schatz, vnd dem rechten erkenntnis Christi, allein den weg weiset, auch jnn die gantzen Bibel allein die thür auffthut".[2] Mit diesem zweimaligen „allein" wird der „höchste, furnemste Artikel der gantzen Christlichen lere", über den damals wie heute „solcher zanck" gewesen ist, in besonderer Weise bezogen auf das Verstehen der Heiligen Schrift: als exklusives hermeneutisches Prinzip, das seinerseits das Schriftprinzip dominiert. Die Rechtfertigung des Gottlosen durch den Glauben an Jesus Christus bildet nach diesem Grundsatz das Vorverständnis, unter welchem die biblische Exegese zu geschehen hat. Das gilt auch für die Exegese des Alten Testaments. Es bestimmt bis auf diesen Tag ihre Arbeit und ihr Selbstverständnis, sofern dieser Zweig der semitischen Philologie und der altorientalischen Religionsgeschichte inmitten einer Evangelisch-Theologischen Fakultät ein genuiner Part christlicher Theologie ist.

Rechtfertigung des Gottlosen, das bedeutet im Wesen nichts anderes als die durch den Tod Jesu Christi eingelöste Verheißung „Gott ist Liebe" in ihrer Auswirkung auf die Welt und den Menschen: die nunmehr bedingungslose Zuwendung Gottes. Diese Zuwendung Gottes ist, so wahr sie bedingungslos ist, notwendig universal. Mit Recht wird darum die Rechtfertigung als „*das* Wirklichkeitsverständnis des christlichen Glaubens" bezeichnet.[3] Sie gilt, wenn sie gilt, „von Ewigkeit zu Ewigkeit", seit dem unvordenklichen Anbeginn der Welt bis in jede in Gott noch beschlossene Zukunft, ohne jedes Ansehen der Person, ohne irgendeine Prädisposition und ohne einklagbare Folgen, ohne Bindung an irgendeine Form institutioneller Vermittlung. Sie ist eben darin bedingungslos, daß sie der Wirklichkeit nichts hinzufügt, sondern im Glauben erkennen lehrt, daß und wie Gott in der gegebenen Wirklichkeit von jeher am Menschen handelt. So ist sie das Erkenntnisprinzip schlechthin zur Deutung der menschlichen Existenz coram Deo.

Die Anwendung der Rechtfertigungslehre auf die Exegese der Schrift ist darum kein beliebiger Zusatz zu dem lateinischen Wortlaut der Apologie.[4] Vielmehr

---

1 Antrittsvorlesung an der Ludwig-Maximilians-Universität München am 14. Juli 1998.
2 Vgl. CR 28, 57, 31-42 mit CR 27, 429, 24-29. Ebenso BSLK 159.
3 So der Titel des Arbeitsbuchs von W. HÄRLE und E. HERMS, Rechtfertigung. Das Wirklichkeitsverständnis des christlichen Glaubens (UTB 1016) 1979.
4 Zur verwickelten Textgeschichte der ApolCA vgl. CH. PETERS, Apologia Confessionis Augustanae. Untersuchungen zur Textgeschichte einer lutherischen Bekenntnisschrift (1530-1584) (CThM B 15) 1997. Danach geht die Erweiterung als Paraphrase des lateinischen „Quarttextes" vom April/Mai 1531 auf Melanchthon selbst zurück (aaO 211).

ist die Rechtfertigung des Gottlosen das Kriterium, an dem insbesondere die gegebenen Vorstellungen von Gott zu messen sind, das heißt die religiöse Überlieferung. Im Falle des Christentums betrifft das die Überlieferung der Bibel.

Die Lehre von der Rechtfertigung des Gottlosen als Leseschlüssel ist allerdings für den Exegeten des Alten Testaments nicht nur eine Lösung, sondern schafft auch Probleme. Sie kann schon deshalb kein fragloses Kriterium sein, weil das Alte Testament keine genuin christliche Überlieferung ist. Es ist als die Heilige Schrift des Antiken Judentums entstanden. Damit folgt es von der Wurzel her anderen Vorgaben als der christlichen Theologie. Der Respekt vor der jüdischen Herkunft des Alten Testaments ist ein Erfordernis historischer Wahrhaftigkeit. Keine Exegetenkunst der Welt kann ändern, daß das Alte Testament seinem Wortsinn nach von Jesus Christus schweigt und damit auch von der Rechtfertigung durch den Glauben an Jesus Christus schweigt. Die Anwendung der reformatorischen Rechtfertigungslehre trägt ein Vorverständnis an das Alte Testament heran.

Daß dieses Vorverständnis angemessen ist, ist nicht sogleich ausgemacht. Daß es sich mit den Mitteln historischer Exegese als berechtigt erweisen läßt, darf man allenfalls in Teilen erwarten. Vollends das reformatorische „allein" überschreitet die Möglichkeiten, die der überlieferte Wortlaut an die Hand gibt. Klaus Koch hat feststellen können, „daß im Alten Testament nur der Gemeinschaftstreue, nie der Gottlose ... gerechtfertigt wird."[5] Katholische Exegeten finden für ein Verständnis, das die Rechtfertigung an eine institutionelle Heilsvermittlung bindet und den Rechtfertigungsglauben als fides caritate formata mit der Antwort des Gehorsams eng verknüpft, in alttestamentlichen Aussagen über Bund und Tora den besten Schriftgrund.[6]

Anderseits: Wenn die Lehre von der Rechtfertigung nach reformatorischer Auffassung das Wirklichkeitsverständnis des christlichen Glaubens schlechthin bestimmt, schließt das auch das Verständnis jener Wirklichkeit ein, die in der Gestalt des Alten Testaments überliefert ist. Könnte die Rechtfertigungslehre ihre Wahrheit nicht auch gegenüber dem Alten Testament und insbesondere gegenüber seinem Gottesbild erweisen, so geriete ihre universale Gültigkeit an Grenzen. Damit wäre sie in toto als unmöglich erwiesen.

Es liegt im Wesen des Glaubens an die Rechtfertigung des Gottlosen, daß er gerade nicht voraussetzt, daß ein religionsgeschichtliches Dokument wie das Alte Testament, an sich selbst betrachtet, die Rechtfertigung des Gottlosen verkündet;

---

5 K. KOCH, Art. Rechtfertigung. I. Im AT (EKL III, 1959, 471-472) 472. Vgl. H. SPIECKERMANN, Art. Rechtfertigung. I. Altes Testament (TRE 27, 1997, 282-286) 283f.: „Bei Gen 15,6 liegt der Gedanke der Rechtfertigung ebensowenig nahe wie bei bestimmten Texten des Deuteronomiums ... oder der Prophetie".

6 Vgl. H. GROSS, „Rechtfertigung" nach dem Alten Testament (in: Kontinuität und Einheit. FS F. Mußner, 1981, 17-29); G. BRAULIK, Gesetz als Evangelium. Rechtfertigung und Begnadigung nach der deuteronomischen Tora (1982; in: DERS., Studien zur Theologie des Deuteronomiums [SBAB 2] 1988, 123-160); DERS., Die Entstehung der Rechtfertigungslehre in den Bearbeitungsschichten des Buches Deuteronomium. Ein Beitrag zur Klärung der Voraussetzungen paulinischer Theologie (1989; in: DERS., Studien zum Buch Deuteronomium [SBAB 24] 1997, 11-27); J. KRAŠOVEC, Der Ruf nach Gerechtigkeit in Gen 18,16-33 (in: M. GÖRG [Hg.], Die Väter Israels, 1989, 169-182).

und sei es dergestalt, daß es – etwa mit der Gerichtsbotschaft der Propheten oder mit der Anthropologie der Urgeschichte – der Rechtfertigungsbotschaft via negativa das Feld bereitete, indem es die Rechtfertigungs*bedürftigkeit* des Menschen aufwiese – ein beliebtes, nichtsdestoweniger theologisch dubioses exegetisches Spiel. Vielmehr kann es nur so sein, daß mit der Rechtfertigung des Gottlosen auch das Alte Testament selbst gerechtfertigt wird und so gerechtfertigt seinerseits als Gottes rechtfertigendes Wort gehört werden kann. Das deckt sich mit unser aller Leseerfahrung: Das Alte Testament ist als Heilszusage in keiner Weise defizitär. Gerhard v. Rad: „Es ist einfach eine Tatsache, daß sich der christliche Glaube auch in Alttestamentlichem aussprechen, ja sich erklären kann."[7]

Odo Marquard hat scherzhaft festgestellt: „Hermeneutik ist die Kunst, aus einem Text herauszukriegen, was nicht drinsteht: wozu – wenn man doch den Text hat – brauchte man sie sonst?"[8] Tatsächlich ist das christliche Verständnis des Alten Testaments angewiesen auf eine solche Hermeneutik. Die reformatorische Rechtfertigungslehre ist sein hermeneutischer Schlüssel. Dabei sollte sich erweisen, daß das, „was nicht drinsteht", gleichwohl jenes, was drinsteht, nicht verfälscht, ihm auch nichts unterschiebt, sondern daß es einzig dazu dient, die längst vorhandene Wahrheit ans Licht zu bringen.[9] Das Alte Testament ist wie ein Resonanzkörper, der, wenn man außerhalb seiner die richtige Saite anreißt, an sich selbst zu schwingen und zu klingen beginnt. Als solcher ist es für den christlichen Glauben unerläßlich. Nur durch die Resonanz des Alten Testaments erhält die Melodie des Evangeliums jenen Klang, der unsere Herzen und am Ende die ganze Welt zu erwecken vermag.

Es ist diese Resonanz des Alten Testaments, die Paulus veranlaßt hat, das Evangelium von der Rechtfertigung aus dem Glauben an Jesus Christus unter ständigem Rückbezug auf das Alte Testament zu entfalten. Für ihn ist die δικαιοσύνη θεοῦ, wie er sie in der Begegnung mit dem auferstandenen Christus als die Wirklichkeit schlechthin bestimmend verstanden hat, offenbart „durch das Gesetz und die Propheten" (Röm 3,21). Das heißt: Sie ist für ihn identisch mit der überlieferten Botschaft des Alten Testaments.

Man kann auf vielerlei Weise zeigen, wie die neutestamentliche Rechtfertigungsbotschaft in der Botschaft des Alten Testaments bereits aufklingt. Das ist schon oft unternommen worden.[10] Dabei herrscht Einigkeit, daß die Sache nicht an der Übereinstimmung der Begrifflichkeit hängt. Ich will es gleichwohl für diesmal mit dem für Paulus zentralen Begriff der δικαιοσύνη versuchen. Ich gliedere in zwei Abschnitte: palästinische Religion einerseits, jüdischer Glaube anderseits, oder – auf der begrifflichen Ebene – natürliche versus alttestamentliche Theologie.

---

7 G. V. RAD, Theologie des Alten Testaments, Bd. 2, ⁸1984, 410.
8 O. MARQUARD, Frage nach der Frage, auf die die Hermeneutik die Antwort ist (PhJ 88, 1981, 1-19) 1.
9 Wenn es sich anders verhielte, wäre die historische Exegese in einer Theologischen Fakultät am falschen Ort.
10 Eine Übersicht bei H. GRAF REVENTLOW, Rechtfertigung im Horizont des Alten Testaments (BEvTh 58) 1971; sowie bei SPIECKERMANN, Art. Rechtfertigung.

II

Paulus greift mit δικαιοσύνη einen Begriff auf, der auch im Alten Testament eine umfassende Kategorie zum Verständnis der Welt ist, und zwar eine Heilskategorie: die צְדָקָה. Die übliche Übersetzung „Gerechtigkeit" bringt den Sinn nur teilweise zur Geltung. Deutlich wird er, wenn der Begriff מִשְׁפָּט hinzutritt, mit dem צְדָקָה häufig als Paar erscheint. מִשְׁפָּט, Derivat der Wurzel שׁפט „richten", bezeichnet Vollzug und Ergebnis des Richtens: den Rechtsentscheid sowie das aus der Summe der Rechtsentscheide hervorgegangene, fallbezogene Recht. צְדָקָה, bezogen auf מִשְׁפָּט, ist jene Haltung, die sich bei Entscheidungen an das überlieferte Recht gebunden hält. Es bedeutet soviel wie Berechenbarkeit, Ordnungsgemäßheit, aktive Ordnungsliebe. Der Doppelbegriff „Recht und Gerechtigkeit" bezeichnet die verläßliche Rechtsordnung und darauf aufbauend die verläßliche Lebensordnung. Die frühen Belege beziehen sich auf die Regierungstätigkeit des Königs, von dem man rühmt, daß er מִשְׁפָּט וּצְדָקָה übt, oder beklagt, daß er es nicht tut. Gerechtigkeit ist unter diesem Aspekt nicht zuerst eine Anforderung, die jedermann zu erbringen hat. Sie ist die durch die Macht des Königs gewährte Rechts- und Lebensordnung, auf die jedermann angewiesen ist, um ein sicheres und planbares Leben zu führen. Der Begriff gehört im wörtlichen Sinne in den Bereich der Kosmo-Logie.

In der Rückbindung dieser Ordnung an den König spiegelt sich geschichtliche Erfahrung. Israel und Juda sind wie die anderen eisenzeitlichen Flächenstaaten Palästina-Syriens ein Erzeugnis des Königtums.[11] Als gegen Ende der Spätbronzezeit der Arm Ägyptens erlahmte, der die Stadtstaaten Palästinas im Machtgleichgewicht hielt, gewann ein Rittertum die Oberhand, das mit Truppen von Berufskriegern größere territoriale Einheiten unter seine Botmäßigkeit brachte. Entweder unterwarfen sich die Städte dem Schutz dieser Krieger, oder sie wurden erobert. Die Entwicklung, deren Anfänge wir dank des Amarna-Archivs schon im 14. Jahrhundert beobachten können,[12] kulminierte um 1000 unter Saul und David und brachte Gemeinwesen hervor, deren Grundmuster durch vier Jahrhunderte bis zur Eroberung durch Assyrer und Neubabylonier wesentlich dasselbe geblieben ist. An moderne Auffassungen von Volk und Staat ist nicht entfernt zu denken.[13] Die Rolle des Königs war die einer überörtlichen Schutzmacht, die nach außen in Auseinandersetzung mit den Nachbarkönigtümern das Territorium sicherte, nach innen durch die Wahrnehmung des Obergerichts für Befriedung sorgte. Die richterliche Funktion stand dermaßen im Vordergrund, daß hebräisch שׁפט „richten" soviel wie „regieren" bedeuten kann.[14] Das Vorherrschen forensischer

---

11 Soweit die biblische Geschichtsdarstellung ein anderes Bild vermittelt, beruht das auf der Rückprojektion der Lebensbedingungen des nachexilischen Judentums.
12 J.A. KNUDTZON, Die El-Amarna-Tafeln, 2 Bde., 1915. Übersetzungen kennzeichnender Briefe finden sich in allen Quellensammlungen zur Geschichte Israels.
13 Vgl. R. SMEND, Der Ort des Staates im Alten Testament (1983; in: DERS., Die Mitte des Alten Testaments. Exegetische Aufsätze, 2002, 174-187).
14 Vgl. H. NIEHR, Herrschen und Richten. Die Wurzel špṭ im Alten Orient und im Alten Testament (FzB 54) 1986; DERS., Art. שָׁפַט šāpaṭ, ThWAT VIII, 1995, 408-428.

Begriffe, wenn es sich in Wahrheit um die Herstellung und Bewahrung heilvoller Lebensbedingungen handelt – es ist bis in die gegenwärtige Theologie spürbar –, findet hier eine Erklärung.

Selbstverständlich bedurfte eine solche Herrschaft zu ihrer Stützung der Religion. Und ebenso selbstverständlich spiegelten die religiösen Vorstellungen die welthaften Erfahrungen wider. Die Königsherrschaft Gottes wurde zum Ordnungsrahmen, der die Auffassung von der Welt als ganzer zu einem beträchtlichen Teil bestimmte.[15] Man kann die Bedeutung des Königtums für das alttestamentliche Gottesbild nicht leicht überschätzen. Es beherrscht die religiösen Vorstellungen von der Schöpfung bis zur Eschatologie, von der Ordnung der Natur bis zur Ordnung des menschlichen Zusammenlebens. Es prägt bis in die Einzelheiten auch die Gottesbegegnung im Kult.[16]

Die von Gott und König geschaffene Lebensordnung wurde nicht als feste Größe erlebt. Gerechtigkeit war keine vorgegebene Weltordnung, sondern blieb in ständiger Gefährdung, angewiesen auf den immer neuen Sieg der ordnungschaffenden Macht über das Chaos.[17] Das ist im politischen Bereich offenkundig. Die Art der eisenzeitlichen Königtümer ließ selten auf Dauer stabile Herrschaftsverhältnisse entstehen. Aus der Truppe, die die Machtbasis bildete, traten Rivalen für den regierenden König hervor. Die Auseinandersetzungen zwischen Saul und David sowie unter Davids Söhnen, von denen das Alte Testament eindrucksvoll erzählt, auch die mehrfachen Dynastiewechsel des Nordreichs vermitteln einen authentischen Eindruck.

Wie die politische erfuhren die Bewohner Palästinas auch die natürliche Weltordnung als instabil. Das prägte ihr Lebensgefühl. Neben der Gefährdung, die für das Leben in der vormodernen Welt allgemein galt, gab es dafür besondere Gründe: die Erdbebenhäufigkeit in dieser tektonischen Bruchzone und den krassen Wechsel der Jahreszeiten in Abhängigkeit von der klimatischen Westdrift. Schöpfung war für diese Erfahrung nicht zu trennen von steter Erhaltung. Die Erde war eine dünne, wackelige Haut, ausgespannt zwischen den Horizontbergen wie ein Beduinenzelt. Darunter lag Wasser, das chaotische Urmeer. Die Ordnung der Welt beruhte darauf, daß der Gott wie in einem politischen Rivalenkampf das Chaos in Schach hielt. „Jahwe gehört die Erde und was sie erfüllt, der Erdkreis

---

15 Vgl. H. FRANKFORT, Kingship and the Gods. A Study of Ancient Near Eastern Religion as the Integration of Society and Nature, Chicago und London [6]1969; W.H. SCHMIDT, Königtum Gottes in Ugarit und Israel. Zur Herkunft der Königsprädikation Jahwes (BZAW 80) [2]1966; J. JEREMIAS, Königtum Gottes in den Psalmen (FRLANT 141) 1987.
16 Die viel bemühte Königskritik ist, aufs Ganze des Alten Testaments gesehen, nur eine Randerscheinung. Sie erklärt sich zur Hauptsache als einer der Versuche, in nachexilischer Zeit den Verlust des Königtums zu kompensieren. Vgl. T. VEIJOLA, Das Königtum in der Beurteilung der deuteronomistischen Historiographie (AASF 198) 1977.
17 So mit und gegen H.H. SCHMID, Gerechtigkeit als Weltordnung. Hintergrund und Geschichte des alttestamentlichen Gerechtigkeitsbegriffes (BHTh 40) 1968. Vgl. die Korrektur, die J. ASSMANN, Ma'at. Gerechtigkeit und Unsterblichkeit im Alten Ägypten, 1990, 34, an Schmids Darstellung angebracht hat: „Wir halten ... an der Formel ‚Gerechtigkeit und Weltordnung' fest und kehren lediglich die logische Beziehung der beiden Begriffe um: statt ‚Gerechtigkeit als Weltordnung' heißt es: ‚Weltordnung als Gerechtigkeit'."

und die darauf wohnen. Denn er ist es, der sie über den Meeren gegründet und über den Strömen fest hingestellt hat" (Ps 24,1-2). In dieser Schöpfung und Erhaltung bewährt sich Jahwes צְדָקָה: „Deine Gerechtigkeit ist wie die Gottesberge" (Ps 36,7), das heißt wie die Berge, die den Kosmos über dem Abgrund halten.

Alljährlich erwies sich die Gefährdetheit der Lebenswelt zur sommerlichen Trockenzeit, wenn der Regen über Monate ausblieb und das Land dem Tode anheimfiel. Für den Mythos bedeutete das: Der Tod besiegte den Wettergott, der von der Erde verschwand. Mit dem einsetzenden Winterregen trat der Wettergott von neuem die Herrschaft an. Er nahte im Gewitter von Westen, wobei er in dramatischem Kampf über den chaotischen, lebensfeindlichen Meeresgott den Sieg davontrug. Der ugaritische Baal-Mythos, der davon erzählt,[18] bildet trotz der zeitlichen und örtlichen Entfernung wegen der Übereinstimmung der Lebensverhältnisse eine zutreffende Analogie: „Jahwe ist König geworden! Es jauchze die Erde. Die vielen Inseln sollen sich freuen. Wolken und Dunkel sind um ihn. *Gerechtigkeit und Recht* stützen seinen Thron. Feuer geht vor ihm her und verbrennt ringsum seine Feinde. Seine Blitze erleuchten den Erdkreis. Die Erde sieht es und bebt. Die Berge zerschmelzen wie Wachs vor dem Herrn der ganzen Erde. Die Himmel verkünden seine *Gerechtigkeit*. Alle Götter neigen sich vor ihm" (Ps 97,1-6a. 7b).[19] Es ist wahrscheinlich, daß die Thronbesteigung Jahwes zum herbstlichen Jahresbeginn im Kult begangen wurde – eine Demonstration für den machtvollen Sieg der Gerechtigkeit Gottes über Chaos und Tod.[20] „Jauchzt, ihre Söhne Zions, und freut euch über Jahwe, euren Gott, denn er gibt euch den Frühregen zur *Gerechtigkeit*" (Joël 2,23).

Gerechtigkeit in dieser Dimension ist menschlichem Handeln entzogen, so sehr auch der Mensch auf sie angewiesen ist. Sie entsteht aus einem Machtkampf zwischen Tod und Leben, der den Verfügungsbereich des Menschen von vornherein übersteigt. Das schließt nicht aus, daß der Mensch im Rahmen seiner Möglichkeiten für die Ordnung der Welt Verantwortung trägt: „Du läßt ihm wenig fehlen an einem Gott, mit Ehre und Hoheit krönst du ihn. Du läßt ihn herrschen über die Werke deiner Hände, alles hast du ihm zu Füßen gelegt" (Ps 8,7). Insoweit sind Recht und Gerechtigkeit ein Anspruch an jedermann. Nur wenn die Weltordnung auch im Kleinen gilt, ist gedeihliches Leben möglich. Diese Verantwortung kann der Mensch zu seinem Schaden und zum Schaden der Gemeinschaft verfehlen. Die im Großen gewirkte Ordnung aber wird damit nicht in Frage gestellt, und die Huld des göttlichen Lehnsherrn bleibt offener Ausweg: „Barmherzig und gnädig ist Jahwe, langmütig und groß an Huld; der dir alle deine Schuld vergibt und dich bekränzt mit Huld und Erbarmen" (Ps 103,8.3a.4b).[21]

---

18 Neueste Übersetzung von M. DIETRICH /O. LORETZ, TUAT III/6, 1997, 1091-1198.
19 Die Frühdatierung des Kerns von Ps 97 habe ich in: Das Gebetbuch der Gerechten (unten 291-313) 299f. knapp begründet.
20 Grundlegend nach wie vor S. MOWINCKEL, Psalmenstudien II. Das Thronbesteigungsfest Jahwäs und der Ursprung der Eschatologie (SVSK.HF 1921,6) Kristiania 1922.
21 Vgl. H. SPIECKERMANN, „Barmherzig und gnädig ist der Herr ..." (1990; in: Ders., Gottes Liebe zu Israel [FAT 33] 2001, 1-18). Ps 103,4 zeigt, daß die Vergebung (סלח) in der Rehabilitierung eines Vasallen durch den König ihr anschauliches Vorbild hat.

III

Diese vereinfachte Skizze ist nunmehr zu ergänzen um die dramatische Problemgestalt, die die δικαιοσύνη θεοῦ im Alten Testament schließlich erlangt hat und die auch Paulus voraussetzt. Unter dem Ansturm der Neubabylonier zerbrach die politisch-religiöse Ordnung, die durch den Zusammenhang von Davidthron und Jahwealtar bestimmt war. Mit der Daviddynastie verlor die Jahwereligion ihren natürlichen Träger. Die Krise ließ sich nur durch tiefgreifenden Wandel überwinden, der sich als endgültig erwies, als am Ende der sogenannten Exilszeit nicht das judäische Königtum sich neu etablierte, sondern Palästina an die Perser fiel.

Erst jetzt entstand die im engeren Sinne alttestamentliche Gottesanschauung. Sie war vorbereitet durch zweierlei: durch die Entwicklung der alleinigen Verehrung Jahwes und durch die Gerichtsbotschaft der Propheten des 8. bis 6. Jahrhunderts. Die Einzigkeit des Dynastiegottes, wie sie in ähnlicher Weise auch bei Israels und Judas Nachbarn anzutreffen ist, dürfte seit der Omridenzeit im 9. Jahrhundert mehr oder minder deutlich vorausgesetzt sein.[22] Im 7. Jahrhundert gewann sie in Juda programmatische Gestalt. Hinter dem bekannten Glaubenssatz: „Höre, Israel, Jahwe ist unser Gott, Jahwe als ein einziger" (Dtn 6,4),[23] steht möglicherweise der Anspruch Judas auf die Erbfolge des untergegangenen Israel, indem man die Identität des Jahwe von Samaria mit dem Jahwe von Jerusalem behauptete. Die theologischen Folgen sind noch nicht sogleich in Erscheinung getreten.[24] Ähnlich erwies auch die Botschaft der Propheten erst nach der Katastrophe ihre theologische Kraft. Dann aber war sie das Mittel, das die Erfahrung des Untergangs gültig zu deuten vermochte: Nicht der Gott hatte versagt, sondern im Gegenteil hatte er sich als Herr der Geschichte erwiesen, indem er selber gegen die Treulosigkeit seines Volkes eingeschritten war. Die δικαιοσύνη θεοῦ als Lebensordnung war nicht verlorengegangen. Jahwe hatte sie gegen die Judäer ins Feld geführt.[25]

Das Problem der Gerechtigkeit Gottes gewann seine Schärfe, weil die Erfahrung der geschichtlichen Katastrophe mit der Konzentration des Göttlichen auf den einen Gott einherging. Die Radikalität, mit der die Frage nach der Gerechtigkeit Gottes sich für das nachexilische Judentum stellte, war der Preis, der für den Glauben an den einzigen Gott zu zahlen war. Die spätalttestamentliche Theologie kann man cum grano salis als eine Rechtfertigungslehre verstehen; mit dem Unterschied, daß im Neuen Testament die Rechtfertigung des *Menschen* im Vordergrund steht, im Alten Testament die Rechtfertigung *Gottes*.

---

22 Wichtiges Indiz sind die Namen der Könige von Israel und Juda, die zuvor nie, seither in der Regel mit Jahwe gebildet werden.
23 Dazu T. VEIJOLA, Das Bekenntnis Israels. Beobachtungen zu Geschichte und Aussage von Dtn 6,4-9 (1992; in: DERS., Moses Erben [BWANT 149] 2000, 76-93).
24 Als Beispiel für die in der gegenwärtigen Forschung geführte Debatte vgl. W. DIETRICH /M.A. KLOPFENSTEIN (Hg.), Ein Gott allein? JHWH-Verehrung und biblischer Monotheismus im Kontext der israelitischen und altorientalischen Religionsgeschichte (OBO 139) 1994.
25 Vgl. L. PERLITT, Anklage und Freispruch Gottes. Theologische Motive in der Zeit des Exils (1972; in: DERS., Deuteronomium-Studien [FAT 8] 1994, 20-31).

Das Beispiel, an dem man die Auswirkung am deutlichsten sieht, ist die Mythe von der Sintflut. In Gestalt des akkadischen Gilgamesch-Epos können wir das polytheistische Gegenstück vergleichen, wie es so nahe bei keinem anderen alttestamentlichen Text möglich ist. Eine sumerische Fassung und der altbabylonische Atramchasis-Mythos kommen hinzu.[26]

Das Motiv der Flut ist die Angst vor der Vernichtung des Seienden. Diese Urangst gibt es, seit es Menschen gibt. In der Dramatik der Flutmythe wird sie beispielhaft überwunden. Die mesopotamischen Fassungen setzen ein mit einem Götterrat, wie man ihn aus den homerischen Epen kennt. In dem Prolog im Himmel inszeniert sich die Vorstellung, daß das Weltgeschehen von den Göttern bestimmt wird. „Eine Sintflut zu machen, kam den Göttern in den Sinn" (Gilg. XI 14). Der Beschluß fällt einstimmig. Das kann bei einer so umfassenden Katastrophe nicht anders sein. Im Atramchasis-Mythos meldet aber der menschenfreundliche Gott Ea/Enki Widerspruch an: „Warum wollt ihr mich zum Eid veranlassen? Soll ich meine Hand erheben gegen meine Menschen? ... Soll ich denn die Sintflut zeugen? Dies zu bewirken, liegt bei Enlil! ... Die Halteflöcke reiße Errakal heraus; Ninurta gehe hin, überschwemme das Land!" (Atr. VII 42-52). Ea/Enki sinnt auf Abhilfe, den Untergang abzuwenden. Er greift zur List. Zwar hält er den Schwur, den Beschluß der Götter nicht zu verraten; doch sagt er das Geheimnis gegen die Wand einer Schilfhütte, hinter der der Flutheld im Schlafgemach weilt: „Rohrhütte, Rohrhütte, Wand, Wand! Rohrhütte, höre, Wand, erinnere dich! Mann von Schuruppak, Sohn von Ubar-Tutu, reiß ab das Haus, baue ein Schiff! Gib auf den Reichtum, suche das Leben, den Besitz verachte, erhalte das Leben lebendig!" (Gilg. XI 21-26). Das Geschehen aus Vernichtung und Bewahrung gilt als der Konflikt widerstreitender Kräfte, die sich in verschiedenen Göttern personalisieren: dem Sturmgott Enlil vor allem, der die Flut betreibt, und dem Süßwassergott Ea/Enki, der seinen Liebling zu retten weiß.

Auch in der biblischen Fassung kehrt der Prolog im Himmel wieder. Doch Beratung und Beschluß geschehen nicht mehr im Rat der Götter. Der Dialog ist zum Monolog im Herzen des Einen geworden. Jahwe allein beschließt die kommende Katastrophe: „Ich will die Menschen, die ich geschaffen habe, vom Erdboden vertilgen" (Gen 6,7a). Derselbe Gott bewirkt aber auch, daß der Flutheld der Katastrophe entkommt. Geradeheraus, ohne daß es der List mit der Rohrwand bedarf, verrät er seinem Schützling die Gefahr: „Und Jahwe sprach zu Noah: Geh in die Arche, du und dein ganzes Haus. Denn noch sieben Tage, und ich will regnen lassen auf die Erde vierzig Tage und vierzig Nächte und will alle Wesen, die ich gemacht habe, vom Erdboden vertilgen" (Gen 7,1a.4).

In dieser Fassung sind die Widersprüche unserer Existenz nicht auf eine Mehrzahl von Göttern projiziert, sondern bündeln sich in dem einen Gott, der die Grundursache und zugleich der Grundwiderspruch alles Seienden ist, der Urgrund, der alles trägt, und die Urangst, die alles verschlingt. So entsteht eine Theologie, die das Göttliche wirklich als Göttliches, als dem Menschen Entzogenes denkt – und zugleich entstehen jene Aporien, die der unerschöpfliche Gegen-

---

26 W.G. LAMBERT /A.R. MILLARD, Atra-Ḫasis. The Babylonian Story of the Flood, Oxford 1969. Die folgenden Zitate nach TUAT III/4, 1994, 636 und 729.

stand einer jeden ernsthaften Theologie sind. Wie kann es sein, daß der vernichtende und der rettende Gott ein und derselbe ist? Die Frage ist unsere eigene, das Denken des Glaubens entkommt ihr nicht. In der Spätzeit des Alten Testaments hat man stetig versucht, das wechselvolle Geschick des Gottesvolkes unter der Prämisse der Gerechtigkeit Gottes begreiflich zu machen. Das literarische Wachstum des Geschichtswerks, das von der Schöpfung bis zum babylonischen Exil reicht, erklärt sich zu einem beträchtlichen Teil aus diesem Bemühen.

Bleiben wir bei der Fluterzählung. Die älteste Lösung des Problems, die sich findet, ist auf den ersten Blick dem Neuen Testament am ähnlichsten: „Noah fand Gnade in den Augen Jahwes" (Gen 6,8). Die Feststellung ist ohne jede Einschränkung zu lesen. Kein Wort von einer Bedingung, die Noah erfüllt hätte, oder von einer Eigenschaft, die seine Erwählung begründete. Am Werk ist die reine, voraussetzungslose göttliche Liebe. Aber: Sie gilt nur dem einen. Jahwe rettet wie der mesopotamische Ea/Enki seinen Günstling, während er wie Enlil die ganze übrige Menschheit im hereinbrechenden Chaos versinken läßt. Der Weltengott ist Partei.

Der Anlaß dieser Gottesvorstellung wird sichtbar, wenn man die Erzählungen der jahwistischen Pentateuchquelle im Zusammenhang liest. Es ist die Lage dessen, den ein widriges Geschick aus seiner Heimat verschlagen hat, so daß er unter einer übermächtigen und im Zweifel feindlichen Mehrheit leben muß. Der Mob rottet sich vor seinem Hause zusammen und bedroht ihn als Fremden. So geschah es dem Lot. Die Rechtsunsicherheit im Ausland gefährdet sein Leben. So geschah es dem Isaak. Durch mutwillige Beschuldigung gerät er ins Gefängnis. So geschah es dem Josef. Seine Arbeitskraft wird auf brutale Weise ausgebeutet, bis hin zur planmäßigen Dezimierung durch Arbeit. So geschah es den Israeliten in Ägypten. Was sich in den bekannten Erzählungen der Bücher Genesis und Exodus spiegelt, ist die notvolle Situation des Exils und der Zerstreuung.

Wer sich in solcher Lage befindet, für den ist lebenswichtig, daß sein Gott Jahwe nicht mehr ein palästinischer Nationalgott neben anderen ist, sondern der Gott „Himmels und der Erde" (Gen 24,3).[27] Dieser universale Gott muß aber gleichwohl bedingungslos auf der Seite seines Anhängers stehen und die anderen, sofern sie ihm übel wollen, aufs schrecklichste strafen: „Ich will segnen, die dich segnen, wer dich aber schmäht, den will ich verfluchen" (Gen 12,3). Die Sintflut erweist die vorbehaltlose Parteilichkeit Gottes.

Die partikulare Erwählung, aus der Situation des Exils erklärbar, ist als Theologie höchst unzureichend; und zwar nicht erst unter christlichem Vorzeichen. Der Gedanke des einen Gottes drängt von sich aus auf die Überwindung des religiösen Partikularismus. Über kurz oder lang steht dem einen Gott die Einheit des Menschengeschlechts gegenüber. Wie kann unter diesen Umständen der vernichtende und der rettende Gott ein und derselbe sein?

Will man sich nicht dem Gedanken aussetzen, daß Gott in völliger Willkür handelt, und damit nicht nur die δικαιοσύνη θεοῦ aufgeben, sondern letzten Endes überhaupt die Vorstellung eines den Lauf der Welt lenkenden Gottes, liegt eine Antwort nahe, die die Deutung gewöhnlich beherrscht: Die Ursache seines Ge-

---

27 Vgl. CH. LEVIN, Der Jahwist (FRLANT 157) 1993, 423-426.

schicks ist Sache des Menschen und seines Verhaltens. Diese Lösung begegnet erstmals im Flutbericht der Priesterschrift. Ehe die Katastrophe sich auch nur andeutet, wird dem Fluthelden das Zeugnis ausgestellt: „Noah war ein untadeliger Mann unter seinem Geschlecht. Mit Gott wandelte Noah" (Gen 6,9).[28] So ist die Bewahrung des Einen kein Rätsel mehr.

Deutlicher ist folgende Aussage: „Und Jahwe sprach zu Noah: Geh in die Arche, du und dein ganzes Haus. *Denn dich habe ich gerecht gesehen vor mir unter diesem Geschlecht*" (Gen 7,1a.b). Um seiner Gerechtigkeit willen wird Noah gerettet. Diese steht in zweifacher Relation: „vor mir" und „unter diesem Geschlecht". Sie betrifft das Gottesverhältnis Noahs, und sie unterscheidet ihn von den Zeitgenossen; von jener Generation, von der im Prolog die vollständige, bis in die Wurzel des Subjektseins reichende Verderbnis festgestellt wird: „Und Jahwe sah, daß die Bosheit der Menschen groß war auf der Erde *und daß jegliches Gebilde der Pläne seines Herzens ausschließlich böse war allezeit*" (Gen 6,5a.b).[29]

Diese Feststellung, die so sehr an Röm 7 erinnert, wurde in der protestantischen Bibelauslegung mit Vorliebe als Schlüssel zum Menschenbild des Jahwisten angesehen.[30] Die Urgeschichte vom Sündenfall bis zum Turmbau, ein lawinenartiges Anwachsen der Sünde, sei als ganze unter diesen tief pessimistischen Gesichtspunkt gestellt, bis endlich in der Erwählung Abrahams die Wende erfolge. Es ist, als solle die Sünde mächtig werden, auf daß die Gnade desto mächtiger werde.

Höchst eindrucksvoll versteht Luther in der Genesisvorlesung den Satz: „Das Dichten des menschlichen Herzens ist böse von Jugend auf", als exegetischen Beweis seiner Lehre vom unfreien Willen: „Hic est locus, quo nos sumus usi contra Liberum arbitrium."[31] Er gelte nicht nur für die Generation der Flut, sondern für den Menschen überhaupt, da Gott die Feststellung ja nach der Flut unverändert bekräftigt. Charakteristisch für Luther: Noah selbst ist nicht davon ausgenommen. Somit bilden die Sätze: „Noah fand Gnade in den Augen Jahwes", und: „Dich habe ich gerecht ersehen vor mir", keinen Widerspruch. Die Gerechtigkeit Noahs ist die iustitia aliena. Sie beruht, wie Hebr 11,7 sagt, auf dem Glauben.

Vielleicht ist Luthers Deutung vom Text der Genesis gar nicht so weit entfernt. Gleichwohl ist das vordergründige Ziel hier ein anderes: nicht Iustificatio hominis, sondern Iustificatio Dei. Die Aussage über die umfassende Bosheit des

---

28 Das weitere Attribut צַדִּיק „gerecht" ist ein späterer, asyndetischer Zusatz. Der Begriff ist im Rahmen der Priesterschrift singulär, vgl. SCHMID, Gerechtigkeit als Weltordnung (s. Anm. 17) 110.
29 Zur Literarkritik vgl. LEVIN aaO 114f. Die beiden Hälften von Gen 6,5 unterscheiden sich: V. a betrifft die Sünde aller Menschen und beschreibt deren Ausmaß, V. b hingegen bezieht sich auf die Sünde jedes einzelnen und behauptet deren Ausschließlichkeit. Die entsprechende Feststellung im Epilog (8,21aβ) trennt die beiden parallelen Zusagen: „Ich will hinfort nicht mehr den Erdboden verfluchen um des Menschen willen und will hinfort nicht mehr schlagen alles, was da lebt, wie ich getan habe." Über Gen 6,5b.9 (nur צַדִּיק); 7,1b; 8,21aβ hinaus rechne ich jetzt auch 6,6a und 6,7b zu dieser Bearbeitung.
30 C. WESTERMANN, Genesis (BK I/1) 1974, 550f., hat dagegen wohlbegründeten Einspruch erhoben.
31 WA 42, 289, 32.

Menschen ist eine Ausflucht, die umfassende Dimension des Strafgerichts nachträglich plausibel zu machen.

Daß diese Rechtfertigung nachträglich geschah, erweist die literarkritische Analyse. Wir finden hier eine Bearbeitung vor, die für das jahwistische Geschichtswerk ebenso untypisch ist wie für die Priesterschrift und die deren literarische Verbindung voraussetzt. Sie steht in der Nachwirkung der Prophetie. Hinter dem Wortlaut ist Jeremias Gleichnis vom Töpfer erkennbar (vgl. Jer 18,7-12). Der heutige Flutprolog will eine Sünde schildern, die der prophetischen Gerichtsankündigung genau entspricht. Wir sehen den Bearbeiter mit der Waage der theologischen Iustitia hantieren, um das umfassende Gottesgericht mit der δικαιοσύνη θεοῦ auszutarieren. Wellhausen hat in dieser Bemühung einen Grundzug der jüdischen Frömmigkeit erkannt: „Was in Wahrheit auf dem Spiel steht, ist ... die Gerechtigkeit Gottes. Um diese festhalten zu können, greift man zu allen Mitteln der Apologetik. Man sucht die Erfahrung möglichst zu modeln und in die Dogmatik einzuzwängen. ... man nimmt selber in Not und Trübsal alle Schuld auf sich, um Gott keine Torheit beizumessen und seine Gerechtigkeit anzuerkennen; man übertreibt die allgemeine Sündhaftigkeit des Menschen, um das Prinzip zu retten."[32] Die Dringlichkeit erklärt sich auch, weil diese Urteile nicht nur die immanente Pragmatik betreffen: Die Sintflut ist für die Spätzeit der Typos des Endgerichts.

Die Bearbeitung meldet sich regelmäßig in den Erzählungen der Genesis zu Wort, wenn die δικαιοσύνη θεοῦ zum Problem wird.[33] Das ausführlichste Beispiel ist Abrahams Gespräch mit Jahwe vor der Zerstörung von Sodom (Gen 18,23-33).[34] Die übliche Deutung als „Fürbitte für Sodom" ist falsch. „Abraham bittet nicht, wie man gewöhnlich meint, für Sodom, ihn ängstigt vielmehr die Möglichkeit, dass in einem Falle wie dem von Sodom Gerechte mit den Gottlosen umkommen könnten."[35] Das Stück „ist aus einer Stimmung erwachsen, die schweren Anstoss daran nahm, dass eine ganze Stadt oder Gegend mit einem Male untergegangen war: da musste doch Gott auch Unschuldige unter der Masse mit fortgerafft haben."[36] Das umfassende Gericht steht in Gefahr, den einzelnen nicht an seinem Verhalten zu messen, sondern mitsamt der Massa perditionis in den Untergang zu reißen. Für diesen Fall gibt es zwischen dem Geschick des Gerechten und dem Geschick der Gottlosen keinen Unterschied. Von diesem Unterschied aber hängt sub specie aeternitatis alles ab. „So wäre ja der Gerechte wie der Frevler", ruft Abraham aus (Gen 18,25).

Das Problem, das im Falle der Sintflut durch die kühne Aussage von der ausschließlichen Bosheit des Menschen zu lösen versucht worden ist, wird diesmal auf quantitativem Wege angegangen. Daß das eher unangemessen ist, liegt auf der Hand. Warum stellt Abraham bei zehn sein Bemühen ein? Schon ein einziger

---
32 J. WELLHAUSEN, Israelitische und jüdische Geschichte, ⁷1914, 204. Dazu in Anm.: „Das wird *Rechtfertigung* genannt."
33 Vgl. vorläufig LEVIN, Jahwist, 114f. 151. 168-170. 179. 194f. 242f. 289f. 295. 299. 310 u.ö.
34 Daß dieser theologische Exkurs ein Zusatz ist, hat J. WELLHAUSEN, Die Composition des Hexateuchs, ⁴1963, 25, gezeigt.
35 R. SMEND, Lehrbuch der alttestamentlichen Religionsgeschichte, ²1899, 309 Anm. 2.
36 WELLHAUSEN, Composition, 26.

Gerechter, der umkommt, wäre zuviel. Ez 14,13-14 zieht die weitere Folgerung: „Menschensohn, wenn ein Land an mir sündigt und Treubruch begeht und wenn ich meine Hand dagegen ausstrecke ... und wenn dann diese drei Männer im Lande wären: Noah, Daniel und Hiob, so würden sie durch ihre Gerechtigkeit allein ihr Leben retten." Eine grausame, aber unvermeidliche Zuspitzung.

Einen dritten Beleg der Bearbeitung will ich nennen, den berühmtesten. Aus dem Gespräch mit Jahwe folgt, daß neben Lot auch Abraham zu den Gerechten gezählt haben muß. Tritt er doch als der Anwalt der Gerechten auf. Worin besteht Abrahams Gerechtigkeit? Die Lösung mußte im Vortext gefunden werden. Das herrschende Thema in Gen 12 bis 18 ist Jahwes Verheißung. Abraham antwortet darauf in der Weise, daß er seine Existenz auf die Verheißung Jahwes gründet. Die Schlußfolgerung: „Er glaubte Jahwe, und er rechnete es ihm zur Gerechtigkeit an" (Gen 15,6). Der alttestamentliche locus classicus der paulinischen wie der lutherischen Rechtfertigungslehre ist ebenfalls nachgetragen. Das ist an dem Anschluß mit Perfectum copulativum und an der Spannung zum Folgetext zu sehen, in welchem gerade der Zweifel Abrahams das Motiv ist. Der Satz steht als theologischer Kommentar außerhalb der Szene.[37] Man hat dem Wortlaut entnehmen wollen, hier sei gesagt, *Abraham* habe die Verheißungen Gott als Gerechtigkeit zugerechnet.[38] Mag das syntaktisch möglich sein – theologisch ist es unmöglich: Die Gerechtigkeit Gottes ist stets die Prämisse, die als solche erst die theologischen Probleme gebiert. Diesmal geht es vielmehr um die Iustificatio *hominis*. Doch wird, wohl mangels berichteter Taten Abrahams, nicht festgestellt, er sei gerecht *gewesen*. Daß er seine Existenz an der Verheißung festmachte, wird ihm als Gerechtigkeit *angerechnet*.

Gerhard v. Rad hat wahrscheinlich gemacht, daß hinter diesem Sprachgebrauch ein deklaratorischer Akt steht, den der Priester im Auftrag der Gottheit im Kult zu vollziehen pflegte, zum Beispiel bei der Anrechnung eines Opfers.[39] Wenn statt des Opfers oder einer vergleichbaren Leistung der Glaube zum Grund der Gerechtigkeit erklärt wird, wird der Gedanke der Iustitia aliena zumindest gestreift. V. Rad hat diese Folgerung ausdrücklich gezogen: „Nur der Glaube, das Ernstnehmen der Verheißung Jahwes, bringt den Menschen ins rechte Verhältnis, ihn ‚rechnet' Jahwe ‚an'."[40] Ebenso Martin Noth: „Es wird deutlich, daß die Menschen in dieser Welt nur durch freies Handeln Gottes selbst gerettet werden können, nicht durch irgendeine eigene Gerechtigkeit, mit der sie sich selbst und andere vor dem göttlichen Gericht bewahren könnten."[41]

Ein solches „sola fide" ist gewiß zu lutherisch gedacht. Doch wird die Deutung des Glaubens auf Abrahams gehorsame Tat, wie sie unter Verweis auf die

---

37 Er hat „fast schon den Charakter eines allgemeinen theologischen Lehrsatzes" (G. V. RAD, Das erste Buch Mose [ATD 2/4] ⁹1972, 143f.). Vgl. R. SMEND, Zur Geschichte von האמין (in: DERS., Die Mitte des Alten Testaments [s. Anm. 13] 244-249).
38 M. OEMING, Ist Genesis 15,6 ein Beleg für die Anrechnung des Glaubens zur Gerechtigkeit? (ZAW 95, 1983, 182-197).
39 G. V. RAD, Die Anrechnung des Glaubens zur Gerechtigkeit (1951; in: DERS., Gesammelte Studien zum Alten Testament [TB 8] ⁴1971, 130-135).
40 AaO 134.
41 M. NOTH, Überlieferungsgeschichte des Pentateuch, 1948, 259, zu Gen 18,22b-33.

Erzählung von Isaaks Opferung – die sogenannte Aqeda – die jüdische Exegese und der Jakobusbrief (Jak 2,21) vertreten,⁴² durch den Wortlaut ebensowenig gedeckt. Der Zusammenhang unserer Bearbeitung belegt: Abrahams Gerechtigkeit wird nicht als Vorbild eingeführt, sondern um Gottes Handeln an Abraham mit der – theologisch vorausgesetzten – δικαιοσύνη θεοῦ in Übereinstimmung zu bringen. Dabei hält sich der Bearbeiter an den gegebenen Text: an die Verheißung und an Abrahams Vertrauen auf die Verheißung – sonst nichts.

Noch einmal anders begegnet das Motiv in dem berühmten Fazit, das die Confusiones hominum der Josefsgeschichte beschließt. Wie die sprachliche Übereinstimmung mit dem Flutprolog und wiederum mit Jeremias Töpfergleichnis zeigt, geht es ebenfalls auf unsere Bearbeitung zurück: „Was ihr gegen mich gedacht zum Bösen, das gedachte Gott zum Guten" (Gen 50,20). Diese Freiheit Gottes, Böses zum Guten zu lenken, ist als Gedanke unerläßlich, wenn überhaupt sub specie aeternitatis von Rechtfertigung und Heil des Menschen die Rede sein soll. Insofern steht das Alte Testament der neutestamentlichen Deutung jedenfalls offen.

IV

Ich komme zum Schluß. Ich wollte zeigen, daß das Alte Testament sowohl in seiner natürlich-religiösen Auffassung von der Gottesgerechtigkeit als dem Bestandsgrund der Welt als auch in der kritisch reflektierten Sicht der Gottesgerechtigkeit, wie sie aus dem krisenhaften Wandel in der exilischen Zeit hervorging und in der spätnachexilischen Eschatologie zur Entfaltung kam, eine Prädisposition für das rechtfertigende Handeln Gottes und damit für die Rechtfertigung sola fide besitzt.

Die paulinische Rechtfertigungsbotschaft kann man in gewissem Sinne als eine Rückkehr zu der natürlichen Gottesgerechtigkeit ansehen, unter eschatologischem Aspekt. Allerdings kann weder im Alten Testament noch bei Paulus die Rede davon sein, daß die Rechtfertigung auf nichts beruhe als auf einem deklaratorischen Akt. Die jüdische Auslegung ist in vollem Recht, die anläßlich der Glaubensgerechtigkeit Abrahams nach dem Preis fragt, der dafür zu entrichten ist, und auf die Bereitschaft zum Opfer des eigenen Sohnes verweist – des größten Werkes nächst der Selbstaufgabe, das der Mensch der Gottheit darzubringen vermag. Tatsächlich hängt die Glaubensgerechtigkeit aufs engste mit der Werkgerechtigkeit zusammen. Nur so wird sie soteriologisch plausibel. Aber bei Paulus ist es das Werk Gottes, „welcher seines eigenen Sohnes nicht hat verschonet, sondern hat ihn für uns alle dahingegeben; wie sollte er uns mit ihm nicht alles schenken!" (Röm 8,32). Ohne daß Gott im Tod seines Sohnes den Grundwiderspruch unserer Existenz in sich selbst aufgehoben hat, ist eine Rechtfertigung sola fide undenkbar. Nur mit dem Blick auf den gekreuzigten Christus läßt sich die überwäl-

---

42 Dazu F. HAHN, Genesis 15,6 im Neuen Testament (in: H.W. WOLFF [Hg.], Probleme biblischer Theologie. Gerhard von Rad zum 70. Geburtstag, 1971, 90-107) 92-97. Das rabbinische Material zu Gen 15,6 bei Bill. III, 186-201. Vgl. auch T. VEIJOLA, Das Opfer des Abraham – Paradigma des Glaubens aus dem nachexilischen Zeitalter (ZThK 85, 1988, 129-164) 131-134.

tigende Befreiung nachvollziehen, die die Rechtfertigungsbotschaft für Paulus wie für die Reformatoren bedeutet hat und, wo sie recht verkündet wird, auch heute bedeutet. Die derart bedingte Unbedingtheit des Evangeliums ist tatsächlich das Einzige, was das Neue Testament dem Alten voraus hat. Unter seiner Prämisse hat sich für die Urchristenheit das Alte Testament als das Evangelium erwiesen und erweist sich auch heute das im Alten Testament allenthalben vorhandene Ja als das unbedingte Ja Gottes.

Tatbericht und Wortbericht
in der priesterschriftlichen Schöpfungserzählung[1]

Als der Doktor Faust vom Osterspaziergang nach Hause kehrt, eilt er ohne Verzug in das Studierzimmer, zurück zu den Büchern. Beseelt vom Eindruck der erwachenden Natur, zugleich beunruhigt vom Schwanken seiner Gefühle, drängt es ihn, sich der Offenbarung zu vergewissern, die er verspürt zu haben glaubt. Da Faust – „leider auch" – Theologie studiert hat, weiß er, daß Prüfstein aller natürlichen Offenbarung die Heilige Schrift ist. Für einen Theologen versteht sich von selbst, daß die eindringende Suche nach der Wahrheit sich nicht mit irgendeiner Übersetzung begnügt. Faust greift zum Urtext, dem „heiligen Original", und schickt sich an, es in sein geliebtes Deutsch zu übertragen.[2]

Er beginnt mit dem Anfang des Evangeliums nach Johannes: „Geschrieben steht: Im Anfang war das Wort!" Er stockt, und schon beginnt die Exegese. Die Gleichung von λόγος und „Wort" scheint zu einfach. Die gewöhnliche Übersetzung erfaßt das semantische Feld nur zum Teil: Das griechische λόγος umfaßt mehr als das deutsche „Wort". Die Res significans und die Res significata werden nicht streng unterschieden. Fausts Spiritus rector Goethe wußte das aus den „Erläuterungen zum Neuen Testament" seines Freundes Johann Gottfried Herder.[3] In Herders Worten: „Es ist bekannt, daß λογος das *innere und äußere Wort, Vorstellung* von innen und *Darstellung* von außen bedeute." In seiner Ausdeutung von Joh 1,1 nennt Herder den λόγος „das Bild Gottes in der menschlichen Seele, Gedanke! Wort! Wille! That! Liebe!".[4]

Goethe hat bühnenwirksam vereinfacht und überspitzt. Faust nennt für sein Stocken einen eher theologischen als semantischen Grund: „Ich kann das Wort so hoch unmöglich schätzen, ich muß es anders übersetzen." Das hätte der Teufel nicht besser sagen können, der hinter dem Ofen in Gestalt des Pudels auf seinen Auftritt wartet. Anders als Herder gebraucht Faust den Begriff „Wort" nicht einschließend, sondern ausschließend – und schließt ihn aus. Das Wort nämlich zielt auf den Glauben. Darauf mag Faust sich bei seiner Wahrheitssuche nicht einlassen. Er versucht weitere Äquivalente zu λόγος. Über die Zwischenstufen „Sinn" und „Kraft" gelangt er zu der Fassung: „Im Anfang war die Tat" – womit er es bewenden läßt.

Das ist nun freilich ein eigentümlicher Beginn des Evangeliums: „Im Anfang war die Tat", statt: „Im Anfang war das Wort" – das Factum, nicht das Verbum als Principium. Eine Theologie, die verkehrter nicht sein kann. Der Exeget, um

---

1 In gekürzter Fassung vorgetragen am 24. April 1992 vor dem Fachbereich Evangelische Theologie der Philipps-Universität Marburg sowie am 14. April 1994 vor der Theologischen Fakultät der Christian-Albrechts-Universität Kiel.
2 J.W. V. GOETHE, Faust. Eine Tragödie. Erster Teil. Studierzimmer.
3 Vgl. G. JACOBI, Herder als Faust, 1911, 222-227.
4 J.G. HERDER, Erläuterungen zum Neuen Testament aus einer neueröffneten Morgenländischen Quelle, 1775 (Herders Sämmtliche Werke, hg. v. B. SUPHAN, VII, 1884, 335-470) 356.

nur ihn hier zu nennen, erkennt den Fehler daran, daß die Wende vom Wort zur Tat ein gegebenes und auch sachnotwendiges traditionsgeschichtliches Gefälle auf den Kopf stellt. Der erste Satz des Evangeliums beruht auf dem ersten Satz der Tora: Ἐν ἀρχῇ ἦν ὁ λόγος – Ἐν ἀρχῇ ἐποίησεν ὁ θεὸς τὸν οὐρανὸν καὶ τὴν γῆν „Am Anfang schuf Gott Himmel und Erde."[5] In diesem Rückbezug, der jedem aufmerksamen Bibelleser deutlich ist, ist der λόγος an die Stelle der ποίησις gesetzt, das Wort an die Stelle der Tat. Die Korrektur, die genau entgegengesetzt verläuft wie bei Faust, vollzieht einen theologischen Erkenntnisschritt von Belang.

Dieser Schritt geschah im Rückbezug des Neuen Testaments auf das Alte nicht das erstemal. Er ist bereits innerhalb des priesterschriftlichen Schöpfungsberichts angelegt. Die Schöpfungstat Gottes und die Schöpfung durch das Wort Gottes stehen hier in einem spannungsvollen, theologisch höchst belangreichen Nebeneinander; und zwar nicht von vornherein.

I

Ich beginne die traditionsgeschichtliche Untersuchung mit einer gekennzeichneten Übersetzung, die das Ergebnis anschaubar machen soll:

[1]Am Anfang schuf Gott Himmel und Erde. *[2]Die Erde aber war wüst und öde.* Und Finsternis lag über der Urflut; und der Geist Gottes bewegte sich über dem Wasser.
[3]Und Gott sprach: Es werde Licht! Und es ward Licht. [4]Und Gott sah, daß das Licht gut war.
Da schied Gott das Licht von der Finsternis. [5]Und Gott nannte das Licht Tag, die Finsternis aber nannte er Nacht.
<u>Und es ward Abend und ward Morgen: der erste Tag.</u>

[6]Und Gott sprach: Es sei eine Feste inmitten des Wassers, daß sie scheide zwischen Wasser und Wasser.
[7]Und Gott machte die Feste und schied das Wasser unter der Feste von dem Wasser über der Feste.
Und es geschah so.
[8]Und Gott nannte die Feste Himmel.
<u>Und es ward Abend und ward Morgen: der zweite Tag.</u>

[9]Und Gott sprach: Das Wasser unter dem Himmel sammle sich an Einen Ort, daß das Trockene sichtbar werde. Und es geschah so.
(LXX: **Und das Wasser unter dem Himmel sammelte sich in seine Sammelbecken, und das Trockene wurde sichtbar.**) **[10]Und Gott nannte das Trockene Erde, das Sammelbecken des Wassers aber nannte er Meer.**
Und Gott sah, daß es gut war.

---

5 Vgl. H. GESE, Der Johannesprolog (in: DERS., Zur biblischen Theologie. Alttestamentliche Vorträge [BEvTh 78] 1977, 152-201).

¹¹*Und Gott sprach: Die Erde lasse Grün sprossen: Kraut, das Samen bildet, Fruchtgehölz, das Frucht trägt, nach seinen Arten, in welchem sein Same ist auf der Erde. Und es geschah so.*
¹²**Und die Erde brachte Grün hervor: Kraut, das Samen bildet, nach seinen Arten, und Gehölz, das Frucht trägt, in welcher sein Same ist, nach seinen Arten.**
Und Gott sah, daß es gut war.
¹³Und es ward Abend und ward Morgen: der dritte Tag.

¹⁴*Und Gott sprach: Es seien Lichter an der Himmelsfeste, zu scheiden den Tag von der Nacht, und sie sollen dienen als Zeichen und für Zeiten und für Tage und Jahre.* ¹⁵*Und sie sollen dienen als Lichter an der Himmelsfeste, zu leuchten auf die Erde. Und es geschah so.*
¹⁶**Und Gott machte die beiden großen Lichter: das große Licht zur Herrschaft über den Tag und das kleine Licht zur Herrschaft über die Nacht, und die Sterne.** ¹⁷**Und Gott setzte sie an die Himmelsfeste, zu leuchten auf die Erde** ¹⁸und zu herrschen über Tag und Nacht und zu scheiden Licht und Finsternis.
Und Gott sah, daß es gut war.
¹⁹Und es ward Abend und ward Morgen: der vierte Tag.

²⁰*Und Gott sprach: Es wimmle das Wasser von Gewimmel, lebenden Wesen, und Vögel sollen fliegen über der Erde vor der Himmelsfeste.*
²¹**Und Gott schuf die großen Seeungeheuer und alle lebenden Wesen, die sich regen, von denen das Wasser wimmelt, nach ihren Arten und alle geflügelten Vögel nach ihren Arten.**
Und Gott sah, daß es gut war.
²²Und Gott segnete sie und sprach: Seid fruchtbar und mehrt euch und füllt das Wasser in den Meeren, und die Vögel sollen sich mehren auf der Erde.
²³Und es ward Abend und ward Morgen: der fünfte Tag.

²⁴*Und Gott sprach: Die Erde bringe hervor lebende Wesen nach ihren Arten: Vieh und Kriechtiere und das Wild des Landes nach seinen Arten. Und es geschah so.*
²⁵**Und Gott machte das Wild des Landes nach seinen Arten und das Vieh nach seinen Arten und alle Kriechtiere des Erdbodens nach ihren Arten.**
Und Gott sah, daß es gut war.

²⁶*Und Gott sprach: Laßt uns Menschen machen in unserer Gestalt als unser Abbild, daß sie herrschen über die Fische im Meer und über die Vögel des Himmels und über das Vieh und über die ganze Erde und über alle Kriechtiere, die auf der Erde kriechen.*
²⁷**Und Gott schuf den Menschen in seiner Gestalt. In der Gestalt Gottes schuf er ihn. Männlich und weiblich schuf er sie.** ²⁸Und Gott segnete sie, und Gott sprach zu ihnen: Seid fruchtbar und mehrt euch und füllt die Erde und unterwerft sie und herrscht über die Fische im Meer und über die Vögel des Himmels und über das Vieh und über alles Getier, das auf der Erde kriecht.

²⁹Und Gott sprach: Siehe, ich gebe euch alles Kraut, das Samen gibt, das auf der Fläche der ganzen Erde ist, und alle Bäume, an denen Baumfrüchte sind, die Samen geben; euch sollen sie zur Nahrung dienen; ³⁰und allem Wild des Landes und allen Vögeln des Himmels und allen Kriechtieren auf der Erde, in denen ein lebendes Wesen ist, alles Grün des Krautes zur Nahrung.

Und es geschah so. ³¹*Und Gott sah an alles, was er gemacht hatte, und siehe, es war sehr gut.*
<u>Und es ward Abend und ward Morgen: der sechste Tag.</u>

¹So wurden vollendet Himmel und Erde und ihr ganzes Heer.
<u>²Und Gott vollendete am siebten Tage seine Arbeit, die er getan hatte</u>, und ruhte am siebten Tage von all seiner Arbeit, die er getan hatte. <u>³Und Gott segnete den siebten Tag und heiligte ihn.</u> Denn an ihm hatte er geruht von all seiner Arbeit, die Gott geschaffen hatte, indem er sie tat.
⁴Das ist die Entstehung von Himmel und Erde, als sie geschaffen wurden.

II

Zur Zeit, als Goethe in Weimar am ersten Teil der Tragödie schrieb, hatte an den deutschen Universitäten die Epoche der modernen historischen Bibelkritik begonnen. Die Exegese befreite sich von der Beschränkung, eine Art Hilfswissenschaft der Dogmatik zu sein. Sie entdeckte das eigene Recht und die historische Bedingtheit der biblischen Literatur, und sie nahm deren Zusammenhang mit der Überlieferung der Alten Welt bewußt zur Kenntnis. Die Urgeschichte stand dabei sogleich im Brennpunkt, weil hier die Verwandtschaft der Bibel mit den Mythen der Völker deutlicher ist als irgendwo sonst, und der Schöpfungsbericht insbesondere, weil er, historisch gelesen, mit dem dogmatischen Artikel von der Schöpfung kollidiert.

Die erste bahnbrechende exegetische Entdeckung beruhte auf einem religionsgeschichtlichen Problem, das noch heute Gültigkeit hat.[6] Johann Gottfried Eichhorn hatte in seiner 1775 geschriebenen Urgeschichte[7] auf Gen 1-3 den Begriff des „Mythischen" angewendet, den der klassische Philologe Christian Gottlob Heyne entdeckt hatte. Danach beruht die Art der Welterklärung, die wir in den biblischen Schöpfungsberichten vorfinden – und ihr Gegensatz zur modernen Weltsicht – auf einer eigenen Denkweise, die gemeinsamer geistiger Besitz der frühen Menschheit gewesen ist und sich etwa in der griechischen Mythologie ebenfalls findet.[8]

Mit dieser Deutung stimmt nicht zusammen, daß Gen 1 zugleich eine Ätiologie des Sabbats ist, eines sehr besonderen religiösen Besitzes der Judenheit: Die Einteilung der Schöpfung nach sechs Tagen mündet in die Ruhe Gottes am sieb-

---

6 Vgl. die Darstellung der Forschungsgeschichte bei W.H. SCHMIDT, Die Schöpfungsgeschichte der Priesterschrift (WMANT 17) ³1973, 9-20.
7 1779 ohne Verfassernamen erstmals erschienen in EICHHORNs Repertorium für Biblische und Morgenländische Litteratur, IV, 129-256: „Urgeschichte. Ein Versuch".
8 Vgl. CH. HARTLICH /W. SACHS, Der Ursprung des Mythosbegriffes in der modernen Bibelwissenschaft (SSEA 2) 1952, 20-38.

ten Tag, den Gott segnet und heiligt. Der Sabbat ist keine mythische Vorgabe, sondern, wie man damals sagte, ‚mosaischen' Ursprungs.

Das Problem trat in seiner Schärfe zutage, als Eichhorns Schüler Johann Philipp Gabler die Urgeschichte in zweiter Ausgabe herausbrachte.[9] Gabler löste es so, daß er den Bezug des siebentägigen Ablaufs auf den Sabbat bestritt.[10] Da der Begriff nicht fällt, ist diese Notlösung möglich. Im Jahr darauf wies Werner Carl Ludwig Ziegler nach, daß das Problem sich auch literarkritisch lösen läßt.[11] Der Text enthält eine tiefgreifende Diskongruenz: den sechs Schöpfungstagen steht ein Rhythmus von acht Werken gegenüber. Das veranlaßte Gabler, der Eichhornschen Urgeschichte einen Nachtrag folgen zu lassen und seine frühere Deutung zu korrigieren.[12] Bei ihm finden sich im wesentlichen alle Argumente, die man noch heute für die Aussonderung der Tageszählung anführen kann. Während Gabler – zutreffend – mit einer Bearbeitung rechnete, setzte Karl David Ilgen die These in die Anschauungen der Urkundenhypothese um.[13] Für ihn besteht Gen 1 aus zwei Quellen.

Anfangs konnte die These sich nicht durchsetzen. De Wette lehnte sie ab, Heinrich Ewald versuchte eine sozusagen überlieferungsgeschichtliche Lösung.[14] Wellhausen aber erkannte: „Die von Gabler und Ziegler und besonders von Ilgen erhobenen Bedenken gegen die Originalität der Einteilung der Schöpfung in sechs Tagewerke sind gegründet. Sie ... verträgt sich ... nicht mit der angelegten Natur des Stoffes."[15] Später konnte Budde volltönend behaupten: „Diese Beobachtung gehört geradezu zu den ältesten Erbstücken wirklicher Kritik am A. T."[16] Die Tageszählung 1,5b.8b.13.19.23.31b und die Ätiologie des Sabbats 2,2-3 sind literarische Zutat aus sehr später Zeit.

Die Spannung zwischen sechs Tagen und acht Werken ist dabei nicht das Hauptargument, ebensowenig daß Tag und Nacht bereits wechseln, ehe Sonne und Mond geschaffen sind, die sie beherrschen sollen, ebensowenig daß der vergangene Tag erst gezählt wird, wenn durch Abend und Morgen der nächste begonnen hat. Den Ausschlag gibt vielmehr, wie schon Ilgen gesehen hat,[17] daß die Bearbeitung in 2,2-3 den vorgegebenen Text aufnimmt und sich damit literarisch von ihm abhebt: Sie wiederholt das Verb der summarischen Unterschrift: וַיְכֻלּוּ „sie wurden vollendet", um daran die Datierung zu schließen: וַיְכַל אֱלֹהִים „Gott

---

9 J.G. EICHHORNs Urgeschichte. Herausgegeben mit Einleitung und Anmerkungen von J.PH. GABLER, 1790, 1792, 1793.
10 Einleitung zum ersten Theil der Urgeschichte, 101-133.
11 W.C.L. ZIEGLER, Kritik über den Artikel von der Schöpfung nach unserer gewöhnlichen Dogmatik (in: Magazin für Religionsphilosophie, Exegese und Kirchengeschichte, hg. v. H.PH.C. HENKE, II, 1794, 1-113).
12 J.PH. GABLER's Neuer Versuch über die Mosaische Schöpfungsgeschichte aus der höhern Kritik. Ein Nachtrag zum ersten Theil seiner Ausgabe der Eichhorn'schen Urgeschichte, 1795.
13 K.D. ILGEN, Die Urkunden des Jerusalemischen Tempelarchivs in ihrer Urgestalt, 1798, 4-12.
14 W.M.L. DE WETTE, Kritik der Mosaischen Geschichte, Beiträge zur Einleitung in das Alte Testament II, 1807, 34-43; H. EWALD, Erklärung der Biblischen urgeschichte 1 (in: DERS., Jahrbücher der Biblischen wissenschaft 1 [1848] 1849, 76-95) 89-94.
15 J. WELLHAUSEN, Die Composition des Hexateuchs, ⁴1963, 185.
16 K. BUDDE, Die Biblische Urgeschichte, 1883, 487.
17 ILGEN, Urkunden, 434.

vollendete am siebten Tag sein Werk, und darum heiligte er ihn." Die breiten Dubletten in V. 2-3 lassen erkennen, daß die Bearbeitung nicht einheitlich ist: Daß Gott am siebten Tage geruht habe, ist verdeutlichend hinzugefügt. Auf den Widerspruch, der daraus erwächst, weisen die Lesarten des Samaritanus und der Septuaginta: Sie lassen Gott am *sechsten* Tag sein Werk vollenden. Wellhausen hat aus den Ergänzungen geschlossen, daß die Schöpfung erst mit diesem zweiten Schritt in sechs Tagewerke eingeteilt worden sei.[18] Wie dem auch sei: Das Motiv des siebten Tages ist sekundär. Es ist ein Irrtum, den Sabbat als Ziel der Schöpfung für das grundlegende Theologumenon des priesterschriftlichen Schöpfungsberichts zu halten.

Das kritische Ergebnis bewährt sich über Gen 1 hinaus. Die ursprüngliche Priesterschrift hat den Sabbat nirgends erwähnt. Das Sabbatgesetz Ex 31,12-17 einschließlich des Echos in Ex 35,1-3 gehört zu den Anhängen des Gesetzes über die Stiftshütte, das in Ex 29 geendet hat.[19] Die Bezüge auf den Sabbat in der Manna-Perikope Ex 16 stammen nicht aus der Priesterschrift, sondern setzen die Verbindung der beiden Pentateuchquellen voraus.[20]

III

Der formelhafte Aufbau suggeriert auf den ersten Blick einen sorgfältig konstruierten Bericht, in dem jedes Glied unentbehrlich ist und seinen wohlüberlegten Platz hat. „Hier ist nichts von ungefähr; alles ist überlegt, ausgewogen und präzis zu nehmen."[21] Werk für Werk setzt ein mit Gottes Befehl: „Und Gott sprach". Die Vollzugsbestätigung „Und es geschah so" leitet zur Umsetzung über. Wenn sie geschehen ist, folgt regelmäßig die Billigung: „Und Gott sah, daß es gut war". Den ersten drei Werken gibt Gott auch den Namen. Am Schluß steht die Zählung der Tage: „Es ward Abend und ward Morgen: der erste Tag."

Doch das Schema ist voller Haarrisse. Sollte das erste Werk der Norm folgen, hätte es lauten müssen: „Und Gott sprach: Es werde Licht! Und es geschah so. Und Gott schuf das Licht. Und Gott nannte das Licht Tag. Und Gott sah, daß es gut war. Und es ward Abend und ward Morgen: der erste Tag." Stattdessen lesen wir neben der Erschaffung des Lichts von der Scheidung von Licht und Finsternis. Beides ergänzt sich nur scheinbar. Im einen Fall ruft Gott das Licht, daß es sei. Im anderen Fall sind Finsternis und Licht in ungeordneter Mischung zuvor schon vorhanden. Sie werden nicht geschaffen, sondern voneinander nach Tageszeiten getrennt: Das Licht soll am Tag leuchten, die Finsternis wird auf die Nacht

---

18 WELLHAUSEN, Composition, 186.
19 Vgl. WELLHAUSEN, Composition, 137; A. KUENEN, Historisch-kritische Einleitung in die Bücher des alten Testaments, I, 1, 1887, 69-73; K. ELLIGER, Sinn und Ursprung der priesterlichen Geschichtserzählung (1952; in: DERS., Kleine Schriften zum Alten Testament [TB 32] 1966, 174-198) 175; N. LOHFINK, Die Priesterschrift und die Geschichte (1977; in: DERS., Studien zum Pentateuch [SBAB 4] 1988, 213-253) 222f.
20 Vgl. CH. LEVIN, Der Jahwist (FRLANT 157) 1993, 353-355.
21 G. V. RAD, Das erste Buch Mose. Genesis (ATD 2/4) [9]1972, 29.

eingeschränkt. Beide erhalten einen Namen – auch die Finsternis, die ihrem Wesen nach kein Geschöpf, sondern Überrest des chaotischen Zuvor ist.
Beim zweiten Werk, der Erschaffung der Himmelsfeste, folgt die Vollzugsbestätigung „Und es geschah so" erst nach der Tat, nicht wie sonst zwischen Befehl und Ausführung. Die Billigungsformel „Und Gott sah, daß es gut war" fehlt. Beim dritten Werk, der Scheidung von Land und Meer, fehlt im Masoretentext der Ausführungsbericht. Er wird durch die Formel „Und es geschah so" vertreten. Beim sechsten Werk, der Erschaffung der Wassertiere und Vögel, fehlt die Vollzugsbestätigung „Und es geschah so". Beim achten Werk, der Erschaffung des Menschen, steht die Vollzugsbestätigung erst ganz am Schluß, als bezöge sie sich auf den Segen und das Speisegebot.

Es gibt zwei gegensätzliche Haltungen, mit den Unstimmigkeiten umzugehen. Die eine hält trotz allem an der Auffassung fest, „daß Gen 1 ein in jedem Aspekt seiner Anlage und in jedem Einzelzug seiner Formulierung gleichgewichtiges ... Sinnganzes darstellt".[22] Dann werden die Abweichungen teils als bewußt eingesetzte Darstellungsmittel gedeutet, teils ausgeglichen. Eine Stütze findet diese Haltung im Text der Septuaginta, die die Lücken regelmäßig ergänzt. Die gegenteilige Haltung sieht in den Unstimmigkeiten den Anlaß einer mehr oder weniger tiefgreifenden traditionsgeschichtlichen Analyse.

Es ist unübersehbar, daß der vervollständigte griechische Text gegen die beiden Hauptkriterien der Textkritik verstößt: Er bietet sowohl die längere als auch die glattere Fassung. Das erlaubt nur die Folgerung, die Wellhausen klar und hart gezogen hat: „Also die Varianten der Sept. beruhen auf systematischer Überarbeitung."[23] Doch fällt es den Exegeten schwer, sich dieser einfachen Wahrheit zu beugen.

Die größte Spannung erwächst nicht aus den Unregelmäßigkeiten des Schemas, sondern daraus, daß Gott den Befehl, den er gibt, auch ausführen muß. Nur das dritte und vierte Werk, die Scheidung von Land und Meer und die Entstehung der Vegetation, haben ein eigenes Subjekt: Das Wasser und die Erde sind die Ausführenden. So stimmig ist das Verhältnis von Befehl und Vollzug nicht wieder. Gott ist es, der die Himmelsfeste und die Gestirne macht, er schafft die Tiere des Meeres und der Luft, macht die Landtiere und schafft den Menschen. Gleichwohl befiehlt er: „Es sei eine Feste, es seien Lichter, es wimmle das Wasser, die Erde bringe hervor." Nur bei der Erschaffung des Menschen greifen Befehl und Ausführung ineinander: „Laßt uns Menschen machen." Dieser Kohortativ sollte auch sonst stehen: „Laßt uns eine Feste machen." Daß es anders ist, will offenbar die Erschaffung des Menschen hervorheben. Nur ihn schafft Gott unmittelbar. Doch für die Ausführung des übrigen fehlen die Subjekte. Ans Absurde grenzt die Erschaffung der Landtiere: Die Erde bringe hervor – und Gott machte. „Wenn Gott der Erde befiehlt, lebendige Wesen hervorzubringen, so beabsichtigt er nicht, selbst als Bildner der Tiere aufzutreten, er beschränkt sich vielmehr darauf, der Materie durch sein Machtwort den Anstoß zu geben, die Materie bringt

---

22 O.H. STECK, Der Schöpfungsbericht der Priesterschrift (FRLANT 115) ²1981, 272.
23 WELLHAUSEN, Composition, 184.

hierauf die Werke aus sich allein hervor."²⁴ In diesem Befehl ist das Werden der Vegetation nachempfunden: „Die Erde brachte Grün hervor".

Die Unterscheidung von Befehlendem und Ausführenden, wiewohl unmöglich, ist auch die Voraussetzung der Billigungsformel: „Gott sah, daß es gut war." Sie kann nämlich nichts anderes bedeuten als: Gott sah, daß sein Befehl zur Zufriedenheit ausgeführt war. Auch darin sind allein das dritte und vierte Werk stimmig: „Das Wasser sammelte sich, die Erde brachte die Vegetation hervor, und Gott sah, daß es gut war." Es ist kein Zufall, daß die Billigungsformel nach dem zweiten Werk fehlt, dem ersten unmittelbaren „Gott machte". Und nicht umsonst bezieht die Billigungsformel nach der Erschaffung des Menschen sich auf die Schöpfung als ganze. Der Ablauf: „Gott sprach: Laßt uns Menschen machen. Und Gott schuf den Menschen. Und Gott sah, daß es gut war", ginge am Sinn der Billigung vorbei.

G. v. Rad hat im Anschluß an F. Schwally diese Widersprüchlichkeit dahin gedeutet, daß in Gen 1 zwei unabhängige Schöpfungsberichte ineinander verflochten seien: ein „Befehlsbericht" und ein „Tatbericht".²⁵ Voraussetzung ist, daß die Vollzugsbestätigung „Und es geschah so" an die Stelle der Ausführung treten kann. Nur wenn וַיְהִי־כֵן die Ausführung des im Wort Befohlenen aussagt, läßt sich ein ehedem selbständiger Wortbericht aus dem Tatbericht herauslösen. Zugunsten dieser Möglichkeit läßt sich anführen, daß der Masoretentext beim dritten Werk, der Scheidung der Wasser, auf eine besondere Ausführung verzichten konnte. Allerdings ist der Tatbericht in der Septuaginta vorhanden. Man könnte ferner auf die Erschaffung des Lichts verweisen, wo die Wendung וַיְהִי־אוֹר „Es ward Licht" zweifellos die Entstehung des Lichts berichtete. Aber: וַיְהִי־אוֹר ist nicht וַיְהִי־כֵן.

Um einem Zirkelschluß zu entkommen, ist es geraten, die Beispiele heranzuziehen, in denen die Formel וַיְהִי־כֵן außerhalb von Gen 1 gebraucht wird: Ri 6,38; 2 Kön 7,20; 15,12. O.H. Steck hat das in großer Ausführlichkeit getan und dabei gefunden, daß die Formel nicht einfach besagt, daß das Wort eintrat, sondern herausstellt, „daß das vorangehende Wort in einem ebenfalls ... berichteten Geschehen eine ihm entsprechende, also folgerichtige Verwirklichung erfahren hat."²⁶ Die Formel betont die Entsprechung von Wort und Geschehen, tritt aber nicht an die Stelle des Geschehens. Damit ist ein selbständiger Wortbericht ausgeschlossen. Indessen folgt daraus nicht die literarische Einheitlichkeit. Steck fragt, „ob die Verwendung der Formel ... hier nicht aus Gründen einer überlieferungsgeschichtlichen Differenz zwischen vorgegebenen Tatschöpfungsaussagen und zugefügten Akzenten einer Schöpfung durch Gottes anordnendes Sprechen erfolgt ist, um diese Spannung im Sinne einer neuen Sacheinheit aufzuheben."²⁷

Die Entscheidung fällt an den Inkongruenzen zwischen Befehl und berichteter Ausführung. Es läßt sich zeigen, daß die Befehle die Ausführung voraussetzen und weiterführen. Sie tragen neue Gesichtspunkte ein. Gelegentlich verderben sie die genaue Ordnung, die den Tatbericht auszeichnet.

---

24 F. SCHWALLY, Die biblischen Schöpfungsberichte (ARW 9, 1906, 159-175) 162.
25 G. V. RAD, Die Priesterschrift im Hexateuch (BWANT IV, 13) 1934, 13.
26 Schöpfungsbericht, 35.
27 AaO 45.

Bei der Erschaffung der Vegetation unterscheidet der Tatbericht V. 12 das samenbildende Kraut von den Bäumen, die Früchte bilden, in welchen ihr Same ist. Im Befehl V. 11 wird der Relativsatz אֲשֶׁר זַרְעוֹ־בוֹ „in welchem sein Same ist" abgerückt, erweitert um עַל־הָאָרֶץ „auf der Erde" und auf das Ganze bezogen: Kraut und Bäume sind Arten, in welchen ihr Same ist auf der Erde. Offenbar soll damit der Gedanke der Mehrung unterstrichen sein. Die klare Einteilung aber ist verwischt.

Bei der Erschaffung der Gestirne beschränkt der Verfasser des Befehls V. 14-15 sich nicht darauf, daß Sonne und Mond Tag und Nacht beherrschen. Er weiß um die Bedeutung der Astronomie für den Kalender. Der Begriff מְאֹרֹת „Lichter" schließt für ihn auch die Sterne ein: den Tierkreis, der die Jahreszeit zeigt; die Fixsterne, die den Seefahrern als Zeichen dienen. Er vermeidet deshalb als Zielsetzung den Begriff מֶמְשֶׁלֶת „Herrschaft" und spricht allgemeiner von der *Scheidung* zwischen Tag und Nacht. Dafür hat selbstverständlich das erste Schöpfungswerk Pate gestanden – mit dem der Ergänzer ins Gehege gerät: Die Scheidung von Licht und Finsternis, nämlich Tag und Nacht, ist Gottes Werk, nicht Aufgabe der Gestirne. Im Anhang des Tatberichts gleicht ein törichter Zusatz V. 18a vollends an den Wortlaut des ersten Werkes an.

Bei der Erschaffung der Tiere setzt der Befehl beide Male einen neuen Oberbegriff: נֶפֶשׁ חַיָּה „lebendes Wesen" (V. 20.24), den der Verfasser der Erschaffung der Wassertiere entnehmen konnte (V. 21), der dort aber eine bestimmte Spezies betrifft.

Der Befehl zur Erschaffung der Menschen V. 26 gleicht den gestuften Text von V. 27 aus und bezieht den Herrschaftsbefehl aus dem späteren Segensspruch V. 28 bereits ein.

Die Beobachtungen erlauben, das Schema von Befehl, Vollzugsbestätigung und Billigung als ganzes herauszulösen. Gegen die Wiederherstellung eines bloßen Tatberichts spricht zuletzt nur, daß die Ausführung des dritten Werkes, die Scheidung von Land und Meer, im hebräischen Text fehlt. Doch ist diese Lücke wahrscheinlich sekundär. Wellhausen macht darauf aufmerksam, daß dem griechischen Text eine hebräische Vorlage zugrunde liegt, „wie der auf τὸ ὕδωρ (hebräisch Plural) bezügliche Plural αὐτῶν in v. 9 klar beweist."[28] Eine bloße Spiegelung des vorangehenden Befehls ist ausgeschlossen. Dort steht für den Ort des Wassers אֶל־מָקוֹם אֶחָד „an einen Ort", hier εἰς τὰς συναγωγὰς αὐτῶν „in seine Sammelbecken", was auf hebräisches אֶל־מִקְוֵיהֶם zurückweist. Die Vorlage dürfte der Urtext sein.

IV

Der Schöpfungsbericht, der am Beginn der Entwicklung von Gen 1 gestanden hat, beruht auf einer schriftlichen Quelle, die der Verfasser der Priesterschrift für den Anfang seines Werkes verwendet hat. Das Indiz ist die Toledotformel: „Das ist die Entstehung von Himmel und Erde, als sie geschaffen wurden", die den Bericht im heutigen Zusammenhang beschließt. Sie stammt wie alle diese Formeln

---

28 WELLHAUSEN, Composition, 184.

von der Hand des priesterlichen Redaktors, der mit ihnen sein Geschichtswerk nach Epochen gegliedert hat. Gehört sie zum ältesten Textbestand, muß dieser ebenfalls vom Verfasser der Priesterschrift herrühren, setzt sie sich hingegen von ihm ab, war der Schöpfungsbericht – wenigstens sein Kern – vorgegeben.

Seit Ilgen wird vermutet, die Toledot-Formel habe ursprünglich die Überschrift gebildet, wie sie es in allen anderen Fällen tut.[29] Erst der „Sammler", nach heutigem Begriff die Endredaktion, habe sie an ihre Stelle zwischen erstem und zweitem Schöpfungsbericht gerückt. Indessen ist ein Grund für die mutmaßliche Umstellung nicht zu sehen. Auch weist die Umstandsbestimmung בְּהִבָּרְאָם „als sie geschaffen wurden" auf den vorangehenden Bericht, insbesondere auf den Wortlaut der Überschrift 1,1 zurück. Die Toledot-Formel des Schöpfungsberichts war immer Unterschrift.[30]

Als solche bildet sie ein Doppel zu der Unterschrift „So wurden vollendet Himmel und Erde und ihr ganzes Heer", die ihr in 2,1 vorausgeht. Die Naht ist sichtbar. Diese erste Unterschrift muß der Toledot-Unterschrift vorgegeben gewesen sein. Wenn die Toledot-Formel mit בְּהִבָּרְאָם zugleich auf die Überschrift zurückgreift, ist diese ebenfalls literarisch vorangegangen. Die Überschrift „Am Anfang schuf Gott Himmel und Erde" und die Unterschrift „So wurden vollendet Himmel und Erde und ihr ganzes Heer" bilden einen vorredaktionellen Rahmen. Der gerahmte Bericht lautete:

> Am Anfang schuf Gott Himmel und Erde. Die Erde aber war wüst und öde.
> Da schied Gott das Licht von der Finsternis. Und Gott nannte das Licht Tag, die Finsternis aber nannte er Nacht.
> Und Gott machte die Feste und schied das Wasser unter der Feste von dem Wasser über der Feste. Und Gott nannte die Feste Himmel.
> Und das Wasser unter dem Himmel sammelte sich in seine Sammelbecken, und das Trockene wurde sichtbar. Und Gott nannte das Trockene Erde, das Sammelbecken des Wassers aber nannte er Meer.
> Und die Erde brachte Grün hervor: Kraut, das Samen bildet, nach seinen Arten, und Gehölz, das Frucht trägt, in welcher sein Same ist, nach seinen Arten.
> Und Gott machte die beiden großen Lichter: das große Licht zur Herrschaft über den Tag und das kleine Licht zur Herrschaft über die Nacht, und die Sterne. Und Gott setzte sie an die Himmelsfeste, zu leuchten auf die Erde.
> Und Gott schuf die großen Seeungeheuer und alle lebenden Wesen, die sich regen, von denen das Wasser wimmelt, nach ihren Arten und alle geflügelten Vögel nach ihren Arten.
> Und Gott machte das Wild des Landes nach seinen Arten und das Vieh nach seinen Arten und alle Kriechtiere des Erdbodens nach ihren Arten.
> Und Gott schuf den Menschen in seiner Gestalt.
> So wurden vollendet Himmel und Erde und ihr ganzes Heer.

Mit der Deutung der Überschrift hat die Exegese sich viel Mühe gemacht, wozu die Vorstellung der Creatio ex nihilo und eine übertriebene, dem alttestamentlichen Denken fremde Logik das meiste beitrugen. Die Entsprechung von Über-

---

29 ILGEN, Urkunden (s. Anm. 13), 4. 351-358.
30 Die nächstfolgende und ebenfalls in ihrer Art ungewöhnliche Toledot-Formel זֶה סֵפֶר תּוֹלְדֹת אָדָם „Das ist die Liste der Nachkommenschaft Adams" (5,1) dürfte deshalb so betont vorausweisen, weil in der noch selbständigen Priesterschrift die beiden Toledot-Formeln aufeinandergetroffen sind.

schrift und Unterschrift als Rahmen gibt die Handhabe, das Problem zu lösen. Sie zeigt, daß die Aussage „Am Anfang schuf Gott Himmel und Erde" nicht einen ersten Schöpfungsakt betrifft, eine Creatio immediata, die den chaotischen Stoff geschaffen hätte, aus dem in der Creatio mediata die geordnete Welt hervorgegangen wäre. Sie umgreift vielmehr den Bericht als ganzen, wie auch der Begriff „Himmel und Erde" im Hebräischen das Ganze der Welt begreift. Folglich muß auch die Zeitangabe „am Anfang" den ganzen Schöpfungsbericht betreffen, nicht etwa, wie Raschi vorschlug, nur die Erschaffung des Lichts, der daraufhin alles, was zwischen בְּרֵאשִׁית „am Anfang" und וַיֹּאמֶר אֱלֹהִים „sprach Gott" steht, als Parenthese verstand.[31] Diese Folgerung fällt um so leichter, als die Schöpfung nur genealogisch nach acht Akten, nicht aber zeitlich nach sechs Tagen gegliedert war. Von בְּרֵאשִׁית abgesehen, fehlt der zeitliche Aspekt. Es geschieht alles „am Anfang".

Die Quelle ist ein Stück spekulative Naturerklärung, θεωρία im Sinne der eindringenden Beobachtung, man kann sagen: frühe Naturwissenschaft. Die vorsokratische Philosophie unterscheidet sich lediglich im Grade der Abstraktion. Während nach der überlieferten Deutung Thales von Milet und seine Nachfolger nach dem Urstoff fragen, nehmen die Orientalen den Stoff als gegeben. Die ungeschaffene Welt wird gedacht als die Negation der vorhandenen Welt, als בְּטֶרֶם „noch nicht". Wir kennen dieses „noch nicht" aus dem Anfang des jahwistischen Schöpfungsberichts (Gen 2,5). Sein Vorbild hat es in dem babylonischen Weltschöpfungsepos Enuma elisch[32] und in ägyptischen Kosmogonien.[33] Gen 1 sagt es so: Die Erde vor der Schöpfung war תֹהוּ וָבֹהוּ. Das deutet sich im Rückschluß als „ungeschiedenes Durcheinander und Abwesenheit der Kreatur", kurz: als das Chaos.

Wellhausen hat mit dem Blick für das Wesentliche den Ablauf beschrieben: Der Verfasser „will ohne Zweifel den tatsächlichen Hergang der Entstehung der Welt naturgetreu schildern, er will eine kosmogonische Theorie geben. ... Er sucht die Dinge so wie sie jetzt sind aus einander abzuleiten; ... Nimmt man ... das Chaos als gegeben, so ist von hier aus das Ganze entsponnen; alles Folgende ist Reflexion, systematische Konstruktion, der man mit leichter Mühe nachrechnen kann. ... Die Anordnung der zu erklärenden Dinge, die Classifikation, gilt ... für die Erklärung selbst."[34] „Der Urstoff enthält unterschiedslos alle Einzelwesen in sich, aus ihm geht stufenweise die geordnete Welt hervor, und zwar durch Entmischung ... Das chaotische Urdunkel weicht dem Gegensatze von Licht und Finsternis, das Urwasser wird durch das Himmelsgewölbe geteilt in das himmlische, woraus die unseren Blicken entzogene Welt jenseit des Firmaments konkrescirt, und in das irdische; die letztere endlich wird aus schlammiger Mischung zu Meer und Land geschieden, worauf alsbald das Land sein grünes Kleid anzieht. Die so

---

31 Raschis Pentateuchkommentar. Vollständig ins Deutsche übertragen von S. BAMBERGER, ³1935, 1f.
32 AOT 109; ANET 60f; W. BEYERLIN (Hg.), Religionsgeschichtliches Textbuch zum Alten Testament (GAT 1) 1975, 108 (H. SCHMÖKEL).
33 Vgl. bes. die Lehre von Hermopolis in der Darstellung von K. SETHE, Amun und die acht Urgötter von Hermopolis (APAW.PH 1929 Nr. 4) § 120-124 (S. 61-63).
34 J. WELLHAUSEN, Prolegomena zur Geschichte Israels, ⁶1905, 296f.

entstandenen Elemente, Licht Himmel Wasser Land, werden darauf, etwa in der Ordnung wie sie geschaffen sind, mit Einzelwesen belebt".[35]

Die Ableitbarkeit schließt nicht aus, daß die Spekulation im Erbe altorientalischer Weltschöpfungsvorstellungen steht. Am nächsten steht der Bericht des babylonischen Marduk-Priesters Berossos, der sich bei Euseb erhalten hat. „Es habe, so sagt er, eine Zeit gegeben, in welcher das All Finsternis und Wasser war ... Da habe Bêl, den man mit Ζεύς übersetzt, die Finsternis mitten durchgeschnitten und so Erde und Himmel voneinander geschieden und die Welt geordnet."[36] Ähnlich der Anfang des Enuma elisch: „Als droben der Himmel nicht genannt, drunten der Grund nicht benamt war, als der uranfängliche Apsu, ihr Erzeuger, und Mummu-Tiamat, die lebenspendende, ihre Wasser in eins mischten".[37] Hier ist auch der Zusammenhang von Scheidung und Benennung belegt, der die ersten drei Werke des biblischen Berichts, die Opera distinctionis, vor den anderen auszeichnet. Der hohe Grad der Abstraktion läßt freilich die Vorgänger eher erahnen als triftig belegen. Die Gattung der Mythe ist verlassen.

Der Bericht ist sich der Abstraktion bewußt und darin erstaunlich modern. Er will die Entstehung der Welt insgesamt darstellen: Himmel und Erde und ihr ganzes Heer, zählt aber nur wenige Akte der Scheidung und Belebung auf. Das geschieht nicht exemplarisch wie im Mythos, sondern nach Kategorien – nach Art der im Alten Orient verbreiteten Listenwissenschaft. In den ersten drei Akten vollzieht sich die grundlegende Einteilung der Welt in Licht und Finsternis, himmlischen und irdisch/unterirdischen Ozean sowie bewohnbares Festland. Die Wesen, die sodann Himmel und Erde beleben, werden nicht im einzelnen benannt, vielmehr „nach ihren Arten" klassifiziert: die Vegetation (דֶּשֶׁא) nach nicht holzenden und holzenden Pflanzen, die sich zugleich nach samenbildenden und Früchte bildenden einteilen, die Tierwelt nach den Biotopen: Wassertiere und Vögel, Wild, Vieh und Gewürm. Der Unterschied zu den modernen Systemen der Botanik und Zoologie ist kein grundlegender. Nur die Seeungeheuer (תַּנִּינִם) werden nicht „nach ihren Arten" aufgeführt, da sich diese Fabeltiere, die größten Wesen unter dem Himmel, der Kategorisierung entziehen. Selbst für Sonne und Mond ist ein Oberbegriff gefunden: Sie sind מְאֹרֹת „Lichter", nämlich das große und das kleine Licht. Und der Mensch tritt nicht als individueller Urmensch, sondern als Gattungswesen auf. Werden Pflanzen und Tiere „nach ihren Arten" geschaffen, so der Mensch „in seiner Gestalt".

Wellhausen sagt mit feinem Spott: „Die geheime Wurzel ... der sichtlichen Vorliebe, welche die weiland historisch-kritische Theologie für Gen. 1 gehegt hat, scheint da zu liegen, daß man sich selber für das was die Bibel sagt verantwortlich fühlt und sich darum freut, wenn sie möglichst wenig behauptet, was gegen die allgemeine Bildung verstößt."[38] Warum Gen 1 so unanstößig ist, liegt zutage: Die Urgestalt ist kein im engeren Sinne theologischer Text.

---

35 AaO 295.
36 AOT 137. Vgl. P. SCHNABEL, Berossos und die babylonisch-hellenistische Literatur, 1923, 254f.; FrGrHist III C, 1958, Nr. 680 (S. 370-373).
37 S. Anm. 32.
38 WELLHAUSEN, Prolegomena, 307.

V

Der Verfasser der *Priesterschrift* hat daran zunächst wenig geändert. Die sprachlichen Berührungen mit dem Gesamtwerk zeigen, daß auf ihn außer der Toledot-Unterschrift die Segenssprüche über die Wassertiere und Vögel und über die Menschen zurückgehen. Das Speisegebot ist späterer Nachtrag.

Die Zurückhaltung versteht sich bei einem Blick auf das Geschichtswerk als ganzes. Im Zentrum der Priesterschrift steht die Einrichtung des Kultes in der sinaitischen Stiftshütte sowie der Weg in das verheißene Land. Beidem geht voraus die Erwählung Abrahams und seiner Nachkommen zu Gottes Bundesvolk, die Verheißung von Mehrung und Land und die Befreiung aus Ägypten. Ein erster Bundesschluß folgt auf die Sintflut, die sich vor dem Hintergrund der Gerichtsprophetie als verschlüsselte Darstellung des Untergangs Judas erweist.[39] Wenn Gott am Ende der Flut verheißt, eine Katastrophe wie diese nicht zu wiederholen, stellt sich die Geschichte des Gottesvolkes schon seit der Urzeit als Neuanfang dar (Gen 9,9.11aβb). Ein zweiter Neuanfang ist die Berufung Abrahams mitten in der Zerstreuung des Fremdlandes (Gen 17,6-8), ein dritter die wunderbare Herausführung des Volkes unter Mose (Ex 6,4-7), ein vierter die Begründung des Kultes am Sinai (Ex 29,44a.45-46). Zuletzt erleben wir das Volk auf dem Weg in das Land, der freilich gegen heftige Widerstände von Jahwe und Mose durchgesetzt werden muß. Es gibt Anzeichen, daß die Priesterschrift sich an die jüdische Diaspora wendet und deren Übersiedlung in das Land Jahwes propagiert.[40]

Die Weltschöpfung ist kein unmittelbarer Bestandteil dieses Programms. Sie stellt den notwendigen universalen Rahmen, innerhalb dessen die Aussage der Erwählung möglich wird. Der Segen, der auf die Mehrung zielt, hebt das hervor. Durch Gottes Zutun füllt die ganze Welt sich mit Wesen: Tieren wie Menschen. Alle sind seine Geschöpfe.

In diesem Zuge ist die besondere *Anthropologie* des Schöpfungsberichts entstanden: als Voraussetzung für den Bund, den Gott mit seinem Volk schließen wird. Sie schildert den Menschen als Gottes verantwortliches Gegenüber. Auch der Gedanke der Erwählung spielt schon hinein: Dem Menschen wird die Herrschaft über die übrige Kreatur zugesprochen. Er wird ihr vorgezogen.

Die Erschaffung des Menschen ist in einem auffallenden Dreischritt berichtet: „Gott schuf den Menschen in seiner Gestalt. In der Gestalt *Gottes* schuf er ihn. Männlich und weiblich schuf er *sie*." Dreimal steht das Prädikat וַיִּבְרָא oder בָּרָא „er schuf". Es sind drei vollständige, stufenweise aufeinander aufbauende Sätze. Karl Barth beobachtet eine „geradezu definitionsmäßige Erklärung des Textes selbst".[41] Wäre er in einem Zuge geschrieben, sollten wir folgenden Wortlaut vorfinden: „Gott schuf den Menschen männlich und weiblich in Gottes Gestalt". Nicht umsonst zieht die Septuaginta בְּצַלְמוֹ „in seiner Gestalt" und בְּצֶלֶם אֱלֹהִים „in der Gestalt Gottes" ineins: κατ' εἰκόνα θεοῦ. Zuvor schon hat der Wortbericht

---
39 Vgl. R. SMEND, „Das Ende ist gekommen". Ein Amoswort in der Priesterschrift (1981; in: DERS., Die Mitte des Alten Testaments. Exegetische Aufsätze, 2002, 238-243).
40 Vgl. LOHFINK, Die Priesterschrift und die Geschichte (s. Anm. 19).
41 K. BARTH, Die Kirchliche Dogmatik III/1, 1945, 219.

in ähnlicher Weise geglättet: נַעֲשֶׂה אָדָם בְּצַלְמֵנוּ „Laßt uns Menschen machen in unserer Gestalt".

Die erste Aussage liegt den weiteren zugrunde: „Gott schuf den Menschen in seiner Gestalt". Die zweite expliziert das Suffix בְּצַלְמוֹ: „In seiner Gestalt" bedeutet „in Gottes Gestalt" (בְּצֶלֶם אֱלֹהִים). In der Tat ist der Wortlaut mehrdeutig: בְּצַלְמוֹ könnte sich, wie das לְמִינֵהוּ „nach seinen Arten" der übrigen Schöpfungswerke, auch auf das Objekt des Satzes beziehen: „Gott schuf den Menschen in seiner, in des Menschen Gestalt." Der Zusatz stellt also die Gottesebenbildlichkeit ausdrücklich als Sinn des Textes heraus. Vielleicht führt er sie eisegetisch erst ein.

Mit dieser Festlegung ist eine Schwierigkeit gegeben: Der Mensch als Ebenbild des einen Gottes hat eine zweifache Gestalt. Nur so ist er imstande, den Mehrungszuspruch zu empfangen und wahrzunehmen. Deshalb trägt der dritte Satz den Gedanken bei: „Männlich und weiblich schuf er sie" – und erst dieses „sie" (אֹתָם) empfängt den Segen: „Und Gott segnete *sie* und sprach zu *ihnen*." Ungewollt ist damit ausgesagt, daß auch Gottes Gestalt sowohl männlich als weiblich, Gottes Genus, nicht anders als das Genus des Menschen als Gattungswesen, das Genus commune ist.

Die Gottesebenbildlichkeit des Menschen ist keine genuin alttestamentliche Vorstellung. Vereinzelt findet sie sich in den Schöpfungsmythen der Umwelt. Verbreitet ist sie in der Königsideologie, insonderheit in Ägypten.[42] Der Pharao gilt als das Abbild der Gottheit, das von Gott mit der Herrschaft belehnt wurde und Gott auf der Erde vertritt. Amon-Re sagt zu Amenophis III.: „Du bist mein geliebter Sohn, aus meinen Gliedern hervorgegangen, mein Ebenbild, das ich auf die Erde gegeben habe. Ich habe dich die Erde in Frieden beherrschen lassen."[43] Indem die Anthropologie des priesterschriftlichen Schöpfungsberichts diese Vorstellungen aufnimmt, ist sie königliche Anthropologie. Sie bereitet die Verheißung an Abraham vor: Könige sollen aus deinen Lenden hervorgehen (Gen 17,6; 35,11). Sie läßt zugleich erkennen, daß die Aufforderung: „Macht euch die Erde untertan!", von der Vorstellung der Gottesebenbildlichkeit nicht getrennt werden kann. Die Würde des Menschen ist gleichbedeutend mit der Pflicht, sein Regiment über die Welt vor Gott als dem Geber des Lebens zu verantworten. Wie das zu verstehen ist, zeigt die Sintflut: Die ganze Kreatur wird in Mitleidenschaft gezogen, aber allein der Mensch ist Gottes schuldfähiges Gegenüber.

VI

Die im engsten Sinne theologische Aussage von Gen 1 ist durch jene Bearbeitung hinzugekommen, die man als „Wortbericht" zu bezeichnen pflegt. Sie erst hat den Rhythmus des Berichts, ja überhaupt die Vorstellung des schrittweisen Schöpfungswerkes hervorgebracht – wo der ältere Tatbericht in den anfänglichen

---

42 Zahlreiche Belege bei SCHMIDT, Schöpfungsgeschichte (s. Anm. 6), 137-139.
43 W. HELCK, Urkunden der 18. Dynastie. Übersetzung zu den Heften 17-22 (Urkunden des ägyptischen Altertums. Deutsch) 1961, Nr. 569 (S. 208).

Scheidungen den Kampf und bei der spontanen Entstehung des Festlands und der Vegetation die Selbstemanation der Natur noch erahnen läßt. Erst nachdem das Wort hinzugetreten ist, kann man ohne Einschränkung von Schöpfung im Sinne der freien Tat des einen Gottes sprechen – der Begriff hängt weder an dem Verb ברא „schaffen", das zwar dem analogielosen Handeln Gottes vorbehalten sein mag, aber ohne weiteres parallel zu dem gewöhnlichen עשׂה „tun, machen" gebraucht wird, noch an der Schöpfung aus dem Nichts, die der Bericht in keiner seiner Fassungen kennt.

Genau genommen besteht die Zutat der Bearbeitung in einem Einzigen: Sie schickt in achtmaligem Rhythmus der Tat den Befehl voraus. Wesentlich für das *theologische* Verständnis dieser Aussage ist die *literarkritische* Einsicht, daß das Wort der Tat voraus-gesetzt worden ist. Mit dem Schöpfungsbefehl wird nachträglich die Voraussetzung des Seins sub specie Dei begriffen und benannt. Schöpfung bedeutet, daß das Factum nicht an sich existiert, sondern weil ihm das Verbum vorausgeht. Das achtfache Werk zeigt zudem, daß diese Voraussetzung nicht ein für allemal gilt, sondern mit jedem Schritt des Seins von neuem. Immer neu wird dem „Es wurde" das „Es sei" als Zuspruch und Anspruch vorausgesetzt. Indem es auf solche Weise nicht an und für sich ist, sondern mit seinem Sein einem Zuspruch und Anspruch entspricht, ist dem Seienden zugleich das Maß gesetzt: Es ist gut.

Man kann erneut nach altorientalischen Entsprechungen fahnden. Im Enuma elisch stellt Marduk seine Eignung zum Götterkönig unter Beweis, indem auf seinen Befehl hin *lumāšu*, eine bestimmte Tierkreis-Konstellation, am Himmel erscheint und wieder verschwindet.[44] Deutlicher auf die Weltschöpfung bezogen ist die memphitische Götterlehre, nach der der Schöpfergott Ptah in seinem Herzen den Entwurf aller Dinge entstehen läßt, den seine Zunge sodann in die Form des Befehls überträgt.[45] Mit dieser Vorstellung erhebt die Priesterschaft von Memphis ihren Geltungsanspruch, wenn sie die geschaffene Welt auf das Planen und Wollen ihres Gottes Ptah zurückführt.[46] Indessen ist der Unterschied zu Gen 1 sofort deutlich: Im biblischen Schöpfungsbericht muß die Souveränität Gottes nicht begründet werden. Das Motiv des Wortes dient nicht dem Nachweis, *daß* Gott Himmel und Erde geschaffen hat, sondern führt aus, *wie* er es getan hat. Das unterscheidet Gen 1 auch von der Apologetik Deuterojesajas. Gen 1 handelt zuletzt auch nicht von dem selbstschöpferischen Wort – der Tatbericht bleibt die Grundlage.[47] Er handelt von Gottes Wort als der Voraus-Setzung des Seins.

Es liegt auf der Hand, wo man suchen muß, um die Entstehung dieser Theologie zu begreifen: in der alttestamentlichen Prophetie, der die Priesterschrift einschließlich ihrer Bearbeitungen in viel tieferer Weise verpflichtet ist, als ihr Name,

---

44 Enuma elisch IV 19-26. AOT 117; ANET 66; zur Lesart vgl. AHw 563.
45 AOT 5f; ANET 4-6; M. LICHTHEIM, Ancient Egyptian Literature I, Berkeley /Los Angeles /London 1973, 54f; BEYERLIN, Religionsgeschichtliches Textbuch (s. Anm. 32), 31f.
46 Entsprechende Aussagen sind sehr verbreitet, vgl. L. DÜRR, Die Wertung des göttlichen Wortes im Alten Testament und im Alten Orient (MVÄG 42,1) 1938, 22-37. Letzten Endes haben sie die unbedingte Befehlsgewalt des Königs zum Vorbild.
47 Das wird anders, sobald der vorliegende Text von Gen 1 als Einheit gelesen wird. So in Ps 33,4.6-7.9.11.

den die Exegeten ihr beigelegt haben, erwarten läßt. Und zwar liegen die Gründe nicht in der Prophetie in actu, sondern in dem von der Prophetie *hinterlassenen* Gotteswort, nämlich in der Wort-Bezogenheit des nachexilischen Glaubens. Die nachexilische Gemeinde lebte in der Spannung zwischen überliefertem Wort, insbesondere dem Wort der Verheißungen, und der ausstehenden Erfüllung. Inhalt der Erwartung war das Wiedererstehen des judäischen Königtums, die Rückführung der Exulanten und die Sammlung der Diaspora, die Gewißheit der Gottesnähe im Heiligtum, die Sicherheit des Landes, Brot die Fülle, der ewige Friede, schließlich all das, was Menschen hoffen können, bis hin zu einem neuen Himmel und einer neuen Erde. All das sah man in den Worten der Propheten durch Jahwe vorausgesagt. Doch wie konnte dieser Glaube angesichts der ausbleibenden Erfüllung bestehen?

Zu seiner Vergewisserung hat sich eine regelrechte Theologie des Wortes entwickelt. An ihrem Beginn stand der Begriff „Wort Jahwes" (דְּבַר־יהוה), dessen Entstehung sich seit der exilischen Zeit in der jeremianischen Tradition beobachten läßt.[48] Seither können die Worte der Propheten als „Wort Jahwes" überschrieben oder zitiert sein. Sodann galt es, die Wirksamkeit dieses Wortes hervorzuheben. Jahwe wacht darüber, es zu tun (Jer 1,12). Es ist wie der Regen, der vom Himmel fällt und die Erde feuchtet und fruchtbar macht (Jes 55,10f). Es ist von unwiderstehlicher Gewalt wie das Feuer und wie ein Hammer, der Felsen zerschmeißt (Jer 23,29).

Schwerer als solche Bilder wiegt für die Hoffnung der Nachweis, daß das Wort tatsächlich eingetreten ist: die Entsprechung von ergangenem Wort und Geschehen. „Heute ist dieses Wort erfüllt vor euren Ohren" – und darum kann euer Glaube gewiß sein und ist eure Hoffnung gegründet. So läßt sich in den Königebüchern eine planmäßige Bearbeitung beobachten, die den berichteten Geschehnissen Schritt für Schritt ein Jahwewort voraus-setzt, etwa durch den Mund Elias oder durch einen Propheta ex machina, um sodann festzustellen, daß dieses Wort sich genau so erfüllt habe: וַיְהִי־כֵן.[49] Die gesamte Heilsgeschichte der vorstaatlichen Zeit gerät unter das Resümee: „Kein einziges Wort ist dahingefallen von allem guten Wort, das Jahwe geredet hat zu dem Haus Israel. Alles ist eingetreten" (Jos 21,45; vgl. Jos 23,14; 1 Kön 8,56).

Wenn aber jedem Wort Jahwes die Erfüllung sicher folgt, lautet ein einfacher Rückschluß, daß jeder Tat Jahwes das Wort Jahwes vorausgeht: „Der Herr Jahwe tut gar nichts, ohne daß er seinen Ratschluß seinen Knechten, den Propheten, enthüllt hätte" (Am 3,7). Von hier ist ein winziger Schritt zu der Folgerung, daß alles, was durch Gottes Willen ist, in der Entsprechung von vorausgehendem Wort und erfüllendem Sein existiert: *Im Anfang war das Wort.* Es ist diese Theologie, die in Gen 1 zum Text geworden ist. Aus ihr ist die jüdische Vorstellung der Präexistenz der Tora ebenso hervorgegangen wie die Präexistenz des johanneischen Logos.

---

48 Vgl. CH. LEVIN, Die Verheißung des neuen Bundes (FRLANT 137) 1985, 150-152.
49 Vgl. W. DIETRICH, Prophetie und Geschichte (FRLANT 108) 1972; R. SMEND, Das Wort Jahwes an Elia (1975; in: DERS., Die Mitte des Alten Testaments [s. Anm. 39], 203-218); CH. LEVIN, Erkenntnis Gottes durch Elia (unten 157-167). Die von STECK, Schöpfungsbericht (s. Anm. 22), herangezogenen Belege 2 Kön 7,20; 15,12 gehören in diesen Zusammenhang.

Es ist am Ende eine theologische Konsequenz, daß der Präexistenz des Wortes die Postexistenz an die Seite tritt. Wenn der Zuspruch und Anspruch Gottes allem Seienden vorausgeht, erschöpft er sich in der Verwirklichung nicht. Er geht ihm auch dann voraus, wenn es geworden ist, und auch wenn das Gewordene nicht mehr ist, bleibt sein Vorsprung bestehen. Die junge Christenheit hat ihrem Herrn das Wort in den Mund gelegt: „Himmel und Erde werden vergehen; meine Worte aber werden nicht vergehen" (Mk 13,31 parr.). Dem kann man im Alten Testament an die Seite stellen: „Alles Fleisch ist Gras, und all seine Pracht ist wie die Blume des Feldes. Das Gras verdorrt, die Blume verwelkt, doch das Wort unsres Gottes bleibt in Ewigkeit" (Jes 40,6b-7aα.8b).

Gerechtigkeit Gottes in der Genesis[1]

Unter dem Stichwort „Der göttliche Pragmatismus der heiligen Geschichte und seine Ausgeburten" schildert Wellhausen in den *Prolegomena* die bekannte Neigung der Chronik, das geschichtliche Geschehen dem Gesichtspunkt der Gerechtigkeit Gottes zu unterwerfen.[2] „In dem Reiche Jahves wirkt nicht ein natürlicher und menschlicher, sondern der göttliche Pragmatismus. Ihn zum Ausdruck zu bringen, dazu sind die Propheten da ...; sie verknüpfen die Taten der Menschen mit den Ereignissen des Weltlaufs und benutzen die heilige Geschichte ... als Beispielsammlung für die prompteste Wirksamkeit der Gerechtigkeit Jahves ..., indem sie nach der Schablone Glück oder Unglück in Aussicht stellen, je nachdem das Gesetz treulich erfüllt oder vernachlässigt worden ist. Natürlich treffen ihre Weissagungen immer genau ein, und es ergibt sich somit ein ganz wunderbarer Einklang zwischen innerem Wert und äußerem Ergehn. Nie bleibt auf die Sünde die Strafe aus und nie mangelt dem Unglück die Schuld."[3]

Die Gestaltung der Geschichte nach der Norm der Gerechtigkeit Gottes ist von so grundsätzlicher Bedeutung gewesen, daß sie sich nicht auf die Chronik beschränkt hat, wo anhand des Vergleichs mit den literarischen Vorlagen der Sachverhalt offenkundig ist; sie hat auch das vorchronistische Geschichtswerk von Genesis bis Könige nicht unberührt gelassen. An zahlreichen Stellen des Enneateuchs finden sich literarische Nachbesserungen, die das Geschehen unter die Regel stellen, daß das Geschick des Menschen der Spiegel seines gehorsamen oder ungehorsamen Verhaltens ist.

Es soll damit nicht bestritten sein, daß der „Zusammenhang von Tun und Ergehen", um den es sich hier natürlich handelt, im alten Israel nicht anders als im gesamten Alten Orient seit je geläufige Überzeugung gewesen ist. Das belegt die alttestamentliche Weisheit. Indessen, wo diese Kausalität sich in den Erzählungen des Alten Testaments wiederfindet, hat in den meisten Fällen die spätalttestamentliche Frömmigkeit die Feder geführt. Deren größte Anfechtung war, wenn es dem Gerechten schlecht, dem Frevler aber wohlerging. Sie hat darum den Lauf der Welt dort, wo er ihr in die Hand gegeben war, nämlich in der schriftlichen Überlieferung, entschlossen im Sinne der gewünschten Lenkung Gottes korrigiert. Anders als in der Chronik wird der „göttliche Pragmatismus" in der Regel nicht mittels prophetischer Vorhersage eingefügt, sondern gestaltet das Geschehen unmittelbar – sei es, daß dem Frevel oder der Guttat die Strafe beziehungsweise das Wohlergehen hinzugefügt, sei es, daß dem Glück oder dem Unglück der Gehorsam oder der Frevel vorangeschickt werden. Die Korrektur der überlieferten Tatsachen dürfte von den Bearbeitern nicht als solche empfunden worden sein. Der Midrasch nährte sich von der Überzeugung, die tatsächlichen Beweg-

---

1 Vorgetragen am 29. Juli 1999 auf dem 48. Colloquium Biblicum Lovaniense in Löwen.
2 J. WELLHAUSEN, Prolegomena zur Geschichte Israels, [6]1905, 198-205; vgl. das Inhaltsverzeichnis S. VII.
3 AaO 198.

gründe des Geschehens ans Licht zu bringen.⁴ Es hätte einfach dem Wesen Gottes, wie man es verstand, widersprochen, wenn er nicht nach den Vorgaben der Gerechtigkeit gehandelt hätte.

Das geschilderte Interesse ist in der Spätzeit so stark und so verbreitet gewesen, daß die Zusätze keine einheitliche literarische Schicht bilden. Die gemeinsame Tendenz erlaubt gleichwohl, von einer „Theodizee-Bearbeitung" des Enneateuchs zu sprechen. Ich beschränke mich auf vier Beispiele aus dem Buch Genesis.

I

Eine Art dialogische Abhandlung zum Thema ist das *Gespräch Abrahams mit Jahwe* vor der Zerstörung von Sodom. Wellhausen hat die Szene als Zusatz erkannt: „Ich denke wenigstens, dass ursprünglich 18,22a und 18,33b an einander schlossen, in folgender Weise: ‚und die Männer wendeten sich von dannen und gingen nach Sodom, und Abraham kehrte zurück an seinen Ort'."⁵ Der literarische „Joint" וַיִּפְנוּ מִשָּׁם הָאֲנָשִׁים וַיֵּלְכוּ סְדֹמָה וְאַבְרָהָם שָׁב לִמְקֹמוֹ 18,22a.33b bildet seinerseits Teil des redaktionellen Rahmens V. 16b.22a.33b, der den Prolog zur Zerstörung von Sodom V. 20-21 zwischen die Szene von Abrahams Gastmahl 18,1-16a* und die Gastszene bei Lot 19,1ff. eingebunden hat: וַיָּקֻמוּ מִשָּׁם הָאֲנָשִׁים וַיַּשְׁקִפוּ עַל־פְּנֵי סְדֹם וְאַבְרָהָם הֹלֵךְ עִמָּם לְשַׁלְּחָם ... וַיִּפְנוּ מִשָּׁם הָאֲנָשִׁים וַיֵּלְכוּ סְדֹמָה וְאַבְרָהָם שָׁב לִמְקֹמוֹ „Und die Männer machten sich auf von dort und richteten ihre Blicke auf Sodom. – Abraham aber ging mit ihnen, sie zu entlassen. ... Und die Männer wandten sich von dort und gingen nach Sodom, Abraham aber kehrte zurück an seinen Ort." Da der Prolog vom Jahwisten stammt, wie die Übereinstimmung mit dem Flutprolog 6,5-8* klar beweist, ist der zugehörige Rahmen ebenfalls redaktionell. Das Gespräch aber, das diesen Rahmen unterbricht, muß nachjahwistischer Zusatz sein. Sein eigener Handlungsrahmen V. 22b.33a וְאַבְרָהָם עוֹדֶנּוּ עֹמֵד לִפְנֵי יהוה ... וַיֵּלֶךְ יהוה כַּאֲשֶׁר כִּלָּה לְדַבֵּר אֶל־אַבְרָהָם „Abraham aber stand noch vor Jahwe. ... Und Jahwe ging, sobald er aufgehört hatte, zu Abraham zu reden" bildet eine formvollendete „Ringkomposition"⁶ und läßt das Handwerk des Ergänzers gut erkennen. Zwar hat Martin Noth in der „ältere(n) uns bekannte(n) Erörterung des Gegenstandes der Gerechtigkeit Gottes auf alttestamentlichem Boden" einen wichtigen Schlüsseltext für die Theologie des Jahwisten gesehen,⁷ und Hans Walter Wolff ist ihm gefolgt.⁸ Doch schon für Wellhausen und Gunkel⁹ galt die späte Herkunft als sicher.¹⁰

---

4 Vgl. I.L. SEELIGMANN, Voraussetzungen der Midraschexegese (in: Congress Volume Copenhagen 1953 [VT.S 1] 1953, 150-181).
5 J. WELLHAUSEN, Die Composition des Hexateuchs, ⁴1963, 25.
6 Vgl. W. RICHTER, Exegese als Literaturwissenschaft, 1971, 70f.
7 M. NOTH, Überlieferungsgeschichte des Pentateuch, 1948, 258f.
8 H.W. WOLFF, Das Kerygma des Jahwisten (1964; in: DERS., Gesammelte Studien zum Alten Testament [TB 22] 1973, 345-373) 362. Vgl. R. KILIAN, Die vorpriesterlichen Abrahamsüberlieferungen (BBB 24) 1966, 109.
9 H. GUNKEL, Genesis (HK I 1) ³1910, 203.
10 In neuerer Zeit hat L. SCHMIDT, „De Deo" (BZAW 143) 1976, dieser Sicht zum Recht verholfen.

Der Dialog hatte nicht von Anfang an die heutige Länge. Der Neuansatz in V. 29 וַיֹּסֶף עוֹד לְדַבֵּר אֵלָיו וַיֹּאמַר „Er fuhr noch weiter fort mit ihm zu reden und sprach" ist zu breit. Auch wechselt das Argument. In V. 28 führt Abraham fünf Gerechte ins Feld, die an den fünfzig fehlen könnten, in V. 29 hingegen die vielleicht verbleibenden vierzig. Damit erweist sich der letzte Teil des Gesprächs als zugesetzt. Auch der Anfang dürfte erweitert worden sein: Bereits V. 27 hebt mit וַיַּעַן אַבְרָהָם וַיֹּאמַר „da antwortete Abraham und sprach" neu an, und V. 24 und 25 enthalten auffallende Doppelungen. Ursprünglich war das Zwiegespräch ein einziger Redewechsel.

Die Grundform V. 23-24a.25a.26 lautete: „Und Abraham trat heran und sprach: Willst du wirklich den Gerechten mitsamt dem Frevler hinwegraffen? Vielleicht sind fünfzig Gerechte in der Stadt! Es sei ferne von dir, so etwas zu tun: zu töten den Gerechten mit dem Frevler, so daß der Gerechte wäre wie der Frevler! Jahwe sprach: Wenn ich fünfzig Gerechte finde in Sodom in der Stadt, will ich dem ganzen Ort um ihretwillen vergeben." Das Problem, das an dieser Stelle nach einer Lösung verlangt, ist deutlich ausgesprochen: Das kollektive Strafgericht bringt mit sich die Gefahr, daß der einzelne nicht an seinen eigenen Taten gemessen wird, sondern das Schicksal der Massa perditionis teilen muß, die die Katastrophe provoziert hat. Für diesen Fall gibt es zwischen dem Geschick des Gerechten und dem Geschick des Frevlers keinen Unterschied: V. 25aβ וְהָיָה כַצַּדִּיק כָּרָשָׁע. Die Gerechtigkeit Gottes wäre verletzt. Μὴ γένοιτο!

Das Problem ist seiner Natur nach unlösbar. Am wenigsten ist ihm auf quantitativem Wege beizukommen. Warum stellt Abraham – in dem ergänzten Gespräch – bei zehn sein Bemühen ein? Schon ein einziger Gerechter, der umkommt, wäre zuviel. Ez 14,12-14 zieht im Rahmen der sakralrechtlichen Erörterungen des Ezechielbuches die richtige Folgerung: „Menschensohn, wenn ein Land wider mich sündigt, indem es treulos handelt, und ich meine Hand wider es ausstrecke ... und diese drei Männer in seiner Mitte wären: Noah, Daniel und Hiob, dann würden diese um ihrer Gerechtigkeit willen ihr Leben davontragen."[11] Freilich ist das Zählen erst durch die Erweiterungen in den Vordergrund gerückt.

Im Folgenden geht es vielmehr tatsächlich um die Errettung des einzelnen Gerechten: Die Bearbeitung hat in die *Sodom-Erzählung* den Nachweis eingetragen, daß in der Stadt außer Lot kein Gerechter zu finden war. „In Kap. 19 wird geschildert, wie der gerechte Lot davor bewahrt wird, zusammen mit den bösen Sodomiten sterben zu müssen."[12]

Beispiele: „Schon an der ersten Stelle, an der ‚die Männer der Stadt' auftreten, wird bewußt hervorgehoben, daß sie ohne Ausnahme von der bösen Zügellosigkeit besessen sind."[13] Die Näherbestimmung 19,4aβb מִנַּעַר וְעַד־זָקֵן כָּל־הָעָם מִקָּצֶה „vom Jüngling bis zum Greis, das ganze Volk von allen Enden" „hängt doch wohl mit der Erzählung von Abrahams Fürbitte zusammen, und ist also wohl Zusatz."[14] Dasselbe gilt für die nachhinkende Betonung V. 11aβ מִקָּטֹן וְעַד־גָּדוֹל

---

11 Zur Auslegung vgl. K.-F. POHLMANN, Das Buch des Propheten Hesekiel (ATD 22/1) 1996, 202f. Er weist unter anderem auf die Nähe zu Jer 18,7-10 hin. Dazu unten.
12 SCHMIDT, „De Deo", 141.
13 SCHMIDT, 142.
14 GUNKEL, Genesis, 208.

„vom Kleinen bis zum Großen". Verhalten und Geschick Lots wie der Sodomiten werden jeweils in direkter Entsprechung gesehen und in einen scharfen Gegensatz gerückt. Die Boten bedrängen Lot V. 15aβb וַיָּאִיצוּ הַמַּלְאָכִים בְּלוֹט לֵאמֹר קוּם קַח אֶת־אִשְׁתְּךָ וְאֶת־שְׁתֵּי בְנֹתֶיךָ הַנִּמְצָאֹת פֶּן־תִּסָּפֶה בַּעֲוֹן הָעִיר „Mache dich auf ..., daß du nicht hinweggerafft werdest in der Schuld der Stadt." Es ist, als würden sie sich auf Abrahams Frage aus 18,23b beziehen: הַאַף תִּסְפֶּה צַדִּיק עִם־רָשָׁע „Willst du wirklich den Gerechten mitsamt dem Frevler hinweggraffen?"[15] Das Stichwort ספה „hinweggraffen" wiederholt sich in dem Befehl 19,17b הָהָרָה הִמָּלֵט פֶּן־תִּסָּפֶה „aufs Gebirge rette dich, daß du nicht hinweggerafft werdest", der an der Inversion und der Aufnahme von הִמָּלֵט aus V. 17a als Nachtrag zu erkennen ist. In V. 16aβ ist herausgestellt, daß Lot gerettet wurde בְּחֶמְלַת יְהוָה עָלָיו „weil Jahwe ihn verschonen wollte."[16] Als Lot sich weigert, auf das Gebirge zu fliehen V. 19b וְאָנֹכִי לֹא אוּכַל לְהִמָּלֵט הָהָרָה פֶּן־תִּדְבָּקַנִי הָרָעָה וָמַתִּי „.... damit nicht das Unheil mich ereilt und ich sterbe", gewährt Jahwe ihm die Bewahrung Zoars V. 21b לְבִלְתִּי הָפְכִּי אֶת־הָעִיר אֲשֶׁר דִּבַּרְתָּ „daß ich die Stadt nicht verderbe, die du genannt hast", und nennt als (neue) Begründung V. 22aβγ כִּי לֹא אוּכַל לַעֲשׂוֹת דָּבָר עַד־בֹּאֲךָ שָׁמָּה „denn ich kann nichts tun, bevor du nicht dorthin gekommen bist." Die Gerechtigkeit läßt es nicht zu. Als über Sodom und Gomorra der Feuerregen niedergeht, finden sich unter den Opfern V. 25bα וְאֵת כָּל־יֹשְׁבֵי הֶעָרִים „auch alle Bewohner der Städte", ein „amplifizierender Zusatz",[17] der sich weder in die Aufzählung noch unter das Prädikat וַיַּהֲפֹךְ „er zerstörte" fügt und noch einmal die genaue Entsprechung von Tun und Ergehen hervorhebt.

Nach Abschluß der alten Erzählung erreicht die Bearbeitung mit V. 27-28 die Klimax: Abraham kehrt zurück an den Ort des Gesprächs mit Jahwe, um von dort das Strafgericht mitanzusehen. Hier läßt sich die literargeschichtliche Stellung ablesen: Der Zusatz unterbricht den Zusammenhang von V. 25a.bβ-26 J und V. 29abα P, den die redaktionelle Klammer V. 29bβγ בַּהֲפֹךְ אֶת־הֶעָרִים אֲשֶׁר־יָשַׁב בָּהֵן לוֹט „als er die Städte zerstörte, in denen Lot gewohnt hatte" durch den Rückgriff auf V. 25 J וַיַּהֲפֹךְ אֶת־הֶעָרִים הָאֵל „und er zerstörte diese Städte" hergestellt hat. Die Bearbeitung setzt einen Text voraus, der bereits aus den beiden Quellen J und P kombiniert ist.

II

Das zweite Beispiel: Die Bewahrung des einzelnen inmitten des allgemeinen Verderbens findet sich außer in der Sodomerzählung bekanntlich in der *Erzählung von der Sintflut*, dort in unüberbietbarer Zuspitzung. Warum wird der Flutheld gerettet? Nach spätalttestamentlichem Maßstab mußte er ein exemplarischer צַדִּיק gewesen sein.

Wieder galt das nicht von Anfang an. In der babylonischen Vorlage dankt der Flutheld seine Rettung nicht sich selbst, sondern der Uneinigkeit der Götter: Ea/Enki gibt seinem Günstling den listigen Rat, sein Haus abzubrechen und ein

---

15 J. VAN SETERS, Abraham in History and Tradition, New Haven and London 1975, 214.
16 Zusatz nach GUNKEL, Genesis, 211, und KILIAN, Abrahamsüberlieferungen, 119.
17 GUNKEL, Genesis, 213.

Schiff zu bauen. So unterläuft er die Absicht Enlils. Ähnlich im Alten Testament die Lösung des Jahwisten. Bei ihm fällt zwar die rettende und die vernichtende Gottheit ineins: Jahwe ist beides. Die Bewahrung des einzelnen beruht aber nach wie vor allein auf der Parteilichkeit des rettenden Gottes: 6,8 וְנֹחַ מָצָא חֵן בְּעֵינֵי יהוה „Doch Noah hatte Gnade gefunden in den Augen Jahwes." Weshalb das so war, wird nicht genannt. Erst die Priesterschrift lenkt das Augenmerk auf Noah selbst: 6,9 נֹחַ אִישׁ[18] צַדִּיק תָּמִים הָיָה בְּדֹרֹתָיו אֶת־הָאֱלֹהִים הִתְהַלֶּךְ־נֹחַ „Noah war ein untadeliger Mann unter seinen Geschlechtern. Mit Gott wandelte Noah."

Das genügte einem strengen theologischen Maßstab noch nicht. In 7,1b wird darum der Befehl an Noah, in die Arche zu steigen, folgendermaßen fortgeführt: כִּי־אֹתְךָ רָאִיתִי צַדִּיק לְפָנַי בַּדּוֹר הַזֶּה „denn dich habe ich als gerecht gesehen vor mir unter diesem Geschlecht." Noah wird um seiner Gerechtigkeit willen gerettet. Diese steht in zweifacher Beziehung: לְפָנַי „vor mir" und בַּדּוֹר הַזֶּה „unter diesem Geschlecht". Sie betrifft das Gottesverhältnis Noahs, und sie unterscheidet ihn von den Zeitgenossen; von jener Generation, von der der Prolog feststellt, daß sie vollständig, bis in die Wurzel des Subjektseins hinein verderbt gewesen ist. Der Kausalsatz schiebt sich zwischen den Befehl 7,1a und die Einzelanweisungen V. 2ff. Nach seiner Sprache greift er auf 6,9 P zurück (בַּדּוֹר).[19] Umgekehrt ist dann in 6,9 das korrespondierende צַדִּיק in den Text der Priesterschrift eingerückt worden, wie die mangelnde Verknüpfung צַדִּיק תָּמִים ahnen läßt. Der Begriff war nun auch an dieser Stelle unentbehrlich, wäre aber, wie die Wurzel צדק überhaupt, in P ganz und gar singulär.[20] Wieder erweist sich bei dieser Gelegenheit, daß die Bearbeitung auf einem Text beruht, der die Quellen J und P schon verbindet.

Das sachliche Gegenstück ist ebenfalls ergänzt: 6,5 וַיַּרְא יהוה כִּי רַבָּה רָעַת הָאָדָם בָּאָרֶץ וְכָל־יֵצֶר מַחְשְׁבֹת לִבּוֹ רַק רַע כָּל־הַיּוֹם „Da sah Jahwe, daß die Bosheit der Menschen groß war auf der Erde und daß jedes Gebilde der Pläne seines Herzens nur böse war allezeit." Die berühmte Feststellung hat zwei Glieder. Das erste und ursprüngliche, V. 5a, betrifft die Sünde aller Menschen und beschreibt deren Ausmaß: die Bosheit war groß auf der Erde. Das zweite bezieht sich auf die Sünde des einzelnen und behauptet deren Ausschließlichkeit: er war nur böse allezeit. Der Wechsel des Aspekts zeigt, daß V. 5b später hinzukam. Auch die Reaktion Jahwes ist zweigliedrig: V. 6 וַיִּנָּחֶם יהוה כִּי־עָשָׂה אֶת־הָאָדָם בָּאָרֶץ וַיִּתְעַצֵּב אֶל־לִבּוֹ „Und Jahwe reute es, daß er die Menschen auf der Erde gemacht hatte, und er betrübte sich in seinem Herzen." Während V. 6b durch עצב hit. „sich betrüben" mit 3,16.17; 5,29 zusammenhängt, also dem Jahwisten gehört,[21] reagiert V. 6a mit dem gewichtigen Stichwort der Reue Jahwes (נחם ni.) auf die vollständige Ver-

---

18 Das weitere Attribut צַדִּיק ist später eingefügt, s. u.
19 WELLHAUSEN, Prolegomena, 390: „Schlagender kann die Abhängigkeit des Priesterkodex vom Jehovisten nicht erwiesen werden als durch sein צדיק בדרתיו Gen. 6,9 im Vergleich zu צדיק בדור הזה Gen. 7,1 (JE)." Diese Übereinstimmung muß differenziert betrachtet werden: בַּדּוֹר 7,1 ist in der Tat ohne 6,9 kaum erklärlich (vgl. auch 9,12; 17,7.9.12 P), aber das asyndetische צַדִּיק in 6,9 beruht auf 7,1.
20 H.H. SCHMID, Gerechtigkeit als Weltordnung (BHT 40) 1968, 110, hat beobachtet, daß sich „in der ganzen Priesterschrift nur ein einziges Derivat von צדק an einer einzigen Stelle" findet, eben Gen 6,9.
21 Vgl. CH. LEVIN, Der Jahwist (FRLANT 157) 1993, 406.

derbnis des Menschen. Darin setzt sich der theologische Kommentar V. 5b unmittelbar fort. Auf derselben Ebene spielt die nachschlagende Bekräftigung V. 7b: כִּי נִחַמְתִּי כִּי עֲשִׂיתִם „denn es reut mich, daß ich sie gemacht habe." Schließlich ist auch die spiegelbildliche Festellung im Flut-Epilog zugesetzt. Schon immer hat es verwundert, daß die künftige Verschonung mit denselben Worten wie das Strafgericht begründet wird: 8,21aβ כִּי יֵצֶר לֵב הָאָדָם רַע מִנְּעֻרָיו „denn das Gebilde des Menschenherzens ist böse von Jugend an." Der Satz trennt die beiden parallelen Zusagen לֹא־אֹסִף לְקַלֵּל עוֹד אֶת־הָאֲדָמָה בַּעֲבוּר הָאָדָם וְלֹא־אֹסִף עוֹד לְהַכּוֹת אֶת־כָּל־חַי כַּאֲשֶׁר עָשִׂיתִי „Ich will hinfort nicht mehr den Erdboden verfluchen um des Menschen willen und will hinfort nicht mehr schlagen alles, was da lebt, wie ich getan habe."

Bemerkenswert ist der traditionsgeschichtliche Bezug dieser Aussagen. Im Unterschied zu dem jahwistischen Geschichtswerk, das von der Prophetie unbeeinflußt geblieben ist,[22] greift die Bearbeitung für ihre theologische Begründung auf die prophetischen Schriften zurück. In der Feststellung über die umfassende Bosheit des Menschen steckt eine Anspielung auf Jer 18,7-12, den geschichtstheologischen Grundsatz im Anschluß an Jeremias Gleichnis vom Töpfer: „Bald rede ich über ein Volk und Königreich, daß ich es ausreißen, einreißen und zerstören will; wenn es sich aber bekehrt von seiner Bosheit, so reut mich das Unheil (וְנִחַמְתִּי עַל־הָרָעָה), das ich ihm gedacht zu tun. Und bald rede ich über ein Volk und Königreich, daß ich es bauen und pflanzen will; wenn es aber tut, was mir mißfällt, daß es meiner Stimme nicht gehorcht, so reut mich das Gute (וְנִחַמְתִּי עַל־הַטּוֹבָה), das ich ihm verheißen hatte zu tun. Und nun sprich zu den Männern Judas und zu den Bewohnern Jerusalems: So spricht Jahwe: Siehe, ich bilde für euch Böses und plane für euch einen Plan (הִנֵּה אָנֹכִי יוֹצֵר עֲלֵיכֶם רָעָה וְחֹשֵׁב עֲלֵיכֶם מַחֲשָׁבָה). Kehrt doch um, ein jeder von seinem bösem Wege, und bessert eure Wege und eure Taten! Aber sie sprechen: Umsonst! Wir wollen nach unsern Plänen (מַחְשְׁבוֹתֵינוּ) wandeln, und ein jeder wollen wir tun nach der Verstocktheit seines bösen Herzens (לִבּוֹ־הָרָע)."[23]

Daß der Begriff יֵצֶר „Gebilde" aus dem Töpfergleichnis stammt, versteht sich fast von selbst. In der eigenartigen Verbindung יֵצֶר מַחְשְׁבֹת לִבּוֹ „das Gebilde der Pläne seines Herzens" will er geradezu als exegetischer Querverweis auf Jer 18,11-12 gelesen sein. Angesichts der erklärten Verstocktheit (Jer 18,12) erweist sich die Reue Jahwes als genauer Ausdruck der göttlichen Gerechtigkeit gemäß der Regel, die in Jer 18,7-10 niedergelegt ist.[24] Das Stichwort, das die Assoziation ausgelöst hat, dürfte הָרָעָה „das Böse" gewesen sein. Der universalgeschichtliche Horizont des Lehrsatzes war zur Deutung eines weltweiten Geschehens besonders willkommen. Vor dem Hintergrund von Jer 18 wird für die Fluterzählung behauptet,

---

22 Vgl. LEVIN, Jahwist, 414-435.
23 Zur traditionsgeschichtlichen Stellung dieses Abschnitts und seiner Verflechtung mit den sog. „deuteronomistischen" Texten des Jeremiabuches vgl. W. THIEL, Die deuteronomistische Redaktion von Jeremia 1-25 (WMANT 41) 1973, 214-217, sowie CH. LEVIN, Die Verheißung des neuen Bundes (FRLANT 137) 1985, 144f. 176f.
24 Die Regel hat auch sonst kräftig nachgewirkt, vgl. nur Joel 2,13-14; Jon 3,9.10; 4,2. Es ist nicht ausgeschlossen, daß in Jer 18 sogar der traditionsgeschichtliche Ursprung des Motivs der Reue Jahwes liegt.

daß das unermeßlich große Strafgericht gleichwohl der Sünde genau entsprochen habe. Jahwe hat nicht willkürlich, sondern nach der selbst gesetzten Ordnung gehandelt, genau so, wie das Verhalten der Menschen ihm vorgab.

Demnach ist die Aussage über die umfassende Bosheit des Menschenherzens, die früher verbreitet als anthropologische Grundaussage des Jahwisten gegolten hat, eine (Not-)Lösung, die nichts anderes soll, als das umfassende Gottesgericht *nachträglich* theologisch plausibel zu machen. Wellhausen: „Was in Wahrheit auf dem Spiel steht, ist ... die Gerechtigkeit Gottes. Um diese festhalten zu können, greift man zu allen Mitteln der Apologetik. Man sucht die Erfahrung möglichst zu modeln und in die Dogmatik einzuzwängen. ... Man übertreibt die allgemeine Sündhaftigkeit des Menschen, um das Prinzip zu retten".[25]

III

Das dritte Beispiel. In der *Erzählung von Abraham und Abimelech* Gen 20 gibt Abraham aus Furcht vor den Philistern Sara als seine Schwester aus. Der König Abimelech läßt sie holen und nimmt sie. Darauf erscheint Gott Abimelech im Traum und verurteilt ihn zum Tode. Er habe die Tora Dtn 22,22 übertreten, die das Beilager mit einer verheirateten Frau (בְּעֻלַת־בַּעַל) verbietet. Abimelech erwidert V. 4b-5: „Mein Herr, willst du auch ein gerechtes Volk töten (הֲגוֹי גַּם־צַדִּיק תַּהֲרֹג)? Hat er nicht zu mir gesagt: Sie ist meine Schwester? In der Reinheit meines Herzens und in der Unschuld meiner Hände habe ich das getan (בְּתָם־לְבָבִי וּבְנִקְיֹן כַּפַּי עָשִׂיתִי זֹאת)." Daß dieser Einwand mit dem Gespräch Abrahams mit Jahwe verwandt ist, hat man schon beobachtet.[26] Das existentielle Problem ist an dieser Stelle die bestürzende Möglichkeit, trotz subjektiver Unschuld objektiv schuldig zu werden. Auch hier gibt es keine wirkliche Lösung. Stattdessen hat der Bearbeiter von der Möglichkeit Gebrauch gemacht, die überlieferte Erzählung unter der Voraussetzung, daß Gott in jedem Fall gerecht handelt, ins Gegenteil zu kehren. Mit der Nachholung V. 4a וַאֲבִימֶלֶךְ לֹא קָרַב אֵלֶיהָ „doch Abimelech hatte sich ihr nicht genaht" verhindert er von vornherein, daß die Sünde geschehen ist. Das geht zwangsläufig auf Kosten der Plausibilität: der Todesdrohung V. 3 und dem ganzen Disput fehlt nun der Anlaß. Die viel zu breite Szenenangabe וַיֹּאמֶר אֵלָיו הָאֱלֹהִים בַּחֲלֹם „und Gott sprach zu ihm im Traum" läßt erkennen, daß literarische Ergänzung vorliegt. Gottes Antwort V. 6aα.b gibt abschließend die gleichsam offizielle Bestätigung für Abimelechs Unschuld: גַּם אָנֹכִי יָדַעְתִּי כִּי בְתָם־לְבָבְךָ עָשִׂיתָ זֹּאת וָאֶחְשֹׂךְ גַּם־אָנֹכִי אוֹתְךָ לֹא־נְתַתִּיךָ לִנְגֹּעַ אֵלֶיהָ „Auch ich habe erkannt, daß du in der Reinheit deines Herzens und in der Unschuld deiner Hände das getan hast. Darum habe ich nicht zugelassen, daß du sie berührtest."[27]

---

25 J. WELLHAUSEN, Israelitische und jüdische Geschichte, [7]1914, 204 (in dem Kapitel „Die jüdische Frömmigkeit").
26 Vgl. P. WEIMAR, Untersuchungen zur Redaktionsgeschichte des Pentateuch (BZAW 146) 1977, 60.
27 Die Verstärkung V. 6aβ ist spätere Zutat, vgl. das doppelte גַּם אָנֹכִי.

IV

Das Motiv der Gerechtigkeit Gottes durchzieht das Buch Genesis vom Sündenfall bis zur Josefsgeschichte. Stets ist es jünger als die Verbindung J/P, wie überhaupt etwa ein Drittel der Genesis in diesem Sinne „nachendredaktionell" ist. Es ist hier nicht der Ort, den weiteren Befund vorzuführen.[28] Ein Schwerpunkt liegt in den *Verhandlungen Jakobs mit Laban* Gen 31, wo jener Text, den man vormals der Quelle E zuzuweisen pflegte, überwiegend der Bearbeitung gehört.[29] Umfangreiche Zusätze finden sich in der *Josefsgeschichte*. Die charakteristische Ethisierung – sie galt auch hier als Kennzeichen der Quelle E – ist auf diesem Wege zustande gekommen. Josef war gegen sein schlimmes Schicksal theologisch in Schutz zu nehmen: Er ist trotzdem die fromme Unschuld in Person. Das wird beispielhaft an seinem Verhalten in der Verführungsszene Gen 39 dargestellt.[30] Die Schuld der Brüder erscheint dadurch um so größer. Um sie angemessen zu strafen, werden die Brüder hart geängstet.[31] Vor schlimmerem Schicksal bewahrt sie ihre Zugehörigkeit zum Gottesvolk und der notwendige Fortgang der vorgegebenen Erzählung.

Die Konflikte lösen sich in dem berühmten Fazit, das hier als letztes Beispiel stehen mag: וְאַתֶּם חֲשַׁבְתֶּם עָלַי רָעָה אֱלֹהִים חֲשָׁבָהּ לְטֹבָה „Was ihr gegen mich geplant habt zum Bösen, das plante Gott zum Guten" (50,20aα). Die Aussage, die weithin als der wichtigste Leseschlüssel der Josefsgeschichte gegolten hat,[32] ist tatsächlich von der ältesten literarischen Ebene der Erzählung weit entfernt. „Der ursprüngliche Erzählungsstoff hat mit der Wiedervereinigung der Familie sein Ende erreicht",[33] das heißt in Gen 45. Nimmt man die Erweiterungen hinzu, endet die Erzählung spätestens mit Jakobs Tod und Begräbnis, das mit Josefs Rückkehr 50,14 abgeschlossen ist.[34] Die Reflexion über die Schuld, zu der als Rahmen auch V. 15.18-19.21b gehören, bildet einen letzten Nachtrag, den man an der umständlichen Anbindung V. 15aα וַיִּרְאוּ אֲחֵי־יוֹסֵף כִּי־מֵת אֲבִיהֶם „als die Brüder sahen, daß ihr Vater gestorben war" auch als solchen erkennt. Die Verbindung von חשב, רָעָה und טֹבָה zeigt, daß wiederum Jer 18 den Hintergrund bildet. 50,20aα steht zu 6,5b-6a.7b; 8,21aβ in großer Nähe. Wahrscheinlich geht die Ergänzung auf dieselbe Hand zurück.

Die Lösung, die das Problem der Schuld diesmal gefunden hat, läßt die bisherigen Muster hinter sich. Sie ist ebenso überraschend wie befreiend: Gott ist

---

28 Ein besonders wichtiger Beleg ist die Aussage über Abrahams Gerechtigkeit in Gen 15,6; vgl. CH. LEVIN, Altes Testament und Rechtfertigung (oben 9-22) 20f.
29 Er gliedert sich vermutungsweise in drei aufeinander folgende Schichten: (I) V. 1.6-7.16a.36b. 38-40.43a(ab וְהַצֹּאן); (II) V. 32a (ohne אֶת־אֱלֹהָי).33(ohne וּבָאֹהֶל שְׁתֵּי הָאֲמָהוֹת).34b.36a.37; (III) V. 8-9.15.24.29-30a.41-42.53; vgl. LEVIN, Jahwist, 242-244.
30 V. 6a(bis בְּיַד־יוֹסֵף).9b-10a.b(nur לִשְׁכַּב אֶצְלָהּ).11.13-15.17(nur כַּדְּבָרִים הָאֵלֶּה).18-19; vgl. LEVIN, Jahwist, 277f.
31 Ausgeführt in den Kapiteln Gen 42 und 43; vgl. LEVIN, Jahwist, 289f. 295f.
32 Besonders eindrücklich bei G. V. RAD, Josephsgeschichte und ältere Chokma (1953; in: DERS., Gesammelte Studien zum Alten Testament [TB 8] 1958, 272-280) 276.
33 H. GUNKEL, Die Komposition der Joseph-Geschichten (ZDMG 76, 1922, 55-71) 69.
34 Der Faden findet sich in 47,31b; 50,1.7a.10b.14 (nur וַיָּשָׁב יוֹסֵף מִצְרַיְמָה).b; vgl. LEVIN, Jahwist, 307f.

gerade darin gerecht, daß er sich nicht unter allen Umständen an die Handlungen der Menschen bindet. Er kann Böses zum Guten hinausführen. Die Regel von Jer 18,7-10 wird damit nicht außer Kraft gesetzt. Wohl aber ist Gott imstande, das Planen der Menschen gegen deren böse Absicht so zu lenken, daß seine strafende Gerechtigkeit ihren Anlaß verliert. Mit diesem hoffnungsvollen Ausblick wird nicht nur die Josefsgeschichte, sondern das Buch Genesis als ganzes beschlossen.

Dina: Wenn die Schrift wider sich selbst lautet

Schriftauslegung in der Schrift findet sich in besonderem Maße herausgefordert, wenn die biblische Überlieferung vermeintlich oder tatsächlich sich selbst widerspricht. Der Midrasch schlägt in solchem Fall Purzelbaum. Da der Widerspruch sich in der Regel nicht lösen läßt, folgen die Ausleger der Ausleger der Ausleger immer hinterdrein.

Die Erzählung von Dina bietet ein besonders verwickeltes Beispiel, das in seinen Lösungen schließlich jeden Boden verliert. Der Selbstwiderspruch ist in diesem Falle nicht nur ein textimmanentes Problem. Er gründet in der ambivalenten Haltung des Judentums, das „den Mut der Exklusivität" mit dem „Anspruch auf Allgemeingültigkeit" verbindet.[1] Einerseits will es von seinem Glauben überzeugen, und sei es um der Apologetik willen, anderseits muß es bedacht sein, seine Eigenart gegenüber der umgebenden Mehrheit in strenger Abgrenzung zu bewahren. Nie ist die Herausforderung größer als bei einer Eheschließung über die ethnisch-religiöse Grenze hinweg.

Man hat Gen 34 „vielleicht das für die Kritik schwierigste Stück des ganzen Hexateuchs" genannt, „für das ... eine gesicherte Analyse noch Niemandem gelungen ist und vielleicht niemals gelingen wird."[2] Das ist übertrieben und dürfte einerseits darauf beruhen, daß man von diesem Text bis in die jüngere Forschung Erkenntnisse über die Frühzeit Israels erwartet hat, die er nicht vermitteln will, anderseits darauf, daß man die Lösung auf dem Wege einer Quellenscheidung gesucht hat, wo stattdessen die Annahme fortschreitender Ergänzungen zum Erfolg geführt hätte. Maßgebend bis heute ist die Auseinandersetzung zwischen J. Wellhausen und A. Kuenen,[3] in deren Verlauf Wellhausen bekannt hat: „Hier hat mich Kuenen ... befreit von hangen gebliebenen Resten des alten Sauerteiges der mechanischen Quellenscheidung."[4] Er hat es aber nicht vollständig getan. Das lag nicht zum wenigsten daran, daß bei Kuenen die Textentwicklung auf dem Kopf steht: Er bestimmte die der Priesterschrift nahestehenden Züge als Nachträge. Das folgte eher den Datierungsvorgaben der Grafschen Hypothese als dem Textbefund.[5] Die andere mögliche Folgerung, daß die Erzählung, die unverkennbar

---

1 W. BOUSSET /H. GREßMANN, Die Religion des Judentums im späthellenistischen Zeitalter (HAT 21) ³1926, 55.
2 E. MEYER, Die Israeliten und ihre Nachbarstämme, 1906, 412.
3 J. WELLHAUSEN, Die Composition des Hexateuchs (1876) 1885, ⁴1963, 45-47; darauf A. KUENEN, Bijdragen tot de critiek van Pentateuch en Jozua. VI. Dina en Sichem (1880), dt. in: DERS., Gesammelte Abhandlungen zur biblischen Wissenschaft, 1894, 255-276; darauf wieder WELLHAUSEN aaO 314-322 (1885); darauf wieder KUENEN, Historisch-kritisch onderzoek naar het ontstaan en de verzameling van de boeken des Ouden Verbonds I,1, Leiden ²1885, dt. Historisch-kritische Einleitung in die Bücher des alten Testaments I,1, 1887, 312. Dritter im Bunde, auf den sich besonders Kuenen bezog, war A. DILLMANN, vgl. Die Genesis (KEH 11) ³1875, 383-389, mit ⁴1882, 348-355 (⁶1892, 368-375); dazu WELLHAUSEN aaO 316 Anm.
4 WELLHAUSEN, Composition, 315.
5 Die Frühdatierung der Priesterschrift hatte für die Analyse von Gen 34 ein glücklicheres Ergebnis. Vgl. als Vertreter der Ergänzungshypothese E. BÖHMER, Liber Genesis Pentateuchi-

die Priesterschrift voraussetzt, als ganze der Spätzeit angehört, war damals und ist bisweilen noch heute undenkbar. Am nächsten ist dem gewachsenen Aufbau bisher die Analyse von J.W. Colenso gekommen.[6]

Für den Anlaß mag erlaubt sein, das Wachstum im geschichtlichen Nachvollzug vorzuführen. Die Analyse wird in das Ergebnis einfließen und sich auf solche Weise auch rechtfertigen.

1. Die schöne Jüdin

Am Anfang stand etwa folgender Text:

> 1 Dina, die Tochter Leas, die sie dem Jakob geboren hatte, ging aus, die Töchter des Landes zu besehen. 2 Da sah Sichem sie, der Sohn Hamors, [....] des Fürsten des Landes, [....] 3 und seine Seele heftete sich an Dina, die Tochter Jakobs. [....] 4 Und Sichem sprach zu Hamor, seinem Vater: Nimm mir dieses Kind zur Frau. [....] 7 Die Söhne Jakobs aber waren vom Felde gekommen. [....] 8 Da redete Hamor mit ihnen und sprach: Sichem, mein Sohn, – seine Seele hat sich an eure Tochter geheftet; gebt sie ihm doch zur Frau. [....] 14 Und sie sprachen zu ihnen: Wir vermögen dies nicht zu tun, unsere Schwester einem Mann zu geben, der eine Vorhaut hat. [....] 15 Doch dann wollen wir euch willfahren, wenn ihr werdet wie wir, zu beschneiden unter euch alles, was männlich ist. [....] 19 Und der Jüngling zögerte nicht, dies zu tun; denn er hatte Gefallen an der Tochter Jakobs. Er war aber der Angesehenste in seinem ganzen Vaterhaus.

Kein Zweifel: Obgleich mitten in der Vätergeschichte überliefert, ist dies die Erzählung von der schönen Jüdin, die einen hochgestellten Nichtjuden veranlaßt, sich beschneiden zu lassen, damit er sie zur Frau nehmen kann. Das Beispiel gehört in den Bereich des Familien- wie des Gemeinderechts. Da es eine Grundbedingung jüdischer Existenz betrifft, ist es an jenen Ursprung versetzt, als das Gottesvolk in den Söhnen Jakobs entstand.

Die Erzählung gibt sofort zu erkennen, daß sie nicht überliefert, sondern gemacht ist. Ihre Hauptperson ist Dina, die einzige Tochter Jakobs. Zuvor gab es von Dina nicht mehr als eine Notiz in der Aufzählung der Geburten der Jakobsöhne: „Danach gebar sie [nämlich Lea] eine Tochter, die nannte sie Dina" (Gen 30,21). Die Exposition weist darauf wörtlich und umständlich zurück. Das zeigt, daß der Erzähler keine weitere Überlieferung voraussetzt.[7] Erst in Gen 34 wird Dina zur Erzählfigur. Als Tochter Jakobs und Schwester der Jakobsöhne steht sie für die Jüdin schlechthin.

---

cus, 1860, 63-65. Nach ihm umfaßte die Grundlage (B-Schicht) V. 1a.2a.3-4.6.8-12.13a(bis אָבִיו).14-18.20-22.24-26a.28-30 und wurde von der D-Schicht V. 1b.2b.5.7.13(ab בְּמִרְמָה).19. 23.26b-27.31 ergänzt. Unter der Voraussetzung der Urkundenhypothese sah DILLMANN, Genesis, ³1975, 384, die Grundlage in V. 1.2a.4.6.8-10.15-18.20-24.(25-26*), die er A (= P) zuschrieb. Im übrigen Text fand er u.a. die Quelle C (= J).

6 J.W. COLENSO, The Pentateuch and Book of Joshua critically examined VII, London 1879, Appendix S. 149-151. Er begrenzte die Grundlage auf V. 1.2a.3a.4.6.7.a.8-12.13a*.14-24, die von einer deuteronomistischen Redaktion bearbeitet worden sei.

7 Damit ist auch ausgeschlossen, daß hinter dem Simeon- und Levispruch des Jakobsegens eine unabhängige, alte Version der Begebenheit steht. Gen 49,5-7 hängt von Gen 34 ab.

Nach der Einführung beginnt ohne Umstände die Handlung. Dina geht aus, die Töchter des Landes zu besehen. Die Schilderung kann so abgekürzt sein, weil der Leser wußte, was die Wendung bedeutet: Wer ausgeht, die Töchter des Landes zu besehen, sucht eine Frau (vgl. Gen 27,46); nur daß das hier in absonderlicher Verdrehung erzählt wird. Anders als üblich, geht der Anstoß zur Brautwerbung nicht von dem männlichen Part aus; denn die ethnisch-religiösen Grenzen, die die Besonderheit bilden, sind schon einberechnet. Der Bräutigam handelt nicht mit der Absicht, ein jüdisches Mädchen zu freien. Er verfällt ihr.

Sichem, der Sohn Hamors, ist die Personifikation der gleichnamigen Stadt. Als Hauptort des Gebirges Efraim steht Sichem für die nichtjüdischen Bewohner des Landes. Wie die einzige Tochter Jakobs die Jüdin als solche vorstellt, so Sichem den nichtjüdischen Mann. Der Erzähler ist freilich besorgt, daß Dina nicht einen beliebigen Bräutigam erhält. Sichem muß der Sohn des Fürsten des Landes gewesen sein. Er ist Aristokrat. Dazu wird ihm ein Vater beigesellt, der im Folgenden auch der Sitte wegen als Brautwerber gebraucht wird. Er wird mit dem Namen חֲמוֹר „Esel" benannt. Vielleicht soll dieser Tiername seine Würde unterstreichen; denn der Esel war das Reittier des Königs.[8]

Sobald Sichem auftritt, geht die Handlung an ihn über. Als er Dina erblickt, erliegt er ihr: „Seine Seele hing an ihr" (-בְּ דבק). Die Wendung beschreibt in der Ätiologie der Ehe Gen 2,24 die geschlechtliche Attraktivität der Frau. Betont ist, daß das Verlangen sich auf die „Tochter Jakobs" richtet. Der Sitte gemäß wird der Vater als Werber bemüht (vgl. Ri 14,2; 2 Kön 14,9). Der seltene Ausdruck „Nimm mir dieses Kind (יַלְדָּה) zur Frau" verweist auf die Einführung und durch sie auf Gen 30,21 zurück.[9] Er betont nochmals die Abstammung.

In der Verhandlung kommt nicht wie üblich dem Vater, sondern den Söhnen Jakobs die entscheidende Rolle zu. Sie repräsentieren das Gottesvolk. Der Erzähler führt sie ein, indem er sie vom Felde heimkehren läßt, wo der Hirte sein Tagewerk verrichtet (Gen 25,29; 30,16). Invertierter Verbalsatz kennzeichnet die neue Szene. Hamor wendet sich allein an die Söhne (V. 8), und sie geben den Bescheid. Dina aber nennt er „eure Tochter": Sie steht für ein Mädchen, das dem jüdischen Volk angehört. Der Grund für die Werbung ist die Leidenschaft, die seinen Sohn Sichem ergriffen hat. Gegenüber V. 3a wechselt der Ausdruck. -בְּ חֹשֶׁק begegnet für die Liebe zwischen Mann und Frau ein einziges weiteres Mal in Dtn 21,11 innerhalb des Gesetzes über die Ehe mit einer Kriegsgefangenen. Auch der dortige Fall betrifft eine Heirat über die ethnisch-religiöse Grenze hinweg.

Statt den Brautpreis zu benennen, machen die Söhne Jakobs gegenüber Hamor und seinem Sohn, der unversehens mit angesprochen wird, mit feierlichem Ernst (לֹא נוּכַל לַעֲשׂוֹת הַדָּבָר הַזֶּה) ein grundsätzliches Ehehindernis geltend: Es ist

---

8 Der Verweis auf Hamor, den Vater Sichems, in Ri 9,28b setzt Gen 34 voraus. Er gehört einer späten Bearbeitung an, die auf die Erzählung von Abimelech den Gegensatz zwischen Israeliten und Landesbewohnern überträgt. Ebenfalls jünger als Gen 34 ist die Notiz Gen 33,19 (→ Jos 24,32), daß Jakob das Feldstück, auf dem er sein Zelt ausspannte, von den Söhnen Hamors erworben habe. Sie unterbricht den Zusammenhang von 33,18 und 20 und hat Gen 23 zum Vorbild. Die בְּנֵי־חֲמוֹר als Repräsentanten der Landesbewohner sind das Gegenstück zu den בְּנֵי־יַעֲקֹב.

9 יַלְדָּה „weibliches Kind" sonst nur Joël 4,3; Sach 8,5.

ihnen verwehrt, ihre Schwester mit einem unbeschnittenen Mann zu verheiraten. Die Bedingung schließt jedoch ein, daß die Heirat nach vollzogener Beschneidung ohne weiteres möglich wird. Folgerichtig ist sie der einzige Gegenstand der Verhandlung. Die Beschneidung nämlich würde die ethnisch-religiöse Grenze aufheben. Sie hätte zum Ergebnis, daß „ihr werdet wie wir" (תִּהְיוּ כָמֹנוּ). Zum Beleg führen die Söhne Jakobs das Toragebot aus Gen 17,10 P im Wortlaut an: „zu beschneiden unter euch alles Männliche" (הִמֹּל לָכֶם כָּל־זָכָר).[10] Das Zitat zeigt, daß die Grundlage von Gen 34 jünger ist als die Priesterschrift. „Die Auffassung der Beschneidung ..., verbunden mit dem Sprachgebrauch, läßt keine andere Entscheidung zu."[11]

Die Pointe folgt auf den Fuß, ohne daß noch berichtet würde, wie Hamor seinem Sohn die Kunde überbracht hat. Sichem unterzieht sich ohne Zögern der Beschneidung, weil er an der Tochter Jakobs Gefallen gefunden hat. Die Hochzeit, der danach nichts im Wege stand, muß nicht mehr erzählt werden. Am Ende steht die Genugtuung: „Er war der Angesehenste in seinem ganzen Vaterhaus."

Hier zeigt sich offen das Interesse. Die Judenheit war auf ihre strengen religiösen Bedingungen nicht nur stolz. Die Abgrenzung zog auch Minderwertigkeitsempfindungen nach sich. Nichts widerlegte sie besser, als wenn ein hochstehender Nichtjude die Beschneidung annahm. In deutlichem Licht erscheint Gen 34, wenn man das triumphierende Echo vergegenwärtigt, das der Übertritt des Herrscherhauses von Adiabene zum Judentum in der jüdischen Literatur des 1. Jahrhunderts n. Chr. hervorgerufen hat.[12] Gen 34 belegt, daß es solche Bekehrungen – und sei es als Wunschvorstellung – bereits in der Perserzeit gegeben hat.[13]

2. Die Brautverhandlung

Eine erste Erweiterung betrifft die gewöhnlichen Umstände einer Brautverhandlung, die bisher übergangen sind. Daß sie fehlen, fiel um so mehr ins Gewicht, als Sichem, nunmehr beschnitten, ein Glied des jüdischen Volkes wie jedes andere geworden ist.

> 3b Und er liebte das Mädchen und redete dem Mädchen zu Herzen. .... 6 Da ging Hamor, der Vater Sichems, hinaus zu Jakob, um mit ihm zu reden. .... [....] 11 Und Sichem sprach zu ihrem Vater und zu ihren Brüdern: Ich will Gnade finden in euren Augen. Und was ihr mir sagen werdet, will ich geben.

---

10 Vgl. die Wiederholung von Gen 17,10 in Ex 12,48 für den Fall, daß ein Fremdling am Passa teilnehmen will.

11 KUENEN, Gesammelte Studien, 272, mit dem ausführlichen Nachweis S. 269-272, der freilich unter der Voraussetzung steht, daß diese Schicht nicht Grundlage, sondern Ergänzung ist (S. 273-276).

12 Josephus, Antiquitates XX 17-96 (Niese). E. SCHÜRER, Geschichte des jüdischen Volkes im Zeitalter Jesu Christi III, 1909, 169: „Der höchste Triumph des jüdischen Bekehrungseifers war der Übertritt des Königshauses von Adiabene zum Judentum".

13 Weitere Belege sind 2Kön 5,15-19a und Jon 1,4aα.5(nur וַיִּזְעֲקוּ אִישׁ אֶל־אֱלֹהָיו).8aαβ.b-9.11-12a.16.

> 12 Erlegt mir nur sehr viel auf als Brautpreis.[14] Ich will geben, wie ihr zu mir sagen werdet.
> Gebt mir das Mädchen zur Frau!

Die Sitte erfordert, daß der Verhandlung das Gespräch des Bräutigams mit dem Mädchen (jetzt נַעֲרָה) vorausgeht (vgl. Ri 14,7a). Auch wenn die Frau keine selbständige Rechtsperson war, gab ihr Wort in dieser Sache den Ausschlag. Ohne ihr Einverständnis wäre es sinnlos gewesen, mit dem Vater über den Brautpreis einig zu werden. Die Wendung דִּבֶּר עַל־לֵב „zu Herzen reden" bedeutet, daß der Mann an ihren Willen appelliert.[15]

Die Sitte erfordert ferner, daß die Werbung sich an den Brautvater richtet. Daher begibt Hamor sich zu Jakob (V. 6). Seine Absicht, „mit ihm zu reden", bleibt unausgeführt: In der Verhandlung haben allein die Söhne das Wort. Auch Sichem, der in V. 11 unversehens beteiligt ist, wendet sich an den Vater; gleichwohl schließt er die Brüder mit ein, die im vorgegebenen Text das Geschehen bestimmen. Für die Anrede „Ich will Gnade finden in euren Augen" (מצא חֵן בְּעֵינֵי) haben die Verhandlungen Jakobs mit Laban (Gen 30,27) und mit Esau (33,8.10.15) als Vorbild gedient: So pflegen die Mitglieder des Gottesvolkes untereinander ihr Anerbieten einzuleiten. Möglicherweise ist der Begriff מֹהַר „Brautpreis" (V. 12a) um der rechtlichen Genauigkeit willen nachgetragen. Das legt die Doppelung zu V. 11b nahe. Der Schluß lenkt auf die Vorlage zurück: „Gebt mir das Mädchen zur Frau" (V. 12b ← V. 8bβ).

3. Die allgemeine Beschneidung

Das Gebot aus Gen 17,10, das in V. 15b zitiert wird, verlangt, daß „alles Männliche" (כָּל־זָכָר) beschnitten wird. Bislang war nur die Beschneidung des Sichem erzählt. Genau gelesen, war damit dem Buchstaben der Tora nicht volle Genüge getan. Ein weiterer Ergänzer läßt das nachholen.

> 10 Und wohnt mit uns zusammen. Das Land soll euch offen sein: Laßt euch nieder und zieht in ihm umher und setzt euch darin fest. .... [...] 14b Denn das wäre uns eine Schmach. .... [...] 16b Und wir wollen bei euch wohnen und wollen ein Volk sein. 17 Wenn ihr aber nicht auf uns hört, zu beschneiden, so wollen wir unsere Tochter nehmen und davonziehen. 18 Ihre Worte waren gut in den Augen Hamors und in den Augen Sichems, des Sohnes Hamors. .... 20 Da kamen Hamor und Sichem, sein Sohn, zum Tor ihrer Stadt. Und sie redeten mit den Männern der Stadt und sprachen: 21 Diese Leute: Friedsam sind sie bei uns; sie mögen im Lande wohnen und darin umherziehen. [...] 22 Doch nur dann wollen die Männer uns zu Willen sein, bei uns zu wohnen und ein Volk mit uns zu sein, wenn wir alles, was männlich unter uns ist, beschneiden, so wie sie beschnitten sind. [...] 24 Und sie hörten auf Hamor und auf Sichem, seinen Sohn, alle, die zum Tor seiner Stadt hinausgingen. Und sie beschnitten alles, was männlich war, alle, die zum Tor seiner Stadt hinausgingen.

Die Forderung in die Tat umzusetzen, bedarf es des Beschlusses der Männer der

---

14 Der Masoretentext nennt zusätzlich die Brautgabe (וּמַתָּן), die an das Mädchen selbst ging (Samaritanus וּמַתָּנָה). In der Septuaginta fehlt das Wort.
15 Die Wendung in diesem Sinne noch Ri 19,3; Hos 2,16; Ruth 2,13.

Stadt, die den öffentlichen Willen verkörpern. Er fällt wie üblich im Tor. Die Szene ist an die bisherige Erzählung einfach angehängt (V. 20-24*). Hamor und Sichem als die Interessenten tragen das Ansinnen vor. Sie wiederholen wörtlich die Bedingung, die die Söhne Jakobs genannt haben (V. 22 ← V. 15), nun aber als Forderung an jedermann. Das Ziel ist, beieinander zu wohnen und ein einziges Volk zu sein (לִהְיוֹת לְעַם אֶחָד, vgl. Gen 2,24).

Schon in der Verhandlung äußert Hamor den Wunsch nach vollständiger Symbiose (V. 10). Das Anerbieten, man möge sich im Lande fest niederlassen: וְהָאָרֶץ תִּהְיֶה לִפְנֵיכֶם, erinnert in seiner Großzügigkeit an die Geste Abrahams gegenüber Lot: הֲלֹא כָל־הָאָרֶץ לְפָנֶיךָ (Gen 13,9). Was dort die gegebene Begründung bildet: „denn wir sind Brudersleute" (13,8), ist hier das angestrebte Ziel. In ihrer Antwort willigen die Jakobsöhne ein, beisammen zu wohnen und ein einziges Volk zu sein, unterstreichen aber um so mehr die Bedingung. Solange die Beschneidung fehlt, wäre die nähere Verbindung eine Schmach (חֶרְפָּה, V. 14b). Wird die Voraussetzung nicht erfüllt, werden sie mit Dina nicht anders verfahren, als Abraham mit Sara in Ägypten: sie nehmen und davonziehen (V. 17, vgl. Gen 12,19). Indessen stoßen sie bei Hamor und Sichem auf vollkommenes Einverständnis (V. 18).

Die Männer der Stadt gehorchen, genauer „alle, die zum Tor ihrer Stadt hinausgehen", was wohl die rechtsfähigen Bewohner benennt.[16] Die erweiterte Erzählung schließt damit, daß „alles Männliche, alle, die zum Tor ihrer Stadt hinausgehen," beschnitten wurden (V. 24). Damit ist das Ergebnis, das die ältere Erzählung in V. 19 erreicht hatte, auf die Gesamtheit übertragen. Die ganze Stadt ist zum Judentum übergetreten.

4. Die Beschneidung als List

Der allgemeine Gehorsam gegen das Gebot der Beschneidung kann indessen als Verstoß gegen das Verbot angesehen werden, mit den Landesbewohnern ein Bündnis zu schließen und sich mit ihnen zu verschwägern (Dtn 7,2-3; Ex 34,15-16). Wird das priesterschriftliche Beschneidungsgebot zur Proselyten-Mission gebraucht, entsteht ein scharfer Widerspruch zu dem Absonderungsgebot des Deuteronomiums. Die Tora steht gegen die Tora.

> 9 Verschwägert euch mit uns: Eure Töchter gebt uns, und unsere Töchter nehmt für euch. .... 13 Da antworteten die Söhne Jakobs dem Sichem und seinem Vater Hamor mit List und redeten [....] .... 16a Und wir wollen euch unsere Töchter geben, und eure Töchter wollen wir uns nehmen. .... 21aβb Das Land aber, siehe, es ist weit nach allen Seiten vor ihnen. Ihre Töchter wollen wir uns zu Frauen nehmen, und unsere Töchter wollen wir ihnen geben. .... 25 Und es geschah am dritten Tage, als sie im Wundfieber lagen, da nahmen die zwei Söhne Jakobs Simeon und Levi, die Brüder der Dina, ein jeder sein Schwert und kamen über die sorglose[17] Stadt und erschlugen alles, was männlich war.

---

16 Vgl. כֹּל בָּאֵי שַׁעַר־עִירוֹ Gen 23,10.18.
17 Das Adverb בֶּטַח, regelmäßig mit der Verheißung des ungefährdeten Wohnens im Lande verbunden, ist wie in Ri 8,11 auf die sorglos lagernden Feinde, hier die Stadt Sichem, zu beziehen, vgl. auch Ri 18,7.10.27.

26 Und den Hamor und den Sichem, seinen Sohn, erschlugen sie mit der Schärfe des Schwerts und nahmen die Dina aus dem Hause Sichems und gingen davon. [....]
30 Und Jakob sprach zu Simeon und Levi: Ihr stürzt mich ins Unglück, indem ihr mich bei den Bewohnern des Landes in Verruf bringt, bei dem Kanaaniter und dem Perissiter. Ich aber habe nur wenige Leute. Wenn sie sich gegen mich versammeln, werden sie mich erschlagen. Und ich werde zugrunde gehen, ich und mein Haus.

Auch das Verschwägerungsverbot Dtn 7,3 wird im Wortlaut angeführt (V. 9). Sprecher ist Hamor, der nunmehr in V. 2 als „Hewiter" eingeführt wird: Er steht für eines der sieben verbotenen Völker aus Dtn 7,1.[18] In solchem Munde bedeutet das Zitat die Aufforderung, die Tora willentlich zu übertreten. Der innere Widerspruch wird sofort auf die Spitze getrieben.

Dieser Zumutung konnten die Jakobsöhne keinesfalls entsprochen haben. Wenn die vorgegebene Erzählung gleichwohl berichtet, daß sie sich auf den Handel einließen, konnte das nur eine List (מִרְמָה) gewesen sein, um auf diesem Wege den in Dtn 7,2 geforderten Bann um so leichter zu vollstrecken. Diese Deutung wird in V. 13a der Antwort der Jakob-Söhne als Lese-Anleitung vorausgeschickt.[19] Wenn sie ihrerseits in V. 16a wörtlich bekunden, das Toragebot übertreten zu wollen, ist das Teil ihrer List. Der Betrug gelingt: Hamor und Sichem führen in V. 21b ein drittesmal den Wortlaut an, um die Männer von Sichem zur Zustimmung zu bewegen.

Damit die Verbrüderung von vornherein vermieden wird, trägt der Ergänzer Sorge, daß auf Seiten der Jakobsöhne nicht die Allgemeinheit handelt. Er beschränkt die Beteiligten auf das Minimum. Wegen des vorgegebenen Plurals müssen es zwei sein, indessen jene, die in der Geschichte des Gottesvolkes die geringste oder gar keine Rolle gespielt haben: Simeon und Levi. Sie sind zudem als Söhne der Lea die unmittelbaren Brüder der Dina.

In V. 25 zeitigt die List ihre Wirkung: Wegen der Beschneidung liegen alle männlichen Bewohner kampfuntüchtig im Wundfieber. Sie sind ein leichtes Opfer, um an ihnen den Bann zu vollziehen; zumal sie ruhig und sicher sind (בֶּטַח), wie nachmals die Stadt Lajisch (vgl. Ri 18,7.10.27). Auch der Verweis auf das weite Land (וְהָאָרֶץ רַחֲבַת יָדַיִם) in V. 21aβ scheint auf Ri 18,10 anzuspielen. Der Stadt Sichem ergeht es genau in der Weise, wie es den Städten der Vorbewohner bei der Landnahme der Israeliten zu gehen pflegt. Damit ist zwar die vorgegebene Erzählung in ihr genaues Gegenteil gekehrt, aber das Gesetz Dtn 7,2 ist erfüllt.

Die Nachricht V. 26, daß auch Hamor und Sichem dem Schwert zu Opfer fielen, ist deutlich eine nachgetragene Präzisierung, die Sorge trägt, daß die beiden Hauptschuldigen ihre Strafe erhalten. Indem Simeon und Levi die Dina nehmen und davongehen, setzen sie die Ankündigung von V. 17 in die Tat um: „Wenn ihr aber nicht auf uns hört, zu beschneiden, so wollen wir unsere Tochter nehmen

---

18 Septuaginta liest ὁ Χορραῖος = הַחֹרִי. Das ist ein Lesefehler. Er hat wahrscheinlich auf die Wiedergabe חִוִּי = ὁ Χορραῖος in Jos 9,7 eingewirkt. Auch dort wird חִוִּי, das sonst fast nur in den stereotypen Listen der vorisraelitischen Landesbewohner belegt ist, herausgegriffen, und zwar wiederum aus Anlaß eines Vertrags mit den Landesbewohnern.
19 Die Wortfolge וַיַּעֲנוּ ... בְּמִרְמָה וַיְדַבֵּרוּ וַיֹּאמְרוּ אֲלֵיהֶם bedarf keiner Korrektur. Die Begründung V. 13b ist später eingefügt, s.u.

und davonziehen." Fast scheint es, als würde die geschehene Beschneidung für nichtig erklärt.

Die Reflexion V. 30, in der Jakob den Preis bedenkt, den solcher Tora-Gehorsam eine bedrängte Minderheit kosten kann, ist wohl auf noch späterer Stufe hinzugekommen. Sie wird durch 35,5b beantwortet: „Und es kam der Gottesschrekken über die Städte, die rings um sie her waren, so daß sie die Söhne Jakobs nicht verfolgten." Gott selbst schützt sein Volk, wenn es nur dem Gebot gehorsam ist.

5. Die Beute

„In v. 26 sind Simeon und Levi Subject, in v. 27-29 alle Söhne Jakobs, die Kinder Israel, wie wir sagen würden."[20] Der auffallende Wechsel markiert einen weiteren Anhang.

> 23 Ihre Herden und ihr Erwerb und ihr Vieh, wird es nicht unser sein? Nur laßt uns ihnen zu Willen sein, daß sie bei uns wohnen. .... 27 Die Söhne Jakobs kamen über die Erschlagenen und plünderten die Stadt: [...] 28 Ihr Kleinvieh und ihre Rinder und ihre Esel und alles, was in der Stadt und auf dem Felde war, nahmen sie.
> 29 Und alle ihre Habe und alle ihre Kinder und ihre Frauen führten sie weg und plünderten, [und alles, was im Hause war.]

Das Handlungsmuster ist auch Num 31,7-9; Dtn 2,34-35; 3,6-7; Jos 8,26-27; 11,14 berichtet: Nachdem alle männlichen Bewohner der fremden Stadt getötet sind, wird das Vieh und die bewegliche Habe als Beute genommen. Ein Unterschied besteht allenfalls darin, daß dieses Verhalten entschuldigt wird. Dazu wird Hamor und Sichem in V. 23 eine genau entsprechende Absicht in den Mund gelegt, die mit der Wiederholung von V. 22a eingebunden und daran als Nachtrag erkennbar ist. Die Sichemiten waren die Habgierigen. Die Söhne Jakobs kommen ihnen lediglich zuvor.

Mit V. 29, der Frauen und Kinder hinzufügt, folgt ein weiterer Nachtrag, wahrscheinlich um das Verfahren mit der Vorschrift Dtn 20,13-14 abzustimmen: Auch in diesem Fall handeln die Söhne Jakobs streng nach der Tora. Der Nachklapp וְאֵת כָּל־אֲשֶׁר בַּבָּיִת vervollständigt die Reihe aus V. 28: וְאֵת אֲשֶׁר־בָּעִיר וְאֵת־אֲשֶׁר בַּשָּׂדֶה.

6. Die Schandtat

Der Widerspruch zwischen Gen 17,10 und Dtn 7,3 ist durch den Vollzug des Banns nicht aufgehoben. Im Gegenteil: Er spitzt sich zu. Die Beschneidung als List – diese verzweifelte Lösung grenzt an Blasphemie. Sie mußte mißlingen: So oder so waren die Beschnittenen nunmehr Mitglieder der jüdischen Gemeinde. Der blutig ausgetragene Konflikt spielt innerhalb Israels. Dazu bedurfte es eines triftigen Anlasses, wenn nicht jede Regel verletzt werden sollte. So kam es zur Schandtat des Sichem.

---

20 WELLHAUSEN, Composition, 45f.

2b Und er nahm sie und legte sich zu ihr und schwächte sie. .... 5 Jakob aber hatte gehört, daß er Dina, seine Tochter, verunreinigt hatte. Seine Söhne aber waren bei seinem Vieh auf dem Felde. [Und Jakob hatte geschwiegen, bis sie kamen.]²¹ .... 7* als sie es hörten. Und die Männer grämten sich und wurden sehr zornig, daß er eine Schandtat in Israel begangen hatte, [bei der Tochter Jakobs zu liegen.]²² Denn so tat man nicht. .... 13b weil er ihre Schwester Dina verunreinigt hatte. .... 27b weil sie ihre Schwester verunreinigt hatten. .... 31 Sie sprachen: Durfte er unsere Schwester wie eine Hure behandeln?

Nachdem Sichem die Dina geschwächt hat, gewinnt er sie lieb und erwirbt sie zur Frau – diese Abfolge ist psychologisch wie rechtlich absurd. „Genau ist hier die wahre Reihenfolge der Geschehnisse zu beachten, die anders war, als später die Hirten im ‚Schönen Gespräch' sie anordneten und weitergaben. Nach ihnen hätte Sichem sofort und unvermittelt das Böse getan und listige Gegengewalt herausgefordert. ... Die Reihenfolge ist zu beachten! Sichem war nur ein schlenkrichter Jüngling, lecker und erzieherisch nicht gewöhnt, sich einen Wunsch seiner Sinne zu versagen. Aber das ist kein Grund, gewisse zweckhafte Hirtenmärlein immerdar zu seinen äußersten Ungunsten wörtlich zu nehmen."²³ Der Schriftsteller dachte mit diesen Erwägungen an den Hergang der Sache. Für den Exegeten betrifft die Reihenfolge das geschichtliche Wachstum des Textes.

Die Anzeichen, daß das Motiv der Notzucht sekundär ist, liegen auf der Hand. „Man achte darauf, dass v. 3 dem v. 2 den Platz streitig macht".²⁴ Das Problem ist nicht allein mit Umstellung zu lösen. „Mit diesem 2b gesetzten Anlass hängen alle die Aussagen über die Entrüstung u. Tücke der Brüder der Dina 5.7.13.31 zusammen."²⁵ „Das Sätzchen אֲשֶׁר טִמֵּא אֶת דִּינָה אֲחֹתָם 13, das an einer syntaktisch unerträglichen Stelle steht, ist eine in den Text gedrungene Glosse; ebenso אֲשֶׁר טִמְּאוּ אֲחוֹתָם 27, das die Schilderung der Plünderung Sichems unterbricht; von derselben Hand muß auch כִּי טִמֵּא אֶת־דִּינָה 5 herrühren."²⁶

Nur in V. 5a und 7 erschließt sich Text nicht auf den allerersten Blick. Doch die Zusätze sind auch hier eindeutig. „Jakob aber hatte gehört, daß er Dina, seine Tochter, verunreinigt hatte" (V. 5aα), ist eine Nachholung in Parenthese, erkennbar an der Inversion. In V. 7 gibt die Klausel כְּשָׁמְעָם „als sie hörten" der Heimkehr der Söhne Jakobs eine Begründung, die sie ursprünglich nicht brauchte, und leitet die Reaktion der Jakobsöhne ein. Als diese von der Untat erfahren, grämen sie sich (עצב hit.), wie Jahwe sich grämte vor Eintritt der Flut (Gen 6,6b). Auch dort war eine sexuelle Grenzüberschreitung der Anlaß des Strafgerichts (Gen 6,1-2). Nicht anders soll Sichems Schandtat die Bluttat der Jakobsöhne nachträglich rechtfertigen, wie ihre Rückfrage am Schluß der Erzählung zeigt (V. 31).

---

21 V. 5b, an dem aramaisierenden Perf. cop. sowie der Wiederholung des Subjekts יַעֲקֹב als weiterer Zusatz erkennbar, soll offenbar erklären, warum Jakob angesichts des Verbrechens nicht sogleich seine Söhne alarmiert hat, sondern zunächst Hamor ihn aufsuchen kann, als sei nichts geschehen (V. 6).
22 Die Näherbestimmung verknüpft das Notzuchtverbrechen nachträglich mit dem Mischehenverbot, wie es später üblich geworden ist.
23 TH. MANN, Josef und seine Brüder, 1964, 126.128.
24 WELLHAUSEN, Composition, 47.
25 DILLMANN, Genesis, ⁶1892, 368.
26 H. GUNKEL, Genesis (HK I 1) ³1910, 374.

Wieder beruht das Argument auf der Tora: Die Brüder werden zornig, weil Sichem „eine Schandtat getan hat in Israel" (כִּי־נְבָלָה עָשָׂה בְיִשְׂרָאֵל, Dtn 22,21). Der Vorfall gilt als innerisraelitisch. Seine Bewertung aber beruht auf der Vorstellung von der Heiligkeit des Gottesvolkes. Deshalb ist die Notzucht auffallenderweise als Verunreinigung definiert (טָמֵא, V. 5.13.27; vgl. Lev 18,20). Der Tora-Beweis ist freilich fadenscheinig. Die Vorschrift Dtn 22,13-21 leistet nicht, was sie soll. Sie betrifft die Unzucht eines unverheirateten Mädchens, und nur dieses wird mit dem Tode bestraft. Für den Mann hingegen war der Beischlaf mit einer unverlobten Jungfrau mit der Zahlung des Brautpreises abgegolten (Ex 22,15-16; Dtn 22,28-29).

7. Folgen

Die Fehlexegese von Dtn 22,21 hat Schule gemacht: In 2 Sam 13,12aβb-13a erteilt Tamar dem Amnon aus vergleichbarem Anlaß eine Tora-Belehrung, die wörtlich auf Gen 34,7.14b zurückgreift. Es gilt, die Bluttat Absaloms an seinem Bruder zu rechtfertigen.[27] Auch die innerisraelitische Strafaktion Ri 19-21, die ebenfalls ein Notzuchtverbrechen zum Anlaß hat, wird nach dem Muster von Gen 34 begründet, vgl. Ri 19,23.24; 20,6.10.[28]

Anderseits hat die Tat Simeons und Levis alsbald Fragen nach der Verhältnismäßigkeit aufgerufen. Das dürfte der Grund sein, weshalb der Jakobsegen sogar einen Fluch über Simeon und Levi verhängt (Gen 49,5-7). TestLev 6 sieht ihn darin begründet, daß sie Beschnittene getötet haben.

Die weitere Entwicklung jenseits der Grenzen des hebräischen Kanons ist nicht mehr unser Gegenstand, wirft aber auf die beobachtete Entwicklung ein erhellendes Licht. Die Fassung des Jubiläenbuchs (wie fast die gesamte Auslegung seither) rückt das Notzuchtverbrechen in die Mitte und verknüpft das Motiv der Verunreinigung mit dem Mischehenverbot (Jub 30). Diese Verbindung lag nahe, ist aber in Gen 34 noch nicht geschehen.[29] Simeon und Levi vollziehen an den Landesbewohnern ein Gottesgericht, dessen Gerechtigkeit vom Himmel her bestätigt wird. Die Beschneidung aber wird mit keinem Wort mehr erwähnt.[30] An den gewachsenen Text nicht mehr gebunden, hebt die deuterokanonische Fassung dessen Selbstwiderspruch auf. Eine andere Möglichkeit, die Überlieferung korrigierend weiterzuführen, findet sich in der Gestalt der Judit, nun auch dem

---

27 Das Mädchen hat zunächst nur gesagt: „Nicht, mein Bruder! Schände mich nicht! Und nun rede doch mit dem König, denn er wird mich dir nicht versagen" (V. 12aα.13b). Daß der Verweis auf Dtn 22,21 hinkt, dürfte der Anlaß sein, auf die Notzucht die Verstoßung V. 15-17 folgen zu lassen; denn damit vergeht Amnon sich gegen Dtn 22,29, wie Tamar ihm und dem Leser in einer zweiten Tora-Belehrung erläutert (V. 16a).

28 Die Abhängigkeit ist an Ri 19,23.24 gut zu sehen, weil hier Gen 19,8 und 34,7 verknüpft werden. Ri 20,6 verbindet 1 Sam 11,7 mit Gen 34,7. Ri 20,10 gebraucht die Wendung betont in der Strafbegründung.

29 Anders KUENEN, Gesammelte Abhandlungen, 274: Das Wort טָמֵא ‚verunreinigen' „ist, wenn mich nicht alles trügt, gewählt im Hinblick auf das Schreckgespenst des nachexilischen Judentums, die Geschlechtsgemeinschaft mit den Fremden, vor der wir das Buch der Jubiläen in seiner Paraphrase von *Gen. 34* warnen hörten."

30 Auch Josephus, Antiquitates I 337-340 (Niese), verschweigt sie.

Namen nach der schönen Jüdin als solchen, die der Verunreinigung entgeht (Jdt 13,16), die List zu ihrer Sache macht und mit eigener Hand das Gericht an den Feinden des Gottesvolkes vollzieht. Zu ihrer Rechtfertigung beruft sie sich im Gebet auf die Schandtat an Dina (Jdt 9,2-4).

Die Erzählung von Dina, die „in der Genesis ganz für sich steht",[31] „seems to have described a peaceful intermarriage between the Israelites and Shechemites, on condition of the latter being circumcised. ... But in D's eyes such an intermarriage would have been utterly abominable".[32] Dieser grundlegende Widerspruch hat eine Textentwicklung aus sich herausgesetzt, die nicht auf Quellen und Redaktionen beruht, sondern auf Schriftauslegung in der Schrift. „Je größere Fortschritte wir in der kritischen Untersuchung machen, desto größere Proportionen gewinnt *die fortgesetzte diaskeuē*".[33] „Im Rahmen dieser produktiven Wachstumsgeschichte alttestamentlicher Schriften bewegt sich Exegese" (O.H. Steck).[34]

---

31 KUENEN aaO 268.
32 COLENSO, The Pentateuch VII (s. Anm. 6) Appendix S. 150.
33 KUENEN aaO 276.
34 O.H. STECK, Exegese des Alten Testaments, [12]1989, 46. Vgl. DERS., Prophetische Prophetenauslegung, in: H.F. GEISSER u.a. (Hg.), Wahrheit der Schrift – Wahrheit der Auslegung, 1993, 198-244.

Der Dekalog am Sinai

I

Von den beiden kanonischen Fassungen des Dekalogs Ex 20,2-17 und Dtn 5,6-21 ist nach verbreiteter Ansicht der Exodusdekalog der ursprüngliche, der Deuteronomiumdekalog sekundär.[1] Diese Ansicht kann zwar nicht jede Einzelheit der späteren parallelen Textentwicklung erklären, trifft aber für den Zeitpunkt der Traditionsverdoppelung das Richtige: Der Deuteronomiumdekalog ist nachträglich aus der Sinaiperikope übernommen. Ich nenne kurz die Begründungen, wie sie aus dem synoptischen Vergleich hervorgehen:[2]

1. Ein kanonischer Text ist seinem Wesen nach unantastbar. „Die Kanonizität schließt notwendig die Unveränderlichkeit des Textes in sich."[3] Dieser für das ganze Alte Testament gültige Grundsatz gilt für einen Text von der Würde des Dekalogs um so mehr. „Die Heiligkeit des Dekalogs hätte ihn eigentlich vor Textveränderungen schützen müssen!"[4] Wenn sie es angesichts der Unterschiede der beiden Fassungen offenbar nicht getan hat, liegt die Ursache in der Auffassung, die man in der alttestamentlichen Literargeschichte allenthalben beobachten kann, daß zwar Auslassungen Eingriffe in den kanonischen Text gewesen wären, Hinzufügungen (und kleinere Umstellungen) jedoch nicht; denn unter den Hinzufügungen blieb ja der überlieferte Text in seiner Substanz unangetastet erhalten. Aus dieser Beobachtung folgt, daß für die literarkritische Prioritätsentscheidung die Regel „Lectio brevior potior" ganz ebenso gültig ist wie für die Textkritik. Die Annahme sekundärer Auslassungen hat demgegenüber alle Wahrscheinlichkeit gegen sich.

Die allgemeine Erwägung zur Literargeschichte kanonischer Texte erhält am Einzelfall des Dekalogs ohne weiteres ihre Bestätigung. Unter den zwanzig einzelnen Unterschieden der beiden Fassungen setzen, die Begründung des Sabbatgebots als Sonderfall ausgenommen, lediglich drei eine unmittelbare Textänderung voraus: זָכוֹר Ex 20,8 // שָׁמוֹר Dtn 5,12; שֶׁקֶר Ex 20,16 // שָׁוְא Dtn 5,20; תַחְמֹד Ex 20,17 // תִתְאַוֶּה Dtn 5,21. Dem stehen eine Umstellung (בֵּית gegen אֵשֶׁת, Ex 20,17 // Dtn 5,21) und fünfzehn Überschüsse der einen oder der anderen Fassung gegenüber. Die Unterschiede der beiden Dekalogfassungen dürften danach weitgehend auf nachträgliche Ergänzungen zurückzuführen sein.[5]

---

1 Vgl. zusammenfassend L. PERLITT, Art. „Dekalog I. Altes Testament" (TRE VIII, 1981, 408-413). Bei den Unterschieden „handelt es sich meist um kleinere, präzisierende Zusätze der Fassung von Dtn 5" (409).
2 Zu den Voraussetzungen dieses Vergleichs vgl. die „Thesen zum Stellenwert und zur Durchführung eines synoptischen Vergleichs der beiden Dekalogfassungen" von F.-L. HOSSFELD, Der Dekalog. Seine späten Fassungen, die originale Komposition und seine Vorstufen (OBO 45) 1982, 18-20.
3 R. SMEND, Die Entstehung des Alten Testaments (ThW 1) ²1981, 20.
4 HOSSFELD, 20.
5 Es ist hier nicht möglich, aber auch nicht erforderlich, auf die Einzelheiten der Textgeschichte einzugehen. Samaritanus und Septuaginta folgen mit ihren Lesarten weitgehend der Tendenz

Bei der Verteilung der Überschüsse ergibt sich ein eindeutiges Bild. Zwei Überschüssen des Exodusdekalogs stehen dreizehn Überschüsse des Deuteronomiumdekalogs gegenüber. Und während der Exodusdekalog lediglich in V. 4 und V. 17 je eine zusätzliche Kopula enthält, fügt der Deuteronomiumdekalog nicht nur in V. 9.14.18-21 insgesamt siebenmal die Kopula hinzu, sondern weist auch sechs inhaltlich gewichtige Überschüsse auf: die Rückverweisformel beim Sabbatgebot und beim Elterngebot (V. 12.16); die Erweiterung der Reihe der Subjekte der Sabbatverpflichtung in Anlehnung an Ex 23,12 (V. 14); die Finalbestimmung des Sabbatgebotes in Anlehnung an Ex 23,12 (V. 14); die Verdoppelung der bedingten Verheißung beim Elterngebot (V. 16); und die Ergänzung der im Begehrensverbot genannten Güter des Nächsten um das Feld (V. 21). Durch diese Überschüsse ist der Deuteronomiumdekalog ohne die Begründung des Sabbatgebots um zwanzig Worte länger als der Exodusdekalog. Wenn unsere obengenannte Voraussetzung zutrifft, ist die Ursprünglichkeit des Exodusdekalogs bereits mit diesem äußeren Befund gesichert.

Die Sekundarität der Überschüsse des Deuteronomiumdekalogs läßt sich am Einzelfall erweisen, nämlich an der Verdoppelung der bedingten Verheißung beim Elterngebot Ex 20,12 // Dtn 5,16. Derartige Verheißungen sind charakteristischer Bestandteil der Geboteinkleidung im Deuteronomium. Wenden wir uns zunächst der einfachen Verheißung des Exodusdekalogs zu. Die Wendung vom „Langwerden der Tage", dem Wortsinne nach auf die Lebenszeit des einzelnen gerichtet und so noch in den Verheißungen Dtn 17,20 und 22,7 gebraucht, ist hier auf das Bleiben in dem von Jahwe gegebenen Lande, das heißt auf das kollektive Geschick bezogen. Diese Verbindung, deren Sekundarität keiner weiteren Begründung bedarf, ist nach Ausweis von Dtn 4,26.40; 5,33; 11,9; 25,15; 30,18; 32,47 im späteren Sprachgebrauch des Deuteronomiums stehend. Sie könnte in Anlehnung an Dtn 17,20 entstanden sein und setzt die Erfahrung der Möglichkeit des Landverlustes, also das Exil voraus. Wenn sie dem in die Individualsphäre gehörenden Gebot der Elternehrung als bedingte Verheißung beigegeben ist, liegt auf der Hand, daß die Verbindung nicht im Dekalog entstanden, sondern eine Fremdprägung ist. Sie ist aus dem Deuteronomium übernommen. Als Vorlage kommt Dtn 25,15 in Betracht. Die Fixiertheit des Sprachgebrauchs wird durch die Unstimmigkeit innerhalb des Elterngebots erwiesen.

Im Unterschied zum Exodusdekalog ist im Deuteronomiumdekalog der vorgeprägte Sprachgebrauch gestört, da hier die zusätzliche Verheißung des Wohlergehens den gegebenen Zusammenhang zwischen der Verheißung langen Lebens und dem Bleiben im Lande unterbricht. Zwar können langes Leben im Lande und Wohlergehen auch sonst als bedingte Verheißungen verbunden sein (Dtn 4,40;

---

zur Parallelenangleichung und verstoßen somit gegen die „Lectio difficilior". Ebensowenig Zutrauen verdient der unierte Text des Papyrus Nash, der stellenweise mit der Septuaginta übereinstimmt. Die Phylakterien aus Höhle 1 und 4 von Qumran (veröffentlicht in DJD I, 1955, 72-76, und von K.G. KUHN, AHAW.PH [1957] 1. Abhandlung) kommen aufgrund ihrer Zweckbestimmung von vornherein für eine ursprüngliche Textüberlieferung nicht in Betracht. Einen Anlaß, den Masoretentext zu korrigieren, gibt es an keiner Stelle. In Dtn 5,10 dürfte mit Q^{c}rê zu lesen sein.

5,33), jedoch in umgekehrter Folge. Die Härte, die durch den Einschub im Deuteronomiumdekalog entstanden ist, wird auch dadurch belegt, daß Dtn 4,40 und 5,33 den Dekalog voraussetzen, die Reihenfolge der Verheißungen also bewußt vertauscht haben. Dieselbe Umstellung findet sich im Dekalogtext der Septuaginta und des Papyrus Nash, die dem geprägten Sprachgebrauch zu seinem Recht helfen. Vorlage des Einschubs dürfte die bedingte Verheißung beim Gesetz zum Schutze der Vogelmutter Dtn 22,7 gewesen sein, wo Wohlergehen und langes Leben, letzteres noch ohne Bezug auf das Land, verbunden sind, und zwar ebenfalls in dieser, der natürlichen Reihenfolge. Daß im Deuteronomiumdekalog die Verheißung langen Lebens der Verheißung des Wohlergehens voransteht, findet die ungezwungene Erklärung darin, daß sie ihr vorgegeben war: Der längere Text des Deuteronomiumdekalogs beruht auf Ergänzung.

2. Der Dekalog ist nicht aus einem Guß. Die erheblichen Unterschiede der Einzelgebote nach Form und Umfang sowie der unvermittelte Übergang von Jahwerede in Moserede zeigen in aller Deutlichkeit, daß die Gebotsreihe in mehreren Stufen gewachsen ist. Dieser Wachstumsprozeß ist in einem Falle am Exodusdekalog noch zu erkennen, wo im Deuteronomiumdekalog die Wachstumsfuge nachträglich verwischt ist. Es handelt sich um die Verdoppelung des Begehrensverbotes Ex 20,17 // Dtn 5,21. Der Exodusdekalog bietet an dieser Stelle eine Dublette: Der Prohibitiv רֵעֶךָ ... לֹא תַחְמֹד V. 17a wird in V. 17b mit anderem Objekt wortwörtlich wiederholt. Der Sinn der Wiederholung: Der zweite Halbvers lautet deshalb wie der erste, weil er mit ihm identisch sein will. Das in V. 17a genannte Haus wird in V. 17b als Oberbegriff ‚Hausstand' aufgefaßt[6] und in den Einzelheiten ausgeführt. H. Ewald hat dies als erster erkannt: „die Worte, ‚du sollst nicht begehren deines Nächsten Weib Knecht und Magd Stier und Esel und all sein Eigentum' geben deutlich eine bloße Erläuterung".[7] Die Liste will nicht als die vollständige Beschreibung eines Hausstands als solchen verstanden sein, sondern nennt, dem Anlaß entsprechend, was daran begehrenswert sein kann, nämlich des Nächsten Erwerb: Frau, Gesinde, Vieh und bewegliche Güter. Die Wiederholung zum Zwecke nachträglicher Erläuterung ist ein gängiges Stilmittel der Anknüpfung von Zusätzen und darum ein Kriterium der Literarkritik von beträchtlicher Sicherheit.

Im Deuteronomiumdekalog ist diese Literarkritik nicht möglich. An Stelle des Hauses steht in Dtn 5,21a die Frau voran, und da in V. 21b das Verb wechselt, entfällt auch die Dublette. Diese Abweichungen lassen sich ohne weiteres als nachträgliche Korrektur verstehen. Entsprechend dem Gebot: „Du sollst nicht ehebrechen!", ist das Begehren der Frau des Nächsten als ein Delikt sui generis von der Reihe abgesetzt worden. Die Doppelung in der Exodusvorlage bot die Möglichkeit, dies durch eine einfache Vertauschung der Objekte zu tun. Die Va-

---

6 Ob dies dem Wortsinne von בַּיִת nach zu Recht geschehen ist, kann angesichts der Sekundarität von V. 17b auf sich beruhen.
7 H. EWALD, Geschichte des Volkes Israel bis Christus II, 1845, 153 Anm. 1. Ewalds Deutung wurde in der späteren Exegese in der Regel übernommen, vgl. die Aufstellung bei HOSSFELD, 89 Anm. 292.

riation der Verben dürfte demselben Zweck dienen.⁸ Wie in der Vorlage ist auch in Dtn 5,21b בַּיִת als Oberbegriff ‚Hausstand' aufgefaßt; denn die folgende Objektreihe weist sich durch asyndetischen Anschluß als Explikation aus. Dabei ist allerdings eine Unstimmigkeit entstanden: Das in Dtn überschüssige Feld paßt nicht unter den Oberbegriff, sondern hätte ihm gleichrangig zugeordnet werden sollen. Neben der ‚Lectio brevior' entscheidet dieser Umstand für die Sekundarität der Deuteronomiumfassung auch in diesem Detail. Ob die Kopula bei שׁוֹרוֹ in Dtn gestrichen wurde, um die Reihe in zwei Dreiergruppen zu gliedern, oder in Ex zugesetzt, um die Polysyndese zu vervollständigen, ist nicht zu entscheiden und entscheidet seinerseits nichts.

3. Der Dekalog ist keine vollständige Neuschöpfung, sondern geht in Teilen auf Vorlagen zurück. Diese Vorlagen lassen sich in zwei Fällen am Exodusdekalog deutlicher erkennen als am Deuteronomiumdekalog. Der Exodusdekalog erweist sich auch in dieser Hinsicht als der ältere.

Hossfeld hat jüngst den Nachweis geführt, daß die Reihe der drei Kurzprohibitive Ex 20,13-15 // Dtn 5,17-19 auf die Infinitivreihe in Jer 7,9 // Hos 4,2 zurückgeht.⁹ Die Übereinstimmung des Dekalogs mit der prophetischen Scheltrede Jer 7,9 // Hos 4,2 ist ganz eindeutig. Sie wird üblicherweise dahingehend verstanden, daß hier der Dekalog vom Propheten bzw. von der deuteronomistischen Redaktion angeführt wird. Tatsächlich aber ist die an beiden Stellen nahezu gleichlautende Reihe der Infinitive mit einer jeweils unabhängigen Bezugnahme auf den Dekalog nicht zu erklären. Vielmehr muß Jer 7,9 auf Hos 4,2 beruhen, welche Stelle hier zitiert und erweitert ist. Hos 4,2 wiederum ist nach Form und Inhalt ein altes Prophetenwort, das ohne die Voraussetzung des Dekalogs gedeutet werden kann und muß.¹⁰ Aus der Übereinstimmung des Dekalogs mit Jer 7,9 // Hos 4,2 folgt darum das Umgekehrte: Der Dekalog setzt Jer 7,9 voraus. Die Tragweite dieses Ergebnisses ist außerordentlich. Sie wurde von Hossfeld nur ansatzweise gesehen. Da nämlich die drei Kurzprohibitive innerhalb des Dekalogs die einzige formal eindeutige Reihung sind, bilden sie so etwas wie den Kristallisationskern, an den anschließend das allmähliche Wachstum der übrigen Reihe die Erklärung findet. Dies bedeutet: Die Urgestalt des späteren Dekalogs, jenes ‚Hauptgebots', das die für das Gottesverhältnis Israels grundlegenden Verhaltensnormen aufzählt und darin für den theologischen Gebrauch des alttestamentlichen Gesetzes beispielhaft ist, hat seine Wurzeln nicht im Gesetz, sondern ist die Umsetzung der prophetischen Scheltrede in eine Prohibitivreihe. Diese Ableitung betrifft nicht die drei Kurzprohibitive allein. In der erweiterten Infinitivreihe aus Jer 7,9 finden auch und vor allem das Erste Gebot, also das Verbot der „anderen Götter", und das Verbot, als Lügenzeuge aufzutreten, ihre Vorlagen: גָּנֹב רָצֹחַ וְנָאֹף וְהִשָּׁבֵעַ לַשֶּׁקֶר וְקַטֵּר לַבַּעַל וְהָלֹךְ אַחֲרֵי אֱלֹהִים אֲחֵרִים. Ein Unterschied besteht lediglich darin, daß

---

8 Nach HOSSFELD, 96-99, der auch die ältere Debatte referiert, ergibt sich an dieser Stelle für die Semantik der Verben חמד und אוה kein nennenswerter Unterschied. „Die Absicht der ... Variation hätte dann darin bestanden, bei analogem Tatbestand in den Verben die Eigenständigkeit der Verbote zu unterstreichen" (99).
9 HOSSFELD, 276-278.
10 Vgl. J. WELLHAUSEN, Die kleinen Propheten, ⁴1963, 109.

der Baal im Dekalog nicht eigens benannt, sondern dem Ersten Gebot inbegriffen ist, und daß die Lügenschwüre auf das Verhalten gegen den Nächsten vor Gericht bezogen sind. Zum Ersten Gebot gehört die Ausführung Ex 20,5a // Dtn 5,9a, die durch den späteren Einschub des Bildverbotes abgetrennt ist, notwendig hinzu.[11] Die aus Jer 7,9 entwickelte Grundreihe dürfte als eigene Bildung ferner das ursprüngliche Begehrensverbot Ex 20,17a enthalten haben. Einschließlich des Prologs, der zum Verständnis von Anfang an unentbehrlich ist, ergibt sich demnach folgender Urdekalog: Ex 20,2-3.5a.13-17a. Für die Richtigkeit dieser Hypothese spricht neben der Möglichkeit der aufgezeigten literargeschichtlichen Ableitung, daß die formalen Unausgeglichenheiten des ausgewachsenen Dekalogs noch fehlen. Es handelt sich um eine reine Prohibitivreihe ohne die beiden positiven Gebote, ohne Verweise, Begründungen und bedingte Verheißungen und ohne den Sprecherwechsel. Dem auf Jahwe bezogenen Ersten Gebot, das die Hauptbetonung trägt, stehen fünf auf den Nächsten bezogene Einzelgebote gegenüber. Der spätere Wachstumsprozeß hat vom Ersten Gebot seinen Ausgang genommen.

Anhand dieser Hypothese läßt sich nunmehr der Unterschied zwischen Exodusdekalog und Deuteronomiumdekalog im Verbot des falschen Zeugnisses beurteilen: Die Constructusverbindung עֵד שֶׁקֶר in Ex 20,16 läßt die Ableitung von Jer 7,9 zu, die Constructusverbindung עֵד שָׁוְא in Dtn 5,20 nicht. Wir werden darum Dtn 5,20 als eine nachträgliche Änderung anzusehen haben, nämlich als die Angleichung an das Verbot des Mißbrauchs des Jahwenamens Dtn 5,11. Der Exodusdekalog ist auch in dieser Einzelheit ursprünglich.

Vorlagen für die späteren Erweiterungen des Dekalogs finden sich im Kontext des Buches Exodus, namentlich in der Gebotsreihe Ex 34, die ihrerseits ein sekundärer Ableger des erweiterten Bundesbuches Ex 20,22-23,33 ist und zur Zeit der Entstehung des Urdekalogs wahrscheinlich noch nicht existierte. So dürfte die zum Ersten Gebot gehörende Erweiterung Ex 20,5b-6 // Dtn 5,9b-10 ebenso wie die drohende Begründung des Verbots des Namensmißbrauchs Ex 20,7b // Dtn 5,11b in der hymnischen Jahweprädikation Ex 34,7 ihr Vorbild haben. Die Übereinstimmungen zwischen Ex 34,7 und dem Dekalog sind so weitgehend, daß an eine literarische Unabhängigkeit beider Stellen nicht zu denken ist.[12] Dabei ist Ex 34,7 die Vorlage und der Dekalog die Kopie. Denn während in Ex 34,7 die tausendfache Gnade und die Heimsuchung der Sünde bis zur vierten Generation absolut stehen und einen nicht auszugleichenden Widerspruch bilden, sind sie im Dekalog auf das Jahweverhältnis bezogen und somit relativiert: Die Heimsuchung gilt denen, die Jahwe hassen, die Gnade denen, die ihn lieben und seine Gebote halten. Diese Einschränkung, die Jahwes Verhalten erst kalkulierbar macht, hätte man im Falle der umgekehrten Abhängigkeit auf keinen Fall ausgelassen. Um die Proportionen des Dekalogs nicht allzusehr zu stören, ist der Hymnus bei der Übernahme stark beschnitten worden. Dabei hat die Generationenreihe der von

---

11 Das hat W. ZIMMERLI, Das zweite Gebot (1950; in: DERS., Gottes Offenbarung [TB 19] ²1969, 234-248) 236-240, ausführlich nachgewiesen, ohne allerdings die naheliegende literarkritische Konsequenz zu ziehen, das Bildverbot als nachträglichen Einschub zu bestimmen.

12 In der weiteren Parallele Num 14,18 fehlt חֶסֶד לָאֲלָפִים. Die Stelle weist sich als Zitat von Ex 34,7 aus. Dtn 7,9-10 und Jer 32,18 beruhen auf dem Dekalog.

der Heimsuchung Betroffenen Schaden genommen. Hieß es in Ex 34,7: „der heimsucht die Sünde der Väter an den Söhnen und an den Enkeln, *nämlich* an der dritten und an der vierten Generation" – die Asyndese ist explikativ aufzufassen, wobei die Explikation sich auf die zuletzt genannten Enkel bezieht –, so ist im Dekalog die Nennung der Enkel entfallen: „der heimsucht die Sünde der Väter an den Söhnen (= Nachkommen), nämlich an der dritten und an der vierten Generation." Diese kürzere Fassung aber ist nicht nur ungenau, sondern unstimmig: Es fehlen – nicht die Enkel, sondern die zweite Generation. Die Heimsuchung der Sünde der Väter an den Söhnen betrifft, wörtlich genommen, gerade nicht die Söhne, sondern erst die dritte und vierte Generation. Eine solche Formulierung ist nur als Anlehnung an die verkürzt wiedergegebene Vorlage in ihrer Entstehung erklärbar. An dieser Stelle erweist der Exodusdekalog sich wiederum als ursprünglich. Denn der Deuteronomiumdekalog hat durch Hinzufügung der Kopula die Explikation in Addition verwandelt und so die Härte getilgt: „der heimsucht die Sünde der Väter an den Söhnen *und* an der dritten und an der vierten Generation."[13]

4. Die umfangreichste Differenz zwischen Exodus- und Deuteronomiumdekalog betrifft die Begründungen des Sabbatgebots Ex 20,11 und Dtn 5,15. Sie erklärt sich ohne weiteres damit, daß das Sabbatgebot zum Zeitpunkt der Übernahme nach Dtn 5 noch keine Begründung enthielt. Insofern liegt hier ein Sonderfall vor, der über das Gesamtverhältnis der beiden Dekaloge nicht entscheidet. Nachdem Dtn 5,15 in enger Anlehnung an die deuteronomische Sozialgesetzgebung (Dtn 24,18, vgl. sonst Dtn 15,15; 16,12; 24,22) hinzugefügt worden war, wurde im Zuge der Parallelenangleichung auch im Exodusdekalog eine Begründung ergänzt, die mittlerweile auf die Ätiologie des Sabbats im priesterschriftlichen Schöpfungsbericht zurückgreifen konnte. Die Unterschiede zwischen Ex 20,11 und Gen 2,2-3, die zugleich Übereinstimmungen zwischen Ex 20,11 und Dtn 5,15 sind, zeigen, daß in diesem Falle die Sekundarität auf Seiten des Exodusdekalogs liegt.[14]

Was für die Begründung gilt, gilt nicht für das Übrige. Das Sabbatgebot selbst hat im Exodusdekalog die ursprüngliche Fassung. Der Dekalog beruht hier auf der Ruhetagforderung Ex 34,21, die er in V. 9-10a zitiert. Nach dem Beispiel der Prohibitive des Urdekalogs wird das Gebot um eine Verbotsklausel ergänzt. Ferner wird in Anlehnung an die kultische Gesetzgebung des Deuteronomiums die Liste der zur Einhaltung Verpflichteten hinzugefügt (vgl. Dtn 12,18; 16,11.14).[15] Die Besonderheit des Sabbatgebots im Dekalog liegt darin, daß es statt der Forderung aus Ex 34,21: „am siebten Tag sollst du ruhen (וּבַיּוֹם הַשְּׁבִיעִי תִּשְׁבֹּת)", eine Definition gibt: „der siebte Tag ist der Sabbat für Jahwe, deinen Gott (וְיוֹם הַשְּׁבִיעִי שַׁבָּת לַיהוָה אֱלֹהֶיךָ)." Tatsächlich wird hier der Sabbat, der in der Königszeit der

---

13 Eine ähnliche Verwandlung von Explikation in Addition durch Hinzufügen der Kopula findet sich im synoptischen Vergleich beim Bildverbot. Hier dürfte der Exodusdekalog sekundär sein. Vgl. J. WELLHAUSEN, Die Composition des Hexateuchs, ⁴1963, 89 Anm. 1.
14 Septuaginta und Papyrus Nash haben nachträglich Ex 20,11 an Gen 2,2-3 angeglichen.
15 Da die Textüberlieferung in den Parallelbelegen durchgehend geteilt ist, läßt sich nicht entscheiden, ob die Kopula vor עַבְדְּךָ in Dtn ergänzt oder in Ex gestrichen worden ist.

Vollmondtag gewesen ist (vgl. 2 Kön 4,23; Jes 1,13; Hos 2,13; Am 8,5), erstmalig mit dem Ruhetag am siebten Tag gleichgesetzt. Die Bedeutung dieser Identifikation: Der Sabbat erhält einen neuen, unnatürlichen Rhythmus und Inhalt, soll nicht mehr auf den Mond, sondern auf „Jahwe, deinen Gott" gerichtet sein, der „keine anderen Götter" neben sich duldet. Unter dieser veränderten Voraussetzung wird der Sabbat nach der langen Unterbrechung der Exilszeit (vgl. Klgl 2,6) der nachexilischen Bundesgemeinde wieder zur Einhaltung befohlen: „Gedenke (wieder!) des Sabbattages, ihn zu heiligen (= als religiösen Termin wahrzunehmen)!"[16]

Die programmatische Absicht dieser einzigen Überschrift eines Einzelgebotes ist in der Deuteronomiumfassung durch den Wechsel des einleitenden Infinitivs nicht mehr zu erkennen. Das konventionelle שָׁמוֹר statt זָכוֹר betont den Gehorsam und kann das tun, weil das Sabbatgebot, das im Exodusdekalog aus der Ruhetagforderung allererst entstanden ist, jetzt vorliegt. Zum Gehorsam gehört die Vollständigkeit. Deshalb zieht der Deuteronomiumdekalog neben Ex 34,21 auch die ältere Ruhetagforderung Ex 23,12 heran.[17] Deren Zielsetzung war sozialer Art, wie der in V. 14bβ zitierte Finalsatz zum Ausdruck bringt, der hier durch die aus Dtn 24,18 übernommene Begründung V. 15 zusätzlich unterstrichen wird. Damit überlagert im Deuteronomiumdekalog die soziale Absicht der Ruhetagforderung die religiöse Zielsetzung des Sabbatgebots, die im Exodusdekalog die herrschende ist. Finalsatz wie Begründung dürften in einem Zuge ergänzt worden sein, ebenso die Erweiterung der Liste der von der Sabbatruhe Betroffenen, die gleichfalls Ex 23,12 entstammt. Daraus folgt weiter, daß der in V. 12b zugefügte Rückverweis, der den „gesetzlichen" Charakter unterstreicht, auf Ex 23,12 gerichtet ist. Durch diese Zusätze ist das Sabbatgebot gegenüber der ursprünglichen Fassung in Ex 20,8-10 auf mehr als den doppelten Umfang erweitert worden. Damit bestätigt sich die Beobachtung N. Lohfinks, der auf das besondere Gewicht aufmerksam gemacht hat, das der Sabbat im Deuteronomiumdekalog erhalten hat.[18] Lohfink hat in diesem Zusammenhang auch einen möglichen Beweggrund für die Polysyndese der Kurzprohibitive Dtn 5,17-21 gefunden: Sie sind zu einem Großgebot zusammengefaßt, um dem Sabbatgebot in der Komposition der Gesamtreihe die Zentralstellung einzuräumen.

---

16 Diese Ableitung ist ausgeführt und begründet in: CH. LEVIN, Der Sturz der Königin Atalja (SBS 105) 1982, 39-42: Exkurs „Der Sabbat". Vgl. jetzt auch die Andeutungen von HOSSFELD, 38. 248. 251.

17 Das Verhältnis zwischen Ex 23,12 und 34,21 ist so zu bestimmen, daß die Gebotsreihe in Ex 34 den Anhang des Bundesbuches voraussetzt. Dabei ist statt der sozialen Ausrichtung des Ruhetags, die in Ex 23 auch den Kontext bestimmt, die strenge Einhaltungspflicht betont worden. Ex 34 wird „sowohl durch sein literarisches Verhältnis zum Bundesbuch wie durch seine gattungsmäßige Beschaffenheit als ein sekundäres Mischgebilde erwiesen" (A. ALT, Die Ursprünge des israelitischen Rechts [1934]; in: Ders., Kleine Schriften zur Geschichte des Volkes Israel I, 1953, 278-332] 317 Anm. 1). Daran hat der vielhundertseitige Versuch von J. HALBE, Das Privilegrecht Jahwes Ex 34,10-26 (FRLANT 114) 1975, nichts ändern können.

18 N. LOHFINK, Zur Dekalogfassung von Dt 5 (BZ NF 9, 1965, 17-32).

II

Der synoptische Vergleich erweist den Exodusdekalog als ursprünglich. Die Frage nach dem Einbau des Gesetzes in die Geschichtsdarstellung ist darum im Falle des Dekalogs, genauer: des Urdekalogs, an die Sinaiperikope zu richten.[19] Tatsächlich ist der Dekalog mit der Präambel auf den Exodus, das „Urbekenntnis Israels"[20] bezogen. Er hat damit ausdrücklich wie kein zweites alttestamentliches Gesetz in der Heilsgeschichte einen gegebenen Ort. So verstand es sich, ihn im Rahmen des großen alttestamentlichen Geschichtswerks Gen bis 2 Kön – welche Gestalt immer es zu diesem Zeitpunkt gehabt haben mag – an ebendiesen Ort zu verbringen. Der Dekalog ist in Ex 20 in nahem Anschluß an den vollzogenen Exodus, nämlich im Zusammenhang der Gottesbergepisode Ex 19-24; 32-34 überliefert. Unsere These ist, daß er dort die Keimzelle der vorderen Sinaiperikope bildet, genauer: des durch die Ringkomposition Ex 19,3a → 24,13b eingegrenzten Abschnitts,[21] und in einem weiteren Sinne die Grundlage des gesamten Komplexes Ex 19 bis Num 10 überhaupt. Der Einbau des Dekalogs in die Geschichtsdarstellung ist insofern für das alttestamentliche Gesetz insgesamt maßgebend gewesen.

Das Gesetz im Zusammenhang der Geschichte verlangt eine doppelte Einbindung. Es muß bei geeigneter Gelegenheit an geeignetem Ort von Jahwe proklamiert und anschließend von Israel in förmlicher Selbstverpflichtung angenommen werden. Der so entstehende Dreischritt: (I) Proklamation, (II) Wortlaut des Gesetzes und (III) Verpflichtung, bildet in der Tat das Grundgerüst der Sinaiperikope, die in dieser Weise sich um den Dekalog als ihren Mittelpunkt gruppiert. Der heutige umfangreiche, ja überladene Text ist entstanden, indem im Verlauf der schriftlichen Weiterüberlieferung jedes der drei Elemente durch zahlreiche Zusätze erweitert worden ist. (I) Die Proklamation, in den älteren Rahmen einer Gottesbegegnung des Mose auf dem Gottesberg eingesetzt, wurde schrittweise zur spektakulären Theophanie ausgebaut. (II) Der Wortlaut des Gesetzes erhielt durch Hinzufügen des Bundesbuches, der Reihe in Ex 34 und schließlich der priesterschriftlichen Gesetzgebung ein alle Proportionen sprengendes Übermaß. (III) Und aus der Selbstverpflichtung Israels wurde ein Bundesschluß mit Bundesurkunde, Opfer und Blutritus, mit dem sich später der erste exemplarische Ungehorsam, Bestrafung und Bundeserneuerung (Ex 32-34) und zuletzt eine der mittlerweile entstandenen Theophanie entsprechende Gottesschau (Ex 24,1-2.9-11) verbanden.

---

19 Für Dtn 5 hat zuletzt S. MITTMANN, Deuteronomium 1,1-6,3 literarkritisch und traditionsgeschichtlich untersucht (BZAW 139) 1975, den Nachweis geführt, daß der Dekalog in der Rahmung der Sinaiperikope vorausgesetzt ist. „In seinem Handlungsablauf spiegelt Dtn 5 ziemlich getreu den heutigen Aufriß der größeren Parallele wider. Was dort sich freilich erst unter einschneidenden Veränderungen eines älteren Bestandes ... herausbildete ..., das präsentiert sich hier als eine literarisch glatte und in sich logische Konzeption" (S. 159).
20 M. NOTH, Überlieferungsgeschichte des Pentateuch, 1948, 52.
21 Zur Ringkomposition als Mittel literarischer Ergänzungen vgl. W. RICHTER, Exegese als Literaturwissenschaft, 1971, 70f.

Eine literargeschichtliche Deutung, die das tatsächliche Gewicht des Dekalogs auch für die Entstehung seines Kontextes zur Geltung bringt, ist gegenwärtig nicht üblich. Im Gegenteil, es gilt als „opinio communis der Exegeten, daß der Dekalog mit dem ursprünglichen Zusammenhang der Theophanieschilderung in Ex 19 nicht fest verknüpft ist, sondern sekundär bzw. lose in diesem Zusammenhang eingefügt wurde."[22] Für diese opinio communis hat wie so oft Wellhausen den Grund gelegt, und zwar mit der doppelten Begründung der gattungskritischen Unterscheidung zwischen Geschichtsdarstellung und Gesetz sowie der motivkritischen Unterscheidung zwischen Gottesberg und Gesetzgebung. „Die wahre und alte Bedeutung des Sinai ist ganz unabhängig von der Gesetzgebung. Er war der Sitz der Gottheit, der heilige Berg. ... Erst ein weiterer Schritt führte dazu, den Sinai zum Schauplatz der feierlichen Eröffnung des geschichtlichen Verhältnisses zwischen Jahve und Israel zu machen. ... So entstand die Notwendigkeit, die Grundgesetze ihrem *Inhalte* nach hier mitzuteilen, so fand der legislative *Stoff* Eingang in die geschichtliche Darstellung."[23] Es besteht kein Anlaß, die Berechtigung dieser Unterscheidungen zu bestreiten. Doch stellt sich die Frage, ob ihre Anwendung auf Ex 19-24 in jeder Hinsicht gerechtfertigt ist. Es besteht ja die Möglichkeit, daß das Gottesbergmotiv nur in der jeweiligen Grundlage von Ex 3-4; 19; 24 und 34 seinen ursprünglichen Ort hat, so daß die ausgeführten Sinai-Ereignisse von Ex 19-24 von Anfang an mit der „feierlichen Eröffnung des geschichtlichen Verhältnisses zwischen Jahve und Israel" und dem Einbau des „legislative(n) Stoff(s) ... in die geschichtliche Darstellung", deren Begleitumstand sie bilden, in Zusammenhang stehen. Die Gewichtung innerhalb des heutigen Textes schließt das zumindest nicht aus.

In der Zwischenzeit haben Wellhausens Unterscheidungen eine neue Begründung erhalten. Es zeichnet sich ab, daß die „feierliche(n) Eröffnung des geschichtlichen Verhältnisses zwischen Jahve und Israel", also die Vorstellung vom Gottesbund, in der Geschichte der israelitischen Religion ein Spätling ist.[24] Der „legislative Stoff" aber gehört im Falle des Dekalogs mit der Bundesvorstellung ursächlich zusammen und ist nicht früher als diese zu datieren. „So gibt es grundsätzlich nur zwei Möglichkeiten: Entweder ist eine vor-dt Form des Dekalogs im JE-Sinaikontext ursprünglich oder aber der ganze Dekalog ist in diesem Kontext sekundär – tertium non datur."[25] Da von einer „vordeuteronomistischen Form des Dekalogs" nicht die Rede sein kann, ist die Alternative entschieden. Ist sie aber richtig gestellt? Sie beruht ja auf der Voraussetzung, daß innerhalb von Ex 19-24 eine vordeuteronomistische Sinai-Theophanie überliefert ist. Und diese Voraussetzung darf ihrerseits nicht unbefragt bleiben! Tertium datur: Auch der

---

22 HOSSFELD, 164. Die Sinai-Literatur von J. Wellhausen bis L. Perlitt hat in übersichtlicher und nützlicher Weise E. ZENGER, Die Sinaitheophanie (fzb 3) 1971, 12-45. 206-231, referiert und in tabellarischer Übersicht dargestellt. Seither sind vornehmlich MITTMANN, 145-159, und HOSSFELD, 163-213, zu nennen.
23 Prolegomena zur Geschichte Israels, [6]1905, 342f.
24 Grundlegend L. PERLITT, Bundestheologie im Alten Testament (WMANT 36) 1969.
25 PERLITT, 90. Vgl. die weitergehende literarkritische Begründung und das Referat der Forschungslage S. 91f.

Kontext kann „sekundär" sein. Die Alternative stellt sich vielmehr folgendermaßen: Ist am Sinai die Theophanie das Ursprüngliche, in die die Proklamation des Gesetzes (samt Verpflichtung und Bundesschluß) nachträglich eingeschoben wurde, oder ist die Proklamation des Gesetzes das Ursprüngliche, für die die Theophanie der Begleitumstand ist?

III

Die Alternative entscheidet sich in 24,1-11. In diesem Schlußabschnitt der vorderen Sinaiperikope erreicht das Geschehen seinen Höhepunkt. Hier müssen darum beide Themenbereiche, Theophanie und Gesetz, notwendig vertreten sein und sich so überlagern, daß ihr gegenseitiges Verhältnis der Analyse offensteht. „Die Zerlegung von 24,1-11 ist ebenso einfach wie zwingend: V. 1 soll Mose mit Anhang zu Jahwe hinaufsteigen, was v. 9 auch geschieht; v. 3f. ist er dagegen beim Volk und baut einen Altar תַּחַת הָהָר. Damit fällt v. 3-8 aus der Abfolge von Befehl und Ausführung (V. 1.9) heraus. Das ist der erste und von niemandem bestrittene Befund".[26] Wie man sogleich sieht, entsprechen die beiden auf diese Weise unterschiedenen Hauptschichten den beiden Themenbereichen genau. Die Gottesschau V. 1-2.9-11 ist Höhepunkt und Abschluß der Theophanie, die Selbstverpflichtung des Volkes und der Bundesschluß V. 3-8 sind Höhepunkt und Abschluß der Gesetzesproklamation. Will man den literarkritischen Befund nicht mit der Urkundenhypothese erklären – was sich in keiner Weise empfiehlt –,[27] so sind die beiden Schichten als Grundlage und Ergänzung zu deuten. Für unsere Alternative folgt daraus: Soll am Sinai die Theophanie das Ursprüngliche sein, so müssen Selbstverpflichtung und Bundesschluß V. 3-8 sich als sekundärer Einschub innerhalb der Gottesschau V. 1-2.9-11 erweisen; soll dagegen die Gesetzesproklamation das Ursprüngliche sein, so muß die Gottesschau V. 1-2.9-11 eine sekundäre Rahmung der Verpflichtungs- und Bundesszene V. 3-8 sein.

Der Sachverhalt ist in V. 1-3 am deutlichsten zu greifen. Die literarischen Zäsuren sind eindeutig. Sie liegen zwischen 23,33 und 24,1 einerseits und V. 2 und 3 anderseits. „In 24,3 tritt er (scl. Mose) mit seiner Mitteilung gerade in dem Augenblick auf, in dem er einen Aufstiegsbefehl (24,1f.) erhalten hat. So gewaltsam erzählt niemand, der noch freie Hand hat".[28] Das bedeutet: V. 3 ist nicht, auch sekundär von einem Bearbeiter nicht, an V. 2 angeschlossen. Wer V. 3 als Ergänzung ad hoc an V. 1-2 hätte anschließen wollen, hätte dies nie und nimmer so ge-

---
26 PERLITT, 182.
27 Die unternommenen Quellenscheidungen haben zu keinerlei eindeutigem Ergebnis geführt. Der Verdacht läßt sich nicht von der Hand weisen, daß die Anwendung der Urkundenhypothese auf die Analyse der Quelle JE grundsätzlich verfehlt ist. Perlitt hat für die Sinaiperikope gezeigt, daß der entschlossene Verzicht auf das „JE-Spiel" dem Verständnis der Geschichte des Textes beträchtlich zugute kommt.
28 PERLITT, 192. Perlitt weiter: „... wohl aber jene Bearbeitung, die an Erzähltes, genauer: Geschriebenes ihren hermeneutischen Schlüssel heranträgt." Diesen Schluß kann ich nicht nachvollziehen: Gerade eine Bearbeitung bezog sich auf den ihr vorliegenden Text. Kein Ergänzer hätte jemals einen so rücksichtslosen Übergang wie den von Ex 24,2 auf 3 geschaffen.

waltsam getan. V. 3 ist darum notwendig *älter* als V. 1-2. Tatsächlich wird er durch V. 1-2 von seinem natürlichen Vortext getrennt. „Einigkeit besteht darüber, daß in V.3 Mose von einer Gebotsmitteilung Jahwes kommt und diese Rede Jahwes sich nicht auf die Befehle der VV.1-2, sondern auf das Bundesbuch bezieht. ... Wenn V.3 auf das Bundesbuch ... zurückgreift, kommt er hier nach VV.1-2 zu spät; er fordert unmittelbaren Anschluß an seinen Bezugstext. Das läuft darauf hinaus, daß die VV.1-2 die ursprüngliche Verbindung zwischen Bundesbuch und 24,3 stören."[29] Dies bestätigt sich an Hand der Aussage von V. 1. „V. 1 ist eine redaktionelle Klammer, die ... keinen wie auch immer gearteten alten Erzählungskern enthält. Im Rahmen der vermuteten Erzählung wäre das betont vorangestellte ואל משה (אמר) unmotiviert. Es erklärt sich nur aus dem Gegenüber zur vorangehenden Gesetzesoffenbarung, die Mose für das ganze Volk empfing, während die dann folgende Mitteilung 24,1 speziell für ihn und einen auserwählten Kreis bestimmt war. Mit ihr wird ... sichergestellt ..., daß ... der in v. 9 berichtete Aufstieg nicht eigenmächtig, sondern auf Jahwes Geheiß hin geschah".[30] Bleibt nachzutragen, daß 24,1, auf den weiteren Vortext gesehen, nirgends als an 23,33 anschließen kann, und daß der Einschub V. 1-2 in Grundlage V. 1a, erste Ergänzung V. 1b-2a und zweite Ergänzung V. 2b geschichtet ist. In 24,1-3 erhalten wir damit das Ergebnis, daß Gesetzesmitteilung, Verpflichtung und Bundesschluß das Ursprüngliche sind, die Gottesschau sekundär ist.

Dieses Ergebnis läßt sich auf den eigentlichen Bericht von der Gottesschau V. 9-11 ausdehnen. Der Gottesbefehl V. 1-2 ist ja nur deshalb so gewaltsam zwischen Bundesbuch und Verpflichtungsszene eingezwängt worden, weil ohne eine solche Ermächtigung die Annäherung der siebzig Ältesten an die Gotteserscheinung undenkbar gewesen wäre. Die wortwörtliche Übereinstimmung von V. 1a und 9 kann deshalb als Hinweis gelten, daß an beiden Stellen ein und derselbe Ergänzer geschrieben hat. Wieder bringt er die Szene durcheinander. „Mose besteigt in v. 12-15a erneut ... den Berg, auf dem er sich doch nach v. 9-11 längst befindet."[31] Demzufolge hat V. 12 ursprünglich an V. 8 angeschlossen. „Ich glaube also, dass 24,1.2.9-11 ein Einschiebsel ist."[32] Die Ergänzung ist zwischen den Bundesschluß V. 3-8 und den Bundesbruch – V. 12-14.18b sind Vorspann zu Ex 32 – eingeschoben worden, so daß die Gottesschau die Folge der Bundesschlußszene bildet. Wieder ist der Einschub nicht einheitlich: V. 11 ist ein Nachtrag.[33] An Ex 24,9-11 haben sich in der zurückliegenden Forschung weitreichende überlieferungsgeschichtliche Erwägungen geknüpft.[34] Das sollte nicht beirren: Das Er-

---

29 HOSSFELD, 190f.
30 MITTMANN, 152.
31 MITTMANN, 154.
32 WELLHAUSEN, Composition, 89.
33 Die Dublette וַיִּרְאוּ אֵת אֱלֹהֵי יִשְׂרָאֵל (V. 10a) und וַיֶּחֱזוּ אֶת־הָאֱלֹהִים (V. 11bα) wird von PERLITT, 184f., ausführlich diskutiert, ohne literarkritische Konsequenzen zu ziehen. MITTMANN, 153f., holt das nach, aber falsch: V. 11b ist nicht ursprünglich, sondern Wiederaufnahme von V. 10. Der Einsatz des Nachtrags wird durch die Inversion in V. 11a angezeigt (falsch HOSSFELD, 198: „wegen der Verneinung"), verbunden mit einem Wechsel des Bezugs: אֲצִילֵי בְּנֵי יִשְׂרָאֵל statt זִקְנֵי יִשְׂרָאֵל (V. 1a.9).
34 Vgl. statt anderer PERLITT, 181-190. 232-238.

gebnis der Literarkritik ist Ausgangspunkt der Überlieferungskritik und nicht umgekehrt. Kein Geringerer als Wellhausen fand „die Sprachfarbe ... in v. 10 an Q [scl. = P] und Ezechiel erinnernd".[35] Ex 24,9-11 ist auch in jungem, der Priesterschrift nahestehendem Kontext durchaus begreiflich.[36]

Aus unserer Literarkritik hat sich ergeben, daß in 24,1-11 die Verpflichtungsszene und der Bundesschluß V. 3-8 den ursprünglichen Kern bilden, die Gottesschau V. 1-2.9-11 dagegen eine nachgetragene Rahmung ist. Da 24,1-11 die unentbehrliche Klimax ist, auf die das Geschehen ab 19,2 zuläuft, folgt daraus, daß die vordere Sinaiperikope niemals ohne eine wie auch immer geartete Gesetzesproklamation bestanden hat. „Und mag man nun den Dekalog von Ex. 20 oder das Bundesbuch von 20,22–23,33 oder das brüchige Gebilde des sog. jahwistischen Dekalogs von Ex. 34 vor Augen haben – in jedem Falle bleibt dieses Geschehen nicht ohne eine bestimmte Rechtsmitteilung Jahwes, die seinen Bundeswillen konkretisiert."[37]

IV

Worin hat diese Rechtsmitteilung Jahwes ursprünglich bestanden? Es stellt sich wiederum eine Alternative: Was fand sich innerhalb von Ex 19-24 zuerst, der Dekalog oder das Bundesbuch? Daß beide Korpora im Zusammenhang nicht gleichursprünglich sind, ist eine alte Beobachtung. Sie sind durch 20,18-21* „als im überfüllten Zusammenhang notwendige Brücke zwischen beiden Gesetzen"[38] nachträglich miteinander verbunden worden. Ist aber der Dekalog dem Bundesbuch nachträglich vorangestellt oder ist das Bundesbuch dem Dekalog nachträglich angehängt worden? Auch diese Frage läßt sich aus 24,1-11, jetzt also 24,3-8, beantworten.

Zu Beginn der Verpflichtungsszene in 24,3 ist berichtet, daß Mose dem Volk beides vorträgt: כָּל־דִּבְרֵי יהוה und כָּל־הַמִּשְׁפָּטִים. Die Bezugsgrößen sind eindeutig: כָּל־דִּבְרֵי יהוה sind nach der Einleitung 20,1 der Dekalog, כָּל־הַמִּשְׁפָּטִים nach der Einleitung 21,1 das Bundesbuch. Die Nennung des Bundesbuches klappt jedoch nach. Auch verpflichtet sich das Volk allein, כָּל־הַדְּבָרִים, die Jahwe gesagt hat, zu tun. Der Bezug auf das Bundesbuch ist offensichtlich nachgetragen worden.[39] Um der Konsequenz, die sich abzeichnet, zu entgehen, hat man geschlossen, daß die nachträgliche Nennung des Bundesbuches nicht mit dem nachträglichen Einbau des Bundesbuches, sondern mit dem nachträglichen Einbau des Dekalogs begründet sei. „Ein aufmerksamer Leser sah, daß כל הדברים in 20,1 den Dekalog einführt, fand das Bundesbuch damit nicht gedeckt und bezog es mit der Bezeich-

---

35 WELLHAUSEN ebd.
36 Das wurde zuletzt von HOSSFELD, 194-204, aufgewiesen.
37 W. ZIMMERLI, Sinaibund und Abrahambund (1960; in: DERS., Gottes Offenbarung [TB 19] ²1969, 205-216) 207.
38 PERLITT, 157.
39 So auch A. REICHERT, Der Jehowist und die sogenannten deuteronomistischen Erweiterungen im Buch Exodus, Diss. masch. Tübingen 1972, 167f., 171. Vgl. schon R. KRAETZSCHMAR, Die Bundesvorstellung im Alten Testament, 1896, 78-80.

nung seiner eigenen Überschrift, המשפטים 21,1, in Moses Berichterstattung ein."⁴⁰ Die scharfsinnige Hilfskonstruktion bricht sofort zusammen, wenn man sieht, daß das Bundesbuch zu Anfang redaktionell auf die vorangegangene Proklamation des Dekalogs bezogen ist: „Ihr habt gesehen, daß ich vom Himmel her mit euch geredet habe" (20,22b). Der Sinn dieses szenischen Rückverweises kann nicht zweifelhaft sein. „Das x-qatal in Haupt- und Objektsatz verweist auf die zurückliegende Dekalogmitteilung, wo Jahwe/Elohim mit dem Volk unmittelbar geredet hat."⁴¹ Das „ihr habt gesehen" entspricht der Überleitung 20,18-21. Auch die dort gemachte Unterscheidung von direkter und durch Mose vermittelter Gottesrede ist offenbar vorausgesetzt. Die Fortsetzung 20,23 zeigt, daß 20,22b kein später, isolierter Zusatz ist: Das Bundesbuch ist bei seinem Einbau dem Dekalog angeglichen und ebenso wie dieser unter das Leitthema des Ersten Gebots gestellt worden. Anders hätte sich das Bundesbuch dem Bundesschluß von 24,3-8 nicht einbeziehen lassen. Der ‚Prolog' 20,20b-23 hebt sich durch die Pluralanrede von den folgenden Gesetzen deutlich ab. Er ist die redaktionelle Klammer, die zeigt, daß der Einbau des Bundesbuches den Dekalog schon voraussetzt. Wir können also sicher sagen: In der Verpflichtungsszene 24,3 hat Mose ursprünglich als כָּל־דִּבְרֵי יהוה allein den Dekalog aufgezählt (daher auch ספר pi.!). Der Dekalog ist das Gesetz, das zu halten das Volk sich verpflichtet (V. 3.7), das Mose aufzeichnet (V. 4) und das die Grundlage des Bundesschlusses bildet (V. 8). Der Dekalog, nicht das Bundesbuch, ist das „Bundesbuch" von Ex 24,7.

Ein Weiteres ist aus 24,3-8 zu lernen: Obwohl der Dekalog seinem Ursprung nach in den Zusammenhang der Bundestheologie gehört, war sein Einbau in die pentateuchische Erzählung nicht von vornherein mit einem ausgeführten Bundesschluß verbunden. Der Abschnitt enthält eine auffallende Dublette: Zweimal verpflichtet das Volk sich mit nahezu denselben Worten zum Gehorsam (V. 3 und 7). Die Doppelung ist im Handlungsablauf unsinnig. Sieht man näher zu, zerfällt der ganze Abschnitt in zwei Teilszenen: in die erste Verpflichtung V. 3, die mit knappen Worten als Reaktion auf Moses mündlichen Gesetzesvortrag geschildert ist; und in die zweite, ausgebaute Verpflichtung V. 4-8, die nach Verlesen des tags zuvor als „Bundesbuch" niedergeschriebenen Gesetzes geschieht, eingefügt in den Ablauf eines mit Opferblut besiegelten Bundesschlusses. Von diesen beiden Szenen ist die erste ursprünglich, die zweite sekundär. Dafür gibt es zahlreiche Gründe: V. 3 ist in den übergreifenden Handlungsablauf eingebaut („und Mose kam"), V. 4-8 sind es nicht; sie schließen an V. 3 an („und Mose schrieb alle Worte Jahwes auf", nämlich die in V. 3 vorgetragenen). V. 3 ist die ‚Lectio brevior', V. 4-8 sind gut als späterer, wiederholender Ausbau derselben Szene zu verstehen. V. 3 wäre als abgekürzte Vorwegnahme ohne Sinn, während V. 4-8 sich als Addition in der Textfolge erklären. Der Wortlaut der Verpflichtung ist in V. 3 konkret auf den soeben vorgetragenen Dekalog bezogen: „Alle Worte, die

---

40 MITTMANN, 152f. Vgl. HOSSFELD, 190: „Der anerkannt sekundäre Zusatz V.3aγ (‚und alle משפטים') stammt ... von einem Redaktor, der in den ‚Worten Jahwes' den terminus technicus für den Dekalog sieht, sie also nicht mehr auf das Bundesbuch auslegt und deswegen das Bundesbuch unter dem aus 21,1 bekannten Begriff משפטים hier anführen muß."
41 HOSSFELD, 178.

Jahwe gesagt hat, wollen wir tun!", in V. 7 dagegen ist er ins Allgemeine und Grundsätzliche erweitert: „*Alles*, was Jahwe gesagt hat, wollen wir tun und *gehorchen*!" Da abgesehen von der offenkundigen Ergänzung V. 4b an der Einheitlichkeit der Bundesschlußszene V. 4-8 zu zweifeln kein Anlaß besteht,[42] bleibt die Verpflichtungsszene V. 3 (ohne וְאֵת כָּל־הַמִּשְׁפָּטִים) als ältester Text übrig:

> Und Mose kam und zählte dem Volk alle Worte Jahwes auf. Und das Volk antwortete mit einer Stimme, und sie sagten: „Alle Worte, die Jahwe gesagt hat, wollen wir tun!"

Dieser Vers, die Keimzelle des Abschnitts 24,1-11, hat ursprünglich die Proklamation des Dekalogs unmittelbar beschlossen.

V

Nach vorn hin ist der Einbau des Dekalogs in die ältere Erzählung ebenso knapp und einfach geschehen. Um dies zu sehen, ist es zunächst erforderlich, sich die Abgrenzung der vorderen Sinaiperikope insgesamt vor Augen zu führen. Sie ergibt sich aus der Anwendung der Urkundenhypothese, d.h. aus der Scheidung der beiden Großquellen Jehowist und Priesterschrift.[43] Die Endredaktion hat nämlich beide Größen so verbunden, daß sie die Sinneinheit der jehowistischen Quelle einfach durch den Text der priesterschriftlichen Quelle gerahmt hat. Das Datum 19,1 stammt ebenso eindeutig aus P wie die Mitteilung 24,16a, daß die

---

42 Die differenzierte Literarkritik, mit der PERLITT, 195-202, eine vor-bundestheologische Opferhandlung zu rekonstruieren sucht und „deren Ergebnissen es" für MITTMANN, 152, „nichts grundsätzlich Neues mehr hinzuzufügen gibt" (vgl. auch die Aufdröselung des Textes bei ZENGER, Sinaitheophanie, 74-76, und HOSSFELD, 191-194), kann ich nicht nachvollziehen. Ex 24,4-8 sind, abgesehen von V. 4b, eine Einheit ohne sachliche, sprachliche oder formale Spannungen, deren Einzelglieder in notwendiger Folge stehen. Da der Bund auf Grund des kodifizierten Gesetzes geschlossen wird, muß Mose die (aus V. 3 vorgegebenen) Worte Jahwes zunächst niederschreiben. Am anderen Morgen baut er einen Altar, denn der Bundesschluß soll im Rahmen einer Opferhandlung vor sich gehen. Das Weitere schließt mit Folgerichtigkeit an: Opfer, Gesetzesvortrag, Verpflichtung, Bundesschluß. Der Bundesschluß am Ende wird mit dem Blut des zu Anfang dargebrachten Opfers besiegelt. Bei gegebener Handlungsfolge hat dies die Konsequenz, daß die Hälfte des Blutes der Schlacht- und Ganzopfer, die mittels der anderen Hälfte nach gewöhnlichem Ritus dargebracht werden, für die Dauer der Gesetzesverlesung und Verpflichtung in Schalen beiseite gestellt werden muß. Das ist wunderlich und entbehrt jeder Parallele. Der Sinn der Sache aber ist durchsichtig und zumindest literarkritisch ohne Anstoß.

43 In jüngster Zeit wird wiederholt der Priesterschrift die Eigenschaft einer ehemals selbständigen Quelle bestritten und sie zur bloßen Ergänzungsschicht des älteren Pentateuchs degradiert. Diese Auffassung fällt hinter einmal gewonnene und gut begründete Einsichten zurück. Denn einerseits ist der Vorgang der endredaktionellen Quellenverknüpfung an vielen Stellen genau zu beobachten, da er von dem sonst ausnahmslos üblichen literarischen Wachstum charakteristisch verschieden ist. Und andererseits ist wie innerhalb von JE so auch innerhalb der P-Texte ein literarisches Wachstum zu erkennen, das sich exakt auf diese Textgruppe beschränkt. Es zeigt, daß P in sich eine eigene Literargeschichte gehabt hat. Folglich muß P ehedem eine selbständige Größe gewesen sein.

Herrlichkeit Jahwes sich auf dem Berg niedergelassen habe. Beide Verse lassen sich unmittelbar verknüpfen. Hinzuzunehmen ist der genau datierte Aufstieg des Mose 24,16b-18a. Er leitet zu der Gesetzesmitteilung 25,1-31,17 P über. Innerhalb der Quelle P ist der Nominalsatz 24,17 eine nachgetragene Erläuterung zu V. 16. 24,15 schöpft aus V. 13b JE und V. 16aβ P und dürfte eine Klammer aus der Feder des Endredaktors sein. Nicht zu P gehört die Angabe der Dauer des Aufenthalts Moses auf dem Berg 24,18b: Die vierzig Tage und Nächte passen nicht zu den P-Datierungen 19,1 und Num 10,11, werden dagegen von der JE-Erzählung Ex 32 vorausgesetzt und in 34,28a JE wieder aufgenommen. Dieser Halbvers ist so mit P verschachtelt, daß die Gottesrede 25,1-31,17 die Zeitspanne füllt. Anders als meist behauptet gehört auch die Itinerarnotiz 19,2a nicht zu P. Sie würde den Anschluß von 19,1 an 24,16 stören und ist in JE als Verbindungsglied zum Vortext unentbehrlich. Als JE-Text, mit dem ausschließlich wir befaßt sind, ist damit 19,2-24,14.18b ausgeschieden.

Die Itinerarnotiz 19,2a berichtet, daß „sie", nämlich die Israeliten, von Refidim (vgl. Ex 17) aufbrechen und in die *Wüste* (!) Sinai gelangen. Dort tun sie, was sie an den Stationen stets tun: sie lagern sich,[44] und zwar „in der Wüste". Genau an dieser Stelle befindet sich die Zäsur, mit der die älteste Sinaiperikope in das Wüstenitinerar eingefügt worden ist. Sie ist durch die im Erzählgang überflüssige Anknüpfung mit Wiederholung des Prädikats (Numeruswechsel!) und ausdrücklichem Rückbezug sowie durch das eigens genannte Subjekt klar erkennbar:

> Und sie lagerten sich in der Wüste.
> Und *Israel* lagerte sich *dort* gegenüber dem Berg (19,2aβ und 2b).

Das ist der übliche Einsatz einer abhängigen Ergänzungsschicht. Da 19,2b, wie man sich leicht vergewissert, für alles Folgende die Voraussetzung ist, ist hier abzulesen, daß die Sinaiperikope als von vornherein schriftlicher Einschub in das (sich irgendwo in Num 10ff. fortsetzende) Wüstenitinerar entstanden ist.

Der Neueinsatz 19,2b führt zunächst einen neuen Schauplatz ein: *den* Berg.[45] Die neue Szene beginnt mit V. 3a. Mose handelt, der von nun an die Schlüsselrolle innehaben wird. Wegen des Neueinsatzes mit Subjektwechsel steht invertierter Verbalsatz – literarkritisch ohne Auffälligkeit:

> Und Israel lagerte sich dort gegenüber dem Berg;
> Mose aber stieg hinauf zu Gott (19,2b-3a).

Dort oben muß nun, so hat unsere Analyse von 24,1-11 ergeben, der Dekalog proklamiert worden sein, auf den das Volk sich nach Moses Abstieg in 24,3 ver-

---

44 Vgl. Ex 13,20; 15,27; 17,1; Num 12,16; 21,10-13; 22,1 und das Stationenverzeichnis Num 33 passim.
45 Die Determination dürfte sich im Rückgriff auf eine dem Leser geläufige Vorstellung verstehen. Ob dabei die Gottesberg-Erzählung Ex 3-4 im Blick ist, läßt sich nicht mit Sicherheit sagen, da auch dort der Gottesberg erst nachträglich als Ort der Handlung eingefügt worden ist. Im heutigen Text besteht zwischen den beiden Gottesbergszenen vor und nach den Exodusereignissen eine Entsprechung.

pflichtet. Das geschieht in 20,1ff. Und nun sieht man, sieht es vor allem an der ähnlichen Gottesbezeichnung הָאֱלֹהִים/אֱלֹהִים, daß beides fugenlos zusammenpaßt:

> Mose aber stieg hinauf zu Gott.
> Und Gott sagte alle diese Worte und sprach ... (19,3a; 20,1).

Was dazwischen steht und heute das Kapitel Ex 19 füllt, sind Präliminarien.
Die Frage ist, ob Teile der Präliminarien zur ursprünglichen Gottesbergszene gehört haben. Sie ist zu verneinen. Mit Leichtigkeit auszuscheiden ist zunächst die Verpflichtungsszene V. 3b-8. Sie fällt gleich zu Beginn aus dem Rahmen der Handlung, da sie Mose, der soeben hinaufgestiegen ist (V. 3a), noch unten am Berge sucht. Inhaltlich ist sie nichts anderes als eine leitmotivische Vorwegnahme der Abschlußszene 24,3, versetzt mit Anleihen aus 20,22; Dtn 7,6 und anderen Stellen.[46] Zu V. 3b-8 ist V. 9 ein Anhang, wie aus der Wiederaufnahme von V. 8b in V. 9b hervorgeht, die als Dublette ausgesprochen störend ist. „Auch in 19,21-25 hat man es wohl mit Nachträgen zu tun, die post festum noch einige Einzelheiten zum Thema der Annäherung an den heiligen Berg hinzufügen."[47] Diese Verse sind ein Geröll verschiedener Zusätze, die die Szene so durcheinanderbringen, daß Mose sich im entscheidenden Augenblick (20,1) beim Volk und nicht auf dem Berg wiederfindet (19,25).

Als Kern des Kapitels bleibt die Theophanie 19,10-20. Sie zielt, das ist zu betonen, von Anfang an auf die Proklamation des Gesetzes. „Mose nähert sich dem Gottesdunkel doch nicht um nichts und wieder nichts, sondern um eine Anweisung Gottes entgegenzunehmen."[48] Eine Sinai-Theophanie ohne Gesetz käme auf den bloßen Theaterdonner bei leerer Szene hinaus.[49] Man ließe Jahwe sich umständlich räuspern – und nähme ihm dann das Wort, das zu empfangen Mose eigens auf den Berg gestiegen ist. Die Theophanie gehört also von Anfang an zwischen 19,3a und 20,1. Nur in diesem Rahmen ist sie existenzfähig und hat sie ihren Sinn. Da nun Mose seit V. 3a auf dem Berg weilt, beginnt V. 10 notwendigerweise mit einer vorbereitenden Gottesrede und Moses Abstieg. Daraus ergibt sich für die Theophanie eine viergliedrige Struktur: V. 10-13 Beauftragung und

---

46 Vgl. die eingehende Analyse durch PERLITT, 167-181.
47 M. NOTH, Das zweite Buch Mose. Exodus (ATD 5) ⁵1973, 124.
48 MITTMANN, 156. Mittmann weiter: „Das trifft auch zu, nur nicht in der erzählerischen Konsequenz, daß das, was Mose dabei erfuhr, auch sogleich mitgeteilt werden mußte. Was Jahwe angeordnet hatte, ergab sich ... aus dem, was Mose daraufhin, d. h. am nächsten Morgen, tat." So wird mit Gewalt das Gesetz aus der ältesten Sinai-Erzählung entfernt: „Am nächsten Morgen errichtet Mose einen Altar und zwölf Stelen ‚für die zwölf Stämme Israels', läßt Brand- und Gemeinschaftsopfer darbringen und vollzieht den Blutritus. Dann steigt er mit siebzig Ältesten auf den Berg, wo sie Gott schauen und das Opfermahl feiern" (S. 154f.).
49 PERLITT, 233f., stellt „die Frage, ob nicht das übliche Ungenügen an der ‚bloßen' Sinai-Theophanie auf einer beängstigend verengenden und vielleicht sogar recht modernen Vorstellung von Theophanie beruht.... Keine Theophanie erfolgt ohne einen konkreten menschlich-geschichtlichen Kontext, der das Verstehen und Deuten des Widerfahrenen erlaubt oder gar erzwingt." Einverstanden. Am Sinai ist der Kontext, ganz simpel literarisch, die Proklamation des Gesetzes!

Ankündigung an Mose V. 14-15 Vorbereitung des Volkes; V. 16-19 die Begleiterscheinungen der Theophanie; V. 20 Jahwes Kommen und der zweite Aufstieg des Mose. Innerhalb dieses Ablaufs sind, der Bedeutung der Szene entsprechend, zahlreiche Zusätze zu erkennen: V. 11b ergänzt V. 11a; V. 12 ergänzt V. 11; V. 13a ergänzt V. 12; V. 13b ergänzt V. 13a; V. 14 ergänzt V. 14 (Zusatzthema sexuelle Enthaltsamkeit, Wechsel des Ausdrucks gegenüber V. 11 und V. 16); V. 18aαb ergänzt V. 16 (Wiederaufnahme von V. 16b in V. 18bβ); V. 18aβ ergänzt V. 18aα (nachhinkende Begründung, unzeitige Vorwegnahme von V. 20); V. 17.19 ergänzen gemeinsam V. 16.18 (Gottesbezeichnung הָאֱלֹהִים, Wiederholung von V. 16); in V. 20 ist die Angabe „auf den Berg Sinai" nachgetragen.[50] Bleibt folgender Text:

> Mose aber stieg hinauf zu Gott.
> Und Jahwe sagte zu Mose: „Geh zum Volk und heilige sie heute und morgen. Und sie sollen ihre Kleider waschen und bereit sein für den dritten Tag!" Da stieg Mose vom Berg herab zum Volk und heiligte das Volk, und sie wuschen ihre Kleider. Und es geschah am dritten Tag, als es Morgen wurde, da waren Donnerschläge und Blitze und eine schwere Wolke auf dem Berg und der sehr starke Laut einer Posaune. Da erbebte das ganze Volk, das im Lager war. Und Jahwe stieg herab auf die Spitze des Berges. Dann rief Jahwe Mose auf die Spitze des Berges, und Mose ging hinauf.
> Und Gott sagte alle diese Worte und sprach: ...
> (Ex 19,3a.10-11a.14.16.20 [ohne עַל־הַר סִינָי]; 20,1).

Auch in dieser vermutlichen ältesten Fassung ist die Sinai-Theophanie nicht Urgestein, sondern Zutat. Man erkennt den Einschub am Wechsel des Gottesnamens zwischen V. 3a und V. 10 sowie zwischen V. 20 und 20,1. Vor allem aber ist der Ablauf der Handlung trotz der umfangreichen Literarkritik noch immer zu kompliziert und widersprüchlich, um aus einem Guß zu sein. Die für die Theophanie unerläßliche Vorstellung vom Kommen Jahwes (V. 20) harmoniert nicht mit der anderen, nach der Elohim ständig auf dem Gottesberg weilt, so daß Mose hinaufsteigen muß und lediglich hinaufsteigen muß, um mit ihm reden zu können (V. 3a). Oben angekommen, wird Mose von dem längst anwesenden Jahwe darum sogleich wieder hinabgeschickt, damit Jahwe anschließend im Gewitter auf den Berg niederfahren kann, nur um wiederum mit Mose zu reden. Der Vorweg-Aufstieg ist für die Theophanie unsinnig. Er erklärt sich so, daß Mose bereits oben war, bevor durch literarische Ergänzung die Theophanie inszeniert wurde. Die zur Vorbereitung des Volkes notwendigen Anweisungen hätte Jahwe irgendwo, aber nicht am Schauplatz der kommenden Erscheinung erteilen sollen und können.[51] Fast ist es, als wären sie nur Vorwand, damit Mose das Feld räumt, das er zur Unzeit betreten hat.

---

50 Eine der beiden Angaben: „auf den Berg Sinai /auf die Spitze des Berges", ist ohne Frage sekundär. Da der Vortext durchgehend von „dem Berg" spricht und da Mose sogleich anschließend „auf die Spitze des Berges" gerufen wird, dürfte „auf den Berg Sinai" eine spätere Präzisierung sein.

51 Das hat der Ergänzer von 19,3b-8* empfunden, wenn er den Aufstieg V. 3a übergeht.

VI

Die szenische Rahmung des Dekalogs ist damit auf Ex 19,2-3a; 20,1 und 24,3 als ursprüngliche Grundlage zurückgeführt. Abschließend bleibt der redaktionelle Einbau zu untersuchen. Wir hatten oben zwischen 19,2a und V. 2b-3a eine Zäsur festgestellt und daraus gefolgert, daß die Gottesbergepisode nachträglich in das Wüstenitinerar eingeschoben ist. Für den Dekalog ergibt sich daraus die Möglichkeit, daß sein Einbau mit dem Einbau der Gottesbergepisode verbunden ist, so daß das Gottesbergmotiv das Mittel wäre, den Dekalog in das Wüstenitinerar einzubringen. Die andere Möglichkeit ist, daß der Einbau des Dekalogs den Einbau der Gottesbergepisode voraussetzt. Zwischen 19,3a und 20,1 müßte dann eine weitere literarische Zäsur liegen. Der Dekalog wäre in diesem Fall an den Anfang der Gottesbergepisode gestellt worden, die nach Abschluß der Proklamation und Verpflichtung, d.h. wenn man die Ergänzungen berücksichtigt, nach 24,11 ihre Fortsetzung finden müßte.

Der Abschnitt 24,12-14.18b liest sich heute als Überleitung von der vorderen Sinaiperikope 19,2-24,11 zu der Sündenfallerzählung Ex 32. Man kann jedoch leicht erkennen, daß die ausdrücklichen Bezüge auf Ex 32 nachträglich eingefügt sind. Das gilt zumal für die Einführung des Aaron V. 14, die sich durch die Stellung und durch die Inversion als vorzeitig zu verstehender Nachtrag ausweist: „Und zu den Ältesten hatte er gesagt: ..." Das gilt ebenso für die Beteiligung des Josua V. 13a, die in dem unentbehrlichen Aufstiegsbericht V. 13b den Numerus des Verbs gestört und die nochmalige Erwähnung des Subjekts „Mose" überflüssig erscheinen läßt (Septuaginta hat beides ausgeglichen). Das gilt schließlich für die Erwähnung der Gesetzestafeln innerhalb des Aufstiegsbefehls V. 12b, die an dieser Stelle ins Leere geht. Es ist deutlich zu sehen, daß der Aufstieg ursprünglich eine andere Zweckbestimmung hatte: וֶהְיֵה־שָׁם „und halte dich dort auf". Genau das ist es, was Mose nach V. 18b dann vierzig Tage und vierzig Nächte lang tut. Aus dem Folgetext Ex 34 ergibt sich, daß dieser Aufenthalt nicht nur ein Vorwand ist, um unten am Berge den Sündenfall von Ex 32 möglich zu machen, sondern der eigentliche Inhalt der ursprünglichen Gottesbergepisode.[52]

Mit dieser Beobachtung ist die aufgestellte Alternative entschieden: Die in 19,2b-3a einsetzende Gottesbergepisode findet nach der Proklamation des Dekalogs in 24,18b ihre Fortsetzung, so daß der Dekalog sich als Einschub in die Gottesbergepisode erweist. Die verbleibenden Verse innerhalb von 24,12-14.18b ordnen sich diesem Befund zwanglos ein: Der (Wieder-)Aufstiegsbefehl V. 12a schließt an die Verpflichtung V. 3 unmittelbar an und dient der Verknüpfung der Szenen. Der folgende Aufstiegsbericht V. 13b aber ist, wie nun deutlich wird, die Wiederaufnahme von 19,3a. Auch das leidige Problem der Gottesnamen ist damit gelöst: Die Gottesbergepisode spricht sachgemäß von הָאֱלֹהִים (19,3a), die zugehörige Wiederaufnahme 24,13b ebenso. Der Dekalogredaktor schließt mit

---

52 Auch an dem sekundären Ableger Dtn 9-10 ist das ursprüngliche Gewicht des vierzigtägigen Aufenthaltes Moses auf dem Gottesberg, d.h. die zentrale Stellung von Ex 24,18b (→ 34,28a) abzulesen (Dtn 9,9.11.18; 10,10). Vgl. ebenso die Gottesbergepisode des Elia 1 Kön 19,8 (← Ex 3,1; 24,13b.18b).

אֱלֹהִים (ohne Artikel!) daran an (20,1). Der Dekalog als vorgegebene Quelle gebraucht dagegen wie alle bundestheologischen Texte den Gottesnamen יהוה (20,2ff.), ebenso daraufhin die angeschlossene Verpflichtung 24,3 und der zur szenischen Abrundung notwenige Wiederaufstiegsbefehl 24,12a.

Die vordere Sinaiperikope hat zur Zeit des Einbaus des Urdekalogs folgende Gestalt besessen:

> Und sie brachen auf von Refidim
> und kamen in die Wüste Sinai und lagerten sich in der Wüste.
> Und Israel lagerte sich dort gegenüber dem Berg. Mose aber stieg hinauf zu Gott.
> Und Gott sagte alle diese Worte und sprach:
> „Ich bin Jahwe, dein Gott,
> der ich dich (scl. soeben) aus Ägyptenland geführt habe, aus dem Sklavenhaus.
> Du sollst keine anderen Götter haben neben mir.
> Bete sie nicht an und verehre sie nicht.
> Du sollst nicht morden.
> Du sollst nicht ehebrechen.
> Du sollst nicht stehlen.
> Du sollst nicht gegen deinen Nächsten als Lügenzeuge aussagen.
> Du sollst nicht das Haus deines Nächsten begehren."
> Und Mose kam und zählte dem Volk alle Worte Jahwes auf.
> Und das Volk antwortete mit einer Stimme,
> und sie sagten: „Alle Worte, die Jahwe gesagt hat, wollen wir tun!"
> Und Jahwe sagte zu Mose: „Steige herauf zu mir auf den Berg und weile dort!"
> Und Mose stieg auf den Gottesberg.
> Und Mose weilte auf dem Berg vierzig Tage und vierzig Nächte.
> (Ex 19,2-3a; 20,1-3a.5a.13-17a; 24,3aαb.12a.13b.18b.)

VII

Die Folgerungen aus dem dargelegten literargeschichtlichen Beweis sind mannigfach und weitreichend. Hier soll nur auf die wichtigste hingewiesen werden: Von einer altisraelitischen „Sinai-Tradition" kann keine Rede mehr sein! Nicht „das legitimierende Kraftfeld des Sinai",[53] sondern der Exodus ist es, an dem der Dekalog erklärtermaßen seinen heilsgeschichtlichen Ort hat und in dessen Nähe er Aufnahme in die Geschichtsdarstellung gefunden hat. Der Gottesberg ist dabei lediglich ein dienendes Motiv ohne vergleichbares Gewicht.

Bekanntlich ist der Sinai bis auf Neh 9 kein Bestandteil von Israels Credo gewesen und werden noch in dem späten Summarium Jos 24 die Hauptdaten der Heilsgeschichte ohne den Sinai referiert. Auf die vielstrapazierten Sinai-Belege Dtn 33,2; Ri 5,5 // Ps 68,9; 68,18, deren angeblich hohes Alter jedem Zweifel unterliegt, ist unter diesen Umständen nicht viel zu geben. Der Demonstrativsatz זֶה סִינַי „das ist Sinai"[54] in Ri 5,5 // Ps 68,9 ist eine erläuternde Randglosse, die das

---

53 PERLITT, 194.
54 Vgl. GesK § 136 d. Gegen das verbreitete Verständnis des Demonstrativums זֶה als eines Relativums: „Jahwe, der vom Sinai" (so etwa C. BROCKELMANN, Hebräische Syntax, 1956, 69, und J.M. ALLEGRO, Uses of the Semitic demonstrative element z in Hebrew [VT 5, 1955, 309-312], mit Literatur), vgl. H. BIRKELAND, Hebrew zæ and Arabic dū (StTh 2, 1948, 201f.).

berichtete Geschehen nachträglich mit der Sinai-Theophanie gleichsetzen will.[55] Da die Glosse sich an beiden Stellen in genau demselben Kontext findet, folgt zwingend, daß zwischen Ri 5,4-5 und Ps 68,8-9 eine unmittelbare literarische Beziehung besteht. Dabei ist Ps 68 die Originalstelle, weil sie gegenüber dem Deboralied die ‚Lectio brevior' bietet – Ri 5,4b-5a (bis נָזְלוּ) ist, wie aus der Anknüpfung ersichtlich, eine Erweiterung – und weil der in Ps 68,8 beschriebene Wüstenzug für den Glossator mit größerer Eindeutigkeit auf die Sinai-Ereignisse zu beziehen war. Zwischen Dtn 33,2 und Ri 5,4-5 sowie zwischen Dtn 33,2 und Ps 68,18 (txt. crrp.) bestehen offensichtlich Querverbindungen (vgl. auch Dtn 33,2 mit Hab 3,3), doch ist schwer auszumachen, was in den Köpfen der späten Hymnenschreiber vorgegangen ist. Gegen ein hohes Alter des Deboraliedes, dessen Einbau das deuteronomistische Richterschema Ri 4,24; 5,31b unterbricht, sprechen von vornherein die zahlreich vorhandenen Aramaismen.

Das Nichtvorhandensein der Sinai-Tradition wird schließlich dadurch erwiesen, daß der ursprünglich namenlose Gottesberg zunächst einen anderen Namen erhalten konnte: „Horeb". Dies geschah in der ersten Gottesbergerzählung Ex 3, und zwar durch einen eigentümlichen Zufall, der nicht möglich gewesen wäre, wenn „Sinai" und „Berg Sinai" zuvor bereits geprägte Begriffe gewesen wären. Die Erzählung beginnt damit, daß Mose, das Kleinvieh seines Schwiegervaters Jethro treibend, „an den Gottesberg nach Horeb" kommt (וַיָּבֹא אֶל־הַר הָאֱלֹהִים חֹרֵבָה, V. 1bβ). Diese Ortsangabe ist überfüllt. Gewöhnlich streicht man darum חֹרֵבָה als präzisierenden Zusatz.[56] Sieht man auf die Aussage im ganzen, gibt es jedoch auch die andere Möglichkeit: אֶל־הַר הָאֱלֹהִים ist sekundär eingefügt worden: „Und er (Mose) trieb das Kleinvieh über die Steppe hinaus (אַחַר הַמִּדְבָּר) und kam – in das Ödland (וַיָּבֹא חֹרֵבָה)." Einmal gesehen, ist dieses Verständnis, das die Wendung אַחַר הַמִּדְבָּר erst sinnvoll macht, sofort evident. Im Folgenden ist ja nicht der Gottesberg, sondern der brennende Dornbusch der Ort der Gotteserscheinung, den man zwar auf den Gottesberg versetzen kann, aber dort, wäre der Gottesberg als Offenbarungsort ursprünglich, nicht brauchte, nicht einmal recht brauchen konnte. Auch sollte חֹרֵבָה, wäre es Zusatz, dem dann älteren אֶל־הַר הָאֱלֹהִים stilistisch angeglichen sein; so aber ist das Zusammentreffen der Präposition אֶל und des ה-locale sehr störend. Das bedeutet: חרב ist in Ex 3,1 (noch) nicht der Eigenname „Horeb", sondern das Nomen חֹרֶב „Dürre, Ödland". Erst in der nachträglichen Verbindung hat man den Eigennamen lesen können, der somit zufällig aus dem ins Abseits gedrängten „Ödland" entstanden ist. Diese Entwicklung ist in 1 Kön 19,8 (← Ex 3,1; 24,13b.18b) zu verfolgen. Den etymologischen Zusammenhang der offenkundig sekundären Ortsnamenbildung „Horeb" mit der Wurzel חרב und ihren Derivaten hat Perlitt aufgezeigt.[57] Auch seine Be-

---

55 So G.F. MOORE, Judges (ICC) 1895, 142; K. BUDDE, Das Buch der Richter (KHC 7) 1897, 41; B. DUHM, Die Psalmen (KHC 14) 1899, 175; C.A. BRIGGS, The Book of Psalms 2 (ICC) 1907, 107; R. KITTEL, Die Psalmen (KAT 13) ³⁺⁴1922, 228; u.a. [Siehe jetzt auch CH. LEVIN, Das Alter des Deboraliedes (unten 124-141) 133.]

56 Vgl. NOTH, Exodus, 17, und PERLITT, Sinai und Horeb (1977; in: DERS., Deuteronomium-Studien [FAT 8] 1994, 32-49) 38.

57 PERLITT, Sinai und Horeb, 42-45.

obachtungen zum Sprachgebrauch stützen unsere Ableitung.[58] „Horeb" ist, neben den beiden späten Belegen Ex 17,6; 33,6, im Deuteronomium zu dem Namen geworden, unter dem die Ereignisse von Ex 19-24; 32-34 überliefert sind. Erst nachdem der Sinai-Stoff diese zweite Heimat gefunden hatte, ist schließlich in der Sinaiperikope selbst der Name „Sinai", der bis dahin an der Wüste Sinai haftete (Ex 19,2), die eine Station wie jede andere ist (vgl. Ex 16,1), auf den namenlosen Berg übergesprungen.[59] Die Verbindung „Berg Sinai" (Ex 19,11.18.20.23; 24,16; 31,18; 34,2.4.29.32) ist jung.

---

58 AaO 45.
59 Perlitt unterstellt den Redaktoren im Deuteronomium, den Namen „Sinai" durch den Kunstnamen „Horeb" aus theologischen Gründen bewußt verdrängt zu haben. Damit hat er den Scharfsinn dieser Theologen überschätzt und ihre Gebundenheit an die gegebene Überlieferung unterschätzt.

Über den ‚Color Hieremianus' des Deuteronomiums[1]

Ein Grundzug des alttestamentlichen Glaubens, der dessen Einzigkeit innerhalb der altorientalischen Welt wie auch dessen bleibende Bedeutung für Judentum und Christentum ausmacht, ist die enge Verbindung von Gottesverhältnis und Gesetzesgehorsam, in den geläufigen Begriffen: von Bund und Gesetz. Das Gottesverhältnis des Gottesvolkes Israel besteht nicht von selbst; es ist mehr und es ist anderes als die religiöse Luft, die man im Alten Vorderen Orient allgemein atmet. Es will als die bewußte Antwort auf Gottes Zuwendung und Verheißung immer neu vollzogen sein, und dieser Vollzug geschieht im Gehorsam gegen Gottes Weisung. Die Weisung gewinnt ihre Gestalt im Gesetz. Als Tora Jahwes erhält das Gesetz innerhalb der Theologie des Alten Testament einen Rang, den es im Alten Orient sonst nirgends besitzt und der darum aus den Voraussetzungen der altorientalischen Rechts- und Religionsgeschichte auch nicht ableitbar ist.

In der älteren Exegese gab es für diesen Sachverhalt ein Gespür. Es führte dazu, auf eine religionsgeschichtliche Ableitung des theologischen Gesetzes überhaupt zu verzichten. Stattdessen nahm man ein gottunmittelbares Urereignis an, das in der Wüste stattgefunden haben soll, sozusagen in der vorgeschichtlichen Inkubationszeit Israels: die Offenbarung am Sinai. Die Vorstellung stand in Einklang mit der heilsgeschichtlichen Darstellung des Alten Testaments selbst. Mindestens die Promulgation des Dekalogs, der bündigsten und wichtigsten Gestalt, die das theologische Gesetz im Alten Testament erlangt hat, ließ sich mit diesem Ereignis verbinden.

Die neuere Exegese ist von einem solchen Urdatum abgerückt. Der handfeste Grund liegt weniger in dem viel bemühten, aber selten genau definierten Deuteronomismus, für dessen Erzeugnis man den Dekalog heute im allgemeinen erklärt, als in der zunehmenden Einsicht, daß das vorexilische Israel und Juda, religionsgeschichtlich gesehen, ein integraler Teil des Alten Vorderen Orients gewesen ist. Das theologische Proprium des Gottesvolkes gehört nicht zu den Daseinsvoraussetzungen des vorexilischen Israel und Juda. Es ist in der Reaktion auf den Untergang der vorexilischen Lebensform erst entstanden. Nicht erst die Priesterschrift, sondern bereits die vorpriesterschriftliche Darstellung der Heilsgeschichte ist Ausdruck eines religiösen Selbstverständnisses, das sich erst seit der exilischen Zeit zu entwickeln begann. Die Indizien dafür sind mittlerweile zahlreich. Sie ergeben sich aus der traditionsgeschichtlich geleiteten Exegese des Alten Testaments, aus der sich immer deutlicher herausschälenden Übereinstimmung der vorexilischen Religion mit den Zeugnissen der altorientalischen Umwelt, aus dem sich vermehrenden Inschriftenmaterial und aus dem ikonographischen Vergleich.

---

1 Vorgetragen am 2. Oktober 1995 in Hyvinkää (Finnland) auf einem Deuteronomium-Symposion der Projektgruppe für Altorientalische und Biblische Rechtsgeschichte der Wissenschaftlichen Gesellschaft für Theologie.

Sehen wir allein auf die Rechtsgeschichte, so besteht kein grundlegender Unterschied zwischen dem Recht der israelitischen und judäischen Königszeit, das wir aus dem kasuistischen Kernbestand des Bundesbuches Ex 21,1-22,16* kennen, und dem Recht der babylonischen und assyrischen Rechtskorpora. Auch die ursprüngliche Gestalt des deuteronomischen Gesetzes aus dem 7. Jahrhundert, wie sie sich innerhalb des Korpus Dtn 12-26 literarkritisch ermitteln läßt, steht noch jenseits des qualitativen Sprungs, den die Entstehung des theologischen Gesetzes bedeutet.

Meine These ist, daß das theologische Gesetz des Alten Testaments in der Begegnung zwischen Prophetie und Gesetz seinen Ursprung hat. Allerdings nicht in dem früher geläufigen Sinne, daß das theologische Gesetz aus der prophetischen Ethik hervorgegangen sei. In Frage steht vielmehr die theologische Einbindung der vorgegebenen und im Kern altüberlieferten Rechtssammlungen. Es gilt zu zeigen, daß sie in der religiösen Bewältigung der geschichtlichen Katastrophe Judas ihren Anlaß gehabt hat, die in der exilischen und frühnachexilischen Zeit im Lichte der Unheilsprophetie, die der Niederlage vorangegangen und nunmehr als Wort Jahwes beglaubigt war, zu einer bewußten Neubegründung des Gottesverhältnisses geführt hat.

Um den Wurzeln dieses Vorgangs näherzukommen, muß das Augenmerk sich auf zwei Korpora insbesondere richten: auf den Dekalog und auf das Deuteronomium. In ihnen liegt uns die älteste Gestalt des theologischen Gesetzes vor. Was das Deuteronomium betrifft, so ist die Nähe des Rahmens, insbesondere von Dtn 6-11 und Dtn 27-30, zur Prophetie, nämlich zur jeremianischen Tradition, immer beobachtet worden. Allerdings herrscht über die Art der Beziehung Unsicherheit. Vielfach geht man davon aus, daß für die sogenannte ‚deuteronomistische Redaktion' des Jeremiabuches das Deuteronomium der gebende, das Jeremiabuch der nehmende Teil gewesen ist.[2] Doch gibt es auch die gegenläufige These, die mit beachtlichen exegetischen Gründen für eine größere Eigenständigkeit der jeremianischen Tradition eintritt.[3] Wie bestimmt sich jenes theologiegeschichtliche Zusammentreffen, in dem das Deuteronomium, mit J. Wellhausen zu reden, den ‚Color Hieremianus' erhalten hat,[4] und vice versa das Jeremiabuch den ‚Color deuteronomicus'?

I

Ich kann hier nicht die umfassende Analyse darbieten, die zur Beantwortung der Frage notwendig ist, sondern beschränke mich auf zwei Schlüsseltexte.[5] Der erste

---
2 Maßgebend geworden ist W. THIEL, Die deuteronomistische Redaktion von Jeremia 1-25 (WMANT 41) 1973, und DERS., Die deuteronomistische Redaktion von Jeremia 26-45 (WMANT 52) 1981.
3 Vgl. bes. H. WEIPPERT, Die Prosareden des Jeremiabuches (BZAW 132) 1973.
4 J. WELLHAUSEN, Die Composition des Hexateuchs, ^{4}1963, 192 Anm. 1; vgl. DERS., Prolegomena zur Geschichte Israels, ^{6}1905, 383.
5 Für eine ausführlichere exegetische Begründung verweise ich auf meine Untersuchung: Die Verheißung des neuen Bundes (FRLANT 137) 1985, bes. 77-131. Die folgenden Ausführungen lehnen sich an die dortige Darstellung an.

stammt aus dem Jeremiabuch. Es ist der vielbeachtete zweite Abschnitt der jeremianischen Tempelrede, Jer 7,21-25a:

21 So spricht Jahwe ' ':[6]
   Fügt eure Brandopfer zu euren Schlachtopfern und eßt Fleisch!
22 Denn ich habe euren Vätern nichts gesagt noch geboten
   am Tage, da ich sie aus Ägyptenland führte,
   betreffs Brand- und Schlachtopfer.
23 Sondern folgendes habe ich ihnen geboten:
   Hört auf meine Stimme, so will ich euer Gott sein, und ihr sollt mein Volk sein,
   und wandelt auf dem Wege, den ich euch immer gebieten werde,
   auf daß es euch wohlergehe.
24 Aber sie hörten nicht und neigten ihr Ohr nicht,
   sondern wandelten ' '[7] in der Verstocktheit ihres bösen Herzens
   und kehrten mir den Rücken zu und nicht das Gesicht
25 von dem Tage an, da 'ihre'[8] Väter aus dem Lande Ägypten zogen,
   bis auf diesen Tag.

Den Einsatz bildet nach der Botenformel ein überliefertes Logion im Metrum 3+2. Der knappe Satz ist ein Beispiel der Polemik gegen den Opferkult, wie sie in der Prophetie verbreitet ist.[9] Es spricht nichts dagegen, daß er auf die Verkündigung Jeremias zurückgeht. Man kann lediglich fragen, ob das Wort von vornherein hinter die Botenformel gehört hat, ob es also ursprünglich Gottesrede oder nicht vielmehr Prophetenrede gewesen ist. Bemerkenswert ist allerdings, daß im Unterschied zur sonst geläufigen Kultpolemik nicht abgewogen wird: Opfer gegen Recht und Gerechtigkeit, gegen Gotteserkenntnis und anderes. Damit stimmt zusammen, daß der Spruch keine Anklage enthält. Die Polemik bleibt ohne Begründung. Sei es also, daß Jahwes Verweigerung auf die Sünde antwortet, etwa auf den Verfall der Kultpraxis der Judäer, oder sei es, daß sie allein seinem unergründlichem Ratschluß entspringt: Es hat keinen Sinn mehr, ihm die עוֹלָה, seinen Anteil am Gemeinschaftsopfer, abzuzweigen. Jahwe nimmt an der Kultgemeinschaft nicht mehr teil. Das aber bedeutet unter den Bedingungen der damaligen Religion das Schlimmste: Die Gottesgemeinschaft überhaupt ist aufgekündigt. Mit einem jüngeren, hier noch nicht vorausgesetzten Begriff kann man sagen: Jahwe vollzieht mit diesen Worten den Bundesbruch.

Erstaunlicherweise folgt auf dieses harte, apodiktische Urteil dennoch eine Begründung; und zwar nicht, wie man erwartet, durch eine nachgestellte Anklage, sondern in Gestalt einer heilsgeschichtlich verankerten Paränese, die sogar mit einer bedingten Verheißung schließt. Der Wechsel ist so scharf, daß ein literarischer Bruch vorliegen muß: Der Prophet schleudert seine Botschaft ohne Wenn und Aber, nun aber wird erinnert, gemahnt, verheißen. Die Prosa und die umständliche Anknüpfung zeigen, daß hier ein Späterer sich einen theologischen Reim auf das Gerichtswort gemacht hat. Seine Sprache verrät ihn: Dieser Theologe, den wir also nach Jeremia und das heißt nach der Katastrophe von 587 datieren müssen,

---

6 MT + „der Heere, der Gott Israels".
7 MT + בְּמֹעֲצוֹת „in den Ratschlägen", vgl. Ps 81,13; Mi 6,16.
8 So mit den Versionen.
9 Vgl. Jes 1,11; Jer 6,20; Hos 6,6; 8,13; Am 4,4-5; 5,21-24.

steht unter dem Einfluß des Deuteronomiums. Der Beleg ist die bedingte Verheißung „auf daß es euch wohlergehe". Sie gehört zu den kennzeichnenden Bestandteilen der deuteronomischen Gebotseinkleidung.[10] Deuteronomisch ist auch die Gattung: heilsgeschichtlich begründete Paränese, die in bedingte Verheißung mündet, – deuteronomisch und nicht etwa deuteronomistisch! Sofern man nämlich unter ‚deuteronomistisch' die Konfrontation dieser Paränese mit der Geschichte Israels und Judas, das heißt mit dem diese Geschichte beherrschenden Ungehorsam versteht. Solche deuteronomistische, am deuteronomischen Gebot gemessene Geschichtsdeutung „vom Tage, da ihre Väter aus Ägyptenland zogen, bis heute" findet sich in den folgenden, durch die Klimax abgesetzten und so als weitere Ergänzung kenntlichen Versen 24-25a, wie in den Prosareden des Jeremiabuches durchaus. In 7,22-23 findet sie sich nicht! Hier fehlt die Feststellung eines Ungehorsams, die Geschichtsdeutung, die unbedingte oder bedingte Drohung. Die Paränese ist uneingeschränkt positiv. Sie ist so deuteronomisch im engsten Sinne, wie man es außerhalb des Korpus des deuteronomischen Gesetzes und des ältesten Teils seines Rahmens nirgends wieder findet.

Dieser deuteronomischste aller jeremianischen Texte hat eine antideuteronomische Spitze. Man hat das längst wahrgenommen, wenn auch unter zweifelhafter Prämisse. „Was alles in dem Deuteronomium, das er gekannt haben mag, oder in den Kommentaren der Schriftgelehrten über Jahwes Opferforderungen zu lesen war, das wurde von ihm nicht anerkannt".[11] Zunächst stimmt der heilsgeschichtliche Ort nicht überein. Das Deuteronomium gehört an den Beginn der Landnahme. Das Gehorsamsgebot von Jer 7,22-23 hingegen wird mit dem Exodus in Verbindung gebracht. Damals habe Jahwe nichts gesagt noch geboten „betreffs Brand- oder Schlachtopfer". Für das Deuteronomium gilt das genaue Gegenteil; denn nicht nur, daß es solche Bestimmungen enthält, nämlich das Gesetz über die Zentralisation des Kultes Dtn 12, – sie sind als historischer Anlaß wie auch im Aufbau des Gesetzes der Ausgangspunkt, dessen Folgerungen das Korpus der Einzelbestimmungen wie ein roter Faden durchziehen. Der Verfasser von Jer 7,22-23 bestreitet dieses Gesetz; und zwar seine Existenz – aber das kann nur besagen: seinen theologischen Rang. Denn er steht, nach Sprache und Denkweise zu urteilen, auf dem Boden des Deuteronomiums. Auf diesem Boden sucht er das Gesetz als eine Summe von Einzelforderungen, insbesondere kultischer Art, zu überwinden. An die Stelle rückt er Jahwes Hauptgebot: „Hört auf meine Stimme und geht auf dem Wege, den ich euch immer gebieten werde!" Damit ist eine neue Art des Gehorsams geboten: eine umfassende Grundhaltung vor Gott.

Was nötigt diesen Deuteronomiker, sein Deuteronomium preiszugeben für eine solche Generalklausel? Die neue Gehorsamshaltung hat ein neues Ziel: „Hört auf meine Stimme, so will ich euer Gott sein, und ihr sollt mein Volk sein!" Sie gilt als die Bedingung des Verhältnisses zwischen Jahwe und seinem Volk. Die theologiegeschichtliche Notwendigkeit dieser Bedingung ergibt sich aus dem vorangehenden Prophetenwort: Jahwe hatte die Beziehung zu seinem Volk, die den Judäern im Rahmen ihrer gewohnten kultischen Vollzüge als Selbstverständlich-

---

10 Dtn 12,25.28; 14,29; 15,10.18; 16,15; 17,20; 19,13; 22,7.
11 B. DUHM, Das Buch Jeremia (KHC 11) 1901, 82.

keit galt, für zerbrochen erklärt. Sollte es mit Jahwe und Juda irgend weitergehen, mußte das Gottesverhältnis von der Wurzel her erneuert werden. Dabei liegt in der Sache, daß die ehedem natürliche Selbstverständlichkeit, einmal zerstört, für immer verloren ist. Man kann sagen: Statt einer natürlichen Volks- und Nationalreligion ist nunmehr eine bewußte Haltung vor Gott, sind Glaube und Theologie erfordert. L. Perlitt hat das in die einprägsamen Worte gefaßt: „Israel war anfangs mit Jahwe nicht anders verbunden als Moab mit Kamosch ... Die prophetische Bestreitung dieser natürlichen Synthese von Religion und Patriotismus führte zur reflektierten Synthese der dt Theologie, in der Israel durch ... den theologischen Bundesgedanken ... seinem Gott ‚verbunden' ist."[12] Wir werden in Jer 7,21-23 Zeugen des folgenreichsten Schritts, der sich in der Geschichte der Theologie des Alten Testaments vollzogen hat: des Übergangs von der Religion Israels und Judas hin zum Bundesglauben des nachmaligen Gottesvolks Israel. Daß freilich die reflektierte Synthese von vornherein ‚deuteronomische Theologie' gewesen sei und ‚deuteronomische Theologie' von vornherein die reflektierte Synthese, ist nicht ohne Einschränkung richtig. Jer 7 belegt, daß ihre erste Voraussetzung die Gerichtsprophetie gewesen ist, und zwar die durch die Niederlage des Jahres 587 als Gottes Wahrheit bestätigte Gerichtsprophetie. Eine vorexilische Bundestheologie ist theologiegeschichtlich undenkbar!

Die frühe Bundestheologie in Jer 7,22-23 knüpft trotz ihrer Verwurzelung in der deuteronomischen Sprache und Denkweise nicht an das Deuteronomium an, sondern stellt sich im Gegenteil gegen es. Der Grund ist, daß das Gesetzbuch, wie es in frühexilischer Zeit bestand, mit dem heutigen Buch Deuteronomium nur entfernte Ähnlichkeit hatte. Wir wissen, daß die paränetischen Rahmenstücke Dtn 5-11 und Dtn 27-30 dem Gesetz sukzessive über einen langen Zeitraum nachträglich zugewachsen sind. Dasselbe gilt für die verwandte Paränese innerhalb des Korpus. „Die specifisch ‚deuteronomischen' Phrasen finden sich im eigentlichen Deuteronomium (Kap. 12-26) verhältnismässig am wenigsten, und wo sie sich finden, scheinen sie teilweise von der überarbeitenden Hand des Verf. von Kap. 5-11 herzurühren."[13] Auch dort also, wo der Rahmen in das Korpus hineinragt, sind die betreffenden Texte sekundär. Es ist vielmehr so: Die „spezifisch deuteronomischen Phrasen", das sind die Wendungen der am Hauptgebot ausgerichteten Paränese, fanden sich im Deuteronomium zu Anfang überhaupt nicht. Damit fehlten dem Urdeuteronomium fast alle wesentlichen Elemente der späteren deuteronomischen Theologie. Das älteste Gesetz, das man doch wohl mit der kultpolitischen Maßnahme Josias im letzten Viertel des 7. Jh.s in Verbindung bringen muß,[14] enthielt weder ein Privilegrecht Jahwes noch eine Bundestheologie. Seine Erwählungstheologie war nicht auf das Gottesvolk, sondern auf den Kultort gerichtet.

Das ursprüngliche Deuteronomium war trotz der paränetischen Sprache und selbst noch in der heilsgeschichtlichen Einbettung, die es während der Exilszeit im deuteronomistischen Geschichtswerk erfahren hatte, als Norm für eine Praxis

---

12 L. PERLITT, Bundestheologie im Alten Testament (WMANT 36) 1969, 114.
13 WELLHAUSEN, Composition, 192.
14 Zu deren tatsächlichem Umfang vgl. CH. LEVIN, Josia im Deuteronomistischen Geschichtswerk (unten 198-216).

pietatis, die nach dem geschehenen Gericht das Gottesverhältnis wieder aufnehmen wollte, zunächst nicht geeignet. Die Nötigung der „reflektierten Synthese", die durch den in Jer 7,21 benannten Bundesbruch gegeben war, führt darum in V. 22-23 zur ausdrücklichen Ablehnung des Gesetzes bei gleichzeitiger Beibehaltung, ja Betonung der Paränese. „Die dt Bundestheologie wurde anfangs durch kein Gesetzbuch, sondern durch das ‚Hauptgebot' stimuliert."[15] Dieses Hauptgebot, „die grundlegende und alles Einzelne umfassende Haltung Israels vor seinem Gott",[16] tritt dem Gesetz gegenüber: „Hört auf meine Stimme!"

Der unmittelbare Gehorsam, der statt des Gesetzes gelten soll, antwortet der grundlegenden Heilstat, mit der Jahwe das Verhältnis zu Israel begründet hat: der Herausführung aus Ägyptenland. Der Exodus war das überkommene „Urbekenntnis Israels",[17] auf das der Verfasser von Jer 7,22-23 wie selbstverständlich zurückgreift. Denn er wollte kein neues Gottesverhältnis begründen, sondern das seit je, und das heißt eben seit Ägyptenland bestehende Gottesverhältnis in neuer Bewußtheit wiederherstellen. Darum versetzt er guten Glaubens die nie dagewesene Bedingung des Hauptgebots an den Anfang der Geschichte Jahwes und Israels. In der späteren Ausgestaltung der Heilsgeschichte hat das zur Folge gehabt, daß die theologische Vorstellung des Bundes an den Sinai/Horeb, nach Moab und Sichem geriet.

II

Aus dem Hauptgebot ergibt sich sofort eine Schwierigkeit. Es benennt die grundlegende Haltung vor Gott; aber es entbehrt jeder Näherbestimmung. Die Aufforderung: „Hört auf meine Stimme und wandelt auf dem Wege, den ich euch immer gebieten werde!", läßt sich nicht umsetzen in das praktische Leben. Man darf sich durch den späteren Gebrauch der Wendung שמע בקול יהוה nicht täuschen lassen, der von Jer 7,23 erst seinen Ausgang genommen hat. Dem Wortsinne nach setzt die Wendung voraus, je unmittelbar hier und jetzt durch die Gottheit angerufen zu werden. Das mag für einzelne Charismatiker und Propheten gegolten haben. Im Normalfall gibt es diese Gottesunmittelbarkeit nicht, zumal nicht in den ethischen Dingen.

Angesichts dessen bleibt die Zurückweisung des Gesetzes zugunsten des Hauptgebots ein abstraktes Postulat. Soll das Hauptgebot wirksam werden, bedarf es der Füllung durch bestimmte Normen. Da die Einrichtung eines Lehramts, das im einzelnen Fall über den Weg, den Jahwe gebietet, entscheiden könnte, dem alttestamentlichen Denken fremd ist, bleibt nur die erneute Kodifikation. Die Überwindung des Gesetzes durch das Hauptgebot drängt zum Gesetz zurück. Aus dem Weg, „den ich euch immer gebieten *werde*" (Jer 7,23), wird der Weg, „den Jahwe, euer Gott, euch geboten *hat*" (Dtn 5,33). Notwendigerweise ist daher

---

15 PERLITT, Bundestheologie, 284.
16 N. LOHFINK, Das Hauptgebot. Eine Untersuchung literarischer Einleitungsfragen zu Dtn 5-11 (AnBib 20) 1963, 112.
17 M. NOTH, Überlieferungsgeschichte des Pentateuch, ²1960, 52. Zur Überlieferungsgeschichte vgl. LEVIN, Verheißung, 48-50.

die „reflektierte Synthese" in der Gestalt von Jer 7,22-23 ein früher Einzelfall geblieben. Für den Nachvollzug der theologiegeschichtlichen Entwicklung ist dieses Zeugnis freilich von hohem Belang,[18] und insbesondere in der nachträglichen Rahmung des Deuteronomiums hat es wesentliche Auswirkungen gehabt, wie im folgenden zu zeigen ist.

Die Rückwendung vom Hauptgebot zum Gesetz ist grundsätzlich auf zwei Wegen möglich: einerseits als Entwurf eines neuen, am Hauptgebot ausgerichteten Gesetzes, anderseits als Deutung und Ergänzung des vorhandenen Gesetzes mit Rücksicht auf das Hauptgebot. Beide Wege sind beschritten worden, und zwar ungefähr zur selben Zeit. Das Ergebnis des ersten ist der Dekalog, das Ergebnis des zweiten der bundestheologische Rahmen des Deuteronomiums.

Im Dekalog ist das Hauptgebot zu einer kurzen Reihe von Geboten geworden, die das allgemeine Gebot des Gehorsams in unmittelbare negative und positive Handlungsanweisungen umsetzen. Die bundestheologische Ausrichtung ist offenkundig. Die Ausschließlichkeitsforderung steht als das Erste Gebot allen anderen voran. Sie macht das Verhältnis zwischen Jahwe und seinem Volk zum eigentlichen Thema der Reihe. Der Dekalog dient der Gestaltung der Beziehung Israels zu Jahwe. Er ist *das* Bundesgesetz.

Tatsächlich steht der Dekalog zu Jer 7,22-23 in verblüffender Nähe. Man hat das in der älteren Exegese gelegentlich bemerkt.[19] Er ist das einzige Gesetz, das ausdrücklich mit dem Exoduscredo verknüpft ist, eben der Weg also, den Jahwe geboten *hat*, als er die Väter aus Ägyptenland führte. Er ist tatsächlich das einzige Gesetz, in dem Bestimmungen „betreffs Brand- und Schlachtopfer" fehlen. Der Dekalog entspricht auch insofern dem Hauptgebot, als er keineswegs die unmittelbare Rückwendung von der bundestheologischen Paränese zum Gesetz bedeutet. Sein Grundbestand ist nicht anhand der seinerzeit vorliegenden Gesetze entstanden, etwa als ein Exzerpt besonders wichtiger Gebote. Vielmehr ist der Dekalog die zum Prohibitiv geronnene *prophetische* Scheltrede. Die Vorlage des Grundbestands ist in Jer 7,9 (// Hos 4,2) zu finden,[20] in nächster Nähe zu Jer 7,22-23: „Stehlen, morden und ehebrechen und Lüge schwören und dem Baal räuchern und anderen Göttern nachlaufen, die ihr nicht kennt, ..." An der für den theologischen Gebrauch des Gesetzes grundlegenden Wende ist das Gesetz jünger als die Propheten.

Mit der Ausgestaltung des Hauptgebots im Dekalog ist die Rückkehr zum Gesetz eingeleitet, die im weiteren für die alttestamentliche Theologie bestimmend geworden ist. Ihr Endergebnis, das nunmehr theologisch begründete Gesetz, liegt uns in zwei großen Blöcken vor: der Sinai-Gesetzgebung in Exodus bis Numeri und der Moab-Gesetzgebung des Deuteronomiums. Beide Blöcke werden jeweils eingeleitet mit dem Dekalog, so daß beide auf ihre Weise als umfangreiche Ausführungen des Hauptgebots erscheinen, die in ihrer Substanz übereinstimmen.

---

18 Nicht umsonst findet sich in Jer 7,23 der älteste Beleg der Bundesformel, von dem alle anderen abhängen, vgl. LEVIN aaO 106-107.
19 Vgl. C.H. CORNILL, Das Buch Jeremia, 1905, 349.
20 Vgl. F.-L. HOSSFELD, Der Dekalog. Seine späten Fassungen, die originale Komposition und seine Vorstufen (OBO 45) 1982, 276-282, sowie LEVIN, Verheißung, 92-95, und DERS., Der Dekalog am Sinai (oben 60-80) 63f.

Dabei gibt es zwischen ihnen einen wesentlichen Unterschied. Am Sinai ist der Dekalog, letzten Endes verursacht durch die in Jer 7 angelegte Verknüpfung des Hauptgebots mit dem Exoduscredo, der Ursprung, an den sich im Laufe der weiteren Traditionsgeschichte die übrigen Gesetze angeschlossen haben. Mit Ausnahme des Bundesbuches, das am Sinai nachträglich seinen Platz gefunden hat, weil es mit dem Deuteronomium in Konkurrenz steht und von sich aus keinen Ort in der Heilsgeschichte besitzt, ist der Dekalog in seiner ursprünglichen Gestalt sogar das älteste Sinai-Gesetz.[21]

Im Deuteronomium sind die Bedingungen andere. Nicht nur, daß das Urdeuteronomium zur Zeit, als Bundestheologie und Hauptgebot aufkamen, längst bestanden hat; es hatte auch bereits, wahrscheinlich in Zusammenhang mit der Entstehung des deuteronomistischen Geschichtswerks, seinen Ort in der Heilsgeschichte erhalten. Es konnte darum nicht wie alle übrigen Gesetze an den natürlichen Ort des Hauptgebots, nämlich an den Exodus und den ihm folgenden Sinai /Horeb versetzt werden; vielmehr mußte in seinem Fall das Hauptgebot nach Moab kommen. Die Folge ist das seltsame Nebeneinander von Horebgesetz und Moabgesetz, sind jene heilsgeschichtlichen Turbulenzen, die Dtn 5,3 und 28,69 auszugleichen bemüht sind.

III

Die Verbindung von Hauptgebot und Gesetz im Deuteronomium ist am einfachsten zu greifen in der nachträglichen Voranstellung des Dekalogs Dtn 5. Sie ist aber nicht erst durch diesen Vorspann entstanden, der schon die jehowistische Sinai-Perikope in einer fortgeschrittenen Gestalt voraussetzt.[22] Bereits etwa gleichzeitig mit der Grundform des Dekalogs führte die Rückwendung der Bundestheologie vom Hauptgebot zum Gesetz zu einschneidenden Rückwirkungen auf das bestehende Korpus der Gesetze, das bedeutete auf das Deuteronomium; denn das Bundesbuch war durch die Novellierung, die es in Gestalt des Deuteronomiums erfahren hatte, an den Rand gerückt worden, und das übrige alttestamentliche Gesetz war in vorexilischer Zeit noch nicht vorhanden. Darüber wurde das Deuteronomium zu einem anderen, als es der Verfasser von Jer 7,22-23 vor Augen und gegen das er sich gewandt hatte. Das Gesetz verlor die untheologische Sprödigkeit. Eine paränetische Einkleidung, die mit der Zeit immer ausführlichere Gestalt annahm, machte das Deuteronomium selbst zu einer großen bundestheologischen Paränese. Es wurde zu einer das Hauptgebot auslegenden Lebensregel, die das Gottesverhältnis im großen wie im einzelnen umfassend gestaltete.

Neben zahlreichen Einschüben und dem rückwärtigen Rahmen dient zur paränetischen Einkleidung vor allem der Vorspann Dtn 6-11. Er setzt ein mit der schönsten Fassung des Hauptgebots, die im Alten Testament zu finden ist, mit dem *Sch^ema*: „Höre, Israel, Jahwe ist unser Gott, Jahwe ist ein einziger! Und du

---

21 Vgl. LEVIN, oben 71f.
22 Vgl. S. MITTMANN, Deuteronomium 1,1-6,3 literarkritisch und traditionsgeschichtlich untersucht (BZAW 139) 1975.

sollst Jahwe, deinen Gott, lieben von ganzem Herzen, von ganzer Seele und mit all deiner Kraft!" (Dtn 6,4-5). Das Wort ist keine ursprüngliche Einheit, wie der Wechsel zwischen singularischer Anrede und Wir-Aussage sofort zeigt. In ihm ist ein vorgegebenes Credo verwendet, das im 7. Jahrhundert seinen Sitz im Leben gehabt haben könnte, als nach dem Untergang Samarias das überlebende Juda sich anschickte, die Jahwe-Tradition des zuletzt heftig befehdeten Bruder-Staats im Sinne einer neuen Gesamt-Repräsentanz Israels zu integrieren. Wichtiger ist die Schlußfolgerung, die in der deuteronomischen Du-Anrede hinzugefügt ist: Das Gottesverhältnis Israels, von dem das Credo „Jahwe ist unser Gott" handelt, realisiert sich in der umfassenden, das ganze Dasein durchdringenden Gottesliebe. Damit ist nicht der religiöse Affekt gemeint, sondern Loyalität und Gehorsam.[23] Als Liebesgebot vermag das Hauptgebot die Unbestimmtheit zu überwinden, die dem bloßen „Hört auf meine Stimme!" anhaftet, ohne doch in eine neue Gesetzlichkeit von Einzelvorschriften zu verfallen. Die Judenheit hat in dem Gebot der Gottesliebe die Summe des Gesetzes erkannt, und die Christenheit ist ihr mit Recht gefolgt. Unter diesem Leitsatz steht das Deuteronomium nicht mehr in Gegensatz zum Hauptgebot, sondern gilt fortan als seine Ausführung.

Als der erste Satz des Rahmens ist das *Sch^{e}ma'* zugleich dessen theologisch gewichtigster und literargeschichtlich ältester. Was immer in Dtn 6-11 an Paränese oder heilsgeschichtlichem Rück- oder Vorausblick folgt, verhält sich zu ihm wie Variationen zum Thema. Ohne Dtn 6,4-5 hinge alles weitere in der Luft. Das macht die Annahme wahrscheinlich, daß das *Sch^{e}ma'* auch literargeschichtlich den Kern von Dtn 6-11 bildet, den ältesten paränetischen Vorspann des Urdeuteronomiums. Bereits der folgende V. 6 leitet unmittelbar zu dem Korpus der Einzelgebote über: „Und diese Worte, die ich dir heute gebiete, sollen dir im Herzen sein." An diese Überleitung läßt sich Dtn 12-26 mühelos anschließen. Erst durch die späteren Ausführungen in V. 7-9, die sich, wie sie stehen, nur noch auf das *Sch^{e}ma'* selbst anwenden lassen, wird diese Beziehung verwischt.[24] Unter der Überschrift des *Sch^{e}ma'* wird das deuteronomische Gesetz Dtn 12-26 zum Kompendium dessen, was es im Einzelfall bedeutet, Jahwe von ganzem Herzen, von ganzer Seele und mit aller Kraft zu lieben.

Ist das *Sch^{e}ma'* der erste und älteste Satz des vorderen Rahmens, so Dtn 26,16 der erste und älteste Satz des rückwärtigen. Er bezieht sich nämlich wie eine Klammer auf Dtn 6,4-6 zurück. Das kommt neben dem gleichlautenden Zeitbezug הַיּוֹם bzw. הַיּוֹם הַזֶּה „heute" und dem übereinstimmenden Partizip מְצַוְּךָ in der Wendung „von ganzem Herzen und von ganzer Seele" zum Ausdruck, die einmal neben Dtn 6,5 in Dtn 26,16 ihren einzigen alttestamentlichen Beleg hatte:[25] „Heute gebietet dir Jahwe, dein Gott, zu tun diese Ordnungen und Rechtssätze, daß du sie einhältst und anwendest von ganzem Herzen und von ganzer Seele!" Das vergleichsweise hohe Alter dieses Verses geht aus der Stellung im un-

---

23 Vgl. die Auslegung durch T. VEIJOLA, Das Bekenntnis Israels. Beobachtungen zu Geschichte und Aussage von Dtn 6,4-9 (1992; in: DERS., Moses Erben [BWANT 149] 2000, 76-93).
24 Anders VEIJOLA aaO 78-82, der V.7-9 beläßt und den Relativsatz in V.6 sowie V.5 für zugesetzt hält.
25 Die übrigen sind allesamt jünger: Dtn 4,29; 10,12; 11,13.18; 13,4; 30,2.6.10; Jos 22,5; 23,14; 1 Kön 2,4; 8,48; 2 Kön 23,3.25; Jer 32,41; 2 Chr 6,38; 15,12; 34,31.

mittelbaren Anschluß an das Korpus der Gesetze, aber auch aus der Sprache hervor, die sich von der eingefahrenen Paränese abhebt und ursprünglicher ist als alles, was das Deuteronomium an vergleichbaren Wendungen enthält: Die Rechtstermini חֻקִּים und מִשְׁפָּטִים sind noch nicht additiv gebraucht bei verschwimmenden Bedeutungsunterschieden, sondern bezeichnen das deuteronomische Gesetz distinktiv als die Zweieinheit von kultischen (Neu-)Ordnungen (חֻקִּים) und für die Rechtsprechung geltenden Normen (מִשְׁפָּטִים). Ihrem Gewicht im Deuteronomium und ihrer Anordnung gemäß stehen die Ordnungen voran. Sie gilt es einzuhalten (שׁמר), die Rechtssätze gilt es anzuwenden (עשׂה). Die Verbindung des Partizips מְצַוְּךָ mit Jahwe statt mit Mose gibt Dtn 26,16 den Charakter eines Fazits: Mit diesem Satz hat die Sammlung der Gesetze einmal geschlossen. Der Rahmen Dtn 6,4-6 und 26,16 ist der Anfang jener eindringenden, zu Herzen sprechenden, ganzen Gehorsam heischenden, vor das „heute" der Entscheidung stellenden paränetischen Sprache, die dem Leser des vorliegenden Buches als das eigentlich Deuteronomische erscheint.

IV

Sodann ist das Deuteronomium auch förmlich in die Bundestheologie einbezogen worden: durch die Bundesschlußszene Dtn 26,17-19. Mit ihr wurde das Gesetz zum Inhalt des Bundes. Wie der Kern des Dekalogs geht auch diese Szene auf Jer 7 zurück. Sie ist der Versuch, die Bundeszusage und Paränese von Jer 7,22-23 in den Akt einer Verpflichtung auf das deuteronomische Gesetz umzusetzen:

16 Heute gebietet dir Jahwe, dein Gott, zu tun diese Ordnungen und die Rechtssätze,
   daß du sie einhältst und anwendest von ganzem Herzen und von ganzer Seele.
17 Den Jahwe hast du heute sagen lassen, *daß er dein Gott sein wolle,*
   und *zu wandeln auf seinen Wegen*
   und einzuhalten seine Ordnungen und Gebote und Rechtssätze
   und *auf seine Stimme zu hören.*
18 Jahwe aber hat dich heute sagen lassen, *daß du sein* Eigentums*volk sein wollest,*
   wie er dir gesagt hat,
   und einzuhalten alle seine Gebote
19   und dich zum höchsten einzusetzen über alle Völker, die er gemacht hat,
   zum Lob und zum Ruhm und zur Ehre,
   daß du seist ein heiliges Volk für Jahwe, deinen Gott, wie er gesagt hat.

Da der Rahmenvers 26,16 eine deutliche Klimax bildet und V. 17 asyndetisch und mit Wiederholung des Zeitbezugs הַיּוֹם „heute" auf neuer Ebene einsetzt, besteht zwischen den beiden Versen eine literargeschichtliche Zäsur. Mit V. 17 gehört V. 18 zusammen; denn die beiden Hälften des Bundeszeremoniells lassen sich nicht trennen. In V. 19 ist ein jüngerer Nachtrag zu erkennen, zu Beginn an dem Wechsel des logischen Subjekts der Infinitive, der weit härter ist als der vergleichbare Wechsel innerhalb von V. 17, am Ende an der Wiederaufnahme der Israelhälfte der Bundesformel aus V. 18, sogar einschließlich der Zitationsformel כַּאֲשֶׁר דִּבֶּר „wie er gesagt hat". Als die eigentliche Bundesschlußszene schälen sich V. 17-18 heraus.

Auch diese beiden Verse sind nicht aus einem Guß. Darauf weist am deutlichsten die Syntax der Infinitive, die der Sache nach zwar eindeutig, der Sprache nach aber sehr holperig ist. Die Schwierigkeiten veranlaßten R. Smend, für die Deutung allein die unentbehrlichen Ausdrücke heranzuziehen, die er in den beiden Hälften der Bundesformel einschließlich der jeweiligen Redeeinleitungen fand.[26] Dagegen hat N. Lohfink geltend gemacht, daß der Text einer literarkritischen Zerlegung keine Handhabe bietet. Wir müssen Dtn 26,17-18, inhomogen wie die Szene ist, als literarische Einheit nehmen. Daraus aber folgt, daß die Inhomogenität auf der Übernahme und neuen Verbindung vorgegebener, nicht frei gestalteter Sprachmuster beruht. Das gibt der Text selbst zu verstehen, wenn er der Israelhälfte der Bundesformel die Zitationsformel כַּאֲשֶׁר דִּבֶּר־לָךְ „wie er dir gesagt hat" hinzufügt.

Tatsächlich macht der Bundesschluß V. 17-18 keinen in irgendeiner Weise ursprünglichen Eindruck. Er ist im Gegenteil von ausgesprochener Künstlichkeit. Selbst wenn sich die Einkleidung der zweiseitigen Handlung in den einseitigen Mosebericht mit dem Sprachgestus des Deuteronomiums erklärt, bleibt die Redeform des אמר hi. ohne Beispiel, mit der die Hälften der Bundesformel jeweils eingeführt sind. Als Deutung des ungewöhnlichen Sprachgestus stehen der übliche Kausativ „sagen lassen" oder der Intensiv „proklamieren" zur Auswahl.[27] Die Alternative bedeutet die Entscheidung, wem welche Hälfte der Bundesformel in den Mund zu legen ist. „Bei kausativem Verständnis handelt Vers 17 von der Erklärung Jahwes und Vers 18f von der Erklärung Israels. Umgekehrt handelt bei intensivem Verständnis Vers 17 von der Erklärung Israels und Vers 18f von der Erklärung Jahwes."[28] Entscheidet man für den Intensiv, so erklärt zunächst Israel: „Jahwe soll mein Gott sein", und erst dann Jahwe: „Israel soll mein Volk sein". Diese Lesart veranlaßt theologische Bedenken: Wenn es darum geht, das Verhältnis zwischen Jahwe und Israel zu begründen, kommt Jahwe das erste Wort zu. Jahwes Sache ist die freie Erwählungsentscheidung, Israels Sache ist die Annahme des Erwähltseins in bejahendem Gehorsam. Tatsächlich läßt sich das Verständnis des אמר hi. als Intensiv am Text widerlegen; denn die Zitationsformel כַּאֲשֶׁר דִּבֶּר־לָךְ „wie er dir gesagt hat" gerät dabei sinnwidrig in die Jahwerede. Dagegen „ist es höchst angebracht, daß Israel dann, wenn es nicht nur die selbst zu übernehmenden Leistungen aufzählt, sondern daneben es sogar wagt, das zu benennen, was Jahwe ihm gegenüber leisten soll, ausdrücklich betont, daß es ja jetzt nicht aus eigenem neue Forderungen an Jahwe stellt, sondern daß es nur das erwähnt, was Jahwe ihm vorher schon längst zugesagt hat."[29]

So gesehen löst sich das Problem des אמר hi., und zwar in V. 18. Wenn Israel erklärt: „Ich will Jahwes Volk sein", so kann es das nicht aus freien Stücken, sondern nur im Kausativ, dessen Subjekt Jahwe ist. Jahwe ist der Grund, daß Israel sich für Jahwe erklären kann, nämlich Jahwes vorausgegangene und bei dieser Gelegenheit zitierte, als Zitat gekennzeichnete Verheißung: „Ihr sollt mein Volk

---

26 R. SMEND, Die Bundesformel (1963; in: DERS., Die Mitte des Alten Testaments. Exegetische Aufsätze, 2002, 1-29) 4.
27 Vgl. SMEND aaO 4-6.
28 N. LOHFINK, Dt 26,17-19 und die „Bundesformel" (ZKTh 91, 1969, 517-553) 531.
29 LOHFINK aaO 532.

sein." Im Grunde sind beide Hälften der Bundesformel nur von Jahwes Seite möglich: „Ich will euer Gott sein, und ihr sollt mein Volk sein." Die Wechselrede von Dtn 26,17-18 steht dem ursprünglichen Sitz im Leben der Bundesformel, ja dem ursprünglichen Sinn des Jahwebundes nicht am nächsten, wie man zeitweise gedacht hat, sondern am fernsten. Die Umsetzung der Bundeszusage in den Rückblick auf eine in der heilsgeschichtlichen Gründerzeit stattgehabte Bundesschlußszene zwischen Jahwe und Israel ist so künstlich, wie das אמר hi. künstlich ist, das die Szene erst möglich macht.

Die Künstlichkeit ist an weiteren Einzelheiten abzulesen. Der Bundesschluß ist alles andere als ausgewogen. Wenn im Bericht des Mose zunächst Israel Jahwe die gegebene Verheißung aussprechen läßt, „dein Gott zu sein", folgt sogleich mit einem syntaktischen Salto eine lange Kette von Gehorsamsverpflichtungen Israels: „ . . . und zu wandeln auf seinen Wegen und einzuhalten seine Ordnungen und Gebote und Rechtssätze und auf seine Stimme zu hören", um die Ungeheuerlichkeit einer Verpflichtung Jahwes durch Israel, obgleich sie nichts anderes ist, als ihn beim gegebenen Wort zu nehmen („wie er gesagt hat"), nach Möglichkeit aufzuwiegen. Ebenso der zweite Akt: Wenn Jahwe Israel die durch ihn selbst gegebene Zusage aussprechen läßt, „sein Eigentumsvolk zu sein", hat das, nun ohne syntaktische Gewaltsamkeit, wiederum Israels Gehorsamsverpflichtung zur Folge: „ . . . und einzuhalten alle seine Gebote". Die Szene kommt, wenn sie den Bund zwischen Jahwe und Israel im Vollzug beschreiben will, auf eine Bekräftigung von Jahwes Bundesverheißung und Israels Bundesverpflichtung hinaus.

Die Verpflichtung ist im deuteronomischen Gesetz das Gewöhnliche. Sie ist an dieser Stelle mit dem Rahmenvers 26,16 vorgegeben, an den der Bundesschluß sich als die natürliche Fortsetzung anschließt. Die Wendung וְלִשְׁמֹר חֻקָּיו וּמִצְוֹתָיו וּמִשְׁפָּטָיו „und einzuhalten seine Ordnungen und Gebote und Rechtssätze" stimmt in jedem einzelnen Baustein mit 26,16 überein. Anders verhält es sich mit der Bundesverheißung, die in Gestalt der Bundesformel zitiert ist. Sie wird hier erstmals in den Zusammenhang des Deuteronomiums eingeführt, wie man an der literargeschichtlichen Abfolge der Belege ablesen kann. Die Herkunft des Zitats muß also außerhalb des Deuteronomiums gesucht werden. Die Suche ist nicht aussichtslos; denn die Bundesformel war als Sprachmuster nicht beliebig zuhanden, sondern ihre Verbreitung und immer neue Wiederholung hat sich im Rückgriff auf die je vorhandenen Texte vollzogen. Dieser Weg läßt sich von Beleg zu Beleg verfolgen.[30] Die priesterschriftlichen Belege gehen auf die ezechielischen, diese auf die jeremianischen zurück. Innerhalb des Jeremiabuches aber hat die klassische zweiseitige Formel in Jer 7,23 ihr ältestes Vorkommen. Wenn in Dtn 26,17-18 die Bundesformel als Zitat ausgewiesen ist, ist in Übereinstimmung mit der übrigen Verbreitungsgeschichte auch hier eine unmittelbare und im Kanon des Alten Testaments erhaltene, schriftliche Vorlage anzunehmen. Als solche kommt allein Jer 7,23 in Betracht.

Dies vorausgesetzt, wird erkennbar, daß Jer 7,23 in Dtn 26,17-18 weitere Spuren hinterlassen hat: Die beiden Wendungen, die in Jer 7,23 das Hauptgebot um-

---

30 Vgl. die Übersicht bei LEVIN, Verheißung, 106-107, mit Verweisen auf den jeweiligen literargeschichtlichen Beweis.

schreiben: „auf Jahwes Stimme hören" und „auf dem Weg wandeln, den Jahwe gebieten wird", haben an dieser Stelle Eingang in die deuteronomische Gesetzesparänese gefunden. Waren sie in Jer 7 noch geradezu gegen das Gesetz gerichtet und auf die Konkretisierung ad hoc angelegt, so sind sie jetzt auf das kodifizierte Gesetz bezogen und durch dieses gefüllt. Dabei geht es nicht ohne Merkwürdigkeiten ab, die die Sekundarität des deuteronomischen Sprachgebrauchs belegen. In Jer 7,23 war es *Israels* durch Jahwe gebotener Weg, nun aber sind es, in eigentümlicher Verkehrung, *Jahwes* Wege, das will sagen: die Gebote des Deuteronomiums, auf denen Israel wandeln soll. Noch wunderlicher: Das „Hören auf Jahwes *Stimme*", also der Gehorsam gegen die unmittelbare göttliche Anrede hier und jetzt, besagt nunmehr das Einhalten des kodifizierten Gesetzes. Man kann sagen: Die für die bundestheologische Bearbeitung des Deuteronomiums zentrale Szene 26,17-18 ist die Brunnenstube, wo die gesetzliche Terminologie, übernommen aus dem Vorvers 26,16, und die prophetische Paränese, übernommen aus Jer 7, zusammenfließen und sich zu einigen der charakteristischen Wendungen der deuteronomischen Gesetzesparänese verbinden: הָלַךְ בִּדְרָכֵי יהוה „auf den Wegen Jahwes wandeln";[31] שָׁמַע בְּקוֹל יהוה „auf die Stimme Jahwes hören";[32] שָׁמַר מִצְוֹת יהוה „die Gebote Jahwes einhalten".[33] Es ist an dieser Stelle, daß das Deuteronomium den ‚Color Hieremianus' erhalten hat. Wo immer im Deuteronomium diese Wendungen gebraucht sind – später treten vor allem in Dtn 6; 8 und 10 weitere ähnliche hinzu –, klingt der bundestheologische Grundton an. Er verdankt sich nicht dem Gesetz, sondern der Prophetie.

Der Einfluß der Bundestheologie auf das Deuteronomium ist nicht auf die Bundesschlußszene 26,17-18 und auf die paränetische Sprache beschränkt geblieben, sondern betrifft schließlich den Gesetzesvortrag als ganzen. Das bundestheologisch bearbeitete Deuteronomium folgt derselben Logik, die sich in Jer 7,23 in nuce beobachten läßt: Hauptgebot – im Deuteronomium anschließend ausgeführt durch das Korpus der Gesetze –, Bundesverheißung und -verpflichtung, bedingte Segensverheißung – im Deuteronomium ergänzt um den bedingten Fluch. Der Ablauf, der so entstanden ist, ist nichts anderes als das ‚Bundesformular', wie G. v. Rad es beschrieben hat,[34] nur daß es nicht, wie man seinerzeit dachte, durch den Formzwang eines gottesdienstlichen Sitzes im Leben bestimmt ist, sondern durch die Logik der theologischen Sache. In der in mehreren Schritten gewachsenen Urform hat das *bundestheologische* Deuteronomium folgende Gestalt erlangt:

1. Hauptgebot oder grundlegende Paränese: das *Sch^ema'* Dtn 6,4-5.
2. Gesetzesvortrag des Urdeuteronomiums Dtn 12-26*, angebunden durch die Rahmung Dtn 6,6 und 26,16.
3. Bundesverheißung und -verpflichtung Dtn 26,17-18.
4. Segen und Fluch Dtn 28,1a.2a.3-6.15-19.

---

31 Dtn 8,6; 10,12; 11,22; 19,9; 28,9; 30,16.
32 Dtn 4,30; 8,20; 9,23; 13,5.19; 15,5; 26,14; 27,10; 28,1.2.15.45.62; 30,2.8.10.20.
33 Dtn 13,5.19; 15,5; 17,20; 19,9; 26,13(bis); 28,1.15; 30,16.
34 G. V. RAD, Das formgeschichtliche Problem des Hexateuch (1938; in: DERS., Gesammelte Studien zum Alten Testament [TB 8] 1958, 9-86) 34.

Daß das Segen-und-Fluch-Kapitel Dtn 28 ursprünglich auf den Bundesschluß 26,17-18 folgte, ist daran zu erkennen, daß die Moserede sich fortsetzt, als wäre sie nicht durch Dtn 27 unterbrochen worden. Die Einleitung 28,1a greift die in 26,17-18 entstandenen Wendungen auf. Der Gehorsam gegen das Gesetz wird hier zum erstenmal programmatisch als das „Hören auf Jahwes Stimme" bezeichnet, das heißt nach Jer 7,23 als Gehorsam gegen das Hauptgebot. Die Wendung שְׁמֹעַ בְּקוֹל יהוה, die von Dtn 28,1 aus am stärksten gewirkt hat, steht von nun an für den Gesetzesgehorsam unter den Bedingungen von Segen und Fluch. Ob die beiden Reihen der Segens- und Fluchsprüche auf ein vorgegebenes Traditionsstück zurückgehen, ist nicht entscheidend. Im jetzigen Zusammenhang beziehen sie sich deutlich zurück auf die Vorschrift über die Darbringung der ersten Früchte des neu eingenommenen Landes in Dtn 26,[35] setzen also die nachträgliche Einbindung des Deuteronomiums in die Geschichte voraus.[36] Man darf daraus schließen, daß das älteste Deuteronomium, wie bereits das Bundesbuch, kein Segen-und-Fluch-Finale enthalten hat: Der Segen des Gehorsams wie der Fluch des Ungehorsams haben ihre Bedeutung erst erlangt, seit das Gesetz zu einer Angelegenheit des Gottesverhältnisses geworden ist, seit nämlich das Gottesverhältnis sich im Gesetzesgehorsam vollzieht.

Zum Abschluß noch einmal die theologiegeschichtlichen Grundzüge: Die Bundestheologie ist entstanden als der Versuch einer bewußten Wiederherstellung des Verhältnisses zwischen Jahwe und seinem Volk. Anlaß war das Zerbrechen der natürlichen Gottesbeziehung, die wir für die vorexilische Epoche, in der Israel war „wie alle Völker rings um sie her", als das Normale unterstellen. Die Propheten hatten in ihrer Gerichtsverkündigung die Synthese bestritten. Die Katastrophe Judas hatte ihnen Recht gegeben. Die Folge der Niederlage war der Verlust der Monarchie als des Garanten der nationalen, aber auch der religiösen Eigenständigkeit. In dieser Lage mußte das Verhältnis zu Jahwe, sollte es fortbestehen, von einer Selbstverständlichkeit zur Angelegenheit bewußter Entscheidung werden. Die Nötigung zur Entscheidung findet ihren Ausdruck in dem Hauptgebot: „Hört auf meine Stimme, so will ich euer Gott sein, und ihr sollt mein Volk sein". Es wird folgerichtig mit der heilsgeschichtlichen Grundlegung des Verhältnisses zwischen Jahwe und Israel/Juda in Zusammenhang gebracht, wie sie im Exoduscredo seit je überliefert ist, und steht zunächst, auf die Praxis pietatis gerichtet, in erklärtem Gegensatz zum hergebrachten Kult und dem deuteronomischen Gesetz, das diesen Kult gebietet. Aus der Notwendigkeit, das Hauptgebot in unmittelbare Handlungsanweisungen umzusetzen, entsteht auf der Grundlage der prophetischen Scheltrede die Urform des Dekalogs, die das Hauptgebot durch eine Reihe einzelner Gebote ausführt. Sie ist als das älteste theologische Gesetz des Alten Testaments anzusehen. Im Ersten Gebot: „Du sollst keine anderen Götter haben neben mir", hat das Hauptgebot die meistverbreitete Gestalt gefunden.

---

35 Vgl. G. SEITZ, Redaktionsgeschichtliche Studien zum Deuteronomium (BWANT 93) 1971, 273.

36 Es ist nicht immer gesehen worden, daß Dtn 26,1-4.11 nicht eine regelmäßige jährliche, sondern eine einmalige heilsgeschichtliche Begehung gebietet. Die historisierende Gebotseinleitung ist unmißverständlich. Sie ist nicht sekundär.

Das Liebesgebot des *Sch^ema^c* als einleitender Rahmen ermöglicht, auch das vorhandene deuteronomische Gesetz als Auslegung in das Hauptgebot einzubinden. Der Dekalog wird mittels der Verpflichtungsszene Ex 24,3 in nächster Nähe zu dem Exodusereignis in die Darstellung der Heilsgeschichte eingefügt, wo er die Keimzelle der Sinaiperikope und ihres später stark angewachsenen Gesetzes bildet. Parallel dazu erhält das Deuteronomium, das durch den Einbau in das deuteronomistische Geschichtswerk bereits einen Ort in der Heilsgeschichte erhalten hatte, mit der Bundes- und Verpflichtungsszene Dtn 26,17-18 einen entsprechenden Abschluß. Durch Segen und Fluch in Dtn 28 wird der Gesetzesgehorsam zur Grundlage des Gottesverhältnisses erklärt. Die schrittweise in einem komplizierten literarischen Prozeß entstandenen Einzelheiten vereinen sich zu einem Bild von großer Geschlossenheit, das sich zum Appell an die Gegenwart ebenso eignete wie zur Deutung der in der Katastrophe geendeten Geschichte. In der Folge hat es nicht nur dem Deuteronomium, sondern rückwirkend auch dem Jeremiabuch das Gepräge gegeben, darüber hinaus dem deuteronomistischen Geschichtswerk und in Teilen dem Tetrateuch. Die Wirkungen sind im Alten Testament fast überall in mehr oder minder starkem Grade zu spüren. In gewissem Sinne ist diese Bundestheologie die Grundlegung der alttestamentlichen Theologie überhaupt.

Das Deuteronomium und der Jahwist

Als der verehrte Jubilar dem Verfasser dieses Beitrags seine „Deuteronomium-Studien" vermachte,[1] trug er als Widmung ein: „Vor-Jahwistisches für Christoph Levin". Die Ironie sollte provozieren. Hier ist Gelegenheit, den Ball aufzunehmen.

Perlitt nimmt Levins Überzeugung aufs Korn, daß die Botschaft des jahwistischen Geschichtswerks sich aus den Lebensumständen der beginnenden jüdischen Diaspora versteht und daher am ehesten ins 6. Jahrhundert zu datieren ist.[2] Mit dieser Datierung ist nolens volens ein zeitliches Verhältnis zum Deuteronomium gesetzt: Gemessen an der üblichen Auffassung, die die Anfänge des Deuteronomiums im letzten Drittel des 7. Jahrhunderts vermutet, ist der Jahwist nach-deuteronomisch, das Deuteronomium vor-jahwistisch: „Das jahwistische Geschichtswerk kann nicht vor dem Deuteronomium geschrieben sein."[3]

Zum wiederholten Male ist ein Spiel eröffnet, das sich stets nahelegt, wenn es gilt, die traditionsgeschichtliche Entwicklung des Alten Testaments und seiner Theologie zu erschließen: der Vergleich der literarischen Korpora unter der Frage ihrer relativen Chronologie. Gerade wenn, beim Deuteronomium nicht anders als beim Jahwisten, die geschichtliche Einordnung heftiger Diskussion unterliegt, kommt dem gegenseitigen zeitlichen Verhältnis ausschlaggebende Bedeutung zu.

Der Meister dieses Spiels ist Julius Wellhausen gewesen. Seine „Prolegomena zur Geschichte Israels" sind in immer neuem Anlauf eine große Etüde zur relativen Datierung, mit der er den Nachfolgern die Maßstäbe gesetzt hat.[4] Die Spätdatierung des priesterschriftlichen Gesetzes, die für das Verständnis der Religionsgeschichte Israels grundlegend geworden ist, vollzieht sich im Vergleich der drei Überlieferungsgrößen Priesterschrift, Deuteronomium und ältere Geschichtswerke. In diesem Dreischritt ist das Deuteronomium im Verbund mit den Propheten das Gelenk, das den Übergang von den Verhältnissen der staatlichen Zeit zu jenen des nachexilischen Judentums dokumentiert. Seither gilt: Das Deuteronomium ist nach-jahwistisch.

Auch wenn mir die Datierung des Jahwisten in das 6. Jahrhundert unausweichlich erscheint, fällt mir nicht ein, die von Wellhausen erkannte Abfolge in toto zu bestreiten; und zwar darum nicht, weil sich heute die innere Entwicklungsgeschichte der beteiligten Traditionsgrößen vielschichtiger darstellt, als sie seinerzeit noch erschien. Die Blöcke fächern sich auf zu langfristig gewachsenen literarischen Gebilden. Das läßt ihr gegenseitiges Verhältnis nicht unberührt. An die Stelle des einfachen Dreischritts „ältere Geschichtswerke – Deuteronomium – Priesterschrift" tritt eine Vielzahl von Verzahnungen. Sie bezeugen, daß die Tra-

---

1 L. PERLITT, Deuteronomium-Studien (FAT 8) 1994.
2 CH. LEVIN, Der Jahwist (FRLANT 157) 1993.
3 LEVIN aaO 432.
4 J. WELLHAUSEN, Geschichte Israels. Erster Band, 1878; im folgenden zitiert nach der 6. Auflage: Prolegomena zur Geschichte Israels, 1905.

ditionsgrößen sich über lange Zeit gegenseitig beeinflußt haben.⁵ Die gewohnte Abfolge gilt bestenfalls noch im großen und ganzen. Es ist aber nicht ausgeschlossen, daß auch das Große und Ganze berührt wird.

Ich beschränke mich im folgenden auf zwei kennzeichnende Beispiele, aus denen zwei gegenteilige Thesen hervorgehen, die sich, wie sich zeigen wird, nicht widersprechen: (1) Die deuteronomische Forderung der Kultzentralisation ist vor-jahwistisch. (2) Die deuteronomische Bruder-Ethik ist nach-jahwistisch. Beide Male soll aufgewiesen werden, daß die Datierung des Deuteronomiums in das letzte Drittel des 7. Jahrhunderts mit der Datierung des Jahwisten in das 6. Jahrhundert in Einklang steht.

1.1

Das „Hauptgesetz" des Urdeuteronomiums⁶ ist die Bestimmung über den *einen* Kultort. Die Bedeutung wird dem Leser durch die Stellung am Anfang des Gesetzeskorpus Dtn 12-26 sogleich vor Augen geführt; die anschließenden Einzelbestimmungen folgen zu einem guten Teil aus der Anwendung des Grundsatzes. Wie ein roter Faden zieht die Zentralisationsformel sich durch das gesetzliche Material.⁷ Auch wo sie fehlt, ist vielfach der sachliche Zusammenhang offensichtlich, wie in den Speisevorschriften Dtn 14 (als Annex zur Freigabe der Schlachtung Dtn 12), im Asylrecht Dtn 19,1-13 und bei den übrigen Neuregelungen für die Rechtspflege Dtn 16,18-21,9.⁸ Der Vergleich mit dem Bundesbuch Ex 20,22-23,33*, das der Novellierung vorausliegt,⁹ läßt Anlaß und Absicht offenkundig werden. „Das alte Material ... gestaltet er (scl. der Gesetzgeber) überall nach dieser Richtung um. Nach allen Seiten geht er den Konsequenzen der Maßregel nach; um ihre Durchführung zu ermöglichen ändert er frühere Einrichtungen, erlaubt was verboten, verbietet was erlaubt war; fast immer steht bei seinen übrigen Neuerungen diese im Hintergrunde."¹⁰

Auch und zumal über das Verhältnis des deuteronomischen Hauptgesetzes zum Altargesetz des Bundesbuches Ex 20,24-26 scheint damit entschieden: „Deut. 12 polemisirt gegen den durch Exod. 20,24 sanktionirten Zustand".¹¹ Daß Dtn 12 auf Ex 20,24-26 beruht und die dortige Vorschrift im Sinne der Zentrali-

---

5 Das wußte auch Wellhausen schon. Die Beobachtungen, mit denen wir Heutigen jonglieren, finden sich in vielen Fällen bereits bei ihm, wenn nicht bei seinen Vorgängern oder Zeitgenossen. Die Genialität lag in der sicheren Reduktion auf das Maßgebende.
6 J. WELLHAUSEN, Die Composition des Hexateuchs, ⁴1963, 191. 205.
7 Dtn 12,5.11.14.18.21.26; 14,23.24.25; 15,20; 16,2.6.7.11.15.16; 17,8.10; 18,6; 26,2; 31,11. Eine Übersicht über die Abwandlungen der Formel bei N. LOHFINK, Zur deuteronomischen Zentralisationsformel (1984; in: DERS., Studien zum Deuteronomium und zur deuteronomistischen Literatur II [SBAB 12] 1991, 147-177) 151.
8 Zur Analyse vgl. CH. LEVIN, Die Verheißung des neuen Bundes (FRLANT 137) 1985, 85-88; jetzt auch J.CH. GERTZ, Die Gerichtsorganisation Israels im deuteronomischen Gesetz (FRLANT 165) 1994.
9 Vgl. WELLHAUSEN, Composition, 192. Jüngster Einzelnachweis bei E. OTTO, Das Deuteronomium (BZAW 284) 1999, 217-364.
10 WELLHAUSEN, Prolegomena, 33.
11 WELLHAUSEN, Composition, 203.

sierung des Kultes umdeutet, ist communis opinio.¹² Doch der Fall ist nicht so klar, wie es den Anschein hat.

Das erste Problem des Altargesetzes betrifft die Stellung. Es ist längst gesehen, beispielsweise von Martin Noth: „Das ... Altargesetz (20,24-26) steht merkwürdig vor der Überschrift 21,1, die, da weitere Überschriften im Bundesbuch nicht folgen, einmal das ganze Rechtsbuch eingeleitet haben dürfte ... Das Altargesetz dürfte also nachträglich an den Anfang gestellt worden sein."¹³ Gleichgültig wie man das Wachstum zwischen Ex 20,22 und 21,11 beurteilt, muß das Bundesbuch zu einem bestimmten Zeitpunkt mit 21,1 begonnen haben, bevor das Altargesetz hinzukam. Keiner hätte eine nachträgliche Überschrift an ihre jetzige Stelle gesetzt.¹⁴ Auch eine Teilüberschrift ist ausgeschlossen, da das Attribut אֲשֶׁר תָּשִׂים לִפְנֵיהֶם „die du ihnen vorlegen sollst" das Korpus in einen Erzählzusammenhang einordnet. Welcher Zusammenhang das gewesen ist, liegt freilich nicht mehr auf der Hand, da die Einbindung des Bundesbuches in den jetzigen Kontext durch 20,22-23 geschehen ist: nach dem Beispiel des (damals in der vorderen Sinaiperikope bereits vorhandenen) Dekalogs durch die Vorschaltung des Ersten Gebots.¹⁵

Was hat die willkürliche Vorordnung des Altargesetzes veranlaßt? Noth erwägt: „Sachlich würde es am besten zu den kultischen Bestimmungen des Bundesbuchs 23,10-19 passen. Da aber kein Grund ersichtlich ist, aus dem es nachträglich seinen Platz gewechselt haben sollte, haben wir wohl mit einem literarisch sekundären Nachtrag zu rechnen".¹⁶ Ein Nachtrag läßt sich nicht ausschließen. Angesichts der Materie des Altargesetzes dürfte eine Umstellung wahrscheinlicher sein.¹⁷ Einen Grund für sie gibt es sehr wohl: den analogen Aufbau des Deuteronomiums. Beide Korpora beginnen jetzt mit der Vorschrift für den Kultort. Im Deuteronomium liegt darin der Ausgangspunkt, auf dem das weitere Gesetz beruht. Im Bundesbuch ist die Anordnung künstlich und verdirbt den Beginn. Die Schlußfolgerung liegt nahe, daß, unbeschadet des Verhältnisses der beiden Gesetzeskorpora im ganzen, in diesem Falle nicht das Bundesbuch dem Deuteronomium, sondern das Deuteronomium dem Bundesbuch Modell gestanden hat.

Das zweite Problem des Altargesetzes betrifft die literarische Kohärenz. Die Vorschrift Ex 20,24a: מִזְבַּח אֲדָמָה תַּעֲשֶׂה־לִּי וְזָבַחְתָּ עָלָיו אֶת־עֹלֹתֶיךָ וגו׳ „Einen Altar

---

12 Zuletzt wurde die Abfolge ausführlich begründet von B.M. LEVINSON, Deuteronomy and the Hermeneutics of Legal Innovation, New York/Oxford 1997, 28-38. Auf ihn stützen sich N. LOHFINK, Kultzentralisation und Deuteronomium (ZAR 1, 1995, 117-148) 122, und OTTO, Das Deuteronomium, 341-351.
13 M. NOTH, Das zweite Buch Mose. Exodus (ATD 5) ⁵1973, 142.
14 F.-L. HOSSFELD, Der Dekalog (OBO 45) 1982, 182, weiß einen Grund zu nennen: „Für einen vom Dtn herkommenden Redaktor mußte der V. 20,24b des Altargesetzes, der seinerseits – wahrscheinlich vordeuteronomisch – zum Grundtext hinzugefügt wurde, einen Stein des Anstoßes bilden. Die distributive Aussage (,an jedem Ort') widerspricht der Kultzentralisation. Eine Form, das widerständige Altargesetz zu immunisieren mitsamt seinem V. 24b, war die Überschrift 21,1. Sie suggeriert, daß das eigentliche Bundesbuch jetzt erst beginnt".
15 Vgl. dazu CH. LEVIN, Der Dekalog am Sinai (oben 60-80) 71f.
16 NOTH ebd.
17 Vorgeschlagen zum Beispiel von A. JEPSEN, Untersuchungen zum Bundesbuch (BWANT 41) 1927, 12.

von Erde mache mir, auf dem du deine Brandopfer opfern sollst usw.", wird in V. 25 durch einen Unterfall weitergeführt: וְאִם־מִזְבַּח אֲבָנִים תַּעֲשֶׂה־לִּי לֹא־תִבְנֶה אֶתְהֶן גָּזִית „Wenn du mir aber einen Altar von Steinen machst, sollst du nicht mit Quadersteinen bauen." Diese Abfolge ist sachgemäß. Sie wird aber gestört. Zwischen Vorschrift und Unterfall schiebt sich in V. 24b, grammatisch unverbunden, eine unkonditionierte Verheißung, die mit dem Gegenstand der Vorschrift, der richtigen Bauweise des Altars, nichts zu tun hat: בְּכָל־הַמָּקוֹם אֲשֶׁר אַזְכִּיר אֶת־שְׁמִי אָבוֹא אֵלֶיךָ וּבֵרַכְתִּיךָ „An jedem Ort, an dem ich meinen Namen kundmachen werde, will ich zu dir kommen und dich segnen." Es ist unübersehbar, daß hier ein literarischer Zusatz vorliegen kann.[18] Der Anlaß ist nicht schwer zu vermuten: er kann mit der Umstellung des Altargesetzes zusammenhängen, das heißt mit der nachträglichen Ausrichtung des Bundesbuchs auf das Deuteronomium. Daß die Aussage dem deuteronomischen Zentralisationsgesetz korrespondiert, nämlich als das genaue Gegenteil, sieht jedermann.

Das dritte Problem betrifft die Tendenz von Ex 20,24b. Es ist mehrfach bemerkt worden, daß die Verheißung: „An jedem Ort, an dem ich meinen Namen kundmachen werde, will ich zu dir kommen und dich segnen", nicht einfach den gegebenen Zustand beschreibt, der in vordeuteronomischer Zeit geherrscht hat.[19] So hat Norbert Lohfink mit Nachdruck darauf hingewiesen, daß die Zusage eine programmatische Spitze hat. Dies gesehen, ist kein Zweifel, wogegen die Spitze sich richtet: „gegen den ... Jerusalemer Tempel mit seiner ... Dynamik auf eine Konzentration von möglichst viel Jahwekult bei sich selbst. ... Setzt man diese ‚Frontstellung' des Altargesetzes des Bb voraus, dann gehört die dt Zentralisationsformel auf die gegnerische Seite. Sie zielt ja gerade auf das, was die Kultformel des Bb bekämpft".[20] Noch entschiedener Eckart Otto: „In einer der Kultzentralisationsforderung geradezu entgegenlaufenden Bewegung wird der Anspruch Jerusalemer Kulttheologie auf die anderen Heiligtümer ausgeweitet."[21]

Verbindet man diese Tendenz mit den Beobachtungen, daß die heutige Stellung von Ex 20,24-26 wahrscheinlich Dtn 12 zum Vorbild hat und daß Ex 20,24b

---

18 So bereits D. CONRAD, Studien zum Altargesetz Ex 20,24-26, Diss. Marburg 1968, 11f. Ihm folgt auf seine Weise J. HALBE, Das Privilegrecht Jahwes Ex 34,10-26 (FRLANT 114) 1975, 442.
19 Anders WELLHAUSEN, Prolegomena, 29: „Das in Rede stehende Gesetz steht also im Einklange mit Sitte und Brauch der ersten geschichtlichen Periode, wurzelt darin und sanktionirt sie." Eine überkommene Sitte muß nicht sanktoniert werden.
20 LOHFINK, Zentralisationsformel (s. Anm. 7), 168. Der vollständige Wortlaut setzt eine Frühdatierung voraus: „die Spitze des Altargesetzes des Bb gegen den *zur Zeit der Abfassung gerade errichteten* Jerusalemer Tempel mit seiner *offenbar schon damals beginnenden* Dynamik auf eine Konzentration ..." Ähnlich HALBE, Privilegrecht, für den „das programmatische Interesse, das hier die einfache Überzeugung ... zum ausdrücklichen Grundsatz erhebt, der wahre Gottesdienst geschehe dort, wo Jahwe seinen ‚Namen verkündet'" (377), „in die Vorgeschichte der Reichstrennung gehört" (380). L. SCHWIENHORT-SCHÖNBERGER, Das Bundesbuch (BZAW 188) 1990, sieht in der Erweiterung Ex 20,24b eine Zwischenstation auf dem Wege, der von der prophetischen Kritik an nicht-jahwistischen Kultpraktiken zur deuteronomischen Kultzentralisation führt. „Hier wird ein altes Kultgesetz im Horizont hoseanischer Kultkritik neu interpretiert" (297f.).
21 E. OTTO, Wandel der Rechtsbegründungen in der Gesellschaftsgeschichte des antiken Israel (StB 3) 1988, 56.

einen nachträglichen Akzent in das Altargesetz einfügt, dürfte sehr unwahrscheinlich sein, daß Ex 20,24b dem Deuteronomium vorausgegangen ist. Die Kultformel des Bundesbuches bekämpft gerade das, worauf die deuteronomische Zentralisationsformel zielt. Sie ist nach-deuteronomisch.[22]

Unter dieser Voraussetzung erlangt auch „die formale Ähnlichkeit des dt. Grundgesetzes mit dem Altargesetz des Bundesbuches",[23] die oft beobachtet worden ist, neue Bedeutung. Beide Aussagen stehen sprachlich in großer Nähe, vergleiche בְּכָל־מָקוֹם אֲשֶׁר תִּרְאֶה „an jedem Ort, den du siehst" (Dtn 12,13) mit בְּכָל־הַמָּקוֹם אֲשֶׁר אַזְכִּיר אֶת־שְׁמִי „an jedem Ort, an dem ich meinen Namen kundmachen werde" (Ex 20,24b).[24] Üblicherweise erklärt man die Übereinstimmung so, daß „demgegenüber die dt. Formulierung doch eigentlich nur wie eine Neufassung erscheint."[25] „Das scheint ... in der Tat denkbar"[26] – mehr aber nicht. „Yahweh's first person speech there directly affirms that he provides his cultic presence and blessing consequent upon sacrifice בכל המקום אשר, in every place that' (Exod 20:24b) – precisely what Deut 12:13 proscribes as anathema".[27] Daß aber damit Dtn 12,13 auf Ex 20,24b reagiert und nicht umgekehrt, gilt nur, wenn man die Priorität des Bundesbuches voraussetzt.[28] Beweisen läßt es sich nicht. Auch das Motiv des Segens muß nicht in Ex 20,24b seinen Ursprung haben, sondern kann aus der deuteronomischen Segensverheißung genommen sein, vgl. Dtn 12,15 u.ö.

Bewegen wir uns bisher im Bereich des lediglich Möglichen, so wird das Gefälle von Dtn 12 nach Ex 20,24b deshalb wahrscheinlich, weil das Interesse auf der Hand liegt, welches das Bundesbuch durch die Vorschaltung des Altargesetzes zu einem Anti-Deuteronomium ausgestalten ließ. Die Abwehr der Zentralisationsforderung entspringt unmittelbar der Situation des Exils. Für die zerstreuten Judäer war es lebensnotwendig, die Beschränkung des Jahwekultes auf das Zentralheiligtum, die das Deuteronomium forderte, abzutun. Denn anders hätten sie die kultische Verehrung Jahwes nicht beibehalten können. Die Diaspora hätte nicht überlebt. Nur aus dem Zwang elementarer religiöser Not läßt sich ein so flagranter Selbstwiderspruch der Überlieferung erklären, wie er zwischen Ex 20,24b und Dtn 12 besteht. Das vordeuteronomische Gesetz diente in nachdeuteronomischer Zeit als literarische Grundlage einer antideuteronomischen Theologie. Die Spuren

---

22 Vgl. LEVIN, Verheißung, 96 Anm. 94.
23 G. V. RAD, Das fünfte Buch Mose. Deuteronomium (ATD 8) ⁴1983, 65.
24 Das sprachliche Problem der Verbindung בְּכָל־הַמָּקוֹם אֲשֶׁר sollte man angesichts der Parallelen Gen 20,13 und Dtn 11,24 nicht überbewerten. Zweifellos ist Ex 20,24 distributiv zu verstehen, vgl. LXX ἐν παντὶ τόπῳ οὗ ἐάν sowie das Zitat von Dtn 11,24 in Jos 1,5. Die masoretische Fassung „an dem ganzen Ort, an dem" war aber gewiß nicht unwillkommen, da sie sich im Sinne der Zentralisationsforderung lesen läßt. Daß sie auf Textkorrektur beruht, ist unwahrscheinlich. Korrigiert hat der Samaritanus: במקום.
25 V. RAD ebd. (zitiert bei LOHFINK aaO 169).
26 LOHFINK ebd.
27 LEVINSON, Deuteronomy, 31.
28 Auf dieser Prämisse beruht der Beweis von LEVINSON aaO 28-38. Allerdings eröffnet die literarkritische Ausscheidung von V. 24b die Möglichkeit, daß die Verfasser von Dtn 12 das *ältere* Altargesetz in der von ihnen benutzten Fassung des Bundesbuches vorgefunden haben, vgl. Ex 20,24a תַּעֲלֶה עֹלֹתֶיךָ mit Dtn 12,13.14 וְזָבַחְתָּ עָלָיו אֶת־עֹלֹתֶיךָ.

des Exils sind auch an der rückwärtigen Rahmung des Bundesbuches erkennbar, vergleiche Ex 23,20 mit Gen 28,15a und Gen 24,7*.[29]

1.2

Das Bundesbuch ist nicht Teil des jahwistischen Geschichtswerks gewesen, sondern nachträglich in die Sinaiperikope gelangt.[30] Gleichwohl steht es dem Jahwisten traditionsgeschichtlich sehr nahe. „Mit dem jehovistischen Gesetze stimmt die jehovistische Erzählung des Pentateuchs vollkommen überein, wie namentlich die Patriarchengeschichte in J und E sehr deutlich lehrt."[31] Ist das Bundesbuch, was seine Haltung zum Kultort betrifft, nach-deuteronomisch, gilt das ebenso für den Jahwisten. Auch bei ihm wird nämlich nicht einfach ein vordeuteronomisch gegebener Zustand beschrieben, sondern die dezentrale Kultpraxis sanktioniert. „Überall, wo sie wohnen oder vorübergehend sich aufhalten, gründen hiernach die Erzväter Altäre, richten Malsteine auf, pflanzen Bäume, graben Brunnen."[32] Namentlich Abraham, aus seinem Vaterhause auf den Weg in das von den Kanaanäern bewohnte Land gerufen, tut das mit auffallender Folgerichtigkeit (Gen 12,1-4a.6-9).[33] Dahinter steht ein gravierendes religiöses Problem: die Gottesferne der Fremde. „Es sind keine antiquarischen Notizen, sondern sie haben die lebendigste Bedeutung für die Gegenwart der Erzähler."[34] Der Vollzug folgt Ex 20,24b so genau wie möglich: Die Patriarchen errichten „ihre Altäre in der Regel nicht nach eigenem Gutdünken ..., wo es ihnen beliebt. Sondern eine Theophanie macht sie aufmerksam auf die Heiligkeit des Ortes oder bestätigt dieselbe wenigstens nachträglich. ... Der Inhalt der Offenbarung ist dabei verhältnismäßig gleichgiltig: ich bin die Gottheit; das Wichtige ist die Theophanie an sich, ihr Erfolgen an dem betreffenden Orte."[35]

Nichts anderes nämlich meint der Ausdruck הַזְכִּיר שֵׁם „den Namen kundmachen" in Ex 20,24b.[36] „Der Satz spricht das aus, was die Geschichte des alten Israel durch ‚Heiligtumssagen', wie die von Gen. 28,10ff. bestätigt. In Bethel ist es wirklich Gott, der sich zuerst als Gott Abrahams und Isaaks kundgibt und der dann Jakob seinen Segen verheißt."[37] An jenem Ort, der die deuteronomistische

---

29 Auch für HALBE, Privilegrecht, 369, „ergibt die Zusammenschau von Ex 20,24b; 23,20-22 und Ri 2,1-5 aufschlußreiche Sachbezüge" bei freilich anderen traditionsgeschichtlichen Koordinaten.
30 LEVIN, Der Dekalog am Sinai, oben S. 71f.
31 WELLHAUSEN, Prolegomena, 29.
32 WELLHAUSEN, 29f.
33 Der Nachweis, daß die Kultgründungsnotizen in Gen 12 redaktionell sind, bei LEVIN, Jahwist, 137f.
34 WELLHAUSEN, 30.
35 WELLHAUSEN, 30f.
36 Das hat J.J. STAMM, Zum Altargesetz im Bundesbuch (ThZ 1, 1945, 304-306) 306, anhand des sonstigen Gebrauchs der Wendung gezeigt, vgl. bes. Ps 45,18. Eine Diskussion der Belege findet sich auch bei W. SCHOTTROFF, ‚Gedenken' im Alten Orient und im Alten Testament (WMANT 15) ²1967, 245-251.
37 STAMM ebd.

Polemik wie kein anderer auf sich gezogen hat, vollzieht sich beispielhaft die Abfolge von göttlicher Selbstkundgabe und Segen; und zwar nicht im überlieferten Wortlaut: Es ist die jahwistische Redaktion gewesen, die die alte Kultlegende zum stärksten antideuteronomischen Text des Tetrateuchs ausgestaltet hat:[38] „Und siehe, Jahwe stand oben darauf und sprach: Ich bin Jahwe (אֲנִי יהוה), der Gott deines Vaters Abraham und der Gott Isaaks. ... Und siehe, ich bin mit dir" (V. 13a.15a). „Durch die Namenskundgabe wird in den Heiligtumsagen der Kultort als Jahwekultstätte legitimiert. Das Altargesetz knüpft also an die durch göttliche Selbstbekundungen legitimierten Kultstätten die Verheißung, daß sich Gott dort finden lasse und segnend nahe sei."[39] Dabei geht es allein um die Gottesgegenwart als solche, um jene Erkenntnis, die Jakob als Reaktion auf die Erscheinung in den Mund gelegt ist: „Wahrhaftig, Jahwe ist an dieser Stätte (בַּמָּקוֹם הַזֶּה), und ich wußte es nicht" (V. 16). Der Sinn dieser Schlußfolgerung erschließt sich, wenn man sieht, daß Jakob sich an dieser Stätte auf dem Weg in die Fremde befindet. Höchst bezeichnend umfaßt die Segensverheißung die Rückführung in die Heimat: „Und siehe, ich bin mit dir und will dich behüten, wo immer du hingehst, und will dich zurückbringen in dieses Land" (V. 15a, vgl. Ex 23,20). Unzweifelhaft wird nicht der vordeuteronomische Zustand beschrieben, sondern es herrscht eine antideuteronomische Tendenz. Sie hat in der Situation des Exils ihren Grund. Der Jahwist ist nach-deuteronomisch.

2.1

Das zweite Beispiel gilt ebenfalls als kennzeichnend für das deuteronomische Gesetz: die Bruder-Ethik. Die grundlegende Untersuchung verdanken wir Lothar Perlitt.[40] Das Besondere des Deuteronomiums tritt dort heraus, wo der Begriff des Bruders (אָח) nicht im engsten Sinne den leiblichen Bruder bezeichnet (so Dtn 13,7; 25,5.6.7.9),[41] sondern den Volksgenossen. „Der Bruder ist demnach der Nicht-Ausländer, der Israelit."[42] Kontrastausdruck ist נָכְרִי „Fremder".[43] Der Begriff erweist sich für Perlitt „als zentraler und formbestimmender Ausdruck des Anliegens der dtn Hauptschicht(en). Dieser Bruder ist kein Blutsverwandter – und ist es, gemessen am Ausländer, eben doch!"[44] Im Vergleich mit dem vorgegebenen Recht ist אָחִיךָ „dein Bruder" die spezifisch deuteronomische Näherbestim-

---

38 Innerhalb des jahwistischen Textbestands, der Gen 28,10-13a.15a.16-19a umfaßt, sind V. 13a. 15a.16 der redaktionelle Einschub, vgl. LEVIN, Jahwist, 216-220.
39 SCHOTTROFF aaO 248. Ebenso OTTO, Rechtsbegründungen (s. Anm. 21), 55: „Die Legitimität eines Altars ist ... gebunden ... an die Selbstkundgabe JHWHs. Der Segen hat JHWHs Selbstvorstellung im *°nî JHWH* zur Voraussetzung."
40 L. PERLITT, „Ein einzig Volk von Brüdern". Zur deuteronomischen Herkunft der biblischen Bezeichnung „Bruder" (1980; in: DERS., Deuteronomium-Studien, 50-73).
41 Auch der bloße pronominale Gebrauch im Sinne von „der eine – der andere" (אִישׁ וְאָחִיו) in Dtn 25,11 scheidet aus.
42 PERLITT, 57.
43 Dtn 14,21; 15,3; 17,5; 23,21. Dazu CH. BULTMANN, Der Fremde im antiken Juda (FRLANT 153) 1992, 93-102: „Die Abgrenzung des Gottesvolkes gegen den *nåkrî*".
44 PERLITT ebd.

mung von רֵעֲךָ „dein Nächster": „Mit אח kam ein emotionaler Wert hinzu, den רע von Hause aus nicht hatte. ... ‚dein Nachbar' ist im verkündigten ‚Gesetz' ‚dein Bruder'."⁴⁵ „‚Dein Bruder' ist ... eine religiös zentrale und durchaus emotional gefärbte Näherbestimmung des Traditionsausdrucks ‚dein Nachbar/Nächster'. Diese Akzentverschiebung ist ... aus dem Willen zur Vertiefung der Mitmenschlichkeit ... zu verstehen".⁴⁶

Reicht diese Erklärung aus? Bedeutet die „Näherbestimmung des Traditionsausdrucks ‚dein Nachbar/Nächster'" nicht auch eine Einschränkung und so eine Minderung des ethischen Anspruchs? Nicht umsonst greift Lev 19 nachdeuteronomisch wieder auf den Begriff רֵעֲךָ „dein Nächster" zurück.⁴⁷ „Nächstenliebe" ist umfassender und damit verbindlicher als „Bruderliebe". Aus dem „Willen zur Vertiefung der Mitmenschlichkeit" allein wird sich die deuteronomische Bruder-Ethik nicht ableiten lassen.

Die Suche nach der traditionsgeschichtlichen Herkunft führt Perlitt zu einem Fehlbefund: Die Bruder-Sprache des Deuteronomiums hat weder im Gesetz, noch in den Propheten, noch in den Psalmen, noch in der altorientalischen Umgebung ihre Wurzeln. Auch „aus der nomadischen Grundvorstellung des genealogischen Systems" ist sie nicht ableitbar.⁴⁸ „Die Bezeichnung des Volksgenossen als Bruder in ihrer ... als kennzeichnend und primär herausgearbeiteten Form אחיך gibt es im Alten Testament außer im Dtn ... nur noch in Lev 19,17; 25,25.35.36. 39.47."⁴⁹ Im Heiligkeitsgesetz aber ist der Sprachgebrauch vom deuteronomischen Vorbild her zu verstehen. Fazit: „Der ... Versuch jener dtn Theologen, dem einzelnen Israeliten für den brüderlichen Umgang mit seinen Mitbürgern ... Ohr, Herz und Hand zu öffnen, hat kein wirkliches Vorbild, wenn man die Sache beim (thematischen) Wort nimmt."⁵⁰ „Die Chiffre אחיך" bestätigt „einmal mehr die theologische Kreativität der dtn Bewegung."⁵¹

Es gibt indessen sehr wohl eine innerbiblische Parallele zur deuteronomischen Bruder-Ethik: Auch die Redaktion des jahwistischen Geschichtswerkes schildert den Bruder als den Adressaten ethischen Handelns, und zwar gleichfalls im übertragenen Wortsinne als den Volksgenossen.⁵² Der Sachverhalt tritt nur darum nicht ebenso deutlich in Erscheinung, weil in der Vätergeschichte das Gottesvolk im Rahmen von Familienstrukturen begegnet. Der übertragene Sinn ist aber vorhanden, und er bildet den eigentlichen Skopus der Paradigmen, die sich in der Familienethik keineswegs erschöpfen.⁵³

---

45 PERLITT, 63.
46 PERLITT, 64.
47 Zur Entwicklung des Begriffs aus dem paränetisch überarbeiteten kasuistischen Recht vgl. LEVIN, Verheißung, 93 Anm. 82.
48 PERLITT, 71.
49 PERLITT, 67.
50 PERLITT, 71.
51 PERLITT, 72.
52 Redaktionelle Belege für אח im jahwistischen Geschichtswerk: Gen 4,2.8.9.9.10.11; 9,22.25; 10,21.25; 13,8; 19,7; 24,15.27.48; 27,40.45; 29,4.12.15; 32,14.18; 33,3.9; 37,11.14.16.17.26.26.27. 27; 43,3.6; 47,1.6; Ex 2,11.11; 4,18.
53 Vgl. LEVIN, Jahwist, 419f.: „Die Bruder-Ethik".

Beispiele: Abraham zu Lot:

> Es soll kein Streit sein zwischen mir und dir und zwischen meinen Hirten und deinen Hirten; denn wir sind Brüder (כִּי־אֲנָשִׁים אַחִים אֲנָחְנוּ). (Gen 13,8)

Brüder im verwandtschaftlichen Sinne sind Abraham und Lot nicht. Der Begriff אֲנָשִׁים אַחִים „Brudersleute" weist deutlich auf den übertragenen Sprachgebrauch hin. Er begründet die Notwendigkeit einer rücksichtsvollen Konfliktbegrenzung in ein und derselben Volksgruppe. Mit gleicher Begründung fordert Laban den Jakob auf, seinen Lohn geltend zu machen:

> Bist du nicht mein Bruder und solltest mir umsonst dienen? Sage mir an, was dein Lohn sein soll. (Gen 29,15)

Jakob ist nicht Labans Bruder, sondern sein Schwestersohn. Noch deutlicher wird bei Mose und den Israeliten in Ägypten, daß אָח „Bruder" nicht auf die Familie beschränkt ist, sondern für den Mit-Angehörigen des Gottesvolkes steht:

> Und es geschah zu dieser Zeit, *daß Mose groß wurde und hinausging zu seinen Brüdern und ihre Lasten sah*. Da sah er einen Ägypter einen Hebräer *von seinen Brüdern* erschlagen. (Ex 2,11)[54]

Am Ende seiner Flucht kündigt Mose seinem Schwiegervater an, daß er nach Ägypten zurückwill:

> Ich will gehen und zu meinen Brüdern zurückkehren, die in Ägypten sind, und will sehen, ob sie noch am Leben sind. (Ex 4,18)

Die Beispielhaftigkeit wird am deutlichsten an den drei Bruderkonflikten, die das jahwistische Geschichtswerk berichtet: Kain und Abel, Jakob und Esau, Josef und seine Brüder. Alle drei Begebenheiten waren mit den Quellen vorgegeben und werden vom Jahwisten bearbeitet. Im Falle von Kain und Abel wird die Erzählung zum negativen Paradigma schlechthin. Sie zeigt aufs eindringlichste, wie man nicht handeln soll:

> Da sprach Jahwe zu Kain: Wo ist Abel, dein Bruder? Er sprach: Ich weiß nicht. Bin ich der Hüter meines Bruders? Er sprach: Was hast du getan! Die Stimme des Blutes deines Bruders schreit zu mir vom Erdboden. Und nun, verflucht bist du, vom Erdboden hinweg, der seinen Mund aufgetan hat, das Blut deines Bruders von deinen Händen zu empfangen. (Gen 4,9-11)[55]

Im Falle von Jakob und Esau wird der Konflikt durch Großzügigkeit aufgewogen:

> Jakob sprach: Ich will sein Angesicht versöhnen mit dem Geschenk, das vor mir herzieht. Erst danach will ich sein Angesicht sehen; vielleicht wird er mein Angesicht aufheben. ... Und Esau sprach: Was willst du mit diesem ganzen Lager, dem ich begegnet bin? Er sprach: Daß ich Gnade fände in den Augen meines Herrn. Esau sprach: Ich habe genug, mein Bruder; behalte, was dein ist! Jakob sprach: Nicht doch! Wenn ich Gnade gefunden

---

54 Der redaktionelle Text des Jahwisten ist hervorgehoben.
55 Zur Redaktionskritik vgl. LEVIN, 93-96.

habe in deinen Augen, so nimm mein Geschenk von meiner Hand. Und er drang in ihn, bis er es annahm. (Gen 32,21b; 33,8-10a.11b)[56]

Bei Josef und seinen Brüdern wird der frevelhafte Ablauf notdürftig beschönigt. Als die Ismaeliter herannahen, läßt der Redaktor Juda das Wort nehmen:

> Was gewinnen wir, wenn wir unseren Bruder umbringen und sein Blut bedecken? Kommt, wir wollen ihn an die Ismaeliter verkaufen, aber nicht Hand an ihn legen. (Gen 37,26-27aα)

Darauf beschränken die Brüder sich auf den (für den Fortgang der Erzählung unerläßlichen) Verkauf:

> Denn er ist unser Bruder, unser Fleisch. (Gen 37,27aβ)[57]

Die Tat wird als Ausweg dargestellt, der Schlimmeres verhütet haben soll.

Für die Exegese des Deuteronomiums ist die jahwistische Bruder-Ethik darum von hohem Belang, weil das, was im Deuteronomium bestenfalls als Idealvorstellung gedeutet werden kann (deren Wurzeln mit der Chiffre „deuteronomische Theologie" nicht erklärt sind),[58] im jahwistischen Geschichtswerk aus den Lebensbedingungen des Exils und der Zerstreuung ableitbar ist. Der Jahwist schildert beispielhaft die überlebens-notwendige Binnen-Moral einer zerstreuten Minderheit in fremder Umgebung. Der Gegenbegriff נָכְרִי ist auch hier der Sache nach konstitutiv, und zwar als konkret erfahrenes Gegenüber, wie es so nur seit der Exilszeit in breiterem, ethisch normbildenden Maße möglich war.[59] Das wirft auf das Deuteronomium ein deutliches Licht. Vorschriften wie das Verbot des Aasverzehrs Dtn 14,21, der Ausschluß des Fremden vom Erlaßjahr Dtn 15,3 und die Einschränkung des Zinsverbots Dtn 23,20-21 auf den Bruder spiegeln deutlich die Bedingungen einer ethnisch und religiös gemischten Wohnbevölkerung. Sie gehören nicht mehr in die judäische Königszeit.

2.2

Folgt daraus ein Widerspruch zu unserem ersten Beweisgang? Ist das Deuteronomium nun doch nach-jahwistisch? Die Literarkritik gibt die Antwort. Es läßt sich zeigen, daß die Grundfassung des Gesetzes die spezifische Bruder-Ethik noch nicht enthalten hat.

Die Belege sind folgende: das Gesetz für den Schuldenerlaß Dtn 15,1-11; das Sklavengesetz 15,12-18; das Zeugengesetz 19,15-21; Verhalten bei verlaufenem

---

56 Zur Redaktionskritik vgl. LEVIN, 245f. 255f.
57 Zur Redaktionskritik vgl. LEVIN, 267.
58 Vgl. auch H.-J. FABRY, Deuteronomium 15. Gedanken zur Geschwister-Ethik im Alten Testament (ZAR 3, 1997, 92-111) 111: „Die Herkunft dieser Geschwister-Ethik ist nicht mehr eruierbar."
59 Bezeichnend ist, wie Lot in Gen 19,7 die Sodomiten als „Brüder" anredet und gerade damit bloßstellt, daß sie es nicht sind.

oder gestürztem Vieh 22,1-4; Zinsverbot 23,20-21; Menschenraub 24,7; Entlohnung des Tagelöhners 24,14-15; Verfahren bei Prügelstrafe 25,1-3.[60] In allen Fällen gehört der Bezug auf den Bruder nicht zur ältesten literarischen Schicht, wenn nicht die ganze Bestimmung als jüngere Bildung gedeutet werden muß.

Im Sklavengesetz ist die „vorangestellte Apposition אָחִיךָ"[61] deutlich ein nachträgliches Interpretament:

> Wenn sich
> [dein Bruder]
> der Hebräer oder die Hebräerin dir verkauft, soll er dir sechs Jahre dienen;
> im siebten Jahr aber sollst du ihn als Freigelassenen von dir entlassen. (Dtn 15,12).

Die anschließende Paränese: „Und wenn du ihn von dir entläßt, sollst du ihn nicht mit leeren Händen entlassen ..." (V. 13-14), durch die anknüpfende Wiederholung וְכִי־תְשַׁלְּחֶנּוּ חָפְשִׁי מֵעִמָּךְ als Erweiterung kenntlich, repräsentiert wahrscheinlich dieselbe Ebene, ebenso die einschärfende Mahnung am Schluß (V. 18).[62] Noch später ist die heilsgeschichtliche Begründung V. 15 hinzugekommen,[63] so daß die ursprüngliche Neufassung der Vorlage Ex 21,2-7 sich auf V. 12*.16-17 begrenzt.[64]

Ähnlich verhält es sich mit der Neufassung des Todessatzes Ex 21,16 in Dtn 24,7:[65]

> Wenn jemand betroffen wird, der eine Person
> [von seinen Brüdern]
> von den Israeliten raubt
> [und ihr Gewalt antut]
> und sie verkauft: dieser Dieb soll sterben.[66]

Auch hier ist das asyndetische מֵאֶחָיו vor מִבְּנֵי יִשְׂרָאֵל zugesetzt.[67] Die Dublette וְהִתְעַמֶּר־בּוֹ neben וּמְכָרוֹ mag damit zusammenhängen.

Die Vorschrift für die Entlohnung des Tagelöhners „24,14 zeigt ... dieselbe Erweiterung ... (מֵאֶחָיו)":[68]

---

60 Außen vor bleiben können das Königsgesetz 17,14-20; das Levitengesetz 18,1-8; das Prophetengesetz 18,9-22; der Beleg aus dem Kriegsgesetz 20,8 sowie das Gemeindegesetz 23,2-9. Sofern diese Gesetze mit den „Brüdern" die Gemeinschaft des Gottesvolkes voraussetzen, sind sie allemal spät und für die Fragestellung nur wirkungsgeschichtlich von Belang. PERLITT, 58f.: „In allen plur. Belegen erscheint der Bezug auf die Mehrzahl ‚von deinen/seinen Brüdern' ... vorstellungsmäßig und literarisch abgeleitet aus der hier stilbildenden direkten, paränetischen Formulierung im Sing. (‚dein Bruder')."
61 PERLITT, 56.
62 PERLITT, 56.
63 Vgl. F. HORST, Das Privilegrecht Jahwes (1930; in: DERS., Gottes Recht [TB 12] 1961, 17-154) 101.
64 Gute Übersicht über die Entsprechungen bei OTTO, Das Deuteronomium, 304f.
65 Vgl. OTTO, 298f.
66 Die בְּעָרְתָּ-Formel V. 7bβ ist wie immer Zusatz.
67 Vgl. C. STEUERNAGEL, Das Deuteronomium (HK I 3,1) ²1923, 140; G. SEITZ, Redaktionsgeschichtliche Studien zum Deuteronomium (BWANT 93) 1971, 123.
68 PERLITT, 59 Anm. 33.

14 Nicht sollst du bedrücken den Lohnarbeiter,
      der elend und arm ist,⁶⁹
      [von deinen Brüdern oder von deinem Fremdling (גֵּר), der in deinem Lande ist,]
      in deinen Toren.
15 An seinem Tage sollst du ihm seinen Lohn geben, und nicht soll die Sonne darüber
      untergehen.

Das Verfahren gegen den falschen Zeugen wird in Dtn 19,16-21* folgendermaßen definiert:

16 Wenn ein gewalttätiger Zeuge gegen jemanden auftritt,
      um etwas Falsches gegen ihn auszusagen,
17 so sollen die beiden Männer, die die Streitsache miteinander haben,
      vor Jahwe treten.⁷⁰
18b Und siehe, wenn der Zeuge ein Lügenzeuge ist,
      [Lüge ausgesagt hat gegen seinen Bruder,
19a   so sollt ihr ihm tun, wie er plante, seinem Bruder zu tun,]⁷¹
21 so soll dein Auge kein Mitleid haben:
      Leben um Leben, Auge um Auge, Zahn um Zahn, Hand um Hand, Fuß um Fuß.

Die Vorschrift verbindet den Appell Ex 23,1 mit einer Verfahrensvorschrift für die kultische Beweisführung und definiert mit der Talio aus Ex 21,23-24 das anzuwendende Strafmaß. Die Zuspitzung auf die Falschaussage gegen den Bruder ist nachgetragen, wie die asyndetische Explikation שֶׁקֶר עָנָה בְאָחִיו V. 18bβ zeigt.⁷² Sie ist keine „bloße gedankliche Wiederholung",⁷³ sondern bildet den Auftakt für die Regelung V. 19a, die sich ihrerseits durch den Numeruswechsel als Zusatz zu erkennen gibt.

Wie sind diese bruder-ethischen Zusätze literargeschichtlich einzuordnen? Gehören sie der deuteronomischen Redaktion, oder sind sie von späterer Hand nachgetragen? Es gibt Belege, wo sich deuteronomische Redaktion und Bruder-Ethik unterscheiden lassen, so daß ihr zeitliches Verhältnis deutlich wird. Ein Beispiel ist das Zinsverbot Dtn 23,20-21:⁷⁴

20 Du sollst
      [von deinem Bruder]
      keinen Zins nehmen: Zins für Geld, Zins für Speise,
      Zins für irgendetwas, für das man Zins nehmen kann,
21   [Vom Ausländer darfst du Zins nehmen,

---

69 Das Stichwortpaar עָנִי וְאֶבְיוֹן ist ad vocem עשק „bedrücken" später eingedrungen. Es stammt aus der spätalttestamentlichen Armenfrömmigkeit. [Vgl. dazu CH. LEVIN, The Poor in the Old Testament (unten 322-338) 328-331.]
70 Die Beauftragung bestimmter Rechtsinstanzen mit der Beweiserhebung in V. 17b-18a wird von vielen als Zusatz angesehen, vgl. GERTZ, Gerichtsorganisation (s. Anm. 8), 109 (der sich freilich dagegen erklärt). V. 21a zeigt, daß dem angeredeten „Du", nicht den Priestern und Richtern die Rechtspflege obliegt.
71 Die בְּעָרְתָ-Formel V. 19b-20 ist wie immer Zusatz.
72 R.P. MERENDINO, Das deuteronomische Gesetz (BBB 31) 1969, 215: „V. 18bβ wiederholt, was in v.18bα gesagt wird, und ist ... sekundär."
73 SEITZ aaO 114 Anm. 73.
74 Der Text der deuteronomischen Redaktion ist kursiv hervorgehoben.

aber von deinem Bruder darfst du keinen Zins nehmen.]
auf daß Jahwe, dein Gott, dich segne in allem, woran du Hand anlegst.

„23,21 ist Nachinterpretation zu 23,20".[75] Genauer: V. 21a; denn für die bedingte Segensverheißung V. 21b „muß man ... nicht unbedingt eine spätere Hand annehmen."[76] Sie ist typisch deuteronomisch und erweist sich in diesem Falle als älter. In V. 20 dürfte das Stichwort לְאָחִיךָ ebenfalls bruder-ethischer Zusatz sein.

Erkennbar ist diese Schichtenfolge auch in der Bestimmung über die Prügelstrafe Dtn 25,1-3:[77]

1a   Wenn ein Streit entsteht zwischen Männern,
     und sie treten vor Gericht, und man richtet sie,[78]
2   so soll, wenn der Schuldige Schläge verdient hat, der Richter ihn hinfallen lassen,
     und er soll ihn in seiner Gegenwart schlagen, abgezählt nach dem Maß seiner Schuld.
3   *Vierzig darf er ihn schlagen, mehr nicht.*
     [damit nicht, wenn er ihn über diese Zahl hinaus weiterschlägt
     in einer großen Verprügelung,
     dein Bruder verächtlich wird in deinen Augen.]

Grundlage ist ein überkommener Rechtssatz, der sich in V. 1a.2 leicht ausmachen läßt. Er dient zur Hege des Rechts: Die Prügelstrafe wird gebunden an einen gerichtlichen Beschluß und ist unter öffentlicher Aufsicht zu vollstrecken; nur daß der Wortlaut offen läßt, ob der Richter in Gegenwart des Geschädigten oder wahrscheinlicher der Geschädigte in Gegenwart des Richters die Schläge verabreicht. Die Zahl bemißt sich nach der Höhe der von Gerichts wegen festgestellten Schuld. Diese Vorschrift ist in V. 3 nachträglich erweitert worden: Die Zahl der Schläge darf vierzig nicht überschreiten. Eine definierte Höchststrafe widerspricht der Entscheidungsbefugnis des Gerichts, die zuvor bestimmt worden war.[79] Hier bringt sich gegenüber dem älteren Rechtssatz das deuteronomische Humanitätsideal zur Geltung. In einem späteren Schritt ist dann der Gedanke hinzugefügt, die übermäßigen Prügel würden „deinen Bruder" in seiner Ehre beschädigen. Die wiederholende Anknüpfung zeigt, daß der negative Finalsatz V. 3b nochmals ergänzt ist.[80] „Hier wird im Überschwang der Predigt guter Werke nicht einmal mehr der Versuch gemacht, die grammatische Einheit des Satzes zu wahren."[81] „Dein Bruder" bezieht sich auf das Gottesvolk. Die Reichweite der deuteronomischen Redaktion ist überschritten.

Am deutlichsten liegen die literarischen Verhältnisse bei der Vorschrift für den Schuldenerlaß Dtn 15,1-3, die auch Perlitt als Musterbeispiel gewählt hat:[82]

---

75 PERLITT, 57. Vgl. STEUERNAGEL, Deuteronomium, 137.
76 SEITZ aaO 176.
77 Der Text der deuteronomischen Redaktion ist kursiv hervorgehoben.
78 Die צַדִּיק – רָשָׁע-Aussage in V. 1b ist eine späte Assoziation zum Stichwort הָרָשָׁע in V. 2a.
79 SEITZ, Studien, 126.
80 Vgl. die Beobachtungen von MERENDINO, Gesetz, 318, der gleichwohl die Einheit von V. 3 behauptet, den er als ganzen für zugesetzt hält.
81 PERLITT, 60.
82 Der Text der deuteronomischen Redaktion ist kursiv hervorgehoben.

Das Deuteronomium und der Jahwist 109

1   Nach Ablauf von je sieben Jahren sollst du einen Schuldenerlaß veranstalten.
2   *Und das ist das Vorgehen für den Schuldenerlaß:*
    Erlassen soll jeder Gläubiger das Darlehen seiner Hand, das er seinem Nächsten darleiht.
    [Nicht soll er es eintreiben von seinem Nächsten und von seinem Bruder.]
    Denn man hat einen Schuldenerlaß ausgerufen für Jahwe.
3   [Von einem Ausländer darfst du es eintreiben;
    aber dem, der dein Bruder ist, sollst du es erlassen.]

Klar läßt sich in diesem Falle zwischen Vorlage V. 1 und Bearbeitungen unterscheiden. „Die שמטה wird ... nicht als etwas Neues geboten, sondern neu ausgelegt, wie denn die ‚Legalinterpretation' in V. 2 sofort beweist. Dabei ist V. 2aα ... geradezu als ‚Zitierungsformel' oder besser als Überleitung zur Interpretation anzusehen."[83] Diese Interpretation ist fürs erste deuteronomisch,[84] und der weitere Interpretations- und Wachstumsprozeß läßt nun aufs schönste erkennen, daß das Bruder-Motiv erst danach hinzugetreten ist. Mit der Analyse V. 1-3 aber ist über die weitere Vorschrift V. 4-11 entschieden. „Auch weisen die deutlichen Kollisionen der ‚Bruder-Notizen' in vv. 2bα.7aα.bβ.9aα mit ihren jeweiligen Kontexten, denen aber eine nahtlose Einbindung in vv. 3 und 11bβ gegenübersteht, auf textgenetische Vorgänge hin."[85]

Zuletzt bleibt das Gebot der Hilfeleistung bei entlaufenem oder gestürztem Vieh Dtn 22,1-4. Ein einziges Mal läßt sich der Bezug auf „deinen Bruder" nicht herauslösen, selbst wenn man das Gebot auf die erkennbare Grundlage V. 1.4 zurückführt:

1   Du sollst nicht sehen das Rind deines Bruders oder sein Schaf als Verirrte und ihnen deine Hilfe versagen. Bringe sie deinem Bruder zurück.
2   Und wenn dein Bruder nicht in deiner Nähe ist und du ihn nicht kennst, sollst du es in dein Haus aufnehmen, und es soll bei dir bleiben, bis dein Bruder es sucht. Dann sollst du es ihm zurückbringen.
3   Und so sollst du tun seinem Esel und so sollst du tun seinem Mantel und so sollst du tun allem Verlorenen deines Bruders, das ihm verlorengeht und du findest. Nicht vermagst du ihnen deine Hilfe zu versagen.
4   Du sollst nicht sehen den Esel deines Bruders oder sein Rind als Gefallene auf dem Wege und ihnen deine Hilfe versagen. Richte sie mit ihm zusammen auf.

Für diesen Fall aber gilt: „Der ganze Sachverhalt ist nicht justitiabel, sondern kreist, anläßlich der vorgestellten Situation, um das Gebot brüderlicher Tat".[86] Deshalb ist die Vorschrift „von dieser Bruder-Schicht ... eigenständig gebildet"

---

83 PERLITT, 55.
84 Weshalb V. 2a „vielleicht noch vor-dtn" sei (PERLITT), ist nicht einzusehen. Es folgt offenbar aus der Überzeugung, daß die Bruder-Sprache der jüngeren Schicht Ausdruck der deuteronomischen Humanitäts-Forderung ist.
85 FABRY, Deuteronomium 15 (s. Anm. 58), 103f. Er sieht folgende Schichtung: V. 1 alte Vorschrift; V. 2* soziale und theologische Begründung; V. 7-10 Armuts-Paränese; V. 4-6 utopischer Gesellschaftsentwurf; V. 3+11 „Schlußredaktion". „In einem Schlußsummarium zählt sie die Adressaten des sozialen Handelns zusammen mit kohärenter Einbindung des ‚Bruders' auf. Von hier aus werden dann rückwirkend die ‚Bruder-Notizen' ... nachgetragen. Damit geht dann auch v. 3 auf das Konto dieser Schlußredaktion". Ob dieser Vorschlag standhält, bleibt abzuwarten. Der Begriff „Schlußredaktion" ist allemal problematisch.
86 PERLITT, 61 Anm. 39.

worden.[87] Der Zusammenhang zeigt, daß sie als ganze nachgetragen ist: Sie unterbricht die Kette der Tabu-Vorschriften 21,22-23; 22,5-12, die ihrerseits in das Familienrecht 21,10-21; 22,13-23,1 eingeschoben ist. Selbst die Bundesbuch-Parallele spricht in diesem Fall nicht zwingend für hohes Alter. Ist sie doch ihrerseits ein Einschub, der die Prozeßrechtsordnung Ex 23,1-3.6-8 unterbricht. Da Ex 23,4-5 die ethische Forderung sowohl steigert als auch einschränkt, indem sie sie auf das Rind und den Esel des *Feindes* bezieht, ist möglich, daß das traditionsgeschichtliche Gefälle für diesmal vom Deuteronomium zum Bundesbuch verlaufen ist.[88]

Mit der nötigen Vorsicht können wir also feststellen, daß die spezifische Bruder-Ethik nicht zu den Eigenheiten des ursprünglichen Deuteronomiums gehört hat. Die Bruder-Sprache stammt nicht vom deuteronomischen Redaktor. Sie ist später hinzugekommen. Die Regelmäßigkeit der Zusätze spricht dafür, sie auf eine planmäßige Bearbeitung zurückzuführen, deren Spuren wohl auch über die hier behandelten Belege hinaus zu erwarten sind und die für die frühe Wachstumsgeschichte des Deuteronomiums im 6. Jahrhundert wichtige Aufschlüsse verspricht.

Die deuteronomische Bruder-Ethik folgt nicht aus dem vermutlichen Anlaß des Ur-Deuteronomiums im 7. Jahrhundert, nämlich aus der Kultzentralisation, und es gibt keine Nötigung, sie noch in der staatlichen Zeit anzusetzen. Vielmehr begegnen wir mit dieser erweiterten Fassung des Deuteronomiums dem Gottesvolk als der Gemeinde Jahwes, die das Exil und das Leben unter einer ethnisch und religiös geschiedenen Bevölkerung bereits erfährt.[89] Die deuteronomische Bruder-Ethik folgt nicht einer gesteigerten Humanitätsforderung, sondern ist Ausdruck der sich entwickelnden Binnen-Moral des beginnenden Judentums. Genau darin aber berührt sie sich mit dem Jahwisten. War das jahwistische Geschichtswerk gegen die Kultgesetzgebung des Ur-Deuteronomiums gerichtet, so steht das um die Bruder-Ethik erweiterte Deuteronomium dem Jahwisten ganz nahe.

Soviel aus gegebenem Anlaß: Nach-Deuteronomisches für Lothar Perlitt.

---

87 PERLITT, 61.
88 STEUERNAGEL, Deuteronomium, 131: „Nachtrag zum Bundesbuch".
89 Vgl. bereits FABRY aaO 106: „Die Geschwister-Ethik als Produkt spätester Redaktion ... ist ... in der Zeit des aufgelösten Staatswesens ... zu verorten." In die spätnachexilische Zeit (aaO 109) sollte man aber nicht hinabgehen.

Das System der zwölf Stämme Israels[1]

Eine historische Hypothese ist so gegründet wie die Quellen, auf welchen sie beruht. Keiner wußte das besser als Martin Noth. Seine Untersuchung *Das System der zwölf Stämme Israels* folgt dem erklärten Ziel, „einem im Alten Testament vorhandenen Überlieferungselement den Platz anzuweisen, auf den es einen Anspruch erheben kann."[2] Folgerichtig setzt Noth ein mit einer überlieferungsgeschichtlichen Untersuchung der alttestamentlichen Nachrichten von den zwölf Stämmen. Erst nachdem er zu dem Ergebnis gelangt ist, daß in den Stämmelisten Gen 49; Num 1,5-15 und Num 26,5-51 alte Überlieferung vorliegt, ist die Grundlage gegeben für den – heute viel kritisierten – Vergleich mit den außerisraelitischen Stämmebünden. Erst nachdem auch dieser Vergleich die Existenz einer israelitischen Amphiktyonie als möglich erwiesen hat, fragt Noth nach den Lebensformen und Institutionen sowie der Geschichte der „altisraelitischen Amphiktyonie".

Die Kritik, die Noths Hypothese erfahren hat, hat dieser Abfolge, zumal der exegetischen Grundlegung, nicht immer die Bedeutung beigemessen, die ihr für Noth selbst zukam. Indessen, „really relevant criticism must ... begin with Noth's own argumentation",[3] das heißt wie Noth mit der Kritik der alttestamentlichen Quellen. Wenn die Zeugnisse, auf die Noth sich gestützt hat, nicht als alte Überlieferung wahrscheinlich zu machen sind, endet die Debatte, ob die außerisraelitischen Analogien auf einen hypothetischen altisraelitischen Stämmebund anwendbar sind oder nicht, bevor sie begonnen hat.[4] Dieselbe Einschränkung gilt für die Frage nach den Institutionen des Stämmebundes unter sozialgeschichtlichem Gesichtspunkt.

Schließlich, ohne die Kritik der alttestamentlichen Überlieferung laufen auch die zum Ersatz vorgeschlagenen Theorien Gefahr, ohne Grundlage zu sein. Nicht umsonst haben Noth wie sein Lehrer Albrecht Alt der Abwägung der Quellen die größte Aufmerksamkeit zugewandt. Die Faszination, die von ihren Thesen ausging, beruhte zu einem guten Teil auf der geradezu künstlerischen Meisterschaft, zu der die Kritik der Überlieferung hier geführt ist. Wer ihnen gerecht werden will, kann das nur, wenn er diesen Maßstab auch seinerseits anerkennt.

---

1 Vorgetragen am 20. Juli 1992 auf dem 14. Kongreß der International Organisation for the Study of the Old Testament in Paris.
2 M. NOTH, Das System der zwölf Stämme Israels (BWANT IV 1) 1930, 2.
3 C.H.J. DE GEUS, The Tribes of Israel. An Investigation into some of the Presuppositions of Martin Noth's Amphictyony Hypothesis, Assen 1976, 70.
4 Vgl. O. BÄCHLI, Amphiktyonie im Alten Testament. Forschungsgeschichtliche Studie zur Hypothese von Martin Noth, 1977, 182: „Die Sicherung kann nur vom analogatum her erfolgen, dh aus den Quellen des ATs selbst."

I

Das maßgebende Überlieferungselement ist die Liste der Stämme. Noth kommt auf zweiundzwanzig Belege zu sprechen.[5] Die breite Bezeugung stellt nicht ohne weiteres den mehrfachen Niederschlag eines historischen Sachverhalts dar; denn die Listen hängen vielfältig voneinander ab. Sie wurden immer neu zitiert und fortentwickelt. Wer als Historiker die Texte verwenden will, muß diese Entwicklung nachvollziehen und die Ursprünge aufdecken, aus denen sie sich gespeist hat.

Wir lehnen uns dazu an Noths Untersuchung an. Es bedarf keiner Begründung, daß die Listen der Chronik neben ihren Vorlagen im Pentateuch keinen eigenen Quellenwert haben.[6] Offensichtlich konstruiert sind die beiden Listen im Anhang des Ezechielbuches Ez 48,1-29.31-35.[7] Auch die Einrichtung des geographischen Materials des Josuabuches nach den Stämmen ist künstlich. „Denn weder die Grenzbeschreibungen ... noch die Ortslisten ... sind auf dem Zwölfstämmesystem aufgebaut."[8] Die Aufstellung der Stämme „bei Gelegenheit des Befehls Moses über die große Segen-Fluchzeremonie auf Garizim und Ebal" Dtn 27,11-13 ist ein sekundärer Einschub.[9] Auch der Mosesegen Dtn 33 als ein Beispiel später „Verwilderung" des Systems kommt für Noth nicht als alte Überlieferung in Betracht.[10]

Die acht Stämmelisten des Buches Numeri führt Noth als Fortschreibungen auf 1,5-15 und 26,5-51 zurück. Von seinem Urteil über 1,5-15 abgesehen, ist ihm zuzustimmen, wenn auch die Herleitung im Einzelfall korrigiert werden muß. Die *Musterung des Heerbanns* Num 1,20-43 erweist sich an ihrer Einleitung in Num 1,2-3 // 26,2 als Nachahmung von Num 26.[11] Der dortige Aufbau wird wiederholt, nur daß die Söhne Josefs in die übliche Folge „Efraim und Manasse" gebracht sind. „Dass bei der zweiten Zählung auf die erste gar keine Rücksicht genommen ist",[12] zeigt, daß diese später hinzukam. Die *Lagerordnung* Num 2,3-31 nimmt die Zahlen aus Num 1 auf.[13] Auch die Reihenfolge erklärt sich von dort: Gemäß den Himmelsrichtungen ist die Liste in vier mal drei Stämme gegliedert, die ersten beiden Gruppen aber sind vertauscht, damit Juda an die Spitze des Heerbanns zu stehen kommt. Num 7,12-83, die *Liste der Gaben der Stammeshäupter an die Stiftshütte,* beruht

---

5   Gen 29,31-30,24 + 35,16-20; 35,23-26; 46,8-25; 49,1-27; Ex 1,2-4; Num 1,5-15.20-43; 2,3-31; 7,12-83; 10,14-28; 13,4-15; 26,5-51; 34,16-29; Dtn 27,12-13; 33; Jos 13-19; Ez 48,1-29.31-35; 1 Chr 2,1-2; 2-8; 12,25-28; 27,16-22. Sieht man ab von der Vollzähligkeit, die für NOTHs Beweisführung wesentlich war, kann man bis achtundzwanzig Belege zählen, vgl. H. WEIPPERT, Das geographische System der Stämme Israels (VT 23, 1973, 76-89) 76 Anm. 1, die Jos 21,4-8.9-42; Ri 1,1-35; 5,14-18; 1 Chr 6,40-48.49-66 hinzunimmt.
6   System, 13.20f.
7   System, 13.19.
8   System, 18 Anm. 3. NOTH konnte dazu auf A. ALT, Judas Gaue unter Josia (1925; in: DERS., Kleine Schriften II, 1953, 276-288), sowie DERS., Das System der Stammesgrenzen im Buche Josua (1927; in: DERS., Kleine Schriften I, 1953, 193-202), verweisen.
9   System, 11f. 144f.
10 System, 21-23.
11 Nach NOTH, System, 18, beruht Num 1,20-43 auf 1,5-15.
12 J. WELLHAUSEN, Die Composition des Hexateuchs, [4]1963, 183. Vgl. B. BAENTSCH, Exodus-Leviticus-Numeri (HK I 2) 1903, 628.
13 NOTH, System, 16f., leitet Num 2 von Num 26 her.

auf Num 2. „Die Reihenfolge ist genau dieselbe, nur hat sie in Num. 2 einen verständlichen Sinn, in Num. 7 dagegen nicht."[14] Auch die *Zugordnung* Num 10,14-28 wiederholt diese Einteilung, die „bei der Marschordnung (...) nur dann zu verstehen ist, wenn die Lagerordnung als schon bekannt vorausgesetzt werden darf."[15]

Die *Liste der Kundschafter* Num 13,4-15, „wahrscheinlich ein sekundärer Zuwachs zur P-Erzählung",[16] stimmt in der Abfolge „Ruben, Simeon, Juda, Issachar" mit der Liste der Stammeshäupter Num 1,5-15 überein. Da diese Abfolge in Num 1 leichter erklärlich ist, ist Abhängigkeit wahrscheinlich.[17] Die Wendung אֵלֶּה שְׁמוֹת הָאֲנָשִׁים, die beide Listen einführt, überschreibt auch Num 34,16-29, die *Liste der Fürsten, die den westjordanischen Stämmen das Land verteilen sollen*. In ihr ist Kaleb ben Jefunne als נָשִׂיא Judas wörtlich gleich wie in Num 13,6 aufgeführt. Die übrigen Namen folgen derselben Art wie in Num 13, so daß man Abhängigkeit unterstellen kann. Noth verweist darauf, daß sowohl in Num 13 als auch in Num 34 je ein persischer Name vorkommt. Beide Listen stammen „aus *sehr* später Zeit".[18] Num 1,5-15 dürfte von den drei Listen אֵלֶּה שְׁמוֹת הָאֲנָשִׁים die älteste sein.

Für Noth nun ist Num 1,5-15 sogar „ein sehr altes Stück ... aus der zweiten Hälfte der Richterzeit", das hohen Quellenwert besitzt. Den Ausschlag gibt, daß „die hier genannten Namen der Stammeshäupter ... das Gepräge einer sehr frühen Zeit" tragen,[19] wie Noth schon zuvor in seiner Untersuchung *Die israelitischen Personennamen* gesehen hat: „In der Liste ... finden sich 6 Verwandtschaftswörternamen und 9 אל-Namen, aber noch keine Zusammensetzung mit יהוה."[20] Für hohes Alter spricht insbesondere die Ähnlichkeit mit den westsemitischen Personennamen in Mari.[21] Gleichwohl ist die Frühdatierung nicht zwingend. Der Unterschied zwischen Num 1 einerseits und Num 13 und 34 anderseits ist so gering, daß schwerlich zwischen ihnen mehr als ein halbes Jahrtausend liegt. Man darf sich durch die außeralttestamentlichen Parallelen nicht täuschen lassen. „Die Dutzendnamen in Num. 1. 8. 14 sind fast alle nach der selben Schablone gemacht und haben gar keine Ähnlichkeit mit den echten alten Eigennamen. Daß der Name Jahve nicht in ihrer Komposition vorkommt, beweist nur, daß der Komponist seiner religionsgeschichtlichen Theorie wol eingedenk war."[22] „Man hat hier Namen vor sich, die in ihrer Art an die Vornamen der Mitglieder des Bareboneparlaments erinnern."[23]

---

14 System, 15f.
15 System, 15.
16 M. NOTH, Das vierte Buch Mose. Numeri (ATD 7) 1966, 92.
17 NOTH, System, 19-20, leitet Num 13 von Num 26 her. Aber DERS, Numeri, 92: „Die Stämmeaufzählung folgt im wesentlichen dem Vorbild von 1,5-15".
18 System, 19.
19 System, 17.
20 M. NOTH, Die israelitischen Personennamen im Rahmen der gemeinsemitischen Namengebung (BWANT III 10) 1928, 107.
21 Vgl. M. NOTH, Mari und Israel. Eine Personennamenstudie (1953; in: DERS., Aufsätze zur biblischen Landes- und Altertumskunde II, 1971, 213-233), bes. 229-231.
22 J. WELLHAUSEN, Prolegomena zur Geschichte Israels, [6]1905, 348. Ebenso äußert sich NOTH, Numeri, 92, über Num 13,4-15.
23 H. HOLZINGER, Numeri (KHC 4) 1903, 4.

Gegen die Frühdatierung von Num 1,5-15 gibt es darüber hinaus einen literargeschichtlichen Grund: Die Namen wiederholen sich in Num 2; 7 und 10. Noth entschied, daß Num 1 die älteste dieser Listen sei. Sie habe im Unterschied zu Num 2 „die einzige Aufgabe, die zwölf Stammeshäupter mit Namen zu verzeichnen",[24] während sonst jeweils weitere Gesichtspunkte hinzuträten. Doch auch Num 1,5-15 folgt einem weiteren Gesichtspunkt: dem Gedanken, daß Mose und Aaron die 603.550 Israeliten aus Num 1,20-43 nicht ohne Hilfe gemustert haben können. Dazu können die Namen ohne weiteres aus der Heerbannordnung Num 2 exzerpiert worden sein, wo die Heerführer notwendiger Bestandteil sind. Das würde die eigentümliche Reihenfolge von Num 1,5-15 erklären: Die Umstellung der Gruppe „Juda Issachar Sebulon" mußte mit Rücksicht auf Num 1,20-43 rückrevidiert werden, und dabei gewann die genealogische Ordnung die Oberhand. Der Magd-Sohn Gad wurde zu seinem Bruder Asser versetzt, so daß jetzt die fünf Lea-Söhne ohne Levi am Anfang stehen. Ist aber Num 1,5-15 abhängig von Num 2, so führen alle Stämmelisten des Buches Numeri auf Num 26,5-51 zurück.

II

Das *große Geschlechterverzeichnis* Num 26,5-51 glaubt Noth, „mit voller Sicherheit der zweiten Hälfte der sogen. Richterzeit ... zuweisen zu können."[25] Wieder wandelt er die relative Frühdatierung in eine absolute. Bereits angesichts des literarischen Zusammenhangs überrascht dies: Num 26 findet sich im Rahmen der Priesterschrift, gehört indessen nicht zur Grundschrift, sondern wird zu den Nachträgen gerechnet. Es könnte sogar, wie viele Nachträge des Buches Numeri, die Verbindung der Pentateuchquellen, die sogenannte „Endredaktion", schon voraussetzen.

Überdies hat Num 26 in Gen 46,8-25, dem Verzeichnis der Israeliten, die nach Ägypten zogen, eine enge Parallele. Die Einzelheiten stimmen in einem Maße überein, daß literarische Abhängigkeit unbestreitbar ist. Nur die Richtung ist fraglich. Baentsch und Procksch vertraten die Auffassung, Gen 46 sei Vorlage für Num 26 gewesen.[26] Sollten sie im Recht sein, würde Num 26 als selbständige Überlieferung entfallen. Noths Hypothese verlöre ihre wichtigste Stütze.[27]

Gen 46 vertritt bei der Reihenfolge der Stämme, wie alle Listen der Genesis, das System mit Levi und Josef, Num 26, wie alle Listen in Num und Jos, das System ohne Levi und mit Efraim und Manasse. Das System mit Levi ist gewiß das ältere. Der Stamm ohne Land wurde nicht nachträglich eingefügt, sondern unter dem Gesichtspunkt der Landnahme ausgeschlossen. Noch im Anhang von Num 26 werden auch die Nachkommen Levis gezählt (V. 57-62), und es ist paradox, daß sie in der Summe nicht mitzählen sollen.[28] Die Enkel-Stämme Efraim und Manasse aber sind nur eingefügt, um Levis Ausscheiden zu kompen-

---

24 System, 16.
25 System, 14.
26 BAENTSCH, Exodus-Leviticus-Numeri, 629f; O. PROCKSCH, Die Genesis (KAT 1) 1913, 501.
27 Daher der ausführliche Exkurs I bei NOTH, System, 122-132.
28 Num 1,49 läßt deshalb die Zählung des Stammes Levi verbieten.

sieren. In fünf der acht Numeri-Listen erinnert die Erwähnung Josefs an die Priorität des Genesis-Systems.

Da Num 26 der älteste Beleg des Numeri-Systems ist und zugleich in unmittelbarer Beziehung zu Gen 46 steht, entscheidet sich zwischen diesen beiden Listen das Verhältnis der beiden Systeme. Gen 46 bietet eine von mehreren Möglichkeiten, die Söhne nach den Müttern einzuteilen: Die Söhne der Mägde sind jeweils an die Söhne ihrer Herrinnen angeschlossen. Genau diese Anordnung erklärt den Aufbau des Numeri-Systems: Obgleich Levi ausscheidet, wird die Gruppe der sechs Leasöhne beibehalten. Gad, der erste Magd-Sohn nach Lea, rückt an die Stelle. Sein Bruder Asser aber, der nun allein steht, wird den Söhnen Bilhas am Ende der Liste zugeschlagen, und zwar mitten unter sie eingestellt. Es ergeben sich drei Kategorien: Sechs Lea-Stämme, drei Rahel-Stämme (mit Efraim und Manasse für Josef), drei Mägde-Stämme. Die stehende Abfolge „Dan Asser Naftali" des geographischen Systems ist auf diese Weise zustandegekommen.

Der größte Unterschied zwischen Gen 46 und Num 26 betrifft die Nachkommen Manasses und Efraims, die in Gen 46 fehlen. Sind sie ausgelassen oder in Num 26 hinzugefügt? Für die Zufügung gibt es einen Grund: Sobald die Söhne Josefs in die Rolle vollbürtiger Stämme aufgerückt sind, wendet sich ihrer Genealogie dieselbe Aufmerksamkeit zu wie den übrigen Stämmen.[29] Tatsächlich ist für den Manasse-Abschnitt Num 26,29-34 besondere Herkunft nachweisbar. Nicht weniger als sechs seiner vierzehn Namen sind auf den Ostraka von Samaria belegt. Es ist erwiesen, daß sie „auf tatsächlichen Gegebenheiten beruhen"[30], nämlich auf den Namen der Krongüter des Nordreichs im achten Jahrhundert.[31] Da Noth voraussetzt, daß Num 26 eine im Kern einheitliche Quelle ist, sieht er sich berechtigt, die ganze Stämmeliste in die Bestätigung durch den Inschriftenfund einzubeziehen.[32] Teilt man diese Voraussetzung nicht, kehrt das Argument sich um: Der Manasse-Abschnitt, dessen Angaben sich in Jos 17,1-3 in etwas anderer Zuordnung wiederholen, geht offenbar auf eine eigene, historisch ungleich zuverlässigere Überlieferung zurück. Die übrige Liste kann auf Gen 46 beruhen.

Der offenkundige Unterschied zwischen Gen 46 und Num 26 besteht darin, daß die Genesis-Liste ein Personenverzeichnis ist, die Numeri-Liste ein Geschlechterverzeichnis. Unbestreitbar ist die Personifikation von Geschlechtern

---

29 Eine Auslassung in Gen 46 könnte damit begründet sein, daß das Verzeichnis die runde Zahl von siebzig Nachkommen Jakobs geben wollte, wie ja auch unter den Namen einzelne Überschüsse gegenüber Num 26 bestehen. WELLHAUSEN, Composition, 183, sah sich deshalb veranlaßt, Num 26 für ursprünglich zu halten. Doch aus der unterschiedlichen Zählweise in Gen 46,26.27 geht hervor, daß die Zählung auf nachträglichen Bearbeitungen beruht. Die Zwischensummen V. 15b.18b.22b.25b lassen sich schadlos ausscheiden. Auch in dem etwas anders zählenden Verzeichnis Ex 1,1-5 ist die Summe ergänzt (V. 1bβ.5a).
30 NOTH, System, 125.
31 Vgl. M. NOTH, Das Krongut der israelitischen Könige und seine Verwaltung (1927; in: DERS., Aufsätze zur biblischen Landes- und Altertumskunde I, 1971, 159-182).
32 Die Ostraka lassen sich recht genau im 8. Jahrhundert datieren, vgl. A. LEMAIRE, Inscriptions Hébraïques I, Paris 1977, 21-81. Das muß den Spielraum für die Entstehung von Num 26 nicht einengen. „Bei der bekanntlich oft großen Konstanz siedlungsgeographischer Ordnungen kann die Liste ebensogut wesentlich jünger wie wesentlich älter sein als die Ostraka" (NOTH, System, 126).

überlieferungsgeschichtlich sekundär. Doch fragt sich, ob das auch für Gen 46 im Verhältnis zu Num 26 gelten muß. Es ist nämlich sicher, daß Num 26 auf Stilisierung beruht: Für die Nachkommen Dans ist ein einziges Geschlecht genannt, und dennoch ist das Schema starr beibehalten (vgl. V. 42-43 mit Gen 46,23).

Gleichwohl gibt es im Ablauf nicht wenige Abweichungen. Bezeichnenderweise stimmt der Wortlaut an diesen Stellen mit Gen 46 mehr oder minder überein; und zwar so, daß der Numeri-Text als bewußte Abwandlung gelten muß.[33] Das deutlichste Beispiel ist der Abschnitt über Juda. Gen 46,12 nennt fünf Söhne Judas, beginnend mit Er und Onan, bemerkt aber am Ende, daß Er und Onan im Lande Kanaan gestorben seien. Wie zum Ausgleich werden danach aus der Enkelgeneration zwei Söhne des Perez hinzugefügt. Num 26,19-21 schleppt diese Nachrichten mit, obwohl aus Er und Onan keine Geschlechter hervorgingen. Die Unstimmigkeit ist aber bemerkt worden: Die Notiz von ihrem Tode folgt unmittelbar, sobald Er und Onan genannt sind, und darauf beginnt das Verzeichnis von neuem. Die Sekundarität gegenüber Gen 46 ist offensichtlich.

Dasselbe gilt für den Anfang der Reihe. Die Überschrift וּבְנֵי יִשְׂרָאֵל הַיֹּצְאִים מֵאֶרֶץ מִצְרַיִם „Und die Israeliten, die aus Ägyptenland zogen" (Num 26,4b*) ist auf die Überschrift Gen 46,8a* bezogen: וְאֵלֶּה שְׁמוֹת בְּנֵי־יִשְׂרָאֵל הַבָּאִים מִצְרַיְמָה „Und dies sind die Namen der Israeliten, die nach Ägypten kamen". Die Änderung berücksichtigt, daß Num 26 kein Namensverzeichnis mehr ist. Die Betonung רְאוּבֵן בְּכוֹר יִשְׂרָאֵל „Ruben war der Erstgeborene Israels" (Num 26,5a), die aus dem Schema fällt, erklärt sich aus Gen 46,8b (dort aus Gen 35,23aβ). Die Vorlage dominiert am Anfang so stark, daß sie das Schema überwiegt. Statt der üblichen Phrase: בְּנֵי רְאוּבֵן לְמִשְׁפְּחֹתָם לַחֲנוֹךְ מִשְׁפַּחַת הַחֲנֹכִי, beginnt die Reihe wie die Genesis-Parallele: וּבְנֵי רְאוּבֵן חֲנוֹךְ, und schwenkt erst dann auf das Schema ein. Alle Beobachtungen erweisen, daß Num 26 keine originale Überlieferung, vielmehr ein abgeleiteter Text ist, der Noths Hypothese nicht stützen kann.

III

Der *Jakobsegen* Gen 49, Noths dritter Beleg, ist in seiner heutigen Form ebenfalls keine alte Quelle. Die neuere Urkundenhypothese pflegt ihn dem Jahwisten zuzuschreiben. Dagegen spricht, daß die Reihe der Stammessprüche in den Textzusammenhang der Priesterschrift eingeschaltet ist.[34] Die Reihenfolge erklärt sich als Rückübertragung des Genesis-Systems auf das Numeri-System: Den Mägde-Stämmen liegt die Abfolge „Dan Asser Naftali" zugrunde. Gad, der Levi wieder weichen mußte, wurde an zweiter Stelle unter sie eingestellt. Josef und Benjamin stehen wieder am Schluß.

Wo die Stammessprüche sich mit den Erzählungen der Genesis berühren, zeigt auch der Inhalt die späte Entstehung. Der Rubenspruch beruht auf der Epi-

---

33 NOTH, System, 123f., hält die Abweichungen für sekundär, folgt indessen allzu deutlich seiner Vorausannahme.
34 Der P-Faden findet sich in V. 1a.28bα(nur וַיְבָרֶךְ אוֹתָם).29 (vgl. 28,1). V. 1b und 28* sind redaktionelle Klammern.

sode vom Beischlaf mit Bilha Gen 35,22a, die „offenbar ein späteres Einschiebsel (Glosse)" ist,[35] veranlaßt durch die Stämmeliste 35,22b-26. Sie will den Widerspruch erklären zwischen Rubens Vorrang als Erstgeborener der zwölf Stämme und seiner historischen Bedeutungslosigkeit. Der Grund, den sie gefunden hat, ist anhand von Lev 18,8 aus der Konstellation der Personen ersonnen.

Für Simeon und Levi, die mit einem gemeinsamen Stammesspruch bedacht werden, ist die Dina-Sage Gen 34 vorausgesetzt.[36] Ihr ältester Kern erzählt, wie die Schönheit der Tochter Jakobs den Sohn des Fürsten des Landes bewogen hat, die Beschneidung anzunehmen. Dazu ist in V. 15 das Beschneidungsgebot aus Gen 17,10.12 P wörtlich wiedergegeben. In Überarbeitungen gewann das Konnubiumsverbot aus Dtn 7,3 die Oberhand (in V. 9 zitiert). Um es durchzusetzen, wurden Simeon und Levi aufgeboten – und erst so konnte der Eindruck aufkommen, es seien stammesgeschichtliche Hintergründe im Spiel. In Wahrheit ist die Erzählung ein Beispiel später Haggada.

Das Urteil über die ersten beiden Stammessprüche muß nicht bedeuten, daß unter den weiteren Sprüchen von Gen 49 keine alte Überlieferung zu finden ist. In jedem Falle entscheidet es über das Zwölfersystem. Ohne Ruben, Simeon und Levi ist es nicht vollzählig, das heißt nicht vorhanden.

IV

Nachdem alle drei Stämmelisten, auf die Noth seine Hypothese begründet hat, als sekundär erwiesen sind, muß der Versuch, „die Organisation des israelitischen Volkes in der äußeren Form eines Bundes von zwölf Stämmen mit einem kultischen Mittelpunkt, die man einst gern für das Ergebnis einer späten künstlichen Geschichtskonstruktion hielt", als historisch zu erweisen,[37] als gescheitert gelten. Es gibt keinen alten Beleg für sie.

Indessen läßt die Überlieferung von den zwölf Stämmen sich erst beurteilen, wenn über ihre Herkunft entschieden ist. „Wie man auch über den Charakter des Zwölfstämmesystems urteilen mag, die Frage nach der Geschichte des ... Überlieferungselements kann erst dann als gelöst gelten, wenn es gelungen ist, einen geschichtlichen Ort und eine geschichtliche Zeit zu bezeichnen, aus denen heraus die Entstehung ... im ganzen und im einzelnen befriedigend zu erklären ist."[38]

Die Frage ist zunächst an Gen 46 als Vorlage von Num 26 zu richten. Wie allgemein gesehen wird, ist das *Verzeichnis der Israeliten, die nach Ägypten zogen*, eine späte Kompilation.[39] Die Einzelheiten sind aus beiden Pentateuchquellen zusammengesucht.[40] Die Endredaktion ist also vorausgesetzt. Auch spätere Nachträge

---

35 H. HUPFELD, Die Quellen der Genesis und die Art ihrer Zusammensetzung, 1853, 74.
36 [S. jetzt CH. LEVIN, Dina. Wenn die Schrift wider sich selbst lautet, oben S. 49-59.]
37 M. NOTH, Von der Knechtsgestalt des Alten Testaments (1943; in: DERS., Gesammelte Studien zum Alten Testament II [TB 39] 1969, 62-70), 64.
38 NOTH, System, 2.
39 Der Nachtrag wurde von A. KAYSER, Das vorexilische Buch der Urgeschichte Israels, 1874, 30-32, erkannt.
40 Vgl. PROCKSCH, Genesis, 500.

sind bereits bekannt. Die Liste der Söhne Jakobs aus Gen 35,22b-26 bildet das Grundgerüst. Sie ist in V. 8b.19 und den (Zwischen-)Unterschriften V. 15a.22a auch wörtlich aufgenommen. Bei Ruben, Simeon und Levi stimmen die Namen mit Ex 6,14-16 überein, einem Einschub innerhalb priesterschriftlichen Textes. Die Söhne Judas stammen aus Gen 38. Für die Söhne Issachars und Sebulons ist auf die „kleinen Richter" in Ri 10,1; 12,11 zurückgegriffen. Die Söhne Josefs sind der Geburtsnotiz Gen 41,50-52 entlehnt, aus der wörtlich zitiert ist. Von dort erklärt sich die Vorordnung Manasses, die noch in Num 26 nachwirkt. Für die Mägde ist auf Gen 29,24.29 verwiesen.

Die Überschrift: „Dies sind die Namen der Israeliten, die nach Ägypten kamen, Jakob und seine Söhne", gibt Gen 46 als Vorwegnahme und jüngere Ausgestaltung von Ex 1,1-5 zu erkennen, die eingefügt ist, sobald Jakob mit seinen Söhnen ägyptischen Boden betritt. Der *Prolog des Buches Exodus* Ex 1,1-5 seinerseits ist eine Wiederholung von Gen 35,22b-26. Die Reihenfolge ist dieselbe, nur daß Josef um der Umstände willen an den Schluß gestellt ist. Gewöhnlich werden die Verse der Priesterschrift zugeschrieben. In deren Zusammenhang aber hat die Dublette keine Funktion.[41] Ihr Anlaß ist vielmehr die Büchertrennung gewesen – ein sehr später Schritt in der Geschichte der Pentateuchredaktion. Die Liste soll dem Buche Exodus den gebührenden Anfang verschaffen.[42]

Die Vorlage Gen 35,22b-26, die *Aufzählung der zwölf Söhne Jakobs*, wird ebenfalls der Priesterschrift zugewiesen. Die stilistische Verwandtschaft ist offensichtlich. Jedoch, nach der Anordnung der Priesterschrift gehören die Söhne Jakobs unter die Toledot Jakobs, stehen also vor 37,2 an falscher Stelle.[43] Mißt man hingegen am vorliegenden Zusammenhang, folgt die Liste genau am richtigen Ort: Unmittelbar nach der Geburt Benjamins 35,16-20 JE zieht sie unter der Feststellung *„Die Söhne Jakobs waren zwölf"* die Summe. Die Anordnung nach den Müttern bezieht sich unmittelbar auf die Erzählung Gen 29,31-30,24. Mit der Synthese von priesterschriftlichem Stil und jehowistischem Stoff setzt auch dieser Beleg die Endredaktion voraus.[44] Nota bene: Er ist der älteste, der die zwölf Söhne Jakobs im Sinne eines Systems begreift.

V

Für die Grundlage von Gen 35,22b-26 muß sich das Augenmerk auf den *Bericht von der Geburt der Söhne Jakobs* in Gen 29-30 richten. Noth hat sich mit Bedacht nicht auf diese Quelle gestützt. Sie widerspricht zwei Bedingungen seiner Hypothese von vornherein: „daß dieses System der zwölf Israelsöhne einerseits ein durchaus selbständiges, andrerseits ein in der alttestamentlichen Überlieferung von vornherein fertig und abgeschlossen vorliegendes Traditionselement ist."[45]

---

41 Vgl. B.D. EERDMANS, Alttestamentliche Studien III, 1910, 8.
42 Vgl. G. FOHRER, Überlieferung und Geschichte des Exodus (BZAW 91) 1964, 9.
43 PROCKSCH stellt die Liste um.
44 Man überzeugt sich leicht, daß die Geschichtsdarstellung der Priesterschrift das Zwölfstämmevolk nicht gekannt hat.
45 System, 4.

Gen 29,31-30,24 ist weder selbständig, vielmehr fester Bestandteil der Jakoberzählungen, noch von vornherein fertig: Der Text ist offensichtlich nicht einheitlich. Er zeigt mannigfache Spuren literarischen Wachstums.

Die neuere Urkundenhypothese weist ihn dem Jahwisten und dem Elohisten zu. Die Aufteilung nimmt in Kauf, daß keine der beiden Quellen das vollständige Zwölfstämmesystem im erhaltenen Text überliefert. Man erklärt, jener Text, der in der einen Quelle fehle, sei aus der anderen geboten, und umgekehrt. Das ist der Inbegriff eines Zirkelschlusses.[46] Der triftigste Grund für eine Quellenscheidung sind die doppelten Etymologien bei Issachar, Sebulon und Josef.[47] Sie führen indessen nicht auf eine zweite Quelle, sondern erklären sich mit einer unselbständigen Bearbeitung (30,1aβ-2.17a.18a.20[זְבָדַנִי bis טוֹב].22bα.23b).

Das Schema von Beischlaf, Schwangerschaft, Geburt, Namengebung und Etymologie variiert in einem Maße, das auf sukzessives literarisches Wachstum führt. Es ist hier nicht möglich, die Analyse mit allen Gründen vorzustellen.[48] *Die vorjahwistische Erzählung* handelte von Ruben und Simeon als Söhnen Leas sowie von Josef als Sohn Rahels. Im Rahmen der Ätiologie für Ramat Rahel 35,16-20 gehörte die Geburt des Ben-Oni noch hinzu. Der Ablauf ist durch das Motiv der vertauschten Braut vorgegeben. Jakob erhält zuerst die Lea und verbringt mit ihr die Brautwoche. Die Fortsetzung: „Sie wurde schwanger und gebar", kann aber nicht folgen. Denn Jakob erhält sogleich auch die Rahel, mit der er ebenfalls schläft. Die Verwickelung der Geburtsnotizen wird verhindert, indem Rahel zuerst unfruchtbar bleibt. Erst als Lea geboren hat, öffnen die Alraunen, die Ruben gefunden hat, Rahel den Mutterschoß. Jetzt kann auch bei ihr die Geburtsnotiz folgen (29,32a.33a [bis בֵּן].b; 30,14.23a.24a [bis יוֹסֵף]).

Der Horizont der Jakobgeschichten wird überschritten, sobald die Etymologien hinzutreten. Bei Ruben und Simeon haben sie enge Parallelen in Gen 16,11 und Ex 3,7. Da sie sich leicht ausscheiden lassen, ist redaktionelle Herkunft wahrscheinlich. Der Gottesname יהוה und die Verbindung von Vätergeschichte und Exodusgeschichte weisen sie dem *Jahwisten* zu, der sich hier wie andernorts als Redaktor von seinen Quellen unterscheidet (29,31.32b.33a[ab וַתֹּאמֶר]). Von genau derselben Art sind die Etymologien bei Levi und Juda. Diesmal freilich steht die Namengebung nicht neben der Etymologie, sondern geht aus ihr hervor. Der Text ist aus einem Guß. Daraus folgt: Der Jahwist hat Levi und Juda als Söhne Jakobs hinzugefügt (29,34-35). Bei der Geburt des Josef schließlich ist die Jahwe-Etymologie wiederum nachgetragen (30,24 [ab לֵאמֹר]). Sie weist voraus auf die Geburt des Benjamin (35,17.18b). In der jahwistischen Pentateuchquelle hatte Jakob/Israel sechs Söhne. Drei fanden sich in den Vorlagen: Ruben, Simeon, Josef; drei sind hinzugefügt: Levi, Juda und Benjamin.

Von den *weiteren Söhnen* wurde als erster Issachar ergänzt – im Widerspruch zu der Bemerkung: „Und Lea hörte auf zu gebären" (29,35b). Er ist als „Jakobs fünfter Sohn" eingeführt: Dan, Naftali, Gad und Asser waren noch nicht vorhanden

---

46 Kein anderer als der ‚Vater' des Elohisten in seiner modernen Form, H. HUPFELD, hat dafür plädiert, die literarische Beschaffenheit von Gen 29-30 mit der Ergänzungshypothese zu deuten (Die Quellen der Genesis, 43-44).
47 Vgl. WELLHAUSEN, Composition, 36.
48 Vgl. dazu CH. LEVIN, Der Jahwist (FRLANT 157) 1993, 221-231.

(30,15-16.17b.18b). Nachträglich wurde ihm Sebulon an die Seite gestellt – ungeachtet daß das Beilager, das Lea für die Alraunen erkauft hat, nur *eine* Schwangerschaft zur Folge gehabt haben kann (30,19.20[ohne זְבָדַנִי bis טוֹב]). Anschließend scheint die Geburt der Dina eingetragen zu sein, mit der Lea auf sieben Kinder kommt (30,21).

Zuletzt kamen *die Mägde und ihre Söhne* hinzu. Das Vorbild war Abrahams Ehe mit der Hagar, auf die der Text sich indirekt auch bezieht (vgl. 30,3-5 mit 16,2-4. 15). Ursprünglich hatte Bilha nur einen Sohn, nämlich Dan (30,1aα.3-6). Wieder griff das Gesetz der Verdoppelung: Mit Naftali kam ein zweiter Magd-Sohn hinzu (30,7-8). Er brachte die Zahl der Söhne Jakobs auf zehn. Mit einer zweiten Magd und ihren zwei Söhnen, Gad und Asser, wurde im letzten Schritt die Zwölfzahl erreicht (30,9-13).

Dabei blieb es. Die Zwölfzahl ist als die Zahl der Monate des Jahreskreises das Symbol der abgeschlossenen Gesamtheit. Seither repräsentieren die zwölf Söhne Jakobs das Gottesvolk in seiner gottgewollten Vollzähligkeit. „Aus der Zwölfzahl der israelitischen Stämme in den wechselnden Formen läßt sich nichts anderes ersehen, als daß die angeführten Stämme jeweils die Gesamtheit Israels darstellen sollen."[49]

VI

Es bestätigt die Analyse von Gen 29-30, daß die Überlieferung der Genesis bis in späteste Zeit nur sechs Söhne Jakobs gekannt hat: Ruben, Simeon, Levi, Juda, Benjamin und Josef.[50] Nicht von ungefähr nimmt die Haggada Gen 34 Levi und Simeon zu Protagonisten, wird das Paradigma für die Leviratsehe Gen 38 von Juda erzählt, wetteifern Juda und Ruben um die Rettung Josefs (Gen 37,21-22.26-29) und sind wechselweise die Sprecher der Brüder (Gen 42,22.37; 43,3.8; 44,14-34; 46,28), wird Simeon zur Geisel in Ägypten (42,24.36; 43,23), ist Benjamin die zweite Hauptperson der Josefsgeschichte (42,4.36; 43,14-16.29.34; 44,12; 45,12. 14.22). All diese Erzählungen und Erzählzüge sind der Genesis erst spät zugewachsen. Doch sie konnten von den übrigen Söhnen Jakobs nicht erzählt werden. Es gab sie nicht.

In bemerkenswertem Unterschied zu den sechs nachgetragenen Söhnen, von denen außerhalb der Listen jede Spur fehlt, spielen Manasse und Efraim eine bedeutende Rolle (Gen 41,50-52; 48). Nächst Israel, Juda und Benjamin sind sie die wichtigsten nationalen Größen, die die Genesis nennt. Indessen sind sie genealogisch dem Josef zugeordnet. Das wäre unverfänglich, hätte die weitere Überlieferung es bei sechs Söhnen Jakobs belassen. Im Zwölfstämmesystem bedeutet es eine irritierende Inkonsequenz, daß ihnen vergleichsweise unwichtige Größen wie Dan, Naftali, Gad, Asser, Issachar und Sebulon als Söhne Israels den Rang streitig machen. Die weitere Überlieferung hat das nach Kräften zu korrigieren gesucht.

---

49 G. FOHRER, Altes Testament – ‚Amphiktyonie' und ‚Bund'? (ThLZ 91, 1966, 801-816. 893-904) 814. Vgl. F. HEILER, Erscheinungsformen und Wesen der Religion, ²1979, 171-172.
50 Belege wie Gen 32,23a(ab וַיָּקָם).24a; 33,1b-3a.5-7; 37,2aβ.9; 42,13*.32* sind spät.

VII

Die Künstlichkeit des Systems der zwölf Stämme erweist sich nicht zuletzt daran, daß es Größen sehr verschiedener Art und verschiedenen Ranges unter ein und derselben Kategorie vereint.

Die sechs nachgetragenen „Stämme" sind durchweg historisch faßbar, aber von geringer Bedeutung. *Issachar* ist in alten Quellen zweimal genannt: Ein „Mann von Issachar" war Tola ben Puwa, der erste der sogenannten „kleinen Richter", wohnhaft auf dem Gebirge Efraim (Ri 10,1). Aus dem Hause (בַּיִת) Issachar stammte Bascha ben Ahija, der das Haus Jerobeams I. gestürzt hat (1 Kön 15,27).[51] Issachar war danach eine maßgebende Sippe oder ein Sippenverband des Nordreichs. Dazu stimmt, daß der Name, wie immer man ihn deutet, ein Personenname ist.[52] *Sebulon* ist Name eines Landes (אֶרֶץ) im südwestlichen Galiläa (Ri 12,12), als solches noch in späten Quellen belegt (Jes 8,23). In Sebulon und Naftali handelt die alte Debora-Überlieferung Ri 4. *Dan* bezeichnet in alten Quellen zwei verschiedene Größen: den Ort samt Heiligtum an der Nordgrenze (Dtn 34,1; 1 Kön 5,5; 15,20; Jer 4,15; 8,16), identifiziert mit dem heutigen Tell el-Qadi, und eine am Westrand des judäischen Gebirges ansässige Sippe (מִשְׁפָּחָה), der Simson entstammt sein soll (Ri 13,2.25). Beide werden in der Wanderungs-Erzählung Ri 18 nachträglich in Verbindung gebracht. *Naftali* ist neben Sebulon die zweite große Landschaft (אֶרֶץ) Galiläas (Dtn 34,2; Ri 4,6.10; 1 Kön 15,20; 2 Kön 15,29; Jes 8,23). Als „Mann von *Gad*" (*ʾš gd*) wird in der Mescha-Inschrift, Zeile 10, die israelitische Bevölkerung des südlichen Ostjordanlands bezeichnet. An der Historizität des Namens ist daher nicht zu zweifeln, wenngleich frühe Belege im Alten Testament fehlen.[53] In den Listen Ri 5,14-18 und 1 Kön 4,8-19 steht Gilead an seiner Stelle. Für *Asser* findet sich ein alter Beleg neben 1 Kön 4,16 möglicherweise in 2 Sam 2,9 (cj.), wo das Herrschaftsgebiet von Sauls Sohn Ischbaal beschrieben ist: Gilead, Asser, Jesreel, Efraim, Benjamin, ganz Israel. Wie die meisten dieser Namen bezeichnet auch Asser eine Landschaft.

Von ungleich größerem Rang sind jene „Stämme", die der Jahwist in die Genesis eingeführt hat: *Juda* ist das Südreich, *Benjamin* das historisch bedeutende Land zwischen Nord und Süd. Ihnen zur Seite steht *Israel*. Die Gleichsetzung Jakobs mit dem Nordreich bzw. mit dem Stammvater des Gottesvolkes ist ebenfalls durch die Hand des Jahwisten geschehen, durch einen redaktionellen Einschub in der Jabbokperikope (Gen 32,28-30a). Vom Jahwisten stammt schließlich *Levi* als dritter Sohn Leas, um eine genealogische Brücke zwischen der Vätergeschichte und der Exodusgeschichte zu schlagen; denn Mose wird nach der Quelle in Ex 2,1-10 als Sohn eines Mannes aus dem Hause Levi und einer Tochter Levis eingeführt. Auch Levi ist kein Stamm gewesen, sondern eine Priesterklasse. Der Widerspruch, der zwischen Levi als Teil des Zwölfstämmesystems einerseits und der Rolle des Leviten im Deuteronomium andererseits besteht, ist bemerkenswert.

---

51 Nicht von gleicher Zuverlässigkeit ist der Anhang der Gauliste Salomos, nach der Joschafat ben Paruach in Issachar als Vogt residierte (1 Kön 4,17).
52 Vgl. KBL³ 422b.
53 Die LXX-Lesart von 1 Kön 4,19 mag hier außer Betracht bleiben. 1 Sam 13,7; 2 Sam 23,36; 24,5; 2 Kön 10,33; Jer 49,1 sind spät.

Die merkwürdigsten „Stämme" sind indessen jene, die aus der vorjahwistischen Überlieferung in den Kreis ihrer späteren „Brüder" geraten sind: Ruben, Simeon und Josef. Bekanntlich kann der Historiker die Stämme Ruben und Simeon in der Geschichte Israels mit der Lupe suchen – es gibt sie nicht. Wie schon die Personennamen zeigen, sind Ruben, Simeon und Josef von Hause aus Erzählungsfiguren gewesen, nicht anders als Jakob, Esau, Laban, Lea und Rahel. Die stammesgeschichtliche Deutung der Vätererzählungen ist, gemessen an den Ursprüngen der Überlieferung, falsch. Der deutlichste Beleg ist die Josefsgeschichte, die in ihrer heutigen Gestalt eine Novelle, in ihrem Kern aber das israelitische Brüdermärchen ist. Stammesgeschichtliche Hintergründe sind mit der Gattung schlechterdings unvereinbar.[54] Das „Haus Josef" ist ein fiktiver Begriff, der erst spät belegt ist.[55]

VIII

Von der Spätdatierung des Zwölfstämmesystems wird das Bild der alttestamentlichen Heilsgeschichte kaum berührt. Einzig die Darstellung der Landnahme ist auf die Stämme ausgerichtet, genau besehen nur die Siedlungsgeographie samt der Überlieferung von der Landnahme der zweieinhalb Stämme (Num 32; Dtn 3; Jos 22). Es sagt genug, daß an den wenigen Stellen, die den Zwölfer-Symbolismus in die Geschichtsdarstellung nachtragen, die Zahl erläutert werden muß: „nach der Zahl der Stämme Israels" (Ex 24,4b; Dtn 1,23; 1 Kön 18,31-32a; Jos 4; Esr 6,17). Noch in einer späten Prophetie wie der Zeichenhandlung mit den zwei Stäben Ez 37,15-28 wird die Einteilung nach Nordreich und Südreich erst nachträglich von den Stämmen überlagert.

Das bedeutet nicht, die Bedeutung regionaler Einheiten für die Geschichte Israels und Judas zu leugnen. Schon die Landschaft Palästinas erzwang eine beträchtliche lokale Eigenständigkeit, die sich auch unter den Bedingungen des Königtums hielt. Indessen fragt sich sehr, ob „Stamm" für diesen Sachverhalt die zutreffende Kategorie ist. Daß es vor dem Aufkommen des Königtums so etwas wie ein verfaßtes Israel gegeben hat, davon fehlt in den alten Quellen jede Spur.[56]

Das System der zwölf Stämme Israels ist Fiktion. Es gehört „in das große Unternehmen ..., dem exilisch-nachexilischen Judentum eine für seinen Bestand und

---

54 Aufgewiesen bereits von H. GUNKEL, Die Komposition der Joseph-Geschichten (ZDMG 76, 1922, 55-71).
55 Auch Am 5,6.15; 6,6 und Ob 18 sind spät. „Amos hat das Nordreich nie ‚Joseph' genannt" (H.W. WOLFF, Dodekapropheton 2. Joel und Amos [BK XIV/2] 1969, 295).
56 Das Debora-Lied Ri 5, das als Gegenargument angeführt werden könnte (vgl. aber NOTH, System, 5: „Dieses Lied kann mit der Tradition von einem Stämmesystem überhaupt nicht in Zusammenhang gebracht werden."), ist eines der spätesten Stücke der vorderen Propheten. Es ist nachträglich in das Richterbuch eingeschoben; denn es wird von dem deuteronomistischen Rahmen nicht eingeschlossen, sondern unterbricht ihn zwischen 4,24 und 5,31b. Ps 68, der zu Anfang zitiert ist, bildet das unentbehrliche poetische Gerüst. Daß die Marginalglosse זֶה סִינַי aus Ps 68,9 mit übernommen ist, beweist die literarische Abhängigkeit. Die Sprache ist spät, wie die Aramaismen belegen. [Siehe CH. LEVIN, Das Alter des Deboralieds, unten 124-141.]

sein Wesen maßgebende israelitische Vergangenheit zu geben."[57] Es spiegelt eine Zeitlage, in der die familiäre Herkunft an die Stelle von Staat und Gesellschaft getreten ist: Jahwe, der Gott Israels, ist zum Gott der Väter geworden. Unter diesen Umständen erhielt die Genealogie für das Selbstverständnis des Gottesvolkes eine Bedeutung, die sie zuvor nicht besaß. Das System der zwölf Stämme Israels gehört ziemlich von Anfang an in die „genealogische Vorhalle" der Chronik.

---

57 R. SMEND, Zur ältesten Geschichte Israels (BEvTh 100) 1987, 10.

Das Alter des Deboralieds[1]

„Es ist Gemeingut der alttestamentlichen Wissenschaft, daß wir die authentischste, wenn nicht gar die einzig wirklich authentische Quelle über die Richterzeit im Deboralied (Ri 5) vor uns haben." So beginnt eine Bonner Habilitationsschrift des Jahres 1962, die die seinerzeit herrschenden Hypothesen zur ältesten Geschichte Israels unter die Lupe nahm.[2] Der Verfasser Rudolf Smend, damals Assistent bei Martin Noth, schickte ein Widmungsexemplar an Gerhard von Rad, dessen These vom „Heiligen Krieg" zu den Gegenständen der Untersuchung gehörte.[3] Er war nicht wenig überrascht, in von Rads Dankesbrief vom 14. Februar 1963 zu lesen: „Was das Deboralied betrifft, so hab ich ganz im Stillen manchmal Zweifel, ob es wirklich so alt ist." Smend wußte von Rad zu berichten, daß die Zweifel in Bonn geteilt wurden. Das ist indirekt dem nächsten Brief von Rads vom 22. Februar 1963 zu entnehmen: „Was Sie von Noth u. dem Deboralied schreiben, interessiert mich sehr. Ich habe mirs selber kaum einzugestehen gewagt, so sehr bin ich über diese Wahrnehmung erschrocken . . ."[4] Danach haben die beiden bedeutendsten Schüler Albrecht Alts gesehen, daß ein Text, der als eine der wichtigsten Quellen für die älteste Geschichte Israels gilt, Anzeichen später Entstehung trägt. Noch blieben die Zweifel „ganz im Stillen". Bis heute wird das Deboralied fast unangefochten – mit Wellhausens Worten – als „das früheste Denkmal der hebräischen Literatur" angesehen.[5] Angesichts des eklatanten Quellenmangels, unter der die Darstellung der Frühzeit Israels leidet, ist die communis opinio begreiflich. Aber ist sie hinreichend begründet?

Wellhausen gab seinerzeit nicht einfach einen Gemeinplatz wieder. Sein Urteil beruhte auf dem Vergleich mit der Erzählung in Ri 4, die dasselbe Geschehen in Prosa berichtet.[6] Das Nebeneinander der beiden Fassungen bot die willkommene Möglichkeit, den tendenzkritischen Quellenvergleich, der sich am Hexateuch bewährt hatte, in die historischen Bücher fortzuführen. „So formlos, so vielfach unverständlich das Lied ist – der Augenblick, die Stimmung des Augenblicks, welche mit übermenschlicher Gewalt alle Gemüter gefangen nimmt, ist darin auf unnachahmliche Weise festgehalten. Triumphierend spricht sich darin das glückliche Zutrauen aus, womit ein jugendliches Volk in den großen absichtslosen Momenten

---

1 Ausgearbeitete Fassung eines Kurzvortrags am 6. August 2001 auf dem 17. Kongreß der International Organisation for the Study of the Old Testament in Basel.
2 R. SMEND, Jahwekrieg und Stämmebund. Erwägungen zur ältesten Geschichte Israels (in: DERS., Zur ältesten Geschichte Israels [BEvTh 100] 1987, 116-199) 118. Zuerst erschienen als FRLANT 84, 1963, ²1966.
3 G. V. RAD, Der Heilige Krieg im alten Israel, 1951, ²1952.
4 Die Kenntnis der Briefe von Rads vom 14. und 22. Februar 1963 verdanke ich Rudolf Smend. Die andeutenden Punkte schrieb von Rad.
5 J. WELLHAUSEN, Israelitische und jüdische Geschichte, ⁷1914, 37; vgl. auch S. 10: „Das unbestritten echte Deboralied reicht nahe an die mosaische Zeit heran." Ähnliche Äußerungen findet man bei fast allen Exegeten, die sich mit der Frühzeit Israels befaßt haben.
6 Vgl. J. WELLHAUSEN, Die Composition des Hexateuchs, ³1885, 215-218.

seiner Geschichte, in denen sein Gesamtgeist aus der Tiefe aufschauert, die Gottheit vor sich her schreiten sieht, durch sich hin rauschen hört."[7] Anders Ri 4: „In der Erzählung ist der Gottheit das Mysterium abgestreift, vermittelst mechanischer Prophetie gelingt es, ihren Anteil an der Geschichte fest und nüchtern umgrenzt darzulegen. Je specieller sie eingreift, desto ferner tritt sie; je bestimmter die Aussagen über sie lauten, desto weniger spürt man sie."[8] So hätte Wellhausen auch den Jahwisten preisen und die Priesterschrift tadeln können. In der Art, die Frühzeit zu idealisieren, wirkt unverkennbar die Romantik nach, wobei literaturgeschichtliches und religionsgeschichtliches Urteil Hand in Hand gehen.

Die Auffassung, Überlieferung in gebundener Sprache sei urtümlicher als Prosa, findet sich schon in der Antike; scheint doch die Geschichte der griechischen Literatur zu bestätigen, daß das Epos der Geschichtsschreibung vorausgeht: erst Homer und Hesiod, dann Herodot und Thukydides. Nach den Kulturätiologien, die Plinius, Naturalis Historia VII 204f., aufführt, geht die poetische Geschichtsdarstellung auf die Zeit vor dem trojanischen Krieg zurück, hingegen habe erst Pherekydes von Syros zur Zeit des Perserkönigs Kyros gelehrt, in ungebundener Sprache zu schreiben. Bei Plutarch, De Pythiae Oraculis 24, wird daraus gar eine kulturgeschichtliche Epochenfolge. Als man in der Neuzeit begann, die Bibel mit der antiken Volksliteratur zu vergleichen, erhielt infolgedessen das Deboralied einen archaischen Nimbus, der unverwundbar war. In diesem Sinne beobachtet Johann Gottfried Herder: „Da alle wilde Nationen bei ihren Siegsfesten die vornehmsten Begebenheiten in nachahmendem Gesange feiren: so ist das Ähnliche bei diesem Gesange unverkennbar."[9]

Dennoch meldeten sich gelegentlich Zweifel. Maurice Vernes datierte 1892 das Lied in nachexilische Zeit, „aux temps de la Restauration et, non pas même au début de cette époque, mais au IVe, sinon au IIIe siècle avant notre ère."[10] Dafür gab es einen triftigen Grund: die Sprache. Das Deboralied enthält lexikalische, morphologische und syntaktische Aramaismen in erheblicher Zahl und berührt sich mit dem Wortschatz der späten Psalmen und der Chronik.

Der Einspruch kam zu früh und fand keine Wirkung. Man erklärte die Übereinstimmung mit den Psalmen auf gattungsgeschichtlichem Wege. Den sprachlichen Befund aber wehrte man damit ab, daß die Grenzen zwischen dem Hebräischen und dem Aramäischen in der Frühzeit nicht starr gewesen seien. Noch immer führt die große Mehrheit einen zähen Verteidigungskampf. Neuerdings wird das Deboralied verbreitet als Zeuge für den nordisraelitischen Zweig des „Ancient Biblical Hebrew" angesehen.[11] Die aramaisierenden Eigenheiten gelten als Dialektvarianten. Dabei ist man erstaunlich unbekümmert um die Tatsache, daß die alttestamentlichen Geschichtsbücher nicht wenige Texte enthalten, deren Her-

---

7 Israelitische und jüdische Geschichte, 37f.
8 J. WELLHAUSEN, Prolegomena zur Geschichte Israels, ^{6}1905, 238.
9 J.G. HERDER, Vom Geist der ebräischen Poesie (Schriften zum Alten Testament, hg. v. R. SMEND [Bibliothek deutscher Klassiker 93] 1993) 1191.
10 M. VERNES, Le Cantique de Débora (REJ 24, 1892, 52-67.225-255) 252.
11 Vgl. etwa I. YOUNG, Diversity in Pre-Exilic Hebrew (FAT 5) 1993, 163-166. Wenn er dafür auf Übereinstimmungen mit der Sprache des Hohenliedes verweist, das der salomonischen Epoche (!) angehöre, belegt er das Gegenteil dessen, was er will.

kunft aus dem Nordreich offenkundig ist, ohne daß sie sich vom „Standard Biblical Hebrew" unterscheiden. Ein sprachgeschichtlicher Beweis kann überdies nicht vorbeigehen an der Entwicklung des Aramäischen. Da einzelne Aramaismen des Deboralieds den Einfluß des Reichsaramäischen zeigen, also frühestens perserzeitlich sind, ist es um die Auffassung, es liege ein archaischer und regionaler Sprachtypus vor, nicht gut bestellt.[12]

Für die historische Einordnung des Liedes ist die Sprachgeschichte grundlegend. Sie bedarf indessen der Ergänzung durch die Kompositions- und Redaktionskritik sowie durch die Gattungs- und Traditionsgeschichte. Im folgenden kann es nicht darum gehen, den schwierigen Text regelrecht auszulegen. Es soll genügen, einige Schneisen zu schlagen.[13]

1. Die nachgetragenen Teile des Liedes

Datierungsfragen müssen die mögliche innere Entwicklung eines Textes einbeziehen. Es besteht verbreitetes Einvernehmen, daß das Deboralied, wie es vorliegt, kein geschlossener Wurf ist. Störungen des Aufbaus und die nicht wenigen Dubletten geben verläßliche Hinweise auf einen geschichteten Text.[14]

Gerade wer im Deboralied eine alte Quelle sucht, wird einräumen, daß der szenische Rahmen redaktionell ist:

    1 Da sang Debora und Barak, der Sohn Abinoams, an jenem Tage folgendermaßen.

Mit der Verknüpfung בַּיּוֹם הַהוּא „an jenem Tage" an den Vortext Ri 4 angebunden, legt die Einleitung das Lied Debora und Barak in den Mund. Ein mögliches Vorbild findet sich bei Mose und Mirjam in Ex 15. Im Lied selbst sind Debora und Barak nicht Sprecher, sondern Angesprochene. Das logische Problem wurde früh gesehen und hat sich im Text noch niedergeschlagen: Der Befehl an Debora in V. 12 דַּבְּרִי־שִׁיר „sage ein Lied", der über die Zeile hinausschießt, ist ein nachgetragener Ausgleichsversuch.

Auch V. 2 gehört nicht zur Grundgestalt. Er fällt dem Höraufruf V. 3, mit dem das Lied stilgerecht einsetzt, ins Wort:

    2 Daß das Haupthaar frei wallte in Israel,
       daß sich willig erzeigte das Volk: Preist Jahwe!

---

12 Vgl. M. WALTISBERG, Zum Alter der Sprache des Deboraliedes Ri 5 (ZAH 12, 1999, 218-232).
13 Die Sekundärliteratur ist unübersehbar. R.G. BOLING, Judges (AncB) 1975, 105: „A catalogue of full-dress studies of the Song of Deborah would read like a Who's Who in biblical research." Die jüngsten monographischen Untersuchungen stammen von U. BECHMANN, Das Deboralied zwischen Geschichte und Fiktion (Diss.T 33) 1989; von S. BECKER-SPÖRL, Und sang Debora an jenem Tage (EHS.T 620) 1998; sowie von H.-D. NEEF, Deboraerzählung und Deboralied (BThSt 49) 2002. Neef hält an der traditionellen Datierung fest. Bechmann versetzt das Lied in die späte Königszeit. Becker-Spörl verzichtet bewußt auf jegliche historische Fragestellung.
14 Vgl. besonders W. RICHTER, Traditionsgeschichtliche Untersuchungen zum Richterbuch (BBB 18) 1963, 81-93.

Der vorzeitige Auftakt will dem ganzen Lied eine bestimmte Ausrichtung geben: Er verbindet den Lobpreis Jahwes mit dem Ruhm derer, die sich am gemeinschaftlichen Handeln des Gottesvolkes aus freien Stücken beteiligen. „Im Deboralied fließen das Rühmen der Krieger und das Loben Gottes ineinander."[15] Der Wortschatz ist auffallend jung: נדב hit. „sich willig erzeigen" findet sich außer Ri 5,2.9 nur in Esra, Nehemia und der Chronik.[16] Die Lobformel בָּרְכוּ יהוה „Preist Jahwe!" ist ausschließlich in späten Psalmen, Nehemia und der Chronik belegt.[17] Sie gehört nicht zum alten Formelgut des Hymnus. „Ein vollständigerer Beweis später Abfassung ist kaum denkbar."[18] Unter dieser Voraussetzung läßt sich auch die crux פְּרֹעַ פְּרָעוֹת zu lösen versuchen.[19] Das Nomen פֶּרַע bedeutet „Fürst" (vgl. ugaritisches pr', LXX^A und die Parallele Dtn 32,42 LXX) oder „Haupthaar" (nach Num 6,5; Dtn 32,42 m; Ez 44,20). Bei einem jungen Text hat der biblische Kontext größeres Gewicht als eine mögliche ugaritische Etymologie. Unwillkürlich denkt man an das Beispiel Simsons, dessen Haupthaar ihn in den Augen der späteren Leser als Nasiräer (nach Num 6) ausgewiesen hat. V. 2 dürfte den Zusammenhang des Richterbuchs schon voraussetzen: Gepriesen werden die Retter, die gemeinsam mit dem Volk die Taten Jahwes vollbringen.

Der Lobpreis aus V. 2 kehrt in V. 9 wörtlich wieder. Was aber in V. 2 auf das ganze Volk bezogen ist (בְּהִתְנַדֵּב עָם „daß sich willig erzeigte das Volk"), ist in V. 9 begrenzt auf die Gebieter (הַמִּתְנַדְּבִים בָּעָם „die sich willig erzeigten *unter* dem Volk"). Deshalb stammt die Dublette schwerlich von ein und derselben Hand. Am ehesten ist V. 2 eine nachträgliche Vorwegnahme.

Wie in V. 2 verbindet sich auch in V. 9-11 das Gotteslob mit dem Preis der agierenden Helden:

9 Mein Herz ist mit den Gebietern Israels,
   die sich willig erzeigten unter dem Volk. Preist Jahwe!
10 Die ihr auf falben Eselinnen reitet, die ihr auf Gewändern[20] sitzt
   und die ihr auf dem Wege geht: Sinnet!
11 Von der Stimme der (Wasser) Verteilenden zwischen den Tränkrinnen.
   Dort besingen[21] sie die Heilstaten Jahwes,
   die Heilstaten seiner Führerschaft in Israel.
   Damals zogen herab zu den Toren das Volk Jahwes.

Die drei Verse zerreißen die gegebene Abfolge von Notlage V. 6-8 und Aufgebot V. 12-15. Man hat die Störung durch Umstellung beheben wollen;[22] doch ist ein Einschub viel wahrscheinlicher, zumal V. 9 sich auf V. 14 vorausbezieht und V.

---

15 I.L. SEELIGMANN, Menschliches Heldentum und göttliche Hilfe (ThZ 19, 1963, 385-411) 397.
16 Esr 1,6; 2,68; 3,5; Neh 11,2; 1 Chr 29,5.6.9.9.14.17.17; 2 Chr 17,16.
17 Ps 66,8; 68,28; 103,20.21.22; 134,1.2; 135,19.19.20.20; Neh 9,5; 1 Chr 29,20; vgl. Ps 96,2; 100,4.
18 K. BUDDE, Das Buch der Richter (KHC 7) 1897, 41.
19 Eine eingehende Darstellung des Problems und seiner möglichen Lösungen gibt C.F. BURNEY, The Book of Judges, London ²1920, 107-109.
20 Der Plural מַדִּין ist ein Aramaismus. Vgl. P. JOÜON /R. MURAOKA, A Grammar of Biblical Hebrew (SubBi 14) ²1996, 271; WALTSBERG (s. Anm. 12) 219f.
21 Die Wurzel תנה „singen" ist ein Aramaismus, vgl. M. WAGNER, Die lexikalischen und grammatischen Aramaismen im alttestamentlichen Hebräisch (BZAW 96) 1966, Nr. 327.
22 BURNEY, Judges, 102.

11b die Aussage von V. 13 vorwegnimmt. Es sind die in V. 14 genannten Gebieter Israels (מְחֹקְקִים, hier חוֹקְקִים), die willig zum Kampf Jahwes herabziehen (V. 11b // 13). Wieder ist dabei an die Retter des Richterbuchs gedacht. Sie reiten auf Eseln wie die Nachkommen der „kleinen Richter" (vgl. 10,4; 12,14), ja, gesteigertes Privileg, auf Eselinnen (1 Sam 9-10; Sach 9,9), die überdies von besonderer Farbe sind.[23] Der Gesang erklingt an der Wasserstelle, wo die jungen Männer das Wasser in die Tränkrinnen schöpfen. Das Lob בָּרְכוּ יהוה „preist Jahwe" gilt den Heilstaten Jahwes (צִדְקוֹת יהוה),[24] die er durch seine Führerschaft (פְּרָזוֹן) ins Werk gesetzt hat. Die Bedeutung von פְּרָזוֹן ist nicht ohne Seitenblick auf V. 7 zu entscheiden, den einzigen weiteren Beleg. Wenn dort gesagt ist, daß פְּרָזוֹן *in Israel* aufgehört habe, ehe Debora *in Israel* auftrat, ist die retterlose Zeit angedeutet, die nach dem Rahmen des Richterbuchs der Rettung vorausging.[25] Daß die Heilstaten Jahwes und die Heilstaten seiner Führerschaft in Parallele stehen, versteht sich ebenfalls aus dem redaktionellen Schema: durch die Retter und Richter handelt Jahwe selbst.

Der Abschnitt preist nicht die Führerschaft allein, sondern auch „das Volk Jahwes", das herabzog. Der aus V. 13 übernommene Ausdruck bezieht sich im späten Verständnis auf das Gottesvolk der zwölf Stämme. Aus dieser Vorgabe erwächst ein Problem: So, wie sie im Richterbuch gerahmt ist, schildert die Debora-Barak-Überlieferung eine gesamtisraelitische Aktion; die Erzählung aber nennt in Ri 4,6.10 allein Naftali und Sebulon als Beteiligte, zu denen in 5,14-15 noch Efraim, Benjamin, Machir, Issachar und vielleicht Ruben hinzutreten. Wo sind die übrigen Stämme? V. 16-17 versucht eine Antwort:

> 16 Warum wohnst du zwischen den Gabelhürden,
> zu hören das Pfeifen der 'Vorübergehenden'?[26]
> Für die Abteilungen Rubens waren groß die Erwägungen des Herzens.
> 17 Gilead wohnt jenseits des Jordans.
> Und Dan: warum weilt er auf Schiffen?
> Asser wohnt am Ufer des Meeres,
> und über seinen Buchten siedelt er.

Auch diese beiden Verse sind eingeschoben, wie diesmal die Wiederholung von V. 15b in V. 16b erkennen läßt. Bemerkenswert sind die Übereinstimmungen mit den Stämmesprüchen des Jakobsegens. Man vergleiche V. 16 בֵּין הַמִּשְׁפְּתַיִם „zwischen den Gabelhürden"[27] mit dem Issachar-Spruch Gen 49,14, darüber hinaus V. 17 אֳנִיּוֹת „Schiffe", לְחוֹף יַמִּים „am Ufer des Meeres", יִשְׁכּוֹן „siedelt er" mit

---

23 Das Hapaxlegomenon צָחֹר wird nach dem Syrischen, Mandäischen und Arabischen als „rötlich", „weiß-glänzend" oder „gelblich-rot" gedeutet, vgl. HAL 956a.
24 Der Ausdruck findet sich noch 1 Sam 12,7 und Mich 6,5, wo er jeweils ein spätes Geschichtssummarium auf den Begriff bringt. Dtn 33,21 im Dan-Spruch des Mose-Segens bietet den Sg.
25 Nach arab. *faraza* „mustern, auswählen", vgl. HAL 908b. Eine andere diskutable Ableitung geht aus von פְּרָזוֹת „offenes Land" und פְּרָזִי „Bewohner des offenen Landes, Bauernschaft".
26 Statt עֲדָרִים „Herden" schlage ich עֹבְרִים „Vorübergehende" vor. Zur Verbindung mit שְׁרִקָה „Pfeifen, Zischen" vgl. Jer 18,16; 19,8. Die Geste ist eine Ausdruck des Spotts.
27 Zur Übersetzung O. EISSFELDT, Gabelhürden im Ostjordanland (1949); in: DERS., Kleine Schriften III, 1966, 61-66); DERS., Noch einmal: Gabelhürden im Ostjordanland (1954; ebd. 67-70).

dem Sebulon-Spruch Gen 49,13. Die Gemeinsamkeiten des Wortlauts sind so eng und ausschließlich, daß zwischen Deboralied und Jakobsegen eine unmittelbare Beziehung bestehen muß. In welcher Richtung die Abhängigkeit verläuft, geht aus dem Dan-Asser-Spruch des Deboralieds hervor. Wie man schon gesehen hat, ist er eine Abwandlung von Gen 49,13: „Vielleicht hat der Dichter des Deboraliedes das Wort über Ascher in Anlehnung an den Sebulonspruch von Gen. 49,13 ... formuliert".[28] Als es galt, das Zwölfstämmevolk in seiner Ganzheit zu erfassen, hat der Ergänzer auf den Jakobsegen zurückgegriffen. Die Vorlage mußte indessen korrigiert werden: Sebulon, von dem der Jakobsegen sagt, daß er am Meeresstrand und am Strand der Schiffe siedelt bis hin nach Sidon, steht im Deboralied in der Mitte des Geschehens. Sein vormaliger Platz als Randsasse wird deshalb von Dan und Asser eingenommen. Eine Verbindung Dans mit Schiffen ist siedlungsgeographisch unsinnig – und hat doch ihren Sinn, wenn man sie als Abwandlung des Jakobsegens erkennt.[29]

Die Anspielungen setzen sich fort in V. 22, zu dem man vielleicht den schwierigen V. 21b hinzunehmen kann:

21b 'Preise',[30] meine Seele, die Kraft!
22 Damals schlugen die Fersen der Pferde
vom Jagen des Jagens seiner Starken.

Die Verbindung עִקְּבֵי־סוּס „die Fersen der Pferde" hat einen einzigen weiteren Beleg im Dan-Spruch Gen 49,17. Dort spielt der Ausdruck auf ein Kampfgeschehen an. Wieder stellt sich das Problem, daß Dan der Deboraschlacht ferngeblieben ist. Ri 5,22 hat es so gelöst, daß die Aussage auf die Deboraschlacht als ganze bezogen wird.

Im Gegenzug zu dem Preis der am Kampf beteiligten Helden (V. 13), zumal der tapferen Jaël (V. 24ff.), werden diejenigen, die abseits geblieben sind, mit dem Fluch belegt:

23 Fluchet Meros, spricht der Engel Jahwes,
fluchet, fluchet seinen Bewohnern,
daß sie nicht kamen Jahwe zu Hilfe,
Jahwe zu Hilfe unter den Helden!

Auffallend ist, wie mitten im Lied der „Engel Jahwes" als Sprecher bemüht wird. „Dieser Vers ist nun wirklich isoliert, so daß man ihn entfernen könnte, ohne daß etwas fehlen würde."[31] Vielleicht hat der Auftritt des Engels in Bochim Ri 2,1-5

---

28 O. GRETHER, Das Deboralied (BFChTh 43) 1941, 55. Vgl. Z. KALLAI, „Dan why Abides He by Ships" (JNSL 23, 1997, 33-45) 39: „It is obvious that the diverse phrases and epigrams of which the Song is composed are quotations or paraphrastic adaptations of patterned epical formulations."
29 Zum Alter des Jakobsegen Gen 49 s. LEVIN, Das System der zwölf Stämme Israels, oben 116f.
30 Der Text ist unverständlich: תִּדְרְכִי נַפְשִׁי עֹז „Tritt, meine Seele, Kraft". BURNEY, Judges, 148, hat vorgeschlagen, תִּדְרְכִי „tritt" durch תְּבָרְכִי „preise" zu ersetzen. Die Verbindung „Preise, meine Seele" ist aus dem späten Danklied geläufig, vgl. Ps 103,1.2.22; 104,1.35, und paßt innerhalb von Ri 5 vorzüglich zu V. 2 und V. 9, vgl. auch V. 24. Die Konjektur hat nur den Mangel, daß sie nicht erklärt, wie der vorliegende Text entstanden sein kann.

als Vorbild gedient. Mit Meros (מֵרוֹז) dürfte sich wiederum ein bedeutungsvoller Querverweis verbinden; nur daß er sich nicht ohne weiteres entschlüsseln läßt, da der Ort kein zweitesmal belegt ist. Unter den unsicheren Möglichkeiten liegt eine Anspielung auf Merom (מֵרוֹם, Jos 11,5.7 †) am nächsten.[32] Wie noch zu zeigen ist, stehen die „Wasser von Merom" im Hintergrund von V. 19, sind dort aber mit Rücksicht auf die Deboraschlacht zu den „Wassern von Megiddo" geworden. Daher darf Merom auch in V. 23 nicht genannt werden. Das schließt eine Anspielung nicht aus; zumal der Bach Kison den positiven Gegenpart bildet, dem zugeschrieben wird, sich an der Vernichtung der Feinde beteiligt zu haben (V. 21a).

Die Verse 2.9-11.16-17.21b-23 mögen literarisch nicht alle auf ein und dieselbe Ebene gehören. Gleichwohl bilden diese stämmegeschichtlichen Zusätze einen zusammenhängenden Motivkreis, den das ältere Lied nicht gekannt hat.

2. Der Psalm

Das Lied, das den Ergänzungen vorlag, ist geprägt von einem Wechsel der Gattung, den man treffend als Verknüpfung von ‚Ballad Style' und ‚Psalm Style' bezeichnet hat.[33] Die nachgedichtete Erzählung, wie die Israeliten mit Jahwes Hilfe unter der Führung Deboras und Baraks über die Könige von Kanaan gesiegt haben und wie die heldenhafte Jaël den Sisera erschlagen hat V. 6-27*(-30), wird in V. 3-5 und V. 31a gerahmt von einer Art Psalm. Gibt diese Rahmung nochmals Anlaß zu literarkritischen Scheidungen, oder ist sie für die Dichtung konstitutiv?

Der Stilwechsel ist besonders deutlich am Schluß. Er ist hier so hart, daß man V. 31a für einen nachgetragenen Anhang gehalten hat:[34]

> 31 So werden umkommen alle deine Feinde, Jahwe!
> Die ihn aber lieben, werden sein, wie die Sonne aufgeht in ihrer Macht!

„Inhaltlich klingt der Vers an zahlreiche Stellen späterer Psalmen an, die in gleicher Weise über die Vernichtung (אבד) der Feinde Jahwe's und das Heil seiner Anhänger triumphieren vgl. z.B. Ps. 37,20. 68,3f. 73,27. 92,10 (כי הנה איבך יהוה יאבדו)."[35] Am weitesten geht die Wortgemeinschaft mit Ps 92,10:

> Denn siehe, deine Feinde, Jahwe,
> siehe, deine Feinde werden umkommen;
> alle Übeltäter werden ausgesondert werden.

Im Lichte dieser Parallelen, zu denen man noch Ps 1,6 hinzunehmen kann, erhält das Deboralied einen eschatologischen Zug: Der Jahwe-Krieg an den Wassern

---

31 RICHTER, Untersuchungen, 100.
32 Vgl. auch V. ZAPLETAL, Das Buch der Richter (EHAT 7,1) 1923, 88; M. GÖRG, Richter (NEB 31) 1993, 34; u.a.
33 Vgl. J. BLENKINSOPP, Ballad Style and Psalm Style in the Song of Deborah: A Discussion (Bib. 42, 1961, 61-76).
34 G. WINTER, Die Liebe zu Gott im Alten Testament (ZAW 9, 1889, 211-246) 223-225; BUDDE, Richter, 39; RICHTER, Untersuchungen, 86; und andere.
35 WINTER aaO 224.

von Megiddo wird zum Typos des Endgerichts, wenn Jahwe alle seine Feinde vernichten, seine Getreuen aber rehabilitieren wird.

Das einleitende כֵּן „so" bezieht dieses Fazit über V. 28-30 hinweg auf das Ende des Sisera, das in V. 24-27 bejubelt wird. Der auffallende Gedankensprung kann in der Tat daher rühren, daß V. 31a nachträglich angehängt ist. Ebensogut aber ist möglich, daß die gegebene Abfolge unterbrochen worden ist, nämlich durch die Szene, die zum Abschluß die Mutter Siseras ins Spiel bringt:

> 28 Durchs Fenster blickte hinaus[36]
> die Mutter Siseras, durch das Gitter:
> Warum zaudert sein Wagen zu kommen?
> Warum zögern die Schritte seiner Wagen?
> 29 Die Weisen ihrer Fürstinnen 'antworten',[37]
> auch sie gibt sich selbst ihre Antwort:
> 30 Werden sie nicht finden, verteilen Beute:
> ein, zwei Frauenschöße pro Kopf und Mann,
> Beute von gefärbten Tuchen für Sisera,[38]
> Buntwirkereien um die Schultern als Beute?

Daß Siseras Mutter aus dem Erscheinungsfenster hinaussieht, zeigt, daß sie das Amt der Königinmutter innehat. Der Königinmutter fällt interimistisch die Regierungsgewalt zu für den Fall, daß ihr Sohn nicht lebend aus der Schlacht kommt (vgl. 2 Kön 9,30). In der Ungewißheit berät sie sich mit den weisen Hofdamen und erhält eine beruhigende Antwort: Sisera wird durch die Verteilung der Kriegsbeute aufgehalten worden sein. Die siegreiche Truppe mache sich gewiß über die Frauen her und plündere bunte Kleider als Trophäen, wie bei Soldaten beliebt. Da der Leser weiß, daß Sisera erschlagen im Zelt der Jaël liegt, wirkt diese Ahnungslosigkeit wie Hohn. „There is a fine irony in the allusion to the wisdom of these ladies, whose prognostications were so wide of the truth."[39]

Die Doppelbödigkeit steht in starkem Kontrast zu dem übrigen Lied. Die Szene fällt buchstäblich aus dem Rahmen. Das spricht dafür, daß nicht V. 31a angehängt, sondern V. 28-30 eingefügt sind und den Rahmenvers abgedrängt haben. V. 31a mußte nämlich in seiner Position verbleiben, weil er das Gegenstück bildet zu dem Psalm-Abschnitt V. 3-5, der das Lied eröffnet:

> 3 Hört, ihr Könige, lauscht, ihr Mächtigen!
> Ich will Jahwe, ich will ihm singen,
> will spielen Jahwe, dem Gott Israels.

---

36 Das weitere Prädikat וַתְּיַבֵּב fehlt in LXX und stört den Rhythmus. Die Wurzel יבב „laut schreien" (= „klagen" oder „jubeln") ist aramäisch und im Alten Testament Hapaxlegomenon.
37 Lies תַּעֲנֶינָה (2.pl.f.). Die Masoreten punktieren 2.sg.f. + suff. 3.sg.f. תַּעֲנֶיהָ „sie antwortet ihr". Das ist inkongruent zu dem pluralischen Subjekt, das viele Exegeten freilich im Singular lesen: חַכְמוֹת שָׂרוֹתֶיהָ „die Weiseste ihrer Fürstinnen". Möglicherweise wollen die Masoreten beide Lesarten zur Wahl bieten.
38 Der Vers ist durch Dubletten überfüllt. Die Wiederholung von שְׁלַל צְבָעִים „Beute von gefärbten Tuchen" wirkt wie das Lemma einer Glosse. Darauf folgen unverbunden noch einmal die beiden Stichwörter רִקְמָה „Buntwirkerei" und צֶבַע „gefärbtes Tuch". Daß die Begriffe der Verdeutlichung bedürfen, gilt noch heute.
39 G.F. MOORE, A Critical and Exegetical Commentary on Judges (ICC) 1895, 167.

> 4 Jahwe, als du auszogst von Seïr,
> einherschrittest vom Gefilde Edoms,
> da bebte die Erde, auch (גַּם) der Himmel troff,
> auch (גַּם) die Wolken troffen von Wasser.
> 5 Die Berge 'erbebten'[40] vor Jahwe – das ist der Sinai –,
> vor Jahwe, dem Gott Israels.

Das Lied setzt ein mit einem Ruf zur Aufmerksamkeit, gerichtet an die Machthaber der Völker. Die Wortwahl רוֹזְנִים „Mächtige" neben מְלָכִים „Könige" ist spät.[41] Wer diese Mächtigen sind, bleibt unbestimmt. Ihnen wird das Lied ins Angesicht gesungen, man kann sagen: als „Trotzlied". Ein Höraufruf dieser Art ist der Psalmdichtung fremd. Anders die folgende Selbstaufforderung zum Lob. Der Kohortativ אָשִׁירָה לַיהוה ist, als Übergang vom Lobgelübde des Klageliedes zur Einlösung des Gelübdes, das Gattungskennzeichen des Danklieds: „Ich will Jahwe singen, daß er so wohl an mir tut." Erweitert lautet dieser Psalm-Eingang אָשִׁירָה אֲזַמְּרָה לַיהוה "Ich will singen, ich will spielen für Jahwe", vgl. Ps 27,6; 57,8; 108,2. Nichts anderes als diese Wendung liegt Ri 5,3 zugrunde, nur daß sie zu einem Stufenparallelismus erweitert ist. Das geschah, indem zweimal das Personalpronomen אָנֹכִי vorangestellt wurde und der Gottesname um das Attribut „der Gott Israels" ergänzt ist: אָנֹכִי לַיהוָה אָנֹכִי אָשִׁירָה אֲזַמֵּר לַיהוָה אֱלֹהֵי יִשְׂרָאֵל. Ein Stufenparallelismus findet sich im Deboralied noch in V. 12.[42] In der Debatte um das Alter hat das eine Rolle gespielt; denn das Stilmittel ist kennzeichnend für die ugaritische Poesie. Im Rahmen des Alten Testaments allerdings gibt der Stufenparallelismus für die Datierung keinen Ausschlag: Die insgesamt etwa zwanzig Belege[43] finden sich gehäuft in sehr späten Texten.

Die Fortsetzung beruht wie der Schlußvers 31a auf vorgegebenen Mustern. Ri 5,4-5 hat bekanntlich eine wörtliche Parallele in Ps 68,8-9:[44]

> 8 Jahwe,[45] als du auszogst vor deinem Volk,
> einherschrittest in der Wüste,
> 9 da bebte die Erde, ja (אַף) der Himmel troff
> vor Jahwe – das ist der Sinai –,
> vor Jahwe, dem Gott Israels.

Die Übereinstimmung ist so genau, daß sie nur mit literarischer Abhängigkeit zu

---

40 Die Form נזלו läßt sich von נזל „rieseln, fließen, hinabsteigen" oder von זלל II ni. „beben, wanken" ableiten. Auf die masoretische Lesart als נָזְלוּ von נזל hat anscheinend V. 4 eingewirkt. Die Vokalisation נָזֹלּוּ von זלל in der Parallele Jes 63,19 ist richtiger. So auch LXX: ἐσαλεύθησαν.

41 Die Wurzel רזן „gewichtig sein" ist im Alten Testament nur spät belegt: Jes 40,23; Hab 1,10; Ps 2,2; Spr 8,15; 14,28; 31,4; Sir 44,4. Der Parallelismus מְלָכִים und רוֹזְנִים auch Hab 1,10; Spr 8,15; 31,4; vgl. Ps 2,2.

42 Man kann auch die Dublette in V. 30 in diesem Sinne lesen. Doch sie ist sekundär, s. Anm. 38.

43 Ex 15,6-7a.11.16; Ri 4,18; 5,3.12.30; 15,16; Ps 67,4.6; 94,1.3; 124,1-2; 129,1-2; Hld 4,8; 5,9; 7,1; Klgl 4,15; Koh 1,2. Vgl. W.G.E. WATSON, Classical Hebrew Poetry. A Guide to its Techniques (JSOT Suppl. Ser. 26) 1986, 151 Anm. 106. Dort heißt es „Staircase parallelism".

44 Vgl. die hebräische Synopse bei RICHTER, Untersuchungen, 69.

45 Die elohistische Redaktion des Psalters hat hier und im folgenden Vers den Gottesnamen durch אֱלֹהִים ersetzt.

erklären ist. Dafür spricht am deutlichsten die vieldiskutierte Parenthese זֶה סִינַי „Das ist der Sinai". Wenn irgendetwas im Alten Testament eine Randglosse ist, dann dieser Demonstrativsatz,[46] den Zürcher Bibel sogar in eine Fußnote verbannt hat.[47] Zur Glosse hinzu gehört die Wiederholung מִפְּנֵי יהוה „vor Jahwe" als das bezogene Stichwort (Lemma), das am Rand der Kolumne wiederholt worden ist. Da die Marginalie sowohl in Ri 5,5 als auch in Ps 68,9 an eben derselben Stelle im fortlaufenden Text steht, muß die eine der Parallelen von der anderen abgeschrieben sein. Tertium non datur.[48]

In der Regel wird die Originalität auf Seiten des Deboralieds gesehen. Unterstellt man aber nicht von vornherein, das Lied stamme aus ältester Zeit, spricht alles dafür, daß Ps 68 der gebende Text gewesen ist. Die Assoziation „Das meint Sinai" wird weit eher durch das Einherschreiten Jahwes „in der Wüste" (בִּישִׁימוֹן) ausgelöst als durch sein Kommen aus Seïr und Edom.[49] Noch mehr besagt, daß der Psalm die kürzere Fassung bietet: גַּם־עָבִים נָטְפוּ מַיִם הָרִים נָזְלוּ „auch die Wolken troffen von Wasser, die Berge erbebten" fehlt dort. Zweifellos ist der Überschuß sekundär,[50] zumal da der erste dieser beiden Sätze, angeschlossen mit der Additions-Partikel גַּם „auch", lediglich das Verb נָטְפוּ „sie troffen" mit anderem Subjekt und dem Objekt מַיִם „Wasser" wiederholt.[51] Die Wiederholung dient als Überleitung; denn der zweite der überschießenden Sätze ist nochmals vorgegeben. Er zitiert Jes 63,19:

> O, daß du den Himmel zerrissest und führest herab,
> daß vor dir die Berge erbebten (מִפָּנֶיךָ הָרִים נָזְלוּ).

Das Deboralied unterscheidet sich deshalb von Ps 68, weil es zwei Bibelstellen miteinander verknüpft: Die Theophanieschilderung verbindet sich mit dem Rückblick auf die Rettungstaten Jahwes nach Jes 63 und der Bitte um sein erneutes Eingreifen wie in den Tagen der Vorzeit.

---

46 RICHTER, Untersuchungen, 69 Anm. 35: „זה סיני, wird allgemein als Glosse angesehen; die Gründe brauchen nicht wiederholt zu werden." Vgl. MOORE, Judges, 142; BUDDE, Richter, 41; B. DUHM, Die Psalmen (KHC 14) 1899, 175; C.A. BRIGGS, The Book of Psalms 2 (ICC) 1907, 107; R. KITTEL, Die Psalmen (KAT 13) [3+4]1922, 228; u.a.
47 Zürcher Bibel zu Ri 5,5: „Hier stehen im Hebräischen noch die Worte: ‚Das ist der Sinai', wahrscheinlich ein späterer Zusatz, der nicht zum Liede gehört." Zu זֶה als Einleitung von Glossen vgl. Esr 3,12 sowie M. FISHBANE, Biblical Interpretation in Ancient Israel, Oxford 1985, 51-55.
48 Anders J. JEREMIAS, Theophanie (WMANT 10) 1965, 10f.: „Trotz der bis ins einzelne gehenden wortmäßigen Übereinstimmung mit Ri. 5,4f. wird man kaum von literarischer Abhängigkeit sprechen können."
49 FISHBANE aaO 75 Anm. 30: "The geographic itinerary in Ps. 68:8-13 suggests that the gloss occurred there first." Man beachte, daß Ps 68 im weiteren Verlauf, nämlich in V. 16ff., ausführlich auf den Gottesberg zu sprechen kommt, vgl. FISHBANE, 55.
50 So auch RICHTER, Untersuchungen, 70: „So wird Ps 68,9 ... den besseren Text haben, während Ri 5,4f durch Zusätze bereichert wurde."
51 Diese stilistischen Ungereimtheiten sprechen gegen die Lösung von É. LIPINSKI, Juges 5,4-5 et Psaume 68,8-11 (Bib. 48, 1967, 185-206) 186, der den kürzeren Text für sekundär erklärt: „Le psalmiste a tout aussi bien pu omettre certains éléments du cantique, de façon à conformer le passage remployé à son point de vue propre."

Über das Verhältnis von Ri 5 und Ps 68 entscheidet, ob dieser Überschuß im Zuge der Parallelenbildung hinzugekommen ist, oder erst nachdem die Textverdoppelung geschehen war.[52] Im zweiten Fall könnte das Deboralied, wenngleich die längere Fassung, dennoch der ältere Text sein. Der Anhaltspunkt liegt in der Variante גַּם Ri 5,4 gegen אַף Ps 68,9. Hier hat am ehesten Ri 5 abgewandelt – und zwar bei und wegen der Erweiterung; denn zusammen mit dem Überschuß entsteht doppeltes גַּם: „sowohl – als auch". Soweit man entscheiden kann, ist Ri 5,4-5 von Anfang an ein Doppelzitat von Ps 68,8-9 und Jes 63,19 gewesen.

Von Ps 68 weicht das Deboralied ab, wenn es Jahwe von Seïr, also von Südosten, auf das Schlachtfeld kommen und vom Gefilde Edom statt in der Wüste einherschreiten läßt. Die Aussage wirkt so ursprünglich wie unerfindlich.[53] Indessen gerät „Jahwe, der Gott Israels" dabei mit Judas Erzrivalen Edom in Verbindung. Irgendein religionsgeschichtlicher oder topographischer Grund für diese Merkwürdigkeit ist nicht ersichtlich.[54] Unter diesen Umständen ist von Belang, daß Seïr im weiteren Kontext noch ein weiteres Mal in Ri 3,26 erwähnt ist anläßlich der Rettertat, die dem Kampf Deboras und Baraks vorausgeht: Der Retter Ehud kann nach dem Mord an Eglon nach Seïr entkommen und kehrt als Anführer einer israelitischen Truppe zurück: „Er aber setzte bei den Steinmalen über und entrann nach Seïr.[55] Sobald er kam, stieß er ins Horn auf dem Gebirge Efraim. Da zogen die Israeliten mit ihm vom Gebirge herab, er vor ihnen her. Er sprach zu ihnen: Eilt mir nach! Denn Jahwe hat eure Feinde, nämlich Moab, in eure Hand gegeben! Da zogen sie herab hinter ihm" (Ri 3,26-28). Wahrscheinlich hat diese Szene das Muster gebildet, nach welchem das Zitat von Ps 68 verändert worden ist: Jahwe kommt von Seïr zur Deboraschlacht, wie Ehud von Seïr kommend vor den Israeliten nach Moab gezogen ist. Der Synergismus zwischen Jahwe und dem Retter ist hinzuzudenken. Daß Jahwe „vor seinem Volk" in die Schlacht zieht, ist durch Ps 68,8 vorgegeben. Es gehört zu den genuinen Vorstellungen des Jahwekriegs. Im Hintergrund steht ferner der Ladespruch, der in Ps 68,2 als Auftakt vorangestellt worden ist (= Num 10,35):

> 'Jahwe'[56] steht auf. Seine Feinde zerstieben,
> und die ihn hassen, fliehen vor ihm.

Auch wenn der Ladespruch in Ri 5 nicht angeführt ist, dürfte er dem Leser, der die Parallelen vor dem inneren Auge hatte, geläufig gewesen sein. Das ‚implizite' Zitat bildet ein Gegenstück zu dem hinteren Rahmen: der Verheißung der Ver-

---

52 Diese Erwägung fehlt bei RICHTER aaO, der die Textfassung von Ps 68 in das Deboralied implantiert, das ihm ungefragt als die ältere Parallele gilt. Das literargeschichtliche Problem ist als textgeschichtliche Frage mißverstanden (vgl. die Textfassung S. 400).
53 Die parallele Aussage Dtn 33,2 setzt Ri 5,4-5 schon voraus.
54 Erwägungen, Seïr gebe aus palästinischer Sicht die Richtung an, in der der Sinai gelegen habe (der daher nicht auf dem Wege von Ägypten her zu suchen sei, sondern in Nordwestarabien), sind abwegig
55 Der heutige Text lautet הַשְּׂעִירָתָה „nach Seïra". Das dürfte aus שְׂעִירָה verlesen sein. Die Irritation wurde durch den redaktionellen Rahmen des Richterbuchs hervorgerufen, der Ehud über den Jordan nach Westen (statt ursprünglich nach Süden) entweichen läßt.
56 Die elohistische Redaktion ist anhand von Num 10,35 rückzukorrigieren.

nichtung der Feinde Jahwes. Das zeigt noch einmal, daß V. 31a kein Nachtrag, sondern der ureigene Abschluß des Liedes ist.

Der psalmartige Rahmen V. 3-5 und 31a mit seinem Einsatz im Kohortativ gibt das Deboralied als Danklied zu verstehen.[57] Anlaß des Dankes ist die Rettung in der Schlacht am Tabor, wie sie im Korpus des Liedes geschildert ist. Deshalb lassen sich ‚Psalm Style' und ‚Ballad Style' so wenig trennen, wie dem Danklied der Bericht über die geschehene Rettung genommen werden kann. Das Fazit V. 31a gibt das Ereignis der Frühzeit als Vorwegnahme dessen zu verstehen, wie Jahwe inskünftig seine Feinde vernichten und seine Getreuen bewahren wird. Das Lied richtet sich nicht allein als Dank an Jahwe, sondern es wird den Feinden Jahwes als Trotzlied auf den Kopf zu gesungen. Man kann das Deboralied als proleptisches eschatologisches Danklied bestimmen.

3. Die Ballade

Der ‚Ballad Style', also der poetische Nachvollzug der Ereignisse, die Ri 4 in Prosa berichtet, bildet das Hauptstück des Liedes. Die Dichtung bezieht sich nicht auf die Ereignisse selbst, sondern poetisiert die bestehende Überlieferung, die von ihnen berichtet. Das mehrfache historisierende אָז „damals" (V. 8.13.19, sekundär 11.22) zeigt den Abstand.

Am Anfang steht, getreu dem Rahmen des Richterbuchs, die Notlage, in der Israel sich vor dem Auftreten Deboras und Baraks befunden hat:

6 In den Tagen Schamgars, des Sohnes Anats, [in den Tagen Jaëls][58] ruhten die Pfade,
  und die auf Wegen Gehenden wandelten[59] auf krummen Wegen.
7 Geendet hatten die Führer, in Israel hatten sie geendet
  bis du aufstandest,[60] Debora, bis du aufstandest, eine Mutter in Israel.
8 Man erwählte sich[61] neue Götter; damals 'hatten sie Abgötter'.[62]
  Kein Schild ward gesehen, noch ein Speer unter vierzigtausend in Israel.

Wenn das Lied die Zeit, die dem Auftreten Deboras vorausgeht, als „die Tage Schamgars, des Sohnes Anats," bezeichnet, beruht das auf der heutigen Abfolge von Ri 3 und 4. Da diese Anordnung gegenüber den Quellenstücken anerkannt sekundär ist, folgt daraus, daß der Dichter des Deboralieds das redaktionelle Konstrukt einer ‚Richterzeit' gekannt hat. „Die Tage Schamgars" sind dessen Amtszeit

---

57 Vgl. das Meerlied Ex 15,1-18 mit seinem kohortativischem Einsatz neben dem Mirjamlied Ex 15,21 als imperativischem Hymnus.
58 Die Worte בִּימֵי יָעֵל sind ein späterer Zusatz, der auf V. 24-27 vorausweist (so auch BUDDE, Richter, 42; RICHTER, Untersuchungen, 87; u.a.). Sie stören das Metrum.
59 Impf. als Tempus historicum. Durativ (?).
60 Die Form שַׁקַּמְתִּי ist ein morphologischer Aramaismus, vgl. WALTISBERG, ZAH 1999, 218f.
61 Impf. als Tempus historicum.
62 Statt des sinnlosen אָז לָחֶם שְׁעָרִים „damals war Brot der Tore" schlage ich eine kleine Änderung des Konsonantentextes (ה statt ח) und die Lesung שׂ statt שׁ vor: אָז לָהֶם שְׂעִרִים „damals hatten sie Feldgeister"; vgl. Dtn 32,17. Der Plural von שָׂעִיר „Ziegenbock" wird mehrfach im Sinne von „Abgötter" gebraucht: 2 Kön 23,8 txt.em.; Jes 13,21; 34,12.14; Lev 17,7; 2 Chr 11,15. LXX bestätigt mit ὡς ἄρτον κρίθινον „wie Gerstenbrot" den Konsonantenbestand.

als Richter. Mehr noch: Schamgar ben Anat, in Ri 3,31 ein einziges weiteres Mal genannt, ist der Reihe der Richter erst nachträglich zugewachsen. Die ältere Abfolge Ehud – Debora ist in 4,1 noch zu sehen.[63] Man kann ausschließen, daß die Schamgar-Notiz aus dem Deboralied elaboriert ist. Vorbild ist vielmehr Ri 13-16 gewesen: Schamgar ist ein Doppelgänger des Simson. Er nimmt den Kampf gegen die Philister vorweg.[64] Wie Simson mit einem Eselskinnbacken tausend Philister erschlagen hat (Ri 15,15-16), so Schamgar sechshundert Philister mit einem Ochsenstecken. Für den Debora-Dichter verkörpert diese Waffe nicht das Heldentum Schamgars, sondern sie gilt ihm als Zeichen der Not: In Israel gab es damals weder Schwert noch Schild.[65] Auf vierzigtausend wird das Heer Israels auch bei der Eroberung Jerichos Jos 4,11 angesetzt.

Wo die Quellen örtlich begrenzte Ereignisse wiedergeben, die erst nachträglich zu einer Geschichte ganz Israels zusammengefügt worden sind, spricht das Deboralied von „Führern in Israel" und nennt Debora „Mutter in Israel". Daß die Führer in Israel geendet hatten, bezeichnet die retterlose Epoche. Ohne Obrigkeit geriet das Volk religiös auf Abwege: יִבְחַר אֱלֹהִים חֲדָשִׁים „Man erwählte sich neue Götter". Man handelte also gegen die Verpflichtung, die die Israeliten in Sichem feierlich übernommen hatten, als sie Jahwe zu ihrem Gott wählten (בחר, Jos 24,15.22). Wie in späten Deutungen des Richterschemas wird die Phase der Not mit dem Ungehorsam gegen das Erste Gebots erklärt (vgl. Ri 10,14).[66] Dann aber steht Debora auf (קוּם), genau wie die Redaktion den jeweiligen Retter oder Richter erstehen läßt (2,16.18; 3,9.15; 10,1.3; vgl. 4,9).

Auch das Aufgebot ist keine selbständige Schilderung, sondern bringt den Prosabericht in poetische Form.

> 12 Wach auf, wach auf, Debora! Wach auf, wach auf! [Sage ein Lied!][67]
> Steh auf, Barak, und nimm deine Gefangenen gefangen,[68] Sohn Abinoams!
> 13 Damals zog herab, wer entronnen war von den Vornehmen,
> 'das Volk Jahwes'[69] zog herab 'mit ihm'[70] unter den Helden.
> 14 Aus Ephraim, deren Wurzel in Amalek,
> hinter dir her,[71] Benjamin, unter deinen Völkerscharen.[72]

---

63 Überblick über die Exegese der Notiz Ri 3,31 bei W. RICHTER, Die Bearbeitungen des „Retterbuches" in der deuteronomischen Epoche (BBB 21) 1964, 92f. „Die weitaus meisten Gelehrten anerkennen sie als Einschub."

64 Darum haben mehrere Handschriften der Septuaginta sowie die Editio Aldina, die Syrohexapla, die armenische und die slawische Übersetzung 3,31 hinter 16,31 wiederholt.

65 Sachlich kann auch 1Sam 13,19-22 von Einfluß gewesen sein.

66 Die Wurzel בחר „wählen" ist im Bezug auf Gott oder Götter nur Jos 24,15.22; Ri 5,8; 10,14 belegt. Der Begriff אֱלֹהִים חֲדָשִׁים noch Dtn 32,17, ebenfalls im (radikalisierenden) Rückbezug auf Jos 24,15.

67 S.o. S. 126.

68 Die Num 21,1; Dtn 21,10; 2 Chr 28,17 und Ps 68,19 (!) belegte Wendung שְׁבֵה שֶׁבִי „Gefangene wegführen" muß nicht geändert werden, vgl. BURNEY, Judges, 120f; LINDARS, Judges 1-5, 249.

69 Die Pausa muß bei לְאַדִּירִים stehen, nicht bei עָם; denn עַם יהוה bildet eine cs.-Verbindung, vgl. V. 11.

70 Lies יָרַד־לוֹ mit LXX[B].

71 Das Suffix 2. sg. ist durch die Sekundärparallele Hos 5,8 gesichert.

72 Der seltene Plural עֲמָמִים (nur noch Neh 9,22.24) ist ein morphologischer Aramaismus, der Einfluß des Reichsaramäischen zeigt, vgl. WALTISBERG aaO 220f.

Von Machir zogen Gebieter herab
und von Sebulon, die den Stab des Schreibers halten,
15 'und die Fürsten' in Issaschar mit Debora,
' '[73] in die Ebene entboten ihm auf dem Fuß.
In den Abteilungen Rubens waren groß die Beschlüsse[74] des Herzens.
18 Sebulon: ein Volk, das sein Leben aufs Spiel setzt,
und Naftali auf den Höhen des Gefildes.

Wie Debora in 4,6-7 an Barak ben Abinoam den Befehl zum Kampf übermittelt, geht auch im Lied die Initiative zur Rettung von ihr aus. Der einleitende Befehl liest sich, als gäbe er die Weisung Jahwes an die Prophetin wieder, die in 4,6 übersprungen ist. Der Stufenparallelismus עוּרִי עוּרִי דְּבוֹרָה עוּרִי עוּרִי „Wach auf, wach auf, Debora! Wach auf, wach auf!" mutet altertümlich an;[75] indessen hat er die engste Form-Parallele in Hld 7,1, einem sehr jungen Text: שׁוּבִי שׁוּבִי הַשּׁוּלַמִּית שׁוּבִי שׁוּבִי „Wende dich, wende dich, Sulamitin! Wende dich, wende dich!" Der doppelte Befehl ruft wörtlich Jes 51,9 in Erinnerung, als wäre Debora das Werkzeug Jahwes in Person:[76]

Wach auf, wach auf, (עוּרִי עוּרִי), kleide dich mit Kraft, Arm Jahwes,
wach auf (עוּרִי) wie in den Tagen der Vorzeit, den Geschlechtern von Urzeiten.

Wie in 4,6 nimmt Barak Naftali und Sebulon mit sich, die ihm auf dem Fuße folgen und hinabziehen – gedacht, aber nicht gesagt ist: vom Tabor (4,14). Dabei wird aus dem Geschehen ein Paradigma der Landnahme- und Richterzeit, das weitere Überlieferungen in sich aufnimmt und zu einer idealen Schilderung bündelt. So wie die Israeliten in 3,27 hinter dem Retter Ehud vom Gebirge Efraim herabziehen, ist auch Efraim am Kampf gegen Sisera beteiligt. Weiter beteiligt sind Benjamin (vgl. 3,15) und Machir (vgl. Jos 17,1-3).

Auch hinter der Schilderung des Kampfes steht der Prosabericht:

19 Könige kamen und kämpften (בָּאוּ מְלָכִים נִלְחָמוּ).
Damals kämpften die Könige Kanaans
in Taanach am Wasser (מֵי) Megiddos.
Beute von Silber gewannen sie nicht.
20 Vom Himmel her kämpften die Sterne,
von ihren Bahnen aus kämpften sie mit Sisera.
21 Der Bach Kison riß sie mit sich fort,
der Bach 'trat ihnen entgegen', der Bach Kison.

Die Poetisierung geschah mit einfachsten Mitteln: „Instead of giving a complete parallel of the previous link the poet very often repeats only one emphatic word or expression, unchanged or with a slight alteration."[77] Wieder weitet sich das Geschehen ins Paradigmatische. Die Schlacht an den Wassern von Merom Jos 11

---
73 V. 15aβ „und Issachar so Barak" fehlt in LXX.
74 Der seltene Plural חִקְקֵי (nur noch Jes 10,1) ist ein morphologischer Aramaismus, der Einfluß des Reichsaramäischen zeigt, vgl. WALTISBERG, 220f.
75 S.o. S. 132.
76 Vgl. die Rolle Zion/Jerusalems in der Parallele Jes 51,9 → 52,1.
77 G. GERLEMAN, The Song of Deborah in the Light of Stylistics (VT 1, 1951, 168-180) 175.

wird einbezogen; denn auch dort war Jabin von Hazor, „der König von Kanaan", unter den Gegnern. So erklärt sich schließlich die große Anzahl der Feinde. Die Deboraschlacht wird Teil und letzter Akt des Landnahme-Kriegs:

> Alle diese Könige (הַמְּלָכִים) versammelten sich und kamen (וַיָּבֹאוּ) und lagerten sich zusammen am Wasser (מֵי) von Merom, um mit Israel zu kämpfen (לְהִלָּחֵם) (Jos 11,5).

Lediglich mußten im Deboralied die Wasser von Merom durch die Wasser von Megiddo ersetzt werden, da die dortige Schlacht schon geschlagen ist. Das Paar „Taanach und Megiddo" ruft die kriegerische Landnahme in der gesamten Region in Erinnerung (Jos 12,21; 17,11).[78] Wie Jahwe nach Jos 10,11 die Könige des Südens „vom Himmel her" mit Steinen bewirft, so kämpfen in der Deboraschlacht die Sterne vom Himmel, wobei sogar die Beteiligung von Sonne und Mond nach Jos 10,12-13 im Blick sein kann. Auch der Bach Kison, in Ri 4,13 lediglich der Schauplatz, reiht sich unter die Kämpfenden. Das Geschehen wird zum Jahwekrieg schlechthin als Vorabbild des Eschatons.

Genau wie in der Erzählung (4,17-22) folgt auf die Schlacht das Nachspiel, in welchem die tapfere Jaël dem geschlagenen Feldherrn Sisera den Garaus macht.

> 24 Gepriesen sei unter den Frauen Jaël, die Frau Hebers, des Keniters;
> unter den Frauen im Zelt sei sie gepriesen!
> 25 Wasser erbat er, Milch gab sie,
> in einer Schale der Vornehmen reichte sie Sahne.
> 26 Ihre Hand streckte sie aus[79] nach dem Pflock
> und ihre Rechte nach dem Schläger der Arbeiter
> und schlug[80] Sisera, zerschlug[81] seinen Kopf
> und zerschmetterte[80] und durchschnitt[80] seine Schläfe.
> 27 Zwischen ihren Füßen brach er zusammen, fiel nieder, lag da.
> Zwischen ihren Füßen brach er zusammen, fiel nieder.
> Wo er zusammenbrach, dort fiel er nieder erschlagen.

Läßt sich aus dem Lied eine Fassung des Hergangs gewinnen, die der Prosaerzählung vorausgeht? Die Heldin wird wörtlich wie in 4,17 eingeführt: יָעֵל אֵשֶׁת חֶבֶר הַקֵּינִי „Jaël, die Frau Hebers, des Keniters". Ohne die Apposition wäre der Parallelismus allerdings viel besser im Lot. Die Übereinstimmung mit der Prosafassung geht gegen die poetische Form. Jaël wird eine Frau „unter Frauen" genannt. Das Lied hat also noch weitere Frauen im Blick: an erster Stelle gewiß Debora, an zweiter vielleicht die ungenannte Frau, die nach 9,50-54 an Abimelech eine ähnliche Tat wie Jaël an Sisera verübt hat. Wieder macht sich der heutige Kontext geltend.

---

78 Zum Problem vgl. H.M. NIEMANN, Taanach und Megiddo (VT 52, 2002, 93-102), der freilich unter der Prämisse der Frühdatierung nach einer bestimmten historischen Situation sucht.
79 Lies תִּשְׁלָחְנָה: „ihre Hand, sie streckte sie aus." Das vorangestellte Objekt wird durch Pronominalsuffix nochmals bezeichnet, vgl. S. SEGERT, Altaramäische Grammatik, [4]1990, 7.2.3.3.2; C. BROCKELMANN, Syrische Grammatik, [6]1951, § 216.
80 Perf. cop. als Tempus historicum ist aramaisierender Tempusgebrauch.
81 Das Hapaxlegomenon מחק „zerschmettern" entspricht der aramäischen Lautung (WAGNER Nr. 160a; YOUNG, aaO 124), vgl. das parallele hebr. מחץ. Perf. cop. als Tempus historicum.

Aufs äußerste abgekürzt gibt das Lied die Gastszene wieder. In 4,18-19 liest man die förmlichen Einzelheiten, wie die Sitte sie vorgab (vgl. Gen 19,2):

> Da trat Jaël heraus Sisera entgegen und sprach zu ihm: Kehre ein, mein Herr, kehre ein zu mir! Fürchte dich nicht! Und er kehrte zu ihr ein ins Zelt, und sie deckte ihn zu mit einer Decke. Er sprach zu ihr: Gib mir ein wenig Wasser zu trinken, denn ich habe Durst. Da öffnete sie den Milchschlauch und gab ihm zu trinken und deckte ihn zu.

Zur Pflicht des Gastgebers gehörte, dem Gast „ein wenig Wasser" anzubieten (Gen 18,4). Allerdings durfte eine Frau nicht von sich aus das Wort an den Mann richten. Daher war es auf Seiten Siseras, darum zu bitten (vgl. Gen 24,17.43; 1 Kön 17,10). Wie Abraham setzt Jaël dem Gast nicht Wasser, sondern Milch (חָלָב) vor (Gen 18,8). Alle diese wichtigen Einzelheiten geraten im Deboralied zu dem Stakkato: „Wasser erbat er, Milch gab sie". Nicht einmal das Subjekt Sisera ist genannt. Auch wenn die Kürze durch den Parallelsatz: „In einer Schale der Vornehmen reichte sie Sahne", teilweise aufgewogen wird, kann man sich nicht anders denken, als daß die Poetisierung die Kenntnis des Prosatextes voraussetzt.

In der Art, wie Sisera ermordet wird, sah Wellhausen „die Hauptdifferenz, die zugleich schlagend die Abhängigkeit des historischen Kommentars vom Liede erweist".[82] Im Lied sei nicht vorausgesetzt, daß Sisera am Boden gelegen habe; denn nicht weniger als dreimal ist gesagt, daß er gefallen sei. Daraus schließt Wellhausen: Sisera hat bei der Tat gestanden. Jaël reicht ihm die Milch, und während die Schale ihm die Sicht bedeckt, ergreift sie den Hammer und schlägt ihn vor die Schläfe, so daß er zusammenbricht. Das sei der ursprüngliche und heroische Hergang. Die Erzählung hingegen, wo Jaël den Sisera im Schlaf tötet, sei die spätere und eher feige Version. Sie „beruht auf misverstandener Differenzirung von יתד und הלמות 5,26, während diese Ausdrücke dort in Wahrheit ... gleichbedeutend sind ... und nur des poetischen Parallelismus wegen variiren."[83] Dem hat schon Bertheau widersprochen: „יָתֵד ist Pflock, der mit dem Hammer eingeschlagen wird Jes. 22,23; der Parallelismus verlangt keine Identität und kann nicht bewirken, dass, wenn Pflock und Hammer in parallelen Gliedern vorkommen, aus dem Pflock ein Hammer wird."[84] Nicht übersehen werden darf, daß das Verb נפל „fallen" in 4,22 ebenfalls vorkommt[85] und daß der tote Sisera zwischen Jaëls Füßen zu liegen kommt: Sie steht breitbeinig über ihm, als sie ihn erschlägt. Der Hergang ist in beiden Fassungen derselbe; nur daß das Lied, wiederholungs- und variantenreich, Anspielungen bietet, wo die Erzählung in den Einzelheiten klar und verständlich ist:

> Und Jaël, die Frau Hebers, ergriff einen Zeltpflock und nahm einen Hammer zur Hand, ging leise zu ihm hinein und schlug ihm den Pflock durch die Schläfe, daß er in den Boden drang. ... So starb er (4,21).

---

82 Composition, 217.
83 AaO 218.
84 E. BERTHEAU, Das Buch der Richter und Ruth (KEH 6) ²1883, 123.
85 Es ist für den dortigen Vorgang allerdings nicht ursprünglich, sondern eine Anspielung auf die Ehud-Erzählung (3,25), wo es weit besser begründet ist. 4,18.20.21b*.22 bilden eine frühe Bearbeitung, die die gemeinsame Überlieferung der Erzählungen Ri 3 und 4 voraussetzt.

Bemerkenswert ist schließlich, daß Jaël auch für das Lied als Frau „im Zelt" gilt (5,24). Diese Einzelheit ist kein Akzidens. Sie erklärt das Mordwerkzeug: den Zeltpflock (יָתֵד). Damit begründet sie die Täterschaft der Jaël; denn das Einschlagen der Zeltpflöcke war Frauenarbeit,[86] nicht anders als das Mahlen mit der Handmühle, durch die Abimelech zu Tode kam. Erst so erschließt sich vollends das Zusammenspiel der Erzählmotive. Es läßt sich nur in der Prosafassung nachvollziehen. Im Lied ist es längst vorausgesetzt.

Das Deboralied ist in seinem erzählenden Hauptteil Ri 5,6-30* eine poetische Variante zu der Debora-Barak-Erzählung Ri 4, die durchgehend darauf berechnet ist, daß der Leser oder Hörer die Vorlage kennt. Er würde andernfalls den Hergang nicht verstehen. Das Deboralied ist ein ‚Lied zum Text'.

4. Das Deboralied im Enneateuch

Das Deboralied ist im Richterbuch nicht fest verankert. Der einleitende V. 1 bildet, wie wir sahen, eine nachträgliche redaktionelle Brücke. „Damit hat auch das Lied nicht von Anfang an neben Kap. 4 gestanden, sondern wird als Einschub anzusehen sein."[87] Es wird von dem redaktionellen Rahmen des Richterbuchs nicht eingeschlossen, sondern unterbricht ihn. „Die Schlussformeln sind auffälliger Weise an das Ende von Cap. 4 (v. 23f. der Erfolg des Sieges) und Cap. 5 (v. 31^b die Ruhezeit) verteilt. Möglich wäre danach eine nachdeuteronomische Einfügung oder Wiedereinfügung des Liedes."[88] Sie ist in hohem Grade wahrscheinlich. Hätte die Redaktion die Debora-Barak-Überlieferung auch nur annähernd im heutigen Umfang vorgefunden, so sollten die rückwärtigen Rahmenformeln allesamt am Ende von Ri 5 stehen.

Die Abfolge von Prosabericht und Lied gibt es auch sonst. Wie das Deboralied den Bericht Ri 4 in die Dichtung umsetzt, ja darüber hinaus die Jahwekriege der Landnahmezeit insgesamt beschließt, antwortet das Meerlied Ex 15,1-18 dem Bericht über das Meerwunder Ex 14. Die Erzählung der Tora mündet in das Moselied Dtn 32. Das Lied 1 Sam 2,1-10 antwortet der Erzählung über die erbetene Schwangerschaft der Hanna. Die David-Erzählungen werden von 2 Sam 22 beschlossen. Diese hymnischen Einschaltungen gehören zu den jüngsten Texten der historischen Bücher. Die responsorische Nachdichtung dient der Vergegenwärtigung. Man findet sich an den Ablauf des Gottesdienstes erinnert. „Die ‚Lieder zum Text' im TNK, d.h. die an bestimmten Stellen in den Text einbezogenen Psalmen, ... dürften auf die im Kult ... verlesenen Texte der Torah und der Propheten hin abgefasst worden sein".[89]

---

86 Das haben Feldforschungen, beispielsweise bei den Nomaden in Kuwait, erwiesen, vgl. H.R.P. DICKSON, The Arab of the Desert, London ³1983, 60.
87 RICHTER, Untersuchungen, 84.
88 BUDDE, Richter, 33.
89 B.-J. DIEBNER, Wann sang Deborah ihr Lied? Überlegungen zu zwei der ältesten Texte des TNK (Ri 4 und 5) (Amsterdamse Cahiers voor Exegese en bijbelse Theologie 14, Kampen 1995, 106-130) 122.

Das zeigt sich auch daran, wie diese Stücke die traditionelle Hymnen- und Dankliederdichtung des Psalters aufnehmen. Die Altertümlichkeit, die dieser Rückgriff bewirkt, ist an sich selbst kein Erweis hohen Alters. Im Gegenteil: Sie ist das Anzeichen nachlassender poetischer Gestaltungskraft. Das offensichtlichste Beispiel ist 2 Sam 22, wo einfach Ps 18 wiederholt wird. Die hymnische Nachdichtung des Meerwunders Ex 14 im Meerlied Ex 15,1-18 stützt sich neben dem Mirjamlied Ex 15,21 auf Ps 118. Das Deboralied beruht, wie wir sahen, neben der Erzählung Ri 4 unter anderem auf Ps 68. Auch Dtn 32 und 1 Sam 2,1-10 verwenden eine Vielzahl vorgegebener Wendungen.

Die Nähe zwischen dem Meerlied Ex 15,1-18 und dem Deboralied besteht nicht von ungefähr. Nach Dichtweise und Funktion findet sich hier die nächste Parallele. Auch das Meerlied ist die poetische Nachahmung des vorangegangenen Prosaberichts. Der Wortlaut zeigt, daß eher auf die priesterschriftliche als auf die jahwistische Fassung zurückgegriffen wird.[90] Wahrscheinlich waren beide bereits verbunden. Die Dichtung setzt ein mit dem alten Mirjamlied, nur daß der Imperativ des Hymnus שִׁירוּ לַיהוָה zum Kohortativ des Danklieds geworden ist: אָשִׁירָה לַיהוָה. Dieser Auftakt wird ausgeführt mit den Worten des klassischen Danklieds Ps 118.[91] Wie Ps 68 in Ri 5, wird in Ex 15 ein gegebener Psalm herangezogen, um die Poetisierung des vorangehenden Prosaberichts einzuleiten.

Mit diesen eingeschalteten Psalmen antwortet die Gemeinde der Frommen auf den siegreichen Gotteskampf. Sie sind Danklieder, wie der kohortativische Beginn von Ex 15 und Ri 5 übereinstimmend zeigt.[92] Genauer muß man sie als antezipierende Danklieder verstehen; denn unverkennbar haben diese Lieder einen eschatologischen Zug. Wie das Responsorium Ex 15 auf das Urbild des Jahwekriegs schlechthin antwortet, steht im Falle des Deboraliedes der endzeitliche Völkerkampf am Horizont. Die Pointe liegt in der abschließenden Anwendung V. 31a, die die Heilsgeschichte zum Typos des Eschatons werden läßt. Die nächsten Parallelen sind die Danklieder der Gerechten in der Jesajaapokalypse Jes 24,14-16; 25,1-6; 26,1-6, die Doxologien des Amosbuchs Am 4,13; 5,8; 9,5-6,[93] die Gerichtsdoxologien der Psalmen Salomos PsSal 2,15-18; 8,23-26; 10,5-6 sowie der himmlische Jubel über den Fall der Hure Babylon Offb 19,1-7; vgl. Offb 15,3-4.

---

90 Ex 15,5.10 beruht auf 14,28 P (כסה pi.); 15,8 beruht auf 14,21 J (רוּחַ); 15,9 beruht auf 14,23 P (רדף) und 14,9 (נשׂג hi.). Für den Rahmenvers 15,19 ist die Abhängigkeit von 14,23.26.28.29 P evident.
91 Vgl. Ex 15,2.6 mit Ps 118,14.15-16.28; auch Ex 15,3 mit Ps 24,8. Zu Ps 118 als Paradigma der Gattung ‚Danklied‘ vgl. F. CRÜSEMANN, Studien zur Formgeschichte von Hymnus und Danklied in Israel (WMANT 32) 1969, 217-225.
92 Mit der Selbstaufforderung knüpft der Beter an das Lobgelübde des Klageliedes an, um es nunmehr zu erfüllen, vgl. Ps 13,6. Insofern ist es unrichtig, diese Psalmen (mit H. GUNKEL, Einleitung in die Psalmen, ²1966, 38, und anderen) als ‚Hymnus eines einzelnen‘ zu bestimmen.
93 Dazu CH. LEVIN, Das Amosbuch der Anawim (unten 265-290) 285f.

Das vorstaatliche Israel[1]

I

Am 1. Juli 1897 nahm der Rektor der Universität Gießen das jährliche Stiftungsfest wie üblich zum Anlaß, dem akademischen Festpublikum einen Einblick in die Entwicklung des durch ihn selbst vertretenen Faches zu geben. Der Professor für Altes Testament Bernhard Stade, nächst Julius Wellhausen und Bernhard Duhm damals der wichtigste Vertreter der alttestamentlichen Wissenschaft in Deutschland, für Gießen die Schlüsselgestalt der seit 1878 erfolgten Reorganisation der Theologischen Fakultät, in den Jahren 1882/83 und 1896/97 auch Rektor der Ludoviciana, sprach über „Die Entstehung des Volkes Israel".[2]

Das Thema war hochaktuell. Denn die Quellenlage hatte sich in diesen Jahrzehnten in einem Maße verändert, wie die alttestamentliche Wissenschaft es zuvor und hernach nicht erlebt hat. An erster Stelle nennt Stade die Entdeckungen der Ägyptologie und der Assyriologie, das meint vor allem die schriftliche Hinterlassenschaft der beiden Hochkulturen;[3] an zweiter Stelle die zunehmende Kenntnis der semitischen Religionsgeschichte;[4] an dritter Stelle die Pentateuchkritik.

Dieser dritte Faktor gilt Stade als der wichtigste. Wenn wir die Pentateuchkritik stellvertretend für die überlieferungskritische Analyse des Alten Testaments überhaupt nehmen, ist er es bis heute geblieben. Trotz der großen Fortschritte der vorderasiatischen Archäologie, insbesondere der Archäologie Palästinas,[5] trotz der erheblichen Zunahme des bekannten altorientalischen Schriftmaterials[6] ist das Alte Testament für die Geschichte Israels nach wie vor die wichtigste Quelle.

Freilich gilt hier eine Einschränkung, die ein Grundproblem alttestamentlicher Wissenschaft überhaupt ist. Als Heilige Schrift der Judenheit entstanden und überliefert, kann das Alte Testament im Unterschied zu Tontafeln und Inschriften

---

1 Antrittsvorlesung an der Justus-Liebig-Universität Gießen am 4. Juli 1996.
2 B. STADE, Die Entstehung des Volkes Israel (1897; in: DERS., Ausgewählte Akademische Reden und Abhandlungen, ²1907, 99-121). Über STADE vgl. R. SMEND, Deutsche Alttestamentler in drei Jahrhunderten, 1989, 129-142. Zur Rektoratsrede aaO 137: „Sie wurde fünfmal gedruckt und dann leider vergessen."
3 Der wichtigste Fund war die Tontafelbibliothek des Assyrerkönigs Assurbanipal (668-629 v. Chr.), die Hormuzd Rassam Mitte des Jahrhunderts in *Kujundschik* bei Mosul (Irak), dem antiken Ninive, entdeckt hat (heute im Britischen Museum). Die größte Sensation bedeutete es, als 1872 George Smith unter diesen Tafeln auf die babylonische Fassung der Sintflutmythe stieß. Vgl. G. SMITH, British Museum. Chaldaean account of the deluge from terra cotta tablets found at Niniveh and now in the British Museum, London 1872.
4 Stade dürfte vor allem J. WELLHAUSEN, Reste arabischen Heidentums, 1887, ²1897, ³1961, sowie W. ROBERTSON SMITH, Lectures on the Religion of the Semites, Edinburgh 1889, ²1894, vor Augen gehabt haben. Die deutsche Ausgabe „Die Religion der Semiten" erschien 1899 (Nachdruck 1967).
5 Vgl. die Gesamtdarstellung von H. WEIPPERT, Palästina in vorhellenistischer Zeit (Handbuch der Archäologie II/1) 1988.
6 Eine große Zahl wichtiger Texte ist gut zugänglich in O. KAISER (Hg.), Texte aus der Umwelt des Alten Testaments I-III, 1982-1997 (= TUAT). Die in Palästina gefundenen Inschriften erschließt J. RENZ /W. RÖLLIG, Handbuch der althebräischen Epigraphik, 1995.

nicht unmittelbar als Quelle herangezogen werden. Geschichte kommt in ihm unter übergeschichtlichen Voraussetzungen, nämlich als Gottesgeschichte zu Wort. Das Alte Testament ist bereits seinem Ursprung nach, was es für die heutige Judenheit und Christenheit nach wie vor ist: das große Paradigma für das Handeln Gottes in Vergangenheit, Gegenwart und Zukunft. Die Tatsächlichkeit des Geschehenen ist für die Überlieferung weit weniger wichtig gewesen als dessen religiöse Bedeutung für das glaubende Selbstverständnis in der jeweiligen Gegenwart.

Infolgedessen hat der Unterschied zwischen tatsächlichem Geschehen und der dieses Geschehen bewahrenden Überlieferung, den es für den Historiker immer gibt, im Falle des Alten Testaments ausschlaggebendes Gewicht. Ohne überlieferungskritische Prüfung ist das Alte Testament als Geschichtsquelle schlechterdings unbrauchbar – ein Umstand, der dem bibelgläubigen Juden und Christen so schwer zu vermitteln ist wie dem faktengläubigen Gegenwartsmenschen und einer Medienwelt, die auf archäologische Sensationen aus ist, aber keine Geduld aufbringt für bisweilen hochkomplizierte, noch dazu umstrittene literargeschichtliche Sachverhalte.

Das wichtigste Ergebnis, das diese Prüfung je ergeben hat, ist die Spätdatierung der Priesterschrift gewesen, des einen der beiden großen Geschichtsentwürfe, die dem Pentateuch zugrunde liegen. Sie hat Stade vor Augen, wenn er sagt, „dass es durch die Pentateuchkritik ... möglich geworden ist, sich in den in einer künstlichen Unordnung befindlichen Literaturresten, die zum Canon des Alten Testaments vereint worden sind, zurechtzufinden und den Gang der inneren Entwickelung Israels wieder zu entdecken."[7] Die literarische Kritik des 19. Jahrhunderts hat schrittweise erkannt, daß diese Geschichtsdarstellung, wenn sie die vorstaatliche Zeit von der Schöpfung der Welt bis zum Tode des Mose erzählt, tatsächlich die Idealvorstellungen der jüdischen Kirche in der persischen Zeit wiedergibt:[8] ein einiges, nach Stämmen gegliedertes Gottesvolk, geführt von der Priesterschaft, geordnet nach dem mosaischen Gesetz, mit dem nachexilischen Tempel als Mittelpunkt, der als Stiftshütte in die Wüstenzeit rückversetzt worden ist.

Mit der Einsicht in den tatsächlichen historischen Ort der Priesterschrift war eine Lawine losgetreten, wenn auch das volle Ausmaß noch jahrzehntelang verkannt wurde. Erst in unseren Tagen kommt sie allmählich zum Stillstand und hinterläßt ein gegenüber der biblischen Darstellung weitgehend verändertes Bild namentlich von der Frühgeschichte Israels. Die Einzelheiten unterliegen der heftigen Diskussion. Es mag für den Anlaß genügen, meine eigene Sicht anzudeuten.

---

7 STADE, Die Entstehung des Volkes Israel, 99.
8 Dies ist die „Grafische Hypothese" (nach K.H. GRAF, Die geschichtlichen Bücher des Alten Testaments, 1866), die seither die Grundlage unserer Wissenschaft bildet. Sie wurde ausgearbeitet von A. KUENEN, Historisch-kritisch onderzoek naar het ontstaan en de verzameling van de boeken des Ouden Verbonds, Leiden 1861-1865, 2. Aufl. 1887-1893, dt. Historisch-kritische Einleitung in die Bücher des alten Testaments, 1887-1894, sowie DERS., De Godsdienst van Israël tot den Ondergang van den Joodschen Staat, Haarlem 1869-1870. Die klassische Form gab ihr J. WELLHAUSEN, Prolegomena zur Geschichte Israels, (1878) [6]1905. Der Gang der Forschung läßt sich der Darstellung KUENENS entnehmen, die WELLHAUSEN der von ihm besorgten 4. Aufl. von F. BLEEK, Einleitung in das Alte Testament, 1878, 153-169, beigegeben hat (= [5]1886, 609-629).

Wir wissen heute, daß auch die andere Pentateuchquelle, der Jahwist, erst in der Zeit nach der Eroberung Jerusalems geschrieben worden ist, da die Botschaft sich an die jüdische Diaspora in ihren Anfängen richtet.[9] Die Grundlage des Pentateuchs stammt also insgesamt aus nachstaatlicher Zeit. Nur die verarbeiteten Einzelquellen können älter sein, zumal sie bisweilen dem sie ordnenden und rahmenden Geschichtsbild widersprechen.

Da das an den Pentateuch anschließende Geschichtswerk, auf dem die zusammenhängende Darstellung der Bücher Deuteronomium bis Könige beruht – das sogenannte Deuteronomistische Geschichtswerk –, anerkanntermaßen ebenfalls in die exilische Zeit gehört,[10] folgt daraus, daß die konzeptionelle Grundlage der alttestamentlichen Geschichtsdarstellung insgesamt erst in nachstaatlicher Zeit entstanden ist. Sie ist von den beschriebenen Ereignissen, sofern sie stattgefunden haben, bis zu einem halben Jahrtausend entfernt. Die Erforschung der Geschichte Israels setzt daher voraus, daß wir uns von dem überlieferten Geschichtsbild vollständig lösen und auf die voraufgehenden Quellen zurückgehen.

II

In der biblischen Darstellung beginnt die Geschichte des Gottesvolkes mit der Berufung Abrahams und seinem Zug in das ihm von Jahwe gewiesene Land. Sein Enkel Jakob erhält den Namen Israel und wird zum Vater von zwölf Söhnen, aus denen in Ägypten das nach Stämmen gegliederte Volk heranwächst.

Untersucht man diese Darstellung auf ihre Vorlagen hin, findet man eine Familiengeschichte, die von sich aus in keiner Weise als Teil der frühen Geschichte der Israeliten gedacht war. Die Erzählungen beschränken sich auf die Schlüsselereignisse im Leben der Familie: Brautwerbung und Heirat, Geburt der Söhne, die Auseinandersetzung um das Erbe.[11] Das Milieu wird so schlüssig geschildert, daß auszuschließen ist, daß die Erzählungen in Wahrheit stammesgeschichtliche Vorgänge wiedergeben. Was sich an Anspielungen dieser Art findet – Jakob und Esau als Stammväter Israels und Edoms, Lot als Stammvater Moabs und Ammons,

---

9 CH. LEVIN, Der Jahwist (FRLANT 157) 1993. Die Frühdatierung des Jahwisten wird auch sonst zunehmend aufgegeben, vgl. J. VAN SETERS, Prologue to History. The Yahwist as Historian in Genesis, Louisville (Kent.) 1992. Der einflußreiche Entwurf von E. BLUM, Die Komposition der Vätergeschichte (WMANT 57) 1984, führt zwar die ältesten Erzählzusammenhänge noch auf die Zeit des beginnenden Nordreichs zurück, datiert aber die maßgebenden Redaktionen ebenfalls seit dem Exil. Die Vorstellung von einer kulturellen Blüte in der frühen Königszeit, mit der die Entstehung der jahwistischen Pentateuchquelle herkömmlich in Zusammenhang gebracht wurde, ist von der Archäologie gründlich zerstört worden, vgl. die kurze Zusammenfassung bei E. WÜRTHWEIN, Das Erste Buch der Könige. Kapitel 1-16 (ATD 11,1) 1977, 146-149.

10 M. NOTH, Überlieferungsgeschichtliche Studien (SKG.G 18) 1943, 12. Das Bild wandelt sich nicht grundsätzlich, wenn man mit F.M. CROSS, Canaanite Myth and Hebrew Epic, Cambridge (Mass.) 1973, 274-289, eine Erstfassung in der Zeit Josias annimmt. Cross stützt seine These auf Texte, die erweislich jünger sind als die deuteronomistische Redaktion.

11 Vgl. C. WESTERMANN, Arten der Erzählung in der Genesis (1964; in: DERS., Die Verheißungen an die Väter [FRLANT 116] 1976, 9-91); LEVIN, Jahwist, 390-392. 394f.

Jakob als Gründer des Reichsheiligtums Bethel und weitere ätiologische Einzelzüge –, beruht auf Nachträgen, die während der schriftlichen Weiterüberlieferung hinzugekommen sind. Diese Ausgestaltung, die die Erzählungen zu einer Art Nationalätiologie hat werden lassen, führt frühestens in die staatliche Zeit.[12] Vollends jene Züge, in denen man vorstaatliche Verhältnisse zu sehen vermeint – die Existenz als ethnisch und religiös abgesonderte Minderheit unter einer fremden Landesbevölkerung, das Land als Gegenstand der Verheißung, die Vätergott-Religion, in der die Familie statt des Volkes der Träger des Jahweglaubens ist –, beruhen, wie sich zeigen läßt, allesamt auf redaktionellen Zusätzen, in denen sich die Lebensbedingungen der jüdischen Diaspora in nachstaatlicher Zeit widerspiegeln.[13] Deshalb bietet die Vätergeschichte für die Hypothese einer friedlichen Landnahme der Israeliten im Rahmen des Weidewechsels[14] keinerlei Grundlage. Eine ‚Väterzeit' hat es nicht gegeben.

Festeren historischen Grund betritt man mit dem Auszug aus Ägypten. Den Anhaltspunkt bieten aber nicht die Erzählungen der Bücher Exodus und Numeri. Es ist die Unerfindlichkeit, die die Überlieferung vor dem Zweifel schützt.[15] Der Glaubenssatz „Jahwe hat Israel aus Ägypten heraufgeführt" ist dermaßen bestimmt, daß ein tatsächlicher Vorgang an seinem Ursprung gestanden haben muß. Die nachmaligen Israeliten führten ihre Herkunft auf Ägypten zurück.

Tatsächlich nennen Quellen des ägyptischen Neuen Reiches mehrfach Asiaten, die in ägyptische Dienste geraten sind. Sie kamen als Kriegsgefangene ins Land im Gefolge der Feldzüge der Pharaonen nach Palästina-Syrien. Auch unterhielt der Pharao mit den Fürsten, die unter seiner Botmäßigkeit standen, einen Sklavenhandel. Die angeforderten Arbeitskräfte wurden unter anderem bei den Bauvorhaben Ramses II. (1290-1224) im Delta eingesetzt.[16]

Freilich bedeutet das nicht, daß das Gottesvolk als ganzes in Ägypten geweilt hat und, wie die Bibel erzählt, durch die Wüste Sinai und das Ostjordanland nach Kanaan geführt worden ist. Seit langem nimmt man an, daß die Ereignisse lediglich kleinere Gruppen betroffen haben, die später in Israel aufgegangen sind.[17]

---

12 Die Beschränkung auf das Nordreich ist ebenso auffallend wie der Umstand, daß das Königtum in diesen Ätiologien keinerlei Rolle (mehr!) spielt.
13 A. ALTs berühmte Hypothese: Der Gott der Väter (1929; in: DERS., Kleine Schriften zur Geschichte des Volkes Israel I, 1953, 1-78), hat sich vernichtende Kritik zugezogen, vgl. M. KÖCKERT, Vätergott und Väterverheißungen. Eine Auseinandersetzung mit Albrecht Alt und seinen Erben (FRLANT 142) 1988; sowie LEVIN, Jahwist, 420-422. R. SMEND, Albrecht Alt (1984; in: DERS., Deutsche Alttestamentler, 182-207) 199, nennt den Vergleich mit den nabatäischen Inschriften, der sie stützen soll, die „gewagteste aller seiner Analogien". „Einige auch der zentralen Thesen, voran die vom Gott der Väter und die vom apodiktischen Recht, haben mittlerweile schweren Schaden genommen, und bei weiteren steht das zu erwarten" (207).
14 Vgl. A. ALT, Die Landnahme der Israeliten in Palästina (1925; in: DERS., Kleine Schriften I, 89-125).
15 Vgl. M. NOTH, Überlieferungsgeschichte des Pentateuch, 1948, 50-54; CH. LEVIN, Die Verheißung des neuen Bundes (FRLANT 137) 1985, 48-50.
16 Vgl. S. HERRMANN, Israels Aufenthalt in Ägypten (SBS 40) 1970, 34-59; H. DONNER, Geschichte des Volkes Israel und seiner Nachbarn in Grundzügen (GAT 4) ²1995, 97-106.
17 Vgl. NOTH aaO 53; R. SMEND, Jahwekrieg und Stämmebund (²1966; in: DERS., Zur ältesten Geschichte Israels [BEvTh 100] 116-199) 183-185.

Von ihnen hat die übrige Bevölkerung ihre Ursprungsgeschichte übernommen. Die Vorgänge in Palästina erhellen sie nicht.

Das gilt auch für die Religionsgeschichte. Man sollte nicht bezweifeln, daß in der Frühzeit ein gewisser Mose eine bedeutende Rolle gespielt hat. Sein ägyptischer Name, mit dem die israelitische Überlieferung ihre Mühe hatte (Ex 2,1-10), verbürgt, daß er eine geschichtliche Gestalt war.[18] Auch die Verbindung mit Midian (Ex 2,11-23a*; 4,20) ist schwerlich erfunden, besagt sie doch, daß die Priesterschaft – vermutlich Jerusalems – sich von den im fernen Nordwestarabien wohnenden Midianitern ableitete. Für die Herkunft der israelitischen Jahwe-Religion ist dem indessen nichts zu entnehmen; denn gerade in den Midian-Überlieferungen fehlt der israelitische Gottesname Jahwe.[19] Jahwe, der Gott Israels, vertrat nach den urtümlichsten Zeugnissen, die wir besitzen, nämlich den älteren Psalmen, den Typus des syrischen Wettergottes.[20] Daß er von außen nach Palästina eingewandert sei, ist eher unwahrscheinlich.

Mit Mose verbindet sich die Überlieferung vom Berge Sinai. Die Episode vom Gottesberg hat indessen zu Midian keinen Bezug,[21] und selbst in die Erzählung vom Wüstenzug der Israeliten ist sie erst nachträglich eingefügt worden.[22] Seine Bedeutung als Ort der Gotteserscheinung, der Verkündigung des Gesetzes und der Verpflichtung des Gottesvolkes hat der Sinai erst in der Folge der alttestamentlichen Bundestheologie erhalten.[23] Die ältere Sinai-Darstellung ist daher nicht anders als später die Priesterschrift eine Ätiologie der nachexilischen Gemeinde.[24] Über den Ursprung der Jahwe-Religion sagt sie nichts.

---

18 Vgl. S. HERRMANN, Mose (1968; in: DERS., Gesammelte Studien zur Geschichte und Theologie des Alten Testaments [TB 75] 1986, 47-75) 49; R. SMEND, Mose als geschichtliche Gestalt (1993; in: DERS., Bibel, Theologie, Universität [KVR 1582] 1997, 5-20) 17.
19 Die Belege Ex 3,2.4a sind nicht quellenhaft, ebensowenig der gesamte Text Ex 3,7-4,19 und Ex 18 (vgl. LEVIN, Jahwist, 322-333. 359-361). Hier ist keineswegs „die Erinnerung daran bewahrt, daß Yahwe in Midian beheimatet war" (E.A. KNAUF, Midian [ADPV], 1988, 135). Zur Midianiter- oder Keniterhypothese vgl. die zusammenfassende Darstellung von W.H. SCHMIDT, Alttestamentlicher Glaube, ⁸1996, 86-93.
20 Vgl. Ps 18,8-16; 24; 29; 46; 77,17-20; 93; 97; 98; u.ö. Dazu J. JEREMIAS, Theophanie (WMANT 10) 1965; sowie DERS., Das Königtum Gottes in den Psalmen. Israels Begegnung mit dem kanaanäischen Mythos in den Jahwe-König-Psalmen (FRLANT 141) 1987. Die im Untertitel angedeutete These ist dahin zu korrigieren, daß Israel dem kanaanäischen Mythos nicht „begegnet" ist, sondern daß er von Anfang an Bestandteil seiner ureigenen Religion war. Vgl. auch H. SPIECKERMANN, Heilsgegenwart. Eine Theologie der Psalmen (FRLANT 148) 1989.
21 Die Lokalisierung אֶל־הַר הָאֱלֹהִים „zum Gottesberg" in Ex 3,1 ist sekundär, vgl. CH. LEVIN, Der Dekalog am Sinai (oben 60-80) 79. Sie schlägt eine Brücke zwischen der Offenbarung am Dornbusch und der Offenbarung auf dem Sinai.
22 LEVIN, Jahwist, 364, und DERS., Dekalog, 74f. Der Hinweis von G. V. RAD, Das formgeschichtliche Problem des Hexateuch (1938; in: DERS., Gesammelte Studien zum Alten Testament [TB 8] ⁴1971, 9-86) 13-15, auf „das völlige Fehlen der Sinaiereignisse" in den Summarien der Heilsgeschichte hat insoweit sein Recht.
23 Vgl. LEVIN, Verheißung, 88-97, sowie DERS., Dekalog, 67-78.
24 Das alte sinaitische Privilegrecht, das J. HALBE, Das Privilegrecht Jahwes Ex 34,10-26 (FRLANT 114) 1975, meinte gefunden zu haben, erweist sich im Vergleich mit dem Bundesbuch und dem Deuteronomium als „ein sekundäres Mischgebilde", vgl. A. ALT, Die Ursprünge des israelitischen Rechts (1934; in: DERS., Kleine Schriften I, 278-332) 317 Anm. 1.

Der Wüstenzug ist das notwendige Verbindungsglied zwischen dem Auszug aus Ägypten und dem Dasein Israels in Palästina. Die Erzählung dürfte aus dieser Notwendigkeit auch entstanden sein. Daß die Israeliten über das Ostjordanland statt auf direktem Wege ins Land gekommen seien, geschah nur deshalb, um die Erzählung von dem Moabiterkönig Balak und dem Seher Bileam (Num 22-24) in den Wüstenzug einzuschalten.[25] Die Überlieferung von der ostjordanischen Landnahme ist vom Ursprung her redaktionell.

Die Überlieferung von der westjordanischen Landnahme rankt sich im ersten Teil des Buches Josua um einen Kranz ätiologischer Erzählungen, deren Kernstücke die Eroberung von Jericho und die Eroberung von Ai (Jos 2; 6; 8) sind. Die Archäologie hat sie als unhistorisch erwiesen: Jericho ist in jener Epoche nicht zerstört worden; Ai aber war schon seit dem Ende der Frühbronzezeit das, was sein hebräischer Name הָעַי besagt: ein Ruinenhügel.[26] Der zweite Teil des Buches Josua beruht auf Grenzbeschreibungen und Ortslisten, die erst in nachexilischer Zeit eingefügt worden sind und im besten Fall aus der Königszeit stammen.[27] Aus exegetischer Sicht stellt sich die Frage nach einer historischen Landnahme nicht. Die Erinnerung an das nomadische Erbe, die man in der prophetischen Verkündigung gelegentlich zu sehen vermeint, stammt aus der fortgeschrittenen nachexilischen Zeit.[28] Sie gehört nicht zu den Wesenszügen Israels.

Fiktiv ist die Auflistung in Ri 1, nach der wesentliche Teile des Landes zunächst nicht erobert worden sein sollen. Die Vorstellung, daß die Israeliten das Land mit einer andersgearteten Bevölkerung hätten teilen müssen, spiegelt die Erfahrungen der Spätzeit. Nichts anderes gilt für den ethnischen Antagonismus zwischen Israeliten und Kanaanäern, der noch heute bisweilen als eine Art heuristisches Prinzip für das frühe Israel herhalten muß.[29] Er ist aus vorexilischen Quellen nicht zu belegen.[30] Die Frage nach dem Ursprung Israels ist kein volksgeschichtliches Problem.[31]

---

25 LEVIN, Jahwist, 381.
26 M. NOTH, Bethel und Ai (1935; in: DERS., Aufsätze zur biblischen Landes- und Altertumskunde I, 1971, 210-228); A. ALT, Josua (1936; in: DERS., Kleine Schriften I, 176-192) 185f.
27 Ein Beispiel hat A. ALT, Judas Gaue unter Josia (1925; in: DERS., Kleine Schriften zur Geschichte des Volkes Israel II, 1953, 276-288) rekonstruiert.
28 Vgl. CH. LEVIN, Die Entstehung der Rechabiter (unten 242-255), gegen K. BUDDE, Das nomadische Ideal im Alten Testament (PrJ 85, 1896, 57-79).
29 Er war grundlegend für das Denken Albrecht Alts. Vgl. auch W. DIETRICH, Israel und Kanaan. Vom Ringen zweier Gesellschaftssysteme (SBS 94) 1979. Dagegen u.a. H. NIEHR, Der höchste Gott (BZAW 190) 1990, 12f.
30 Die Unterscheidung der Israeliten (die historisch geurteilt selbst Kanaanäer waren) von den kanaanäischen Landesbewohnern findet sich erstmals beim Jahwisten, also in der Exilszeit (Gen 9,18-27*; 10,18; 12,6; 24,3.37), und ist von hier aus in das spätalttestamentliche Geschichtsbild eingedrungen.
31 „Volk" ist im Unterschied zu „Bevölkerung" in der Regel keine empirische Größe. Eine wichtige Ausnahme ist das Judentum, bei dem sich, an erster Stelle verursacht durch die Erfahrung der Zerstreuung, religiöse und ethnische Identität wechselseitig bedingen. Wer die „Geschichte des *Volkes* Israel" schreibt, schreibt die Ätiologie des Judentums. Mit Konsequenz hat das M. WEBER, Gesammelte Aufsätze zur Religionssoziologie III: Das antike Judentum, 1921, getan, wenn auch nicht unter diesem Titel.

Nach der Landnahme beginnt in der biblischen Darstellung die Epoche der Richter. Die im Richterbuch zusammengefaßten Quellen betreffen regionale Ereignisse unterschiedlicher Art, die nur durch den redaktionellen Rahmen zu einem gesamtisraelitischen Geschehen gestaltet sind. Ohne diesen Rahmen belegen sie im Gegenteil, daß es vor der Entstehung des Königtums ein verfaßtes Israel nicht gegeben hat. Der redaktionelle Entwurf kann nämlich nicht anders, als die Königszeit in die vorkönigliche Zeit zu prolongieren: Die Richter sind nach ihrem Amt fiktive Könige. Ihre künstliche Sukzession zeigt das am deutlichsten. Wer die Richter als charismatische Führer von den späteren Königen abrücken will,[32] hat in den Texten keine Stütze. Eine ‚Richterzeit' hat es nicht gegeben.

Daß das vorstaatliche Israel gleichwohl eine institutionelle Größe gewesen sei, dafür hat man zwei Überlieferungen geltend gemacht. Die eine ist das System der zwölf Stämme. Martin Noth hat darin einen religiös fundierten Stämmebund erkennen wollen, der sich um einen kultischen Mittelpunkt gruppierte, wofür er in den griechischen und altitalischen Amphiktyonien eine Analogie sah.[33] Indessen erweist sich das Überlieferungsmaterial, auf das er sich gestützt hat, als jünger als die redaktionelle Verbindung der beiden Pentateuchquellen, gehört also in die zweite Hälfte der persischen Zeit. Es spiegelt Idealvorstellungen von der Vollzähligkeit und Ordnung des Gottesvolkes, ohne Quellenwert für die Frühzeit.[34] Die zweite Überlieferung ist das Deboralied Ri 5, das den meisten Fachgenossen nach wie vor als eine der ältesten Quellen des Alten Testament gilt. Es schildert die Mehrzahl der Stämme als Teilnehmer einer gegen die Kanaanäer gerichteten Koalition. Indessen hat dieses Siegeslied den 68. Psalm zur Grundlage, wobei es spätnachexilische Überarbeitungen und sogar Glossen wortwörtlich übernimmt. Wie auch andere hymnische Einschaltungen in den Büchern Deuteronomium bis Könige dürfte das Deboralied zu den jüngsten Texten der historischen Bücher gehören.[35]

Für eine institutionelle Gestalt eines vorstaatlichen Israel, wie auch immer sie beschaffen gewesen sein mag, haben wir im Alten Testament keine Quellen. Unter dieser Voraussetzung fällt auch eine Auffassung dahin, die sich bis vor etwa 20 Jahren großer Beliebtheit erfreute, seither aber redaktionskritisch widerlegt ist: daß das Königtum den Israeliten wesensfremd gewesen und seine Einführung nur durch äußeren Druck erzwungen worden sei.[36] Die grundsätzliche Kritik am

---

32 Besonders wirkungsvoll ist wiederum A. ALT gewesen: Die Staatenbildung der Israeliten in Palästina (1930); in: DERS., Kleine Schriften II, 1-65) 17-24. Er war dabei von M. WEBER beeinflußt (z.B. Wirtschaft und Gesellschaft, ⁵1980, 654-687).
33 M. NOTH, Das System der zwölf Stämme Israels (BWANT IV 1) 1930.
34 Vgl. CH. LEVIN, Das System der zwölf Stämme Israels (oben 111-123); zuvor besonders G. FOHRER, Altes Testament – ‚Amphiktyonie' und ‚Bund'? (ThLZ 91, 1966, 801-816. 893-904).
35 [Dazu jetzt CH. LEVIN, Das Alter des Deboralieds, oben 124-141.]
36 Klassisch ist A. ALT, Das Königtum in den Reichen Israel und Juda (1951; in: DERS., Kleine Schriften II, 116-134). Besonders wirkungsvoll war zuletzt die Monographie von F. CRÜSEMANN, Der Widerstand gegen das Königtum. Die antiköniglichen Texte des Alten Testaments und der Kampf um den frühen israelitischen Staat (WMANT 49) 1978, auch wenn sie bereits bei ihrem Erscheinen durch T. VEIJOLA, Das Königtum in der Beurteilung der deuteronomistischen Historiographie (STAT B 198) 1977, de facto widerlegt war. Vgl. ferner R. SMEND, Der Ort des Staates im Alten Testament (1983; in: DERS., Die Mitte des Alten Testaments. Exegetische Aufsätze, 2002, 174-187).

Königtum beruht auf Ergänzungen, die die Geschichte des staatlichen Israel und Juda anachronistisch am Maßstab der nachexilischen Theokratie messen. Im Gegenteil können wir sagen, daß Israel mit dem Königtum in das Licht der Geschichte tritt. Das gilt mit einiger Verzögerung auch für die Jahwe-Religion. Sie wird anhand der Eigennamen ab dem 9. Jahrhundert im Nordreich der Omriden als Staatskult einigermaßen greifbar und kann zu dieser Zeit auch bei den mit den Omriden verschwägerten Davididen in Juda Eingang gefunden haben. Über die Zeit davor wissen wir nichts und müssen auch nichts wissen, weder für die Religionsgeschichte noch für die Theologie. Die Eigenheit des Jahwe-Glaubens, die dessen Rang für den jüdischen und christlichen Glauben begründet, hat Israel nicht im religionsgeschichtlichen Nirgendwo der Wüste sozusagen „senkrecht von oben" empfangen, sondern sie hat sich im Verlauf der israelitischen Königszeit in einem komplizierten Prozeß aus der syrischen Religionsgeschichte heraus entwickelt, bis sie nach dem Schock des Exils in das religiöse Bewußtsein trat und seither im Alten Testament ihre theologisch verantwortete und auch für uns maßgebende Gestalt gewann.

III

Nach diesem gerafften Durchgang haben sich vor allem folgende Prämissen als unzutreffend erwiesen, da sie die Verhältnisse der nachstaatlichen auf die vorstaatliche Zeit übertragen: der ethnische Antagonismus zwischen Israel und der kanaanäischen Bevölkerung; mit ihm zusammenhängend die Behauptung einer Herkunft der Israeliten von außerhalb Palästinas; sowie als Grundlage eine vorgegebene religiöse Eigenheit. Als Historiker müssen wir diese Prämissen umkehren: Die Entstehung Israels ist aus den Gegebenheiten Palästinas selbst zu begreifen. Ethnische Faktoren scheiden zum Verständnis aus. Israel ist nicht als *Volk* entstanden, und ebensowenig gilt, daß dieses Volk sich durch die gemeinsame Verehrung des Gottes Jahwe konstituiert hat. Nach den vorredaktionellen Quellen des Alten Testaments tritt Israel nicht als religiöse, sondern als politische Größe in das Licht der Geschichte. Daher stellt die Frage nach seinem Ursprung sich als die Frage nach der Entstehung des israelitischen Königtums.[37]

Dazu ein Blick auf die weitere Quellenlage, als erstes auf den archäologischen Befund.[38] Um 1200 endet in Palästina die Spätbronzezeit. Der Kulturbruch wird greifbar im Untergang der spätbronzezeitlichen Stadtstaaten. Die Städte sind über einen längeren Zeitraum nach und nach gewaltsamer Eroberung zum Opfer gefallen. Regelmäßig finden sich Zerstörungen und Brandspuren.

---

37 B. STADE hat mit Recht seine „Geschichte des Volkes Israel" (Allgemeine Geschichte in Einzeldarstellungen, Hauptabt. I, 6, Bd. 1, 1887) als „Geschichte Israels unter der Königsherrschaft" geschrieben. Die Frühgeschichte bildet „Die Vorgeschichte des israelitischen Königthums" (100-180). Eine erste Epoche der staatlichen Zeit ist „Das manassitische Königthum" Gideons und Abimelechs (181-206).
38 Vgl. zum Folgenden V. FRITZ, Die Entstehung Israels im 12. und 11. Jahrhundert v. Chr. (Biblische Enzyklopädie 2) 1996, 66-103; WEIPPERT, Palästina (s. Anm. 5), 340-417.

Mit dem Untergang der Städte geht einher eine neue Art der Besiedlung. Zahlreiche Ortschaften werden neu gegründet. Diese Neugründungen finden sich außerhalb des Einflußbereichs der bronzezeitlichen Städte. An die Stelle der befestigen Orte, die sich zudem auf bestimmte verkehrstechnisch und für den Ackerbau günstige Zonen konzentrierten, tritt die Streusiedlung. Sie greift auf vormals nicht besiedelte Landschaften wie das galiläische, das efraimitische und das judäische Gebirge sowie die Randgebiete der Negeb-Steppe aus. Die Größe der Siedlungen ist ungleich bescheidener als bisher. Die bronzezeitliche Stadtkultur wird von einer Dorfkultur abgelöst. Diese allerdings bildet nicht mehr nur Siedlungsschwerpunkte, sondern umfaßt das ganze Kulturland.[39] Die Bevölkerungsdichte steigt. Wenn zerstörte Städte wieder besiedelt werden, ändert sich die Anlage. In Megiddo finden wir jetzt eine unbefestigte Siedlung. Der vormalige Tempelbereich und der Palast sind von Häusern überbaut.[40]

Besonderes Kennzeichen der Eisenzeit ist ein anderer Haustyp. Das spätbronzezeitliche Hofhaus wird von dem sogenannten Dreiraum- oder Vierraumhaus abgelöst.[41] Auch dieses Haus hat einen Hof zum Mittelpunkt, der aber durch Pfeiler in der Längsrichtung unterteilt ist. Wo der Archäologe auf Häuser mit solchen Steinpfeilern stößt, befindet er sich in der Eisenzeit.

Vom Haustyp und den Siedlungsformen abgesehen, dominiert die kulturgeschichtliche Kontinuität. Keramik und Metallverarbeitung setzen die bronzezeitliche Tradition fort, nur daß auf Dekoration weitgehend verzichtet wird und die polierte Ware zunimmt. Aufwendige Formen verschwinden. Im Unterschied zur Mittel- und Spätbronzezeit ist die frühe Eisenzeit außerordentlich arm an Kunstgegenständen. Als Metall bleibt zunächst überwiegend Bronze in Gebrauch. Im 10. Jahrhundert nimmt die Verarbeitung von Eisen stark zu.

Wie ist dieser Wandel zu erklären? Über die Vorgänge in Syrien-Palästina während der letzten Phase der Spätbronzezeit sind wir durch das 1887 gefundene Tontafelarchiv von Tell el-Amarna, der Residenz des Pharaos Amenophis IV. Echnaton, vergleichsweise gut unterrichtet.[42] Es barg Teile der diplomatischen Korrespondenz, die mit den Pharaonen Amenophis III. und Amenophis IV. in der 1. Hälfte des 14. Jahrhunderts geführt wurde. Aus den Briefen geht hervor, daß die Reiche Ägypten, Ḫatti, Assur, Mitanni und Babylonien einander nolens volens als gleichberechtigt anerkannten, bei einer gewissen wirtschaftlichen und kulturellen Dominanz Ägyptens. Im engeren Einflußbereich aber, in Syrien-Palästina, befindet die ägyptische Herrschaft sich in Auflösung. In die entstehende Machtlücke treten neue Kräfte: Usurpatoren, Ḫapirū-Leute und Šutu-Nomaden. Die Vasallen Ägyptens bitten händeringend um ägyptische Militärhilfe, die aber

---

39 Grundlegende Darstellung: I. FINKELSTEIN, The Archaeology of the Israelite Settlement, Jerusalem 1988. Die Deutung des Befundes als Ergebnis einer „israelitischen" Landnahme läßt freilich das archäologisch Feststellbare hinter sich. Sie erinnert stark an ALT, Landnahme (s. Anm. 14). Für den ostjordanischen Raum vgl. S. MITTMANN, Beiträge zur Siedlungs- und Territorialgeschichte des nördlichen Ostjordanlandes (ADPV 2) 1970. Zusammenfassend FRITZ aaO 75-79.
40 Vgl. WEIPPERT, 358-363.
41 Vgl. WEIPPERT, 393-401; FRITZ, 97-100.
42 J.A. KNUDTZON, Die El-Amarna-Tafeln I-II, Leipzig 1915 (= EA).

ausbleibt. Andere schreiben Ergebenheitsadressen, denen man entnimmt, daß ihre Absender politisch längst eigene Wege gehen.

Die Amarna-Briefe lassen den Beginn einer tiefgreifenden Veränderung der politischen Landschaft erkennen: Einzelne Stadtstaaten greifen über sich hinaus. Unter Einbeziehung weiterer Städte, die erobert oder durch Vertrag gebunden werden, und eines nicht geringen Umlands beginnen sie, so etwas wie Flächenstaaten zu bilden. Am kräftigsten sind die Ausdehnungsbestrebungen eines gewissen Labaja aus Sichem und seiner beiden Söhne.[43] Labaja konnte sein Herrschaftsgebiet bis in die Jesreel-Ebene und nach Süd-Galiläa ausdehnen. Sein Ausgangsort Sichem ist der Zentralort des ephraimitischen Gebirges. Abdi-Ḫepa, der König von Jerusalem, beherrscht ein Gebiet, zu dem Betlehem zählt und in dem man die Konturen des späteren Königreichs Juda erkennt.[44] In der Saronebene südlich des Karmel entsteht die Herrschaft des Tagi. Auch die Könige von Gezer, Lachisch und Askalon beherrschen jeweils ein größeres Gebiet.

Die Machtgrundlage dieser beginnenden Flächenstaaten sind bewaffnete Banden, sogenannte *Ḫapiru* oder *ʿapiru*. Das zeigt sich bei Labaja am deutlichsten, der ein *ʿapiru*-Anführer gewesen zu sein scheint. Das Wort ist dasselbe wie der geläufige Name „Hebräer", bezeichnet jedoch kein Volk, sondern eine nicht homogene Bevölkerungsgruppe, die in Quellen des 2. Jahrtausends für die meisten Länder Vorderasiens bezeugt ist.[45] Gemeinsam ist den *ʿapiru*, daß sie außerhalb der Gesellschaftsordnung stehen: nichtseßhafte Menschen minderen Rechts, zahlungsunfähige Schuldner oder *Outlaws* der Städte, die sich als Arbeiter oder Söldner verdingen oder auch ein freies Leben als Räuberbanden führen. Offenbar gab es seit dem 14. Jahrhundert in Palästina gut geführte *ʿapiru*-Banden, deren Macht so anwuchs, daß sie die Städte nach und nach in ihre Botmäßigkeit zwingen konnten, als der Arm Ägyptens erlahmte. Die Städte begaben sich nolens volens in ihren Schutz und zahlten Schutzgelder, man kann sagen: entrichteten Steuern. Was sich weigerte, wurde erobert und zerstört. Wir beobachten die ersten autochtonen Flächenstaaten in Palästina. Mit ihnen dürfte die allmähliche innere Befriedung größerer Gebiete einhergegangen sein. Das könnte der wesentliche Grund gewesen sein für die zunehmende Besiedlung des gesamten Landes, die dann auch eine Veränderung der sozialen Struktur und der Kultur zur Folge gehabt hat.

Woher kamen die Menschen, die die Landschaft besiedelten? Man kann annehmen, daß aus den angrenzenden Steppen neue Bevölkerungselemente ins Land kamen und in den dünn besiedelten Randzonen seßhaft wurden. Doch im wesentlichen dürfte die Streusiedlung sich aus der bis dahin im Lande lebenden Bevölkerung gespeist haben. Dafür spricht die Kontinuität der materialen Kultur. Man kann sich vorstellen, daß die wirtschaftlich benachteiligten Schichten der Städte als erste sich aufmachten, im weiteren Land eine neue Existenzgrundlage

---

43 EA Nr. 289 (auch TUAT I/5, 514-516) gibt eine gute Anschauung von der Lage im Land. Von Labaja selbst stammen EA Nr. 252-254.
44 Bezeichnend ist die Bemerkung des Šuwardata, EA 280, 30-34: „Labaja ist tot, der genommen hatte unsere Städte; aber siehe, ein anderer Labaja ist Abdiḫiba, und er nimmt unsere Städte." Von Abdi-Ḫepa selbst stammen EA Nr. 285-290.
45 Vgl. zusammenfassend DONNER, Geschichte des Volkes Israel, 80-82; N.P. LEMCHE, Die Vorgeschichte Israels (Biblische Enzyklopädie 1) 1996, 141-150.

zu suchen. Auch in der Bronzezeit waren die meisten Einwohner der Städte Bauern gewesen. Was aber bisher auf verhältnismäßig wenige, geschlossene Siedlungen beschränkt war, wobei es naturgemäß zu Konkurrenz, das heißt zu einer geschichteten Gesellschaft gekommen ist, entzerrte sich jetzt. Das Ende der gesellschaftlichen Differenzierung bedeutete auch das Ende der Hochkultur, die auf solche Differenzierung immer angewiesen ist; zumal die 'apirū den widerständigen Städten ein grausames Ende bereiteten. Die riesige Feuersbrunst, in der Hazor untergegangen ist, vernichtete eine ganze Kultur, und andernorts war es ebenso.[46] Erst mit dem Verlauf der Eisenzeit ging es auf zunächst weit bescheidenerer Grundlage kulturell wieder bergauf.

Im 13. Jahrhundert hat die Macht Ägyptens sich noch einmal erholt. Es gab erfolgreiche Feldzüge Sethos' I. und Ramses' II. nach Vorderasien und gegen die Hethiter. 1270 kam es zu einem Friedensschluß zwischen Ramses II. und dem Hethiterkönig Muršili III. Dann aber wandelte sich die weltpolitische Lage. Um 1200 brach das Hethiterreich zusammen und ließ in Syrien-Palästina von Norden her ein Machtvakuum entstehen. Ägypten zog sich unter der 20. Dynastie weitgehend auf sein Kernland zurück. Die letzte datierbare ägyptische Spur ist die Basis einer Statue Ramses' VI. (1142-1135) in Megiddo.[47] Daneben gab es bis tief in die Eisenzeit eine namhafte ägyptische Präsenz in Bet-Schean.[48] Doch bestimmte sie die politischen Verhältnisse Syrien-Palästinas nicht mehr.

Aus dieser Zeit stammt der älteste Beleg des Namens „Israel", der bisher bekannt ist. Der britische Archäologe Flinders Petrie fand im Februar 1896 im Totentempel des Pharao Mer-en-Ptah in Theben-West eine Siegesstele, die dieser in seinem 5. Regierungsjahr, je nach Zählung im Jahre 1219 oder 1208, aufrichten ließ.[49] Mer-en-Ptah rühmt sich seines Sieges über die Libyer und zählt bei dieser Gelegenheit eine Anzahl weiterer wirklich oder angeblich besiegter Territorien auf:

> Tjehenu [ein libysches Volk] ist erobert. Cheta [das Land der Hethiter] ist befriedet. Kanaan ist mit allem Übel erbeutet. Askalon ist herbeigeführt. Gezer ist gepackt. Inuam ist zunichte gemacht. Israel ist verwüstet; es hat kein Saatgut. Charu [das Land der Churriter] ist zur Charet [= Witwe] des Geliebten Landes geworden. Alle Länder insgesamt sind in Frieden.[50]

Stade nimmt in seinem ein Jahr später gehaltenen Vortrag Stellung: „In große Verlegenheit ... bringt die von Flinders Petrie aufgefundene erste ägyptische Inschrift, die das Volk Israel erwähnt. Denn sie ist eine Inschrift jenes Merneptah, der der Pharao des Auszugs sein soll, und scheint doch vorauszusetzen, dass Israel bereits im Westjordanlande wohnt."[51] Die Verlegenheit ist noch nach hundert

---

46 Vgl. Y. YADIN, Hazor. The Rediscovery of a Great Citadel of the Bible, London/Jerusalem 1975.
47 J.H. BREASTED, Bronze Base of a Statue of Ramses VI Discovered at Megiddo (in: G. LOUD, Megiddo II [OIP 62], Chicago 1948, 135-138).
48 WEIPPERT, Palästina, 363-366.
49 W.M. FLINDERS PETRIE, Six temples at Thebes (1896), London 1897.
50 Übersetzung von U. KAPLONY-HECKEL in TUAT I/6, 551f. Vgl. auch TGI^2 39f.
51 STADE, Die Entstehung des Volkes Israel, 102.

Jahren nicht ganz gewichen; denn die Inschrift widerspricht nicht nur dem überlieferten Bild des Exodus; auch für die Vorstellung, Israel habe sich in Palästina als vorstaatliches Gottesvolk konstituiert, kommt der Beleg zu früh. Zudem wird dieses Israel als eine palästinische Größe neben anderen aufgezählt, und der Pharao will es militärisch bezwungen haben. Ein solches Israel gibt es in der biblischen Überlieferung nicht – und doch wäre die Behauptung gewagt, es hätte mit dem nachmaligen Israel nichts zu tun. Es scheint, daß Israel bereits in einer Zeit als politische Einheit bestanden hat, für die wir im Alten Testament noch keine Überlieferung haben.

IV

Bei dem Versuch, die Entwicklung zu verstehen, gibt uns gleichwohl das Alte Testament den entscheidenden Hinweis. Eine der Quellen des Richterbuchs hat sich dem Schema der deuteronomistischen Redaktion nicht gefügt. Es ist die Erzählung in Ri 9 von dem Königtum eines gewissen Abimelech ben Jerubbaal. Wie bei Labaja spielt das Geschehen in Sichem und einigen weiteren Orten im Zentrum des efraimitischen Gebirges.

Die Erzählung ist in nachexilischer Zeit umfangreich ergänzt worden. Eine erste Bearbeitung bemißt das Königtum Abimelechs an der nachexilischen Theokratie und mißbilligt es. Sie hat die berühmte Jotam-Fabel (Ri 9,8-15a) hinzugefügt.[52] Ein Bündel von Ergänzungen erklärt Abimelechs Scheitern nach dem Grundsatz der ausgleichenden Vergeltung.[53] Eine letzte Bearbeitung sieht in Sichem eine nichtisraelitische Stadt, so daß die Beziehung Abimelechs zu den Sichemiten ein Beispiel wird für das Verhältnis der eingewanderten Israeliten zu den kanaanäischen Landesbewohnern.[54] Das steht in scharfem Gegensatz noch zur deuteronomistischen Redaktion, die Abimelechs Königtum nicht ohne Recht als Königtum über Israel verstanden hat.[55] Die ursprüngliche Erzählung lautet:[56]

> 1 Abimelech, der Sohn Jerubbaals, ging hin nach Sichem ... und redete mit ihnen ... und sprach: 2 ... Was ist besser für euch, daß siebzig Mann über euch herrschen, ... oder daß ein Mann über euch herrscht? ... 6 Da versammelten sich alle Herren von Sichem und das ganze Haus des Millo, gingen hin und machten Abimelech zum König bei ... 'der Mazzebe', die in Sichem ist. ...
> 26 Es kamen aber Gaal, der Sohn Ebeds, und seine Brüder und zogen in Sichem ein. ... 28 Und Gaal, der Sohn Ebeds, sprach: Wer ist Abimelech ..., daß wir ihm dienen sollten? ...

---

52 Ri 9,7-16a.19bα.20a.21abα.23.25b.26b-27a.bβγ.32-33.42-43.
53 Ri 9,2(nur כָּל בְּנֵי יְרֻבַּעַל).4-5.6b(nur אֵלוֹן).7b(ab שִׁמְעוּ).16b.18bα.19a.bβ.20b.21bβ.24-25a.39aβ.44.46-49.51(nur וְכֹל בַּעֲלֵי הָעִיר).56-57.
54 Ri 9,1aβ.bβ(ohne לֵאמֹר).2aα(bis שְׁכֶם).b-3.18bβ.27bα.28aα (nur וּמִי־שְׁכֶם).βb.29aβ.45. Die Bearbeitung steht in der Nachwirkung von Gen 34, einem nachpriesterschriftlichen Zusatz zur Genesis. [Dazu jetzt Ch. Levin, Dina. Wenn die Schrift wider sich selbst lautet, oben 49-59.] Für das historische Urteil hat sie zeitweilig unverhältnismäßig große Bedeutung gehabt, s.u. Anm. 59.
55 Ri 9,22.55.
56 Ri 9,1aα.bα.β(nur לֵאמֹר).2aα(מַה bis אִישׁ).β.6(ohne אֵלוֹן).26a.28aα(ohne וּמִי־שְׁכֶם).29aα.b-31.34-39aα.b-41.50.51aβ(bis וְהַנָּשִׁים).aβb-54.

29 Wer dieses Volk in meine Hand gäbe – ... 'ich wollte' zu Abimelech 'sagen': Mehre dein Heer und zieh in den Kampf! 30 Als aber Sebul, der Stadthauptmann, die Worte Gaals, des Sohnes Ebeds, hörte, entbrannte sein Zorn, 31 und er sandte Boten zu Abimelech 'nach Aruma' und ließ ihm sagen: Siehe, Gaal, der Sohn Ebeds, und seine Brüder sind nach Sichem gekommen, und siehe, sie wiegeln die Stadt gegen dich auf. ... 34 Da machte Abimelech sich auf bei Nacht und alles Volk, das bei ihm war, und sie legten einen Hinterhalt gegen Sichem mit vier Abteilungen. 35 Und Gaal, der Sohn Ebeds, ging hinaus und trat in das Tor der Stadt. Abimelech aber machte sich auf aus dem Hinterhalt samt dem Volk, das bei ihm war. 36 Als Gaal das Volk sah, sprach er zu Sebul: Siehe, da kommt Kriegsvolk von der Höhe des Gebirges herab. Sebul sprach zu ihm: Du siehst den Schatten der Berge für Männer an. 37 Gaal redete weiter und sprach: Siehe, Kriegsvolk kommt herab vom Nabel des Landes, und eine 'andere' Abteilung kommt aus Richtung der Wahrsager-Terebinthe. 38 Sebul sprach zu ihm: Wo ist nun dein Mund, der da sagte: Wer ist Abimelech, daß wir ihm dienen sollten? Ist das nicht das Volk, das du verachtet hast? Zieh nun aus und kämpfe mit ihm! 39 Da zog Gaal aus ... und kämpfte mit Abimelech. 40 Aber Abimelech jagte ihm nach, daß er vor ihm floh, und viele blieben erschlagen liegen bis an das Tor. 41 Und Abimelech 'kehrte zurück nach' Aruma. Sebul aber vertrieb den Gaal und seine Brüder, daß sie in Sichem nicht bleiben konnten. ...
50 Abimelech ging hin nach Tebez, belagerte Tebez und nahm es ein. 51 Es war aber ein starker Turm inmitten der Stadt. Dorthin flohen alle Männer und Frauen ..., schlossen hinter sich zu und stiegen auf das Dach des Turms. 52 Und Abimelech gelangte an den Turm, kämpfte gegen ihn und drang vor gegen den Eingang des Turms, um ihn mit Feuer zu verbrennen. 53 Da warf eine Frau einen Mühlstein Abimelech auf den Kopf und zerschmetterte ihm den Schädel. 54 Und Abimelech rief eilends seinen Waffenträger herbei und sprach zu ihm: Zieh dein Schwert und töte mich, daß man nicht von mir sage: Eine Frau hat ihn erschlagen. Da durchstach ihn sein Waffenträger, und er starb.

Die Quelle umfaßt zwei Episoden. Die erste berichtet, wie Abimelech die Herrschaft über Sichem erfolgreich behauptet hat; dazu gehört einleitend, wie Abimelech das Königtum über Sichem erringt. Die zweite erzählt Abimelechs Tod anläßlich der Eroberung von Tebez. Nicht die Geschichte Abimelechs als solche ist bewahrt, sondern zwei Denkwürdigkeiten, in denen seine Person der Erinnerung lebendig geblieben ist.[57] Genaues über Dauer und Reichweite der Herrschaft geht nicht hervor.

Abimelechs ständiger Sitz war Aruma, etwa 10 km südöstlich von Sichem (heute *Tell el-'Ōrme*). Zu Tode kam er bei der Eroberung von Tebez, etwa 15 km nordöstlich von Sichem (heute *Ṭūbās*). Sein Herrschaftsbereich hat sich mindestens 25 km in nordsüdlicher Richtung über das efraimitische Gebirge erstreckt. Auch Sichem, der Hauptort, zählte dazu, nachdem die Vollbürger der Stadt Abimelech zum König gewählt hatten. Die einleitende Szene stellt es so dar, als sei die Versammlung der Vollbürger als Regierungsform abgelöst worden. In Wirklichkeit dürfte die örtliche Ältestenverfassung mit einem überörtlichen Militärkönigtum vereinbar gewesen sein.

Abimelechs Herrschaft beruhte teils auf Eroberung, wie im Falle von Tebez, teils wie bei Sichem auf einem Schutzvertrag. Grundlage der Macht war eine militärische Truppe – wie bei den *'apīrū*-Banden der Amarna-Zeit. Wo es militärischen Schutz und Verträge gibt, da sind Abgaben. Sie beizutreiben, setzt Abimelech einen Vogt ein. Es wundert nicht, daß Unzufriedenheit aufkam. Sie wurde

---

57 Zur Gattung der Denkwürdigkeit vgl. A. JOLLES, Einfache Formen, 1930, 200-217: „Das Memorabile".

zur Abtrünnigkeit, wenn sich Gelegenheit bot. Sie kam mit einem gewissen Gaal ben Ebed und seinen Brüdern. Offenbar war Abimelech als militärischer Führer, der Schutzverträge anbot oder einforderte, im Lande nicht allein. Abimelech wird durch den Vogt in Kenntnis gesetzt. Gaal zieht ihm entgegen, und sie messen ihre Kräfte. Gaal flüchtet in das Tor der Stadt, unter Verlust einer Zahl seiner Leute. Damit hat er ausgespielt. Der Vogt kann ihn vertreiben. Bemerkenswert ist, daß die Herren von Sichem an dem Kampf nicht beteiligt sind.

Die Quelle ist in einer Art geschrieben, die sie mit den großen historischen Erzählungen des Alten Testaments verbindet. Es liegt nahe, eine Sammlung anzunehmen, deren Herkunft im Nordreich Israel gelegen hat und die der Deuteronomist im 6. Jahrhundert für sein Geschichtswerk benutzt hat.[58] Wenn die Erzählung von Abimelech zu dieser Sammlung gehört hat, ist sie keine Randerscheinung gewesen. Wir haben es mit authentischer altisraelitischer Überlieferung zu tun, für die Zeit vor Saul mit einer der wenigen regelrechten Quellen überhaupt. Israel hat in Abimelechs Königtum die eigene Geschichte gesehen und sein tragisches Ende bedauert.[59]

Für die Bedeutung spricht auch der Schauplatz. Albrecht Alt hat Sichem (*Tell Balāṭa*) „die ungekrönte Königin von Palästina" genannt.[60] Die Stadt ist bereits der Mittelpunkt des Königtums des Labaja gewesen. Von Jerobeam I., dem ersten König des unabhängigen Nordreichs, ist überliefert, daß er Sichem ausbaute und dort seinen Sitz nahm (1 Kön 12,25). Die Schwierigkeiten, das früheisenzeitliche Sichem archäologisch zu bestimmen,[61] wiegen gering angesichts der literarischen Bezeugung.

Der Bericht über die Herrschaft Abimelechs ist das Bindeglied zwischen den aus dem Amarna-Archiv bekannten Verhältnissen des 14. Jahrhunderts und der Entwicklung des israelitischen Königtums. Man hat es nicht immer in der notwendigen Deutlichkeit gesehen, aber es entspricht auch den alttestamentlichen Quellen: Das Grundmuster der eisenzeitlichen Flächenstaaten, zu denen Israel

---

58 Dazu sind die Königs-Erzählungen 1 Kön 20; 22; 2 Kön 3; 6-7; 9-10 zu zählen, vielleicht auch der Kern der Erzählungen von David und Saul sowie von Davids Thronfolge, die die Grundlage der Samuelbücher bilden.
59 Die geläufige Deutung trägt die Tendenz an der Stirn: „Das Werk Abimelechs, des Sohnes Gideons, war von vornherein so falsch angelegt, so wenig israelitisch und so überwiegend kanaanäisch gedacht, daß er [sc. dieser Versuch] niemals zu einer Zusammenfassung und Überbietung der israelitischen Stammesorganisationen in einem größeren Staatsgebilde ... hätte führen können" (ALT, Staatenbildung [Kleine Schriften II], 6f). „Der nationale Charakter, sei es in israelitischem oder in kanaanäischem Sinn, ging ihm völlig ab" (aaO 7 Anm.). „Dadurch wurde seine Herrschaft zu einem unorganischen Zwittergebilde, und daran ist er nach ziemlich kurzer Zeit gescheitert. ... Das Auftreten des Abimelech war nur eine Episode. Geschichtliche Folgen hat es anscheinend nicht gehabt. Als einen Vorläufer der späteren Staatenbildung auf dem Boden Israels kann man dieses Abenteuer ... kaum ansprechen" (M. NOTH, Geschichte Israels, ³1956, 141f). Ähnlich noch DONNER, Geschichte, 195-197.
60 A. ALT, Jerusalems Aufstieg (1925; in: DERS., Kleine Schriften zur Geschichte des Volkes Israel III, 1959, 243-257) 246.
61 Stratum XI wurde um 1100 v. Chr. zerstört. Ein Wiederaufbau als Stadt ist in der Folgezeit nicht zu beobachten. Vgl. H. WEIPPERT, Art. Sichem, BRL, ²1977, (293-296) 295; E.F. CAMPBELL, Art. Shechem (in: E. STERN [Hg.], The New Encyclopedia of Archaeological Excavations in the Holy Land, Jerusalem 1993, 1345-1354) 1352f.

und Juda für die Dauer ihrer Geschichte gehörten, war das söldnergestützte Militärkönigtum.

Dafür gibt es weitere Beispiele. Ri 11-12 bewahrt die Erinnerung, daß Jephtha der Anführer einer Räuberbande war und als solcher die Herrschaft über das ostjordanische Gilead errang. Gilead war unter ihm ein eigener Flächenstaat, der sich sowohl gegen die östlich angrenzenden Ammoniter als auch gegen das westjordanische Efraim behauptete. Efraim wurde von Gilead blutig zurückgeschlagen (Ri 12,1-6). Erst zur Zeit Sauls, als Gilead dem Druck von Osten allein nicht mehr standhalten konnte, ging es im Verband des westjordanischen Königtums auf (1 Sam 11).

Auch Saul war entgegen der üblichen Interpretation ein Militärkönig mit eigener Truppe. Genannt werden 600 Mann (1 Sam 13,15; 14,2). Die Größenordnung hat unter ihm erheblich zugenommen. Es gibt Unter-Anführer. Daß sie sich selbständig machen, vermeidet Saul durch Verschwägerung, wie man es noch heute von Militärdiktaturen kennt: Abner, der Feldhauptmann, war Sauls Vetter (1 Sam 14,50), Jonatan, der Held unter den Helden, Sauls Sohn. Auch ein gewisser David tritt in Sauls Dienste. Er wird durch Heirat mit Sauls Tochter Michal eingebunden (1 Sam 18,22-23a.26aβ.27b), macht sich aber dennoch davon und wird Sauls Rivale.

David erobert mit seiner Truppe die Stadt Kegila am westlichen Rande Judas, muß aber vor Saul weichen (1 Sam 23,1-13). In der südlichen Steppe bricht zwischen Saul und David ein regelrechter Bandenkrieg aus. David ernährt seine Leute, wie es bei solchen Banden üblich ist: indem er die Bauern preßt (1 Sam 25). Der Druck Sauls wird so groß, daß David sich in den Machtbereich der Philister zurückzieht. Er wird Vasall des Königs Achis von Gat (1 Sam 27). Nachdem Saul am Gebirge Gilboa im Kampf mit den Philistern gefallen ist (1 Sam 31), schließt David mit den Männern von Juda einen Schutzvertrag und wird deren König (2 Sam 2,1-4). Mittlerweile hat auch er, was Sauls Erfolge beflügelt hatte: einen militärischen Apparat. Joab, Sohn der Zeruja, war sein Feldhauptmann (2 Sam 2,13). In Kämpfen zwischen Joab und Abner hielten sich Nord und Süd zunächst die Waage (2 Sam 2,8-3,1a). Schließlich aber erschöpfte sich der Norden, und Abner dient David das Königtum über Israel an (2 Sam 3,12-21), das David entschlossen ergreift (2 Sam 5,1-5). Jetzt ist er stark genug, die Stadt Jerusalem zu erobern, die seine Machtbasis wird (2 Sam 5,6-10). Das 3000jährige Jubiläum wird – dank einer zweifelhaften Chronologie – in diesem Jahr gefeiert.

V

Soweit, was sich über das frühe Israel heute im Umriß sagen läßt. Stade hat seinerzeit resümiert: „Die Völker tauchen in der Geschichte auf wie der einzelne Mensch in der Zeit, ohne dass in ihrem Bewusstsein wäre, wie sie geworden sind."[62] Israel bildet keine Ausnahme. Die kritisch ermittelte Ursprungsgeschichte unterscheidet sich von der alttestamentlichen Überlieferung sehr.

---

62 STADE, Die Entstehung des Volkes Israel, 100.

Die historische Kritik mindert indessen die Wahrheit und den Anspruch des alttestamentlichen Zeugnisses nicht. Sie hilft im Gegenteil, beides deutlicher wahrzunehmen; denn sie lehrt, daß die bezeugte Geschichte Israels nicht Geschichte als solche ist. Geschichte als solche ist nicht normativ. Die Gottesgeschichte des Alten Testaments aber ist es – auch heute noch. Wenn die nachstaatliche Judenheit ihr Selbstverständnis in die Gestalt einer vorstaatlichen Geschichte gekleidet hat, so hat sie sich selbst als vorstaatliches Israel begriffen – als eine Gottesgemeinde, die auf den idealen Staat immer noch zulebt.

Es tun sich hier ganze Welten auf, moralischer, rechtlicher, staatskirchenrechtlicher, kultureller Art, die unsere Gegenwart nach wie vor bestimmen. Dabei ist das Alte Testament indirekt und manchmal auch direkt im Spiele. Sein Anspruch ist am bündigsten gefaßt in dem berühmten Begriffspaar „Recht und Gerechtigkeit", und der Maßstab der Gerechtigkeit wird bestimmt durch das alttestamentliche Gebot: „Liebe deinen Nächsten wie dich selbst." Ob unser Zusammenleben gelingt, hängt davon ab, wie weit wir uns diesem Anspruch öffnen. Christen können dabei vor anderen voraushaben, daß sie wissen, daß die Verwirklichung nicht allein von *ihrem* Tun abhängt. Das lehrt sie auch das Alte Testament. Solches Wissen macht sie frei, Freiheit zu lassen, statt nach der moralischen Diktatur zu verlangen. Sie leben nicht im nichtstaatlichen Raum außer der Welt, aber auch nicht nur in Staat und Gesellschaft, sondern in dem vorstaatlichen Raum der Kirche, und beten, wie ihr Herr sie gelehrt hat: „Unser Vater im Himmel, *dein* Reich komme."

Summary

Israel followed the Iron Age kingdom onto the stage of history. That is shown by evidence gathered outside of the Old Testament, which however on closer examination tallies with Old Testament sources. Hypotheses concerning an Israel prior to the rise of the nation state, which hitherto have shaped our view of Israel's history, will not stand up to critical scrutiny. The biblical depiction of Israel prior to its becoming a nation state reflects the situation and the hopes of post-exilic Judaism. The way in which Old Testament Judaism as God's people, but not yet a nation state, lives up to that ideal state which obeys God's commandments has become exemplary for the church.

Israel ist als Folge des eisenzeitlichen Königtums in die Geschichte eingetreten. Das erweist der ausseralttestamentliche Befund, der bei genauem Zusehen auch mit den alttestamentlichen Quellen übereinstimmt. Die Hypothesen über ein Israel vor der Staatenbildung, die bisher das Geschichtsbild bestimmt haben, halten der kritischen Überprüfung nicht stand. Die biblische Darstellung des vorstaatlichen Israel spiegelt von Grund auf die Lebensbedingungen und die Hoffnungen der nachstaatlichen Gemeinde. Die Art, wie das alttestamentliche Judentum als vorstaatliches Gottesvolk auf den idealen, den Geboten Gottes gemäßen Staat zulebt, ist zum Vorbild der Kirche geworden.

Erkenntnis Gottes durch Elia

Unter der Überschrift „Das Wort Jahwes an Elia" hat Rudolf Smend „Erwägungen zur Komposition von 1 Kön 17-19" vorgelegt, die „ein Ausgangspunkt zu weiterer Arbeit an dem komplizierten Gegenstand" sein wollen.[1] Als Einstieg dienen ihm drei bekannte Dubletten in 1 Kön 18 und 19: der zweimal wörtlich gleiche Dialog in 19,9b-10 und 13b-14, „in dem Elia auf die Frage, was er hier, am Gottesberg, wolle, seine bedrängte Lage schildert"; das zweiteilige Gebet Elias in 18,36 und 37; und der doppelte Bericht von der Wiederaufrichtung des Altars 18,30b und 31-32a. Welche Fassung die ursprüngliche ist, welche nachgetragen, ist in allen Fällen entschieden. Zu Kap. 19 befand Wellhausen: „Von v. 9 b (nach dem Athnach) an bis v. 11 a (והנה excl.) ist alles zu streichen, als falsche Vorausnahme".[2] In Kap. 18 „kann es keinen Zweifel geben, daß 37 viel genauer in diesen Zusammenhang paßt ..., während die Aussagen von *36 ... sich ohne weiteres aus ihm wegdenken ließen."[3] Ein späterer gesetzestreuer Leser hat „31 32ᵃ eingeschoben, wonach Elia aus zwölf Steinen nach der Zahl der Stämme ... einen Altar baut. Dabei citiert der Glossator noch Gen 35,10 aus dem Priesterkodex."[4]

Smend lenkt das Augenmerk darauf, „daß in den Zusätzen stets das Wort Jahwes (דְּבַר־יהוה) vorkommt ... Diese Gemeinsamkeit ergibt zweifelsfrei, daß in der sekundären Bearbeitung der Eliageschichten unserer Kapitel der Begriff des Wortes Jahwes eine hervorragende Rolle spielt."[5] Eine Analyse des Anfangs der Eliaüberlieferungen bestätigt die Beobachtung. Im Einklang mit W. Dietrich[6] sieht Smend in 1 Kön 17,2-5a.8-9.14b.16.24b; 18,1αβγb eine Bearbeitung am Werk, deren Eigenart mit den Zusätzen 19,9b-11aα; 18,36*; und 18,30b-31 übereinstimmt:[7] „Das Wort Jahwes" ist „im wörtlichen Sinne das treibende Motiv", das das Geschehen von Szene zu Szene voranbringt. Es liegt nahe, ein und dieselbe Hand am Werk zu sehen. Smend sieht sich bewogen, „wenigstens probeweise eine deu-

---

1 R. SMEND, Das Wort Jahwes an Elia (1975; in: DERS., Die Mitte des Alten Testaments. Exegetische Aufsätze, 2002, 203-218).
2 J. WELLHAUSEN, Die Composition des Hexateuchs, ⁴1963, 280 Anm.
3 SMEND, 204f.
4 I. BENZINGER, Die Bücher der Könige (KHC 9) 1899, 110.
5 SMEND, 205.
6 W. DIETRICH, Prophetie und Geschichte (FRLANT 108) 1972, 122-125. Dietrich schreibt die Zusätze einer deuteronomistischen Redaktion „DtrP" zu, die weite Teile des deuteronomistischen Geschichtswerks bearbeitet habe. Diese Festlegung wird von Smend vermieden (vgl. aber DERS., Die Entstehung des Alten Testaments, ²1981, 122). Nach Dietrich hat DtrP die (vorgegebenen) Erzählungen 1 Kön 17,2-18,2a in den Zusammenhang eingefügt. Smend beschränkt den Einschub auf V. 7 oder 8 bis 24, so daß 18,1aα.2a als rückwärtige Rahmung der Krith-Szene dem älteren Text angehört. Weitere Unterschiede bestehen bei der erweiterten Botenformel in 17,14 Anfang, die Smend offenbar nicht zur Bearbeitung rechnet, sowie bei den Versen 14b und 16a, die er ihr über Dietrich hinaus zuweist (S. 208-210). Zu 17,24b siehe bei DIETRICH, 125 Anm. 65, zu 19,9b S. 123 Anm. 60.
7 Mit kleinen Abweichungen wird diese Literarkritik von G. HENTSCHEL, Die Elijaerzählungen (EThSt 33) 1977, 84-90, und E. WÜRTHWEIN, Die Bücher der Könige (ATD 11,2) 1984, 205-207, übernommen.

teronomistische Bearbeitung anzunehmen", fügt aber hinzu, daß „der Begriff ‚deuteronomistisch' nicht von vornherein gepreßt werden darf."[8] Der Anlaß ist, daß die Bearbeitung „in fraglos deuteronomistisch redigiertem Zusammenhang steht", nämlich im deuteronomistischen Geschichtswerk. Wie Smend damit andeutet, ist der Begriff „deuteronomistisch" eher unbestimmt. In früheren Zeiten war er bisweilen lediglich eine Art Synonym für „redaktionell", zumal wenn er für Texte des deuteronomistischen Geschichtswerks gebraucht wurde. Für sich allein kann er der neueren Redaktionskritik, die Rudolf Smend begründet hat, nicht genügen.[9] Selbst ihn als Dachbegriff einer Redaktionsgeschichte, die in mehreren Stufen verlaufen ist, zu verstehen, ist fragwürdig. Am gegebenen Beispiel: Wenn der Bezug auf das Deuteronomium, den die Bezeichnung „deuteronomistisch" unterstellt, etwas besagt, ist der Begriff „Wort Jahwes" nicht deuteronomistisch.[10] Seine Ursprünge werden vielmehr in der Prophetie zu finden sein, genauer in dem Bemühen, das Ereignis der Prophetie, nachdem es geschehen ist, begrifflich zu fassen. Indem wir Smends Beobachtungen nehmen, wie er sie verstanden haben will: als Ausgangspunkt, ist es vielleicht möglich, den theologiegeschichtlichen Ort der von ihm beschriebenen Bearbeitung – wir wollen sie für diesmal „Jahwewort-Bearbeitung" nennen – ein wenig näher zu umreißen.

Als Einstieg soll wiederum eine Dublette dienen, in der sich spätere Bearbeitung älteren Stoffes verrät. In der *Erzählung von der Auferweckung des Knaben* 17,17-24 wendet Elia sich zweimal im Gebet an Jahwe: bevor er sich über den Knaben legt (V. 20), und währenddessen (V. 21aβb). Die Doppelung wäre unverdächtig, würde das Gebet nicht beidemale wörtlich gleich eingeführt: „Und er rief Jahwe an und sprach: Jahwe, mein Gott" (וַיִּקְרָא אֶל־יְהוָה וַיֹּאמַר יהוה אֱלֹהָי).[11] Was auf diese Anrufung jeweils folgt, unterscheidet sich sehr. Das zweite Gebet spricht die Bitte aus, die man erwarten kann: „Möge doch das Leben dieses Knaben in ihn zurückkehren." Jahwe erfüllt sie in V. 22 aufs Wort. Das erste Gebet hingegen benennt in der Form der klagenden Frage ein theologisches Problem: „Hast du sogar der Witwe, bei der ich zu Gast weile, Übles getan, ihren Sohn zu töten?!" Elia genießt bei der Frau das Gastrecht, und dennoch stirbt deren Sohn: Das verletzt die Gerechtigkeit Gottes.

Elias Klage nimmt auf und bringt vor Jahwe, was die Frau in V. 18 gegen Elia vorgebracht hat: „Was habe ich mit dir zu schaffen, Gottesmann! Du bist zu mir gekommen, (Gott) an meine Schuld zu erinnern und meinen Sohn zu töten!" Die Wendung לְהָמִית אֶת־בְּנִי stellt zwischen beiden Redegängen eine wörtliche Ver-

---

8 SMEND, 208.
9 Diese Notwendigkeit hat bisher zu Bildungen wie „DtrH", „DtrP", „DtrN" und weiteren geführt.
10 Der Einwand von W. THIEL, Deuteronomistische Redaktionsarbeit in den Elia-Erzählungen (in: Congress Volume Leuven 1989 [VT.S 43] 1992, 148-171) 168, in 1 Kön 17 fehle jede Spur deuteronomistischer Terminologie, ist nicht von der Hand zu weisen. Ähnlich HENTSCHEL, Elijaerzählungen, 51f.
11 Die Abweichungen der Septuaginta in V. 20 fallen nicht ins Gewicht. Sie beruhen wohl auf einer verderbten Vorlage, die wörtlich wiederzugeben versucht worden ist. Mit Ηλιου ist das Kᵉtîb אֶל־יהוה falsch aufgelöst worden.

bindung her. Auch das theologische Problem ist dasselbe. Diesmal wird es nicht als Frage benannt, sondern in Form einer hypothetischen Lösung – die der Fortgang der Erzählung als Irrtum erweisen wird: Da den Gottesmann eine Aura der Gottesnähe umgibt, vermutet die Frau, daß Gott eine vergessene Schuld bemerkt und sie mit dem Tod des Sohnes gestraft habe. Wie Elias erstes Gebet läßt auch die Rede der Frau sich herauslösen. Die in V. 17 begonnene Handlung wird in V. 19 weitergeführt.

Die zutreffende Lösung folgt, nachdem die Auferweckung des Knaben geschehen ist, und wieder als Rede der Frau: „Jetzt habe ich erkannt, daß du ein Gottesmann bist." Das Wunder hat erwiesen, daß Elia mit Gott in engstem Bunde steht, und hat auch die Frage nach der Gerechtigkeit Gottes im guten Sinne beantwortet. Daß die Frau schon in V. 18 Elia als Gottesmann anredet, ist nur scheinbar paradox; der Beweisgang hätte sich anders nicht darstellen lassen. Die Wortwahl belegt, daß V. 24a mit V. 18 auf ein und dieselbe literarische Ebene gehört. An der breiten Einleitung: „Da sprach die Frau zu Elia", ist abzulesen, daß auch diesmal ein Nachtrag vorliegt. Er ist an den Schluß der Erzählung angehängt.

Unsere Literarkritik wird belohnt mit der Form der ursprünglichen Erzählung, die nunmehr hervortritt: Von der Exposition V. 17 abgesehen, ist sie achsensymmetrisch.[12] Die Achse – sie bezeichnet zugleich die Pointe – verläuft zwischen Elias Gebet V. 21 und seiner wörtlichen Erhörung V. 22. Die hinführenden und die von der Erhörung rückführenden Schritte in V. 19 und 23 stehen in gegenläufiger Folge.[13] Dieser kunstvolle Aufbau wird von den Zusätzen im Sinne eines gewöhnlichen Endgefälles mit Exposition V. 18, Krise V. 20 und Lösung V. 24a überlagert. Alle drei Ergänzungen sind Reden. Sie greifen in die Handlung nicht ein, sondern deuten sie.

Der Zusammenhang der Zusätze zeigt, daß eine planvolle Bearbeitung vorliegt. Um sie von der Jahwewort-Bearbeitung zu unterscheiden, soll sie „Gottesmann-Bearbeitung" genannt werden nach dem auffallendsten Kennzeichen, der Bezeichnung אִישׁ הָאֱלֹהִים für Elia.[14] Ihren theologiegeschichtlichen Ort muß man

---

12 Vgl. das Schema von A. SCHMITT, Die Totenerweckung in 1 Kön. xvii 17-24 (VT 27, 1977, 454-474) 460.
13 Die streng durchgeführte Form ist geringfügig beeinträchtigt durch zwei falsche Lesungen, die infolge der Ergänzungen unterlaufen konnten. In V. 19 lies אֵלָיָהוּ statt אֵלֶיהָ. Nach der Exposition V. 17 wird als zweite Hauptperson Elia eingeführt. Das Kᵉtîb ist mehrdeutig. LXX schwankt zwischen Ηλιου und πρὸς τὴν γυναῖκα (= אֵלֶיהָ). In V. 23b ist umgekehrt אֵלִיָּהוּ durch אֵלֶיהָ zu ersetzen. Die Erzählfolge wird durch die unvermittelte Nennung des gleichbleibenden Subjekts gestört.
14 Ich übernehme die Bezeichnung von H.-CH. SCHMITT, Elisa. Traditionsgeschichtliche Untersuchungen zur vorklassischen nordisraelitischen Prophetie, 1972, bes. 85-89; denn es ist zu vermuten, daß die Gottesmann-Bearbeitung der Elia-Erzählungen sich mit der von Schmitt beschriebenen Gottesmann-Bearbeitung der Elisa-Überlieferung literarisch berührt. Bei der Zuweisung der Belege des Schlüsselbegriffs אִישׁ הָאֱלֹהִים verfährt Schmitt nicht einheitlich. Gewiß verbietet sich das mechanische Postulat einer einzigen Schicht, da die Bezeichnung, einmal eingeführt, auch von Späteren verwendet worden sein kann. Unwahrscheinlich ist jedoch, daß אִישׁ הָאֱלֹהִים dem Ursprung nach sowohl redaktionell als auch quellenhaft ist, den Eigennamen Elisa ersetzt hat und durch ihn ersetzt worden ist (S. 90f.). Sollte die Gottesmann-Bearbeitung in 1Kön 13; 17-18; 20; 2 Kön 1 mit der Gottesmann-Bearbeitung in 2 Kön 2-13 identisch sein,

nicht suchen. „Der Ausdruck ‚zur Anklage bringen' (1 Kön 17,18) begegnet in seiner juristischen Bedeutung sonst erst und nur Ez 21,28f.; 29,16; Num 5,15 (Priesterschrift). Die deutende Formel ‚erkennen, daß du, Jahwe, der Gott bist' (1 Kön 18,37; im Niphal ‚kund werden' 18,36; auf Elia bezogen 17,24) ist außerhalb des Ezechielbuches verhältnismäßig selten und fällt in den Elia-Erzählungen um so mehr auf."[15] Ein Unterschied zu den Erweisworten des Ezechielbuches[16] besteht nur darin, daß die Erkenntnisformel eine Prophetenerzählung statt eines Prophetenwortes beschließt. „Gattungsmäßig ist diese poetische Erzählung als prophetische Erweislegende zu bestimmen, die in ihrem Schlußsatz ihr Ziel findet: ‚Jetzt weiß ich, daß du ein Mann Gottes bist und Jahwes Wort in deinem Munde Wahrheit ist' (V. 24)."[17]

Den letzten Satz der Witwe (V. 24b) haben wir bisher außer acht gelassen, „durch den ... die neue Tat des Elia als neuer und vollgültiger Erweis seiner Begabung mit dem Worte Jahwes qualifiziert wird".[18] Smend hat in ihm eine redaktionelle Ergänzung erkannt. Ihrer Aussage nach ist sie der Jahwewort-Bearbeitung zuzuweisen. Aus der Textfolge ergibt sich, daß diese Ergänzung den Zusatz V. 24a voraussetzt. Daraus folgt: In 1 Kön 17,17-24 geht die Gottesmann-Bearbeitung der Jahwewort-Bearbeitung voran.

Mit dieser Schichtenfolge ist die Vermutung berührt, die Komposition von 1 Kön 17 gehe in Teilen auf die Jahwewort-Bearbeitung zurück. Sie hält nicht stand. Unbestrittene Grundlage ist die Erzählung von der Dürre, die in 17,1 einsetzt und in 18,2b fortgeführt wird. Dieses Gerüst bestand zu keiner Zeit für sich; denn 18,2b schließt schlecht an 17,1 an. Dem Folgesatz, den wir für diesen Fall erwarten, widerspricht die Inversion, die wir vorfinden. Sie erklärt sich indessen, wenn ein Szenenwechsel vorausging: Die Erzählung, wie Elia am Bach Krith von den Raben gespeist wurde (V. 5b-6), hat von Anfang an zu der Dürreerzählung gehört.[19] Die Bearbeitung, die in V. 2-5a das Wort Jahwes vorausschickt, verbindet nicht, sondern trennt.

Im Unterschied zur Krith-Szene ist das *Speisungswunder* V. 7-16 ein Nachtrag. Die Erzählung ist in V. 10b-11a den Gegebenheiten angepaßt worden: „Die Bitte um Wasser ist erst Element der Dürre-Komposition; sie wird im folgenden Text nicht berücksichtigt."[20] Der Redegang stört die Abfolge; statt daß die Frau wie in

---

müßte ferner die These überprüft werden, „sie als die Bearbeitung zu verstehen, die die Elisatradition in die Königsbücher einfügte". „Die Tatsache, daß sich die Gottesmannbearbeitung gleichzeitig auf heterogene Teile der Elisatradition erstreckt" (87) und möglicherweise weitere Bereiche der Königsbücher einschließt, steht mit ihr nicht in Einklang.
15 G. FOHRER, Elia (AThANT 53) ²1968, 54.
16 Vgl. W. ZIMMERLI, Erkenntnis Gottes nach dem Buche Ezechiel (1954; in: DERS., Gottes Offenbarung. Gesammelte Aufsätze I [TB 19] ²1969, 41-119) bes. 84; sowie DERS., Das Wort des göttlichen Selbsterweises (Erweiswort), eine prophetische Gattung (1957; ebd. 120-132).
17 R. KILIAN, Die Totenerweckung Elias und Elisas - eine Motivwanderung? (BZ NF 10, 1966, 44-56) 46.
18 SMEND, 207.
19 Vgl. O.H. STECK, Überlieferung und Zeitgeschichte in den Elia-Erzählungen (WMANT 26) 1968, 10f., gegen FOHRER, Elia, 35.
20 WÜRTHWEIN, Könige II, 212 Anm. 28.

V. 12 ihren Einwand vorbringt, wendet sie sich zunächst zum Gehen.²¹ Auch der Ausspruch des Elia ist nachträglich erweitert. Das eigentliche Orakel, als Doppeldreier poetisch geformt, findet sich in V. 14a(ab כִּד). Hingegen hat man „in 14b einen Zusatz zu sehen, der die Geschichte auf die spezielle Situation dieser Dürre beziehen soll, die sie sonst nicht voraussetzt."²² Die Erzählung muß außerhalb des hiesigen Zusammenhangs entstanden sein. Den redaktionellen Übergang zwischen beiden Überlieferungen bildet unübersehbar V. 7. Er hat sein – auch im Stil verwandtes – Gegenstück in 18,1aα.2a, das auf 18,2b zurücklenkt. Der so geschaffene Ablauf, „also 17,1.5b-7.10-15; 18,1aα.2a..., würde einen in sich geschlossenen Zusammenhang ergeben."²³ An ihm ist die Jahwewort-Bearbeitung nicht beteiligt. Erst nachträglich tritt sie in beiden Übergängen zwischenein, nämlich in 17,8-9 und 18,1aβγb, und stört eher, als daß sie verbindet. „So stößt sich, zwar nicht durch völlige sachliche Unvereinbarkeit, aber doch zumindest stilistisch, in 18,1 das ‚dritte Jahr' innerhalb der Wortereignisformel mit der vorher genannten ‚längeren Zeit';"²⁴ und auch die Inversion ließe sich als Hinweis auf eine literarische Zäsur anführen. Für die Geschichte von dem Mehl- und Ölwunder kommt die Einfügung durch die Jahwewort-Bearbeitung nicht in Betracht.²⁵

Das verhält sich ebenso bei der Erzählung von der Auferweckung des Knaben, deren später Einbau allgemein zugestanden ist. Daß die Marginalie, die die Jahwewort-Bearbeitung in V. 24b angebracht hat, keine redaktionelle Klammer ist, versteht sich um so eher, als die Erzählung einer Verklammerung gar nicht bedarf. Die redaktionelle Überleitungsformel „Und es geschah nach diesen Begebenheiten" (וַיְהִי אַחַר הַדְּבָרִים הָאֵלֶּה) V. 17aα läßt sich nämlich von dem invertierten Verbalsatz, der folgt, nicht lösen.²⁶ Sie ist unverzichtbarer Teil der Exposition. Im Unterschied zu V. 7-16* beruht die Erzählung nicht auf vorgegebener Überlieferung, ist vielmehr für ihren hiesigen Ort entstanden.²⁷ Deutlich wird das an der Identität der Hauptperson: Sie wird als *die* Frau eingeführt, die der Leser aus dem Speisungswunder kennt, und ist doch die arme Witwe nicht mehr, sondern Besitzerin eines Hauses. Unter Vorgabe von V. 7-16 // 2 Kön 4,1-7 wird die Abfolge von 2 Kön 4 nachgeahmt, wo an das Speisungswunder, das der Witwe eines Prophetenjüngers zugute kommt, die Auferweckung des Sohnes der Sunamiterin anschließt.²⁸

Die Gottesmann-Bearbeitung, die in V. 18.20.24a eingreift, setzt deshalb voraus, daß die Auferweckungserzählung bereits Teil von 1 Kön 17 ist. Unwill-

---

21 E. SCHWAB, Das Dürremotiv in I Regum 17,8-16 (ZAW 99, 1987, 329-339) 334f., widerspricht Würthwein ohne hinreichenden Grund.
22 SMEND, 209.
23 SMEND ebd.
24 SMEND ebd.
25 Daß die Jahwewort-Bearbeitung sich in 18,1b mit dem redaktionellen Zusatz 17,14b auffällig berührt, beruht auf Entlehnung. Vgl. SCHWAB, 333f.
26 Vgl. ebenso 1 Kön 14,1; 2 Kön 20,1; anders Gen 22,1.20; Jos 24,29; 1 Kön 21,1.
27 So offenbar auch WÜRTHWEIN, Könige II, 222f.
28 „In der Anekdote von der Totenerweckung in 17,17-24 ... handelt es sich um eine Übertragung aus der Elisa-Überlieferung (2 Kön 4,18-37) auf den größeren und bedeutenderen Elia" (FOHRER, Elia, 35f., mit vielen Nachfolgern; zuvor A. JEPSEN, Nabi, 1934, 65f.). Die wichtigsten Gründe stellt A. SCHMITT, Die Totenerweckung (s. Anm. 12), 454f., zusammen.

kürlich wird in V. 20 die Besitzerin des Hauses als „Witwe" benannt (vgl. V. 10). Zum Schluß ist die Jahwewort-Bearbeitung in V. 2-5a.8-9.14(bis יִשְׂרָאֵל).16.24b; 18,1aβγb hinzugetreten, als fünfte literarische Schicht des Kapitels. Sie stellt sich als Kommentierung heraus, mit der keine redaktionelle Absicht mehr verbunden ist.

Bisher beruht unsere Folgerung, die Jahwewort-Bearbeitung sei jünger als die Gottesmann-Bearbeitung, einzig auf der Schichtenfolge in 17,24a und b. Sie würde nicht viel besagen, wenn die Abfolge von Erweiswort und Wort Jahwes sich nicht in dem nachgetragenen *Gebet Elias* 18,36* wiederholen würde, sogar bis in die Besonderheiten des Satzbaus hinein. Wie in der Feststellung der Frau ist in Elias Wunsch voran der Zeitbezug hervorgehoben. Er soll die Ergänzung auf die vorgegebene Szene beziehen: „*Jetzt* (עַתָּה זֶה) habe ich erkannt" – „*Heute* (הַיּוֹם) möge erkannt werden". Anläßlich der Opferprobe steht an erster Stelle das Gottsein Jahwes auf dem Spiel. Doch wie in 17,24a fehlt auch die Frage nach der Autorität des Propheten nicht: „Heute möge erkannt werden, daß du Gott in Israel bist, ich aber dein Knecht bin!" Daran schließt mit Inversion der Verweis: „und daß in deinem Wort[29] ich dies alles getan habe." Er ist wie in 17,24b nachgetragen. Der Wechsel von Nominalsätzen zu invertiertem Verbalsatz innerhalb ein und desselben, von כִּי regierten Objektsatz-Gefüges ist ein Stilbruch, der sich am leichtesten erklärt, wenn mehrere Hände beteiligt sind.[30] Man kann nicht entgegnen, die Erkenntnisformel, die aus V. 37 vorweggenommen ist,[31] diene nur dazu, die Aussage über das Wort Jahwes einzubinden; dafür hat sie zu großes Gewicht und wäre auch die Einbindung zu schlecht gelungen. So liegt auch hier die Abfolge von Gottesmann-Bearbeitung und Jahwewort-Bearbeitung vor.[32] Die Gottesmann-Bearbeitung ist in diesem Falle sogar mit zwei literarischen Schichten vertreten; denn das Erweiswort in V. 37aβγ dürfte gleichfalls nachgetragen sein und teilt mit 17,24a und 18,36a* das Thema. Die Opferprobe muß nicht erläutert werden. Sie vollzieht sich: „Antworte mir, Jahwe, antworte mir! Da fiel das Feuer Jahwes herab" (V. 37aα.38*).

Ein drittes Beispiel für die Abfolge von Gottesmann-Bearbeitung und Jahwewort-Bearbeitung ist die *Erzählung von der Orakelbefragung Ahasjas* 2 Kön 1, genauer der Einschub V. 9-16,[33] der berichtet, wie der König dreimal einen Trupp von fünfzig Soldaten sendet, um Elia herbeizuzitieren. Die ersten beiden Male verfügt der Prophet ein Gottesurteil, das wie in 1 Kön 18,38 geschieht: „Bin ich ein Gottesmann, so falle Feuer vom Himmel." Als der dritte Hauptmann vor ihm in die Knie fällt und das Gottesurteil in langer Rede anerkennt (V. 13-14), geht Elia

---

29 Lies sg. mit Qᵉrê.
30 Der gleiche Bruch zwischen V. 37a und b wird von den meisten mit einem literarischen Nachtrag erklärt.
31 SMEND, 204f.
32 Einen Hinweis auf das Alter von V. 36 gibt die einleitende Anrufung. „Die Phrase ‚Gott Abrahams, Isaaks und Israels' findet sich nur noch 1 Chr 29,18 und 2 Chr 30,6" (A. ŠANDA, Die Bücher der Könige [EHAT 9 I] 1911, 439).
33 Zur Literarkritik vgl. R. KITTEL, Die Bücher der Könige (HK I 5) 1900, 181; H. GREßMANN, Die älteste Geschichtsschreibung und Prophetie Israels (SAT II 1) ²1921, 282f.; WÜRTHWEIN, Könige II, 268f.

mit ihm zum König. Auch wenn die Erkenntnisformel diesmal fehlt, ist die Szene wie die Erzählung von der Auferweckung des Knaben eine „Erweislegende".[34] Der Zusammenhang wird immer gesehen. „In beiden Anekdoten – und nur in ihnen – wird Elia als ‚Gottesmann' bezeichnet".[35] Da die Apologetik dieselbe ist wie in 1 Kön 17,24a; 18,36a*.37, liegt es nahe, auch 2 Kön 1,9-16* der Gottesmann-Bearbeitung zuzuweisen. „Hier verschafft sich ... nachträglich ein Prophetenbild Einlaß, das dann vor allem die Elisaüberlieferung gestaltet hat."[36]

Der Jahwewort-Bearbeitung gehört in 2 Kön 1 der Erfüllungsvermerk V. 17aα*: „nach dem Wort Jahwes, das Elia geredet hatte" (כִּדְבַר יהוה אֲשֶׁר־דִּבֶּר אֵלִיָּהוּ). Der Wortlaut stimmt mit 1 Kön 17,16 nahezu überein. Er läßt sich leicht herauslösen; denn der unterbrochene Ablauf וַיָּמָת וַיִּמְלֹךְ יְהוֹרָם תַּחְתָּיו ist stehende Wendung.[37] In ihr greifen wir die älteste Grundlage des Kapitels: „Und Ahasja fiel durch das Gitter am Obergemach in Samaria, erkrankte und starb; und Joram wurde König an seiner Statt, denn er hatte keinen Sohn" (V. 2a.17aα*.b).[38] Diese Annalennotiz hat die Erzählung von der Abgötterei des Ahasja hervorgebracht. Eingefügt zwischen Krankheit und Tod, soll sie begründen, daß die Krankheit zum Tode verläuft.[39]

Das Jahwewort, auf das in V. 17aα* verwiesen ist, ergeht in der Erzählung dreimal: als Auftrag des Engels (V. 3-4), den Elia sodann den Boten des Königs weitergibt (V. 6), und am Ende durch Elia selbst (V. 16). Die Überbringung durch Elia entspricht dem Erfüllungsvermerk am genauesten – und ist zugleich im Ablauf entbehrlich. Elia hat „dem Könige selbst nichts weiter zu sagen ..., als was ihm bereits durch seine Boten ausgerichtet wurde".[40] Gegenüber V. 3-4 und V. 6 ist V. 16 in bezeichnender Weise erweitert: „Gibt es etwa keinen Gott in Israel, *sein Wort zu erfragen* (לִדְרֹשׁ בִּדְבָרוֹ)." Hier haben wir die Fassung der Jahwewort-Bearbeitung vor uns.

In welchem Verhältnis steht sie zur Gottesmann-Bearbeitung? Als Schluß des Einschubs V. 9-16 kann sie nur entweder mit ihr identisch, oder, da in V. 15b ein Abschluß bereits erreicht ist, ihr nachgetragen sein. Ein Hinweis, die Frage zu entscheiden, liegt darin, daß auch 2 Kön 1 dem Ablauf von Auftrag und Erfüllung folgt, wie er in 1 Kön 17 von der Jahwewort-Bearbeitung eingetragen worden ist – nur daß an Elia nicht das „Wort Jahwes" ergeht, vielmehr der Engel Jahwes zu ihm redet (V. 3-4). Dabei „ist die Doppelung zwischen V. 3f. und V. 5f. auffällig" und läßt auf Ergänzung schließen.[41] „Der Sinn der Interpolation ist es,

---

34 Möglicherweise bestand der Gotteserweis zunächst nur in V. 9-10 und wurde von zweiter Hand um V. 11-14.15b erweitert.
35 FOHRER, Elia, 36; vgl. auch 43.
36 O.H. STECK, Die Erzählung von Jahwes Einschreiten gegen die Orakelbefragung Ahasjas (2 Kön 1,2-8.*17) (EvTh 27, 1967, 546-556) 547.
37 2 Sam 10,1; 2 Kön 8,15; 13,24; Gen 36,33-39; vgl. auch 1 Kön 16,22; 12,22; 15,10.14.25.30.
38 Y. MINOKAMI mündlich. Die Datierung V. 17aβγ, die 3,1 widerspricht, ist später Nachtrag. Sie fehlt in LXX^L.
39 Dieses Interesse ist schon der Art vergleichbar, wie die Chronik die Krankheiten Asas (1 Kön 15,23) und Asarjas (2 Kön 15,5) kommentiert, vgl. 2 Chr 16,12; 26,16-21.
40 BENZINGER, Könige, 127.
41 DIETRICH, Prophetie und Geschichte, 125 Anm. 66, der eine Beobachtung BENZINGERS aufnimmt und zurechtrückt.

zu zeigen, daß Elija nicht von sich aus, sondern nur auf göttliche Weisung hin handelt."[42] In derselben Weise und offensichtlich von derselben Hand ist auch V. 15a eingefügt worden:[43] Der Engel Jahwes autorisiert Elia, mit dem dritten Hauptmann zu ziehen. Dieser Zusatz steht mitten im Text der Gottesmann-Bearbeitung und ist somit jünger als diese. An V. 3-4 gemessen, dürfte er nicht für sich stehen, vielmehr in dem Jahwewort V. 16 sein Ziel haben. Sollte V. 15a mit V. 16 auf eine Stufe gehören, wäre auch für 2 Kön 1 die Abfolge von Gottesmann-Bearbeitung und Jahwewort-Bearbeitung belegt.

Das Ergebnis ist nicht auf die Elia-Erzählungen begrenzt. In der Auslegung von 2 Kön 1,9-16 wird immer beobachtet, daß die Szene sich eng mit der *Erzählung vom Gottesmann in Bethel* 1 Kön 13 berührt. „Es ist derselbe Geist, der I Reg 13 erfüllt."[44] Schon der Titel אִישׁ הָאֱלֹהִים weist darauf, daß wir uns auch dort im Bereich der Gottesmann-Bearbeitung(en) bewegen. Wellhausen hat das Wesen des Kapitels am genauesten erfaßt: „eine Legende im Stil des Midrasch".[45] Der Ursprung der in vielen Schritten immer weitergesponnenen Erzählung liegt in V. 1a (ohne בִּדְבַר יהוה).2(ohne בִּדְבַר יהוה). Er ist ein Vaticinium ex eventu auf die Zerstörung des Heiligtums von Bethel, die in 2 Kön 23,15 Josia zugeschrieben wird. „Nachdem der häretische Kultus kaum seinen Anfang genommen, wird ihm der Untergang angesagt".[46] In einem zweiten Schritt ist ergänzt, wie der König den Prophetenspruch vernimmt und den Gottesmann einladen will, wohl um ihn umzustimmen. Dieser verweigert sich, indem er auf ein Gebot verweist, das er nicht übertreten wolle (V. 4aα.7-10). Später wird hinzugefügt, daß der Gottesmann auftrat, während Jerobeam opferte. Als Jerobeam auf den Gottesmann zeigt: „Ergreift ihn!", verdorrt ihm die Hand. Trotz dieser Gottesstrafe bleibt er bei seiner Sünde (V. 1b.4aβb.33-34). Der König bittet den Gottesmann um Fürbitte bei Jahwe und wird geheilt (V. 6). Der Gottesmann kündigt ein Zeichen an: Der Altar soll auf der Stelle zerbersten. So geschieht es, ungeachtet daß der ältere Text die Zerstörung des Altars durch Josia vorhersagen wollte (V. 3.5). Ein Anhang begründet, warum der Gottesmann aus Juda in Bethel begraben wurde: Gott hat ihn durch einen Löwen mit dem Tode bestraft, da er dem in V. 9 erwähnten Gebot schließlich doch nicht gehorcht hat (V. 11-32). Damit ist auf 2 Kön 23,17-18 reagiert, einen Nachtrag, in dem berichtet ist, daß Josia das Grab des Gottesmannes verschont habe, als er in Bethel die Gräber öffnen ließ.

Die Nähe dieses Midraschs zu der Gottesmann-Bearbeitung der Elia-Erzählungen ist augenfällig, zumal bei der Zerstörung des Altars und der Heilung der Hand Jerobeams. Beide sind Erweiswunder nach Art der ägyptischen Plagen. Für uns von Belang ist, daß auch in 1 Kön 13 die Jahwewort-Bearbeitung begegnet, und zwar wiederum als jüngste der zahlreichen literarischen Schichten. Siebenmal ist die Klausel בִּדְבַר יהוה „im Wort Jahwes" eingestreut (V. 1.2.5.9.17.18.32). In allen Fällen läßt sie sich leicht herauslösen. Eine nachgetragene Definition führt das Zeichenwunder auf Jahwes Wort zurück (V. 3aβγ). Der Tod des Gottesman-

---

42 WÜRTHWEIN, Könige II, 267.
43 WÜRTHWEIN ebd.
44 BENZINGER, Könige, 127.
45 WELLHAUSEN, Composition, 277.
46 WELLHAUSEN ebd.

nes wird durch das Wort Jahwes angesagt (V. 20-22). Ein Erfüllungsvermerk stellt das Eintreffen fest (V. 26bβ).⁴⁷

Die Schichtenfolge von Gottesmann-Bearbeitung und Jahwewort-Bearbeitung wiederholt sich in den Elisa-Erzählungen. Das Wunder von der *Speisung der Hundert* 2 Kön 4,42-44, eine Nachbildung des Speisungswunders vom giftigen Gemüse V. 38-41, stammt als ganzes von der Gottesmann-Bearbeitung.⁴⁸ Es wird beschlossen mit dem Erfüllungsvermerk כִּדְבַר יהוה „nach dem Wort Jahwes". Voran geht als Jahwewort: „Denn so spricht Jahwe: Man wird essen und übriglassen." Die Zusätze gleichen aufs engste der Jahwewort-Bearbeitung in der Erzählung von der Speisung der Witwe 1 Kön 17,14(bis יִשְׂרָאֵל).16.⁴⁹

Die *Erzählung von der Verheißung und Geburt des Sohnes der reichen Frau von Sunem* 2 Kön 4,8-17 ist auf ähnliche Weise ergänzt worden wie die Erzählung von der Auferweckung des Sohnes der Witwe 1 Kön 17,17-24. Was dort Ziel ist, steht diesmal am Anfang: Um zu begründen, daß sie Elisa ein Obergemach einrichten will, äußert die Frau zu ihrem Mann: „Siehe doch, ich habe erkannt, daß er ein heiliger Gottesmann ist, der beständig bei uns vorüberkommt" (V. 9aβγb). Wie in 1 Kön 17,24a ist die Erkenntnisformel auf den Gottesmann bezogen. Aus den Dubletten geht hervor, daß die Erzählung zunächst nur V. 8a.11b.12b.16a.17abα umfaßt hat.⁵⁰ Die Darstellung, die Frau habe das Obergemach eigens für Elisa eingerichtet, und er sei immer wieder bei ihr eingekehrt, ist von der Gottesmann-Bearbeitung hinzugefügt worden. Mit den aufwendigen Vorkehrungen, die die Frau trifft, kommt wie in 1 Kön 17,20 das Motiv der Gottesgerechtigkeit hinzu: Das Wunder wird zum Gotteslohn.⁵¹ Am Schluß steht der Zweifel, der in 1 Kön 17 am Anfang stand: „Sie sprach: Nicht, mein Herr, du Gottesmann, täusche deine Magd nicht!" (V. 16b). Indessen wird er nur geäußert, um durch das Wunder widerlegt zu werden und dessen Beweiskraft zu erhöhen. Auch diesmal ist an die Erfüllung ein Verweis auf das Wort angeschlossen (V. 17bβ). Obgleich er auf das Wort Elisas, nicht Jahwes gerichtet ist, dürfen wir darin wie in 1 Kön 17,24b einen Vermerk der Jahwewort-Bearbeitung sehen.

Die *Erzählung von der Heilung des Syrers Naëman* 2 Kön 5,1-27 ist am Anfang stark erweitert. Statt daß Naëman auf geradem Weg zu Elisa eilt, wendet er sich mit einem Brief des Königs von Aram an den König von Israel. Der König antwortet auf die Bitte, den Syrer vom Aussatz zu heilen, mit Bestürzung: „Bin ich denn Gott, der tötet und lebendig macht?!" Sobald auf solche Weise das Problem zugespitzt ist, schaltet sich Elisa ein, der als אִישׁ הָאֱלֹהִים bezeichnet ist: „Er komme zu mir, damit er erkenne, daß ein Prophet in Israel ist" (V. 8b). Die Übereinstimmung mit 1 Kön 17,24a und 2 Kön 4,9aβγb bedarf nur eines Hinweises. Nachdem das Wunder geschehen (und die ursprüngliche Erzählung zu Ende ist),

---

47 Auch die Vorlage 2 Kön 23,16a ist von der Jahwewort-Bearbeitung nachträglich mit einem Erfüllungsvermerk versehen worden. Er bezieht sich auf 1 Kön 13, vgl. DIETRICH, Prophetie und Geschichte, 119f.
48 SCHMITT, Elisa, 99-101.
49 Vgl. auch die Zusätze V. 21b.22b im Wunder von der Heilung der Quelle 2 Kön 2,19-22.
50 Zur Ausscheidung von V. 13-15 vgl. SCHMITT, Elisa, 97f.
51 Ähnlich die Gottesmann-Bearbeitung der Erzählung von der wunderbaren Ölvermehrung 2 Kön 4,1-7, dort V. 1aβγδ.2aαβ(ab מָה).3aβb.4b.7.

kehrt Naëman zu dem Gottesmann zurück und bekennt: „Siehe, ich habe erkannt, daß es keinen Gott auf der ganzen Erde gibt außer in Israel" (V. 15a). Auch die Jahwewort-Bearbeitung hat ihre Spur hinterlassen: Als Naëman siebenmal im Jordan untertaucht, ist hervorgehoben, daß er dies „nach dem Wort des Gottesmannes" getan habe. Der Vermerk ist ergänzt.[52] Der Titel אִישׁ הָאֱלֹהִים, der dabei gebraucht ist, bestätigt ein weiteres Mal, daß die Jahwewort-Bearbeitung die Gottesmann-Bearbeitung voraussetzt.

Es ist hier nicht möglich, die beiden Bearbeitungen in ihrem ganzen Umfang darzustellen.[53] Ein Beispiel aus wiederum anderem Zusammenhang soll am Schluß stehen. „Der namenlose propheta ex machina", dessen plötzliche Auftritte in den *Aramäerkriegsbericht* 1 Kön 20 eingesetzt sind (V. 13-14.22.28),[54] gehört ebenfalls der Gottesmann-Bearbeitung. Auch bei ihm trifft die Benennung אִישׁ הָאֱלֹהִים (V. 28) mit der Erkenntnisformel (V. 13.28) zusammen. Die Zusätze schildern den Sieg über die Aramäer als Tat Jahwes, mit der er seine wunderbare Macht an Israels überlegenen Feinden beweist. W. Zimmerli hat am Beispiel von 1 Kön 20,13 und 28 die Gattung des Erweisworts geradezu definieren können.[55] „Wir finden in diesen beiden Prophetenworten überraschend in ganz reiner und knapper Form den Typ des in die Erkenntnisaussage ausmündenden Prophetenwortes wieder, der für das Buch Ezechiel so bezeichnend war."[56] Nirgends ist die Nähe zur ezechielischen Tradition deutlicher. Da es sich unbestreitbar um Zusätze handelt,[57] können wir sicher schließen, daß die Gottesmann-Bearbeitung in der traditionsgeschichtlichen Folge der ezechielischen Theologie steht.

Das erlaubt ein kurzes Resümee. Die *Gottesmann-Bearbeitung* der Königebücher setzt die Elia- wie die Elisa-Erzählungen als Bestandteil des deuteronomistischen Geschichtswerks voraus. Die Zusätze finden sich bevorzugt in Wundererzählungen, wunderbaren Bewahrungen im Krieg oder Erzählungen wie der Opferprobe 1 Kön 18. Es gibt Anzeichen, daß die Bearbeitung literarisch nicht einheitlich ist; kohärent ist die Theologie. Im Vordergrund steht die Apologetik. Die Erzählungen wurden unter der Feder der Bearbeiter zu einer Folge von Gottesbeweisen, die die Wundermacht, ja Einzigkeit Jahwes erweisen. Diese wird von der Autorität des Gottesmannes repräsentiert. Um die Beziehung auszudrücken, sind die Eigennamen Elias und Elisas durch die Bezeichnung אִישׁ הָאֱלֹהִים ersetzt. Der Gebrauch des Titels deutet weiterhin an, daß die Bearbeiter in Elia und Elisa weniger die Gestalten einer bestimmten Überlieferung sahen, als die Träger eines Amtes. Dieses Amt versteht sich in der Erbfolge der Prophetie. Es ist indessen so wenig prophetisch, wie die Prophetie mit einem Amt vereinbar ist. Es hat enge Berührung mit dem Jerusalemer Priestertum, wie aus der kritischen Haltung zu der Kultgründung Jerobeams hervorgeht. Es ist aber ebensowenig im engeren

---

52 SCHMITT, Elisa, 79.
53 Das meiste ergibt sich aus SCHMITT, Elisa, in Verbindung mit DIETRICH, Prophetie und Geschichte.
54 WELLHAUSEN, Composition, 283f., mit dem literarkritischen Beweis.
55 Das Wort des göttlichen Selbsterweises (s. Anm. 16).
56 Erkenntnis Gottes nach dem Buche Ezechiel (s. Anm. 16), 55.
57 ZIMMERLI, 54, läßt dies gegen O. Eißfeldt nicht gelten. So erhält er statt der Nachwirkung das Urbild der ezechielischen Form.

Sinne priesterlich.[58] Der Autoritätsanspruch, den die Bearbeitung geltend macht, deutet am ehesten darauf, daß mit dem Gottesmann die am zweiten Tempel betriebene „amtliche" Theologie ihr Bild von sich selbst gezeichnet hat. Sie gibt sich zu erkennen durch die vollmächtige Verfügung über die Überlieferung und den Sinn für die Theodizee. Es ist jene Theologie, aus der in der zweiten Hälfte der persischen Epoche, ebenfalls auf der Grundlage der ezechielischen Tradition, die Priesterschrift hervorgegangen ist.

Damit ist der theologiegeschichtliche Ort auch der *Jahwewort-Bearbeitung* vorgegeben.[59] Sie trägt mit großem Nachdruck einen einzigen Gedanken bei: Elia verkörpert den unbedingten Vorrang des Gotteswortes vor dem Geschehen. „Auf dieses Idealbild eines Propheten ... paßt, wie auf keine andere Prophetengestalt, das Wort des Amos: ‚Der Herr, Jahve, tut nichts, ohne daß er seinen Entschluß seinen Knechten, den Propheten, offenbaren würde' (Am 3,7)."[60] „Dem Leser wird förmlich eingehämmert, daß das Prophetenwort unweigerlich in Erfüllung geht."[61] Von der wirklichen Prophetie ist dieses Dogma weit entfernt. Der „systematisch durchgeführte Gedanke, Geschichte sei im entscheidenden Erfüllung von Weissagungen",[62] behauptet nicht weniger, als die Welt vollständig durch Schriftexegese erklären zu können. Im Alten Testament gipfelt diese Worttheologie in dem „Wortbericht" der priesterschriftlichen Schöpfungserzählung, der allem Sein der Welt das Wort Jahwes voraussetzt.

---

58 Die Schwierigkeiten sind ähnlich wie bei dem Bild des Mose, mit dem das Bild Elias sich nicht zufällig berührt. Dazu R. SMEND, Der biblische und der historische Elia (1975; in: DERS., Die Mitte des Alten Testaments [s. Anm. 1] 188-202) 201f.
59 Aus der Übersicht über den Sprachgebrauch des „DtrP", die DIETRICH, Prophetie und Geschichte, 70-102, bes. 81f., bietet, geht die Abhängigkeit von der ezechielischen Tradition deutlich hervor.
60 I. BENZINGER, Jahvist und Elohist in den Königsbüchern, 1921, 50. Die verbreitete Behauptung, Am 3,7 sei „deuteronomistisch", ist gegenstandslos.
61 DIETRICH, 107.
62 DIETRICH, 108.

Die Instandsetzung des Tempels unter Joas ben Ahasja

I

Das einleitende Rahmenstück für Joas ben Ahasja von Juda folgt bis auf eine Ausnahme dem in den Königebüchern üblichen Schema. Üblich ist je und dann an Stelle der festliegenden Abfolge der Einzelglieder die Anpassung an die gerahmten Quellen. 2 Kön 12,1-4 ist anders als sonst nicht allein die Einleitung des Folgenden, sondern auch der Abschluß des Vorangehenden: das förmliche Resümee des in 2 Kön 11 aus den Quellen berichteten Regierungsantritts des Joas.[1] Darum steht anders als sonst das Alter bei Regierungsantritt vor der synchronistischen Datierung.[2] Darum kann anders als sonst die ausdrückliche Angabe entfallen, daß Joas „über Juda" oder „als König von Juda" König geworden sei.[3] Üblich ist ebenso in den Generationsfolgen Asa – Josaphat sowie Joas – Amazja – Asarja – Jotam das positive Urteil über die Frömmigkeit des Davididen, eingeschränkt durch Verweis auf den nach wie vor geduldeten Höhenkult,[4] wobei das Wohlverhalten des jeweils ersten, der sich nicht nach dem Vorbild des eigenen Vaters richten konnte, durch כָּל־יָמָיו unterstrichen ist.[5]

Die Ausnahme betrifft V. 3b. Eine Begründung der Frömmigkeit des Königs, wie man sie hier liest, ist ganz unüblich.[6] Obendrein ist die Zuordnung des Rela-

---

1   In einem Teil der Textüberlieferung nimmt die Einteilung darauf Rücksicht. Die Masoreten setzen zwischen V. 1 und 2 eine offene Parasche. Ebenso die Kapiteltrennung der Vulgata.
2   LXX[L] bietet die sonst immer übliche Reihenfolge, indem sie V. 1 und 2aα vertauscht.
3   Die einzige weitere Ausnahme ist der Sieben-Tage-König Simri 1 Kön 16,15, bei dem die Angabe „über Israel" oder „als König von Israel" fehlt. Auch der jeweilige Parallelkönig wird fast immer als „König von Israel/Juda" benannt: Die Gegenüberstellung der Könige von Israel und Juda ist ja das Prinzip der Synchronismen. In 2 Kön 12,2 kann für Jehu nach dem ausführlichen Bericht 2 Kön 9-10 die Angabe entfallen; ähnlich in 1 Kön 15,1 nach 1 Kön 12 für Jerobeam I. Weitere Ausnahme ist nur 2 Kön 16,1.
4   1 Kön 15,11.14; 22,43-44; 2 Kön 12,3a.4; 14,3-4; 15,3-4.34-35. Die Höhennotizen 2 Kön 12,4; 14,4; 15,4.35 stimmen wortwörtlich überein. In 1 Kön 22,44 ist lediglich רַק gegen אַךְ ausgetauscht.
5   1 Kön 15,14; 2 Kön 12,3. Als Ausrufezeichen in negativem Sinne dient dieselbe Zeitangabe in 2 Kön 15,18. Für die Beurteilung der Frömmigkeit der Könige von Israel und Juda durch den deuteronomistischen Geschichtsschreiber („DtrH", dazu R. SMEND, Die Entstehung des Alten Testaments, ³1984, 111-125) gilt die Regel, daß die Söhne zu handeln pflegen wie ihre Väter; so ausdrücklich 1 Kön 15,3.26; 22,43.53; 2 Kön 14,3; 15,3.34; 21,20; 24,9; oder ausdrücklich nicht: 1 Kön 11,4; 2 Kön 3,2; 21,3. Die Regel läßt die Geschichte der Davididen in größere Epochen von Sündhaftigkeit und Frömmigkeit gegliedert sein. Diejenigen Könige, die an den Wendepunkten stehen und nicht wie ihre Väter fromm oder sündig handeln, treten in besonders positives oder negatives Licht. Neben Asa (1 Kön 15,11.14) und Joas (2 Kön 12,3a.4) sind dies vor allen anderen Josia (2 Kön 22,2; 23,8a.25a[bis מֶלֶךְ].b), negativ Manasse (2 Kön 21,2a.3a.bβγ).
6   Für die Frömmigkeit oder Sündhaftigkeit der Könige pflegt DtrH nicht Ursachen, sondern Vorbilder zu nennen. Neben dem Vater (vgl. Anm. 5) sind dies im Nordreich durchgehend Jerobeam ben Nebat (Ausnahme 2 Kön 17,2), im Südreich der Dynastiegründer David (1 Kön 15,11; 2 Kön 18,3; 22,2), daneben allgemein „seine Väter" (2 Kön 15,9; 23,32.37), der zuvor regierende Bruder (2 Kön 24,19) oder die Könige von Israel (2 Kön 8,18.[27]; 16,3).

tivsatzes אֲשֶׁר הוֹרָהוּ יְהוֹיָדָע הַכֹּהֵן ein Problem. In der Satzfolge bezieht er sich auf die Zeitangabe כָּל־יָמָיו. Diese ist jedoch einer Näherbestimmung weder bedürftig, noch ohne weiteres mit ihr vereinbar. „כָּל־יָמָיו is elsewhere in every occurrence used absolutely, without further definition, in the sense ‚all his life long'".[7] Die Verbindung „sein Leben lang, da der Priester Jojada ihn unterwies," läßt sich auf zwei Weisen verstehen: Entweder man nimmt den Relativsatz temporal: „solange der Priester Jojada ihn unterwies", oder aber kausal: „weil der Priester Jojada ihn unterwies". Beides deckt sich nicht einfach mit dem Text. Temporal genommen entsteht eine widersprüchliche Doppeldefinition; denn wenn Joas das Rechte tat, „solange der Priester Jojada ihn unterwies", tat er es nicht, solange Jojada ihn nicht unterwies, und also nicht „sein Leben lang".[8] Darum muß, wer dieser Deutung folgt, den Text der LXX übernehmen und das Suffix von יָמָיו streichen: „alle Tage, die der Priester Jojada ihn unterwies".[9] Diese Lesart ist mit Sicherheit eine sekundäre Glättung.[10] Versteht man dagegen den Relativsatz kausal – was auch dem Sinn eher entspricht –, so muß man, einem Vorschlag H. Ewalds folgend, die Nota relationis als kausale Konjunktion „weil" auffassen.[11] Das ist zwar

---

Wenn Ursachen im Einzelfall genannt sind, dann nur für sündhaftes Verhalten: das Kalkül Jerobeams I. (1 Kön 12,27) und der schlechte Einfluß der Frauen (2 Sam 11,27b und 1 Kön 11,6a im jeweiligen Zusammenhang, sowie 1 Kön 16,30-32 und 2 Kön 8,18.27).

7   C.F. BURNEY, Notes on the Hebrew Text of the Books of Kings, Oxford 1903, 313. Die Belege: Dtn 12,19; 22,19.29; 23,7; 1 Kön 3,13; 15,14.16.32; 2 Kön 12,3; 15,18; Jer 35,7.8; Ps 90,9.14; Koh 2,23; 5,16; 2 Chr 15,17; 18,7; 34,33.

8   Wie man diese Auslegung folgerichtig weiterführt, lehrt die Chronik, die Jojada zwischen den Ereignissen von 2 Kön 12,5-17 und 18-19 sterben läßt (2 Chr 24,15-16) und die Regierungszeit des Joas in eine gehorsame und eine ungehorsame Periode unterteilt. Die Wendung כָּל־יָמָיו אֲשֶׁר הוֹרָהוּ יְהוֹיָדָע הַכֹּהֵן wird kurzerhand zu כָּל־יְמֵי יְהוֹיָדָע הַכֹּהֵן geglättet (2 Chr 24,2b mit Wiederholung in V. 14bβ). Die Einzelheiten der chronistischen Darstellung sind ein Midrasch aus dem Bilderbuch. Joas wird nach dem Tode des Jojada nicht einfach ungehorsam, sondern er wird es, weil er statt auf Jojada nun auf andere, auf die Fürsten Judas hört (V. 17-18). Der Ungehorsam zeigt sich, wie könnte es anders sein, am Sohn des Jojada, den Joas umbringen läßt; und zwar, wie könnte es anders sein, in einer Verschwörung (V. 21), fällt er doch selbst einer Verschwörung zum Opfer (2 Kön 12,21); vgl. TH. WILLI, Die Chronik als Auslegung (FRLANT 106) 1972, 220. Der Chronist kann damit nicht nur das blutige Ende des Joas erklären, sondern bringt auch sonst die Theodizee in Ordnung: Der Widerspruch zwischen der frommen Tat des Joas 2 Kön 12,5-17 und der Unterlegenheit gegen die Aramäer 2 Kön 12,18-19 wird mit dem Gesinnungswandel des Königs begründet.

9   πάσας τὰς ἡμέρας ἅς = כָּל־הַיָּמִים אֲשֶׁר. So A. ŠANDA, Die Bücher der Könige (EHAT 9/2) 1912, 138f.; A.B. EHRLICH, Randglossen zur hebräischen Bibel 7, 1914, 306; H. GRESSMANN, Die älteste Geschichtsschreibung und Prophetie Israels (SAT 2,1) ²1921, 316. Šanda erwägt, in Anlehnung an die Darstellung der Chronik כָּל־יְמֵי אֲשֶׁר zu lesen. Ehrlich schlägt dies unter Verweis auf Lev 13,46 vor. Doch gibt es keinen Grund, die Ausnahmen nach GesK § 130c zu vermehren.

10 H. EWALD, Geschichte des Volkes Israel bis Christus III,1, 1847, 285, hat die Gründe genannt: „Allein im ältern Geschichtsbuche müsste dann erzählt werden wie Joâsh später untreu wurde: aber dies geschieht sówenig dass nachher die Frömmigkeit seines Nachfolgers mit seiner verglichen die beider nur der Davîd's nachgesetz wird, 14,3 (die Chronik lässt diese Stelle aus); ja Uzzia wird ihnen gleichgestellt 2 Kön. 15,3. 2 Chr. 26,4." Zustimmend zitiert von BURNEY, Notes, 313.

11 AaO. Ebenso O. THENIUS, Die Bücher der Könige (KEH 9) ²1873, 338.

Die Instandsetzung des Tempels unter Joas ben Ahasja 171

möglich,¹² führt aber dahin, daß der Text gepreßt wird; denn die rückbezügliche Funktion des אֲשֶׁר überwiegt.¹³ Der Schlüssel zum Verständnis liegt darin, wo der Rückbezug gesucht wird. Dazu hat Burney erkannt: „The antecedent of אשר is found in יהואש".¹⁴ Das ist zweifellos der Sache nach richtig; denn nicht die Dauer, sondern die Ursache der Frömmigkeit des Joas wird durch den Relativsatz bestimmt. Darum ist der Bezug auf Joas demjenigen auf כָּל־יָמָיו vorzuziehen. Wie aber erklärt sich unter diesen Umständen die Stellung des Satzes? Wieder hat Burney die Lösung gesehen: „It is, of course, possible that the statement אשר הורהו וג' may be an early marginal note intended to qualify the absolute כל ימיו".¹⁵ Rundheraus: Der Relativsatz 2 Kön 12,3b fällt inhaltlich aus dem Rahmen der deuteronomistischen Frömmigkeitszensur und erweist sich syntaktisch als mangelhaft eingebauter Zusatz.¹⁶

Ich habe an anderer Stelle den Nachweis geführt, daß dieser Zusatz von einer priesterlichen Bearbeitung aus der zweiten Hälfte des 4. Jh.s. stammt, die im vorangehenden Kapitel 2 Kön 11 den Sturz der Atalja rückblickend unter die Bedingungen der nachexilischen Hierokratie versetzt hat.¹⁷ Jojada, ursprünglich eine politische Gestalt, wird von der Bearbeitung zum „Priester Jojada" befördert (2 Kön 11,9[2].15a). In dieser Eigenschaft setzt er dem siebenjährigen Joas anläßlich der Salbung zum König das hohepriesterliche Diadem auf (הַנֵּזֶר, vgl. Ex 29,6; 39,30; Lev 8,9) und stellt ihn unter das in der Bundeslade befindliche Zweitafelgesetz (הָעֵדוּת, V. 12aα).¹⁸ In 12,3b läßt der Priester Jojada auf den Symbolakt die praktische Pädagogik folgen: die Unterweisung im Gesetz (ירה hi.). Es ist kein Zweifel, daß die priesterliche Tora des Jojada nach Meinung des Bearbeiters die Tora zum Inhalt hat, die nach seiner Vorstellung in der Zeit vor Josia und vor Esra in Gestalt des priesterschriftlichen Ladegesetzes (הָעֵדוּת) bestanden hat.

Die Bearbeitung wäre indessen unvollständig, würde sie den Erfolg der Unterweisung nicht im Folgenden vor Augen führen. Unter dieser Bedingung ist bedeutsam, daß das deuteronomistische Rahmenwerk in 2 Kön 12 zwei getrennte

---

12 GesK § 158b. אֲשֶׁר als kausale Konjunktion wird dabei wie verkürztes יַעַן אֲשֶׁר verstanden.
13 Die Deutungen in 2 Chr 24,2 und LXX kommen nicht von ungefähr. Auch die Konjektur von A. KLOSTERMANN, Die Bücher Samuelis und der Könige (KK A 3) 1887, 432, der אֲשֶׁר durch כַּאֲשֶׁר oder כְּכֹל־אֲשֶׁר ersetzen will, hat ihr begrenztes Recht.
14 Notes, 312.
15 Notes, 313. Vorsichtig zustimmend P. HAUPT bei B. STADE /F. SCHWALLY, The Book of Kings. Critical Edition of the Hebrew Text (SBOT 9) 1904, 238; J.A. MONTGOMERY (ed. H.S. GEHMAN), A Critical and Exegetical Commentary on the Books of Kings (ICC) 1951, 427; jetzt auch E. WÜRTHWEIN, Die Bücher der Könige. 1. Kön. 17 - 2. Kön. 25 (ATD 11,2) 1984, 352. Gegen Burney ist der Zusatz jedoch nicht als Angleichung an die Chronik zu erklären: Die chronistische Fassung ist ja aus der Deutung von 2 Kön 12,3 erst hervorgegangen.
16 Zur Nota relationis als Einleitung von Zusätzen vgl. G.R. DRIVER, Glosses in the Hebrew Text of the Old Testament (in: L'Ancien Testament et L'Orient [OBL 1] 1957, 123-161) 127, unter Verweis auf G. FOHRER, Die Glossen im Buche Ezechiel (ZAW 63, 1951, 33-53) 49.
17 CH. LEVIN, Der Sturz der Königin Atalja (SBS 105) 1982, 55. Der Bearbeitung gehört an: 2 Kön 11,3a.4aβ.ba².5b(nur בְּבֵאי הַשַּׁבָּת וְ-).7.8b-9.11a(ab מִכַּתֵף).12aα.13b.15a(ohne פְּקֻדֵי הֶחָיִל). 19a. Demgegenüber umfaßt die ursprüngliche Quelle: 2 Kön 11,1-2.3b-4aα.ba¹.bβ.5 (ohne בְּבֵאי הַשַּׁבָּת וְ-).6a.8a.11a(bis בְּיָדוֹ).b.12aβb.13a(ohne הָרָצִין).14aα.b.16-17a(bis הַבְּרִית).b(statt וּבֵין 1° lies בֵּין).19b-20a.
18 LEVIN, Atalja, 46-48.

Berichte umschließt: den Bericht über die Instandsetzung des Tempels (V. 5-17) und den Bericht über den Feldzug des Aramäerkönigs Hasaël (V. 18-19). Beide stehen in einer widerspruchsvollen Beziehung. Es läßt sich vermuten, daß eines der beiden Stücke wenigstens unter anderem dazu dient, die durch V. 3b begründete Frömmigkeit des Joas anschaulich werden zu lassen. Dabei ist an erster Stelle an die Tempelerzählung V. 5-17 zu denken. Hier gehört auch der Priester Jojada zu den handelnden Personen (V. 10). Diese Erwägung bedingt für die weitere Untersuchung von 2 Kön 12 ein Vorurteil. Um ihm nicht zu erliegen, befassen wir uns zunächst mit dem zweiten Bericht.

II

Der Bericht über den Feldzug des Aramäerkönigs Hasaël 2 Kön 12,18-19 gehört zu der Reihe jener Auszüge aus den Quellen, die auch in 1 Kön 14,25-26aα; 15,17-22; 2 Kön 14,8-14; 16,5.7-9; 18,13-15 und 24,10-13a.15a in stets derselben Weise berichten, wie der Schatz des königlichen Palastes und der Tempelschatz durch die außenpolitischen Verwickelungen Judas in Mitleidenschaft gezogen worden sind. Alle diese Texte gehörten sicher bereits der ältesten Fassung der Königebücher an.[19] Sie wurden vom deuteronomistischen Geschichtsschreiber aus dem ihm vorliegenden Quellenmaterial in sein Geschichtswerk übernommen. Alle mit Ausnahme von 2 Kön 12,18-19 schließen unmittelbar oder nahezu unmittelbar an den einleitenden Rahmen ihres Abschnittes an.[20] Abgesehen von 1 Kön 15,17-22 sind alle Berichte datiert: 1 Kön 14,25; 2 Kön 18,13 durch absolute Jahresangabe, die übrigen Texte im Rückbezug: 2 Kön 12,18; 14,8; 16,5 mit אָז, 24,10 mit בָּעֵת הַהִיא. Dieser Rückbezug geht auf die Regierungszeit des zugehörenden Königs. Das ist insofern eindeutig, als alle Berichte auf den Rahmen sogleich folgen – alle mit Ausnahme von 2 Kön 12,18-19. Hier schwebt das „damals" (אָז), vom Rahmen durch V. 5-17 getrennt, im Ungewissen.[21] Danach ist es in hohem Grade wahrscheinlich, daß 2 Kön 12,18 wie die wörtliche Parallele 16,5 und die ähnliche Parallele 14,8 in der ursprünglichen Fassung des deuteronomistischen Geschichtswerks ebenfalls an den Rahmen, also an V. 1-3a.4, angeschlossen hat.[22]

Das Quellenstück 2 Kön 12,18-19 ist literarisch unversehrt mit einer Ausnahme: Die Erwähnung der königlichen Weihgaben (קֳדָשִׁים) in V. 19a ist ein Einschub (verbinde אֵת mit כָּל־הַזָּהָב).[23] Das geht nicht aus dem hiesigen Text, wohl

---

19 Vgl. A. JEPSEN, Die Quellen des Königsbuches, 1953, 54; WÜRTHWEIN, Könige II, 490.
20 Rahmen und Quelle werden lediglich in 1 Kön 15,16 durch die Bemerkung über den lebenslangen Krieg zwischen Asa und Bascha (redaktionell DtrH?) und in 2 Kön 14,7; 18,7b-8 durch zwei quellenhafte Notizen anderer Herkunft getrennt. Was sich sonst dazwischenschiebt, ist nachgetragen: 1 Kön 14,21bα(ab הָעִיר).22a(nur יְהוּדָה). 22b-24; 15,12-13.15; 2 Kön 14,5-6; 16,3b-4; 18,4(ab וְשִׁבַּר).5-7a.9-12.
21 ŠANDA, Könige II, 146: „אָ ist Flickwort des R ... und ohne Anknüpfung im Vorhergehenden." Flickwort kann es nicht sein, da das folgende יַעֲלֶה nicht am Satzbeginn stehen kann.
22 WÜRTHWEIN, Könige II, 352.
23 WÜRTHWEIN, 358f.

aber aus dem größeren Rahmen des Geschichtswerks hervor: Der Einschub ist die letzte von vier untereinander zusammenhängenden Notizen, die alle an ihrer Stelle zugesetzt sind. Die Zusätze besagen, daß David den Tribut Toïs, des Königs von Hamat, zusammen mit dem in den Feldzügen gegen die Gojim erbeuteten Silber und Gold als Weihgabe gestiftet (2 Sam 8,11-12)[24] und Salomo diese nach Vollendung des Tempels in den Tempelschatz überführt habe (1 Kön 7,51b).[25] In gleicher Weise soll Asa seine und seines Vaters Weihgaben in den Tempel gebracht haben (1 Kön 15,15), und zwar offensichtlich um den Tempelschatz für die Gabe an den Aramäerkönig Ben-Hadad zu füllen (vgl. V. 18), nachdem unter Rehabeam Tempel und Königspalast durch Pharao Schischak geplündert worden waren (vgl. 14,25-26aα).[26] Für diese Gabe wird der Tempelschatz erneut vollständig geleert (so 15,18 ausdrücklich), weshalb der Ergänzer anläßlich des nächsten Eingriffs die Weihgaben der folgenden Könige Josaphat, Joram, Ahasja und Joas erwähnt. Aus ihnen soll der Tribut des Joas an Hasaël bestritten worden sein (2 Kön 12,19). Die vier Zusätze 2 Sam 8,11-12; 1 Kön 7,51b; 15,15; 2 Kön 12,19a* übergreifen den Bestand der alten Quellen und sind darum jedenfalls jünger. Sie gehören aber nicht dem Erstredaktor DtrH,[27] da sie ganz ungleichmäßig verteilt sind und auf die Frömmigkeit der Könige keine Rücksicht nehmen: Auch die von DtrH negativ beurteilten Könige Abija, Joram und Ahasja bringen Weihgaben dar. Danach war die Ausstattung des Tempels mit Weihgaben in der Vorstellung des Ergänzers eine ständige Einrichtung, die zu den Pflichten des Königs gehörte und auch bei Salomo und Rehabeam und allen auf Joas folgenden Davididen vorauszusetzen ist. Ihre Erwähnung in 1 Kön 15,15 und 2 Kön 12,19 ist einzig durch die Erschöpfung des Tempelschatzes nach 1 Kön 15,18 veranlaßt. Der Vergleich innerhalb des Alten Testaments ergibt, daß derartige קָדָשִׁים in der vorexilischen Literatur nicht belegt sind.[28] Die Verteilung hat ihren Schwerpunkt in der Priesterschrift, wo der Begriff die Opferarten und Opferanteile bezeichnet, die für den Unterhalt der Priesterschaft bestimmt sind. Dieses eingeschränkte Verständnis herrscht in den vier Zusätzen des Geschichtswerks noch nicht. Sie dürften aber aus nachdeuteronomistischer Zeit stammen, als die Geschichte der alttestamentlichen Überlieferung den Weg in Richtung der Priesterschrift bereits eingeschlagen hatte.

---

24 Der Zusatz ist offensichtlich, vgl. K. BUDDE, Die Bücher Samuel (KHC 8) 1902, 237; R. KITTEL, Das zweite Buch Samuel (in: E. KAUTZSCH [Hg.], Die Heilige Schrift des Alten Testaments I, ³1909, 420-458) 430f.
25 Zusatz nach dem redaktionellen Summarium V. 51a; vgl. M. NOTH, Könige I (BK XIX/1) 1968, 167; E. WÜRTHWEIN, Das Erste Buch der Könige. Kapitel 1-16 (ATD 11,1) 1977, 84.
26 Das Mißverhältnis zwischen dem Zusatz 1 Kön 15,15 und dem Quellenauszug V. 17-22 hat I. BENZINGER, Die Bücher der Könige (KHC 9) 1899, 100, empfunden: „Asa ... rafft zusammen, was an Schätzen im Tempel und Palast von Sisaks Plünderung her (14,25) noch übrig ist – zu der Nachricht, dass der Tempelschatz eben erst neugefüllt worden (v. 15), stimmt das nicht gut".
27 Anders WÜRTHWEIN, Könige I, 188, zu 1 Kön 15,15.
28 Einzige Ausnahme ist möglicherweise Dtn 12,26; doch bleibt die Analyse von Dtn 12 abzuwarten. Dieser Quellenbefund besagt nicht, daß der König nicht am vorexilischen Tempel als Donator aufgetreten wäre, vgl. nur Am 7,13.

III

Wenden wir uns dem Bericht über die Instandsetzung des Tempels 2 Kön 12,5-17 zu, so stellen wir fest, daß die in V. 19 nachgetragenen קׇדָשִׁים der eigentliche Gegenstand sind. Es ist „alles Geld der Weihgaben" (כׇּל כֶּסֶף הַקֳּדָשִׁים), für das der König Order gibt, es für die Baumaßnahmen zu verwenden (V. 5-6). Besteht hier eine Beziehung? Darauf weist der Konkordanzbefund: 2 Kön 12,5 und 19 sind für קׇדָשִׁים in weitestem Umkreis die einzigen Belege. Welcher Art die Beziehung ist, läßt sich aus V. 14-15 erschließen. In diesen Versen ist, ausnahmsweise im Imperfekt,[29] ausdrücklich vermerkt, daß das in den Tempel überbrachte Geld nicht für kultische Geräte aus Gold und Silber verwendet, sondern (ausschließlich) den Bauleuten übergeben wurde. Die Unmöglichkeit nicht gerechnet, aus Geld, das heißt Silber (כֶּסֶף), goldene Gegenstände herzustellen, ist der bewußte Verzicht auf die Herstellung kultischer Geräte innerhalb einer solchen Tempelerzählung eine Besonderheit, die der Erklärung bedarf.[30] Sie ist, soweit ich sehe, bisher nicht schlüssig gefunden.[31] Der Grund liegt aber auf der Hand. Man findet ihn, wenn man die Frage stellt: Was wäre denn geschehen, wenn kultische Geräte aus Silber und Gold angefertigt worden wären? Die Antwort: Sie wären mit allen Weihgaben und allem Gold, das im Tempelschatz und im Schatz des königlichen Palastes zu finden war, dem Tribut an den Aramäerkönig Hasaël zum Opfer gefallen (V. 19). Daraus folgt, daß die Tempelerzählung V. 5-17 den Quellenauszug V. 18-19 einschließlich des nachdeuteronomistischen קׇדָשִׁים-Zusatzes voraussetzt. Nach Art einer Midraschexegese sorgt sie dafür, daß das im Tempelschatz befindliche Barvermögen (כׇּל־הַקֳּדָשִׁים, V. 19, verstanden als כׇּל כֶּסֶף הַקֳּדָשִׁים, V. 5) rechtzeitig und vollständig zur Finanzierung von Baumaßnahmen verwendet wird, um auf diese Weise dem Tempel zugute zu kommen, statt an die Aramäer verlorenzugehen. Daß damit dem König die Liquidität genommen wird, die er benötigte, um das Schicksal Jerusalems abzuwenden – denn er ist es in diesem Falle selbst, der in den Tempelschatz greift –, entspringt einer frommen Kurzsichtigkeit, die den Text V. 18-19, nicht aber die Situation des 9. Jahrhunderts vor Augen hat. Wie stets bei solcher Eisegese, bleibt der korrigierte Text, ins zweite Glied gerückt, neben dem korrigierenden stehen.[32] Das hat die kuriose Folge, daß das nach V. 5-17 längst verbrauchte Geld nach V. 18-19 noch einmal, jetzt an die Aramäer, ausgegeben wird. Die beiden Berichte stehen also in unmittelbarem Bezug und in unmittelbarer Konkurrenz. Die Tempelerzählung erweist sich als sekundärer Einschub.

Eine weitere Beobachtung kommt hinzu. Die Tempelerzählung setzt in V. 5 unvermittelt ein mit der wörtlichen Rede des Königs, „ohne Erwähnung der näheren Umstände, der Gründe sowie des Zeitpunkts der Maßnahme".[33] Ein Motiv

---

29 Dazu unten S. 190f.
30 In 2 Chr 24,14 ist der Bericht wie selbstverständlich ins Gegenteil verkehrt worden.
31 In den Kommentaren findet sich eine Blütenlese von Verlegenheiten. Die Auskunft von MONTGOMERY/GEHMAN, Kings, 428, ist für ein Schmunzeln gut: „The administration was bent on economy."
32 Zu dieser Regel der alttestamentlichen Literargeschichte vgl. CH. LEVIN, Die Verheißung des neuen Bundes (FRLANT 137) 1985, 68f.

für die Instandsetzung des Tempels ist nicht genannt,[34] im Unterschied zu vergleichbaren Erzählungen oder Quellenauszügen nicht einmal ein Datum. Tatsächlich besteht aber über die Veranlassung des Königs keine Unklarheit: Sie liegt in der Unterweisung durch den Priester Jojada V. 3b. Damit bestätigt sich die oben erwogene Möglichkeit: Die Tempelerzählung V. 5-17 ist die gegebene Fortsetzung des Zusatzes V. 3b, die den Erfolg der Lehre des Priesters vor Augen führt. Wir können voraussetzen, daß sie ebenfalls jener priesterlichen Bearbeitung angehört, die 2 Kön 11 ihren Stempel aufgedrückt hat. Noch einmal die Beweisgründe: V. 5-17 setzen unvermittelt ein und trennen den Zusammenhang, der nach dem Beispiel der vergleichbaren Texte zwischen dem Rahmen V. 1-3a.4 und dem Quellenauszug V. 18-19 ursprünglich bestanden hat. Der Einschub setzt diesen Quellenauszug voraus, und zwar in einer Fassung, die bereits um den nachdeuteronomistischen קָדָשִׁים-Zusatz in V. 19a ergänzt ist (vgl. 2 Sam 8,11-12; 1 Kön 7,51b; 15,15). Er sucht das Geschehen nachträglich zu korrigieren mit der Folge, daß zwischen V. 5-17 und V. 18-19 ein historisch unmöglicher Widerspruch entsteht.

IV

Die priesterliche Bearbeitung in 2 Kön 12,3b.5-17 hat ihrerseits Ergänzungen erfahren. Sie auszuscheiden, ist Vorbedingung der weiteren Exegese. Die Zusätze liegen vor in V. 5a(ab כֶּסֶף 2°).b.7-9.10bα(ab בַּיָּמִין).17. Von zwei Glossen in V. 5a (ab כֶּסֶף 2°) abgesehen, bilden sie wiederum eine zusammenhängende Bearbeitung.

In V. 10 wird für die Geldlade, die der Priester Jojada aufstellt, ein doppelter Standplatz angegeben: אֵצֶל הַמִּזְבֵּחַ „neben dem Altar" und בְּיָמִין בְּבוֹא־אִישׁ בֵּית יהוה „zur Rechten, wenn man in den Tempel hereinkommt". Da „der Altar" – so gesagt, muß der Brandopferaltar gemeint sein – nicht am Eingang des Tempels gesucht werden kann, besteht zwischen den Angaben ein Widerspruch.[35] Er ist in der Geschichte des Textes auf verschiedene Weise auszugleichen versucht worden. Die Masoreten lesen nach dem Beispiel von 1 Kön 7,39 das Qᵉrê מִיָּמִין, eine

---

33 WÜRTHWEIN, Könige II, 354.
34 KLOSTERMANN, Samuelis und Könige, 432: „Diesem ohne weiteres mitgeteilten Befehle war in der Quelle solches vorangegangen, was ihn motivierte". Das ist eine bloße Annahme, die durch den Verweis auf die chronistische Parallele nichts an Wahrscheinlichkeit gewinnt. Denn die Chronik hilft sich (und manchem modernen Exegeten, vgl. R. KITTEL, Die Bücher der Könige [HK I 5] 1900, 252) lediglich auf ihre bekannte Art aus der Verlegenheit, wenn sie den Verfall des Tempels, der für die Instandsetzung vorauszusetzen ist, mit dem sündigen Regime der Atalja begründet, die die für den Tempel bestimmten Weihgaben an die Baalim gebracht habe (2 Chr 24,7).
35 Der Versuch von J. DE GROOT, Die Altäre des Salomonischen Tempel-Hofes (BWANT II 6) 1924, 6f., modifiziert von W. MCKANE, A Note on 2 Kings 12,10 (ZAW 71, 1959, 260-265), הַמִּזְבֵּחַ statt auf den Brandopferaltar auf einen zweiten, nämlich den nördlichen Eingang zum inneren Vorhof befindlichen (McKane) Altar zu beziehen, hat den Wortlaut des Hebräischen gegen sich. Das absolute, determinierte הַמִּזְבֵּחַ kann nur „der Altar", d.h. „der Brandopferaltar", bedeuten. Andernfalls müßte eine eindeutige attributive Näherbestimmung, etwa ein Relativsatz folgen. Die Ortsangabe בְּיָמִין וגו bezieht sich nicht auf הַמִּזְבֵּחַ, sondern auf den Standplatz des Opferstocks.

sprachliche Glättung, die das Kᵉtîb בְּיָמִין eindeutiger auf הַמִּזְבֵּחַ bezieht. Die Korrektur beseitigt nicht, sondern verschärft eher das sachliche Problem. Die vorhexaplarische LXX bietet an Stelle von הַמִּזְבֵּחַ בְּיָמִין die Transkription ιαμειβειν (Codex Vaticanus). Dem dürfte ein verderbter Text vorgelegen haben, in dem הַמִּזְבֵּחַ getilgt war. Die hexaplarische Überlieferung hat ιαμειβειν durch die Transkription αμμαζειβη ersetzt (Codex Venetus):[36] Jetzt ist zugunsten von הַמִּזְבֵּחַ umgekehrt בְּיָמִין unterdrückt. Stade hat die hexaplarische Transkription auf hebräisches הַמַּצֵּבָה zurückführen wollen:[37] „neben der Mazzebe, wenn man in den Tempel hereinkommt." Unter Beibehaltung von בְּיָמִין war dies lange Zeit herrschende Lesart.[38] Doch kann die breite Übernahme nicht verhehlen, daß Stades Rückschluß auf unsicherem Grund steht.[39] Von der mangelnden Sicherheit abgesehen, ist überdies jede Konjektur unnötig und damit, wie unnötige Konjekturen stets, verboten; denn der Masoretentext ist sprachlich und sachlich in Ordnung – unter der Voraussetzung, daß hier zwei verschiedene Ortsangaben unverbunden nebeneinander stehen.

Aus dem Zusammenhang geht hervor, daß diese Voraussetzung in der Tat besteht. Der Widerspruch zwischen dem Standplatz neben dem Altar und dem Standplatz zur Rechten, wenn man in den Tempel hereinkommt, hat nämlich seine Entsprechung in einem zweiten: In V. 9 willigen die Priester ein, kein Geld mehr vom Volk in Empfang zu nehmen; in V. 10bβγ aber sind es nichtsdestoweniger die Schwellenhüter unter den Priestern, die das in den Tempel überbrachte Geld in die Geldlade einlegen. Es muß ihnen dazu vom Volk übergeben worden sein.[40] Danach stehen hier nicht nur zwei Ortsangaben für die Geldlade, sondern zwei Arten der Kollekte nebeneinander. Nach der einen Lesart stand die Lade im

---

36 Ähnlich weitere hexaplarische Handschriften. Codex Alexandrinus bietet αμμασβη.
37 B. STADE, Anmerkungen zu 2 Kö. 10-14 (1885; in: DERS., Ausgewählte akademische Reden und Abhandlungen, ²1907, 181-199) 193; ebenso STADE/SCHWALLY, Kings, 239.
38 Vgl. KITTEL, Könige, 254; ŠANDA, Könige II, 141f.; GRESSMANN, Geschichtsschreibung (s. Anm. 9) 316; O. EISSFELDT, Das zweite Buch der Könige (HSAT[K]) ⁴1922, 561; G. HÖLSCHER, Das Buch der Könige, seine Quellen und seine Redaktion (in: H. SCHMIDT [Hg.], Eucharisterion für H. Gunkel I [FRLANT 36,1] 1923, 158-213) 206; MONTGOMERY/GEHMAN, Kings, 429. Etwa gleichzeitig mit Stade hat KLOSTERMANN, Samuelis und Könige, 434, die Konjektur vorgeschlagen: אֵצֶל הַמְּזוּזָה הַיְמָנִית „neben dem südlichen Türpfosten". BENZINGER, Könige, 160, findet diese Lesart beachtenswert. BURNEY, Notes, 314f., und J. GRAY, I & II Kings (OTL) ²1970, 584, referieren Stade und Klostermann unentschieden. Eine dritte Konjektur bietet EHRLICH, Randglossen 7, 307: „Für המזבח ist המבוא zu lesen und Ez. 46,19 zu vergleichen."
39 Die Transkription αμμαζειβη u.ä., auf die Stade sich beruft, deutet gerade nicht auf הַמַּצֵּבָה, sondern auf הַמִּזְבֵּחַ; denn ζ ist im allgemeinen das Äquivalent für ז. Vgl. Mal 2,13, wo der ‚Hebräer' der Hexapla für מִזְבַּח אֶת־ die Transkription εθμαζβηη oder εθμαζβην bietet (J. ZIEGLER, Duodecim Prophetae. Septuaginta Gottingensis XIII, 1943, 333). הַמַּצֵּבָה kann vielmehr nur von αμμασβη abgeleitet werden (σ für צ), wie es von Codex Alexandrinus als einziger Handschrift geboten wird (so auch der Apparat von A. JEPSEN in BHS). Doch spricht die äußere Bezeugung gegen den Rückschluß auf einen vormasoretischen hebräischen Text. In neueren Untersuchungen ist auf Eingriffe in den Masoretentext verzichtet, vgl. WÜRTHWEIN, Könige II, 353; H. SPIECKERMANN, Juda unter Assur in der Sargonidenzeit (FRLANT 129) 1982, 180 Anm. 49.
40 Auf diesen Widerspruch macht E. WÜRTHWEIN, Die Josianische Reform und das Deuteronomium (ZThK 73, 1976, 395-423) 400f., aufmerksam.

innersten priesterlichen Bereich neben dem Brandopferaltar. Deshalb mußten die die Schwelle hütenden Priester das Geld in Empfang nehmen, zum Altar bringen und dort einlegen. Nach der anderen Lesart aber wurde das Geld ohne Zutun der Priester vom Volk unmittelbar überbracht.[41] Dazu war es unumgänglich, daß die Geldlade aus dem hochheiligen Bereich an den Eingang des Vorhofes versetzt wurde,[42] zur Rechten wenn man, das heißt jedermann (אִישׁ), in den Tempel hereinkam. Sie wurde ein Opferstock.

Man sieht sofort, daß diese beiden Verfahren den beiden Befehlen entsprechen, mit denen der König die Instandsetzung des Tempels einleitet. Das erste, bei dem die Priester beteiligt sind, stimmt mit dem anfänglichen Befehl V. 5-6 überein, das zweite mit dem späteren Befehl V. 7-8 (einschließlich der Einwilligung der Priester V. 9), der das vorgesehene Verfahren widerruft und den Priestern die Einkünfte des Tempels aus der Hand nimmt. Wenn daraufhin in dem Ausführungsbericht V. 10 die vom König befohlene Änderung nur unvollkommen beherzigt wird, vielmehr die Ausführung zum größeren Teil nach wie vor dem ursprünglichen Befehl gehorcht, ist die Handlungsfolge offensichtlich gestört: Die Revision des königlichen Befehls ist ein literarischer Nachtrag, der durch die zweite Ortsangabe für die Geldlade in V. 10bα(ab בַּיָּמִין) nur mangelhaft mit der ursprünglichen Erzählung verbunden ist. Der Text ohne V. 7-9.10bα (ab בַּיָּמִין) ist narbenlos glatt.

Der Anlaß der Ergänzung: Im älteren Text besteht zwischen dem Befehl V. 5-6 und der Ausführung V. 10ff. ein Widerspruch. In V. 6bα befiehlt der König: „Und sie (scl. die Priester) sollen ausbessern, was baufällig ist am Gebäude", nach V. 12-13 aber sind es Handwerker, die die Arbeiten tatsächlich ausführen. Wie es zu diesem Widerspruch kam, wird unten zu begründen sein.[43] Er ruft jene Frage auf, mit der der König in V. 8 die Rede an die Priester beginnt: „Warum seid ihr es nicht, die ausbessern (מַדּוּעַ אֵינְכֶם מְחַזְּקִים), was baufällig ist am Gebäude?"[44] Diese Frage will der Ergänzer beantworten. Er tut es, indem er es den König ohne Umstände anders befehlen läßt. Der Befehl schließt unmittelbar an die Frage an und bedarf keiner weiteren Begründung. Mit ihm ist der Widerspruch zwischen V. 6 und V. 12-13 gelöst.

Wer noch zweifelt, daß in V. 7-9.10bα* ein Nachtrag vorliegt, möge sich an das Datum in V. 7 halten. In auffallendem Unterschied zu dem unvermittelten Einsatz von V. 5 ist der zweite Befehl des Königs datiert: in das dreiundzwanzigste Jahr seiner Regierung. Der moderne Leser nimmt ein Datum unwillkürlich als Zeichen historischer Authentizität. Die Chronologie als Ordnungsfaktor der Ge-

---

41 Die chronistische Fassung 2 Chr 24,10, im Gefälle der Bearbeitung stehend, aber ohne wie diese an einen älteren Textbestand gebunden zu sein, macht dies noch deutlicher.
42 Der Ausdruck בֵּית־יהוה schließt hier den Vorhof ein. Ausführlich diskutiert von MCKANE, ZAW 1959, 263f.
43 S. u. S. 193.
44 Das betrifft nicht nur die innere Logik von 2 Kön 12. J. WELLHAUSEN, Prolegomena zur Geschichte Israels, [6]1905, 197, beobachtet in der späten Zeit das „Bestreben, die profanen Hände tunlichst vom Heiligen ferne zu halten ... Wie weit die Ängstlichkeit der Späteren in diesem Punkte ging, ersieht man aus der Angabe (Joseph. Ant. 15, 390), daß Herodes zum Bau seines Tempels tausend Priester zu Maurern und Zimmerleuten ausbilden ließ."

schichte ist ihm eine gegebene Größe. So wird in den Kommentaren der genannte Termin nicht hinterfragt, sondern als gegeben, als „datum" genommen.[45] Indessen pflegt im Alten Testament die Chronologie sich keineswegs von selbst zu verstehen. Die Geschichtsschreibung kann ohne weiteres auf sie verzichten und gibt anderseits den Daten oft einen heilsgeschichtlichen Hintersinn. Der Hinter-Sinn als der eigentliche Sinn der Chronologie kann so wichtig werden, daß der Geschichtsschreiber das Datum aus dem Hintersinn erschließt, historisch geurteilt: frei erfindet. So auch hier. Das Datum stimmt überein mit der synchronistischen Datierung des Königs Joahas ben Jehu von Israel in 13,1.[46] Zur Zeit des Joahas entbrennt nach 13,3 der Zorn Jahwes gegen Israel, und er gibt sie in die Hand der Aramäerkönige Hasaël und Ben-Hadad. Für 12,7 besagt das nichts anderes, als daß der Ergänzer aus dem Zusammenspiel von 13,1 und 3 den Zeitpunkt des Aramäerfeldzugs 12,18 erschlossen hat. Er hat also den zweiten Befehl des Joas auf den letzten möglichen Termin vor dem Eingriff in das Tempelvermögen 12,19 gelegt. Der Hinter-Sinn: Nicht willkürlich, sondern der Not, nämlich dem Termindruck des Aramäerfeldzugs gehorchend, hat Joas in die Zuständigkeit der Priesterschaft eingegriffen. Daß dieser Zusammenhang dem historischen König nicht vor Augen stehen konnte, sondern sich erst dem Exegeten von 2 Kön 12-13 erschließt, beweist für die Sekundarität genug.

V

2 Kön 12 gilt zumeist als eine Geschichtsschreibung, die dem Priestertum mit vorbehaltloser Objektivität, wenn nicht geradezu kritisch gegenübersteht. Dieser Eindruck gründet auf der Frage des Königs V. 8, aus der man einen Tadel an der Priesterschaft heraushört.[47] Wie wenig dies aber berechtigt ist, zeigt V. 9, wo die Zustimmung der Priester zu der neuen Regelung ausführlich vermerkt ist.[48] Sie war Conditio sine qua non. Für die Haltung des Ergänzers von V. 7-9.10bα* ist vielmehr kennzeichnend, daß er in der Frage: Warum führen nicht die Priester, sondern Handwerker die Arbeiten am Heiligtum aus?, ein Problem sieht. Er ist offenbar nicht nur nicht priesterkritisch, sondern ausnehmend priesterfreundlich eingenommen.

---

45 KLOSTERMANN, Samuelis und Könige, 433: „Die Zeitbestimmung gehört, aus der Chronologie des Tempels stammend, zu dem Erlaß der neuen königl. Verordnung". GRAY, Kings, 586: „The 23rd year of the reign, not the life, of Joash is denoted. At the age of 30 he obviously wanted to emancipate himself and the state from priestly domination." Den meisten ist das Datum so selbstverständlich, daß sie nicht darauf eingehen.

46 WÜRTHWEIN, Königs II, 355: „Ist ein Bezug auf das Antrittsjahr des israelitischen Königs Joahas (13,1) beabsichtigt?" Ja!

47 KITTEL, Könige, 252: „Der Abschnitt ... hat eine sehr bestimmte Spitze gegen das Priestertum ..., weshalb sein Verfasser kein Priester sein kann." BENZINGER, Könige, 159: „Trotzdem das Interesse an Tempel und Priestern im Vordergrund steht, berichtet die Quelle doch ganz objektiv und ohne Parteinahme für die Priester in voller Unabhängigkeit." Anders jetzt WÜRTHWEIN, Königs II, 356, der den Text mit den nachexilischen Verhältnissen in Verbindung bringt.

48 WÜRTHWEIN, 355; H.-D. HOFFMANN, Reform und Reformen (AThANT 66) 1980, 119.

Darauf gibt es einen weiteren Hinweis. Da das Verfahren einer unmittelbaren Kollekte den Priestern die Tempeleinkünfte aus der Hand nimmt, trifft der Ergänzer eigens Sorge für den finanziellen Unterhalt der Priesterschaft. Hatte der Befehl des Königs sich zunächst auf „alles Geld der Weihgaben, das in den Tempel gebracht wird" (כֹּל כֶּסֶף הַקֳּדָשִׁים אֲשֶׁר־יוּבָא בֵית־יהוה, V. 5aα*), erstreckt, so wird er nunmehr auf „alles Geld, das man freiwillig in den Tempel bringt" (כָּל־כֶּסֶף אֲשֶׁר יַעֲלֶה עַל לֶב־אִישׁ לְהָבִיא בֵּית יהוה, V. 5b), das heißt auf die irregulären Gaben, eingeschränkt und „das Geld der Schuld- und der Sündopfer" (כֶּסֶף אָשָׁם וְכֶסֶף חַטָּאוֹת, V. 17aα) ausdrücklich ausgenommen. Letzteres soll nach wie vor, wie im Gesetz vorgesehen, den Priestern zukommen (לַכֹּהֲנִים יִהְיוּ, V. 17b). Die Literarkritik ist eindeutig: In V. 5 wird der Begriff כֹּל כֶּסֶף הַקֳּדָשִׁים durch dreifache asyndetische Apposition erläutert:[49] כָּל־כֶּסֶף; כֶּסֶף נַפְשׁוֹת עֶרְכּוֹ; כֶּסֶף עוֹבֵר אִישׁ und אֲשֶׁר יַעֲלֶה עַל לֶב־אִישׁ לְהָבִיא בֵּית יהוה. Alle drei Erläuterungen sind offensichtlich nachgetragen, wobei die letzte und längste, dem Vortext durch Anknüpfung (לְהָבִיא בֵית יהוה ← כָּל־כֶּסֶף אֲשֶׁר) und Wiederaufnahme (כֹּל כֶּסֶף הַקֳּדָשִׁים אֲשֶׁר יוּבָא בֵית־יהוה) sorgfältig angepaßte, die älteste ist.[50] V. 17 aber steht an seiner Stelle ohne Zusammenhang, während der sachliche Zusammenhang mit V. 5 und 8 auf der Hand liegt.[51] Nach dem Ausführungsbericht V. 10-16 kommt der Befehl zu spät, dessen Urheber nicht genannt, ja der nicht einmal als wörtliche Rede eingeführt ist.[52]

Der Grund der in V. 5b.17 getroffenen Regelung erschließt sich anhand des priesterschriftlichen Gesetzes, dessen Begrifflichkeit der Ergänzer in V. 17b wörtlich übernimmt.[53] Dort bezeichnet קֳדָשִׁים (oder קֹדֶשׁ קֳדָשִׁים) im engeren Sinne die Opferanteile und Versorgungsanrechte der Priesterschaft. Der Ergänzer, geschult im Gesetz, muß den ihm in V. 5a* vorliegenden Begriff כֹּל כֶּסֶף הַקֳּדָשִׁים in diesem Sinne als „sämtliche Anrechte der Priesterschaft in Geldform" verstanden haben. Und so verstanden entsteht das Problem, daß der Befehl des Königs gegen das Gesetz verstößt; denn er sieht vor, die den Priestern zustehenden Bezüge zweckentfremdet für das Tempelgebäude zu verwenden.[54] Da nicht sein kann, was nicht sein darf, begrenzt der Ergänzer in V. 5b den Befehl auf die freiwilligen Abga-

---

49 Die Kopula, die in der Regel vor V. 5b ergänzt wird, ist nicht ursprünglich.
50 Zu den beiden anderen Ergänzungen siehe sogleich.
51 SPIECKERMANN, Juda unter Assur, 183 Anm. 56: „12,17 dürfte von demselben Redaktor wie 12,5aβb stammen".
52 BENZINGER, Könige, 161: „Zu v. 8 wird eine Ausnahme nachgetragen"; ŠANDA, Könige II, 148: „vorredaktioneller Zusatz". R. RENDTORFF, Studien zur Geschichte des Opfers im Alten Israel (WMANT 24) 1967, 54, rechnet die Nachträge bereits ab V. 14. Ähnlich WÜRTHWEIN, Könige II, 357. Das ist unrichtig.
53 Vgl. Lev 5,13; 7,7-9.14; 23,20; 27,21; Num 5,9-10. RENDTORFF ebd.: „Die im Anweisungsstil gehaltene Formulierung לַכֹּהֲנִים יִהְיוּ (V. 17) zeigt deutliche Verwandtschaft mit den Bestimmungen über die Priesteranteile in Lev 7,7-10." Die Versionen haben an Stelle des Plurals יִהְיוּ den Singular (= יִהְיֶה) und entsprechen damit den Gesetzesvorschriften noch genauer.
54 WELLHAUSEN, Prolegomena, 194, über den Anstoß, den die Chronik zu 2 Kön 12,5 genommen hat: „Nach dem Gesetze fielen die laufenden Geldabgaben an die Priester; kein König durfte sie ihnen nehmen und nach Gutdünken darüber befinden." Diese Gesetzwidrigkeit ist bereits innerhalb von 2 Kön 12 bemerkt und auf eine etwas undurchsichtige Weise behoben worden.

ben⁵⁵ (die in dieser Weise im Gesetz nicht erwähnt sind) und weist am Ende in V. 17 ausdrücklich darauf hin, daß die Gesetzesvorschriften für die Versorgung der Priesterschaft unberührt seien.

Nach dem Gesetz bestehen die קָדָשִׁים in Anteilen am Speisopfer (מִנְחָה, Lev 2,3.10; 6,10: 10,12), am Schuldopfer (אָשָׁם, Lev 5,15; 7,1.6.7; 14,13; Num 5,9-10) und am Sündopfer (חַטָּאת, Lev 6,18.22; 7,7; 10,17). Alle drei Opferarten werden in Num 18,8-9 und Ez 42,13 als קָדָשִׁים zusammengefaßt. Dabei ist durchgehend vorausgesetzt, daß die Versorgungsleistungen in Naturalabgaben, also Feldfrüchten und Opfertieren, zu erbringen sind. Die Tempelerzählung 2 Kön 12,5-17 aber handelt ausschließlich von Leistungen in Geldform (כֶּסֶף הַקֳּדָשִׁים). Ihre Begrifflichkeit entstammt, wie gezeigt, der Erweiterung des Quellenauszugs in V. 19, die sich mit dem Gesetz nicht deckt. Den Ausweg hat der Ergänzer in Lev 5,15 gefunden. Dort ist für den Widder, der aus Anlaß versehentlicher Verfehlungen gegen die קָדָשִׁים als Schuldopfer (אָשָׁם) darzubringen ist, die Einheit des Schätzwerts, der sich nach der Höhe des Schadens bemißt, in „Geld in Schekeln nach dem Schekelgewicht des Heiligtums" (כֶּסֶף־שְׁקָלִים בְּשֶׁקֶל־הַקֹּדֶשׁ) angegeben. Die asyndetische Apposition ist wahrscheinlich nachträglich eingefügt (vgl. Lev 5,18. 25). Da sie nicht den Wert des Widders, sondern die Währungseinheit festlegt, kann sie so verstanden werden, daß der Wert in Geld zu erbringen ist.⁵⁶ Dieser einzige Fall eines Schuldopfers in Geldform ist über Lev 7,7 auch auf das Sündopfer (חַטָּאת) anwendbar; denn danach gilt bezüglich der Versorgungsanrechte der Priesterschaft für חַטָּאת und אָשָׁם ein und dieselbe Tora. Die Aussage von 2 Kön 12,17 dürfte auf diesem Gedankengang beruhen. Und so erkärt sich auch, weshalb die מִנְחָה, die dritte und praktisch wichtigste Form der קָדָשִׁים, nicht erwähnt ist: Für sie läßt sich eine Bestimmung, nach der sie in Geld erbracht werden kann, nicht in gleicher Weise erschließen.

VI

Die exegetischen Winkelzüge des Ergänzers sind, wie man sieht, verschachtelt. Und das Ergebnis, soweit es den Befehl des Königs betrifft, ist nicht recht überzeugend. Wieder stehen korrigierter und korrigierender Text unausgeglichen nebeneinander: die קָדָשִׁים, die der Befehl nunmehr gerade nicht betreffen soll, und die freiwilligen Geldgaben, für die eine eindeutige Gesetzesbestimmung fehlt. So wundert es nicht, daß in der Folge zwei weitere, ebenfalls im Gesetz bewanderte Exegeten nacheinander sich bemüht haben, den Text von V. 5 durch zwei weitere Nachträge zu verdeutlichen.

Wie immer wird dadurch alles nur komplizierter. Die Phrase כֶּסֶף עוֹבֵר אִישׁ כֶּסֶף נַפְשׁוֹת עֶרְכּוֹ „lässt sich nicht übersetzen".⁵⁷ Unbestritten handelt es sich um mehrere Zusätze, die dem älteren Text nach Art von Stichwortglossen eingefügt sind

---

55 Die Wendung עלה על־לֵב, wörtlich „an die Oberfläche des Herzens (= Bewußtseins) steigen", hat die Bedeutung „unvermittelt auf den Gedanken kommen" (Jer 7,31 → 19,5 → 32,35; Ez 38,10), in Verbindung mit זכר „wieder ins Gedächtnis kommen" (Jes 65,17; Jer 3,16; 44,21; 51,50).
56 So nach M. NOTH, Das dritte Buch Mose. Leviticus (ATD 6) ³1973, 36.
57 KITTEL, Könige, 253.

und deren richtige Unterscheidung sie erst lesbar macht. Das ist nicht schwer. Da „das Suffix in עֶרְכּוֹ sich nicht auf den an den Tempel zahlenden אִישׁ sondern auf den schätzenden כֹּהֵן bezieht",[58] „wird die [scl. zweite] Phrase gegenüber der ersteren als von anderer Hand herrührend gekennzeichnet."[59] Wir haben danach die beiden Wendungen כֶּסֶף עוֹבֵר אִישׁ und כֶּסֶף נַפְשׁוֹת עֶרְכּוֹ zu unterscheiden. Von ihnen ist die letztere zuerst in den Text gekommen. Beide verdeutlichen den Begriff des freiwillig an den Tempel übergebenen Geldes.[60] Nach dem Vorgang von V. 17 können wir voraussetzen, daß die Präzisierungen sich auf das Gesetz beziehen. Weil sie für sich genommen nicht ohne weiteres verständlich sind, dürfte es sich um Anspielungen und Abbreviaturen handeln. Wahrscheinlich nehmen sie auf verschiedene Gesetzesbestimmungen Bezug.

Die Wendung כֶּסֶף נַפְשׁוֹת עֶרְכּוֹ wird zumeist und zu Recht mit der Bestimmung über die Auslösung freiwillig gelobter Personen in Lev 27,2-8 in Verbindung gebracht. Der Begriff der priesterlichen Schätzung (עֶרֶךְ), immer mit dem Suffix der 2. sing. masc., das ursprünglich auf den Priester bezogen, später erstarrt ist, begegnet außer in Lev 5,15.18.25 und Num 18,16 nur in diesem Kapitel.[61] Nur in Lev 27,2-8 und Num 18,16 betrifft die Schätzung Personen, in Num 18 die Jahwe zustehende Erstgeburt. Dabei ist die Ablösung der Erstgeburt durch Geld allerdings eine Pflichtabgabe und insoweit nicht in Einklang mit 2 Kön 12,5b. Zudem fehlt hier das Wort נֶפֶשׁ. Dagegen hat Lev 27,2-8 mit einer freiwilligen Gabe (נֶדֶר) zu tun, nämlich der Ablösung von Personen, die Jahwe gelobt worden sind und deren jeweiliger Schätzwert (בְּעֶרְכְּךָ נְפָשֹׁת, V. 2) in Silberschekeln (שֶׁקֶל כֶּסֶף) aufgelistet ist. Es ist eindeutig, daß die Wendung כֶּסֶף נַפְשׁוֹת עֶרְכּוֹ „Geld, auf das Personen vom Priester geschätzt werden" auf diese Bestimmung bezogen ist. Der Zusatz will sagen: Der Fall, daß jemand freiwillig Geld an den Tempel übergibt, tritt nach dem Gesetz dann ein, wenn er Jahwe eine Person gelobt hat und später entscheidet, den Wert in Geld zu erbringen. Man kommt dem Ergänzer auch so auf die Spur, daß man ausgehend von V. 5b die Frage stellt: An welcher Stelle handelt das Gesetz von freiwillig überbrachtem כֶּסֶף? Es ist dies tatsächlich nur in Lev 27 der Fall.[62] Die Überschrift Lev 27,2, auf die in 2 Kön 12,5 angespielt ist, kann das ganze Kapitel betreffen, das neben Personen (נְפָשֹׁת) auch die geldliche Ablösung von Tieren sowie von Haus- und Grundbesitz vorsieht.

Dem frommen Interesse am Tempel konnte die so entstandene Fassung des königlichen Befehls noch nicht genügen. Die Ablösung freiwillig gelobter Personen wird in der Praxis viel zu selten gewesen sein und viel zu geringe Erträge erbracht haben, als daß mit ihnen der Tempel angemessen hätte instand gesetzt

---

58 STADE, Anmerkungen zu 2 Kö. 10-14, 193.
59 BENZINGER, Könige, 160.
60 Ähnlich C.F. KEIL, Die Bücher der Könige (BC II 3) ²1876, 301: „Der allgemeine Ausdruck כֶּסֶף הַקֳּדָשִׁים Geld der heiligen Gaben ... wird näher specificirt durch כֶּסֶף עוֹבֵר וגו, wonach dasselbe in dreierlei Abgaben an den Tempel bestand". Die dritte Näherbestimmung ist v. 5b.
61 Auf die königliche Schätzung bezogen findet עֶרֶךְ sich ferner in 2 Kön 23,35. Der Vers ist, wie an der Satzstellung erkennbar, ein (in sich wiederum geschichteter) Nachtrag zu V. 33b. Er setzt den priesterschriftlichen Terminus wahrscheinlich voraus. Auch das Verb ערך hi. ist auf Lev 27,8.12.14 und 2 Kön 23,35 beschränkt.
62 Die Ablösung der Erstgeburt Num 18,16 → 3,48-51 ist Pflichtabgabe, ebenso das Schuldopfer nach Lev 5,15 und das Kopfgeld für den Tempel Ex 30,11-16.

werden können.⁶³ Ferner: Handelt es sich nach V. 5b nicht um Beiträge, die jedermann (אִישׁ) zu erbringen hat? Und wird nicht tatsächlich der Tempel durch Beiträge von jedermann, nämlich durch das in Ex 30,11-16 gebotene Kopfgeld in Höhe eines halben Schekels unterhalten? Ein letzter Ergänzer hat darum den Begriff כֶּסֶף נַפְשׁוֹת im Sinne von כֹּפֶר נַפְשׁוֹ als „Seelen-Lösegeld" (Ex 30,12) gelesen und auf das Kopfgeld des Halbschekels gedeutet.

Diese Aussage ist der Wendung כֶּסֶף עוֹבֵר אִישׁ freilich nicht ohne weiteres zu entnehmen. Insbesondere der Begriff כֶּסֶף עוֹבֵר ist im Gegenteil nur mühsam zu verstehen. Die Verbindung findet sich ein weiteres Mal in der „ganz verschiedenen Redensart"⁶⁴ כֶּסֶף עֹבֵר לַסֹּחֵר Gen 23,16, wo sie soviel bedeutet wie „‚Kurant bei den Händlern' d.i. vollwertiges Geld, das überall in der Handelswelt genommen wird."⁶⁵ Unter den modernen Exegeten versteht Thenius in dieser Weise כֶּסֶף עוֹבֵר als „gangbares (von Einem zum Andern übergehendes) Geld".⁶⁶ Gegen ihn spricht, daß wegen der fehlenden Explikation לַסֹּחֵר oder eines Äquivalents der Schluß von Gen 23,16 auf 2 Kön 12,5 nicht eindeutig ist, daß eine solche Währungseinheit für Abgaben an den Tempel nicht sinnvoll wäre⁶⁷ und daß „dann אִישׁ ganz verloren dastünde".⁶⁸ Als Ausweg hat man an einen Textfehler gedacht. In LXX ist כֶּסֶף עוֹבֵר אִישׁ mit ἀργύριον συντιμήσεως ἀνήρ wiedergegeben. Das läßt sich auf hebräisches כֶּסֶף עֶרֶךְ אִישׁ „Geld der Schätzung eines Mannes = Geld, das jemandem durch Schätzung auferlegt wird" zurückführen.⁶⁹ Im Gegensatz zu כֶּסֶף עוֹבֵר bietet כֶּסֶף עֶרֶךְ keine Verständnisschwierigkeiten. Es wird seit Stade und Klostermann von nahezu allen Kommentatoren übernommen.⁷⁰ Allerdings: Dieser Textus receptus verstößt gegen die Lectio difficilior. Es ist sehr unwahrscheinlich, daß das עוֹבֵר des Masoretentextes auf verschriebenes עֶרֶךְ oder עֶרְכּוֹ zurückgeht. Viel eher ist das συντιμήσεως der LXX eine Korrektur der schon damals schwer verständlichen Wendung, die auf das folgende עֶרְכּוֹ zurückgreift. Die beiden Wendungen כֶּסֶף עֶרֶךְ אִישׁ und כֶּסֶף נַפְשׁוֹת עֶרְכּוֹ sind nämlich, so gelesen, fast bedeutungsgleich: „Geld, das jemandem durch Schätzung auferlegt wird" – „Geld, auf das Personen von ihm (scl. dem Priester) geschätzt werden". Man hilft sich, die zweite Wendung als Glosse auszuscheiden.⁷¹ Allein, was sollte der Nachtrag einer bloßen Verdoppelung für einen Sinn gehabt haben?

---

63 Zum historischen Hintergrund des Gesetzes Lev 27 vgl. K. ELLIGER, Leviticus (HAT I 4) 1966, 380-392.
64 EWALD, Geschichte III,1 (s. Anm. 10) 288.
65 O. PROCKSCH, Die Genesis (KAT 1) 1913, 484.
66 Könige (s. Anm. 11), 338f., unter Verweis auf Kimchi, Luther u.a.
67 Nach Ex 30,13; 38,24-26; Lev 5,15; 27,3.25; Num 3,47.50; 7 passim; 18,16 gilt vielmehr das Schekelgewicht des Tempels.
68 KITTEL, Könige, 253.
69 Codex Vaticanus. Die vollständige Phrase lautet ἀργύριον συντιμήσεως ἀνήρ ἀργύριον λαβὼν συντιμήσεως. Dazu STADE, Anmerkungen zu 2 Kö. 10-14, 192f.: „Das λαβών ist ein Missverständniss, veranlasst durch V. 6. Der Uebersetzer hat nicht bedacht, dass אִישׁ in V. 5 sich nur auf die spendenden Laien beziehen kann."
70 Ausnahme ist EHRLICH, Randglossen 7, 306.
71 BENZINGER, Könige, 160; KITTEL, Könige 253; BURNEY, Notes, 313f.; STADE/SCHWALLY, Kings, 238; ŠANDA, Könige II, 140; GRESSMANN, Geschichtsschreibung, 316; EIßFELDT, Könige, 561; WÜRTHWEIN, Könige II, 353. – MONTGOMERY/GEHMAN, Kings, 428, und GRAY, Kings, 584, streichen nur כֶּסֶף נַפְשׁוֹת.

Die unveränderte hebräische Verbindung כֶּסֶף עוֹבֵר bedeutet, wörtlich genommen, „Geld eines Hinübertretenden". Der Ausdruck ist für sich selbst nicht zu verstehen. Aber er kann eine Abbreviatur sein, „ein abgekürzter Ausdruck für הָעוֹבֵר הַפְּקֻדִים ‚der auf die Gemusterten Uebergehende' Ex. 30,13".[72] Die Deutung auf das Gesetz über die Kopfsteuer für den Tempel wird von 2 Chr 24,6, dem Targum und Josephus, Ant. IX 161, gestützt. Das Kopfgeld wird nicht wie das Ablösegeld durch Schätzung, sondern durch Zählung erhoben, da der Betrag einheitlich feststeht. Die Zählung geschieht nach Ex 30,12-13 in der Weise, daß der Gezählte aus der Gruppe der Ungezählten in die Gruppe der Gezählten hinübertritt. Der zum Kopfgeld Veranlagte ist ein „zu den Gezählten Hinübertretender" (עֹבֵר עַל־הַפְּקֻדִים). Daraus ist, wie die ältere Exegese mit Recht geschlossen hat, der abgekürzte Ausdruck כֶּסֶף עוֹבֵר „Geld eines Hinübertretenden" als Bezeichnung des Kopfgeldes geworden. „Die Abkürzung des Ausdruckes erklärt sich daraus, daß כֶּסֶף עוֹבֵר auf Grund der angeführten Gesetzesstelle *terminus techn.* geworden war."[73] Das Kopfgeld wird gezahlt von jedermann (אִישׁ). Im Zusammenspiel mit כֶּסֶף נַפְשׁוֹת עֶרְכּוֹ ergibt sich in 2 Kön 12,5 die Verbindung אִישׁ כֶּסֶף נְפָשׁוֹת, die der Wendung אִישׁ כֹּפֶר נַפְשׁוֹ in Ex 30,12 entspricht: „jeder als Lösegeld für sein Leben". Das abschließende עֶרְכּוֹ ist ins Abseits geraten und der Text für Leser, die Anspielungen auf das Gesetz nicht zu entschlüsseln wissen, nicht mehr verständlich.

VII

Die auffälligste Eigenheit der verbleibenden Tempelerzählung 2 Kön 12,5(bis יהוה).6.10abα(bis הַמִּזְבֵּחַ).bβγ.11-16 ist die weitgehende, vielfach wortwörtliche Übereinstimmung mit dem Bericht über die Instandsetzung des Tempels unter Josia 2 Kön 22,3-7.9.

Das Verhältnis der beiden Berichte bietet sich äußerlich dar als ein einfaches historisches Nacheinander. Unter König Joas stellt der Hohepriester Jojada im Tempel einen Opferkasten auf, der zur Finanzierung der Reparaturen des Tempels dient. Zweihundert Jahre später besteht diese Einrichtung fort, und König Josia läßt dem amtierenden Hohenpriester Hilkia befehlen, (wieder einmal) das in den Tempel überbrachte Geld zu Barren schmelzen zu lassen und an die Bauhandwerker auszugeben. Diese Abfolge ist stimmig, und die ältere Exegese sah kein Problem darin. Erst Wellhausen stellte mit Verwunderung fest, daß der Vorgang in beiden Fällen mit nahezu denselben Worten beschrieben ist. „Die Verbindung ist nicht bloss eine sachliche, sondern auch die Ausdrücke von Kap. 12 kehren in Kap. 22 wieder". Die zwei Jahrhunderte zwischen Joas und Josia haben keine Spuren hinterlassen. Er fand dafür eine einfache Erklärung: Beide Texte sind „aus der selben Feder geflossen und folglich erst nach dem Jahre 621, vielleicht erst nach dem Tode Josias geschrieben".[74] Der Vorgang des neunten Jahr-

---

72 KEIL, Könige (s. Anm. 60) 301, unter Verweis auf Targum, Raschi u.a.
73 KEIL ebd.
74 J. WELLHAUSEN, Die Composition des Hexateuchs, [4]1963, 293.

hunderts ist geschildert wie derjenige des siebten, weil der Bericht dem Rückblick des siebten Jahrhunderts entstammt. 2 Kön 12 ist keine zeitgenössische Quelle.

Ist damit das Verhältnis von 2 Kön 12 und 22 als literarisches Problem erkannt und zugleich ein erste Lösung versucht worden, sollte es bald komplizierter werden. Die scharfen Augen Stades entdeckten in beiden Parallelberichten innere Unebenheiten. Stade erklärte sie jeweils mit einer literarischen Schichtung, die er zugleich mit dem gegenseitigen Verhältnis der Parallelen verband. Für ihn sind 12,11bα(nur וְהַכֹּהֵן הַגָּדוֹל).12a.bβ.16aβ Zusätze aus Kap. 22, und umgekehrt 22,6-7 nachträgliche Angleichung an Kap. 12. Ferner beseitigte Stade die offensichtliche Dublette in 22,5, indem er V. 5a als sekundären Ableger von V. 9 bestimmte.[75]

Wenig später trat A. Kuenen der Auffassung Wellhausens mit einer grundsätzlichen Erwägung entgegen: „Die grosse Uebereinstimmung zwischen XXII, 3-7 und XII, 7-16, auf welche er hinweist, ist in der That vorhanden, scheint aber, gerade weil sie eine so wörtliche ist, vielmehr aus Abhängigkeit von XXII gegenüber Cap. XII, als aus der Identität des Verfassers erklärt werden zu müssen."[76] Denn ein und derselbe Verfasser mag zwar an Stil und Inhalt erkennbar sein, doch nur wer abschreibt, produziert in größerem Maße wortwörtliche Kongruenzen. Kuenen unterschied deshalb die Parallelen in Vorlage und Nachahmung. Im Sinne des historischen Gefälles hielt er Kap. 12 für das Original.[77] Das bedeutete indessen auch, daß Stades differenzierte Beobachtungen nicht mehr zur Geltung kamen.

Benzinger, dessen Kommentar als erster zu dieser Debatte Stellung bezog, versuchte eine Art Synthese.[78] Er erklärte die Übereinstimmung teils wie Wellhausen mit gemeinsamer Verfasserschaft, nämlich der Herkunft beider Berichte aus einer „Tempelgeschichte", teils wie Stade mit sekundärer Parallelenangleichung. Offenbar hat er nicht bemerkt, daß diese Doppel-Hypothese sich aufhebt. Denn jene Verse, die auf Parallelenangleichung zurückgehen, kommen ja für den Beweis der gemeinsamen Verfasserschaft nicht in Betracht – und das sind fast alle: Mit 12,12a entfällt 22,5a, mit 22,6-7 entfällt 12,12b-16. Benzinger erwog, 22,4b als Angleichung an 12,10bβγ hinzuzunehmen, womit er Stades Zustimmung fand.[79] Was an ursprünglichen Übereinstimmungen beider Texte übrig bleibt, ist nicht der Rede wert. Damit ist Wellhausens Hypothese der Boden entzogen. Aber nicht nur das. Auch Stades Hypothese steht auf unsicherer Grundlage: Wo kein nennenswerter Grundstock an Gemeinsamkeiten vorhanden ist, kann der Prozeß der Parallelenangleichung nicht erst einsetzen. Die Fülle der Übereinstimmungen zwischen 2 Kön 12 und 22 muß anders zu erklären sein.

Das hat nicht gehindert, daß Benzingers Synthese sich in der Folgezeit als eine Art Standardlösung eingebürgert hat. In den Kommentaren gelten sowohl 2 Kön 12 als auch 2 Kön 22 als alte Quellenauszüge. Die Verse 22,4b.5a/5b.6-7 aber werden als Zusätze ausgeschieden, wobei die Abhängigkeit von Kap. 12 für V. 4b

---

75 Anmerkungen zu 2 Kö. 10-14, 193-197.
76 A. KUENEN, Historisch-kritische Einleitung in die Bücher des alten Testaments I 2, 1890, 83.
77 So jetzt wieder WÜRTHWEIN, Könige II, 357f.
78 BENZINGER, Könige, 160. 190.
79 STADE/SCHWALLY, Kings, 291.

zumeist, für V. 6-7 immer vorausgesetzt ist.[80] Stades literarkritische Beobachtungen zu Kap. 12 bleiben außen vor. So ergibt sich ein Gefälle von Kap. 12 nach Kap. 22 im Sinne Kuenens – auf der Ebene sekundärer Ergänzungen. Die Übereinstimmungen mit Kap. 12, die auch in 22,4a und, je nachdem, in V. 5a oder 5b bestehen, bleiben als unerklärter Rest. Einzig Šanda hat sich um vollständige Klarheit bemüht. Er nimmt eine Abhängigkeit in zwei Stufen an. Ein erster Redaktor R habe V. 4-5a.9 aus Kap. 12 in Kap. 22 eingetragen, und ein zweiter Redaktor Rj habe das Exzerpt in V. 5b-7 vervollständigt.[81] Diese doppelgleisige Abhängigkeit ist indessen zu kompliziert, um wahrscheinlich zu sein.

In den neuesten Untersuchungen haben Dietrich, Hoffmann und Würthwein sich für die einfache und vollständige Übernahme von 22,4-7.9 aus Kap. 12 ausgesprochen.[82] Die Spannungen innerhalb dieser Verse gelten als Folge der Übernahme. Demgegenüber plädiert Spieckermann unter Rückgriff auf Stade mit beachtlichen Argumenten erstmals wieder für die umgekehrte Richtung der Abhängigkeit.[83] Nach ihm sind 12,10.12-13.16 aus 22,4-7 ergänzt. Die Grundlage der Tempelerzählung hält auch er für einen alten Bericht, „der gut aus DtrH vorliegenden Quellen, wahrscheinlich Tempelregesten, entnommen sein könnte."[84]

VIII

Der Instandsetzungsbericht 2 Kön 22,3-7.9 ist literarisch nicht einheitlich.[85] In V. 4 wird das Geld, das der Hohepriester Hilkia fertigmachen und an die Bauhandwerker ausgeben soll, auf doppelte Weise bestimmt: das Geld, „das in das Haus Jahwes gebracht worden ist" und „das die Schwellenhüter vom Volk eingesammelt haben". Das erste Attribut ist eine Partizipialkonstruktion, das zweite ein Relativsatz. Beide stehen unverbunden. Die zweite Definition ist die weitergehende. Sie hätte bei einheitlichem Text die erste in sich aufnehmen können und sollen: „das Geld, das die Schwellenhüter vom Volk, das in das Haus Jahwes kam, eingesammelt haben". Der Relativsatz V. 4b gibt sich damit als Zusatz zu erkennen. Der ältere Text betrifft allgemein die finanziellen Einnahmen des Tempels. Damit werden die Erträge aus den kultischen Dienstleistungen gemeint sein. Demgegenüber handelt die Ergänzung von einer Kollekte, die von den Tempel-

---

80 H. SCHMIDT, Die großen Propheten (SAT II 2) [2]1923, 177. 180; HÖLSCHER im Eucharisterion (s. Anm. 38), 198; JEPSEN, Die Quellen des Königsbuches, 29. EIßFELDT, Könige, 579, ist vorsichtig: „Ob 22,4-7 aus der Parallelstelle Kap. 12 aufgefüllt ist, ist freilich nicht sicher zu entscheiden." MONTGOMERY/GEHMAN, Kings, 524, streichen V. 4b-7 im erklärten Anschluß an Stade: „It would expand in detail what is briefly reported to the king in v.9." Eine der Hälften von V. 5 ist aber unentbehrlich. Stade hat V. 5b belassen.
81 ŠANDA, Könige II, 329f. 360f.
82 W. DIETRICH, Josia und das Gesetzbuch (2 Reg xxii) (VT 27, 1977, 13-35) 19-24; HOFFMANN, Reform und Reformen (s. Anm. 48), 192-197; WÜRTHWEIN, Könige II, 446f.
83 Juda unter Assur, 179-83.
84 AaO 183.
85 Zur Stellung im Zusammenhang von 2 Kön 22-23 vgl. CH. LEVIN, Josia im Deuteronomistischen Geschichtswerk (unten 198-216) 201f. Der Fund des Torabuches in V. 8 ist später zwischeneingeschoben worden (213f.).

besuchern erhoben wurde. Offenbar berücksichtigt sie einen in späterer Zeit aufgekommenen Brauch. Die Schwellenhüter werden bei dieser Gelegenheit zum erstenmal im Alten Testament erwähnt.[86]

V. 5 enthält eine störende Dublette. „v. 5a ist vor v. 5b, welcher das gleiche aussagt, nicht nur überflüssig, sondern unerträglich."[87] Welcher der beiden Teilverse den Grundtext vertritt, ist leicht zu entscheiden. „Wegen v. 9 ... ist v. 5a für ursprünglich zu halten";[88] denn „nur 5a kehrt in der Ausführung des Befehls 9bβ wieder."[89] Das Pronominalsuffix des Verbs wird in V. bα, wie in der späteren Sprache gewöhnlich, durch Pronomen separatum abgelöst. Die mehrdeutige Verbform wiederholt der Ergänzer als Plural.[90] Das zweite יהוה בְּבֵית, inhaltlich überflüssig, hat die Funktion der Wiederaufnahme. „Der Schluss לְחַזֵּק בֶּדֶק הַבַּיִת gehört natürlich zum Text selber."[91]

Was hat die Verdoppelung veranlaßt? Ohne Frage jenes Wort, das in der Wiederholung übergangen ist: הַמֻּפְקָדִים. Das Part. hoph. von פקד bedeutet soviel wie „diejenigen, die bestellt, betraut sind". Innerhalb der Phrase ist es Attribut zu עֹשֵׂי הַמְּלָאכָה „diejenigen, die handwerkliche Arbeit ausführen". Der Ausdruck עֹשֵׂי הַמְּלָאכָה הַמֻּפְקָדִים בְּבֵית יהוה bezeichnet ohne weiteres „die Handwerker, die mit der Ausführung der Arbeiten am Tempel betraut sind".[92] Das kann man so verstehen, daß in einem vorangehenden Befehl diese Handwerker beauftragt worden sind – in 22,3-7.9 ginge es nur noch um die Finanzierung –, oder, wegen des selbständigen Einsatzes von V. 3 wahrscheinlicher, daß am Tempel die Einrichtung einer Bauhütte bestand, deren Angehörige als „diejenigen, die mit der Ausführung der Arbeiten am Tempel betraut sind," ein ständiges Amt bekleideten. Später muß dies mißverstanden worden sein, und zwar genau so, wie es in der Parallele 12,12 im K°tib zu lesen ist: Aus הַמֻּפְקָדִים wurde הַפֹּקְדִים, aus den „betrauten" wurden „Aufsicht führende" Handwerker – zwar nicht dem Text, aber dem Sinne nach.[93] „Das Missverständnis oder der Zufall, der aus הַמֻּפְקָדִים ... הַפֹּקְדִים *die Aufseher* werden liess, veranlasste alles weitere notwendigerweise."[94] Denn so verstan-

---

86 Die übrigen Belege sind nachweislich oder wahrscheinlich (Jer 35,4) von 2 Kön 22,4 abhängig: 2 Kön 22,4 → 23,4 → 25,18 → Jer 52,24; 2 Kön 22,4 → 12,10; 2 Kön 22,4 → 2 Chr 34,9. Ursprünglich handelt es sich schwerlich um ein priesterliches Amt. Im Zuge der Fortschreibungen ist freilich der Rang von Mal zu Mal gestiegen, so daß schließlich in 2 Kön 12,10 die Schwellenhüter für eine Art von Priestern gelten. Vgl. auch LEVIN, unten 202 mit Anm. 16.
87 STADE, Anmerkungen zu 2 Kö. 10-14, 196. LXX sucht die Dublette aufzulösen, indem sie ab V. 5b ins Erzähltempus übergeht und auf diese Weise zwischen Auftrag und Ausführung unterscheidet. Das kann nur ein Rettungsversuch sein.
88 BENZINGER, Könige, 190.
89 ŠANDA, Könige II, 329.
90 Von V. 4 herkommend, ist in V. 5a der Singular zu erwarten. Das Q°rē, von LXX gestützt, gleicht an V. b und V. 9 an.
91 BENZINGER, Könige, 190.
92 STADE ebd. findet zu Recht, „dass die י״י בית המפקדים המלאכה עשי diese Handwerker selbst sind, soweit sie mit der Tempelreparatur beauftragt waren."
93 KITTEL, Könige, 298, will das K°tib von 12,12 auch in 22,5 einsetzen, „weil hiedurch allein der Unterschied zwischen Werkmeistern und Arbeitern genügend hervorgehoben wird."
94 BENZINGER, Könige, 160. Stade und Benzinger gehen allerdings davon aus, daß das Mißverständnis in Kap. 12 entstanden sei. Es läßt sich leicht zeigen, daß es dort schon vorausgesetzt ist.

den fehlen neben den Aufsicht führenden die zu beaufsichtigenden, ausführenden Handwerker. Sie werden durch V. 5bα ergänzt. Das geschieht sehr einfach. V. 5a wird ohne das Stichwort הַמְּפֻקָּדִים wiederholt. Die jetzt genannten עֹשֵׂי הַמְּלָאכָה sind die wirklichen עֹשִׂים, wie 2 Chr 34,10 hinzufügt.[95] Eine Ebene tiefer wird zugleich die Wendung נתן עַל־יַד gegen נתן לְ- ausgetauscht. „Durch diesen Wechsel der Konstruktion will angedeutet sein, dass נתן לְ- hier nicht ‚geben' bedeutet, sondern ‚verwenden auf'. Die Geschäftsführer verwendeten das Geld auf Arbeiter, das heisst, auf ihre Löhne, und auf den Ankauf von Baumaterial für sie."[96] Ob der zugefügte V. 5bα zur selben Schicht gehört wie V. 4b, ist nicht zu entscheiden. Die Frage ist aber nicht wesentlich.[97]

Der Ergänzer von V. 5bα läßt es bei der Wiederholung nicht bewenden. Aus seiner Feder stammt auch V. 6. Hier legt er dar, um wen es sich bei den ausführenden Handwerkern handelt: um Zimmerleute (חָרָשִׁים), Bauleute (בֹּנִים) und Maurer (גֹּדְרִים). Ferner dient das ausgegebene Geld den Aufsicht führenden Handwerkern, um Bauholz und behauene Steine zu erwerben. Der asyndetische Einsatz לֶחָרָשִׁים ist über V. 5bβ hinweg Fortführung des Zusatzes V. 5b (לְעֹשֵׂי וגו). Der unvermittelte Übergang in die Infinitivkonstruktion וְלִקְנוֹת V. 6bα dagegen will den Grundtext V. 5bβ weiterführen (לְחַזֵּק וגו). „V. 6bβ nimmt V. 5bβ fast wörtlich wieder auf, woran die sekundäre Auffüllung gut zu erkennen ist."[98]

Mit der einschränkenden Partikel אַךְ schließt in V. 7 ein letzter Zusatz an.[99] Er betrifft den Abrechnungsmodus und greift damit ein Problem auf, das durch die Unterscheidung von Aufsicht führenden und ausführenden Handwerkern erst entstanden ist. Die einzige Aufgabe der Aufsicht führenden Handwerker, die der Text erkennen läßt, war die Finanzierung der Bauarbeiten. Damit mußten sie gegenüber dem Hohenpriester zur Rechenschaft über die Verwendung der Tempelgelder verpflichtet sein. Mit dieser Überlegung tritt der um die Belange des Tempels besorgte Ergänzer an den Text heran und stellt fest, daß über die Abrechnung nichts gesagt ist. Daraus schließt er messerscharf, daß gar nicht abgerechnet wurde, sondern die Aufsicht führenden Handwerker auf Treu und Glauben (בֶּאֱמוּנָה) handelten. Die Bemühungen, diesen Midrasch historisch zu verstehen, geben eine schöne Blütenlese.[100] Es ist deutlich, daß V. 7 auf einer

---

95 Vgl. die von STADE ebd. verdächtigte Näherbestimmung הָעֹשִׂים בֵּית יהוה in 12,12bβ.
96 EHRLICH, Randglossen 7, 317.
97 Der Zusatz 22,5bα und mit ihm die Zusätze V. 6 und V. 7 dürften erst nach dem Einbau des Instandsetzungsberichts 22,3-7*.9 in das Deuteronomistische Geschichtswerk eingefügt worden sein. Denn aus der Fortsetzung, die bei dieser Gelegenheit entfallen ist, muß hervorgegangen sein, wer die עֹשֵׂי הַמְּלָאכָה הַמְּפֻקָּדִים waren.
98 SPIECKERMANN, Juda unter Assur, 49.
99 אַךְ zur Einleitung von Zusätzen auch in Gen 9,4.5; Dtn 18,20; Jos 3,4; Ri 7,19; 2 Kön 23,9; 24,3.
100 Nach EWALD, Geschichte III,1 (s. Anm. 10) 289, „konnte man den Oberbaumeistern denen das Geld anvertraut wurde als ausgewählten Beamten vollkommen trauen: und offenbar war es eine Folge dieser neuen Einrichtung dass der Tempelbau seitdem so ausserordentliche Fortschritte machte." Für KLOSTERMANN, Samuelis und Könige, 435, scheint es „ein alter Grundsatz gewesen zu sein, das Markten u. Feilschen des Eigennutzes zwischen Bauherren u. Bauführern im gemeinen Leben vom Heiligtum auszuschließen." ŠANDA, Könige II, 144, will wissen: „Mit den Bauunternehmern rechnete man deshalb nicht ab, weil sie die Arbeit en bloc übernommen und sich zur tadellosen Ausführung verpflichtet hatten. Einen eventuellen Pro-

späteren Stufe steht als die Zusätze V. 5bα.6. Der literarische Neueinsatz wird auch durch die V. 6 abschließende Wiederaufnahme angezeigt.

IX

Für den Bericht über die Instandsetzung des Tempels unter Josia verbleibt als ursprünglicher Text:

> Im achtzehnten Jahr des Königs Josia sandte der König den Kanzler Schafan ben Azalja ben Meschullam in das Haus Jahwes mit dem Auftrag: „Geh hinauf zu dem Hohenpriester Hilkia. Er soll das Geld, das in das Haus Jahwes gebracht worden ist, fertigmachen und den Handwerkern aushändigen, die mit den Arbeiten am Hause Jahwes betraut sind, damit sie, was am Gebäude baufällig ist, instand setzen." Und der Kanzler Schafan kam zum König und erstattete dem König Bericht und sprach: „Deine Knechte haben das Geld, das sich im Hause Jahwes fand, eingeschmolzen und den Handwerkern, die mit den Arbeiten am Hause Jahwes betraut sind, übergeben." (2 Kön 22,3-4a.5a.bβ.9).

Durch die Literarkritik hat die Darstellung an innerer Folgerichtigkeit gewonnen. Die weitschweifigen, im Munde des Königs unpassenden Einzelheiten sind entfallen.[101] Daß Befehl und Vollzugsmeldung unmittelbar aufeinander folgen, ist Stilmittel einer straffen, elliptischen Erzählweise, die es vorzieht, den Bericht in die wörtliche Rede der handelnden Personen zu kleiden. Auch die leichten Abweichungen zwischen Befehl und Ausführung sind gewollt: Die Meldung des Kanzlers wird wirklichkeitsgetreu wiedergegeben, dabei ist הַמּוּבָא durch הַנִּמְצָא und בֵּית durch בַּבַּיִת ersetzt. Wiederholungen sind auf das Notwendige beschränkt. „Die minutiöse Darstellung der Ausführung eines langen Befehls widerspräche allen Gesetzen eines guten Erzählstils."[102]

Die erwähnten Einzelheiten sind ohne Schwierigkeit zu verstehen. Der Tempel verfügte, wohl aus seinen Dienstleistungen, über finanzielle Einnahmen. Der König, der durch seinen Kanzler agiert, hatte darüber die Finanzhoheit. Das Geld wurde im Tempel zu Silberbarren eingeschmolzen (נתך hi.), bevor es erneut im Umlauf gesetzt wurde.[103] Auf Befehl des Königs übergab man es den Handwerkern der Tempelbauhütte, wohl zum Einkauf von Material. Das seltene בֶּדֶק „Schadstelle, Riß, Leck" ist durch akkadisches *batqu* etymologisch gesichert.[104]

---

fit gestand man ihnen zu." Vgl. auch den Verstehensversuch von SPIECKERMANN, Juda unter Assur, 50.

101 STADE/SCHWALLY, Kings, 291: „It is impossible to conceive what could have induced the king to give his orders in so prolix a manner." ŠANDA, Könige II, 329: „Besonders v. 7b würde im Munde des Königs recht paradox klingen."
102 SPIECKERMANN, Juda unter Assur, 52 Anm. 51.
103 Den Sachverhalt hat O. EIßFELDT, Eine Einschmelzstelle am Tempel zu Jerusalem (1937; in: DERS., Kleine Schriften II, 1963, 107-109), im Anschluß an CH.C. TORREY, The Foundry of the Second Temple at Jerusalem (JBL 55, 1936, 247-60), verstehen gelehrt.
104 Vgl. AHw 115. Neben 2 Kön 22,5 mit den Sekundärparallelen 12,6(2).7.8(2).9.13 nur noch Ez 27,9.27, dort mit חזק hi. LXX läßt das Wort in 2 Kön stets unübersetzt. In der Chronik ist es möglicherweise bewußt ausgelassen worden (so WILLI, Die Chronik als Auslegung [s. Anm. 8] 116). 2 Chr 34,10 ändert ins Verb.

Die Texteinheit setzt selbständig ein mit Datierung und ausführlicher Vorstellung der handelnden Personen. Die notwendige Fortsetzung ist beim nachträglichen Einbau in den Zusammenhang von 2 Kön 22-23 entfallen.[105] Über die Herkunft des Stücks lassen sich nur Vermutungen anstellen. An erster Stelle ist an einen Auszug aus den „Tagebüchern der Könige von Juda" zu denken. Er wäre freilich nicht wie sonst vom Verfasser des deuteronomistischen Geschichtswerks (DtrH) übernommen worden, da das Fragment ein – wenn auch früher – Nachtrag ist. Deshalb kommen für die Herkunft auch andere Quellen in Betracht. Manches nachgetragene Stück des Geschichtswerks ist ja ebenfalls quellenhaft, und selbst in später Zeit dürften weder die (wohl längst verlorenen) „Tagebücher", noch das deuteronomistische Geschichtswerk die einzigen Quellen für die vorexilische Geschichte gewesen sein.[106] Gegen ein hohes Alter von 2 Kön 22,3-4a.5a.bß.9 spricht allerdings die Selbstverständlichkeit, mit der der Hohepriestertitel gebraucht wird. Er darf auf keinen Fall literarkritisch ausgeschieden werden.[107] Doch ist nicht zu übersehen, daß die Stellung des Hohenpriesters in 2 Kön 22,4 noch nicht seinem späteren Rang entspricht.[108] Er tritt als Befehlsempfänger des Königs auf. Das war in nachexilischer Zeit undenkbar.

X

Wenn wir uns nunmehr der Parallele 2 Kön 12 zuwenden, kann an der einfachen und vollständigen Abhängigkeit des Grundtextes der Tempelerzählung von dem Bericht über die Instandsetzung des Tempels unter Josia kein Zweifel sein. Auf der Stelle lassen sich vier Beweisgründe nennen, deren jeder das Gefälle von 2 Kön 22 nach 2 Kön 12 in hohem Grade wahrscheinlich macht. Zusammen sind sie zwingend.

(1) 2 Kön 22,3-7.9 ist in seinem Grundbestand ein vorgegebenes Quellenfragment, das nachträglich in den Rahmen der Kapitel 22-23 Aufnahme gefunden hat. 2 Kön 12,5-17* dagegen hat sich als eine Ergänzung erwiesen, die von Anfang an auf den heutigen Textzusammenhang angelegt ist. Die Erzählung hat keine selbständige Exposition. Ohne die Gesetzesunterweisung des Priesters Jojada V. 3b und ohne den Bericht über den Feldzug der Aramäer V. 18-19 fehlte ihr der An-

---

105 Dazu LEVIN, Josia im Deuteronomistischen Geschichtswerk, unten 208.
106 Auch einiges vorredaktionelle Sondergut der Chronik könnte solchen außerkanonischen Quellen entstammen, vgl. P. WELTEN, Geschichte und Geschichtsdarstellung in den Chronikbüchern (WMANT 42) 1973, 191-194.
107 In 2 Kön 22,4.8; 23,4 wird הַגָּדוֹל üblicherweise gestrichen. In 2 Kön 12,11 streicht man den Ausdruck וְהַכֹּהֵן הַגָּדוֹל insgesamt. Diese Konjekturen entbehren jeder Grundlage. Die Textgeschichte bestätigt vielmehr den vorliegenden Text. Vor allem beweist 12,11 als Sekundärparallele zu 22,4, daß die heutige Lesart von Anfang an vorhanden war. Vgl. auch HOFFMANN, Reform und Reformen (s. Anm. 48), 121-123.
108 2 Kön 22,4 ist für den Titel des Hohenpriesters (הַכֹּהֵן הַגָּדוֹל oder הַכֹּהֵן הָרֹאשׁ) innerhalb der alttestamentlichen Darstellung der vorexilischen Geschichte der einzige nicht ableitbare Beleg. Die übrigen sind von hier abhängig: 2 Kön 22,4 → 23,4 → 25,18 → Jer 52,24; 2 Kön 22,4 → 12,11; 2 Kön 22,4 → 22,8.

laß. Unter diesen Umständen kann Kap. 12 nicht unmittelbar Kap. 22, sondern allenfalls jener Quelle als Vorlage gedient haben, die in Kap. 22 bruchstückweise zu Wort kommt. Dabei müßte der Zufall gewollt haben, daß das Fragment genau jenen Textbestand umfaßt, der Kap. 12 parallel ist, und – von 22,9 abgesehen – keine Zeile mehr. Die Annahme ist viel zu kompliziert, um wahrscheinlich zu sein. Wahrscheinlich ist vielmehr, daß der Ergänzer von Kap. 12 das Quellenfragment nachgeahmt hat, das bereits in Kap. 22 eingefügt war.

(2) 2 Kön 22,3-7.9 ist kein einheitlicher Text, sondern besteht aus der Grundlage V. 3-4a.5a.bβ.9 und den Ergänzungen V. 4b.5bα+6.7. Dagegen ist 2 Kön 12,5-17* in dem herausgeschälten Grundbestand einheitlich, wie sich im Einzelvergleich bestätigen wird. Die Parallelität betrifft beide Texte als ganze. Es hat sich gezeigt, daß die Schichtung von 22,3-7.9 aus sich heraus und ohne Seitenblick auf die Parallele erklärt werden kann. Die literarische Entwicklung muß deshalb abgeschlossen gewesen sein, bevor die Verbindung zu der Parallele eingetreten ist. 12,5-17* setzt 22,3-7*.9 einschließlich der Ergänzungen voraus.

(3) 2 Kön 22 ist in den Versen 4-7, die zu 2 Kön 12 unmittelbar parallel sind, Befehl. 2 Kön 12 ist Bericht. Die Umsetzung des Befehls in Bericht, also das Gefälle von Kap. 22 nach Kap. 12, ist der natürliche Weg. Die Rückwandlung des Berichts in den zugehörenden Befehl, die man bei umgekehrter Abhängigkeit annehmen muß, ist dagegen künstlich und kann nicht ohne besonderen Anlaß geschehen sein. Mehr noch: Die Umsetzung des Befehls 22,4-7 in den Bericht 12,10-16 läßt sich nachweisen. Sie ist nämlich nicht vollständig gelungen und hat in der Syntax ihre Spuren hinterlassen. Man pflegt die auffallenden Perfecta copulativa וְנָתְנוּ (V. 10bβ.12) und וְחִזְּקוּ (V. 15b) sowie die ab V. 13b unversehens auftretenden Imperfekte als Iterative zu deuten[109] und als Grund zu nennen, daß der Bericht eine dauernde Einrichtung zur Finanzierung und Durchführung der Tempelreparaturen beschreibe. Diese Lösung läßt sich aus zwei Gründen nicht übernehmen. Einmal handelt 12,5-17* keineswegs von einer Dauereinrichtung. Wie wir gesehen haben, will die Erzählung einerseits den Gehorsam des Joas (V. 3b) vor Augen führen und anderseits dem Verlust des Tempelvermögens an die Aramäer (V. 18-19) vorbeugen. Damit schildert sie eine einmalige Begebenheit. Der andere Grund ist die „Inkonsequenz des Schreibers, daß er nicht durchwegs in v. 11.12 das Frequentativ gebraucht."[110] Perf. cop. und Impf. cons. stehen in V. 10-12 nebeneinander, und zwar in derselben Funktion: als Erzähltempus.[111] Das kann nur mit Stade als „Beschädigung" gedeutet werden.[112] Stade hat auch den Weg zur Lösung gewiesen: „Ein Blick auf 2 Kö. 22,5a lehrt, dass 2 Kö. 12,12a aus diesem Verse stammt. 22,5a findet sich der 12,12a zu lesende Satz Wort für Wort wieder, nur dass es statt וְנָתְנוּ heisst וַיִּתְּנֻהוּ." Die Beschädigung ist durch die Um-

---

109 GesK § 107e, 112e.g.
110 ŠANDA, Könige II, 143.
111 LXX übersetzt alle Perfecta copulativa als Präteritum. Sie bietet in V. 10-12 einen unauffälligen Erzähltext. In V. 13b vokalisiert sie יָצָא als Perfekt, V. 14-15a gibt sie im Futur, mit וְחִזְּקוּ V. 15b schwenkt sie zurück ins Präteritum. Die Deutung der Tempora als Iterative findet hier keine Stütze.
112 Anmerkungen zu 2 Kö. 10-14, 194-196.

setzung des Jussivs ins Erzähltempus zustande gekommen. Mit der Ausscheidung von V. 12a, die Stade vorschlägt, ist es indessen nicht getan, in V. 10 nicht und zumal in V. 13-16 nicht, wo der Bericht geradezu in Befehl umschlägt.[113] Das richtige Gespür hat vielmehr Klostermann bewiesen: Da die Perfecta copulativa und die Imperfekte „in v. 14-17 den Charakter des Gebotes annehmen, so darf man sicher schließen, daß bei dieser Erz. ein schriftl. vorliegendes Gesetz oder Verordnung verwandt worden ist."[114] Diese Vorlage liegt auch uns noch vor. Es ist 2 Kön 22,3-7.9.

(4) Auch in der Literargeschichte gilt die Wahrscheinlichkeitsregel „Lectio brevior potior"; denn die Überlieferung der alttestamentlichen Schriften war, wie wir in jeder Perikope beobachten können, von der Tendenz zur auslegenden Fortschreibung nachgerade bestimmt. Die Tempelerzählung 2 Kön 12,5-17 ist in den parallelen Versen deutlich länger als 2 Kön 22,3-7.9. „Es ist mit einem Blick zu sehen, daß jeder Vers des ‚Bauberichts' im Josiakapitel (22,4-7) eine Parallele in dem des Joaskapitels hat, dieser aber umfangreicher als jener ist."[115] Dagegen bestehen in Kap. 22 gegenüber Kap. 12 große Lücken. Die Auslassungen, die man bei Sekundarität von Kap. 22 unterstellen muß, sind nur mit Mühe begreiflich zu machen.[116] Bei Sekundarität von Kap. 12 entsprechen die Erweiterungen dem üblichen Bild. Sie lassen sich, wie zu zeigen sein wird, in jedem einzelnen Fall begründen.

XI

Das Ergebnis bewährt sich im synoptischen Vergleich und läßt die Aussage verstehen, die die priesterliche Bearbeitung von 2 Kön 11-12 mit der Erzählung von der Instandsetzung des Tempels unter Joas im einzelnen verbunden hat.[117]

Im vorangehenden Kapitel 11 hat die Bearbeitung einen wahrscheinlich aus den Tagebüchern der Könige von Juda stammenden Bericht dahin ergänzt, daß die Sukzession der davidischen Dynastie durch tatkräftiges Eingreifen der Priester des Jerusalemer Tempels wiederhergestellt wurde. Die Symbiose von König und Priesterschaft, die dabei vorausgesetzt ist, erinnert am ehesten an das Bild, das die Chronik von den Davididen gezeichnet hat. Auch dort steht der König unter dem Gesetz. Seine vornehmste Aufgabe aber ist, Schirmherr und Förderer des Tempels zu sein. Es ist deshalb folgerichtig, daß die priesterliche Bearbeitung den auf den Thron gelangten jungen König, der durch den Priester Jojada im Gesetz unterwiesen wird (12,3b), sich alsbald der Wiederherstellung des Tempels zuwenden läßt. Wie in 2 Chr 24,7 ist dabei vorausgesetzt, daß unter der Herrschaft der Atalja

---

113 Über V. 13b mag man streiten, da hier (mit LXX) auch Perfekt gelesen werden kann. Die Entsprechung zu V. 6bβ spricht jedoch für Imperfekt.
114 KLOSTERMANN, Samuelis und Könige, 434.
115 SPIECKERMANN, Juda unter Assur, 179.
116 Vgl. DIETRICH, VT 1977, 20f.; HOFFMANN, Reform und Reformen, 112-117.
117 Vgl. auch LEVIN, Atalja, 54-56.

der Tempel zugunsten des Baal (vgl. 2 Kön 11,18) vernachlässigt worden ist. Mit den Baumaßnahmen wollte die Bearbeitung zugleich dem Verlust des Tempelvermögens an die Aramäer, von dem der Quellenauszug V. 18-19 berichtet, nachträglich vorbeugen. Alles im Tempel vorhandene Geld sollte aufgebraucht werden, bevor es in unrechte Hände fiel.

Wie die Instandsetzung des Tempels unter den Königen von Juda vor sich ging, entnahm der Bearbeiter dem in 2 Kön 22,3-7.9 überlieferten Bericht über die Instandsetzung des Tempels unter Josia, den er in einer Midraschexegese auf Joas übertrug. Auch unter Josia war es in der Hauptsache um die Finanzierung gegangen. Der Gegenstand der Joas-Erzählung, „alles Geld der Weihgaben, das in das Haus Jahwes gebracht wird" (כֹּל כֶּסֶף הַקֳּדָשִׁים אֲשֶׁר־יוּבָא בֵית־יהוה, V. 5), verbindet „alle Weihgaben, die..." (כָּל־הַקֳּדָשִׁים אֲשֶׁר) aus 12,19 mit dem „Geld, das in das Haus Jahwes gebracht worden ist" (הַכֶּסֶף הַמּוּבָא בֵית יהוה) aus 22,4. Alles Weitere ist damit vorgegeben.

Unter den „Weihgaben" (קֳדָשִׁים) versteht die priesterliche Bearbeitung nicht mehr, wie noch der Ergänzer von 12,19*, die königlichen Stiftungen an den Tempel,[118] sondern wie die Priesterschrift die Opfereinnahmen der Priester.[119] Das ist in 12,6a zweifelsfrei ausgeführt: Es geht um das Geld, daß die Priester für sich erhalten, „ein jeder von seinem מַכָּר". In der älteren Exegese wurde das Hapaxlegomenon in Anlehnung an das Targum von נכר abgeleitet und als „Bekannter" übersetzt. Aber „die gewöhnliche Übersetzung jeder soll es von seinem Bekannten nehmen, befriedigt sehr wenig".[120] Näher liegt die Ableitung von מכר „verkaufen". So LXX, die mit dem Abstraktum πρᾶσις „Verkauf" (hebr. מֶכֶר) übersetzt, also מִכְרוֹ statt מַכָּרוֹ liest. Indessen muß die Präposition מֵאֵת sich auf Personen beziehen; und zwar, nach der Parallele מֵאֵת הָעָם in 22,4 zu schließen, auf das an den Tempel zahlende Volk. Deshalb wird das Derivat, das die Masoreten als Nomen opificis vokalisiert haben,[121] wörtlich als „Kaufmann" zu verstehen sein. Bedenkt man den Ursprung des Kaufens im Tauschhandel und berücksichtigt ferner, daß die Priester in der Regel in Naturalien entlohnt wurden, ergibt sich für מַכָּרוֹ an dieser Stelle die Bedeutung „sein Lieferant auf Gegenleistung", d.h. „sein zahlender Kunde, sein Klient".[122]

---

118 Vgl. oben S. 172f.
119 Vgl. oben S. 179f.
120 BENZINGER, Könige, 160.
121 GesK § 84b b.e.
122 Zeitweilig hat sich anhand des Ugaritischen eine offenkundige Fehldeutung verbreitet. Sie ist leider von L. KÖHLER /W. BAUMGARTNER, Hebräisches und Aramäisches Lexikon zum Alten Testament II, Leiden ³1974, 551, ausführlich berücksichtigt worden. CH. VIROLLEAUD veröffentlichte in Syr. 18, 1937, 163-166 die beiden kurzen Listen KTU 4.36 (CTA 76) und 4.38 (CTA 75), in denen untereinander vier bzw. sechs Berufsgruppen aufgeführt sind, denen jeweils ein abgezählter Tarif zugeordnet ist. Neben *khnm* „Priestern", *qdšm* „Geweihten, Kultdienern" und anderen sind auch *mkrm* „Kaufleute" genannt. Virolleaud deutete die Listen als „sorte de tarif sacerdotal": „Il semble bien que toutes ces désignations concernent les prêtres et le temple", und bestimmte die aufgelisteten Berufsgruppen als „classes de prêtres". Die so entdeckten „Priester-Kaufleute" boten MONTGOMERY, Kings, 429.432, die Handhabe, das *mkrw* von 2 Kön 12,6, das ebenfalls neben *hkhnym* auftritt, auf folgende Weise zu verstehen: „It may indicate in this connexion a class of temple-tellers; *cf.* the ‚money-changers' in the Jerusalem temple, Mt. 21,12, etc." Dem stimmte W.F. ALBRIGHT in seiner Rezension des

Die Einnahmen der Priester stehen, anders als die Tempeleinkünfte in 22,4, nicht ohne weiteres für Baumaßnahmen zur Verfügung. Bevor deshalb in V. 11 der aus 22,3-7.9 vorgegebene Ablauf einsetzen kann, wendet der König sich an die Priester, um durch sie das Weitere zu veranlassen (V. 5*-6). Fortan sind die Priester die Träger der Handlung; der König aber tritt ganz in den Hintergrund. Bezeichnenderweise läßt die Bearbeitung ihn den Befehl im Imperfekt vorbringen.[123] Es ist, als scheue sie sich, den König den Priestern unmittelbare Weisung erteilen zu lassen. Ein Rechenschaftsbericht wie in 22,9 ist in Kap. 12 nicht zu erwarten. Der Inhalt des Befehls: Die Priester sollen von ihren Einnahmen die Schäden des Tempelgebäudes ausbessern. Dieselbe Wendung, die in V. 13aγ.15b die Aufgabe der Handwerker beschreibt, ist in V. 6bα für die Veranlassung und Finanzierung der Baumaßnahmen gebraucht – ein Widerspruch, der später in der Ergänzung V. 7-9 zu lösen versucht worden ist.[124] Abschließend und etwas nachhinkend ist betont, daß alles, was sich irgend an Baufälligem findet (לְכֹל אֲשֶׁר־יִמָּצֵא שָׁם בָּדֶק, V. 6bβ), instand gesetzt werden soll. Damit will der Bearbeiter dem Tribut an die Aramäer zuvorkommen. Hernach werden keine Mittel für den Bau mehr vorhanden sein.

Um die Einnahmen der Priester für das aus 22,4-5 vorgegebene Verfahren zusammenzutragen, ersinnt die Bearbeitung eine besondere Vorkehrung: Sie läßt den Priester Jojada, der als Mentor des Königs und Haupt der Priester fungiert, neben den Brandopferaltar eine Lade aufstellen, in deren Deckel er ein Loch bohrt (V. 10).[125] Die Exegeten sind geneigt, das auffallende Requisit für eine Hauptsache zu nehmen.[126] Aber im folgenden geht es nicht um das in der Lade gesammelte, sondern um das in den Tempel gebrachte (V. 10bγ) oder im Tempel gefundene Geld (V. 11bβ).[127] Die Geldlade ist nur ein Hilfsmittel. Die Priester

---

Kommentars (JBL 71, 1952, 251) ausdrücklich zu. In der Zwischenzeit aber hatte diese Deutung die Grundlage verloren: VIROLLEAUD hatte in Syr. 21, 1940, 135-137 den dritten Beleg für *mkrm* (KTU 4.68 [CTA 71] :75) veröffentlicht. Diesmal war die Liste als Steuertarif gekennzeichnet, der feststellt, wieviele Bogenschützen einzelne Städte oder Berufsgruppen auszustatten (oder ausgestattet) haben. Dabei sind neben vielen anderen die Gruppen der *khnm* und der *qdšm* sowie der *nsk ksp* (Silbergießer) und der *mkrm* paarweise für den Unterhalt je eines Bogenschützen zusammengefaßt. Die Deutung der Listen als „sorte de tarif sacerdotal" hatte sich als vorschnell erwiesen, die Zuordnung der *mkrm* zu den *khnm* bestätigte sich nicht. Bei den Grabungen nach dem Kriege fanden sich weitere Listen, auf denen die *mkrm* auch ganz ohne *khnm* und *qdšm* (die ein stehendes Paar bilden) genannt sind: KTU 4.126:9; 4.137:5; 4.173:3; 4.179:8; 4.207:6; 4.214 IV 2.

123 KLOSTERMANN, Samuelis und Könige, 433, will den Text ändern: „Da v.5 die Priester angeredet sind, so darf קְהוּ לָכֶם וְאַתֶּם ... als urspr. Wortlaut angesehen werden".
124 Vgl. oben S. 177.
125 Zu אֶחָד als Betonung der Nicht-Determination vgl. GesK § 125b. Die Form אֲרוֹן ist ein Status absolutus. Wenn die Masoreten mit Vorschlag- statt, wie die Regel es verlangt, mit Vortonsilbe vokalisieren, dürfte das nicht korrekturbedürftig, sondern die überlieferte Vokalisation des Nomens sein (gegen GesK § 35 o). Der indeterminierte Status absolutus findet sich nur hier und in der Parallele 2 Chr 24,8.
126 WÜRTHWEIN, Könige II, 356: „Die Frage, die die Darstellung V.5-13 leitet, ist die: Woher stammt die zentrale Einrichtung des Opferstockes am Tempel ...?"
127 KLOSTERMANN, Samuelis und Könige, 434, ändert deshalb in V. 11 den Text: „Besser בַּיְתָה ,drinnen', näml. in der Lade; im H ist ה als Abkürzung für ,Jahve' angesehen u. so eine übl. Formel hergestellt worden."

legen dort ihre sämtlichen Einnahmen ein. Nach 22,4 sind es die Schwellenhüter (שֹׁמְרֵי הַסַּף), die damit in 12,10 unversehens zu Priestern befördert werden. Am Ende des Verses hat dank der Lade das Geld jene Form gewonnen, die in 22,4 vorausgesetzt ist: Es ist הַכֶּסֶף הַמּוּבָא בֵית יהוה.

Darauf kann in V. 11 der nächste Akt folgen, wie oft durch וַיְהִי und -כְּ mit Infinitiv zugleich abgesetzt und angeschlossen.[128] Als die Priester sehen, daß eine Menge Geld in der Lade gesammelt ist, wechseln unversehens die Träger der Handlung. Der Kanzler des Königs kommt ins Spiel. Sein plötzlicher Auftritt steht in eigentümlichem Gegensatz zu der Ausführlichkeit, mit der in 22,3 der Kanzler Schafan ben Azalja ben Meschullam eingeführt wird. Würde Kap. 12 seinen eigenen Voraussetzungen folgen, bedürfte es des Kanzlers neben den Priestern nicht. Er steigt hinauf, getreu dem Befehl des Josia. In 22,3 ist berichtet, daß der Aufstieg den Tempel zum Ziel hat; das ist in Kap. 12 vorausgesetzt. Im Tempel trifft wie in Kap. 22 der Kanzler mit dem Hohenpriester zusammen. Auch dieser bleibt ohne Namen. Er ist kein anderer als der Priester Jojada, der mit Rücksicht auf 22,4 den Titel des Hilkia trägt. Die ungeschickte Syntax ließ sich nicht vermeiden; denn der Hohepriester konnte nicht ebenfalls in den Tempel hinaufsteigen. Häufig wird וְהַכֹּהֵן הַגָּדוֹל gestrichen.[129] Doch für den Plural der Verben läßt der Hohepriester sich nicht entbehren.

Im folgenden hat auch der Ausführungsbericht 22,9 eingewirkt, wie aus der Wendung אֶת־הַכֶּסֶף הַנִּמְצָא בֵית־יהוה zu entnehmen ist. Das Zubereiten des Geldes, in 22,4 mit תמם hi., in 22,9 mit נתך hi. bezeichnet, wird in 12,11 mit צור wiedergegeben. „*waj-jāṣūrû* (von *ṣûr*), das ... jetzt, weil falsch verstanden, häufig geändert wird, kann nichts anderes bedeuten als ‚und sie schmolzen es ein' oder ‚gossen es um', also dasselbe wie *jāṣar* in Sach 11,13, von dem es nur eine Nebenform darstellt".[130] Das zugehörende, in Kap. 22 nicht eigens erwähnte Zählen (מנה) fügt der Bearbeiter hinzu.

In V. 12 beruht das einleitende Perf. cop. וְנָתְנוּ, wie Stade gesehen hat, auf der Änderung des Jussivs וְיִתְּנָה aus 22,5 ins Erzähltempus.[131] Das Suffix der schwierigen Verbform ist durch das ausgeführte Objekt אֶת־הַכֶּסֶף הַמְתֻכָּן „das fertig abgezählte Geld" ersetzt, das auf V. 11 zurückweist. Damit hat der Bearbeiter die Crux von 22,5 auf elegante Weise vermieden.[132] Kanzler und Hoherpriester übergeben wie in der Parallele das Geld den Aufsicht führenden Handwerkern, die nun im Kᵉtîb eindeutig als Aufseher bezeichnet sind (lies הַפְּקֻדִים). Das Mißverständnis, das in 22,5a/bα zu der Unterscheidung von ausführenden und Aufsicht führenden Handwerkern geführt hat, ist vorausgesetzt und in den Text integriert. „Die in 22,5 unschöne Wiederholung des Verbs נתן"[133] wird durch יצא hi. vermieden,

---

128 GesK §§ 111f.g; 114e. Die Wendung ist, wie auch sonst, nicht als Iterativ aufzufassen!
129 STADE, Anmerkungen zu 2 Kö. 10-14, 193f.; BENZINGER, Könige, 160; KITTEL, Könige, 255; STADE/SCHWALLY, Kings, 239; GRESSMANN, Geschichtsschreibung, 317; EIßFELDT, Könige, 561; DIETRICH, VT 1977, 19 Anm. 28; SPIECKERMANN, Juda unter Assur, 180 Anm. 49.
130 EIßFELDT, Eine Einschmelzstelle (s. Anm. 103), 109.
131 Anmerkungen zu 2 Kö. 10-14, 196.
132 Vgl. SPIECKERMANN 181.
133 SPIECKERMANN ebd.

das zugleich die Aufgabe der Aufseher genauer beschreibt. Statt der ungelenken Verdoppelung עֹשֵׂי הַמְּלָאכָה // עֹשֵׂי הַמְּלָאכָה הַפְּקֻדִים nennt der Bearbeiter sogleich die einzelnen Gruppen der ausführenden Handwerker, wie sie in 22,6 nachgetragen sind. Nur die überflüssige und in der Aufzählung störende Näherbestimmung הָעֹשִׂים בֵּית יהוה, von Stade als „unmöglich" gestrichen, verrät noch die Fuge. Daß der Bearbeiter den Halbvers 22,5b, der auf solche Weise übersprungen ist, gleichwohl gelesen hat, bekundet er in V. 15a.

Die Liste der Handwerker in V. 12b-13 ist gegenüber der Vorlage auf bemerkenswerte Weise erweitert. Da in 22,6bα der Einkauf von Hölzern und behauenen Steinen vorgesehen ist, kennzeichnet der Bearbeiter die Zimmerleute (חָרָשִׁים) als Holz-Zimmerleute (חָרָשֵׁי הָעֵץ) und fügt für die behauenen Steine (אַבְנֵי מַחְצֵב) die Steinhauer (חֹצְבֵי הָאֶבֶן) hinzu. Dahinter steht wohl die Auffassung, daß das Material zum Bau des Heiligtums, wenn es schon nicht unbehauen bleiben sollte (vgl. Ex 20,25; 1 Kön 6,7), nur von eigens befugten Tempelbauleuten zugerichtet werden durfte. Indessen haben die Steinhauer keine Aufgabe. Der Bearbeiter „schafft damit eine Gruppe von Arbeitslosen, denn die Vorlage, die den Ankauf bereits behauener Steine berichtet, wird von ihm im folgenden anstandslos übernommen."[134] Der Finalsatz לְחַזֵּק אֶת־הַבָּיִת 22,6bβ, dort Wiederaufnahme von לְחַזֵּק בֶּדֶק הַבָּיִת 22,5bβ, fällt in 12,13aγ mit dieser zu לְחַזֵּק אֶת־בֶּדֶק בֵּית־יהוה in eins zusammen. Im Ablauf von Kap. 12 wird damit der Befehl des Königs V. 6b als Aufgabe für die Handwerker wiederholt. Unwillkürlich fällt der Bearbeiter aus dem Bericht in die Befehlsform der Vorlage zurück, die er von jetzt an bis zum Ende beibehält.

Über den Wortlaut der Vorlage hinaus und eher plump an ihn angeschlossen, unterstreicht V. 13b, daß das den Bauaufsehern übergebene Geld für jegliche Ausgabe, die die Ausbesserung des Tempelgebäudes erfordere, aufgewandt werden solle. Was dieser Zusatz besagen will, erschließt sich, wenn man ihn als Gegenstück zu V. 14 begreift. Wie in 22,7 mit אַךְ לֹא angefügt, enthält nämlich der Befehl des Königs eine Einschränkung: das Verbot, das in den Tempel überbrachte Geld für kultische Geräte aus Gold oder Silber zu verwenden. Wir haben oben gesehen, daß dieses Verbot mit dem Eingriff in den Tempelschatz, von dem V. 19 berichtet, begründet ist. Es soll dem Verlust des Tempelvermögens vorbeugen. Die Einzelheiten hat der Bearbeiter aus einer weiteren Vorlage entnommen: dem Tempelbaubericht 1 Kön 6-7, an dessen Ende die goldenen Tempelgeräte aufgeführt sind, die Salomo hatte machen lassen (7,48-50). Der Rückbezug geht aus der Aufzählung וְהַסִּפּוֹת וְהַמְזַמְּרוֹת וְהַמִּזְרָקוֹת „Schalen, Messer, Becken" (V. 50) hervor. Diese Gerätschaften sind in den Königebüchern nur noch einmal in dem Bericht von der Ausplünderung des Tempels 2 Kön 25,14-15 erwähnt, auch dort als Nachtrag aus 1 Kön 7,50. Derselbe Rückbezug erklärt auch die umständliche Ausdrucksweise יֵעָשֶׂה בֵּית יהוה zu Anfang von V. 14:[135] Sie spielt

---

134 SPIECKERMANN 182. Den Sinn des ergänzten Textes hat ŠANDA, Könige II, 143f., erfaßt: „Die Steine werden zum Zwecke des Behauens (מַחְצֵב proleptisch) gekauft".
135 STADE/SCHWALLY, Kings, 240: „בית יהוה is strange". H. GRAETZ, Emendationes in plerosque Sacrae Scripturae Veteris Testamenti Libros III, 1894, 36, streicht als Dittographie a supra. Ebenfalls streichen EIßFELDT, Könige, 561; MONTGOMERY/GEHMAN, Kings, 430. Richtig ŠANDA, Könige II, 144: „Das erste בית־יהוה steht hier ebenso wie I 7,40.51."

auf 1 Kön 7,48a an: וַיַּעַשׂ שְׁלֹמֹה אֵת כָּל־הַכֵּלִים אֲשֶׁר בֵּית יהוה. Aus dem benachbarten 2 Kön 11,14 sind die Trompeten (חֲצֹצְרוֹת) hinzugekommen.[136] Sie sind, gottlob, aus Silber (Num 10,2). Denn das Dilemma besteht darin, daß in der Vorlage 2 Kön 22 ausschließlich von Geld = Silber gehandelt ist (הַכֶּסֶף הַמּוּבָא בֵית יהוה), hingegen die Tributliste V. 19 neben den קֳדָשִׁים nur „alles Gold" (כָּל־הַזָּהָב) nennt und auch die salomonischen Tempelgeräte ausschließlich aus Gold bestehen. Mit der Einfügung כָּל־כְּלִי זָהָב סִפּוֹת כֶּסֶף „Schalen von Silber" und dem Summarium וּכְלִי־כָסֶף „alle Geräte von Gold und Geräte von Silber" hat der Bearbeiter versucht, der Schwierigkeit Herr zu werden.

Im Gegenzug zu dem Verbot wiederholt V. 15 mit den bekannten Worten das positive Ziel des Befehls. Nur hat der Sprachgebrauch sich leicht geändert. „Der Ausdruck עֹשֵׂי מְלָאכָה ist hier in anderem Sinne gebraucht als in v. 12. Dort bedeutet er die Werkführer, hier die Arbeiter selbst. Das ist allerdings nicht ganz in der Ordnung".[137] Innerhalb von Kap. 12 sucht man nach einer Erklärung dafür vergebens. Indessen löst sich das Rätsel bei einem Blick auf 22,5. Die Unterscheidung zwischen עֹשֵׂי הַמְּלָאכָה הַמֻּפְקָדִים und (הָעֹשִׂים) עֹשֵׂי הַמְּלָאכָה, die dort getroffen ist, ist auch in Kap. 12 vorausgesetzt. Wie in 22,5bα ist עֹשֵׂי הַמְּלָאכָה in 12,15 die Sammelbezeichnung für die ausführenden Handwerker. Da der Ausdruck in V. 12 übersprungen ist, begegnet man ihm hier zum erstenmal.

Zum Abschluß wird in V. 16 wie in 22,7 die Abrechnung der Tempelgelder angesprochen. Der Wortlaut stimmt mit der Vorlage fast ganz überein, nur daß das einleitende אַךְ לֹא bereits an V. 14 vergeben ist. Indessen bedarf es größerer Ausführlichkeit; denn 12,16 schließt nicht wie 22,7 an 22,5-6 an, aus denen der Sinn zu ergänzen ist, sondern ist von den parallelen Versen 12,12-13 durch V. 14-15 getrennt.[138] An die Stelle des Passivs יֵחָשֵׁב (ni.) tritt deshalb das Aktiv יְחַשְּׁבוּ (pi.). Es „geht auf den Hohenpriester und den königlichen Schreiber".[139] Die Rückverweise אֶת־הָאֲנָשִׁים אֲשֶׁר יִתְּנוּ אֶת־הַכֶּסֶף אִתָּם und הַנִּתָּן aber sind ausgeführt: עַל־יָדָם. Die Männer, denen Kanzler und Hoherpriester das Geld ohne weitere Abrechnung aushändigen sollen, sind ohne Frage die in V. 12 (aus 22,5a) eingeführten Bauaufseher. Auf diese Weise ist der Titel עֹשֵׂי הַמְּלָאכָה הַמֻּפְקָדִים umschrieben und die Verwirrung der Bezeichnungen vermieden. Die Aufgabe der Aufseher aber ist ausdrücklich bestimmt: Sie sollen das Geld an die ausführenden Handwerker weitergeben (לָתֵת לְעֹשֵׂי הַמְּלָאכָה).[140] In לָתֵת ... יִתְּנוּ spiegelt sich das doppelte נתן aus 22,5.

---

136 Vgl. LEVIN, Atalja, 66 mit Anm. 19.
137 KITTEL, Könige, 255. ŠANDA, Könige II, 143: „Es muß zugegeben werden, daß der doppelte Gebrauch der Phrase (anders in 15. 16, anders in 12a) etwas befremdet."
138 Vgl. SPIECKERMANN, Juda unter Assur, 182.
139 ŠANDA, Könige II, 144.
140 Die Wendung wird von STADE, Anmerkungen zu 2 Kö. 10-14, 197, als „sicher unecht" gestrichen. Ihm folgt BENZINGER, Könige, 161.

XII

Der Bericht von der Instandsetzung des Tempels unter Joas ben Ahasja hat sich in allen Teilen als eine späte, konstruierte Erzählung erwiesen. Als solche steht sie in den Königebüchern nicht allein. Die vorangehende Erzählung vom Sturz der Atalja und der Inthronisation des Joas in 2 Kön 11 ist in ihrer überarbeiteten Gestalt ebenfalls ein Midrasch,[141] nicht weniger der vielfältig überwucherte Bericht von der Reform des Josia in 2 Kön 22-23.[142] Mit diesen Texten hängen ferner die Erzählung von dem Altarbau des Ahas in 2 Kön 16,10-18 und der Bericht vom Tempelbau Salomos in 1 Kön 6-7 zusammen.[143] Schließlich ist an die Dynastieverheißung für David in 2 Sam 7 zu erinnern, die erklärtermaßen auf den Tempelbau bezogen ist. Auch sie samt den mit ihr zusammenhängenden Zusätzen in den Samuelbüchern stammt aus später Zeit.[144] Das Bild Davids und der Davididen, das im deuteronomistischen Geschichtswerk gezeichnet ist, steht in wesentlichen Zügen der Chronik näher als der deuteronomistischen Theologie, von der Geschichte des vorexilischen Juda zu schweigen.

---

141 LEVIN, Atalja, 23-57.
142 Siehe LEVIN, Josia im Deuteronomistischen Geschichtswerk, unten 201-215.
143 Vgl. WELLHAUSEN, Composition, 293.
144 Dazu LEVIN, Verheißung, 354-371.

Josia im Deuteronomistischen Geschichtswerk

I

Die Entstehung des Deuteronomiums, der „archimedische Punkt" der Pentateuchkritik[1] und für die alttestamentliche Literatur- und Religionsgeschichte wohl die wichtigste Datierungsfrage überhaupt, wird in der Nachfolge W.M.L. de Wettes üblicherweise mit dem Bericht in 2 Kön 22-23 über die Auffindung des Buches der Tora unter König Josia in Verbindung gesetzt.[2] „Der Kampf um das Deuteronomium",[3] der bis heute nicht entschieden ist, mußte daraufhin auch zu einem Kampf um 2 Kön 22-23 werden, indem nämlich die Kontrahenten den Versuch unternahmen, ihre gegensätzlichen Datierungsvorschläge durch die Exegese der Josia-Perikope des deuteronomistischen Geschichtswerkes zu erhärten. Man wird jedoch die Frage stellen müssen, ob es sich mit einer Geschichtsschreibung, die ihre Voraussetzungen sorgfältig zu sichern bemüht ist, verträgt, wenn ein Problem von so grundlegender Bedeutung anhand eines einzigen Textes entschieden wird, noch dazu eines Textes von so komplizierter literarischer Beschaffenheit wie 2 Kön 22-23. Es ist an der Zeit, die Feststellung G. v. Rads in Erinnerung zu rufen, daß für die Einordnung des Deuteronomiums „ein Ausgehen von dem Bericht 2. Kön. 22. 23 nicht zum Ziel führt."[4]

Tatsächlich sind wir auf dieses Zeugnis gar nicht angewiesen. Das religionsgeschichtliche Kalkül setzt uns auch ohne den Bezug auf 2 Kön 22-23 – und mit größerer Sicherheit – in den Stand, den Ort des deuteronomischen Gesetzes in der Geschichte Israels und Judas zu bestimmen; und zwar ebenfalls in der Josiazeit. Der entscheidende Anhaltspunkt ist die vom Deuteronomium geforderte Kultzentralisation. Für die Einführung des judäischen Zentralkults in Jerusalem läßt sich nämlich einigermaßen genau ein zeitlicher Rahmen bestimmen: die letzte Blütezeit Judas vor 609. Eine frühere Epoche scheidet deswegen aus, weil der *eine* Kultort vom deuteronomistischen Geschichtswerk (um 560[5]) vorausgesetzt, seine Beibehaltung aber zugleich programmatisch gefordert wird. Daraus ist zu ersehen, daß der Zentralkult in der exilischen Zeit vorhanden gewesen ist, aber noch nicht, wie später für die Priesterschrift, als altgewohnte Selbstverständlichkeit. Zwischen 609 und 587 aber ist seine Einführung ebensowenig vorstellbar wie in der Exilszeit selbst, als das Zentralheiligtum in Trümmern lag. Für die nachexilische Entwicklung schließlich ist der eine Kultort Conditio sine qua non.

Fragen wir, warum Josia den Kult in Jerusalem zentralisiert hat, so sind in erster Linie machtpolitische Gründe anzunehmen: Die Konzentration in der Hauptstadt unterwarf die offizielle Religionsausübung des ganzen Landes dem

---

1 O. EIßFELDT, Einleitung in das Alte Testament, ³1964, 227.
2 Kurze forschungsgeschichtliche Orientierung bei R. SMEND, Die Entstehung des Alten Testaments, ²1981, 77-79.
3 Vgl. W. BAUMGARTNER, Der Kampf um das Deuteronomium (ThR NF 1, 1929, 7-25).
4 G. V. RAD, Das Gottesvolk im Deuteronomium (BWANT 47) 1929, 1 (= DERS. Gesammelte Studien zum Alten Testament II [TB 48] 1973, 9).
5 M. NOTH, Überlieferungsgeschichtliche Studien, ³1967, 12.

unmittelbaren Zugriff des Königs. Die Möglichkeit einer solchen Religionspolitik und ihre Vorteile dürfte man in der Folge der assyrischen Invasion des 8. Jahrhunderts erkannt haben: Im Jahre 701 war der Zentralkult zwangsläufig schon einmal entstanden, als durch Sanheribs Eingriff vom judäischen Staatsgebiet wenig mehr als Jerusalem geblieben war.[6] Das deuteronomistische Geschichtswerk, das ja nicht nur Josia, sondern auch Hiskia den Gehorsam gegen das deuteronomische Zentralisationsgebot bescheinigt (2 Kön 18,4aα[1]), bewahrt offenbar die Erinnerung daran. Josias Maßnahme dürfte so gesehen weniger die Neueinführung als vielmehr die bewußte Beibehaltung des Zentralkults gewesen sein, als Juda sich beim Niedergang der Assyrer territorial wieder konsolidierte.

Obwohl so verstanden für die Kultzentralisation nicht ein theologisches Programm Voraussetzung ist, ist es möglich und naheliegend, die Entstehung des Deuteronomiums mit der Maßnahme Josias in Verbindung zu bringen. Dafür spricht einerseits, daß das deuteronomistische Geschichtswerk mit seinem Eintreten für den einen Kultort sich – wenn auch nicht ausdrücklich – auf das Deuteronomium bezieht und so den Zusammenhang von geschehener Kultzentralisation und Zentralisationsgebot verbürgt. Und andererseits läßt sich zeigen, daß jene theologisch-programmatischen Aussagen, die religionsgeschichtlich die Bedingungen der nachexilischen Bundesgemeinde voraussetzen und damit die Spätdatierung des Deuteronomiums erzwingen würden, im vorexilischen Urdeuteronomium noch nicht enthalten waren. Was auf den ersten Blick als das eigentlich Deuteronomische erscheint, findet sich ausschließlich im Rahmenwerk des Gesetzeskorpus oder in Einschüben: Erstes Gebot und Privilegrecht Jahwes, Bundesvorstellung und Erwählungstheologie.[7] Die Erwählungsaussagen des Urdeuteronomiums beziehen sich nicht auf das Gottesvolk, sondern auf Kultort und Dynastie. Und das „Hauptgebot" des ursprünglichen Deuteronomiums findet sich nicht in Kap. 5-11, sondern ist eben das Zentralisationsgesetz Kap. 12, dessen Folgerungen die Einzelbestimmungen wie ein roter Faden durchziehen. Verglichen mit der älteren Gesetzessammlung des Bundesbuches liest das deuteronomische Korpus sich als eine mit Rücksicht auf die Kultzentralisation unternommene Novellierung, die innerhalb eines heilsgeschichtlichen Rahmens religiöse Einzelvorschriften und eine charakteristische Sozialgesetzgebung durch eine Du-Paränese verbindet. Die Suche nach einem vorjosianischen Kern wird mit dieser Beobachtung gegenstandslos. Über Trägerschaft und offiziellen oder inoffiziellen Charakter des Urdeuteronomiums ist damit ebensowenig entschieden wie über den Einfluß der Prophetie. Nur soviel: Die Entstehung des Deuteronomiums in der Josiazeit ist möglich, weil das Urdeuteronomium sich ohne größere Einschränkungen mit den Bedingungen der vorexilischen Religion vereinbaren läßt.[8]

---

6   TGI 67-69. Zur Interpretation s. A. ALT, Die territorialgeschichtliche Bedeutung von Sanheribs Eingriff in Palästina (1930; in: DERS., Kleine Schriften II, 1953, 242-249).

7   Die beiden prominentesten Beispiele für diese Einschübe sind, als solche wiederum mehrfach ergänzt, Dtn 12,29-14,2, der die Liste der reinen und unreinen Tiere von den Bedingungen der Freigabe der Schlachtung trennt, zu denen sie ursprünglich gehörte, und Dtn 16,21-17,7, der in die Vorschriften für das Gerichtsverfahren mitten hineingesetzt worden ist. Mit diesen beiden Einschüben entfallen die Strafvorschriften für den Fall der Übertretung des Ersten Gebots samt und sonders.

Josias Reform – wenn man sie so nennen will – hatte nicht die Bekämpfung des Synkretismus und die Durchsetzung der ausschließlichen Verehrung Jahwes im Sinne der nachexilischen Bundestheologie zum Ziel. Der Beweis dafür ist anhand des deuteronomistischen Geschichtswerks zu führen. Die literarkritische Forschung des letzten Jahrzehnts hat Schritt für Schritt den nach landläufigen Begriffen ‚undeuteronomistischen' Charakter der exilischen Erstredaktion (‚DtrH‘) aufgedeckt, die mit ihrem Werk auf die Restauration des davidischen Königtums, nicht aber auf eine durch den Gottesbund konstituierte Theokratie zielte.[9] Dieser Befund läßt den unmittelbaren Rückschluß auf die damalige Gestalt des Deuteronomiums zu. Danach hat in der Exilszeit eine deuteronomische Bundestheologie mit allem, was zu ihr gehört, noch nicht bestanden.[10] Auch wenn die Analyse des Geschichtswerks von einem Abschluß noch weit entfernt ist, läßt sich heute schon absehen, daß sämtliche bundes- und gesetzestheologischen Aussagen in Jos bis 2 Kön ebenso wie im Deuteronomium auf Überarbeitungen beruhen, die der nachexilischen Epoche entstammen.[11]

Das Fehlen einer bundestheologischen Zielsetzung betrifft auch die Kultzentralisation als ein leitendes Thema der Geschichtstheologie des ersten Deuteronomisten. So vehement der Erstredaktor sich für die Kulteinheit verwendet und an ihr als Maßstab die Frömmigkeit der Könige von Israel und Juda bemessen hat, so wenig galt der Kultreinheit – den Baal der Omridenzeit und den assyrischen Gestirnkult unter Manasse und Amon ausgenommen[12] – sein Interesse. Entgegen der üblichen Deutung „Kulteinheit zwecks Kultreinheit" hat beides ursprünglich nichts miteinander zu tun. Es läßt sich zeigen, daß die ausführlichen Abgöttereilisten bei Salomo, Jerobeam, Rehabeam, Ahab, Ahas, Manasse und Amon und

---

8 Schwierig abzuleiten bleiben die Du-Paränese, deren Aufkommen schon vordeuteronomisch in den Ergänzungen des Bundesbuches zu beobachten ist, und die heilsgeschichtliche Rahmung des Deuteronomiums.

9 Vgl. vor allem: R. SMEND, Das Gesetz und die Völker. Ein Beitrag zur deuteronomistischen Redaktionsgeschichte (1971; in: DERS., Die Mitte des Alten Testaments. Exegetische Aufsätze, 2002, 148-161); W. DIETRICH, Prophetie und Geschichte. Eine redaktionsgeschichtliche Untersuchung zum deuteronomistischen Geschichtswerk (FRLANT 108) 1972; T. VEIJOLA, Die ewige Dynastie. David und die Entstehung seiner Dynastie nach der deuteronomistischen Darstellung (STAT 193) Helsinki 1975; DERS., Das Königtum in der Beurteilung der deuteronomistischen Historiographie (STAT 198) Helsinki 1977; und das zusammenfassende Referat bei SMEND, Entstehung, 111-125.

10 Für die vorexilische Prophetie gilt Entsprechendes, vgl. W. THIEL, Die Rede vom „Bund" in den Prophetenbüchern (ThV 9, 1977, 11-36).

11 Bei Smend, Dietrich und Veijola firmieren diese Texte unter dem Siglum „DtrN". In der literarischen und religionsgeschichtlichen Beurteilung dieser Größe befinde ich mich mit den Fachgenossen im Dissens: Der Themenkomplex „DtrN" ist, wie sich an jeder Stelle zeigen läßt, nicht entfernt eine einheitliche literarische Größe (vgl. jetzt auch SMEND, Entstehung, 115. 123); und die theologischen Unterschiede zur Erstredaktion DtrH sind so fundamental, daß DtrN unmöglich binnen kurzer Zeit ohne einen nachhaltigen Wandel der äußeren Verhältnisse auf DtrH gefolgt sein kann (so etwa DIETRICH, Prophetie und Geschichte, 143). Als solcher Wandel kommt in erster Linie der Beginn der persischen Epoche mit der Konstituierung der nachexilischen Gemeinde in Betracht. Vgl. dazu auch O. KAISER, Einleitung in das Alte Testament, ³1975, 161, sowie ⁵1984, 176f.

12 Vom Erstredaktor DtrH stammen in diesem Themenzusammenhang (nur!) 1 Kön 16,31bβγ-32; 22,53; 2 Kön 3,2a.3; 8,18.27; 10,28; 21,2a.3a.bβγ.20.

das Geschichtsresümee nach dem Ende des Nordreichs ebenso wie die berichteten Gegenmaßnahmen durch Asa, Josaphat, Joas, Hiskia und Josia allesamt auf nachexilischen Zusätzen beruhen. Für diese Zusätze hat es theologische Gründe, aber keine historischen Quellen gegeben. Die Religionsgeschichte Israels und Judas ist dementsprechend gegenüber der biblischen Darstellung zu korrigieren. Es ist hier nicht der Ort, den literarkritischen Beweis in allen Einzelheiten durchzuführen.[13] Wir beschränken uns auf den wichtigsten der genannten Texte, der für alle anderen maßgebend ist, auf die Josia-Perikope 2 Kön 22-23. Die Frage ist nach Josia in der ersten, vor-bundestheologischen Fassung des deuteronomistischen Geschichtswerks (DtrH).

II

Die Josia-Perikope 2 Kön 22-23 wird nach dem einleitenden Rahmen eröffnet mit dem Befehl des Königs an seinen Kanzler Schafan, die Instandsetzung des Tempels zu veranlassen (22,3-7). Durch die Vollzugsmeldung des Kanzlers (V. 9) wird dieser Befehl zum Bericht. Die Darstellung gelangt allerdings nicht weiter als bis zur Vergabe des Geldes an die Bauarbeiter. Es handelt sich offenkundig um das Bruchstück einer nicht für den hiesigen Zusammenhang geschriebenen Quelle. Wir nennen 2 Kön 22,3-7.9 den josianischen „*Instandsetzungsbericht*".[14] Er ist der in der Textfolge erste und, wie im folgenden zu zeigen ist, älteste Teil des großen Abschnitts 22,3-23,3, der seinerseits nach dem vorherrschenden Thema üblicherweise „Fundbericht" genannt wird, um ihn von dem in 23,4-20 folgenden „Reformbericht" zu unterscheiden.[15] Der Fund des Torabuches (V. 8), zu dem auch die Mitteilung an den König (V. 10), dessen entsetzte Reaktion (V. 11), ein Teil des Orakels der Prophetin Hulda (V. 13*.16-18.19*.20*) und der Bundesschluß des Josia (23,1-3) gehören, ist indessen, wie ebenfalls zu zeigen ist, erst der jüngste Themenbereich des Abschnitts. Als Zwischenstufe geht eine ältere Fassung der Befragung der Hulda voran (V. 12.13aα*.14-15.19aα*.20aα*.b).

Zwischen dem Instandsetzungsbericht 22,3-7.9 und dem Reformbericht 23,4-20 besteht ein sachlicher Zusammenhang: Nachdem zunächst das Tempelgebäude wiederhergestellt ist, wird als zweite Maßnahme der Innenraum von fremden Kultobjekten gereinigt. Der Vergleich der beiden Befehle des Königs 22,3-4 und 23,4 führt die enge Beziehung vor Augen. Zugleich aber erweist er den zweiten Befehl als jüngere Fortschreibung: In 23,4 ist die Hierarchie ausgeweitet, wenn zu

---

13 S. aber unten Anm. 28. 30. 43.
14 Innerhalb des Instandsetzungsberichts lassen sich V. 4b.5bα.6.7 als spätere Nachträge von mindestens zwei Händen erkennen. Das ursprüngliche Quellenfragment 2 Kön 22,3-4a.5a.bβ.9 könnte den „Tagebüchern der Könige von Juda" entnommen sein. Diese Möglichkeit ist jedoch nicht zu sichern. Es gibt auch Gründe, die dagegen und für eine nachexilische Datierung sprechen. Die nahe Parallele 2 Kön 12,5-17* kommt als Herkunftsort nicht in Betracht. Sie ist sekundär aus 2 Kön 22 geschöpft. Näheres zukünftig in meiner Untersuchung „Die Instandsetzung des Tempels unter Joas ben Ahasja". [Jetzt oben 169-197.]
15 Die nicht in jeder Hinsicht hilfreiche Unterscheidung geht zurück auf TH. OESTREICHER, Das deuteronomische Grundgesetz (BFChTh 27,4) 1923, 14f., und wird seither von den meisten übernommen.

dem Hohenpriester Hilkia und den Schwellenhütern eine Anzahl von Zweitpriestern tritt.[16] Der in 22,3-4 sorgsam aufgeführte Instanzenweg König – Kanzler – Hoherpriester bleibt außer acht: In 23,4 befiehlt der König ohne Umschweife. Es ist nicht einmal gesagt, daß er sich aus der Burg in den Tempel begeben habe.[17] Schließlich wechselt die Terminologie: Statt בֵּית יהוה „Haus Jahwes" steht unversehens הֵיכַל יהוה „Tempel Jahwes".[18]

Der gegenüber 22,3-4 sekundäre Charakter des einleitenden Befehls muß nicht besagen, daß der Reformbericht eine nachgetragene Fortsetzung des Instandsetzungsberichtes ist. Diese Möglichkeit läßt sich sogar direkt ausschließen. Der Befehl 23,4a reicht nämlich gerade nur bis zum Ende des Halbverses. Nach dem ersten Infinitiv fällt der Satzbau unvermittelt ins finite Verb, das von da an den Reformbericht durchgehend bestimmt. Subjekt ist der König. Daraus folgt zwingend, daß die Einleitung ein nachgetragener Vorspann ist, dem mindestens ein Teil des Reformberichts bereits vorgelegen hat. Wäre es anders, wäre der Befehl ursprünglicher Bestandteil und Ausgangspunkt des Folgenden, müßte der Reformbericht zur Hauptsache aus Infinitivsätzen bestehen, deren sinngemäßes Subjekt nicht Josia, sondern die Priesterschaft wäre. Wir stellen damit fest, daß der Befehl 23,4a ein nachträgliches Bindeglied ist, das dazu dient, Instandsetzungsbericht und Reformbericht zu verknüpfen. Daraus folgt weiter: Instandsetzungsbericht und Reformbericht sind ursprünglich unabhängige literarische Einheiten gewesen, nach deren Herkunft je selbständig gefragt werden muß.

III

Der *Reformbericht* 23,4-20 bietet sich dar als eine Liste von Greueln, die aus Einzelheiten über die Frömmigkeit der Könige von Israel und Juda in den Königebüchern, aus prägnanten Scheltreden der prophetischen Literatur, namentlich des Jeremiabuches, aus den Abgöttereiverboten der gesetzlichen Literatur, namentlich des Deuteronomiums, und in einigen unerfindlichen Einzelheiten aus weitergehender Kenntnis abzuwehrender nichtisraelitischer Kulte nach und nach, wahrscheinlich über einen langen Zeitraum, zusammengestellt worden ist, um Josia,

---

16 Auf einer dritten Fortschreibungsstufe in 25,18 weiß man es, wie immer, noch genauer. Dort ist *ein* Zweitpriester namentlich genannt und die Zahl der Schwellenhüter mit *drei* angegeben. Aus den kollektierenden Türstehern von 22,3 sind via 23,4 in 25,18 höhere Chargen der Hierarchie geworden. So dann auch die Vorstellung in Jer 35,4. In 2 Kön 12,10 (← 22,3) werden die Schwellenhüter unversehens zu einer besonderen Priesterklasse. Das hindert indessen die Chronik nicht, sie den Torhütern (שֹׁעֲרִים) gleichzusetzen und mitsamt diesen zu Leviten zu degradieren (1 Chr 9,17-26; 2 Chr 34,9).

17 Der Weg des Königs in den Tempel findet sich erst im jüngeren Kontext 23,2a. Dieser Halbvers ist überdies innerhalb von 23,1-3 ein Nachtrag.

18 H. HOLLENSTEIN, Literarkritische Erwägungen zum Bericht über die Reformmaßnahmen Josias 2 Kön. xxiii 4ff. (VT 27, 1977, 321-336) 327f., hält nach einer Diskussion der Belege im deuteronomistischen Geschichtswerk für „wahrscheinlich, daß es sich – wo immer *hêkal* auftritt – um eine Aufnahme einer vorliegenden, historischen Vorlage bzw. Quelle in den dtr. Bericht handelt." Es versteht sich von selbst, daß diese Art Sprachbeweis nicht zwingend ist.

den nach David frömmsten aller Könige, dies alles beseitigt haben zu lassen.[19] Der literarische Zustand des Stückes ist von einer beispiellosen Verkommenheit. Dubletten und sprachliche Härten finden sich in Menge. Es ist ausgeschlossen, daß es sich bei dieser Cloaca maxima des Alten Testaments um eine vorgegebene Quelle handelt. Quellenhaft kann allenfalls ein Grundstock sein, der im Laufe der Zeit vielschichtig überwuchert worden ist. Die Annahme einer langfristigen und vielschichtigen Ergänzungsgeschichte – die radikale Ergänzungshypothese – ist angesichts des Zustandes von 2 Kön 23,4-20 von vornherein die einzig sinnvolle Lösung. Nur viele Hände, an den jeweils vorhandenen Textbestand gebunden und durch vielerlei Beweggründe geleitet, machen die Unordnung begreiflich. Weder ist ihr mit der Annahme irgendwelcher dennoch vorhandenen, verborgenen (chronologischen, geographischen, religionspolitischen) Ordnungsprinzipien beizukommen,[20] noch mit einer ordnenden Umstellung (die die Unordnung zwar beseitigt, aber ihre Entstehung nicht erklärt),[21] noch mit einer redaktionsgeschichtlich schematisierten, vereinfachten Ergänzungshypothese[22] – von einer Quellenscheidung zu schweigen.[23]

---

19 Der umgekehrte Fall ist selbstverständlich ebenso möglich: daß in der Fortschreibungsgeschichte von 2 Kön 23 Greuel hinzukamen, die von hier aus in die Frömmigkeitsnotizen der Königebücher, die gesetzliche und die prophetische Literatur übernommen worden sind.
20 Vgl. z.B. OESTREICHER, Dtn. Grundgesetz (s. Anm. 15), 35: „Der Text wird schon in Ordnung sein. Es ist nur nötig, mit den richtigen Vorstellungen an ihn heranzutreten und die bisherigen falschen fahren zu lassen."
21 Vgl. z.B. A. JEPSEN, Die Reform des Josia (1959; in: DERS., Der Herr ist Gott, 1978, 132-141) 133: „Wenn man ... die Wahl zwischen der Annahme einer Überarbeitung oder der einer Umstellung hat, sollte man grundsätzlich zuerst den Versuch machen, durch Umstellung zu einem besseren Verständnis zu kommen. ... Gewiß kann man jede Umstellung für willkürlich erklären; aber ist sie wirklich willkürlicher als die Annahme einer Ergänzung oder gar verschiedener Quellen?" Über die Quellenscheidung ist kein Wort zu verlieren – aber willkürlicher als die Ergänzungshypothese ist die Umstellungshypothese in jedem Fall.
22 Vertreten von G. HÖLSCHER, Das Buch der Könige, seine Quellen und seine Redaktion (in: H. SCHMIDT [Hg.], Eucharisterion für H. Gunkel I [FRLANT 36,1] 1923, 158-213) 198f. und 206-210, neuerdings von HOLLENSTEIN, Erwägungen (s. Anm. 18), und E. WÜRTHWEIN, Die josianische Reform und das Deuteronomium (ZThK 73, 1976, 395-423) 412-421. Hollenstein und Würthwein zerlegen den Reformbericht in drei Schichten: eine vordeuteronomistische Quelle, die redaktionellen Zusätze des Deuteronomisten (Dtr = DtrG = DtrH) und eine nachdeuteronomistische Bearbeitung. Der tatsächliche Befund ist jedoch weit komplizierter. Die vordeuteronomistische Quelle ist ein Postulat, das von WÜRTHWEIN, 417, überhaupt nicht, von HOLLENSTEIN, 327-329. 334f., unzureichend unter Beweis gestellt wird. Dem Deuteronomisten wird, wie meist, zuviel zugemutet und ihm ein Interesse am Ersten Gebot unterstellt, das er nicht besessen hat. Die These eines nachdeuteronomistischen Redaktors geht von der Voraussetzung aus, daß die sieben Perfekta copulativa in 23,4-16 einen einheitlichen literarischen Ursprung haben. Auch dies ist ein unbewiesenes Postulat, wie bei HOLLENSTEIN, 322. 325f., vollständig zutage liegt. Der Einfluß des Aramäischen auf das hebräische Tempussystem, auf den diese Syntax zurückgeht, „ist durchaus nicht die Stileigentümlichkeit eines Redaktors" (K. BUDDE, Das Deuteronomium und die Reform König Josias [ZAW 44, 1926, 177-224] 194) und läßt sich auch innerhalb eines einzelnen Textes nicht von vornherein einer und derselben Hand zuweisen. Diese Erscheinung zeigt sich in jener Phase der nachexilischen Epoche, als das Hebräische noch nicht zum von der Umgangssprache abgehobenen ‚Kirchenlatein' geworden war, an vielen Stellen, vorzugsweise am Einsatz literarischer Zusätze. Der Versuch von R. MEYER, Auffallender Erzählstil in einem angeblichen Auszug aus der

Wo also, so müssen wir fragen, liegt die Keimzelle der Wucherungen? Ein bewährter Ausgangspunkt zur Beantwortung dieser Frage ist der Textanteil des deuteronomistischen Erstredaktors DtrH. Er ist in den meisten Fällen sicher erkennbar, und an ihm lassen sich vorredaktionelle Quellen und nachredaktionelle Zusätze unterscheiden.[24] Auch in 2 Kön 23 muß man nicht lange suchen: Der Textanteil des DtrH ist anerkanntermaßen die *Höhennotiz* V. 8a.[25] Sie stimmt einerseits mit dem durchgehenden Interesse des Grundredaktors an der Kultzentralisation überein und fügt sich andererseits genau in seine Geschichtspragmatik: Nachdem Hiskia bereits einmal die Höhen entfernt (2 Kön 18,4aα^1), Manasse sie aber wieder errichtet (21,3a) und Amon ihm gleichgetan hatte (21,20), zieht endlich Josia die gesamte Priesterschaft Judas nach Jerusalem zusammen und macht die Höhen kultisch unrein, um so dem dezentralen Kult für immer ein Ende zu setzen.[26]

„Chronik der Könige von Juda" (in: L. ROST [Hg.], Festschrift F. Baumgärtel [ErF A 10] 1959, 114-123), das Perfektum copulativum als eine gleichsam normale Ausnahme innerhalb des Hebräischen zu verstehen, scheitert daran, daß keiner der aufgeführten alttestamentlichen Belege sich als vorexilisch erweist. Zuletzt hat H. SPIECKERMANN, Juda unter Assur in der Sargonidenzeit (FRLANT 129) 1982, eine eingehende Analyse von 2 Kön 22-23 vorgelegt. Wie Würthwein gelangt er zu einem Drei-Schichten-Modell, vergrößert jedoch den Anteil der Quelle zu Lasten des Deuteronomisten und der nachdeuteronomistischen Bearbeitung („PD"). Dabei sind weniger literarkritische als religionsgeschichtliche Gesichtspunkte leitend gewesen. Doch wiegen die in der Tat frappierenden Übereinstimmungen mit der religiösen Terminologie der Assyrer die literarische Beschaffenheit des Reformberichts nicht auf.

23 E. SELLIN, Geschichte des israelitisch-jüdischen Volkes I, 1924, 290f., unterscheidet in V. 4.6-7.8b.11-12 und V. 5.8a.9-10.13-15.19-21 zwei ursprünglich getrennte Berichte, die durch den deuteronomistischen Redaktor im Reißverschlußverfahren kompiliert worden seien. Für Kap. 22 hat F. HORST, Die Kultusreform des Königs Josia (II. Rg. 22-23) (ZDMG 77, 1923, 220-238) 231-235 Anm., eine Quellenscheidung vorgenommen, bei der er in der Manier, die von den Auswüchsen der Urkundenhypothese her sattsam bekannt ist, seiner eigenen Vorausannahme nachläuft: Es gibt A und B, folglich ist A ≠ B und B ≠ A. Zu den Grundlagen solcher entgleisten Literarkritik vgl. die treffenden Äußerungen von H. GREßMANN, Josia und das Deuteronomium (ZAW 42, 1924, 313-337) 316-318. Greßmanns Schelte gegen Horst ist indessen aufs Ganze gesehen ungerecht und zeigt, daß der große Meister mit den Detailproblemen nicht vertraut war.

24 Dieses Verfahren findet sich auch bei HÖLSCHER im Eucharisterion, 198: „Auch hier sind die jüngeren Auffüllungen außerordentlich stark. Es ist auch hier die erste Aufgabe, den Text, wie ihn Rd schrieb, von diesen nachredaktionellen Fremdkörpern zu reinigen und den Text des Rd möglichst sauber herauszustellen."

25 In der Regel wird die Degradierung der „Höhenpriester" V. 9 hinzugenommen; denn beide Verse gehören über V. 8b hinweg eng zusammen. „Gerade das אך zu Anfang von v. 9 verlangt gebieterisch den unmittelbaren Anschluß an 8a" (BUDDE, ZAW 1926, 194). Gerade das אך zeigt aber auch, daß dieser Anschluß nicht glatt, sondern ausdrücklich hergestellt, das heißt sekundär ist. „V. 9 ist offenbar Nachtrag zu V. 8a" (WÜRTHWEIN, ZThK 1976, 413). Damit löst sich auch der Widerspruch zu Dtn 18,6-8.

26 Die Verunreinigung der Höhen geht weiter als ihre Beseitigung. „Die Heiligkeit des Ortes blieb über die Zerstörung hinaus erhalten. Das ist nach antiker Anschauung ganz selbstverständlich" (E. JANSSEN, Juda in der Exilszeit [FRLANT 69] 1956, 102). Dagegen schließt eine Verunreinigung die weitere kultische Nutzung aus. Durch sie „sollte der Jahwe-Kult auf diesen Höhen für immer unmöglich gemacht werden" (JEPSEN, Die Reform des Josia [s. Anm. 21], 136f.). Anders OESTREICHER, Dtn. Grundgesetz (s. Anm. 15), 48f., gegen ihn schlagend BUDDE, ZAW 1926, 197.

Nehmen wir also die Höhennotiz V. 8a als den Textanteil des DtrH zum Ausgangspunkt, zeigt sich alsbald, daß der Reformbericht eine Quelle gar nicht enthält, sondern ganz und gar aus den *Fortschreibungen dieser redaktionellen Notiz* besteht.[27] Dafür einige Beispiele in der vermutlichen literargeschichtlichen Reihenfolge: *V. 13:* Josia verunreinigt nicht nur die Höhen allgemein, sondern im einzelnen auch die Höhen, die Salomo errichtet hatte (Zitat von 1 Kön 11,5.7, später erweitert[28]);[29] *V. 12a.15a:* Josia beendet nicht allein die Sünde Salomos, sondern auch die Sünden Manasses und Jerobeams (Zitat von 2 Kön 21,5[30] bzw. Anlehnung an 1 Kön 12, später erweitert);[31] *V. 9:* Die judäischen Priester, die in Jerusalem zusammengezogen werden – sie werden jetzt (erst!) „Höhenpriester" genannt[32] –, sind der dortigen Priesterschaft nicht gleichberechtigt;[33] *V. 5a:* Mehr

---

27 HÖLSCHER im Eucharisterion, 209, kommt bei demselben Ausgangspunkt zu einem anderen Ergebnis. Für ihn sind „die Verse 23,8a und 23,9 in einen älteren Textzusammenhang von zweiter Hand eingefügt worden", der sich damit als vordeuteronomistische Quelle herausstellt. Doch das leitende Interesse, das zu diesem Ergebnis führt, ist offenkundig: Hölscher will in 2 Kön 22-23 den Bezug auf das Deuteronomium tilgen. Daß ihm das zumindest in 23,8a.9 nicht gelungen ist, haben GREßMANN, ZAW 1924, 317 Anm., und BUDDE, ZAW 1926, 192-196, gezeigt. Es ist richtig, „daß diese inhaltlich zusammengehörigen Verse auseinander gerissen sind", doch folgt daraus nicht, daß sie „unorganisch eingesprengte Stücke" sind (HÖLSCHER ebd.). Insbesondere unter Voraussetzung der redaktionellen Herkunft von V. 8a und 9 ist nicht V. 8a Einschub zwischen V. 7 und 8b, sondern V. 8b zwischen V. 8a und 9. „Denn kein Schriftsteller von gesunden Sinnen würde, was er zu geben hatte, so mutwillig durch Einzwängen eines Fremdkörpers entstellt und verundeutlicht haben. Gerade des אך zu Anfang von v. 9 verlangt gebieterisch den unmittelbaren Anschluß an 8a" (BUDDE, 194; vgl. bereits B. STADE, Anmerkungen zu 2 Kö. 10-14 [1885; in: Ders., Ausgewählte akademische Reden und Abhandlungen, ²1907, 181-199], 195). Ist aber der redaktionelle V. 8a älter als seine Umgebung, so entschwindet der einzige feste Punkt, auf den man die Annahme einer vordeuteronomistischen Quelle hätte gründen können.
28 I. BENZINGER, Die Bücher der Könige (KHC 9) 1899, 193: „13 ist auf Grundlage von I Reg 11,7 gearbeitet und jedenfalls nicht Bestandteil der ursprünglichen Erzählung." Für die zeitliche Einordnung ist ausschlaggebend, daß der zitierte Vers nicht mehr in das System des DtrH gehört; denn innerhalb des Frömmigkeitsurteils über Salomo 1 Kön 11,4-10 stammen nur V. 4b.6a (einschließlich der Begründung V. 3) vom Grundredaktor. Alles übrige ist nachgetragen, um Salomo das Erste Gebot übertreten haben zu lassen. Der literarkritische Beweis ergibt sich negativ aus den Dubletten, positiv aus den anderen Frömmigkeitsurteilen des DtrH (vgl. bes. 1 Kön 15,3).
29 „23,14 gehört zu 23,13" (HÖLSCHER im Eucharisterion, 199). Und zwar auf späterer Stufe: „Die Zusammenfassung in V. 14 erweist sich durch ihre Wiederholung von 18,4a als spät" (WÜRTHWEIN, ZThK 1976, 416).
30 2 Kön 21,5 steht seinerseits auf der vierten Fortschreibungsstufe nach DtrH. Die Schichtung in 21,1-9: DtrH: V. 1-2a.3a.bβγ; erste Fortschreibung: V. 3bα (Zitat von 1 Kön 16,32-33, das mit V. 33 bereits eine erste Fortschreibung nach DtrH enthält [s. CH. LEVIN, Der Sturz der Königin Atalja [[SBS 105]], 1982, 63 Anm.], also auf der zweiten Stufe nach DtrH steht); dritte Stufe: V. 2b.4.6 (Zitat von Dtn 18,9-10); vierte Stufe: V. 5.7-9. ‚Stufe' ist nicht gleichzusetzen mit redaktioneller Schicht, sondern meint die am Einzeltext beobachtete Staffelung der Fortschreibungen.
31 „V. 15 erweist sich wie auch sonstige durch wᵉgām eingeleitete Stellen ... als Nachtrag" (WÜRTHWEIN, ZThK 1976, 419).
32 „In V. 8a werden die Priester, die auf dem Lande an den Kultstätten ihren Dienst tun, völlig wertneutral und sachlich als *kohᵃnîm* bezeichnet. In V. 9 tritt an dessen Stelle das abwertende *kohᵃnê hābbāmôt*" (HOLLENSTEIN, VT 1977, 333).

noch, die nichtjerusalemischen Priester, die die Könige von Juda zum Räuchern auf den Höhen bestellt hatten,³⁴ werden ausgerottet;³⁵ *V. 5b:* Nämlich bestellt zum Räuchern für den Baal, die Sonne usw. gemäß der (veränderten) Liste aus v.4a; *V. 8b:* Josia verunreinigt die Höhen nicht allein von Geba bis Beerscheba, sondern zerstört sie in letzter Vollständigkeit bis in die Tore der heiligen Stadt hinein;³⁶ *V. 10:* Josia verunreinigt neben den Höhen auch das Tophet im Hinnomtal (kombiniertes Zitat von Lev 18,21 und Jer 7,31);³⁷ *V. 11a:* Josia beseitigt nicht nur die Priester, sondern auch die zugehörigen Kultobjekte, hier diejenigen der Sonne – nachdem in V. 4.6 über die Geräte des Baal, der Aschera usw. bereits genug zu lesen steht (jüngere Version zu V. 5);³⁸ *V. 11b:* Nicht nur die Rosse, sondern auch die Wagen des Sonnengottes werden vernichtet.

Die unvollständige Aufzählung sollte nicht den literarkritischen Detailbeweis ersetzen, sondern einen Gesamteindruck vermitteln: Wohin man in 2 Kön 23,8b-15 greift, eine vordeuteronomistische Quelle findet sich nicht. Dasselbe beobachten wir an dem Text, der innerhalb des Josia-Rahmens der Königebücher noch folgt. Die Exkursion Josias ins ehemalige Nordreich *V. 16-20*, in sich uneinheitlich, hängt, wie man sich leicht überzeugt, allein an dem Relativsatz אֲשֶׁר בְּבֵית־אֵל in V. 15, der keine Reisebeschreibung ist, sondern Verweis auf 1 Kön 12.³⁹ Die

---

33 S. o. Anm. 25.
34 Lies לְקַטֵּר statt וַיְקַטֵּר, das keinerlei Sinn gibt.
35 „Ohne Zweifel sind die כמרים ... genau dieselben Leute wie die כהנים der Höhen aus allen Städten Judas, von denen 8αα9 reden; nur daß ihr Tun ... in v.5 nach schrofferer, späterer Anschauung einfach zum Götzendienst gestempelt wird" (BUDDE, ZAW 1926, 195).
36 Wie die Höhen für den Grundredaktor DtrH der Inbegriff des nicht zentralisierten Kultes sind, so hat sich in den Ergänzungen des Reformberichts die Vorstellung gehalten, daß es innerhalb Jerusalems Höhen nicht gegeben habe. Die fremden Kultobjekte sind in der Stadt ausschließlich im Tempel konzentriert. Die Entfernung der Höhen aus den Toren Jerusalems – als theologisches Kalkül, nicht als konkrete Vorstellung – ist darum das non plus ultra der Säuberung Judas. Die übliche Konjektur, an Stelle von הַשְּׁעָרִים „die Tore" הַשְּׂעָרִים „die Ziegenböcke = bocksgestaltige Dämonen" zu vokalisieren, ist unnötig, daher verboten, zumal die masoretische Lesung auch durch die übrige Textüberlieferung gestützt wird. Mag gelegentlich für שָׂעִיר „Ziegenbock" die Bedeutung „Dämon, Bocksgeist" durch den Kontext erwiesen sein – hier ist sie es nicht. Die genaue Ortsangabe ist, wie ebenso in V. 11aβγ.12aα.13aα, späte historisierende Zutat.
37 Vgl. O. KAISER, Den Erstgeborenen deiner Söhne sollst du mir geben (1976; in: DERS., Von der Gegenwartsbedeutung des Alten Testaments, 1984, 142-166) 152 mit Anm. 33 [sowie jetzt CH. LEVIN, Das Kinderopfer im Jeremiabuch (unten 227-241) 235].
38 Ich halte für möglich, daß dem Ergänzer der Rosse des Sonnengottes eine konkrete Kultpraxis vor Augen stand – nur daß es nicht die des 7. Jahrhunderts gewesen ist. Israel war in der persischen Zeit den Einflüssen der Umgebung nicht weniger ausgesetzt als in früheren Epochen. Auch sollte man die religionsgeschichtliche Kontinuität im Alten Orient nicht gering einschätzen. Irgendein datierbarer außerisraelitischer Parallelbeleg schließt nicht von vornherein aus, daß das Auftauchen der entsprechenden Erscheinung im Alten Testament um Jahrhunderte später anzusetzen ist.
39 „Über den Wert von II 23, 16-20, dem Abschluß der Prophetenlegende von I. Kön. 13, sollte man heute kein Wort mehr verlieren müssen" (BAUMGARTNER, ThR 1929, 11). „Auf dem bereits niedergerissenen Altar (V. 15) können die Gebeine aus den Gräbern nicht mehr verbrannt werden" (BENZINGER, Könige, 194). Deshalb das zeitliche Verhältnis von V. 15 und 16 umzukehren (so WÜRTHWEIN, ZThK 1976, 419f.), besteht kein Anlaß.

Passafeier *V. 21-23* wurde von E. Würthwein mit gewichtigen Gründen als Nachtrag erwiesen.[40] Den geschichtstheologischen Rekurs auf das Gesetz *V. 24.26-27* hat W. Dietrich ebenso wohlbegründet einer fortgeschrittenen deuteronomistischen Bearbeitungsstufe zugeteilt.[41] Dazu ist auch der auf die Tora des Mose verweisende Relativsatz in *V. 25a* zu rechnen. So bleibt auf der Ebene des ursprünglichen Geschichtswerks nur, die Höhennotiz V. 8a mit der Unvergleichlichkeitsformel des DtrH V. 25a(bis מֶלֶךְ).b und diese mit dem üblichen redaktionellen Quellenverweis V. 28 unmittelbar zu verbinden. Alles übrige ist jünger, und quellenhaft ist nichts.

Ein ähnliches Ergebnis stellt sich ein, wenn wir uns, von V. 8a in entgegengesetzter Richtung ausgehend, dem Anfang des Reformberichts zuwenden. Wir haben zu Anfang gesehen, daß der einleitende Befehl V. 4a eine nachträglich vorangestellte Verbindung zu 22,3-7.9 ist. *V. 4bα* gehört möglicherweise von vornherein mit V. 4a zusammen. Beide Teile von *V. 4b* können wegen des Rückbezugs unabhängig von V. 4a nicht existiert haben.[42] Wie schon erwähnt, sind *V. 5a* Fortschreibung von V. 8a.9 und *V. 5b* Fortschreibung von V. 4a.5a. *V. 6* ist wiederum Fortschreibung von V. 4 („Nicht nur die Geräte, sondern auch die Aschere selbst"). *V. 7* ist Fortschreibung von V. 6 unter Aufnahme von 1 Kön 15,12-13a[43] („Nicht nur die Aschere, sondern auch die Häuser der Kedeschen").[44] Im Ergebnis bedeutet dieses Gefälle literarischer Abhängigkeiten: Der der Höhennotiz vorangehende Teil des Reformberichts ist entweder wiederum Fortschreibung von V. 8a (so V. 5), oder er hängt sekundär an dem Verbindungsvers 4a (so V. 4b.6.7). Der Verbindungsvers aber ist, wie wir gesehen haben, jünger als der Reformbericht selbst. Das heißt jetzt, er ist jünger als die Höhennotiz, die sich damit als die Keimzelle des Reformberichts herausgeschält hat.[45]

---

40 ZThK 1976, 407-409.
41 Prophetie und Geschichte, 82 Anm. 62 (zu V. 24) und 29f. (zu V. 26f.): „DtrN". Zur Beurteilung von „DtrN" s. o. Anm. 11.
42 Der Zusatzcharakter von V. 4b.5 ist lange erkannt, vgl. WÜRTHWEIN, ZThK 1976, 413f., unter Verweis auf de Vaux, Gray, Benzinger, Montgomery u. a.
43 1 Kön 15,13b ist Nachtrag, erkennbar an der störenden Wiederholung des Subjekts „Asa". Die unmögliche Wendung „verbrennen *im* Bache Kidron" stammt im Rückbezug aus 2 Kön 23,6. Nur hier im Kontext ist sie erklärlich.
44 In 1 Kön 15 sind die Kedeschen in der Nähe der Aschera genannt, gehören daraufhin für den Ergänzer von 2 Kön 23,7 mit ihr zusammen. Dabei können im Anschluß an 1 Kön 15,12; 22,47 für Josias Reform nur mehr die Unterkünfte übrig geblieben sein. „Der Verfasser dieses Zusatzes scheint auch nicht mehr recht gewußt zu haben, wozu die Kedeschen da waren, wenn er sie zu Weberinnen macht" (BENZINGER, Könige, 192). Die Literargeschichte der Kedeschen verläuft: Dtn 23,18 → 1 Kön 14,24 → 15,12 → 22,47 → 2 Kön 23,7.
45 Die „Quelle", die WÜRTHWEIN, der trotz seines redaktionsgeschichtlichen Schemas den Text grundsätzlich richtig beurteilt, am Ende übrig behält, ist dürftig genug: „die Entfernung der Geräte für das Himmelsheer aus dem *hekal* ... in V. 4a* und die der Sonnenrosse, Sonnenwagen und Altäre auf den Dächern in V. 11.12aα*" (ZThK 1976, 417). Die Quellenhaftigkeit von V. 4a ist klar zu widerlegen (s. sogleich). Für V. 11-12 aber sehe ich nicht, wie man ein positiven Beweis führen soll. Allein der inhaltliche Gesichtspunkt, daß hier möglicherweise assyrische Einflüsse auf den judäischen Kult des 7. Jahrhunderts zu erkennen sind, reicht jedenfalls nicht aus.

Wir stellen fest: Die Grundlage des josianischen Reformberichts 2 Kön 23,4-20 ist die redaktionelle Höhennotiz V. 8a (DtrH), die Menge seines Textes beruht auf späteren Fortschreibungen dieses einzigen Verses. Aus der üblichen Form der deuteronomistischen Höhennotiz hat sich die Anhäufung von Aussagesätzen entwickelt, denen jede Verumständung fehlt, mit dem König als Subjekt. Aus den ständigen Hinzufügungen erklärt sich die Gattung der Liste. Der Verbindungsvers 4a ist vorangestellt worden, um dem Reformbericht, oder richtiger jetzt: der erweiterten Höhennotiz, das Fragment des Instandsetzungsberichts vorzuschalten. Diese Klammer nimmt auf den Sündenkatalog des Manasse 2 Kön 21,3 Bezug, und zwar auf eine Gestalt dieses Katalogs, die bereits nachträgliche Ergänzungen enthält. Sie ist damit nachweislich jünger als DtrH.[46] Berücksichtigen wir die Funktion des Verbindungsverses, den Instandsetzungsbericht mit der (erweiterten) Höhennotiz des DtrH nachträglich zu verbinden, folgt daraus, daß der Instandsetzungsbericht ehedem mit der Redaktion DtrH nicht verbunden war: Das Fragment 22,3-7.9 war in der Urfassung des Geschichtswerks nicht enthalten. Daraus folgt weiter, daß 23,8a ursprünglich an 22,2 unmittelbar angeschlossen hat und auch in 2 Kön 22-23, wie sonst ausnahmslos, die Höhennotiz als Teil des Frömmigkeitsurteils zu lesen ist.[47] Der Begründungszusammenhang von Kultzentralisation und Frömmigkeit gilt auch und gerade für Josia. Er erklärt zugleich die unselbständige Form von 23,8a. Da ferner, wie wir gesehen haben, auch die Unvergleichlichkeitsformel 23,25 mit der Höhennotiz unmittelbar zusammengestanden hat, erweist diese sich entgegen dem heutigen Text nicht als ein abschließendes zweites, sondern als der Abschluß des ersten und einzigen Frömmigkeitsurteils, das somit ursprünglich den einzigen Inhalt des Josia-Rahmens gebildet hat:

> Acht Jahre alt war Josia, als er König wurde, und er regierte einunddreißig Jahre in Jerusalem. Der Name seiner Mutter lautete Jedida, Tochter Adajas aus Bozkat. Und er tat das Richtige in den Augen Jahwes und wandelte ganz auf dem Wege seines Vaters David und wich weder nach rechts noch nach links davon ab. Und er ließ die Priester aus den Städten Judas (sc. nach Jerusalem) kommen und verunreinigte die Höhen, auf denen die Priester geräuchert hatten, von Geba bis Beerscheba. Und wie er ist vor ihm kein König gewesen, und nach ihm stand keiner mehr auf wie er. Was mehr von Josia zu sagen ist und alles, was er getan hat, ist aufgezeichnet in den Tagebüchern der Könige von Juda. Zu seiner Zeit zog der Pharao Necho, der König von Ägypten, herauf zum König von Assur an den Eufrat. Und der König Josia ging ihm entgegen, und Necho tötete ihn in Megiddo, sobald er ihn sah. Und Josias Knechte schafften ihn zu Wagen tot aus Megiddo fort und brachten ihn nach Jerusalem und begruben ihn in seinem Grabe. Und das Volk des Landes nahm Joahas, den Sohn Josias, und sie salbten ihn und machten ihn zum König an seines Vaters Statt (22,1-2; 23,8a.25a[bis מֶלֶךְ].b. 28-30).

---

46 „23,4aβb hat II 21,3 (Baal, Aschera und Himmelsheer) im Auge, mißdeutet aber die Aschera als Göttin" (HÖLSCHER im Eucharisterion, 198f.) und steht demnach auf späterer Stufe. „Nur selten und erst in sehr später Zeit wird Aschera mit Astoreth verwechselt" (J. WELLHAUSEN, Die Composition des Hexateuchs, [4]1963, 279 Anm.). Die Trias „Baal, Aschera, Himmelsheer" in 21,3 ist ihrerseits erst durch den nachträglichen Einschub des Zitats von 1 Kön 16,32-33 in V. 3bα zustandegekommen (s. o. Anm. 30). Sie steht auf der zweiten Stufe nach DtrH, 23,4a folglich auf der dritten.

47 1 Kön 15,11-14 und 2 Kön 21,2-3 sind nur scheinbare Ausnahmen, da 1 Kön 15,12-13 (s.o. Anm. 43. 44) und 2 Kön 21,2b (s.o. Anm. 30) leicht als Einschübe zu erkennen sind.

Man wird sich an den Gedanken gewöhnen müssen, daß für den deuteronomistischen Erstredaktor DtrH, der nur ein halbes Jahrhundert nach dem Tod des Josia geschrieben hat, über diesen König tatsächlich mehr nicht zu sagen war. Diese Feststellung wiegt um so schwerer, als Josia für die Geschichtsauffassung des DtrH der wichtigste Regent seit dem Dynastiegründer David und offenbar der Inbegriff der exilischen Restaurationshoffnung gewesen ist. Wenn hier mehr mitzuteilen gewesen wäre, wäre es mitgeteilt worden. Die historische Rekonstruktion der Josiazeit wird sich daher, von den schriftlichen Zeugnissen außerhalb des Alten Testament und den archäologischen Funden abgesehen, auf den rekonstruierten Textbestand als Quelle beschränken müssen, zu dem die von Josia zeugenden Prophetenworte Jer 22,10.13-15 und das Urdeuteronomium, möglicherweise auch der Kern des Buches Nahum hinzuzunehmen sind.[48] Wer auf das übrige alttestamentliche Material nicht glaubt verzichten zu können, schreibt nicht Geschichte, sondern tradiert Legende.

IV

Die Beweiskette hat eine Lücke. Der ehedem unmittelbare Zusammenhang von Instandsetzungsbericht 22,3-7.9 und Reformbericht 23,4-20, der wegen der Sekundarität der Verknüpfung in 23,4a zur Ausscheidung des Instandsetzungsberichts und damit zur unmittelbaren Verbindung von Frömmigkeitsurteil 22,2 und Höhennotiz 23,8a berechtigt, wurde bisher nur positiv aufgezeigt, nicht negativ durch den literarkritischen Ausschluß des Zwischentextes erwiesen. Das ist nachzuholen. Wir haben zu zeigen, daß das Huldaorakel und der Fund des Torabuches nachträglich eingeschoben worden sind.

Zunächst zum *Huldaorakel*. Der betreffende Ergänzer hat für seinen Einschub die Technik der Ringkomposition gewählt[49] und sie so mustergültig verwendet, daß die Analyse leicht und eindeutig ist: Er beginnt mit der Aufnahme des ursprünglich folgenden Textes, bringt dann sein Eigenes und schließt mit der Wiederaufnahme des ursprünglich vorangehenden Textes.[50] Auf unseren Zusammenhang angewandt: Er beginnt mit der Aufnahme des Reformberichts 23,4, nämlich in 22,12, und schließt mit der Wiederaufnahme des Instandsetzungsberichts 22,9aβ, nämlich in 22,20b. Sein Eigenes muß also in 22,12-20 gesucht werden. Die wörtlichen Übereinstimmungen von Aufnahme und Wiederaufnahme sind

---

48 Die Datierung des Propheten Habakuk in die Josiazeit ist unwahrscheinlich. Jeremia und Zefanja sind sicher nicht unter Josia aufgetreten (vgl. CH. LEVIN, Noch einmal: Die Anfänge des Propheten Jeremia [unten 217-226]). Der Versuch, den Ortslisten Jos 15,21-62; 18,21-28; 19,41-46 „Judas Gaue unter Josia" zu entnehmen (A. ALT in: DERS., Kleine Schriften II, 1953, 276-288), ist nicht gelungen, da diese Texte mit den ähnlichen Listen in Jos 19,1-39 in viel zu enger Beziehung stehen, als daß sie sich als eigenständige ‚Urkunde' isolieren ließen. Die archaisierende Stilisierung dieser Ortslisten deutet auf nachexilische Entstehung. Über den historischen Wert des „Instandsetzungsberichts" 2 Kön 22,3-7.9 (s.o. Anm. 14 [sowie jetzt oben 185-189]) wird man sich streiten können.
49 Dazu W. RICHTER, Exegese als Literaturwissenschaft, 1971, 70f. 168.
50 Dazu C. KUHL, Die „Wiederaufnahme" – ein literarkritisches Prinzip? (ZAW 64, 1952, 1-11).

eindeutig und haben völlige Beweiskraft. Daß der Rechenschaftsbericht an den König 22,9 bei der Wiederholung in V. 20b stark verkürzt worden ist, versteht sich als Redundanzvermeidung, die bei Wiederaufnahmen oft zu beobachten ist. Der Einsatz von 22,12 stimmt genau mit 23,4 überein, nur daß statt חִלְקִיָּהוּ die Kurzform חִלְקִיָּה verwendet und der הַכֹּהֵן הַגָּדוֹל zu הַכֹּהֵן degradiert ist, da man sich den *Hohen*priester nicht mehr als Befehlsempfänger des Königs vorstellen konnte.[51] Direkte Abhängigkeit wie Sekundarität sind daran mit Sicherheit abzulesen. Mit diesem literarischen Beziehungsgeflecht ist zweierlei gesichert: Der Zusammenhang zwischen 22,9 und 23,4 hat ursprünglich tatsächlich bestanden; und das Huldaorakel 22,12-20* ist zwischen diesen Versen der älteste Einschub, während der verbleibende Text 22,10-11 und 23,1-3 und mit ihm das Motiv des Fundes des Torabuches jüngere Ergänzungen sind.

Das Problem des Huldaorakels ist bekanntlich, daß es in Wahrheit aus zwei Orakeln besteht. Der doppelte Auftrag, dem Manne bzw. dem König, der Hilkia und die anderen gesandt hat, das Folgende mitzuteilen (V. 15b.18a), zerteilt die Rede der Hulda in zwei Hälften, die sich auch der Sache nach unterscheiden. Das erste Orakel V. 15-17, bestehend aus Einleitung V. 15, Gerichtsankündigung V. 16 und Begründung V. 17, richtet sich gegen Jerusalem und seine Bewohner. Das zweite, das sich aus Einleitung V. 18, Begründung V. 19 und Verheißung V. 20 zusammensetzt, gilt dem König. Vor die Wahl gestellt, ist eindeutig, wo die Priorität liegt: im zweiten Orakel. Denn nicht nur, daß Josia in erster Linie um der eigenen Person willen Jahwe befragen läßt (V. 13) – die Prophetin trägt dem auch Rechnung, indem sie beide Orakel durch die Überbringer an den König persönlich richtet. Und das ist nur für das zweite Orakel ganz sachgemäß. So legt sich für das erste ein nachträglicher Einschub nahe. Die literarkritische Schwierigkeit besteht jedoch darin, daß der Einsatz des zweiten Orakels V. 18 wegen der unselbständigen, invertierten Satzstellung nicht ursprünglich am Anfang gestanden haben kann. Zudem hat F. Horst beobachtet, daß das Vokabular der Hulda unter-

---

[51] Statt der Tempelhierarchie ist in 22,12 der Kanzler Schafan beteiligt, der in 22,3-7.9 der entscheidende Mann des Königs ist. Schafan wiederum ist für den Ergänzer der Anlaß, Ahikam ben Schafan, den Vater Gedaljas, aus Jer 40-41 hinzuzuziehen. Offenbar hat er sie für Vater und Sohn gehalten. Dieser Ahikam begegnet ein einziges Mal nicht lediglich als Vatersname Gedaljas: Ahikam ben Schafan ist der Beschützer Jeremias in Jer 26,24. Er gehört dort, nach V. 21 zu schließen, zu allen Kriegshelden und allen Fürsten König Jojakims. Neben ihm wird Elnatan ben Achbor, der Verfolger des Propheten Uria, namentlich genannt (V. 22) – womit sich erklärt, weshalb der Ergänzer eine Generation früher, unter den Ministern von Jojakims Vater Josia, einen Achbor ben Micha auftreten läßt. Unter den Gestalten von 2 Kön 22,12 bleibt nur Asaja, der Knecht des Königs, ohne solche Ableitung, der jedoch einen typischen Chronik-Namen trägt, vgl. 1 Chr 4,36; 6,15; 9,5; 15,6.11. Das vollmundige Diktum HÖLSCHERS im Eucharisterion, 208f.: „Wenn hier nicht eine geradezu authentische Geschichtsüberlieferung vorliegt, so gäbe es überhaupt keine", das er auf „die unerfindlichen Einzelheiten, die genaue Datierung des Ereignisses, all die genauen Namen der königlichen Beamten, der Prophetin und ihres Ehemannes, des Stadthauptmanns und des Eunuchen" gründet, ist, wie man sieht, etwas voreilig: Die Haggada läßt sich entschlüsseln! „Die Nennung von Namen kann als solche noch nicht für größere geschichtliche Glaubwürdigkeit angeführt werden, sonst wären die Berichte der Chronik vielfach glaubwürdiger als die der älteren Quellen" (WÜRTHWEIN, ZThK 1976, 402f.).

schiedslos in beiden Orakeln größtenteils aus Entlehnungen besteht, die den Prosareden des Jeremiabuches entstammen.⁵² Die beiden Orakel sind sich nur allzu ähnlich. Horst hat darum einen komplizierten Längsschnitt durch beide Redegänge gelegt.⁵³ Allein er hat mißachtet, daß jede literarkritische Analyse darauf gerichtet sein muß, daß ihr Ergebnis literargeschichtlich wahrscheinlich ist, das heißt auf ein möglichst einfaches und verständliches Verfahren des Ergänzers hinauskommt.

Die einfache Lösung besteht wiederum in einer Ringkomposition: Der unselbständige Einsatz V. 18 ist die Wiederaufnahme des Einsatzes V. 15, so daß das nachgetragene Orakel mit V. 16 beginnt und das ursprüngliche Orakel in V. 19 sich fortsetzt.⁵⁴ Diese Ausgrenzung kann sowohl die störende Doppelung der Botenformel in V. 15-16 als auch das Anakoluth in V. 18b erklären. Die für sich genommen unverständlichen Worte הַדְּבָרִים אֲשֶׁר שָׁמָעְתָּ V. 18bβ sind nichts anderes als ein summarisches Zitat von V. 16-17, demzufolge das erste Orakel auch für das zweite vorausgesetzt ist – und zwar deshalb, weil im ersten Orakel auf das gefundene Torabuch Bezug genommen wird, von dem her auch das zweite und ursprüngliche Orakel jetzt verstanden werden soll. Das erste Orakel ist das Muster eines Prophetenspruchs in der Abfolge Gerichtsankündigung – begründende Anklage. Es ist aus Zitaten von Jer 19,3; 1,16; 25,7 und 7,20 zusammengesetzt. Hulda soll wie ein weiblicher Jeremia gesprochen haben. Das erklärt sich leicht: Jeremia ist, zum Typus erstarrt, *der* Gerichtsprophet für die Katastrophe von 587, die Hulda folglich mit denselben Worten anzukündigen hat.⁵⁵ Wie die Auswahl der Entlehnungen zeigt, pflegt man zu dieser Zeit als Jeremias Eigenstes längst

---

52 ZDMG 1923, 229 Anm.3.
53 ZDMG 1923, 230f. mit Anm. Horst rechnet zu einer Quelle A: V. 15.16.17b.19aα(ab יהוה, lies יִהְיֶה).20a(ab וְלֹא). Zu einer Quelle B gehören ihm zufolge V. 18a.17a.18b.19aα(bis מִפְּנֵי).βγb. 20a(bis בְּשָׁלוֹם).
54 Auch DIETRICH, Prophetie und Geschichte, 56f. (vgl. DERS., Josia und das Gesetzbuch [VT 27, 1977, 13-35] 26f.), rechnet mit einer Wiederaufnahme, jedoch auf V. 18abα begrenzt. Der unverständliche V. 18bβ sei das Fragment eines ursprünglichen Hulda-Orakels, von dem im übrigen nur noch die Einleitung V. 15aα.b-16aα vorhanden sei. Wie bei Horst ist auch diese Hypothese ein Versuch, der Beobachtung Rechnung zu tragen, daß die Diktion von V. 16-18 auch das zweite Orakel V. 19-20a bestimmt. Da Dietrich innerhalb des zweiten Orakels mit Ausnahme von V. 19b keine literarkritischen Differenzierungen vornimmt, ist er für das ursprüngliche Huldaorakel zur Annahme einer bis auf wenige Spuren verlorenen Vorlage gezwungen. Dieses Argumentum e silentio ist unnötig mühsam und widerspricht der Wahrscheinlichkeit. Auslassungen des überlieferten Textes kamen in der späteren alttestamentlichen Literargeschichte nicht mehr vor.
55 Die häufig aufgeworfene Frage, warum Hilkia und die anderen sich nicht an Jeremia gewandt hätten, richtig gestellt: warum der Ergänzer nicht Jeremia das Orakel habe erteilen lassen, sondern dazu die Prophetin Hulda erfunden hat, ist einfach zu beantworten: Weil zu seiner Zeit die Josia-Daierungen des Jeremiabuches noch fehlten und die Wirksamkeit Jeremias ursprünglich mit Jojakim begann (LEVIN, Anfänge des Propheten Jeremia [unten 217-226]). Die Umstände der Orakelerteilung sind schwerlich alle aus der Luft gegriffen. So dürfte das Amt des „Hüters der Gewänder" (שֹׁמֵר הַבְּגָדִים), das Huldas Gemahl Schallum innehatte, am zweiten Tempel tatsächlich bestanden haben. Und die Erwähnung eines zweiten Stadtbezirks (מִשְׁנֶה) gibt ein wichtiges Detail zur Topographie Jerusalems in der persischen (nicht, wie man bisher dachte, in der spätvorexilischen) Zeit.

die deuteronomistischen Prosareden anzusehen.[56] Im Hintergrund des jüngeren Huldaorakels steht ferner das Fluchkapitel Dtn 28, das selbst zahlreiche Entlehnungen aus der jeremianischen Gerichtsprophetie enthält und dessen ursprünglich prophetischer Charakter hier verblüffend deutlich zur Geltung kommt.

Das zweite, ältere Huldaorakel V. 15.19-20a ist nicht nur durch die Überleitung V. 18 nachträglich auf das gefundene Torabuch ausgerichtet worden. Beide Glieder des Prophetenspruchs, die Begründung V. 19a[57] wie das Heilswort V. 20a, beziehen sich, wie sie vorliegen, jeweils in ihrem zweiten Teil auf den Fund oder auf das jüngere Orakel: V. 19a (ab בְּשָׁמְעֲךָ) verdeutlicht die Demütigung des Königs vor Jahwe mit seiner Reaktion auf die Verlesung des Torabuches V. 11; und V. 20a (ab וְלֹא) deutet das Heilswort dahingehend, daß der König von dem Unheil, das in V. 16 angekündigt ist, ausgenommen sei. Die beiden Zusätze, fast doppelt so umfangreich wie das zugrundeliegende Orakel, sind der Grund, weshalb auch V. 19-20a von der jeremianisch-deuteronomistischen Diktion bestimmt sind. Indessen liegt der Zusatzcharakter aus inhaltlichen Gründen auf der Hand.[58]

Der Prophetenspruch der Hulda hat ursprünglich folgenden Wortlaut besessen:

> „So spricht Jahwe, der Gott Israels: Sagt zu dem Manne, der euch zu mir gesandt hat: Weil dein Herz furchtsam gewesen ist und du dich gedemütigt hast vor Jahwe, darum, siehe, will ich dich versammeln zu deinen Vätern, und du sollst in dein Grab kommen in Frieden" (22,15.19a[bis יהוה].20a[bis בְּשָׁלוֹם]).

Zentrales Motiv, mit dem das Heilswort begründet wird, ist die „Demütigung vor Jahwe" (כנע ni.). Gemeint ist nicht, wie in der späteren Ergänzung V. 11, das Erschrecken Josias angesichts des Torabuches. Vielmehr liegt, wie A. Jepsen gezeigt hat, jenseits jeder Konkretion (die in 2 Kön 22-23 in der Instandsetzung und Reinigung des Tempels zu suchen wäre) ein geprägter theologischer Topos vor.[59] Dessen Verbreitungsschwerpunkt ist im zweiten Chronikbuch zu finden.[60] Damit ist für die Datierung des ältesten Huldaorakels der entscheidende Hinweis

---

56 Dazu W. THIEL, Die deuteronomistische Redaktion von Jeremia 1-25 (WMANT 41) 1973, und DERS., Die deuteronomistische Redaktion von Jeremia 26-45 (WMANT 52) 1981, sowie K.-F. POHLMANN, Studien zum Jeremiabuch (FRLANT 118) 1978. Die von THIEL und POHLMANN unterschiedenen Redaktionen sind nach meiner Ansicht keine einheitlichen literarischen Schichten, sondern ganz wie in 2 Kön 22-23 das Ergebnis einer langfristigen und vielgestaltigen Fortschreibungsgeschichte. Von den im Huldaorakel zitierten Texten Jer 19,3; 1,16; 25,7 und 7,20 gehören 1,16 und 25,7 in sehr späte Zeit.

57 V. 19b ist leicht als späterer Einschub zu erkennen, eingeführt mit וְגַם und mit einer eigenen Gottesspruchformel abgeschlossen, der als Teil der Verheißung vor der Einleitung לָכֵן הִנְנִי V. 20a zu früh kommt.

58 In formaler Hinsicht läßt sich mit der Anordnung argumentieren. Das Zerreißen der Kleider und das Weinen V. 19αβγ sollten, wenn ursprünglich, mit der Demütigung V. 19aα¹ zusammenstehen. In V. 20a gehört das Nicht-Sehen von Rechts wegen *vor* das Begrabenwerden. In beiden Fällen ist der Zusatz einfach an die beiden Glieder des Prophetenspruchs, Begründung und Verheißung, angehängt worden.

59 A. JEPSEN, Die Quellen des Königsbuches, 1953, 103, und DERS., Ahabs Buße. Ein kleiner Beitrag zur Methode literarhistorischer Einordnung (1970; in: DERS., Der Herr ist Gott, 1978, 124-131) 127-129.

Josia im Deuteronomistischen Geschichtswerk 213

gegeben: Es dürfte in nachdeuteronomistischer Zeit entstanden sein.[61] Unschwer läßt es sich als Vaticinium ex eventu deuten; denn „das בשלום bezieht sich nur darauf, daß Josia die Zerstörung Jerusalems nicht erlebt, ... nicht darauf, daß er nicht im Kampfe fallen solle".[62] Wie in der Chronik dient der Topos כנע ni. dazu, den in der Überlieferung vorgegebenen Geschichtsverlauf mit der Auffassung von der konsequenten Wirksamkeit der Gerechtigkeit Gottes in Einklang zu bringen: Das Huldaorakel begründet den Aufschub der Katastrophe Judas in das Jahr 587, die von Rechts wegen auf Manasses Sünde sogleich hätte folgen sollen.[63] Es spricht nicht gegen eine nachdeuteronomistische Datierung des ältesten Huldaorakels, wenn in den jüngeren Ergänzungen von 2 Kön 22-23 die deuteronomistische Diktion wiederum vorherrscht. Sie ist durch den Rückgriff auf die jeremianische Prophetie und in 23,1-3 durch die Vorlage des deuteronomischen Bundesschlusses Dtn 26,16-19 begründet.[64]

V

Wenn wir uns abschließend dem eigentlichen *Fundbericht* zuwenden, zeigt sich ohne weiteres, daß er die jüngste(n) Schicht(en) von 2 Kön 22-23 vertritt. Der Fund des Torabuches *V. 8*, in wörtlicher Rede als Bericht des Hohenpriesters Hilkia *über* den Fund geschildert, kommt nach dem langen Befehl des Königs über die Einleitung der Baumaßnahmen V. 4-7 vollkommen unvermittelt.[65] Die Determination „das Buch der Tora" zeigt, daß es sich für Ergänzer wie Leser um die als Richtschnur des Glaubens gültige Eine Heilige Schrift der Tora handelt, deren an 2 Kön 23,4-20 abzulesende plötzliche Wieder-Geltung nach den toralosen Jahrhunderten der nachmosaischen Zeit eine Erklärung finden soll.[66] Daß

---

60 Die Belege nach JEPSEN, Ahabs Buße, 128: Lev 16,41; 1 Kön 21,29; 2 Kön 22,19; 2 Chr 7,14; 12,6.7.12; 30,11; 32,26; 33,12.19.23(2); 34,27; 36,12.
61 JEPSEN, 129: „2. Kön. 22 und 1. Kön. 21 scheinen mir *sachlich* so nahe zu 2. Chron. 12,6ff. und vor allem zu 32,36 und 36,12 zu gehören, daß ich sie eher zwischen Lev. 26 und der Chronik ansetzen möchte, als in eine vordeuteronomistische Zeit." Die einschneidenden Konsequenzen werden bei Jepsen allerdings noch nicht deutlich, da er in V. 19.20a lediglich einen Einschub der „levitischen Redaktion" sieht, der sogar zusammen mit 23,16-20 die jüngste Schicht der ganzen Perikope 2 Kön 22-23 bildet. Und diese levitische Redaktion datiert Jepsen auf den Ausgang des 6. Jahrhunderts (Die Quellen des Königsbuches, 104). Tatsächlich wird man, wenn die Theologiegeschichte nicht aus den Fugen geraten soll, mit dem ältesten Huldaorakel viel näher an die Entstehungszeit der Chronik im 3. Jahrhundert herangehen müssen.
62 JEPSEN, Die Quellen des Königsbuches, 103.
63 Vgl die Deutung von 1 Kön 21,29 durch JEPSEN, Ahabs Buße, 127-129. Zur Sünde Manasses als Auslöser der Katastrophe Judas vgl. 2 Kön 21,10-15; 23,26; 24,3; Jer 15,4.
64 Mit „deuteronomistischer Sprache" allein kann man hier wie anderswo nichts beweisen. Sonst müßte Dan 9 ins 6. Jahrhundert gehören.
65 „Hier muss eine Lücke im Text oder eine starke Unebenheit in der Erzählung sein" (R. KITTEL, Die Bücher der Könige [HK I 5] 1900, 298).
66 „Genauer wird dieses Buch ganz unvermittelt kurzerhand ‚das Buch des Gesetzes', ‚das Torabuch' genannt, gleichsam als sei es ein allgemein bekanntes oder etwa ein irgendwo schon erwähntes Buch" (HORST, ZDMG 1923, 220). Die Versuche, die Determination zu relativieren, hat N. LOHFINK, Die Bundesurkunde des Königs Josias (Bib. 44, 1963, 261-288. 461-498) 280f. Anm., ausführlich widerlegt.

das so bezeichnete Buch auf das Deuteronomium beschränkt war, ist – auch aus Gründen der relativen Datierung – eher unwahrscheinlich. Der erkennbar bezogene Text, das Fluchkapitel Dtn 28, betrifft in dem durch die Endredaktion geschaffenen Zusammenhang die ganze Tora unter Einschluß des priesterschriftlichen Gesetzes. In 2 Kön 22-23 geht es weder um die Ätiologie dieses Buches – die findet sich, sei es für das Deuteronomium, die Priesterschrift oder den ganzen Pentateuch, am Sinai/Horeb unter Mose –, noch um die apologetische Legitimierung – die hat es aus sich selbst, so wahr die Worte der Tora zu Jahwe unmittelbar sind.

Entsprechend beiläufig wird das Tora-Thema in 2 Kön 22 eingeführt. Der Zusatzcharakter ist offenkundig in der Mitteilung des Schafan an den König *V. 10*, die anschließend an den Bericht über den Beginn der Instandsetzungsarbeiten V. 9 noch einmal eigens eingeführt wird, unter erneuter Nennung von Sprecher und Adressat. Es „würde anstelle des gesamten Satzes V. 10aα vermutlich ein schlichtes ו stehen, wenn der Text in einem Zuge niedergeschrieben wäre".[67] Welcher der beiden Redegänge der ursprüngliche ist, ersieht man aus der Reihenfolge: Es muß sehr verwundern, daß Schafan mit dem Fund nicht sogleich herausplatzt, sondern ihn nach den vergleichsweise nebensächlichen Baumaßnahmen erst an zweiter Stelle vorbringt.[68] Der Grund: V. 10 ist als Nachtrag auf die vorgegebene Szene angewiesen.

Die Reaktion des Königs *V. 11* gehört zu der Verlesung des Buches der Tora hinzu, ist also ebenfalls Teil des Fundberichts. Der Übergang zur Befragung der Hulda, die mit V. 12 eingeleitet wird, ist wiederum hart. Die „Tatsache, daß innerhalb der mit *wyhy* eröffneten Reihe von Narrativen, völlig ohne einsehbaren Grund, das gleichbleibende Subjekt, *hmlk*, wiederholt wird (V. 11, 12) ... läßt an doppelte Verfasserschaft denken".[69] Da V. 12, wie oben gezeigt wurde, als Vorwegnahme von 23,4 ursprünglich an V. 9 angeschlossen hat, ist die Sekundarität von V. 11 erwiesen.

In der Orakelanfrage *V. 13*, als deren ursprüngliches Anliegen anhand des ältesten Huldaorakels das persönliche Geschick des Königs zu erschließen ist, wurde, wie nicht anders zu erwarten, auf das gefundene Torabuch nachträglich Bezug genommen. Die Einfügung ist an der störenden Dublette וּבְעַד כָּל־יְהוּדָה abzulesen, die nicht, wie allgemein angenommen, isolierte Glosse ist, sondern eine den älteren Vortext וּבְעַד־הָעָם aufgreifende Anknüpfung, die den Zusatz V. aβb eröffnet.[70] Man empfindet deutlich die Merkwürdigkeit, daß der König über das Buch

---

67 DIETRICH, VT 1977, 24.
68 In 2 Chr 34,16 ist deshalb die Szene ויבא שפן הספר mit wenigen Strichen zu ויבא שפן את הספר geändert und so das Buch sogleich ins Spiel gebracht worden.
69 DIETRICH, 25.
70 DIETRICH, 26, nennt weitere Beobachtungen: Die Verbindung הַסֵּפֶר הַנִּמְצָא הַזֶּה ist eine „ungewöhnliche[n] Konstruktion". Wenn man annimmt, daß der Verfasser von V. 8.10-11 in einen vorgegebenen Textzusammenhang hineingeschrieben hat, erklärt sie sich leicht als überdeutlicher Rückverweis. Die isolierte Streichung des הַנִּמְצָא, die Dietrich vorschlägt, scheitert daran, daß 23,2b auf das Wort Bezug nimmt. – Die gemeinsame Verwendung der Präpositionalausdrücke mit בְּעַד und desjenigen mit עַל nach der Befragungsformel דְּרשׁ אֶת־יְהוָה ist „merkwürdig". Sie entfällt, wenn man ab וּבְעַד 2° mit einem Zusatz rechnet. Dietrich streicht die drei בְּעַד-Wendungen für sich. Auch dies ist weniger wahrscheinlich. Dietrich hat alle wichtigen

der Tora, dessen Aussage, wie aus der Anfrage hervorgeht, an Deutlichkeit nichts zu wünschen übrig läßt, ein Orakel überhaupt einholt – das dann nichts anderes besagt, als die Worte des Königs bzw. des Buches zu spiegeln (vgl. V. 13 mit V. 17). Innerhalb des Fundberichts, wäre er die ursprüngliche Grundlage, hätte eine Orakelanfrage zwischen der Verlesung des Buches und dem Bundesschluß keine Funktion.[71] Die Verdoppelung und Ergänzung des Huldaorakels V. 16-18. 19a(ab בְּשָׁמְעֶךָ).20a(ab וְלֹא), die die Verbindung zu dem Fund des Torabuches herstellen, haben wir oben ausgeschieden.

Der zwischen Orakel und Reform eingeschobene Bundesschluß *23,1-3* steht möglicherweise auf einer späteren Bearbeitungsstufe; denn hier ist das Buch der Tora als das im Tempel gefundene „Bundesbuch" bezeichnet. Die Szene ist eine Nachahmung des durch Jojada geschlossenen Jahwebundes 2 Kön 11,14.17.[72] Dabei ist V. 2a eine spätere Erweiterung.[73] Die inhaltliche Bestimmung des Bundes stammt aus dem deuteronomischen Bundesschluß Dtn 26,16-19,[74] die Verlesung des Bundesbuches aus Ex 24,7.

Den Erweiterungen des Fundberichts sind schließlich die schon erwähnte Passafeier 23,21-23 und der geschichtstheologische Rekurs auf das Gesetz 23,24-27* zuzuordnen. Der Reformbericht 23,4-20 dagegen weist mit keiner Silbe darauf hin, daß er den Fund des Torabuches voraussetzt und die Ausführung seiner Vorschriften ist. „Wenn die Reinigung des Tempels ... mit dem Gesetzbuch zusammenhing, warum wird nicht wenigstens einmal in 23,4-15 auf das Gesetz verwiesen, wie es in 23,21-25 sogar zweimal geschieht."[75] Deutlicher läßt sich die völlige Sekundarität des Fundberichts nicht erweisen.

Der Bericht von der Reform Josias 2 Kön 23,4-20 ist in einem umfangreichen literarischen Wachstumsprozeß entstanden, dessen Ausgangspunkt in der dtr. Höhennotiz 23,8a zu finden ist. Er enthält keine vorexilische Quelle. Der für die historische Rekonstruktion der Josiazeit maßgebende Text des dtr. Geschichtswerks (DtrH, um 560) hat lediglich 22,1-2; 23,8a.25a(bis מֶלֶךְ).b.28-30 umfaßt. In nachexilischer Zeit wurde dem Reformbericht mit Hilfe von 23,4 der „Instandsetzungs-

---

Voraussetzungen zur Analyse des Textes gesehen, entscheidet aber bei der Synthese genau umgekehrt. So erhält er, wie vor ihm schon A. ŠANDA, Die Bücher der Könige (EHAT 9 II) 1912, 360f., in den Versen 3.8.10 einen quellenhaften Fundbericht. Diese Lösung krankt daran, daß sich für den nachträglichen Einbau des Instandsetzungsberichts kein Bewegrund nennen läßt. Dietrichs Auskunft ist verzweifelt: „Die Bauarbeiten sind der Anlaß zum Finden des Gesetzbuches ... Damit wird er (sc. der Ergänzer) das Schweigen des von ihm übernommenen Berichts über die Herkunft des Buches kompensieren wollen" (S. 33). Was bei einem quellenhaften Fundbericht unter Voraussetzung der modernen Pentateuchkritik herauskommt, ist, daß man am Ende das Einfachste nicht mehr weiß: nämlich was סֵפֶר הַתּוֹרָה bedeutet (vgl. auch HÖLSCHER im Eucharisterion, 212f., oder die Konstruktionen von LOHFINK, Bib. 1963, 261-288. 461-498).

71 WÜRTHWEIN, ZThK 1976, 406, findet unter dieser Voraussetzung „die Fortsetzung des ursprünglichen Berichtes von 22,11 in 23,1-3."
72 Den Beweis habe ich an anderer Stelle vorgeführt, vgl. LEVIN, Atalja, 71 Anm. 30.
73 S. o. Anm. 17.
74 Auf die enge Beziehung zwischen Dtn 26,16-19 und 2 Kön 23,1-3 hat R. SMEND, Die Bundesformel (1963; in: DERS., Die Mitte des Alten Testaments [s. Anm. 9], 1-29) 7, hingewiesen.
75 JEPSEN, Die Quellen des Königsbuches, 27.

bericht" 22,3-7.9* vorgeschaltet, ein Fragment aus anderem Quellenzusammenhang. Das älteste Huldaorakel 22,12.13(bis הָעָם).14-15.19a(bis יהוה).20a(bis בְּשָׁלוֹם).b ist ein Einschub aus nachdtr. Zeit, der Josias Maßnahme mit einem chronistischen Theologumenon als „Demütigung vor Jahwe" (כנע ni.) deutet und so den Aufschub der Katastrophe Judas begründet. Die Schichten des Fundberichts 22,8.10-11.13(ab וּבְעַד 2°).16-18.19(ab בְּשָׁמְעֲךָ).20a(ab וְלֹא); 23,1-3.21-24.25a(ab אֲשֶׁר). 26-27 sind zuletzt hinzugekommen, um für Josias Tora-Gehorsam die Erklärung zu geben. „Das Buch der Tora" dürfte annähernd in seiner heutigen Fassung vorausgesetzt sein. Die Datierung des Urdeuteronomiums in die Josiazeit bleibt von dieser Analyse unberührt, da sie sich nicht aus 2 Kön 22-23, sondern aus dem religionsgeschichtlichen Kalkül ergibt.

Noch einmal: Die Anfänge des Propheten Jeremia

Unter der Überschrift „Die Anfänge des Propheten Jeremia" hat Friedrich Horst vor nunmehr fast sechzig Jahren eine These vertreten, die längst zu den anerkannten Grundlagen der Jeremiaforschung hätte gehören sollen.[1] Er wies nach, daß die Josia-Datierungen des Jeremiabuches (Jer 1,2; 3,6; 25,3; 36,2) sekundäre Zufügungen sind, die Anfänge des Propheten Jeremia darum nicht in das 13. Jahr Josias (627 v.Chr.), sondern neunzehn Jahre später in den Beginn der Herrschaft Jojakims (608 v.Chr.) gehören.[2] Horsts Beweisführung war allerdings überaus kompliziert, dazu mit einer dubiosen Quellentheorie belastet, so daß sich seine Einsicht weithin nicht durchsetzen konnte. Doch ist die These damit nicht gescheitert. Sie soll hier noch einmal und auf einfacherem Wege unter Beweis gestellt werden. Eine detaillierte Auseinandersetzung mit Horst und der an ihn anschließenden Diskussion ist dabei nicht beabsichtigt und kann für unsere Zwecke unterbleiben. Die Unterstützung und Modifikation, die Horsts These namentlich in der angelsächsischen Forschung erfahren hat, beschränkte sich bisher im wesentlichen darauf, den vermeintlichen Fixpunkt Jer 1,2 durch andere vermeintliche Fixpunkte zu ersetzen.[3] Die Eigengesetzlichkeit der Geschichte der prophetischen Literatur fand dabei durchweg zu wenig Beachtung, die Kompliziertheit des Verhältnisses von Prophetenbuch und Realgeschichte wurde gewaltig unterschätzt. Angesichts der literarischen Verhältnisse, wie sie uns im Jeremiabuch nun einmal vorliegen, können nur rückhaltlose Kritik und genaue Beobachtung am Text weiterführen. Dazu gehört, daß wir zugunsten literargeschichtlicher Problemlösungen auf eine historische Fragestellung zunächst immer verzichten. Wir fragen darum nicht nach dem Werdegang Jeremias oder den Epochen seiner Verkündigung, sondern viel vordergründiger nach der literarischen Entstehungsgeschichte der Datierungen des Jeremiabuchs, das wir in den Händen haben. Erst anschließend wird mit der nötigen Sicherheit über die Anfänge des Propheten Jeremia zu reden sein.

Das Jeremiabuch besitzt anders als das Jesajabuch eine große Anzahl Datierungen, anders als das Ezechielbuch aber kein Datierungssystem. Die Datierungen finden sich in unregelmäßiger Streuung, haben keine einheitliche Form und stehen vor allem nicht in chronologischer Folge. Wollte man das Buch nach den Datierungen ordnen, müßte man es ganz und gar umstülpen. Nimmt man hinzu, daß große Teile des Buches überhaupt nicht datiert sind, so ist klar, daß keine einheitliche redaktionelle Gestaltung zugrunde liegt, sondern die Datierungen von wechselnden Verfassern unter wechselnden Gesichtspunkten nach und nach hin-

---

1 ZAW 41, 1923, 94-153.
2 Absolute Datierungen nach A. JEPSEN /R. HANHART, Untersuchungen zur israelitisch-jüdischen Chronologie (BZAW 88) 1964.
3 H.G. MAY, The Chronology of Jeremiah's Oracles (JNES 4, 1945, 217-227); C.F. WHITLEY, The Date of Jeremiah's Call (VT 14, 1964, 467-483); J.P. HYATT, The Beginning of Jeremiah's Prophecy (ZAW 78, 1966, 204-214).

zugefügt wurden. Die Chronologie ist nicht gemacht, sondern allmählich gewachsen, und zwar, wie der Überblick zeigt, ziemlich wild und unkontrolliert.

Um in das Gestrüpp eine Ordnung zu bringen, empfiehlt es sich, die Datierungen nach Schwerpunkten zu gliedern. Dieses Verfahren findet sich schon in der Buchüberschrift 1,1-3. Dort wird das Wirken Jeremias vom 13. Jahr Josias bis zum Ende des 11. Jahres Zedekias datiert. Von den fünf in diesem Zeitraum regierenden Königen sind aber nur drei, Josia, Jojakim und Zedekia, genannt. Joahas und Jojachin werden übergangen. Man sieht, daß es nicht um die minutiöse Chronologie zu tun ist, sondern um inhaltliche Gewichtung.

Zwei dieser drei Schwerpunkte lassen sich unschwer nachvollziehen. In die Zeit Zedekias gehören die Erzählungen aus Kap. 37-44 sowie die Vision von den Feigenkörben (Kap. 24), die Auseinandersetzung mit Hananja (Kap. 28) und die Zeichenhandlung mit dem Ackerkauf (Kap. 32), eventuell die Zeichenhandlung mit dem Joch (Kap. 27). In der Zeit Jojakims aber spielt die öffentliche Rehabilitierung Jeremias im Tempel (Kap. 26), die Zeichenhandlung mit den Rechabitern (Kap. 35) und die Zeichenhandlung mit der Schriftrolle (Kap. 36, damit zusammenhängend Kap. 25 und 45), eventuell die Zeichenhandlung mit dem Joch (Kap. 27). Für den dritten in der Überschrift genannten Schwerpunkt, die Josiazeit, ist dem nichts Entsprechendes zur Seite zu stellen.

Von den drei verbleibenden Josia-Daten ist nämlich nur 3,6 eine regelrechte Datierung, die beiden anderen (25,3; 36,2) werden im Rückblick genannt. Sie beziehen sich, wie eben die Buchüberschrift 1,2, auf den Beginn der Wirksamkeit Jeremias. In 3,6 aber ist die Angabe בִּימֵי יֹאשִׁיָּהוּ הַמֶּלֶךְ „in den Tagen des Königs Josia" leicht als ganz oberflächliche Zufügung zu erkennen.

> Und Jahwe sprach zu mir
> *in den Tagen des Königs Josia*:
> Hast du gesehen, was Israel, die Abtrünnige, getan hat?
> Sie ging auf jeden hohen Berg und unter jeden grünen Baum und hurte dort.

Die Zeitangabe ist so allgemein, daß man sie kaum als Datum nehmen kann; es geht eher darum, eine geschichtliche Beziehung herzustellen, als einen konkreten Termin zu nennen. Zudem steht die Zeitangabe ganz widersinnig nicht vor, sondern hinter der unmittelbaren Redeeinleitung. Sie reißt Redeeinleitung und wörtliche Rede auseinander.[4] Der Einschub ist mit Händen zu greifen. Offensichtlich stammt die Datierung von einem Leser, der sich genau in unserer Verlegenheit befand und, wie es naheliegend, aber ohne jede Handhabe ist, in den Anfangskapiteln des Buches die frühe Verkündigung Jeremias sah. Die Hurerei auf den Höhen, von der zu Beginn des Abschnitts 3,6-18 die Rede ist, konnte ihm dazu als vermeintlicher Anhaltspunkt dienen.

Ohne 3,6 erweist sich die Angabe von 1,2; 25,3 und 36,2, die Wirksamkeit Jeremias datiere seit dem 13. Jahr des Josia, vollends als leeres Postulat. Sehen wir darum näher zu. Es ist offensichtlich, daß die Buchüberschrift 1,1-3 ein literarisch komplexer Text ist:

---

4 Bei allen übrigen 33 Belegen der Redeeinleitung וַיֹּאמֶר יהוה אֵלַי folgt die wörtliche Rede unmittelbar. Und sie muß es auch! Lediglich in Dtn 2,2; 9,13 findet sich zusätzlich einleitendes לֵאמֹר.

Noch einmal: Die Anfänge des Propheten Jeremia 219

1 Die Worte Jeremias, des Sohnes Hilkias,
  von den Priestern in Anatot im Lande Benjamin,
2   zu dem das Wort Jahwes geschah
    in den Tagen Josias, des Sohnes Amons, des Königs von Juda,
    im 13. Jahr seiner Herrschaft.
3   *Und es geschah*
    in den Tagen Jojakims, des Sohnes Josias, des Königs von Juda,
    bis zum Ende des 11. Jahres Zedekias, des Sohnes Josias, des Königs von Juda,
    bis Jerusalem in die Verbannung geführt wurde im fünften Monat.

An dem mühsamen Relativsatz zu Beginn von V. 2 ist zu sehen, daß die Datierungen V. 2-3 der Überschrift V. 1 nachträglich angefügt sind.[5] Innerhalb der Datierungen setzt V. 3 mit וַיְהִי „und es geschah" ausgesprochen hart ein. Dieser Einsatz ist wiederum nur als nachträgliche Verknüpfung plausibel. Zahlreiche Exegeten haben darum die Jojakim- und Zedekia-Datierung V. 3 als einen weiteren Zusatz beurteilt.[6] Ebenso besteht jedoch die Möglichkeit, daß die Josia-Datierung V. 2aβ nachträglich eingeschoben wurde. וַיְהִי wäre dann nicht als Neuanknüpfung, sondern als Wiederanknüpfung zu deuten, als eine Art Wiederaufnahme[7] der Wortereignisformel von V. 2aα. Die Entscheidung zwischen beiden Möglichkeiten ist leicht zu treffen. Die Handhabe bietet V. 2b. Die Datierungen wollen nämlich eine Zeit*dauer* beschreiben, wie vor allem die Angabe eines Endpunktes in V. 3aβγb erkennen läßt: „*bis* zum Ende des 11. Jahres Zedekias". Damit sind die Angaben „in den Tagen Josias bzw. Jojakims" voll zu vereinbaren, da sie einen größeren Zeitraum umschreiben; nicht aber die Nennung eines einzelnen Jahres: „*im* 13. Jahr Josias" (V. 2b). Ein solcher Zeit*punkt* kann an dieser Stelle nur als *Ausgangs*punkt gemeint sein: „*seit* den Tagen Josias, *seit* seinem 13. Jahr". Das ist auch der offensichtliche Sinn, vgl. 25,3 und 36,2. Wenn damit der Wortlaut nicht übereinstimmt, kann das nur darin seinen Grund haben, daß hier nicht frei formuliert ist. Die Josia-Datierung ist zwischeneingekommen, der übrige Text lag ihr vor und zwang sie in den Rahmen: „Jeremia, an den das Wort Jahwes erging *in* den Tagen Jojakims bis zum Ende des 11. Jahres Zedekias."

Ähnlich wie in Kap. 1 verhält es sich in Kap. 36. Auch zu Beginn der Zeichenhandlung mit der Buchrolle liegt der Text in stark erweiterter Form vor.

1 Und es geschah im 4. Jahr Jojakims, des Sohnes Josias, des Königs von Juda,
  da geschah dieses Wort zu Jeremia von Jahwe:
2 Nimm dir eine Schriftrolle und schreibe darauf alle Worte, die ich zu dir geredet habe
    gegen Israel und gegen Juda und gegen alle Völker
    seit dem Tage, da ich zu dir geredet habe,
        seit den Tagen Josias
    bis heute.
3 Vielleicht wird das Haus Juda hören ...

Als Grundlage ist der Schreibbefehl V. 2a (bis אֵלֶיךָ) auszumachen, den Jeremia in V. 4 in die Tat umsetzt. Beides stand ursprünglich in direktem Zusammenhang

---
5 Dazu W. THIEL, Die deuteronomistische Redaktion von Jeremia 1-25 (WMANT 41) 1973, 50f.
6 Siehe die Aufzählung bei THIEL, 52 Anm. 18.
7 Vgl. C. KUHL, Die ‚Wiederaufnahme' - ein literarkritisches Prinzip? (ZAW 64, 1952, 1-11).

und ist heute auseinandergerissen, da die Jahwerede mehrfach erweitert wurde. Ein erster Zusatz ist die Reflexion V. 3. Sie ist eine Entlehnung aus 26,3 und 31,34. Später wurde der Schreibbefehl näher bestimmt: alle Worte, die ich zu dir geredet habe, nämlich „gegen Israel und gegen Juda und gegen alle Völker seit dem Tage, da ich zu dir geredet habe, bis heute" (V. 2 ab עַל, ohne מִימֵי יֹאשִׁיָּהוּ). An der umständlichen Formulierung ist der Zusatz ohne weiteres zu erkennen. In einem Zuge formuliert, hätte es keinen Anlaß gegeben, דִּבַּרְתִּי אֵלֶיךָ „da ich zur dir geredet habe" zu wiederholen. Die Absicht der genauen Inhaltsangabe liegt auf der Hand. Durch sie wird die Zeichenhandlung mit der Buchrolle zu einem Bericht über die Entstehung des seinerzeit vorliegenden Jeremiabuches umgestaltet: Aus der Buchrolle wurde die von der modernen Forschung sogenannte ‚Urrolle'. Innerhalb des Zusatzes ist nun die genaue Zeitangabe מִימֵי יֹאשִׁיָּהוּ ein weiterer Zusatz. Es handelt sich klar um eine Apposition, die, wäre sie von vornherein vorhanden gewesen, das unschöne und unpräzise מִיּוֹם דִּבַּרְתִּי אֵלֶיךָ „seit dem Tage, da ich zu dir geredet habe" gewiß erübrigt hätte. Die Josia-Datierung erweist sich auch in 36,2 als später Nachtrag. Die ungenaue, allgemeine Formulierung erinnert an 3,6.

Damit kommen wir zu 25,3, dem letzten Beleg. Hier zum ersten und einzigen Mal findet sich die Josia-Datierung als integrierter Bestandteil des Textes.

> 1 Das Wort, das geschah zu Jeremia gegen das ganze Volk von Juda
> im 4. Jahr Jojakims, des Sohnes Josias, des Königs von Juda,
> das was das 1. Jahr Nebukadnezars, des Königs von Babel,
> 2 das der Prophet Jeremia sprach
> gegen das ganze Volk von Juda und zu allen Bewohnern Jerusalems:
> 3 *Seit dem 13. Jahr Josias, des Sohnes Amons, des Königs von Juda, bis heute,*
> das sind 23 Jahre, geschah das Wort Jahwes zu mir,
> und ich habe unermüdlich zu euch gesprochen, aber ihr habt nicht gehört.

Das Kapitel ist eines der spätesten Stücke, die das Jeremiabuch insgesamt enthält. Weiteste Teile der Prosareden sind vorausgesetzt, ebenso die Völkersprüche. In seinem ersten Teil besteht es fast nur aus Entlehnungen. Der ganze Sinn der Sache: Kap. 25 zieht aus Kap. 36 in dessen erweiterter Form die Konsequenz und will sozusagen die Unterschrift unter die Urrolle bieten.[8] So erklärt sich die ausführliche Verklammerung mit der Buchüberschrift 1,1-3 und die summarische Wiederholung der gängigen Themen der Prosareden. Die Beziehung auf Kap. 36 ist wegen der Datierung 25,1 und wegen V. 13 unverkennbar. Die beiden Josia-Datierungen 1,2 und 36,2 werden durch 25,3 in einen wohlüberlegten Zusammenhang gebracht. Die Urrolle soll nach Jahwes Befehl (36,2) alle Worte enthalten, die Jeremia vom 13. Jahr des Josia (1,2) bis ins 4. Jahr Jojakims gesprochen hat. Daß das durch und durch Konstruktion ist, bedarf keines Nachweises. Es ist

---

8 So auch B. DUHM, Das Buch Jeremia (KHC XI) 1901, 200: „Diese Rede soll offenbar jene erste Sammlung der ‚Worte Jeremias' abschliessen, um dann Cap. 26 ff. als jene Zusätze erscheinen zu lassen, die in dem wiederhergestellten Buch hinzukamen. Dies Stück nimmt Bezug auf Cap. 1, zu dem es sich verhält wie der Schluss zu der Einleitung". Ähnlich O. EIẞFELDT, Einleitung in das Alte Testament (NTG) ³1964, 472f., der die späte Konstruktion freilich für bare Münze nimmt.

von historischem Belang nur für die späte Geschichte des Jeremiabuches, nicht für die Wirksamkeit des Propheten Jeremia. Das Interesse an der Entstehungsgeschichte der Offenbarungsurkunde Jeremiabuch, das hier und in den Überarbeitungen von Kap. 36 zutage tritt, zeigt bereits das eingeschränkt schriftgebundene Offenbarungsverständnis der späten, nachprophetischen Zeit. Dabei konzentriert sich der Blick auf die herausgehobene Person des Offenbarungsmittlers Jeremia. Es ist kein Zufall, daß in 25,3-6 (𝔐-Text) die sonst in den Prosareden überall vorherrschende Botenrede durch die Prophetenrede ersetzt ist. Wir stehen an der Schwelle zum Zeitalter der Pseudepigraphie. Das Propheten- und Offenbarungsverständnis, das in der jüdischen Kanondebatte das herrschende ist, ist schon am Horizont.

Mit der literarkritischen Ausscheidung der Josia-Datierungen ist freilich noch nicht ihr Zustandekommen erklärt. Der Überblick hat gezeigt, daß wir in 1,2; 3,6; 25,3 und 36,2 schwerlich mit ein und demselben Ergänzer zu tun haben. Die vier Datierungen sind demnach ungleich alt. Daher stellt sich die Frage nach dem Ursprung zunächst als die Frage nach dem ältesten Beleg. Man kann an der nachträglichen Einfügung der Josia-Datierung in die Urrollen-Überarbeitung 36,2 (ab עַל) ablesen, daß beide Themen ursprünglich nichts miteinander zu tun hatten. Die Entstehung der Urrollen-Theorie ist unabhängig von der Josia-Datierung, ebenso das Aufkommen der Josia-Datierung unabhängig von der Urrollen-Theorie. Wenn beides in Kap. 25 eng verquickt ist, liegt dies an dessen später Entstehung. Da die pauschale Datierung 3,6 kaum als Ursprung in Frage kommt, vor allem sich ein Einfluß dieser Stelle auf die drei übrigen nicht nachweisen läßt, werden wir auf 1,2 als die älteste Josia-Datierung gewiesen. Dies hat aus äußeren und inneren Gründen die größte Wahrscheinlichkeit. War die Josia-Datierung in 1,2 einmal vorhanden, lag es nahe, sie auch in 36,2 einzufügen. In 25,3 aber wird die ergänzte Buchüberschrift regelrecht zitiert. So ergibt sich für die Josia-Datierungen des Jeremiabuches die Reihenfolge 1,2; 3,6; 36,2; 25,3.

Für die Beurteilung von 1,2 ist entscheidend, daß die Datierung einen genauen Termin nennt: das 13. Jahr des Josia. Die Formulierung ist dabei, wie wir gesehen haben, im Kontext sehr ungeschickt. Um so mehr verrät sie das Interesse des Ergänzers. Wie die gesamte Josia-Datierung ist die Jahresangabe frei erfunden; allerdings nicht ohne genauen Sinn. Ohne Frage steht sie in Zusammenhang mit dem 18. Jahr des Josia, das 2 Kön 22,3 als Termin für die Kultreform des Josia angegeben wird. Wenn der Ergänzer den Propheten Jeremia fünf Jahre zuvor mit seiner Wirksamkeit beginnen läßt, ist seine Absicht durchsichtig: Er sieht in ihm den Wegbereiter der Reform. Da zumindest ein Teil der im Reformbericht 2 Kön 23,4-20 genannten Maßnahmen wie eine Reaktion auf die Scheltreden des Jeremiabuches erscheint (vgl. nur Jer 7,17-18.30-31; 8,2; 19,4-5.13), ist diese Kombination nicht aus der Luft gegriffen.[9] Die Textbasis ist freilich sowohl in 2 Kön 23

---

9 In 2 Kön 22-23 ist freilich der Fund des Gesetzbuches der Anlaß der Reform. Das ist jedoch kein Widerspruch, da ja der Jeremia der Prosareden nach dieser Vorstellung nichts anderes predigt als das deuteronomische Gesetz. Daß er das bereits fünf Jahre vor dessen Auffindung tut, stört nur die modernen Exegeten. Man beachte auch, daß die Prophetin Hulda in der Ergänzungsschicht ihres Orakels (22,16-18.19[ab בְּשָׁמְעֲךָ].20a[ab וְלֹא]) wie ein weiblicher Jeremia redet. [Siehe jetzt CH. LEVIN, Josia im Deuteronomistischen Geschichtswerk, oben 209-213.]

als auch im Jeremiabuch so jung, daß dem für die historischen Umstände der josianischen Reform keinerlei Bedeutung zukommt. Jeremia als Wegbereiter der Reform gehört in den Bereich der Legende.

Fragt man, wie unter diesen Voraussetzungen das 13. Jahr Josias zustande kam, warum man Jeremia nicht ebenfalls im 18. Jahr Josias oder vielleicht ein Jahr vor der Reform oder zu irgendeinem anderen, früheren Termin auftreten ließ, so liegt die Antwort möglicherweise darin, daß dem Ergänzer für die Wirksamkeit Jeremias eine ideale Periode von 40 Jahren vor Augen stand. Um seine Rechnung nachzuvollziehen, darf man sich nicht an der üblichen hebräischen Datierungsweise orientieren, geschweige die moderne, wissenschaftliche Chronologie zu Rate ziehen, sondern hat sich, wie seinerzeit der Ergänzer, allein an die Angaben des 2. Königsbuches zu halten. Dort ist für Josia eine Regierungszeit von 31 Jahren angegeben (2 Kön 22,1). Zieht man, ohne auf die genaue Zählweise zu achten, 13 Jahre davon ab, bleiben 18 Jahre Wirksamkeit Jeremias unter Josia. Dazu kommen die 11 Jahre Jojakims (2 Kön 23,36) und die 11 Jahre Zedekias (2 Kön 24,18). Da die jeweils dreimonatige Regierung des Joahas und des Jojachin (2 Kön 23,31; 24,8) bei dieser Rechnung – wie übrigens auch in Jer 1,2-3 – nicht in Erscheinung tritt, ergibt sich für Jeremia eine vierzigjährige Wirksamkeit.

Nun zur Gegenprobe, die unseren Beweisgang endgültig absichern kann. Das Jeremiabuch läßt nämlich noch erkennen, daß es die längste Zeit seiner literarischen Entstehungsgeschichte nicht auf eine Josia-, sondern auf eine Jojakim-Datierung ausgerichtet war. So erklärt sich etwa, daß die durch und durch konstruierte, apologetische Erzählung Jer 26 allgemein in den Anfang der Herrschaft Jojakims datiert ist (26,1).[10] So wie die öffentliche Legitimation der Verkündigung Jeremias durch die Repräsentanten des Volkes[11] den Erzählungsteil des Jeremiabuches eröffnet, soll sie nach dem Willen der Ergänzer am Anfang seiner prophetischen Wirksamkeit überhaupt stehen.[12] Ein ähnlicher Beweis läßt sich in Kap. 35 führen. Die Datierung der Rechabiter-Zeichenhandlung 35,1 stammt wie die zahlreichen Ergänzungen des überaus komplizierten Kapitels aus der weit fortgeschrittenen Ergänzungsgeschichte. Das Datum „in den Tagen Jojakims, des Sohnes Josias, des Königs von Juda" stimmt wortwörtlich mit 1,3 überein. Ich zögere nicht zu behaupten, daß der hier wirkende Ergänzer, da er nun einmal zur Hervorhebung des historischen Charakters der Erzählung ein Datum geben wollte und es nicht besser wußte, einfach auf die ihm vorliegende Buchüberschrift zurückgegriffen hat, die seinerzeit die Josia-Datierung 1,2aβb und das holperige וַיְהִי von V. 3 noch nicht enthielt.[13] Es ergibt sich von hier aus, daß auch die Datierung

---

10 Zur Interpretation vgl. jetzt I. MEYER, Jeremia und die falschen Propheten (OBO 13) 1977, 15-45.

11 So mit MEYER. Vgl. bes. S. 35: „Das Urteil akzeptiert nicht ein Entlastungsargument des Jeremia, sondern anerkennt seine Echtheit als Prophet" (zu V. 16).

12 HYATT, Beginning, hat Recht und Unrecht zugleich, wenn er Jer 26 zum Ausgangspunkt seines Datierungsvorschlags nimmt. So richtig das (mit dem unseren übereinstimmende) Ergebnis ist, so wenig ist der Beweisgang zu akzeptieren, da Hyatt den späten, konstruierten Charakter der Erzählung verkennt. Wir stehen in solchen Texten nirgends von vornherein auf historisch verläßlichem Boden. Zur Historizität und Entstehungszeit von Jer 26 vgl. vorläufig MEYER, 37-39.

13 [Siehe jetzt CH. LEVIN, Die Entstehung der Rechabiter (unten 242-255) 250.]

der Zeichenhandlung mit der Buchrolle Kap. 36 auf das 4. und 5. Jahr Jojakims ursprünglich in einem anderen zeitlichen Horizont gemeint war.

Bei den Jojakim-Datierungen 1,3; 26,1 und 36,1.9 (samt ihren Ablegern in 25,1; 27,1[?]; 35,1 und 45,1) haben die Ergänzer, anders als bei den Josia-Datierungen, in Übereinstimmung mit dem inneren Zeugnis des Jeremiabuches gestanden und augenscheinlich das Richtige getroffen. Es ist bekannt, daß unter den wenigen Prophetensprüchen, die sich *aus inneren Gründen* datieren lassen, 22,10 der älteste ist:

> Weint nicht um den Toten und klagt nicht um ihn!
> Weint vielmehr um den, der fort muß!
> Denn er wird nicht mehr zurückkommen
> und sein Heimatland nicht wiedersehen.

Der Aufruf, nicht um den toten Josia, sondern um den verschleppten Schallum-Joahas zu klagen (vgl. 2 Kön 23,29.33f.), von dem Zusatz 22,11f. fraglos zutreffend gedeutet, stammt exakt aus dem Anfang der Regierungszeit Jojakims, aus dem Jahre 608 v. Chr. Derselben Zeit gehört das Wehe über Jojakim 22,13-15 an, das Jojakims Herrschaftsweise an derjenigen seines Vaters Josia mißt. Jeremia hat demnach die Regierung Josias erlebt. Aber erst dessen tragisches Ende hat ihm den Mund geöffnet. Die nach dem Fall Ninives (612 v. Chr.) sich überstürzenden Ereignisse, das Auftreten der Ägypter (609 v. Chr.), der Tod des Josia und die Verschleppung des Joahas, die folgende Machtprobe zwischen Ägyptern und Babyloniern (Schlacht bei Karkemisch 605 v. Chr.) und damit das Aufkommen des neuen, babylonischen Feindes aus dem Norden, der alsbald drohend in Palästina erschien, dies ist der historische Hintergrund der Anfänge des Propheten Jeremia. „Nicht die Sünde des Volkes, an der es ja nie fehlt und deretwegen man in jedem Augenblick den Stab über dasselbe brechen kann, veranlaßt sie (scil. die Propheten) zu reden, sondern der Umstand, daß Jahve etwas tun will, daß große Ereignisse bevorstehn. In ruhigen Zeiten, seien sie auch noch so sündig, verstummen sie ..., um sofort ihre Stimme zu erheben, wenn eine Bewegung eintritt. Sie erscheinen als Sturmboten, wenn ein geschichtliches Gewitter aufzieht; sie heißen Wächter, weil sie von hoher Zinne schauen und melden, wenn etwas Verdächtiges am Horizont sich sehen läßt."[14]

Die Vorzüge einer Herabdatierung der Anfänge Jeremias sind bekannt. Es sind vor allem drei Probleme, die sich auf diese Weise von selbst erledigen: Der Feind aus dem Norden (4,5ff.; 5,15-17; 6,1ff. 22-26; 8,14.16) erklärt sich zwanglos mit den Babyloniern. Der Skythen aus Herodot I 103-106 oder anderer Völker bedarf es nicht mehr. Zweitens haben wir uns nicht länger mit einer vierzigjährigen Wirksamkeit Jeremias zu plagen, bei der notgedrungen und mühsam mehrere Verkündigungsperioden unterschieden werden müssen und Jeremia nach der Kultreform möglicherweise in einen „prophetischen Winterschlaf" (Horst) verfällt. Die Wirkungszeit Jeremias halbiert sich. Drittens schließlich ist Jeremias Stellung zum Deuteronomium und zur josianischen Reform kein Thema mehr. Weder war er Wegbereiter der Reform, wie die biblische Konstruktion es will, noch

---

14 J. WELLHAUSEN, Israelitische und jüdische Geschichte, [7]1914, 107.

gar ihr Gegner.[15] Seine Verkündigung war nicht am Deuteronomium orientiert. Er predigte nicht vor der Reform Unheil und Umkehr und nach der Reform Heil,[16] endlich nach dem Rückfall in die alten Sitten wieder Unheil, sondern er schwieg. Von der Kultreform des Josia wird er gewußt haben. Aber es ist fraglich, ob er in ihr mehr gesehen hat als eine nebensächliche politische Maßnahme unter anderen. Die Bedeutung, die die Zentralisation des Jahwekultes für das Überleben der jüdischen Gemeinde nach der Zerschlagung Judas gewinnen sollte, hat er schwerlich vorausgeahnt. Die nachexilische Legende aus 2 Kön 22-23 kannte er nicht.[17]

Abschließend ein Blick auf das *Zefanjabuch*. Es hat dasselbe Schicksal wie das Jeremiabuch erfahren. Auch Zefanja ist nachträglich zum Wegbereiter der josianischen Reform erhoben worden. Und zwar hat Jeremia dazu bereits als Vorbild gedient. Die Datierung des Buches in 1,1b stimmt wortwörtlich mit Jer 1,2aβ überein: „in den Tagen Josias, des Sohnes Amons, des Königs von Juda"; nur daß die genaue Jahresangabe jetzt fehlt. Es scheint mir sicher, daß hier eine Entlehung vorliegt. Ursprünglich dürfte die Überschrift des Zefanjabuches wie diejenige des Joëlbuches keine Datierung enthalten haben. Fragen wir nämlich, wo die Datierung sich im Text des Buches bestätigt, so gibt es dafür einen einzigen Beleg: das Drohwort gegen das götzendienerische Juda und Jerusalem 1,4-5 (mit Erweiterung in V. 6).

> 4   Ich will meine Hand ausstrecken gegen Juda
>   und gegen alle, die in Jerusalem wohnen,
>   und will ausrotten von dieser Stätte den Rest des Baal,
>   den Namen der Götzenpfaffen [mit den Priestern][18]
> 5   und die anbeten auf den Dächern das Heer des Himmels
>   und die anbeten [die schwören] den Mond[19]
>   und die schwören bei Milkom[20]
> 6   und die von Jahwe abgefallen sind
>   und die nach Jahwe nicht fragen und ihn nicht suchen.

Dieses Wort ist ein später Zusatz. Innerhalb des Buchganzen steht es sachlich, innerhalb des Anfangskapitels auch sprachlich vollkommen isoliert. Von V. 3 durch die Gottesspruchformel, von V. 7 durch den deutlichen Themenwechsel abgesetzt, wurde es hinter dem summarischen Vorspruch 1,2f. eingefügt, um so der gesamten Verkündigung Zefanjas einen Sitz in der Heilsgeschichte zu geben.

Die zwei Verse sind ein Gemisch ezechielischer und jeremianischer Wendungen. So begegnet die Wendung עַל יָדִי (אֶת) וְנָטִיתִי „ich will meine Hand ausstrecken gegen" mit Jahwe als Subjekt neben Zef 1,4 in Jer 51,25; Ez 6,14; 14,9.13;

---

15 So die Hypothese von DUHM, Jeremia, XI.
16 W. RUDOLPH, Jeremia (HAT I 12) ³1968, 189, datiert in dieser Weise das Trostbüchlein Jer 30-31 „möglicherweise in die Zeit zwischen der Reform und dem Tode Josias" und bezieht es auf die Bewohner des ehemaligen Nordreichs.
17 S.o. Anm. 9.
18 >LXX
19 Lies mit E. NESTLE לְיָרֵחַ statt ליהוה.
20 So zu vokalisieren.

25,13; 35,3; vgl. Ez 16,27; 25,7.16.²¹ Die Wendung וְהִכְרַתִּי mit unmittelbar folgendem מִן „ich will ausrotten von" und mit Jahwe als Subjekt findet sich noch in Ez 14,13.17; 21,8; 25,13; 29,8; 35,7; Nah 2,14; vgl. Jes 9,13; Ez 14,8.19.21; 21,9; 25,7; Ps 34,17 // 109,15. Die Kombination beider Wendungen liest man neben Zef 1,4 nur in Ez 14,13 und Ez 25,13. Die Verbindung von Juda und den Bewohnern Jerusalems als Adressaten und/oder Betroffenen der prophetischen Verkündigung ist typisch jeremianisch: Jer 4,4; 8,1; 11,2.9.12; 17,20.25; 18,11; 19,3; 25,2; 32,32; 35,13.17; 36,31.²² Von den 64 Vorkommen der Wendung הַמָּקוֹם הַזֶּה „diese Stätte" finden sich allein 30 im Jeremiabuch. In den hinteren Propheten begegnet die Wendung sonst nur noch Hag 2,9, im Zusammenhang der prophetischen Gerichtsankündigung außerhalb des Jeremiabuches neben Zef 1,4 nur noch in der Ergänzungsschicht des Huldaorakels 2 Kön 22,16-18.19(ab בְּשָׁמְעֲךָ).20a(ab וְלֹא).²³ Auch dort ist der jeremianische Einfluß unverkennbar.

Dazu kommen sachliche Entlehnungen aus den jeremianischen Prosareden und aus dem Reformbericht 2 Kön 23. So ist von einem Dachkult für das Himmelsheer in annähernd denselben Worten in Jer 19,13 die Rede. Der dortige Text ist auch nach Jer 32,29b übernommen und dabei auf den Baal bezogen worden. Von einem Dachkult liest man sonst nur noch in 2 Kön 23,12.²⁴ Ebenfalls in Jer 19 ist auch besonders eindrücklich auf den Baalskult Bezug genommen (V. 5). Schließlich findet sich in Jer 19 die Wendung הַמָּקוֹם הַזֶּה in einer selbst für das Jeremiabuch ungewöhnlichen Häufung (V. 3.4.4.6.7.12). Der direkte Einfluß von Jer 19 auf Zef 1,4f. ist darum überaus wahrscheinlich. Die deutlichste Übereinstimmung mit dem Reformbericht 2 Kön 23 besteht in der Erwähnung der Götzenpriester (הַכְּמָרִים, V. 5, sonst nur Hos 10,5). Im selben Vers 2 Kön 23,5 ist auch von Baal, Mond und Himmelsheer die Rede. Der Milkom findet sich in 2 Kön 23,13. Er stammt dort aus 1 Kön 11,5.²⁵

---

21 Jahwes ausgestreckte Hand (נטה יד qal) sonst: Ex 7,5; Jes 5,25; 9,11.16.20; 10,4; 14,26.27; 23,11; Jer 21,5; Zef 2,13; vgl. Ex 15,12.
22 Außerhalb des Jeremiabuches findet sich die Verbindung nur 2 Kön 23,2; Jes 5,3; 22,21; Zef 1,4; Dan 9,7; 2 Chr 20,15.18.20; 21,11.13; 32,33; 33,9; 34,30.32; 35,18. Dabei stehen 2 Kön 23,2; Zef 1,4 und Dan 9,7 unter jeremianischem Einfluß. Die Chronik ist allemal spät.
23 S.o. Anm. 9. Die von BHS zu Zef 1,4 vorgeschlagene Streichung ist ohne Anhalt.
24 Das „Himmelsheer" (צְבָא הַשָּׁמַיִם) ist zum erstenmal in 2 Kön 21,3 im Frömmigkeitsurteil über Manasse belegt. Der deuteronomistische Grundredaktor bezeichnet damit allgemein den assyrischen Gestirnkult. Als „Sünde Manasses" wurde das Himmelsheer in der weiteren Fortschreibungsgeschichte nach Dtn 4,19; 17,3; 2 Kön 17,16; 21,5; 23,4.5; Jer 8,2; 19,13; Zef 1,5 übernommen. Der immer wiederkehrende, eigentümlich unpräzise Ausdruck „das ganze Heer des Himmels" zeigt, daß nicht konkrete Anschauung, sondern schriftgelehrte Reflexion zugrunde liegt.
25 Die beiden Verse Zef 1,4f. tragen noch dazu die Spuren einer komplizierten Geschichte. Auf der ältesten Stufe umfaßten sie nur V. 4abα.5a, enthielten also nur den Bezug auf Jer 19, nicht auf 2 Kön 23. Dieser ist auf einer zweiten Stufe hinzugetreten, wie in V. 5b an der anknüpfenden Wiederholung וְאֶת־הַמִּשְׁתַּחֲוִים „und die anbeten" und in V. 4bβ an der Überdehnung des Halbverses zu erkennen ist. Ursprünglich las man dabei in V. 5bα לַיָּרֵחַ „den Mond" statt ליהוה (Nestle). Das erste הַנִּשְׁבָּעִים „die schwören" fehlte noch. Es ist eingefügt worden, nachdem לַיָּרֵחַ zu ליהוה verdorben war, und sollte die Schwierigkeit beseitigen. Dies geschah noch vor der griechischen Übersetzung, die den Text durch Auslassung von הַמִּשְׁתַּחֲוִים glättet. Nach der Übersetzung ist dann noch עִם־הַכֹּהֲנִים „mit den Priestern" in V. 4bβ beigeschrieben worden, wohl um das seltene הַכְּמָרִים „Götzenpfaffen" eindeutiger zu machen.

Die späte Machart der Ergänzung ist unverkennbar, ebenso die Absicht: Es geht darum, Zefanja die Polemik Jeremias gegen die vorjosianischen Mißstände in den Mund zu legen. Für die Ursprünge des Zefanjabuches und gar für die historischen Umstände des uns bis auf seine Ahnenreihe (1,1a) gänzlich unbekannten Propheten liegt hier keinerlei Anhalt.[26] Äußere Veranlassung, Zefanja in die Josiazeit zu datieren, war wahrscheinlich der Umstand, daß er als Ur-Urenkel eines gewissen Hiskija eingeführt wird, den man leichthin mit dem gleichnamigen König identifizieren konnte. Daraus ergaben sich Zeitgenossenschaft und Parteilichkeit für die Reform. Die Kriterien, das Gedicht über den bevorstehenden Tag Jahwes, das dem stark ergänzten Zefanjabuch zugrunde liegt, zu datieren, müssen wie beim Joëlbuch erst gefunden werden. Ein oberflächlicher Eindruck läßt dabei nicht an die Josiazeit denken, sondern an die Anfänge der nachexilischen Eschatologie.

Zusammenfassung: Wir haben gesehen, daß die Josia-Datierungen des Jeremiabuches (Jer 1,2; 3,6; 25,3; 36,2) allesamt erst in einer späten Phase der Ergänzungsgeschichte entstanden sind. 1,2; 3,6 und 36,2 sind Zusätze ad hoc, 25,3 gehört einem der jüngsten Texte des Buches an. Späte Ergänzungen wie Kap. 26 und 35 setzen noch voraus, daß das Jeremiabuch auf eine Jojakim-Datierung ausgerichtet war. Damit stimmt das innere Zeugnis der ursprünglichen Texte überein (22,10). Älteste Josia-Datierung ist 1,2. Sie will Jeremia zum Wegbereiter der josianischen Reform erklären und setzt damit die Prosareden (Jer 7; 19 u.a.) sowie den Reformbericht 2 Kön 23 annähernd in der heutigen Form voraus. Das 13. Jahr Josias ist angegeben, weil sich damit eine vierzigjährige Wirksamkeit Jeremias errechnen ließ. Nach dem Vorbild des Jeremiabuches ist schließlich auch das Zefanjabuch in die Josiazeit datiert worden.

---

26 Anders noch K. ELLIGER, Das Buch der Zwölf Kleinen Propheten II (ATD 25) ⁶1967, 62: „Hier der Hinweis auf ganz konkrete Punkte, das Sicheinschmiegen fast jedes Wortes in die geschichtliche Situation des judäischen Staates kurz vor Beginn der josianischen Restauration, das sicherste Kennzeichen für die Echtheit prophetischer Rede".

Das Kinderopfer im Jeremiabuch[1]

Alttestamentliche Texte sind nur mit Vorbehalt als historische Quellen verwendbar. Ihre Aussagen über die Geschichte und Religionsgeschichte Israels und Judas wollen nicht einfach historische Information bieten, sondern sind Bekenntnisse zu dem Gott, der Israels Sünde immer von neuem seine strafende und vergebende Liebe entgegenstellt. Wer nach der geschichtlichen Wirklichkeit fragt, muß die theologische Aussage von ihrem historischen Anlaß unterscheiden. Er muß die biblischen Quellen zuallererst als Glaubensaussage nehmen, die ihren Ort nicht so sehr in der tatsächlichen Geschichte, als vielmehr in einer eigenen, theologisch begründeten Traditionsgeschichte hat. Erst nach Abschluß der traditionsgeschichtlichen Untersuchung läßt sich die Frage nach einem möglichen realhistorischen Hintergrund beantworten.

Das Kinderopfer ist dafür ein kennzeichnendes Beispiel. Der historische Sachverhalt liegt hinter einer widersprüchlichen Fülle von Textzeugnissen, die sich vom Buch Leviticus bis zur Chronik verstreut finden, regelrecht verborgen. Eine Exegese, die durch die Synthese der vielfältigen Aussagen zu einer möglichst vollständigen Anschauung gelangen wollte, hat zu abstrusen Vorstellungen geführt wie jener, daß in Israel in alter Zeit ein regelmäßiges Erstgeburts-Menschenopfer üblich gewesen sei. Nur eine kritische Sichtung der Belege, die die traditionsgeschichtlichen Querbezüge zwischen ihnen berücksichtigt, hat Aussicht, den religionsgeschichtlichen Stellenwert des Kinderopfers annähernd zu erfassen.

Die folgende Untersuchung setzt ein mit den drei Belegen im Jeremiabuch: Jer 7,31; 19,5 und 32,35. Dieser Ausgangspunkt soll Fehlurteile vermeiden helfen, die sich aus dem Bezug auf die ‚historischen' Angaben des 2. Königsbuches ergeben haben mögen. Auch wegen ihrer Ausführlichkeit bieten sich die jeremianischen Belege für eine traditionsgeschichtliche Analyse an:

7,31
וּבָנוּ בָּמוֹת הַתֹּפֶת אֲשֶׁר בְּגֵיא בֶן־הִנֹּם
לִשְׂרֹף אֶת־בְּנֵיהֶם וְאֶת־בְּנֹתֵיהֶם בָּאֵשׁ
אֲשֶׁר לֹא צִוִּיתִי וְלֹא עָלְתָה עַל־לִבִּי׃

19,5
וּבָנוּ אֶת־בָּמוֹת הַבַּעַל
לִשְׂרֹף אֶת־בְּנֵיהֶם בָּאֵשׁ עֹלוֹת לַבָּעַל
אֲשֶׁר לֹא־צִוִּיתִי וְלֹא דִבַּרְתִּי וְלֹא עָלְתָה עַל־לִבִּי׃

32,35
וַיִּבְנוּ אֶת־בָּמוֹת הַבַּעַל אֲשֶׁר בְּגֵיא בֶן־הִנֹּם
לְהַעֲבִיר אֶת־בְּנֵיהֶם וְאֶת־בְּנוֹתֵיהֶם לַמֹּלֶךְ
אֲשֶׁר לֹא־צִוִּיתִים וְלֹא עָלְתָה עַל־לִבִּי[2]
לַעֲשׂוֹת הַתּוֹעֵבָה הַזֹּאת לְמַעַן הַחֲטִיא אֶת־יְהוּדָה׃

---

1 Die Untersuchung geht zurück auf ein Seminar im Wintersemester 1973/74 bei Otto Kaiser in Marburg. Vgl. O. KAISER, Den Erstgeborenen deiner Söhne sollst du mir geben. Erwägungen zum Kinderopfer im Alten Testament (1976; in: DERS., Von der Gegenwartsbedeutung des Alten Testaments, 1984, 142-166).

2 Lies mit Q^{e}rê.

7,31 Und sie haben die Höhen des Tophet gebaut, die im Tal Ben Hinnom sind,
um ihre Söhne und ihre Töchter mit Feuer zu verbrennen,
was ich nicht geboten habe und was mir nicht in den Sinn gekommen ist.

19,5 Und sie haben die Höhen des Baal gebaut,
um ihre Söhne mit Feuer zu verbrennen [m + als Brandopfer für den Baal],
was ich nicht geboten habe [m + und nicht gesagt habe]
und was mir nicht in den Sinn gekommen ist.

32,35 Und sie haben die Höhen des Baal gebaut, die im Tal Ben-Hinnom sind,
um ihre Söhne und ihre Töchter darzubrngen für den Molek,[3]
was ich ihnen nicht geboten habe und was mir nicht in den Sinn gekommen ist,
einen solchen Greuel zu verüben, um Juda zur Sünde zu veranlassen.

Sofort fällt die große Übereinstimmung zwischen den drei Texten ins Auge, die der Aussage im Ganzen der jeremianischen Tradition ein besonderes Gewicht gibt. Beruht dieses Gewicht auf einem externen, historischen Anlaß, der dann um so eindrücklicher gewesen wäre – was bei dem religiös motivierten Verbrennen von Kindern nicht verwundern muß –, oder besteht zwischen den Belegen eine wie auch immer beschaffene Abhängigkeit? Im zweiten Fall würde die Mehrzahl der Zeugnisse auf einer innertextlichen Entwicklung beruhen. Sicher ist von vornherein, daß der Wortlaut einer gewissen Prägung folgt.

II

Das Verhältnis der drei Parallelen ist bisher stets im Rahmen der literarischen Theorien über das gesamte Jeremiabuch verhandelt worden. Die kritische Betrachtung wurde eingeleitet von Friedrich Giesebrecht, der als erster die Zeichenhandlung vom zerbrochenen Krug in Jer 19 von der später eingeschobenen Prosarede unterschied, wie es seither üblich geworden ist. Daraufhin konnte er V. 5 nicht mehr dem Propheten zuweisen, sondern mußte einen späteren Ergänzer annehmen.[4] Bernhard Duhm führte alle drei Stellen auf die Arbeit verschiedener Ergänzer zurück.[5] Er behielt die Aufteilung von Kap. 19 mit leichten Veränderungen bei, wies aber auch die Rahmenhandlung einem Ergänzer zu, so daß er für 19,5 eine im Verhältnis zu 7,31 spätere Hand annehmen mußte. Einer angemessenen Exegese stand sein undifferenziertes Urteil über die „Ergänzerarbeit" insgesamt entgegen, das zusammen mit seiner quellenkritischen Unterscheidung der poetischen „Worte Jeremias" und der „Baruchschrift", aus der die Fremdberichte über das Geschick des Propheten stammen sollen, auf die redaktionsgeschicht-

---

3 Die ‚Schandvokalisation' nach בֹּשֶׁת ist der Einfachheit halber beibehalten. Die Alternative, ob es sich bei dem hebräischen לַמֹּלֶךְ um einen Gottesnamen handelt („für den Melek") oder um den in punischen Quellen breit belegten Opferbegriff („als Molk-Opfer", so O. EIßFELDT, Molk als Opferbegriff im Punischen und Hebräischen und das Ende des Gottes Moloch [BRGA 3] 1935), läßt sich anhand der alttestamentlichen Belege vorerst nicht entscheiden. Weiteres siehe unten S. 240f.
4 F. GIESEBRECHT, Das Buch Jeremia (HK III 2,1) 1894, 108-111.
5 B. DUHM, Das Buch Jeremia (KHC XI) 1901, 84f., 161. 269.

liche Arbeit am Jeremiabuch nachhaltigen Einfluß ausgeübt hat. Wilhelm Erbt und Carl Heinrich Cornill schrieben folgerichtig dieser Baruchschrift auch die Rahmenhandlung von Kap. 19 zu.[6] Damit entfiel die Nötigung, innerhalb der Ergänzerarbeiten eine Mehrschichtigkeit anzunehmen, so daß Gustav Hölscher diese Texte einfach dem „Redaktor" zuschreiben konnte, der die beiden Quellen der „Ich-Berichte" und der „Er-Berichte" zu dem heute vorliegenden Buch zusammengestellt habe.[7] In der Quellentheorie von Sigmund Mowinckel findet sich der größte Teil der vormaligen Ergänzerarbeiten, darunter auch Jer 7,31 und 32,35, in einer eigenen „Quelle C" wieder.[8] Mowinckel sah jedoch den gegenüber Kap. 7 sekundären Charakter der Redestücke von Kap. 19 und wies sie einer späteren Hand zu.

Der mit Mowinckel erreichte Stand ist bis heute der Ausgangspunkt geblieben. Der interessante Versuch von Paul Volz, das Abhängigkeitsverhältnis von Jer 7 und 19 umzukehren,[9] fand nicht einmal in Friedrich Nötscher einen Nachfolger.[10] Für die formgeschichtliche Arbeitsweise von Artur Weiser erübrigte sich eine Bestimmung des literarischen Verhältnisses zwischen Kap. 7 und 19. Jer 32,35 beurteilte er wie Volz und Nötscher als Ergänzung.[11] Wilhelm Rudolph griff wieder auf Mowinckel zurück, schrieb jedoch nur 7,31 der Quelle C zu, während er 19,5 und 32,35 für verschiedene „Zusätze im Geist von C" hielt,[12] ohne das Verhältnis der Parallelen näher zu bestimmen. Zu einem ähnlichen Ergebnis wie Hölscher kam James Philip Hyatt, der eine einheitliche Redaktion des Jeremiabuches annahm, die „Deuteronomic edition".[13] In Hyatts Kommentar finden sich die drei Stellen in einer einzigen Schicht „D" wieder.[14]

Winfried Thiel erhob die Einheitlichkeit der deuteronomistischen Redaktion des Jeremiabuches zum Programm.[15] Der Nachweis der deuteronomistischen Herkunft der Ergänzungen und ihres redaktionellen Charakters beruhte so weitgehend auf der Untersuchung des Sprachgebrauchs, daß die inneren Spannungen dieser Schicht bedeutungslos wurden. Die wörtliche Übereinstimmung der drei Kinderopfer-Texte, die sich innerhalb des Buches weit verstreut und in unterschiedlichen Zusammenhängen finden, ist für Thiel ein ausschlaggebender Beleg für die innere Geschlossenheit der deuteronomistischen Jeremiabearbeitung. Er stellte sogar eine synoptische Tabelle der „Molochopfer-Polemik" zusammen[16] als das auffälligste Beispiel dafür, daß die häufigen Überschneidungen und Wiederholungen auch größerer Textzusammenhänge im deuteronomistischen Jeremiabuch

---

6   W. ERBT, Jeremia und seine Zeit, 1902, 13-17; C.H. CORNILL, Das Buch Jeremia, 1905, 228-232.
7   G. HÖLSCHER, Die Profeten, 1914, 379-405.
8   S. MOWINCKEL, Zur Komposition de Buches Jeremia, Kristiania 1914, 33 sowie 8 Anm. 1.
9   P. VOLZ, Der Prophet Jeremia (KAT X) 1922, 104f. Anm.
10 F. NÖTSCHER, Das Buch Jeremias (HS VII,2) 1934, 88f.
11 A. WEISER, Das Buch des Propheten Jeremia (ATD 20/21) 1952, 69f. 162-164. 299.
12 W. RUDOLPH, Jeremia (HAT I,12) 1947, ³1968, 59. 127. 207. 213-215.
13 J.P. HYATT, Jeremiah and Deuteronomy (JNES 1, 1942, 156-173).
14 J.P. HYATT /S.R. HOPPER, The Book of Jeremiah (IntB V) New York, Nashville 1956.
15 W. THIEL, Die deuteronomistische Redaktion von Jeremia 1-25 (WMANT 41) 1973; DERS., Die deuteronomistische Redaktion von Jeremia 26-45 (WMANT 52) 1981.
16 THIEL, Dtr. Redaktion I, 131.

nicht als Mehrschichtigkeit, sondern als Selbstzitation, oder wie er vorschlägt: „Auto-Adaptation", zu erklären sind.[17] Indessen fehlt eine stichhaltige Begründung für das angenommene literarische Verfahren.

Wenn wir im Folgenden den synoptischen Vergleich hinzufügen, ziehen wir aus den wörtlichen Wiederholungen den entgegengesetzten Schluß: Schon die Möglichkeit einer Synopse weist darauf hin, daß die vorliegende Gestalt der jeremianischen Prosareden in umfangreichem Maße auf Text-Aufnahmen und Wiederholungen beruht. Sie verdankt sich einem stufenweisen literargeschichtlichen Wachstum. Dieses Wachstum ist wie bei anderen synoptisch vergleichbaren Texten begründet in der notwendigen Gleichzeitigkeit von treuer Überlieferung der heiligen Schriften einerseits und deren schriftlicher Neufassung und Auslegung für die jeweilige Gegenwart andererseits. Der heutige Text liegt uns daraufhin als ein Nebeneinander verschiedener Interpretationsstufen vor, deren ursprüngliches Nacheinander es für die Auslegung zu erschließen gilt.

III

Der synoptische Vergleich von Jer 7,31; 19,5 und 32,35 setzt voraus, daß die drei parallelen Texte literarisch voneinander abhängen. Daß eine solche Beziehung besteht, zeigt sich am deutlichsten in der zweiten Vershälfte: „was ich nicht geboten habe und was mir nicht in den Sinn gekommen ist." Abgesehen von dem in LXX nicht bezeugten וְלֹא דִבַּרְתִּי in 19,5[18] und der Suffixform צִוִּיתִים in 32,35[19] stimmen alle drei Stellen genau überein. Diese Übereinstimmung ist als literarische Abhängigkeit erwiesen, wenn sich die Verknüpfung der Wendungen אֲשֶׁר לֹא צִוִּיתִי und לֹא עָלְתָה עַל־לִבִּי an keiner weiteren Stelle findet, auf die sich die drei Parallelen unabhängig voneinander bezogen haben können. Das ist der Fall: Zwar gehört die Wendung אֲשֶׁר לֹא צִוִּיתִי im Rahmen prophetischer Jahwerede zum Repertoire deuteronomisch-deuteronomistischer Sprache. Die Negation des häufigen אֲשֶׁר צִוִּיתִי findet sich in Jer 7 ein zweitesmal in der Polemik gegen den Opferkult (V. 22), an anderer Stelle gegen die falschen Propheten (Dtn 18,20; Jer 14,14 // 23,32; 29,23) und den Gestirnkult (Dtn 17,3). Hingegen begegnet die Wendung לֹא עָלְתָה עַל־לִבִּי im Rahmen prophetischer Jahwerede nur an unseren Stellen. Lediglich als Aussage *über* Jahwe findet sie sich noch einmal in Jer 44,21.[20] Deshalb beschränkt sich auch die Verknüpfung beider Wendungen auf Jer 7,31; 19,5 und 32,35. Die Übereinstimmung erklärt sich nur, wenn die drei Texte literarisch zusammenhängen.

Die direkte Verbindung der Parallelen bestätigt sich in der ersten Vershälfte. Höchst auffallend ist, daß sowohl 7,31 als auch 19,5 mit Waw-Perfekt וּבָנוּ an den jeweiligen Vortext anschließen. Da die Polemik sich auf ein gewesenes Gesche-

---

17 AaO 286. Weitere Beispiele sind Jer 7,22f.24-26 // 11.3-5.7f. (S. 149) und 25,3b-6a // 35,14b-15 (S. 267).
18 Wahrscheinlich wurde der 𝔐-Text in Anlehnung an Jer 14,14 (vgl. 7,22) nachträglich aufgefüllt.
19 LXX bietet in 7,31 ebenfalls die Suffixform.
20 Dort in Verbindung mit זכר „gedenken". Sonst ist עלה עַל־לֵב „in den Sinn kommen" in 2 Kön 12,5; Ez 38,10 belegt, mit זכר verbunden in Jes 65,17; Jer 3,16; 51,50.

hen bezieht, ist diese Syntax jedenfalls abnorm. Als Deutung kommt der Iterativ in Betracht. Weil aber die Parallele 32,35 den Narrativ וַיִּבְנוּ bietet, will die Aussage mit größerer Wahrscheinlichkeit als einfaches Erzähltempus verstanden sein. Waw-Perfekt als Narrativ ist eine eklatante Störung des hebräischen Tempussystems, die sich als Einfluß des Aramäischen erklärt.[21] Wenn 7,31 und 19,5 in dieser Regelwidrigkeit übereinstimmen, kann das schwerlich anders als mit literarischer Übernahme erklärt werden. Eine weitere Gemeinsamkeit ist die Erwähnung der „Höhen". Im Jeremiabuch finden sich בָּמוֹת im Sinne von Kultstätten neben 32,35 nur in 7,31 und 19,5.[22] Damit wird unwahrscheinlich, daß bei der ebenfalls übereinstimmenden Opferterminologie שׂרף בָּאֵשׁ ein jeweils unabhängiger Bezug auf die beiden weiteren Belege Dtn 12,31 und 2 Kön 17,31 besteht.

Zugleich bestehen zwischen den Parallelen bemerkenswerte Unterschiede, die entscheiden lassen, ob einer oder mehrere Verfasser am Werk gewesen sind und, wenn ja, in welcher Richtung das traditionsgeschichtliche Gefälle verlaufen ist. Der einschlägige deuteronomistische Vorwurf des Höhenbaus[23] wird ganz unterschiedlich ausgeführt. Jer 7,31 bietet mit der Verbindung בָּמוֹת הַתֹּפֶת „die Höhen des Tophet" eine Crux. Zwar hat LXX an dieser Stelle den Singular τὸν βωμὸν τοῦ Ταφεθ gelesen. Doch wird durch diese Lesart nur ein Teil der Schwierigkeit gelöst, die entsteht, wenn zwei nach Beschaffenheit und Zweckbestimmung unterschiedliche Kultstätten durch eine Constructusverbindung in eins gesetzt werden.[24] Die Gleichung setzt voraus, daß die religionsgeschichtliche Bedeutung der בָּמוֹת von der theologischen Assoziation, die sich seit der deuteronomistischen Polemik mit dem Stichwort verband, weitgehend in den Hintergrund gedrängt worden ist. In dieser Weise ist etwa die Feststellung in 2 Kön 23,15, Jerobeams Altar in Bethel sei eine בָּמָה gewesen, kein religionsgeschichtliches, sondern ein theologisches Urteil. In Jer 7,31 ist eine solche rein theologische Bedeutung der בָּמוֹת auch deshalb wahrscheinlich, weil „die Höhen im Hinnom*tale*" eine Contradictio in adiecto darstellen.[25] Da das Verdikt die Höhen fast immer in der Vielzahl betrifft,[26] wird am Ende erklärlich, daß sogar eine einzelne Kultstätte als בָּמוֹת charakterisiert werden kann.[27] Die Deutung, die das Tophet auf diese Weise erfährt, ist eine doppelte: Das Kinderopfer verfällt dem Verdikt der

---

21 GesK § 112 pp.
22 בָּמָה in Jer sonst nur noch 17,3 (verderbter Text, vgl. die Parallele Jer 15,13) und 26,18 (Zitat von Mi 3,12). Jer 48,35 bezieht sich auf Moab (vgl. Num 21,28; Jes 15,2; 16,12).
23 Mit בנה neben Jer 7,31; 19,5; 32,35 noch 1 Kön 11,7; 14,23; 2 Kön 17,9; 21,3; 2 Chr 33,19; mit עשׂה 2 Kön 23,15; Ez 16,16; 2 Chr 21,11; 28,25.
24 Zur Beschaffenheit einer בָּמָה vgl. K.-D. SCHUNCK, Art. בָּמָה (ThWAT I, 1973, 662-667). Über die Anlage einer Kinderopferstätte informiert die Archäologie des punischen Raums, vgl. S. MOSCATI, Il sacrificio dei fanciulli. Nuove scoperte su un celebre rito cartaginese (APARA 38, 1965/66, 61-68) und DERS., Il ,tofet' (in: Studi sull' Oriente e la Bibbia, offerti a G. Rinaldi, Genova 1967, 71-75).
25 SCHUNCK aaO 663 läßt entgegen seinen eindeutigen Ausführungen zur Etymologie und Archäologie der בָּמָה diese Merkwürdigkeit stehen: „Darüber hinaus kannte Israel aber auch *bāmōt*, die gerade in Tälern oder Schluchten lagen ..." Wenn Jer 7,31; 19,5 und 32,35 entfallen, kann Ez 6,3 die Beweislast nicht tragen.
26 Ausnahmen unter den 70 Belegen sind die Einzelangaben 1 Kön 11,7; 2 Kön 23,15 und die theologisch-etymologische Stelle Ez 20,29.
27 So auch 2 Kön 23,8b.

Höhen, und das Höhenopfer wird durch das Kinderopfer inhaltlich gefüllt. Dem frommen Leser wird künftig bei der Höhenpolemik des Deuteronomistischen Geschichtswerkes auch das Kinderopfer in den Sinn kommen.[28]

In 19,5 findet sich die crux von 7,31 nicht wieder; denn hier ist im Unterschied zu den Versen 6.11-14 desselben Kapitels vom Tophet keine Rede.[29] Stattdessen werden die Höhen dem *Baal* zugeschrieben. Auch das ist ein theologisches, kein religionsgeschichtliches Urteil. Denn obwohl wahrscheinlich ist, daß auch der Baal auf Höhen verehrt wurde,[30] findet sich davon im Alten Testament sonst keine Spur. In den Abgötterei-Schemata wird zwischen Baalsdienst und Höhenopfer stets unterschieden. Der Beweggrund, beides in Jer 19,5 in eins zu setzen, ist in Jer 7,31 zu suchen. Aus der dortigen Feststellung, daß Jahwe das Kinderopfer weder geboten habe noch jemals auf einen solchen Gedanken gekommen sei, wird die Folgerung gezogen: Die Höhen, auf denen die Kinder geopfert wurden, galten dem Baal. Ausdrücklich wird betont: die Kinderopfer waren „Opfer für Baal" (עֹלוֹת לַבַּעַל).[31] Durch die Neuinterpretation verliert aber die zweite Vershälfte ihren Sinn, wie Duhm gesehen hat: „Die Baalshöhen ... passen gar nicht gut zu dem Relativsatz: was ich nicht geboten habe, ein Beweis, dass unsere Stelle sekundär ist".[32] Daß Jahwe nicht geboten habe, dem Baal Kinder zu opfern, ist eine unsinnige Aussage. So ist die genaue Übereinstimmung zwischen 19,5 und 7,31 zugleich der Beleg für die Sekundarität von 19,5. Hier ist abgeschrieben worden. Eine Beschränkung der Höhen auf das Tal Hinnom entfällt in 19,5. Da das Tal Hinnom seit V. 2 die Szene der Zeichenhandlung bildet, muß es nicht mehr genannt werden. Die allgemeine Formulierung ermöglicht um so mehr, den gesamten Höhenkult mit dem Balskult und dem Kinderopfer zu identifizieren.[33]

Jer 32,35 steht auf einer dritten Stufe, die sowohl 7,31 als auch 19,5 bereits kennt. Hier wurde die Unstimmigkeit in 19,5 gesehen und zu glätten versucht. Diese Fassung hält daran fest, daß die Kinderopfer dem Baal galten: אֶת־בָּמוֹת הַבַּעַל stammt aus 19,5. Dazu tritt wieder die Ortsangabe אֲשֶׁר בְּגֵיא בֶן־הִנֹּם aus 7,31. Doch korrigiert der Verfasser die Syntax seiner Vorlagen, indem er das Waw-Perfekt וּבָנוּ als Impf. cons. וַיִּבְנוּ in die Zeitenfolge einfügt.[34] Wichtiger ist,

---

28 So kann es noch in der heutigen Exegese geschehen, vgl. SCHUNCK aaO 667: „Dazu traten weitere kanaan. Bräuche wie das Kinderopfer, die gerade an diesen aus dem Kanaanäischen übernommenen Kulteinrichtungen weitergeführt wurden (Jer 7,31; 19,5f.; 32,35)."
29 Zum Tofet im übrigen Kap. 19 s.u. S. 235.
30 In Moab ist ein Ort בָּמוֹת בַּעַל bezeugt: Num 22,41; Jos 13,17.
31 Diese Verdeutlichung fehlt in LXX. Sie wurde wahrscheinlich im ﬡ-Text nachgetragen.
32 DUHM, Jeremia, 161.
33 Die Wirkungsgeschichte von Jer 19,5 zeigt sich in Jer 3,24b, wo in einem Zusatz (so auch DUHM, VOLZ und RUDOLPH z.St. sowie BHS) dem Schandgott (הַבֹּשֶׁת), das heißt dem Baal, zugeschrieben wird, „ihr Kleinvieh und ihr Großvieh, ihre Söhne und ihre Töchter" gefressen zu haben. Unsicher ist die Deutung von Jer 2,23. Dort wird im Rahmen des Baalskultes das „Treiben im Tal" (דֶּרֶךְ בַּגַּיְא) erwähnt. Viele Exegeten haben diese Andeutung auf das Kinderopfer im Tal Hinnom bezogen. Doch ist eine solches Verständnis ohne Jer 19,5 undenkbar. Näher liegt mit Targum Jonathan eine Beziehung auf die Sünde des Baal-Peor (Num 25,1-3; Hos 9,10) anhand von Dtn 3,29; 4,46: בַּגַּיְא מוּל בֵּית פְּעוֹר „im Tal gegenüber Bet Peor". LXX denkt an den Totenkult: ἐν τῷ πολυανδρείῳ „auf dem Begräbnisplatz".
34 Der Vorvers 32,34 verfährt mit seiner Vorlage 7,30b ebenso: וַיָּשִׂימוּ für שָׂמוּ.

daß der Verfasser auch die Opferterminologie wechselt: שָׂרף בָּאֵשׁ „mit Feuer verbrennen" aus 7,31 und 19,5 wird durch הֶעֱבִיר לַמֹּלֶךְ „dem Molek darbringen" ersetzt. Darin liegt eine bewußte Korrektur. Die Wendung הֶעֱבִיר לַמֹּלֶךְ findet sich noch einmal in Lev 18,21, dem Verbot, ein Kind dem Molek darzubringen. In der erweiterten Fassung הֶעֱבִיר בָּאֵשׁ לַמֹּלֶךְ „im Feuer dem Molek darbringen" kehrt sie in 2 Kön 23,10 wieder.[35] In der Form הֶעֱבִיר בָּאֵשׁ „im Feuer darbringen" ist die Wendung noch an weiteren sieben Stellen für das Kinderopfer belegt.[36] Unter all diesen Belegen stehen Jer 32,35 und Lev 18,21 einander am nächsten. Das kann den Wechsel der Terminologie in Jer 32,35 erklären: als Verweis auf Lev 18,21. Wenn Jer 7,31 und 19,5 feststellen, daß Jahwe das Kinderopfer nicht geboten habe, wird nunmehr unter wörtlichem Bezug auf die Tora in Erinnerung gerufen, daß er es verboten hat. אֲשֶׁר לֹא־צִוִּיתִי kann man jetzt geradezu übersetzen: „Was ich ihnen doch verboten hatte ...!" Das Objekt der Darbringung war in Lev 18,21 ebenso wie in der Strafbestimmung Lev 20,2-4 „[eins] von seinen Nachkommen (מִזַּרְעוֹ)". Es wird mit Rücksicht auf Jer 7,31 durch אֶת־בְּנֵיהֶם וְאֶת־בְּנוֹתֵיהֶם „ihre Söhne und ihre Töchter" ersetzt.

Ein Nachsatz schließlich rückt das Kinderopfer in einen geschichtstheologischen Zusammenhang: „einen solchen Greuel zu verüben, um Juda zur Sünde zu veranlassen." Wieder handelt es sich um eine Anspielung: Juda zur Sünde veranlaßt zu haben (הַחֲטִיא אֶת־יְהוּדָה), wird ein einziges weiteres Mal in 2 Kön 21,11.16 dem König Manasse nachgesagt.[37] Da die Wendung in 2 Kön 21,11 überdies mit der Wendung עשה תועבות „Greuel verüben" verknüpft ist,[38] womit dort Manasses Verunreinigung des Tempels mit Altären und einem Ascherabild V. 3-5.7 sowie das Kinderopfer V. 6 gemeint sind, will Jer 32 ebendieselben, in V. 34-35a genannten Greuel als „Sünde Manasses" brandmarken. Manasse selbst wird indessen nicht erwähnt. Seine Sünde ist zur Sünde aller Könige, Fürsten, Priester, Propheten und Männer von Juda und Einwohner von Jerusalem geworden (V. 32).[39] Ganz Juda soll an der Schuld beteiligt gewesen sein, die in 2 Kön 23,26; 24,3 und Jer 15,4 als die Hauptursache der Katastrophe von 587 herausgestellt wird.[40] Wenn Jer 32,35 diese Geschichtskonzeption übernimmt, gibt sich dieser Text als einer der spätesten Belege zu erkennen, die das Kinderopfer erwähnen.

---

35 S.u. S. 235.
36 Dtn 18,10; 2 Kön 16,3; 17,17; 21,6; Ez 20,31; 2 Chr 28,3; 33,6. Sonst fehlt בָּאֵשׁ nur in der von Ex 13,12 beeinflußten ezechielischen Kinderopfertradition Ez 20,26; 16,21; 23,37(𝔐). Siehe dazu auch unten S. 239.
37 Nicht zu verwechseln mit הַחֲטִיא אֶת־יִשְׂרָאֵל „Israel zur Sünde veranlassen", das zu den Formeln der Rahmenstücke in den Königebüchern gehört und sich ursprünglich nur auf die Sünde Jerobeams bezieht! Vgl. die Darstellung des Sprachgebrauchs bei W. DIETRICH, Prophetie und Geschichte (FRLANT 108) 1972, 93f.
38 Vgl. auch 2 Kön 21,2 und Dtn 18,9.
39 Die starke Betonung des Kollektivs schlägt sich auch in der Suffixform צִוִּיתִים in Jer 32,35 gegenüber צִוִּיתִי in 7,31 (𝔐) und 19,5 nieder.
40 Diese Ausweitung steht im Rahmen der „golaorientierten" Bearbeitungen des Jeremiabuches, die die heilsgeschichtliche Kontinuität des Gottesvolkes ausschließlich über die Exulantenschaft in Babylon führt und die nach 597 im Lande Verbliebenen wegen ihrer Sünden, unter denen das Kinderopfer das grauenhafte Extrem darstellt, samt und sonders in Jahwes Strafgericht untergegangen sein läßt.

Jer 19,5 und 32,35 haben sich als zwei Fortschreibungen schriftgelehrter theologischer Reflexion erwiesen, die die hinter 7,31 aufscheinende Frage zum Anlaß hatten, ob das Kinderopfer für Jahwe legitim sei. Jer 7,31 stellt fest, daß das Opfer von Kindern dem Willen Jahwes widerspricht. Der Verfasser von 19,5 schreibt es daraufhin dem Baal zu. In 32,35 schließlich wird mit dem Verbot aus Lev 18,21 der Torabeleg herangezogen. Zugleich stellt der Verfasser den exemplarischen Greuel des Kinderopfers als Ursache des Strafgerichts dar, das Jahwe über Juda und Jerusalem heraufgeführt hat.

Jer 7,31 ist die Ursprungsstelle für die Aussagen über das Kinderopfer im Jeremiabuch.

IV

Auch für die Terminologie, die in Jer 7,31 verwendet wird, kann die Ursprünglichkeit wahrscheinlich gemacht werden.

Die Wendung שָׂרֹף בָּאֵשׁ „mit Feuer verbrennen" als Bezeichnung des Kinderopfers besitzt neben der Parallele Jer 19,5 noch zwei Belege. Dtn 12,31bβγ ist mit Sicherheit eine Glosse:[41] „Denn auch ihre Söhne und ihre Töchter verbrennen sie mit Feuer für ihre Götter." Innerhalb von Dtn 12,29-31, einer Warnung vor dem Kult der Landesbewohner, die erst spät an das Gesetz für die Kultzentralisation angehängt worden ist, ist sie die einzige, nicht notwendige Konkretion. Für den Gedankengang ist sie entbehrlich, da in V. 31b bereits ein mit כִּי eingeleiteter Begründungssatz vorangeht, dem sie deutlich nachklappt. Der 𝔐-Text gibt mit כִּי גַם „denn auch" den Zusatz direkt zu erkennen. Die Glosse endet in der Wiederaufnahme[42] des unterbrochenen Kontextes: לֵאלֹהֵיהֶם „für ihre Götter". Damit bleibt als der eigentliche Wortlaut genau die Terminologie aus Jer 7,31, die hier nachgetragen wurde: שׂרף אֶת־בְּנֵיהֶם וְאֶת־בְּנֹתֵיהֶם בָּאֵשׁ. Das Kinderopfer ist der Inbegriff für die Abgötterei der nichtisraelitischen Vorbewohner.

In besonderer Nähe zu Jer 19,5 steht 2 Kön 17,31b, da auch hier die Töchter nicht genannt sind: „Die Sefarwaiter aber verbrannten ihre Söhne für Adrammelech und Anammelech, die Götter von Sefarwajim." Der Abschnitt berichtet, daß die Samaritaner, die im Alten Testament nur an dieser Stelle so genannt werden, Götzenbilder hergestellt hätten. Daß am Schluß das Kinderopfer erwähnt wird, ist eine überraschende Wendung, um die Polemik auf die Spitze zu treiben. Wieder gilt das Kinderopfer als besonderes Kennzeichen für die Abgötterei der Nichtisraeliten. Die Aussage ist ohne Frage spät und setzt die jeremianischen Belege voraus. Die Polemik bezieht sich nicht auf reale Vorgänge.

Damit erweist sich *Jer 7,31 als der älteste Beleg der Opferterminologie* שׂרף אֶת־בְּנֵיהֶם וְאֶת־בְּנֹתֵיהֶם בָּאֵשׁ.

---

[41] So schon F. HORST, Das Privileg Jahwes (FRLANT 45) 1930, 38 Anm. 2. Jetzt auch R.P. MERENDINO, Das deuteronomische Gesetz (BBB 32) 1969, 41, und G. SEITZ, Redaktionsgeschichtliche Studien zum Deuteronomium (BWANT 93) 1971, 152.

[42] Vgl. C. KUHL, Die Wiederaufnahme – ein literarkritisches Prinzip? (ZAW 64, 1952, 1-11).

Das Tophet im Hinnomtal hat ebenfalls in Jer 7,31 sowie der Strafankündigung V. 32, die sich darauf bezieht, seinen ältesten Beleg. Die parallelen Strafankündigungen in Jer 19,6 und 11b sind demgegenüber ebenso sekundär wie Jer 19,5.[43] Die Nachricht in 2 Kön 23,10, daß König Josia im Zuge seiner Reform das Tophet kultisch unrein gemacht habe, fällt durch den Anschluß mit Waw-Perfekt aus der Zeitenfolge[44] und erweist sich damit innerhalb des stark erweiterten Berichts von der Reform 2 Kön 23,4-20 als Nachtrag.[45] Josia wird zugeschrieben, der Predigt des Propheten Jeremia gehorcht und die Sünde Judas tatkräftig bekämpft zu haben. Inhaltlich bildet die Aussage, ähnlich wie Jer 32,35, eine Lectio coniuncta aus Jer 7,31 und Lev 18,21: Die Angabe über das Tophet stimmt wörtlich überein mit Jer 7,31, während die dortige Opferterminologie שָׂרֹף בָּאֵשׁ mit הַעֲבִיר לַמֹּלֶךְ aus Lev 18,21 zu der einmalig breiten Wendung הַעֲבִיר בָּאֵשׁ לַמֹּלֶךְ verknüpft ist. Das Zitat von Lev 18,21 wird mit der negativen Final-Partikel לְבִלְתִּי „damit nicht" angefügt, die aber ungelenk vor ל + Infinitiv zu stehen kommt,[46] weil der Verfasser das Gebot im Wortlaut anklingen lassen wollte. Diese Härte läßt die Entstehung des heutigen Textes erkennen.

2 Kön 23,10 hat auf Jer 19 eingewirkt. In zwei Ergänzungen V. 12b.13, die an das Gerichtswort über das Tophet angefügt sind,[47] wird die Verunreinigung, die das Tophet durch Josia erfahren hat, im Zuge von Jahwes Strafgericht auf die ganze Stadt Jerusalem ausgedehnt. Solche Erweiterungen geben dem Tophet schließlich für das ganze Kapitel ein Gewicht, das die Lokalisierung nicht unberührt gelassen hat: Die Zeichenhandlung vom zerbrochenen Krug wurde vom Scherbentor, wo sie hingehört, in das Tal Hinnom (V. 2) und an das Tophet (V. 14) verlegt. Daß die Unitas loci „das Tal Hinnom, das am Eingang des Scherbentors ist," auf einem Nachtrag beruht, ist evident.[48] 2 Chr 28,3; 33,6, die das Kinderopfer der Könige Ahas und Manasse in das Tal Hinnom verlegen, sind kombinierte Lesarten ohne eigenen Quellenwert.

Ein wichtiger Beleg ist Jes 30,33. Hier ist das Tophet das einzige Mal genannt, ohne daß sich eine Abhängigkeit von Jer 7,31 nachweisen läßt oder nahe legt.[49] Trotz schwieriger Textverhältnisse und möglicher Spätdatierung[50] könnte eine

---

43 Jer 19,6 hat die Aussage von 7,32a durch das in Kap. 19 häufige הַמָּקוֹם הַזֶּה „dieser Ort" an den Kontext angeglichen. Jer 19,11b hat 7,32b aus seinem organischen Zusammenhang gerissen und das undeutliche מֵאֵין מָקוֹם „weil kein Ort ist" durch ein zusätzliches לִקְבוֹר „zu begraben" präzisiert. Der Vers fehlt in LXX, ist daher wahrscheinlich ein Nachtrag.
44 Gegen R. MEYER, Auffallender Erzählungsstil in einem angeblichen Auszug aus der „Chronik der Könige von Juda" (in: L. ROST [Hg.], Festschrift F. Baumgärtel [ErF A 10] 1959, 114-123).
45 [Dazu jetzt CH. LEVIN, Josia im Deuteronomistischen Geschichtswerk (oben 198-216).]
46 Vgl. GesK § 114 s.
47 So auch GIESEBRECHT, DUHM, CORNILL, RUDOLPH z.St.
48 Der Auftrag für den Propheten lautete zuerst: „Geh hinab an den Eingang des Scherbentors." Schlüssig DUHM, Jeremia, 160: „Auffallend ist aber, dass das Thal Benhinnom weniger bekannt sein soll als das ‚Scherbenthor', auch, dass es an der Thüröffnung des Thores liegen soll; und nachträglich sieht man noch dazu, dass das Thal nur für die Einsätze, die vom Tophet reden, von Bedeutung ist, nicht aber für die Hauptrede. Ich halte daher אֶל־גֵּיא בֶן הִנֹּם ‏ für einen Einsatz; der Verf. hat nur vom Scherbenthor gesprochen."
49 Das Tal Hinnom wird unabhängig vom Kinderopfer nur noch Jos 15,8; 18,16; Neh 11,30 als Grenze zwischen Benjamin und Juda erwähnt. Siehe auch K. ELLIGER, BHS, zu Sach 14,5.
50 So O. KAISER, Der Prophet Jesaja. Kap. 13-39 (ATD 18) 1973, 244.

genuine Ortstradition vorliegen. Weitere inner- und außeralttestamentliche oder archäologische Zeugnisse fehlen und sind auch nicht zu erwarten.[51]

Die Durchsicht der Belege hat ergeben: *Jer 7,31 ist die Urstelle für das Kinderopfer im Tophet im Hinnomtal.*

V

Aller Wahrscheinlichkeit nach liegt innerhalb der spätalttestamentlichen Tradition ein einheitlicher Vorstellungskreis über das Kinderopfer vor, der auf der Überlieferung vom Kinderopfer im Tophet im Hinnomtal beruht und aus der weiterführenden innerbiblischen Exegese von Jer 7,31 hervorgegangen ist.

Das wird allein schon durch die immer wiederkehrende Mitteilung eines Opfers auch der Töchter nahe gelegt,[52] die im Rahmen aller altorientalischen Nachrichten ohne Beispiel ist.[53]

Die Kinderopfer-Texte Dtn 18,10; 2 Kön 16,3; 17,17 und 21,6, die wir nicht oben schon auf Jer 7,31 zurückführen konnten, verwenden mit הַעֲבִיר בָּאֵשׁ ein und dieselbe Terminologie. Die Deutung der Wendung ist seit je schwierig gewesen, da der Wortsinn eindeutig ein Überwinden des Feuers voraussetzt (so auch Num 31,23 belegt), während sachlich im Rahmen des Kinderopfers ebenso eindeutig nur ein Verbrennen gemeint sein kann.[54] Das Dilemma dürfte in der Traditionsgeschichte der Belege seinen Ursprung haben. Ich schlage vor, הַעֲבִיר בָּאֵשׁ als verkürzte Fassung der aus שָׂרַף בָּאֵשׁ Jer 7,31 und הַעֲבִיר לַמֹּלֶךְ Lev 18,21 kombinierten Terminologie הַעֲבִיר בָּאֵשׁ לַמֹּלֶךְ auf 2 Kön 23,10 zurückzuführen.

Bereits dieser Kombination geht eine komplizierte Vorgeschichte voraus. Das Verbot in Lev 18,21: וּמִזַּרְעֲךָ לֹא־תִתֵּן לְהַעֲבִיר לַמֹּלֶךְ „Und von deinen Nachkommen sollst du keines hingeben, darzubringen dem Molek (/als Molk-Opfer)", ist offensichtlich überfüllt. Die zugehörige Strafbestimmung in Lev 20,2 beweist, daß der Terminus לְהַעֲבִיר zwischeneingekommen ist: אִישׁ ... אֲשֶׁר יִתֵּן מִזַּרְעוֹ לַמֹּלֶךְ מוֹת יוּמָת „Wer eins seiner Nachkommen dem Molek (/als Molk-Opfer) hingibt, soll des Todes sterben" (vgl. auch Lev 20,3.4). Die Aussage ist von sich aus nicht eindeutig auf das Kinderopfer zu beziehen, wie die spätere Tradition es getan hat.

---

51 Eine Kinderopferstätte im eigentlichen Sinne hat sich im ganzen Vorderen Orient nicht gefunden. Dem steht die reiche archäologische und epigraphische Bezeugung des Kinderopfers im Raum des punischen Baal-Hammon-Kultes gegenüber, vgl. MOSCATI aaO (s. Anm. 24) [und jetzt H.P. ROSCHINSKI, Punische Inschriften zum MLK-Opfer und seinem Ersatz (TUAT II/4, 1988, 606-620)].

52 Ausnahmen sind neben der ezechielischen Kinderopfertradition nur Jer 19,5; 2 Kön 17,31 und die Einzelangaben 2 Kön 16,3; 21,6.

53 Lediglich die nach Plinius, Naturalis Historiae XXXVI 39 regelmäßigen und nach Diodorus Siculus XX 14,4-6 manchmal sehr großen Kinderopferfeste der Karthager könnten auch Mädchen eingeschlossen haben. Die Vokabeln παιδία und τέκνα bei Diodorus sowie bei Plutarch, De superst. 171 c-d, oder auch *infantes* bei Tertullian, Apol. 9,4, lassen die Möglichkeit offen. Belegt ist ein Mädchenname auf der Votivstele von N'gaus III, veröffentlicht von J. und P. ALQUIER in CRAI 1931, 22-24 (zugänglich auch bei EIßFELDT, Molk als Opferbegriff, 3f.). Doch handelt es sich in diesem Fall um ein Ersatzopfer, bei dem das Kind nicht selbst dargebracht wurde.

54 Die Möglichkeit, הַעֲבִיר בָּאֵשׁ auf einen Weiheritus zu deuten, findet sich ausführlich diskutiert bei M. BUBER, Königtum Gottes, 1932, 69f. (= ³1956, 57f.).

Sowohl das vorgegebene Verbot mit נתן לְ- als auch der Wortsinn von עבר hi. lassen eher eine Bedeutung wie „übereignen" vermuten (vgl. Num 27,7f.).⁵⁵ Es liegt sogar nahe, daß das Stichwort deshalb eingefügt wurde, um einen Kontrastbezug zu dem Erstgeburtsgesetz Ex 13,12 herzustellen: „Und du sollst übereignen (וְהַעֲבַרְתָּ) jede Erstgeburt an Jahwe (לַיהוה)."

Der älteste Beleg der verkürzten Terminologie הַעֲבִיר בָּאֵשׁ, nunmehr eindeutig auf das Kinderopfer bezogen, findet sich in Dtn 18,10aβ: „Nicht soll bei dir jemand gefunden werden, der seinen Sohn oder seine Tochter durchs Feuer gehen läßt." Das Verbot ist im Rahmen des Prophetengesetzes des Deuteronomiums nachgetragen.⁵⁶ Es wurde einem vorgegebenen תּוֹעֵבָה-Prohibitiv sekundär zugeordnet. Wahrscheinlich ist 2 Kön 23,10 vorausgesetzt. Der Gedankengang, dem sich der Zusatz verdankt, ist unschwer nachzuvollziehen: Wenn Josia das Tophet verunreinigt hatte, ist er nicht nur der Predigt des Jeremia (Jer 7,31), sondern auch dem Gesetzbuch gefolgt, das nach der später ergänzten Darstellung von 2 Kön 22-23 die Reform ausgelöst hat. In dem Singular בְּנוֹ־וּבִתּוֹ kann man einen wörtlichen Anklang wiederfinden.

Da Lev 18,21 und 20,1-5 mehrere Deutungen zulassen, ist Dtn 18,10 das einzige eindeutige Verbot des Kinderopfers in der Tora. Als solches hat es die weitere Überlieferung bestimmt. Von hier stammt die Auffassung, das Kinderopfer sei eines der Greuel der nichtjüdischen Völker (תּוֹעֲבוֹת הַגּוֹיִם), die in 2 Kön 16,3; 21,2.6 wiederkehrt.⁵⁷ Hier findet sich das Kinderopfer in einem Katalog mantischer Praktiken, wie dann in 2 Kön 17,17 und 21,6.

Unsere terminologiegeschichtliche Betrachtungsweise schließt sämtliche Belege des 2. Königebuches von einer Verwertung als historische Quellen aus. Das läßt sich im einzelnen nachvollziehen. Die Aussage über König Ahas: „Und auch seinen Sohn ließ er durchs Feuer gehen gemäß den Greueln der Völker, die Jahwe vor den Israeliten vertrieben hatte" (2 Kön 16,3b), ist an das Urteil über die Frömmigkeit des Königs mit וְגַם nachträglich angeschlossen und erweist sich durch den Rückgriff auf spätdeuteronomische Topoi als spät. Ahas wird auf diese Weise seinem frommen Sohn und Nachfolger Hiskia entgegengesetzt. Dieser Kontrast hat sein Vorbild in dem Gegensatz Manasse – Josia. So, wie Josia das Tophet verunreinigt haben soll, wird Manasse später zugeschrieben, nicht nur die Höhen wiederhergestellt, sondern auch das Kinderopfer, den Greuel schlechthin, praktiziert zu haben: „Und er ließ seinen Sohn durchs Feuer gehen und trieb Wahrsagerei und Beschwörung und bestellte Totenbeschwörer und Zeichendeuter" (2 Kön 21,6a). Der Wortlaut sowie die folgende Liste mantischer Praktiken weist die Aussage als Zitat von Dtn 18,10-11 aus. An dem Anschluß mit Waw-Perfekt וְהַעֲבִיר gibt sich der Zusatz zu erkennen. Er hat seinerseits in 2 Kön

---

55 Samaritanus liest לְהַעֲבִיד „verehren zu lassen", das von LXX mit λατρεύειν gestützt wird. Die Lesart kann, gemessen an der inneralttestamentlichen Wirkungsgeschichte, nicht ursprünglich sein.
56 So J. L'HOUR, Les interdits toʻeba dans le Deutéronome (RB 71, 1964, 481-503) 491f., MERENDINO aaO 193 und SEITZ aaO 237.
57 תּוֹעֲבוֹת הַגּוֹיִם ist neben 2 Chr 28,3; 33,2; 36,14 sonst nur noch 1 Kön 14,24 belegt in einer nachträglichen Erweiterung des deuteronomistischen Frömmigkeitsurteils. Der Begriff תּוֹעֵבָה ist, anders als für Dtn und Ez, für die Theologie der Königebücher ganz unwichtig.

17,16-17 nachgewirkt: Das Resümee der Sündengeschichte des Nordreichs beruht in den Einzelheiten auf dem Sündenregister Manasses: „Und sie ließen ihre Söhne und Töchter durchs Feuer gehen und holten Losorakel ein und trieben Beschwörung." Die geschichtstheologische Konsequenz verlangte, daß das Strafgericht über Israel denselben Anlaß hatte wie das Strafgericht über Juda.

Damit steht die Traditionsgeschichte des Kinderopfers einschließlich ihrer Beweggründe vor uns. Die Ausgangsstelle Jer 7,31 wurde erstmals im Bericht von der Reform des Josia wieder aufgegriffen. Dem letzten großen Davididen, dessen Frömmigkeit in nachexilischer Zeit zum Maßstab wurde, wurden nach und nach eine Fülle von Maßnahmen zugeschrieben, wie sie die Predigt der Propheten, namentlich Jeremias, gefordert hatte, darunter auch die Zerstörung des Tophet. Unter der Voraussetzung, daß der Gehorsam eine Reaktion auf die Lektüre der Tora gewesen war, wurde die Begründung der Reformmaßnahme in das vorgeblich unter Josia gefundene Gesetzbuch an geeigneter Stelle eingefügt (Dtn 18,10; 12,31). Der Tora-Gehorsam Josias ließ die Frage aufkommen, wie der bald darauf folgende Untergang Judas zu erklären sei. Darum wurde der überaus böse König Manasse dem guten Josia entgegengesetzt. In greller Übermalung des ursprünglichen deuteronomistischen Frömmigkeitsurteils wurde Manasse die Übertretung von Dtn 18,10 zur Last gelegt (2 Kön 21,6). Ähnlich bildete Ahas den Gegensatz zu dem guten König Hiskia (2 Kön 16,3). Die geschichtstheologische Stimmigkeit erforderte es, den Untergang des Nordreichs auf einen Ungehorsam zurückzuführen, der der „Sünde Manasses" entsprach (2 Kön 17,17). Die samaritanischen Neusiedler sollen freilich das Kinderopfer wieder eingeführt und sich damit selbst in krassen Gegensatz zur jerusalemischen Gemeinde gesetzt haben (2 Kön 17,31). Auch der Ergänzer von Jer 19,5 scheint die „Sünde Manasses" vor Augen zu haben, wenn er Jer 7,31 wiederholt. Sicher setzt Jer 32,35 die fertig entwickelte Theologie des 2. Königebuches voraus.

Jer 7,31 ist demnach als die Urstelle der gesamten spätalttestamentlichen Überlieferung vom Kinderopfer anzusehen.

Die Erwähnungen des Kinderopfers in den großen Summarien der Sündengeschichte Jerusalems in Ez 16 // Ez 23 sowie Israels in Ez 20 und Ps 106 besitzen demgegenüber keinen eigenen Quellenwert. Zwar findet sich hier mit זבח in Ez 16,20; Ps 106,37 und שחט in Ez 16,21 // 23,39 eine eigene Terminologie.[58] Doch zeigt dies gerade den Abstand zur älteren Tradition. Das Kinderopfer gilt als die schlimmste der Sünden, die das Strafgericht provozieren mußten, das Jahwe über Jerusalem und Juda gebracht hatte. Bei einer Tendenz zur formelhaften Erwähnung nehmen zugleich die Einzelheiten immer phantastischere Züge an. So zeigen die Chronikparallelen 2 Chr 28,3; 33,6 gegenüber 2 Kön 16,3; 21,6 eine deutliche Steigerung.[59] In Jes 57,5.9 ist das Kinderopfer zu einem bloßen Topos geworden.

---

58 Die הַעֲבִיר-Terminologie ist in Ez mit Ausnahme des Zitats von Ex 13,12 in Ez 20,26 sekundär. Ez 20,31 ist späte Glosse (>LXX), 16,21 und 23,37 sind Zusatzbemerkungen, die die Erwähnungen des Kinderopfers in ihren Vorlagen jeweils verdoppeln. Siehe auch W. ZIMMERLI, Ezechiel (BK XIII) 1969, z.St.

59 In 2 Chr 28,3 𝔐 wurde die Terminologie הַעֲבִיר בָּאֵשׁ nicht mehr verstanden und als בער באש hi. gelesen.

Im Ezechielbuch entstand schließlich ein neues theologisches Verständnis des Kinderopfers: „Und auch gab ich ihnen Satzungen, die nicht gut waren, und Gesetze, durch die sie nicht leben konnten, und machte sie unrein durch ihre Gaben, wenn sie jede Erstgeburt darbrachten (בְּהַעֲבִיר כָּל־פֶּטֶר רָחַם), damit ich sie mit Entsetzen füllte, damit sie erkennen sollten, daß ich Jahwe bin" (Ez 20,25-26). Der Anlaß dieser bestürzenden Erkenntnis über die verderbliche Wirkung einzelner Gebote war, daß der Verfasser im Wortlaut des Erstgeburtsgesetzes Ex 13,12 וְהַעֲבַרְתָּ כָל־פֶּטֶר־רֶחֶם ליהוה die Opferterminologie הַעֲבִיר בָּאֵשׁ erkannt zu haben glaubte. Seither wurde das Kinderopfer mit dem Erstgeburtsgesetz in Verbindung gebracht.

Die Empfindung, der Gottheit die Erstgeburt zu schulden, ist zwar religionspsychologisch plausibel, wie die punischen Votivinschriften[60] sowie im Alten Testament die Erzählung von „Isaaks Opferung" Gen 22 eindrucksvoll zeigen. In Israel war sie jedoch nie etwas anderes als religiöse Theorie (vgl. Ex 22,28), die in der Spätzeit durch innerbiblische Exegese forciert wurde. Immerhin folgte daraus die Notwendigkeit, die Erstgeburt durch Substitutionsopfer auszulösen, die offenbar praktiziert wurde. Eine besondere, wiederum theoretische Lösung der Substitution fand die spätnachexilische Theologie in der Vorstellung, Jahwe habe die Leviten für sich ausgesondert „anstelle aller Erstgeborenen, die den Schoß ihrer Mutter durchbrechen von den Israeliten" (תַּחַת כָּל־בְּכוֹר פֶּטֶר רֶחֶם מִבְּנֵי יִשְׂרָאֵל, Num 3,11-13).[61]

VI

Nach Abschluß der traditionsgeschichtlichen Analyse sind einige Schlußfolgerungen zum Kinderopfer in der Religionsgeschichte Israels möglich geworden.

Jer 7,31 ist die einzige Aussage des Alten Testaments, die man als Beleg für ein in Israel/Juda praktiziertes Kinderopfer bewerten kann. Als Urstelle der exilisch-nachexilischen Tradition berichtet der Text mit dem Bau des Tophet im Tal Hinnom bei Jerusalem die Einführung des Kinderopfers. Wenn man der Nachricht glauben darf, wurden Kinder beiderlei Geschlechts in einer nicht näher bestimmten Mehrzahl geopfert. Da auch Mädchen geopfert wurden, ist eine Verbindung mit der Auffassung, der Gottheit die Erstgeburt zu schulden, ausgeschlossen. Alttestamentliche Erstgeburtsgesetze und praktiziertes Kinderopfer haben vom Ursprung her nichts miteinander zu tun. Ob es sich bei dem Kinderopfer im Tophet um das gleichzeitige Opfer mehrerer Kinder oder um eine Mehrzahl einzelner Opfer gehandelt hat, läßt der Text offen. Empfänger war Jahwe. Das gibt der Einspruch gegen die Auffassung, Jahwe habe dieses Opfer geboten, indirekt zu verstehen. Der Vollzug bestand vermutlich aus Schächtung und anschließender Verbrennung. Als Opferterminologie dürfte שָׂרַף בָּאֵשׁ in seiner polemischen Tendenz kaum ursprünglich sein. Das Tophet ist nach Jes 30,33 als große, mit Stroh

---

60 Siehe bei EIßFELDT, Molk als Opferbegriff, 1-30, sowie jetzt bei ROSCHINSKI (s. Anm. 51).
61 Vgl. W. ZIMMERLI, Erstgeborene und Leviten (in: DERS., Studien zur alttestamentlichen Theologie und Prophetie [TB 51] 1974, 235-246).

und Holz gefüllte Feuergrube vorzustellen. Die Jer 7,32b angedrohte Verunreinigung setzt voraus, daß es als heilige Stätte galt. Will man die Aussage historisch einordnen, ist an eine Verzweiflungstat während der letzten Zeit vor der Eroberung Jerusalems zu denken.⁶²

Es gibt indessen auch Gründe, am historischen Wert der Nachricht zu zweifeln. Unübersehbar ist, daß es sich bei Jer 7,31 um eine polemische Aussage handelt. Wenn die Deutung richtig ist, daß die beschriebenen Vorgänge während der Agonie Jerusalems stattgefunden haben, liegt zudem zwischen Ereignis und Nachricht ein erheblicher Abstand. Es ist nach unseren Untersuchungen ausgeschlossen, daß die Prosareden des Jeremiabuches auf einen einzigen redaktionellen Vorgang zurückgehen, den man in der Mitte der Exilszeit datieren könnte. Stattdessen beobachten wir ein langandauerndes literarisches Wachstum. Auch die Tempelrede Jer 7 setzt sich schon auf den ersten Blick aus mehreren literarischen Anläufen zusammen. Für die relative Datierung von V. 31 ist insbesondere der Wechsel von Poesie zu Prosa zwischen V. 29 und 30 bedeutsam. Bemerkenswert ist ferner, daß der Vorvers 7,30 vom „Tun des Bösen in den Augen Jahwes (עָשֹׂה הָרַע בְּעֵינֵי יהוה)" spricht und damit eine Formel verwendet, die auf den Erstredaktor des Deuteronomistischen Geschichtswerks zurückgeht, der in der Exilszeit geschrieben hat. In der ersten Fassung des Geschichtswerks wird die Formel allerdings niemals wie in Jer 7,30 auf Juda angewendet, sondern im Richterbuch auf die Israeliten, in den Königebüchern auf die Könige von Israel und Juda.⁶³ Das zeigt einen gewissen Abstand. Am ehesten wird man die Kinderopfer-Polemik in Jer 7,31 auf das Ende des 6. Jahrhunderts oder den Anfang des 5. datieren können. Wenn sie einen historischen Anlaß haben sollte, blickt sie darauf aus dem Abstand von etwa sieben Jahrzehnten zurück.

Ausschließen kann man, daß das Alte Testament ein Kinderopfer für den Baal überliefert. Die Belege erweisen sich als unklar (Jer 2,23a), nachträglich eingesetzt (Jer 3,24b) oder als theologisch-tendenziöse Interpretation (Jer 19,5; 32,35). Damit kann das Kinderopfer auch nicht als Auswuchs einer baalisierten Jahwereligion angesehen werden. Erst die späten Stellen Dtn 12,31; 18,10 führen das Kinderopfer auf die kanaanäischen Landesbewohner zurück.

Die Frage, ob מֶלֶךְ im Alten Testament Opferbegriff oder Gottesname ist, läßt sich aus 2 Kön 23,10 oder Jer 32,35 nicht entscheiden, da beide Stellen auf innerbiblischer Exegese beruhen, nicht auf einem religionsgeschichtlichen Sachverhalt. Auch aus der synoptischen Entsprechung von לַמֹּלֶךְ in Jer 32,35 und עֹלוֹת לַבַּעַל in Jer 19,5 lassen sich keine Schlüsse ziehen. Wer hier den Beweis sehen will, daß „Moloch" das Epitheton der Kinderopfer empfangenden Gottheit, in diesem Falle also des Baal war, erliegt einem Kurzschluß.⁶⁴ Die weitere Diskussion von למלך wird sich im Alten Testament auf Lev 18,21 und 20,1-5 konzentrieren müs-

---

62 Vgl. als historisches Analogon das bei Diodorus Siculus XX 14,4-6 berichtete große Kinderopfer in Karthago während der Belagerung durch Agathokles von Syrakus 310 v. Chr.
63 Erst spätere Bearbeitungen haben sie auf Israel und Juda (2 Kön 17,17) bzw. auf Juda (1 Kön 14,22; 2 Kön 21,15f.) bezogen. Vgl. W. DIETRICH, Prophetie und Geschichte (FRLANT 108) 1972, 88f., der freilich 1 Kön 14,22 noch der Erstredaktion zuweist.
64 So unter vielen anderen RUDOLPH z.St. und THIEL aaO 129.

sen. Dabei bleibt zu beachten, daß unbeschadet der Evidenz für *mlk* als Opferbegriff im Punischen[65] die Wendung נתן מִזַּרְעוֹ לַמֹּלֶךְ in Lev 18,21; 20,2.3.4 von sich aus eine Beziehung auf das Kinderopfer nicht nahelegt.[66] Das schließt die Möglichkeit nicht aus, daß למלך in Lev 18,21 und 20,2 als Opferbegriff zu verstehen ist, daß also die Verfasser von 2 Kön 23,10 und Jer 32,35 die Verbote zu Recht auf das Kinderopfer bezogen haben. Sie ist aber nicht zu sichern. Sollte sie zutreffen, so hat jedenfalls das weitere Wachstum von Lev 20,3-5 die Bedeutung von למלך als Opferbegriff überdeckt.[67] Lev 20,5 mit der Wendung זנה אַחֲרֵי הַמֹּלֶךְ „hinter dem Molek herhuren" liest darin eindeutig einen Gottesnamen.[68]

---

65 Der Nachweis von EIßFELDT, Molk als Opferbegriff (s. Anm. 3), daß *lmlk* in den punischen Votivinschriften als Opferbegriff für das Kinderopfer zu lesen ist (vgl. DERS., Art. Moloch [RGG³ IV 1089f.]), ist samt den Vorarbeiten von J.-B. CHABOT (CRAI 1931, 26f.) und J. CARCOPINO, Survivances par substitution des sacrifices d'enfants dans l'Afrique romaine (RHR 106, 1932, 592-599) modifiziert und für den punischen Bereich abschließend gesichert worden von W. V. SODEN (ThLZ 61, 1936, 45f.); R. DUSSAUD, Précisions épigraphiques touchant les sacrifices puniques d'enfants (CRAI 1946, 371-387); J. FÉVRIER, Molchomor (RHR 143, 1953, 8-18); DERS., Le vocabulaire sacrificiel punique (JA 243, 1955, 49-63); J. HOFTIJZER, Eine Notiz zum punischen Kinderopfer (VT 8, 1958, 288-292).
66 F. WILKE, Kinderopfer und kultische Preisgabe im „Heiligkeitsgesetz" (in: Festschrift der 57. Versammlung Deutscher Philologen Salzburg 1929, 138-151) wollte darum eine „Hingabe zum Zwecke sakraler Prostitution" (S. 151) vom Kinderopfer unterscheiden. Auch diese Deutung läßt sich nicht sichern.
67 Für Lev 20,2-5 ziehe ich die Deutung von M. NOTH, Das dritte Buch Mose (ATD 6) 1962, 128f., der Literaranalyse von K. ELLIGER, Leviticus (HAT I 4) 1966, 269, vor. Die Annahme eines stufenweisen Wachstums wird dem Text eher gerecht wird als die Zuweisung zu einer einzigen Schicht Ph².
68 Vgl. Ex 34,15.16; Lev 17,7; 20,6; Num 15,39; Dtn 31,16; Ri 2,17; 8,33; Ez 6,9; 20,30; Hos 1,2; 1 Chr 5,25.

Die Entstehung der Rechabiter

I

Jehu, der Revolutionär, hat vor dem Einzug in Samaria, mit dem er seinen Umsturz besiegelt, eine Reihe von Widerständen zu überwinden. Nachdem König und Königinmutter getötet sind, ebenso der anwesende König von Juda, erfüllt sich das Schicksal der übrigen Glieder der Omri-Dynastie durch den politischen Tatsachensinn der Ältesten und Vormünder in Samaria, die Jehus Brief von den veränderten Machtverhältnissen in Kenntnis gesetzt hat. Ihre siebzig Köpfe werden in Körben nach Jesreel gebracht. Auf dem Wege nach Samaria stößt Jehu auf eine Gruppe judäischer Prinzen und läßt sie niedermachen. Ganz zuletzt tritt ihm ein gewisser Jonadab ben Rechab entgegen. Jehu begrüßt ihn. Es beginnt folgender Dialog: Jehu: „Ist dein Herz aufrichtig gegen mein Herz, so wie mein Herz gegen dein Herz?" Jonadab: „Es ist!" Jehu: „Wenn es so ist, gib deine Hand!" Jonadab gibt seine Hand. Darauf lädt Jehu ihn ein, auf seinen Wagen zu steigen. Jehu zieht in Samaria ein und übernimmt die Macht.

Die Szene zwischen Jehu und Jonadab 2 Kön 10,15 ist die vorletzte des Berichts über Jehus Revolution (9,1-10,27). Das ist nicht immer so gewesen. Die Ausrottung des Baalskults, die den heutigen Bericht beschließt (10,18-27), ist ein nachgetragener Anhang.[1] In Unterschied zu dem Revolutionsbericht selbst, der trotz seiner Stilisierung auf genauer Kenntnis der Vorgänge beruht, ist er eine aus dem Hörensagen schöpfende, dürftig erzählte Legende. Nach der ätiologischen Schlußbemerkung lebt sie von einer samarischen Lokalüberlieferung: In der Stadt gab es eine unreine Stätte, an der vordem ein Heiligtum des Baal gestanden hat. Jehu soll es zerstört haben. Es ist nicht auszuschließen, daß die Überlieferung Jehu nachträglich zugewachsen ist. Zum Ruhme des Dynastiegründers wurde aus ihr der Bericht, daß Jehu als Höhepunkt und eigentliches Ziel seiner Revolution sämtliche Verehrer des Baal in ganz Israel auf einen Schlag vernichtet habe. Die Vorstellung ist so unhistorisch wie möglich.

Im Revolutionsbericht selbst weist nichts darauf, daß Jehu einem gegen den Baalskult gerichteten, radikal-jahwistischen Impuls gefolgt sei. „Die ältere Darstellung der Jehurevolution ... wußte noch nichts vom Kampf Jehus gegen Baal und seine Verehrer."[2] Jehus Designation durch den Schüler des Elisa hat nicht dieses erklärte Ziel. Die Bemerkung über die Hurerei und Hexerei der Isebel 9,22bβ betrifft nicht den Baalskult und ist überdies ein Zusatz.[3] Einzig Jehus abschließende Aufforderung an Jonadab ben Rechab ist auf den Baal bezogen: „Komm mit mir und sieh meinen Eifer für Jahwe!" (10,16). Aber dieser Vers ist eingeschoben, wie aus der wiederaufnehmenden Wiederholung von V. 15bβ in V. 16b hervorgeht.[4]

---

1   E. WÜRTHWEIN, Die Bücher der Könige (ATD 11,2) 1984, 340-342; Y. MINOKAMI, Die Revolution des Jehu (GTA 38) 1989, 96f.
2   WÜRTHWEIN, 342.
3   WÜRTHWEIN, 333; MINOKAMI, 42.
4   MINOKAMI, 43; vgl. WÜRTHWEIN, 327.

Er schlägt eine Verbindung zu der folgenden Szene: Jonadab soll die Vernichtung der Verehrer des Baal mitangesehen haben. Der Begriff „Eifern für Jahwe" (קַנֹּא לַיהוָה) hat seinen Ursprung in 1 Kön 19,10.14, wo er sich auf Elias blutiges Vorgehen gegen die Baalspropheten 18,40 bezieht.[5]

Ein Blick auf 10,18-27 bestätigt, daß der Augenzeuge Jonadab nicht zugegen war. „In V. 23 ist in den Worten ויבא יהוא ויהונדב בן־רכב בית הבעל deutlich genug ויהונדב בן־רכב ein nachträglicher Einschub."[6] Das geht aus dem sigularischen Prädikat וַיָּבֹא hervor. „Auch müßte sonst hinter ויאמר Jehu als Subjekt wiederholt werden."[7] Der Einschub ist eine Art Ausführungsnotiz zu V. 16. Wird man Jehu nur mit Vorbehalt mit dem geschilderten Vorgehen gegen den Baalskult in Verbindung bringen, ist es für Jonadab ben Rechab ausgeschlossen.

Für die historische Frage, wer Jonadab ben Rechab gewesen ist, sind wir danach allein auf 2 Kön 10,15, die einleitend zitierte Szene, gewiesen. Der hebräische Text ist nicht in Ordnung: Die Wendung הֲיֵשׁ אֶת־לְבָבְךָ יָשָׁר ist sprachlich unmöglich, und vor der abschließenden Aufforderung Jehus וְיֵשׁ תְּנָה אֶת־יָדְךָ „Wenn es so ist, gib deine Hand!" fehlt die Redeeinleitung. Die Redeeinleitung ist in der Septuaginta vorhanden und wird mit Recht fast ausnahmslos ergänzt.[8] Für die erste Crux gibt es zwei Lösungen. Entweder man vokalisiert die Nota accusativi als Pronomen אִתִּי: „Ist mir gegenüber dein Herz aufrichtig?",[9] oder man folgt wiederum der Septuaginta: εἰ ἔστιν καρδία σου μετὰ καρδίας μου εὐθεῖα = הֲיֵשׁ לְבָבְךָ עִם־ [אֶת־] לְבָבִי יָשָׁר „Ist dein Herz gegen mein Herz aufrichtig?"[10] Der sachliche Unterschied ist nicht erheblich.[11]

---

5 Der radikale Abschluß der Karmel-Szene ist seinerseits der Vernichtung der Baalsverehrer durch Jehu nachgebildet, vgl. O.H. STECK, Überlieferung und Zeitgeschichte in den Elia-Erzählungen (WMANT 26) 1968, 86-90. Der dritte Beleg des Begriffs „Eifern für Jahwe" in Num 25,11.13 dürfte Elia und Jehu zu Vorbildern haben. Auch dort geht es gegen die Verehrer des Baal.

6 B. STADE, Anmerkungen zu 2 Kö. 10-14 (1885; in: DERS., Ausgewählte akademische Reden und Abhandlungen, [2]1907, 181-199) 184. Ebenso I. BENZINGER, Die Bücher der Könige (KHC 9) 1899, 154; B. STADE /A. SCHWALLY, The Book of Kings (SBOT 9) 1904, 231f. (als Möglichkeit); A. ŠANDA, Die Bücher der Könige (EHAT 9,2) 1912, 115; O. EIßFELDT, Das zweite Buch der Könige (HSAT[K] I) [4]1922, 558; WÜRTHWEIN, Könige II, 340; G. HENTSCHEL, 2 Könige (NEB.AT 11) 1985, 49; MINOKAMI, Revolution, 97f.

7 ŠANDA ebd.

8 Vgl. BHK, BHS sowie die Kommentare. Allenfalls nimmt man eine Ellipse an: C.F. BURNEY, Notes on the Hebrew Text of the Books of Kings, Oxford 1903, 304; J.A. MONTGOMERY, A Critical and Exegetical Commentary on the Book of Kings, ed. by H.S. GEHMAN (ICC) Edinburgh 1951, 410. 415; H.CH. SCHMITT, Elisa, 1972, 232 Anm. 218.

9 So BHK; ŠANDA, Könige II, 110; A.B. EHRLICH, Randglossen zur hebräischen Bibel VII, 1914, 303 (mit weiteren Konjekturen); H. GREßMANN, Die älteste Geschichtsschreibung und Prophetie Israels (SAT 2,1) 1921, Beilage S. 12; SCHMITT, Elisa, 232; HENTSCHEL, 2 Könige, 48.

10 O. THENIUS, Die Bücher der Könige (KEH 9) [2]1873, 326; A. KLOSTERMANN, Die Bücher Samuelis und der Könige (KK A,3) 1887, 425; BENZINGER, Könige, 153; R. KITTEL, Die Bücher der Könige (HK I,5) 1900, 240; BURNEY, Notes, 304; EIßFELDT, Könige II, 558; J. GRAY, I & II Kings (OTL) London [2]1970, 557; WÜRTHWEIN, Könige II, 327; T.R. HOBBS, 2 Kings (Word Biblical Commentary 13) Waco, Texas 1985, 122.

11 STADE/SCHWALLY, Kings, 229, halten beides für möglich.

Wie ist der vorliegende hebräische Text zustande gekommen? Am Anfang mag irgendein zufälliger Irrtum gestanden haben. Die Varianten bedeuten indessen auch eine inhaltliche Korrektur. Durch den Ausfall von עִם־לְבָבִי entfällt bei der Frage nach Jonadabs Aufrichtigkeit der Bezug auf Jehu. „Ist dein Herz aufrichtig?", soll allgemein verstanden oder, wie das יָשָׁר der Frömmigkeitsnotizen, auf Jahwe bezogen werden. Das aufrichtige Verhältnis zwischen Jonadab und Jehu steht nicht mehr in Frage. Das gleicht der Auffassung des Josephus, der Jonadab als alten Freund Jehus einführt (φίλος αὐτῷ πάλαι γεγονώς, Ant. IX 132). Auch die andere Variante ist ein inhaltlicher Eingriff. Ohne die Redeeinleitung gerät die Aufforderung „Gib deine Hand!" aus Jehus in Jonadabs Mund. Der eifrige Jahwe-Verehrer, der Jonadab ben Rechab in der Überlieferung geworden ist, erhält die Initiative.

Das übliche Bild, dem der sekundäre hebräische Text und Josephus bereits verpflichtet sind, sieht in Jonadab einen Sympathisanten Jehus, der ein möglicherweise noch größerer Eiferer für die Sache Jahwes gewesen ist, vielleicht gar im Bunde mit Elisa der geistliche Urheber der in der Vernichtung des Baalskults gipfelnden Revolution. Das ist ein Rückschluß, der auf nichts anderem als dem nachgetragenen Ausspruch Jehus V. 16 beruht, ohne daß er beabsichtigt wäre. Dem Ergänzer ging es darum, *Jehus* Kampf gegen den Baal als „Eifer für Jahwe" zu qualifizieren. Daß darin ein Urteil über Jonadab, den Adressaten des Ausspruchs, eingeschlossen ist, wird vom Textbefund nicht gedeckt.

Mit Jehus Worten: „Ist dein Herz aufrichtig gegen mein Herz, so wie mein Herz gegen dein Herz?", durch die Einleitung הֲיֵשׁ als offene Frage eingeführt („Ist es etwa so, daß ..."), verständigen sich nicht Gesinnungsgenossen zum Kampf um gemeinsame Ziele, sondern so begegnet man einem möglichen Gegner. Die Frage nach dem „geraden Herzen"[12] zeigt, daß Jehu den Verdacht hat, daß Jonadab ‚Krummes' im Schilde führt. Frei umschreibend läßt der Ausspruch sich etwa so wiedergeben: „Kann ich dir über den Weg trauen, da ich selbst nicht in hinterhältiger Absicht komme?"

Wie gering das Einvernehmen, wie groß das Mißtrauen ist, läßt sich daran ablesen, daß Jehu sich mit der Antwort Jonadabs: יֵשׁ „Ja, es ist so!", nicht begnügt. Er greift sie auf: וָיֵשׁ (= וְאִם יֵשׁ) „Wenn es tatsächlich so ist",[13] und stellt die Forderung: תְּנָה אֶת־יָדְךָ „Gib deine Hand!" Der Handschlag war im Alten Orient keine Alltäglichkeit. Das belegt eindrücklich die Darstellung des Handschlags zwischen Salmanassar III. und Marduk-zākir-šumi am Thronsockel Salmanassars in Nimrud.[14] Allgemein geschieht das Geben der Hand nicht auf Gegenseitigkeit.

---

12 Der Begriff ist geläufig im Verhältnis zu Jahwe, vgl. G. LIEDKE, Art. „ישר *jšr* gerade, recht sein" (THAT I, 1971, 790-794) 792.
13 Zur abgekürzten Gestalt des Bedingungssatzes GesK § 159dd.
14 Jetzt im Iraq-Museum, Nr. 65574. Erstveröffentlichung D. OATES, The Excavations at Nimrud (Kalḫu), 1962 (Iraq 25, 1963, 6-37) 20-22 und Plate VII c. Auch abgebildet bei M.E.L. MALLOWAN, Nimrud and its Remains, II, London 1966, 447; ANES 821. Vgl. akk. *qātam nadānum* „die Hand ergreifen" im Sinne von „sich mit jemandem verbünden" (CAD N I 54a) sowie *qātam napāṣum* „die Hand wegstoßen" im Sinne von „die Zusage verweigern" (CAD N I 286; AHw 735b). Vgl. J.M. MUNN-RANKIN, Diplomacy in Western Asia in the Early Second Millennium B.C. (Iraq 18, 1956, 68-110) 86.

Der eine, hier Jonadab, gibt, der andere, hier Jehu, nimmt die Hand. Wer seine Hand gibt, bringt zum Ausdruck, daß er sich dem anderen gegenüber verpflichtet. Das findet sich im normalen Rechtsverkehr bei der Bürgschaftsleistung (Spr 6,1), wie denn die Formel יָד לְיָד (Spr 11,21; 16,5) soviel besagt wie: „Die Hand darauf, ich verbürge mich dafür!" Nach 1 Chr 29,24 verpflichtet Salomo bei seinem Regierungsantritt alle Obersten, Helden und Söhne Davids durch Handschlag auf seine Person. „Gebt eure Hand Jahwe!" (2 Chr 30,8) bedeutet: „Leistet ihm Treue!"[15] Freiwilligkeit ist nicht Voraussetzung. Die judäischen Priester werden durch Handschlag zur Scheidung ihrer Mischehen genötigt (Esr 10,19). In Ez 17,18 bedeutet das Geben der Hand, daß Zedekia sich Nebukadnezar als Vasall unterworfen hat. In Jer 50,15; Klgl 5,6 steht der Handschlag für die Kapitulation (vgl. auch 1 Makk 6,58).[16] Jehus Aufforderung an Jonadab: „Gib deine Hand!", bedeutet ihm: „Erkenne die durch meine Revolution geschaffenen Machtverhältnisse an!"

Daß dieses Verständnis das Richtige trifft, zeigt der abschließende Akt: Jehu läßt Jonadab auf seinen Wagen steigen. Auch diese Geste ist vorgeprägt, wie aus der Parallele 1 Kön 20,33 hervorgeht. Die dortige Szene spielt zwischen Ahab und Ben-Hadad, dem König von Aram. Ben-Hadad ist von Ahab geschlagen. Er bangt um sein Leben. Seine Knechte, die auf die Barmherzigkeit des Siegers rechnen, schlagen ihm vor, zu Ahab zu schicken und um Gnade zu bitten. Ahab erweist sich großzügig und bietet die Bruderschaft an. Auf Ahabs Geheiß tritt Ben-Hadad aus seiner Zuflucht hervor, und Ahab läßt ihn zu sich auf den Wagen steigen. Das bedeutet: Der Sieger hebt den Besiegten, der seine Unterlegenheit eingestanden hat, zu sich auf ein und dieselbe Ebene. So schließt man Frieden. Der Wagen, hier nicht der Kampfwagen (רֶכֶב), sondern der Prunkwagen (מֶרְכָּבָה), ist das Symbol der königlichen Macht.[17] Josef als zweiter Mann Ägyptens darf auf dem zweiten Wagen fahren (Gen 41,43). Das sogenannte Königsrecht nimmt mit dem Wagen den Repräsentationsaufwand des Königs ins Visier (1 Sam 8,11). Absalom und Adonia schaffen sich Wagen an, um ihren Anspruch auf den Thron anzumelden (2 Sam 15,1; 1 Kön 1,5). Rehabeam fährt mit seinem Wagen eilends davon, als er die Macht über das Nordreich verloren hat (1 Kön 12,18). Wenn Jehu Jonadab auf seinen Wagen steigen läßt, bedeutet er ihm: „Du hast deine Hand gegeben und mein Königtum anerkannt. Nun erkenne auch ich dein Existenzrecht neben mir an!"

Wer war Jonadab ben Rechab? Aus der Begegnung mit Jehu ist zu entnehmen, daß Jehu ihn für einen möglichen Gegner hielt. Es scheint, daß Jonadab imstande gewesen wäre, die Pläne Jehus noch kurz vor Erreichen des Tores von Samaria zu durchkreuzen. Deshalb war sein Handschlag Voraussetzung, sollte die Revolution

---

15 Josephus überliefert die Legende, daß Alexander bei der Übergabe Jerusalems dem Hohenpriester durch Proskynese und Handschlag (δεξιωσάμενος) gehuldigt habe (Ant. XI 336).
16 Arabische Parallelen verzeichnet J. PEDERSEN, Der Eid bei den Semiten (SGKIO 3) 1914, 24. 52-54.58f.
17 Der Zusatz 2 Kön 10,16 hat diesen Unterschied verwischt.

vor einem Fehlschlag bewahrt bleiben.[18] Worauf beruhte Jonadabs Gefährlichkeit? Bedenkt man, auf welcher Machtgrundlage die Umstürze in Israel zu geschehen pflegten, ist es leicht zu ermessen: Wie Jehu dürfte auch Jonadab ben Rechab dem Offizierskorps angehört und über einen Teil der Truppe verfügt haben. Es ist nicht unwahrscheinlich, daß sich zwischen Jehu und Jonadab jene Umstände zu wiederholen drohten, unter denen Omri, der Gründer der Vorgängerdynastie, das Königtum erlangt hat: Zu Anfang war nicht ausgemacht, wer aus dem Kreis der Offiziere in der Lage war, das Königtum auf Dauer an sich zu reißen. Nachdem Simri, der Oberste über die Hälfte der Streitwagen, den regierenden König getötet hatte (1 Kön 16,9-10), fand sich das Volk nicht bereit, den Umsturz gutzuheißen, und ganz Israel machte Omri, den Feldhauptmann, zum König (V. 16). Omri konnte zwar Simri besiegen, aber erneut trat dieselbe Situation ein, indem Tibni zum Gegenkönig ausgerufen wurde. Die Machtfrage erledigte sich erst durch Tibnis Tod (V. 21-22). Für Jehu ist es glimpflicher abgegangen. Wir werden aber nicht fehlgehen, in Jonadab einen Rivalen zu sehen. Nach dem Namenszusatz „ben Rechab" zu schließen, ist er wie Simri ein Offizier der Streitwagentruppe gewesen.[19] Weitere uns geläufige Träger des Namens sind nicht zufällig der aus den Sendschirli-Texten bekannte Barrākib, Sohn des Panammū, König von Šam'al (732-720),[20] sowie Rukibtu, der unter Tiglatpileser III. den Thron von Askalon bestiegen hat[21] und dessen Sohn Šarruludari mār Rukibti von Sanherib in sein Königsamt wieder eingesetzt worden ist.[22]

II

„Ein volles Vierteljahrtausend später"[23] ergeht in Jerusalem an den Propheten Jeremia der Auftrag Jahwes: הָלוֹךְ אֶל־בֵּית הָרֵכָבִים ... וְהִשְׁקִיתָ אוֹתָם יָיִן, herkömmlich übersetzt: „Geh zum Hause der Rechabiter ... und gib ihnen Wein zu trinken" (Jer 35,2*).

Jer 35 gehört in die Reihe der Zeichenhandlungen des Jeremiabuches, wie „Der verdorbene Schurz" (Jer 13*), „Das Heiratsverbot" (Jer 16*), „Der Töpfer" (Jer 18*), „Der zerbrochene Krug" (Jer 19*), „Der Brief an die Exulanten" (Jer

---

18 MINOKAMI, Revolution, 67-95, rechnet die Jonadab-Szene zu einer Juda-Bearbeitung, die darüber hinaus die Ermordung Ahasjas von Juda sowie seiner 42 Brüder nachgetragen habe. In den zielgerichteten Verlauf der zum Ruhme Jehus erzählten Urfassung seien aus judäischer Sicht weitere Einzelheiten eingefügt worden, um zu belegen, daß Jehus Machtübernahme auf Widerstand traf. Daß dem ein historischer Kern zugrunde liegt, belegt Hos 1,4.
19 F. BROWN /S.R. DRIVER /CH.A. BRIGGS, A Hebrew and English Lexicon of the Old Testament, Oxford 1907, reprint 1972, 939, erwägen s.v. רָכָב die Bedeutung „band of riders". HOBBS, 2 Kings, 128, gibt יְהוֹנָדָב בֶּן־רֵכָב im Anschluß an FRICK, The Rechabites Reconsidered (s.u. Anm. 64), mit „Jehonadab the charioteer" wieder.
20 KAI 215,1.19; 216,1; 217,1; 218; 221,2; AOT 445; TUAT I 628-632. Abbildungen ANEP 281 und 460; BHH 1719f. „Die Vokalfolge ist durch ein bildhethitisches Siegel des Königs (...) gesichert ... Es handelt sich um eine Kurzform von בר רכבאל ‚Sohn des Rākib-el (d. h. Streitwagenfahrer des El)', des Patronatsgottes der Dynastie von Sam'al" (KAI II, S. 224f.).
21 AOT 347; TUAT I 373.
22 AOT 353; TGI 68; TUAT I 388.

29*) und „Der Ackerkauf" (Jer 32*).²⁴ Der Gattung gemäß ist das Kapitel in Handlung V. 1-11 und Deutung V. 12-19 gegliedert.

Die Deutung, für die man nach den übrigen Beispielen einen kurzen, einprägsamen Prophetenspruch erwartet, besteht stattdessen aus fünf Gliedern: einem harschen Mahnwort an die Männer Judas und die Bewohner Jerusalems (V. 12-13); der zweimaligen Feststellung ihres Ungehorsams (V. 14 und V. 15); dem Gerichtswort, das auf den Ungehorsam antwortet (V. 16-17); und einem Heilswort an die Rechabiter (V. 18-19). Der Wechsel aus der Anrede (V. 13-15) in die Rede über Juda und Jerusalem (V. 16-17) sowie die nachholende Einleitung V. 18 zeigen an, daß der Text in mehreren Stufen gewachsen ist. Welches ist das ursprüngliche Deutewort?

Das abschließende Heilswort scheidet sogleich aus.²⁵ Wie B. Duhm und W. Erbt erkannt haben, ist es ein später Anhang, veranlaßt, weil das Gerichtswort dem Ungehorsam Judas und Jerusalems den Gehorsam der Rechabiter entgegenhält.²⁶ Wenn auf den Ungehorsam die Strafe folgt, darf der Lohn des Gehorsams nicht fehlen. Die beiden Verse sind im hebräischen und griechischen Text unterschiedlich eingebunden. Offenbar standen sie, als die Textformen sich trennten, noch am Rand der Kolumne.²⁷ Dafür spricht auch, daß sie in dem großen Septuaginta-Überschuß 33,14-26 eine nahe Parallele haben.²⁸ Die griechische Fassung, die eng an V. 16-17a anschließt, dürfte die ältere sein.²⁹ Das Heilswort V. 19b ist der David-Verheißung 1 Kön 2,4; 8,25; 9,5 nachgebildet.³⁰ Ein Zusatz in V. 14a (ab עַד), der nur im hebräischen Text vorhanden ist, hebt nachträglich den Gehorsam der Rechabiter hervor.

Auch das Gerichtswort V. 16-17 ist hinzugefügt worden: als Antwort auf die Feststellung des Ungehorsams, die dazu wiederholt wird.³¹ Die Doppelung sowie der Wechsel aus der Anrede in die Beschreibung und die ungelenke Anknüpfung

---

23 K. BUDDE, Das nomadische Ideal im Alten Testament (PrJ 85, 1896, 57-79) 58.
24 Diesen Zusammenhang stellt auch W. THIEL, Die deuteronomistische Redaktion von Jeremia 26-45 (WMANT 52) 1981, 46, heraus. Zur Stellung der Zeichenhandlungen in der Traditionsgeschichte des Jeremiabuches vgl. CH. LEVIN, Die Verheißung des neuen Bundes (FRLANT 137) 1985, 158; zur Formgeschichte ebd. 169f. Die Zeichenhandlungen in Jer 27-28 und 36 sind etwas anderer Art.
25 Anders THIEL, Redaktion, 45f. im Anschluß an C. RIETZSCHEL, Das Problem der Urrolle, 1966, 112.
26 B. DUHM, Das Buch Jeremia (KHC XI) 1901, 288; W. ERBT, Jeremia und seine Zeit, 1902, 164f; vgl. zuletzt W. MCKANE, Jeremiah and the Rechabites (ZAW 100, 1988, Suppl., 106-123) 120: „subsequently added".
27 Ein ähnlicher Fall ist 31,37, vgl. DUHM, Jeremia, 259; LEVIN, Verheißung, 200.
28 Vgl. ERBT, Jeremia, 164. DUHM, Jeremia, 288, erwägt sogar, ob in 33,17 und 35,18-19 dieselbe Hand schrieb. Für J.D. LEVENSON, On the Promise to the Rechabites (CBQ 37, 1976, 508-514), ist „this striking correspondence in idiom between Jer 33,17-18 and 35,18-19" Grundlage formgeschichtlicher Erwägungen. Auch bei 31,37 ist die Nähe zu 33,23-26 bemerkenswert.
29 Mit Ausnahme des abschließenden τῆς γῆς, einer Erinnerung an Gen 8,22. Vgl. 33,18.
30 Die „Unaufhörlichkeitsformel" -לֹא־יִכָּרֵת אִישׁ לְ (T. VEIJOLA, Die ewige Dynastie [STAT 193] Helsinki 1975, 27) sonst nur 1 Kön 2,4; 8,25; 9,5; Jer 33,17.18 (>LXX).
31 THIEL, Redaktion, 47 zu V. 16: „Der erste Halbvers wiederholt abgekürzt 14a, während der zweite, die Feststellung des Nichthörens, auf 13b.14b.15b zurückverweist."

mit כִּי zeigen den Nachtrag.³² „Juda und die Bewohner Jerusalems" als Betroffene sind aus dem Redebefehl V. 13 übernommen. Für die Gerichtsankündigung ist die summarische Drohung Jer 19,15 verwendet.³³ Dort liegt auf der Hand, worauf der Verweis אֲשֶׁר דִּבַּרְתִּי עָלֶיהָ „das ich gegen sie geredet habe" gerichtet ist (vgl. 19,3); in Jer 35 geht er ins Leere (oder ins Allgemeine).³⁴ Die nachgestellte Gerichtsbegründung V. 17b ist erst nach der griechischen Übersetzung hinzugekommen.³⁵ Ihr Wortlaut stammt aus V. 14b und 7,13.

Die Feststellung des Ungehorsams, auf der das Gerichtswort beruht, geschieht zweifach, V. 14b: „Ich, Jahwe, habe unermüdlich geredet, und ihr habt nicht gehört"³⁶, und V. 15: „Ich habe unermüdlich meine³⁷ Knechte, die Propheten, gesandt ..., und ihr habt eure Ohren nicht geneigt und habt nicht gehört."³⁸ Die Weise, wie das zweite Fazit auf das erste zurücklenkt, gibt V. 15 als ergänzende Näherbestimmung zu verstehen: Jahwe hat unermüdlich geredet, indem er seine Propheten gesandt hat.³⁹ Als Beweismittel werden die Hauptstücke der Botschaft wörtlich angeführt: der Ruf zur Umkehr, wie er sich in der Deutung der Zeichenhandlung vom Töpfer findet (18,11),⁴⁰ und die Mahnung, das Erste Gebot einzuhalten, aus dem Eingang der Tempelrede (7,6). Wie bei 7,6 mündet die Mahnung in eine bedingte Verheißung, die für den Fall des Gehorsams das Bleiben in dem Lande, das Jahwe gegeben hat, in Aussicht stellt (7,7). In Jer 35 hat sie nur noch Erinnerungswert: „Ihr wäret im Lande geblieben, aber ihr habt nicht gehört!" Daran zeigt sich der geschichtliche Ort des Ergänzers: Das Gericht, das es zu rechtfertigen gilt, ist schon eingetreten.

Die verbleibende Feststellung V. 14 und die Mahnung V. 12-13 sind nicht gleichursprünglich. Darauf weist äußerlich, daß sie durch die Gottesspruchformel נְאֻם־יהוה getrennt werden.⁴¹ Die jeweilige Situation ist verschieden: Die Mahnung hat den Gehorsam als Möglichkeit vor sich, die Feststellung: „Ihr habt nicht gehört!", blickt auf den versäumten Gehorsam zurück. Jahwes Beteuerung: „Ich habe unermüdlich zu euch geredet!", erinnert an sein vergebliches Mühen. Mit dem Nachtrag erklärt sich die ungelenke Ausdrucksweise im Passiv,⁴² die das Gebot

---

32 Statt כִּי הֵקִימוּ hat die Septuaginta καὶ ἔστησαν (= וַיָּקִימוּ). Der hebräische Text spielt wahrscheinlich auf den Gegensatz zu 34,18 an und ist deshalb ursprünglich.
33 Die Wendung הִנְנִי מֵבִיא רָעָה (Jer 11,11; 19,3; 45,5; 1 Kön 14,10; 21,21; 2 Kön 21,12; 22,16; 2 Chr 34,24) in der Form הִנְנִי מֵבִיא אֶת כָּל־הָרָעָה nur Jer 19,15; 35,17.
34 Die weitere Parallele 36,31 beruht auf 35,17. Sie stützt den Septuaginta-Text.
35 DUHM, Jeremia, 288; MCKANE, Jeremiah and the Rechabites, 107: „The verse comes to an entirely satisfactory conclusion at עליהם".
36 אֵלַי >LXX. Ebenso die Sekundärparallele 7,13.
37 כָּל־ >LXX. Ebenso die Sekundärparallelen 25,4 (LXX); 29,19; 26,5; 44,4 (LXX). 𝔐 gleicht an 7,25 an.
38 אֵלַי >LXX. Ebenso die Sekundärparallelen 25,4; 26,5; 29,19.
39 Die weiteren Belege der Wendung „Ich habe unermüdlich (alle) meine Knechte, die Propheten, gesandt" sind aus 35,15 übernommen: 7,25; 25,4; 29,19; 26,5; 44,4. Sämtliche Vorkommen der „Unermüdlichkeitsformel" (הַשְׁכֵּם + Inf. abs.) auf einen Blick bei H. WEIPPERT, Die Prosareden des Jeremiabuches (BZAW 132) 1973, 126.
40 Die Wendung וְהֵיטִיבוּ דַרְכֵיכֶם וּמַעַלְלֵיכֶם ist in 18,11 aus 7,3 übernommen. Das erklärt in 35,15 den Brückenschlag nach 7,6-7.
41 Die Septuaginta hat die Zäsur, wie häufig, getilgt, vgl. LEVIN, Verheißung, 71f.
42 Zur Syntax GesK § 121b. Septuaginta gleicht an V. 16 an.

Jonadabs, das aus V. 6 und 8 angeführt wird, mit dem Motiv des Wortes aus V. 13 verbinden soll: Die Judäer haben nicht auf Jahwes Wort gehört; die Worte Jonadabs, des Sohnes Rechabs, hingegen wurden aufgerichtet. Wenn V. 14 ergänzt ist, fällt das Rechabiter-Motiv insgesamt für die Deutung dahin. Die ursprüngliche Zeichenhandlung wollte nicht auf den Gegensatz zwischen den Judäern und den Rechabitern hinaus.

Als Ausgangspunkt der Fortschreibungskette V. 14.15.16-17.18-19 verbleibt V. 12-13:

> Und das Wort Jahwes geschah zu mir:[43] So spricht Jahwe:[44] Geh und sprich zu den Männern Judas und zu den Bewohnern Jerusalems: Wollt ihr nicht Züchtigung annehmen, auf mein Wort[45] zu hören, Spruch Jahwes.

Der prägnante Fünfheber: הֲלוֹא תִקְחוּ מוּסָר לִשְׁמֹעַ אֶל־דְּבָרַי „Wollt ihr nicht Züchtigung annehmen, auf mein Wort zu hören?!", ist als ursprüngliches Deutewort sehr gut vorstellbar.[46] Die Anrede der Männer Judas und Bewohner Jerusalems gibt die (spät)vorexilische Situation wieder, in der Jeremias Botschaft erging.[47] Das Motiv des „Wortes Jahwes" fügt sich in die Reihe der übrigen Zeichenhandlungen ein.[48] Inwiefern aber bedeutet die Zeichenhandlung einen Versuch der Züchtigung, auf den die Betroffenen mit Gehorsamsverweigerung reagiert haben? Tun die Rechabiter, wenn sie dem Verbot ihres Vaters Jonadab treu sind, nicht das Gegenteil?

Auf Jeremias Ansinnen hin: „Trinkt Wein!", heben die Rechabiter zu einer langen Rede an (V. 6-11). Sie enthält allerlei Verwerfungen. Ursprünglich haben die Rechabiter sich für ihre Weigerung allein auf das Verbot des Weingenusses durch ihren Vater Jonadab ben Rechab berufen (V. 6). Einzig darauf bezieht sich ihre Beteuerung V. 8[49] wie noch die nachgetragene Deutung V. 14. Nach der Klimax von V. 6 kommt die Aufzählung von Haus, Saat und Weinberg zu spät. Von dem Verbot soll nunmehr auch die Voraussetzung der Herstellung des Weins, nämlich die bäuerliche Niederlassung, betroffen sein. Die Inversion läßt V. 7 als Nachtrag erkennen. Im gleichen Zuge wurde mit V. 9-10 der zugehörige Gehorsam nachgetragen, abzulesen an der Anknüpfung וּלְבִלְתִּי (aufgenommen aus V. 8bα) und an der abschließenden Wiederholung der Beteuerung (aus V. 8a). Demnach setzen die Rechabiter zunächst nicht voraus, daß ihr Ahnherr sie zur Nichtseßhaftigkeit verpflichtet habe. Das nomadische Ideal,[50] das zudem gar nicht als solches

---

43 Lies אֵלַי mit Septuaginta.
44 צְבָאוֹת אֱלֹהֵי יִשְׂרָאֵל wurde im 𝔐-Text nachträglich ergänzt.
45 Lies sg., vgl. 1,9; 18,2.
46 Vgl. die Deuteworte 18,6b; 32,15b. Deuteronomistischer Sprachgebrauch liegt nicht vor. Die Wendung לקח מוּסָר hat ihren Ursprung in der Weisheit. Von 35,13 ist sie nach 7,28 und von dort nach 17,23 und 32,33 gelangt. Die Wendung לִשְׁמֹעַ אֶל־דְּבָרַי ist von 35,13 nach 11,10 und von dort nach 13,10 gewandert.
47 Der Doppelbegriff beruht auf dem staatsrechtlichen Unterschied zwischen Jerusalem und der Landschaft, vgl. Jes 5,3. Die ähnlichen Redeeinleitungen Jer 11,2; 18,11 sind jünger.
48 Vgl. 13,2.3.8; 16,1; 18,2.5; 32,8.
49 לְכֹל אֲשֶׁר צִוָּנוּ V. 8aβ kam erst nach der griechischen Übersetzung hinzu.
50 Vgl. BUDDE (s. Anm. 23); M.Y. BEN-GAVRIÉL, Das nomadische Ideal in der Bibel (Stimmen der Zeit 88, 1962/63, 253-263).

gemeint war, ist in Jer 35 ein Nachtrag. Da es sich bei der Befolgung des Gebots um den Gehorsam gegen den Vater handelt, ist zur Bekräftigung die bedingte Verheißung aus dem Elterngebot des Dekalogs (Ex 20,12 // Dtn 5,16) hinzugefügt worden (V. 7b). Es ist die Laune des Zufalls, daß auf diese Weise den frisch gekürten Wahlnomaden eine Landverheißung auf den Weg gegeben wird.

Als Folge der Ergänzung entsteht ein Widerspruch, an dem nicht erst die modernen Exegeten Anstoß genommen haben. Die Szene spielt in Jerusalem. Die Rechabiter sind der Beteuerung, in Zelten zu wohnen, gar nicht treu. Das hat in V. 11 einen weiteren Eisegeten auf den Plan gerufen. Ausgehend von der Überschrift V. 1b, die Jer 35 in die Zeit Jojakims datiert, glaubt er, in dem in 2 Kön 24,1-2 berichteten Feldzug Nebukadnezars, in dessen Folge Juda durch vielerlei Heere heimgesucht worden ist, den Anlaß erkannt zu haben, weshalb die Rechabiter sich nach Jerusalem geflüchtet haben. Es scheint, daß er sie dafür sich auf den Propheten Jeremia selbst berufen läßt, vgl. וְנָבוֹא Jer 4,5 // 8,14.

Bevor diese Ergänzungen hinzukamen, ist auch die ausdrückliche Beteuerung des Gehorsams V. 8 nachgetragen worden. Sie führt aus und unterstreicht, was in V. 6 ohnehin enthalten ist. Vgl. כָּל־יָמֵינוּ „unser Leben lang" V. 8 gegen עַד־עוֹלָם „für immer" V. 6 und אֲנַחְנוּ נָשֵׁינוּ בָּנֵינוּ וּבְנֹתֵינוּ „wir, unsere Frauen, unsere Söhne und unsere Töchter" V. 8 gegen אַתֶּם וּבְנֵיכֶם „ihr und eure Nachkommen" V. 6.

Als Ausgangspunkt der Fortschreibungskette V. 8.7+9-10.11 verbleibt V. 6:

> Und sie sprachen: Wir trinken keinen Wein; denn Jonadab ben Rechab, unser Vater, hat unserthalben geboten: Trinkt keinen Wein, ihr und eure Nachkommen, in Ewigkeit!

Die Rechabiter weigern sich, den dargebotenen Wein zu trinken, und berufen sich dafür auf das immerwährende Verbot ihres Ahnherrn. Wie verträgt sich diese Antwort mit der an die Judäer und Jerusalemer gerichteten Deutung V. 13: „Wollt ihr nicht Züchtigung annehmen, auf mein Wort zu hören?" Und: Wie gerät die Berufung auf den Streitwagenoberst aus dem Nordreich des 9. Jahrhunderts – um keinen anderen handelt es sich – in das Jerusalem des 6. Jahrhunderts?

Sehen wir auf die Zeichenhandlung selbst. Die Kapitelüberschrift Jer 35,1a ist als Bestandteil des Überschriftensystems später hinzugesetzt worden. Sie hat eine ältere Überschrift verdrängt, die וַיֹּאמֶר יהוה אֵלַי „Und Jahwe sprach zu mir" oder כֹּה אָמַר יהוה אֵלַי „So sprach Jahwe zu mir" gelautet haben wird.[51] Auch die Datierung V. 1b ist nachgetragen. Sie setzt die heutige Überschrift voraus. Ein genaues Datum gibt sie nicht, lediglich einen historischen Rahmen.[52] Historisierende Tendenz haben auch die genauen Angaben über die Örtlichkeit sowie über die beteiligten Personen und deren Genealogie V. 3-4. „The trouble which is taken to locat precisely the room in the temple where this episode took place is a curious feature of the narrative. ... Such fulness of ostensible factuality recalls the kind of over-kill which is attributable to writers of fiction trying to create realism."[53]

---

51 Vgl. F. GIESEBRECHT, Das Buch Jeremia (HK III,2) ²1907, 192; THIEL, Redaktion, 44.
52 Die Datierung hat innerhalb der Buchüberschrift eine wörtliche Parallele (1,3) und dürfte von dort einfach übernommen sein. Zu den Datierungen des Jeremiabuches vgl. CH. LEVIN, Noch einmal: Die Anfänge des Propheten Jeremia (oben 217-226), bes. 222.
53 MCKANE, Jeremiah and the Rechabites, 117.

Tempelkammern (לְשָׁכוֹת) wie „die Kammer der Söhne Hanan" werden außerhalb von Ez 40-48 und Esr-Neh-Chr nur in Jer 36,10bα¹.20aβγ.21aβγ sowie in 2 Kön 23,11aβγ erwähnt, auch dort jedesmal unter Nennung des Inhabers.[54] Die Belege in Jer 36 und 2 Kön 23 sind kurze, ad hoc eingefügte Zusätze. Den Ergänzern dürfte der zweite Tempel vor Augen gestanden haben. Dasselbe gilt für Jer 35,4. Es ist möglich, daß die genauen Lageangaben in V. 4b später nachgetragen sind. Bei der „Kammer der Fürsten" wird an 36,12 gedacht sein. Der Schwellenhüter Maaseja soll wohl der Vater des Priesters Zefanja ben Maaseja gewesen sein (21,1; 29,25; 37,3), der unter Zedekia amtierte, und der Sohn Schallums, des Gemahls der Prophetin Hulda (2 Kön 22,14), der unter Josia als Hüter der Gewänder tätig war. Mit 35,4 fällt auch der zugehörende Befehl Jahwes V. 2aβγ[55] und die Aufzählung der Beteiligten V. 3 dahin. Die genauen Namensangaben bieten keine Gewähr für Historizität. Wie wir aus der Chronik im Vergleich mit den Königebüchern wissen, hat man sie beliebig erfunden.

Die Streichungen hinterlassen keine Narben. Für die ursprüngliche Handlung verbleibt etwa folgendes:

> So sprach Jahwe zu mir: Geh zum Hause der Rechabiter und gib ihnen Wein zu trinken! Da setzte ich ihnen[56] eine Schale[57] mit Wein vor und Becher und sprach:[58] Trinkt Wein! (V. 1*.2aα¹.b.5).

Was ist der Sinn dieser Handlung? Und wie ist es möglich, das Zeichen auf die Züchtigung durch Jahwe zu deuten, die nicht angenommen wurde?

Es gibt in Jer 25,15-29 eine ähnliche Szene, die ohne weiteres zu verstehen ist:

> So sprach Jahwe, der Gott Israels, zu mir: Nimm diesen Becher mit Wein aus meiner Hand und gib daraus allen Völkern, zu denen ich dich senden werde, zu trinken, daß sie trinken und speien und toll werden. ... Und wenn sie sich weigern, den Becher aus deiner Hand zu nehmen, um zu trinken, dann sprich zu ihnen: So spricht Jahwe der Heerscharen: Ihr müßt trinken! (Jer 25,15*.16a.28).

Der Becher in der Hand Jahwes (Jes 51,17; Jer 51,7; Hab 2,16; Ps 75,9) ist hier der Becher seines Zorns (Jes 51,17), der Taumelbecher (כּוֹס הַתַּרְעֵלָה, Jes 51,17.22),[59] gefüllt bis an den Rand mit Wein (Jer 13,12; Ps 75,9), mit Taumelwein (יֵין תַּרְעֵלָה, Ps 60,5). Wer daraus trinkt, wird erfüllt mit Trunkenheit (שִׁכָּרוֹן, Jer 13,13; Ez 23,33), muß taumeln (רעל I ni., Hab 2,16 [txt. em.]), wird toll (הלל III hitpo., Jer 25,16; 51,7).[60] Die unfreiwillige Trunkenheit, die zum hilflosen Opfer macht, ist

---

54 Jer 36,12 nennt ferner als לִשְׁכַּת הַסֹּפֵר die Kanzlei der königlichen Burg.
55 Der Redebefehl וְדִבַּרְתָּ אוֹתָם wurde erst nach der griechischen Übersetzung hinzugefügt.
56 Lies לִפְנֵיהֶם mit Septuaginta. Der Masoretentext führt aus: לִפְנֵי בְּנֵי בֵית־הָרֵכָבִים. K.H. KEUKENS, Die rekabitischen Hausklaven in Jeremia 35 (BZ NF 27, 1983, 228-235), versteht בְּנֵי בֵית als Begriff im Sinne von Gen 15,3 und Koh 2,7. Das ist wohl abwegig.
57 Lies גְּבִיעַ יַיִן mit Septuaginta. Der Masoretentext verstärkt: גְּבִעִים מְלֵאִים יַיִן.
58 Der Masoretentext ergänzt אֲלֵיהֶם, um die Anrede hervorzuheben.
59 Vgl. סַף־רַעַל Sach 12,2.
60 Weitere Belege Jer 49,12; 51,39.57; Ob 16; Ez 23,31-34; Klgl 4,21.

ein Bild des Gerichts.⁶¹ So dürfte auch Jer 35 zu verstehen sein. Nur dann ist das Trinken des Weins eine Züchtigung (מוּסָר, V. 13).

Wenn diese Deutung das Richtige trifft, ist um so weniger begreiflich, daß der Prophet für das Zeichen des Gerichts die gehorsamen Rechabiter ausgewählt hat.

Die Verbindung בֵּית הָרֵכָבִים „Haus der Rechabiter" ist im Hebräischen eine Unmöglichkeit. בַּיִת im Sinne von Großfamilie, Sippe, Stamm oder Nation verbindet sich nicht mit dem Gentilicium oder Patronymicum, sondern mit dem einfachen Eigennamen. Die Verbindung בֵּית + Gentilicium wäre ein unsinniger Pleonasmus.⁶² Wenn man nicht mit der lukianischen Rezension den Text nach 1 Chr 2,55 zu בֵּית רֵכָב verbessern will,⁶³ gibt es nur eine sprachlich korrekte Möglichkeit: הרכבים ist kein Eigenname.⁶⁴ Man vokalisiere הָרֹכְבִים oder besser הָרַכָּבִים⁶⁵ und übersetze wie folgt:

> So sprach Jahwe zu mir: Geh zum Hause der Streitwagenfahrer und gib ihnen Wein zu trinken!

Erst so erhält die Zeichenhandlung ihren Sinn; nicht als Paradigma des Ungehorsams, sondern als Androhung des kommenden Gerichts. Die Streitwagenfahrer, die Elitetruppe der judäischen Armee, sind für Jahwes Taumelwein ausersehen. Das bedeutet nichts anderes, als daß die sichere militärische Niederlage bevorsteht.

Es bleibt eine letzte Unstimmigkeit. Das Zeichen des Taumelbechers bedarf keiner Deutung. Es spricht für sich selbst. Mit der Deutung, die in V. 12-13 gleichwohl folgt, wechselt überdies das Argument: Das Zeichen ist unbedingte Drohung; die Deutung aber mahnt Juda und Jerusalem, die Züchtigung anzunehmen. Dadurch wandelt die Drohung sich zur Warnung, sei es, daß die Umkehr noch möglich ist, sei es, um nachträglich den Ungehorsam Judas und Jerusalems aufzuweisen. Überdies fehlt der Zeichenhandlung, wie sie vorliegt, die szenische Einheit. Für die Deutung ergeht noch einmal der Auftrag Jahwes: הָלֹךְ „Geh!" (vgl. V. 2). „Diese Anweisung ist in der vorausgesetzten Situation schwer vorstellbar."⁶⁶ Jetzt erst soll Jeremia sich zu den Männern Judas und den Bewohnern

---

61 Vgl. H. GREßMANN, Der Ursprung der israelitisch-jüdischen Eschatologie (FRLANT 6) 1905, 129-134; W. LOTZ, Das Sinnbild des Bechers (NKZ 28, 1917, 396-407); F. STOLZ, Rausch, Religion und Realität in Israel und seiner Umwelt (VT 26, 1976, 170-186) 185.
62 KEUKENS, Hausklaven, 233, hat das Problem fast gesehen: „byt hrkbym ist eine singuläre Konstruktion im AT, insofern rkbym eine Personengruppe bezeichnet und als nomen regens beim nomen rectum byt steht."
63 Die Septuaginta transkribiert: οἶκος Αρχαβιν. Die Übersetzung οἶκος Ρηχαβιτων, die dem gewöhnlichen Verständnis entsprechen würde, findet sich nur bei Symmachos.
64 Das schlägt auch F.S. FRICK, The Rechabites Reconsidered (JBL 90, 1971, 279-287) 285, vor, ausgehend von der Wurzelbedeutung von רכב. Er hält die Rechabiter für „a guild of craftsmen, probably in this case a guild of metal-workers involved in the making of chariots and other weaponry". In seinem Art. Rechabites (IDB Suppl. 726-727) übersetzt FRICK geradezu: „byt rkbym, probably house of (chariot) riders". Vgl. auch WÜRTHWEIN, Könige II, 339 Anm.
65 Als Nomen opificis, GesK § 84b b. Vgl. 1 Kön 22,34; 2 Kön 9,17.
66 THIEL, Redaktion, 47. Seine Schlußfolgerung: „Es handelt sich um einen literarischen Übergang."

Jerusalems begeben, die doch zugegen gewesen sein müssen, wenn das Zeichen ihnen gegolten hat. „Jer hat nicht zu ‚gehen', sondern vom Platz aus zu sprechen".[67] Es scheint also, daß bereits mit V. 12-13 eine erste Ergänzung vorliegt. Ihr leitendes Motiv ist das „Wort Jahwes" (דְּבַר יהוה), jener Begriff, mit dem die Theologie (nachträglich!) das Wesen der prophetischen Botschaft begriffen hat.[68] Auch in anderen Zeichenhandlungen bildet diese Wort-Theologie einen Nachtrag.[69]

III

„The strange tale of the Rechabites",[70] ist das Ergebnis mehrstufiger Ergänzung der ursprünglichen Zeichenhandlung, „a fabricated story rather than a historical account."[71] Am Anfang des Weges, der zur vorliegenden Textgestalt geführt hat, stand ein Eiseget, der sich für die Verbindung בֵּית הָרֵכָבִים eine Erklärung gegeben hat. Da im alttestamentlichen Kanon nur noch Rechab ben Rimmon, einer der Mörder Ischbaals (2 Sam 4), sowie Malkia ben Rechab, der Vorsteher des Bezirks von Bet-Kerem und unter Nehemia Erbauer des Misttors (Neh 3,14), als Träger des Namens belegt sind, von denen der eine sogleich die verdiente Strafe gefunden hat und der andere aus geschichtlichen Gründen nicht in Betracht kam, war die Verbindung mit Jonadab ben Rechab trotz der geradezu absurden zeitlichen und örtlichen Entfernung eine Kleinigkeit.[72] So entstanden aus den Streitwagenfahrern die ‚Rechabiter'. Dabei verschlug es nichts, daß der Name Rechab nur der Vatersname Jonadabs, Jonadab also nicht der Vater der Rechabiter, sondern allenfalls der Sohn des Vaters der Rechabiter gewesen sein konnte.

Als einzige Äußerung der Rechabiter ließ sich der Deutung V. 12-13 entnehmen, daß sie die Züchtigung abgelehnt, also den Wein, den Jeremia ihnen bot, nicht getrunken haben. Um Jonadab ben Rechab auch in eine inhaltliche Verbindung mit seinen vermeintlichen Nachfahren zu bringen, wurde diese Haltung auf sein Geheiß zurückgeführt (V. 6). Als schließlich Jonadab durch die Fortschreibung 2 Kön 10,16 zum eifernden Jahweverehrer avanciert war, wandelte sich die Verweigerung des Gehorsams, ungeachtet den scharfen Widerspruch, zum stren-

---

67 DUHM, Jeremia, 287. P. VOLZ, Der Prophet Jeremia (KAT 10) 1922, 321, hilft sich so: „הָלוֹךְ verstärkt nur die Aufforderung."
68 Vgl. den Locus classicus der jeremianischen Wort-Theologie, die Berufungsvision Jer 1,4-5a.6. 9.11-14; 2,1-2aα. Zur Redaktionsgeschichte LEVIN, Verheißung, 149-152.
69 Vgl. den Einschub 13,2-4 und die Überleitung 13,8; die Inszenierung des Gerichtsworts 16,9 durch 16,1-2; die Inszenierung des Gerichtsworts 18,6b durch 18,2-4a.5. Wir finden hier die früheste Phase redaktioneller Bearbeitung der jeremianischen Sammlung vor, vgl. LEVIN, Verheißung, 156.
70 R.P. CARROLL, The Book of Jeremiah (OTL) London 1986, 653.
71 CARROLL, 656.
72 Man kann hier die rabbinische Auslegungsregel גְּזֵרָה שָׁוָה, den Analogieschluß zwischen zwei Schriftbelegen, bereits angewendet sehen, vgl. H.L. STRACK, Einleitung in Talmud und Midrasch, [6]1976, 97. Der Gebrauch dieses exegetischen Verfahrens reicht weit in die Entstehungsgeschichte des Alten Testaments hinauf, vgl. I. WILLI-PLEIN, Vorformen der Schriftexegese innerhalb des Alten Testament (BZAW 123) 1971, 264f.; J. KOENIG, L'herméneutique analogique du Judaïsme antique d'après les témoins textuels d'Isaïe (VT.S 33) Leiden 1982.

gen Gehorsam (V. 8.14). Ein Ergänzer gab dem anderen die Feder in die Hand, und Strich für Strich entstand das heutige Bild, „a bizarre accumulation of detail which one reads with mounting incredulity."[73]

Eingestandenermaßen „fließen ... die Quellen" über die Rechabiter „verzweifelt dürftig".[74] Eine unkritische Exegese sah sich deshalb veranlaßt, das aus 2 Kön 10 und Jer 35 gewonnene Bild durch weitere biblische Nachrichten zu vervollständigen. In einer genealogischen Notiz in 1 Chr 2,55 wird Hammat, der Vater des Hauses Rechab, als Ahnherr der Kinniter genannt. Daraus erwuchs die Vorstellung, daß die Rechabiter eine Untergruppe der Keniter gewesen seien, jener nichtisraelitischen Nomaden, die bereits in vormosaischer Zeit den Gott Jahwe verehrt haben sollen. Die Rechabiter-Überlieferung wurde zu einem Teilstück der Keniter-Hypothese.[75] Jonadab wurde vom Gründer der Rechabiter zu ihrem Reformer, der das Verbot der Seßhaftigkeit nicht, wie in Jer 35 zu lesen, erlassen, sondern bekräftigt habe. Die Rechabiter rückten in den Rang einer Gruppe fanatisch-strenger Jahweverehrer, die das „nomadische Ideal" der Anfangszeit über die „Krisis durch die Landnahme" hinweg festgehalten habe und eine jener Minderheiten gewesen sei, die während des jahrhundertelangen Sündenfalls der staatlichen Zeit die Kontinuität des wahren Israel bewahrt hätten. Da sie den Weingenuß ablehnten, ergab sich ferner eine Verbindung mit den Nasiräern (Num 6,3-4), wodurch im Rückschluß auch der Brauch des temporären Enthaltsamkeitsgelübdes den Charakter des grundsätzlichen Protests gegen eine kanaanisierte Jahwereligion zugesprochen erhielt. Innerhalb dieses Gemäldes, das überall nachzulesen ist,[76] ist kaum mehr auszumachen, wo die Grenze zwischen den Vorstellungen der spätnachexilischen Midraschexegeten und den Kombinationskünsten der neuzeitlichen Exegese verläuft. Zur Krönung fand sich eine außerbiblische Analogie: Hieronymus von Kardia, der Historiker der Diadochenkriege, schildert die Lebensweise der Nabatäer, die er im Jahre 312 im Gebiet der südlichen Araba antraf: νόμος δ' ἐστὶν αὐτοῖς μήτε σῖτον σπείρειν μήτε φυτεύειν μηδὲν φυτὸν καρποφόρον μήτε οἴνῳ χρῆσθαι μήτε οἰκίαν κατασκευάζειν „Sie haben den Brauch, weder Getreide zu säen noch irgendeine andere Fruchtpflanze anzubauen noch Wein zu genießen noch ein Haus zu errichten."[77] Daß Hieronymus für dieses Verhalten

---

73 MCKANE, Jeremiah and the Rechabites, 116. Vgl. den eindrucksvollen Katalog der Ungereimtheiten ebd. 116-119. M.J. MULDER, De Rekabieten in Jeremia 35 (SKC 68) Kampen 1990, hat daraufhin ernstliche Mühe, an einem historischen Kern festzuhalten.
74 E. SELLIN, Beiträge zur Israelitischen und jüdischen Religionsgeschichte, II, 1, 1897, 179.
75 Vgl. BUDDE, Das nomadische Ideal, 61f. Anm. Ein kurzer Abriß der Keniter-Hypothese bei L. KÖHLER, Theologie des Alten Testaments (NTG) [4]1966, 27f. Die Belege sind entweder nicht einschlägig, oder ganz spät: Gen 4,13-15; Ri 1,16; 4,11.17; 5,24; 1 Sam 15,5-6. Kritisch gegen die Verbindung von Rechabitern und Kenitern R. DE VAUX, Das Alte Testament und seine Lebensordnungen I, [2]1964, 41.
76 Ein frühes Beispiel ist H. WITSIUS, Miscellanea Sacra II, Leiden 1736, 176-187 (Exercitatio IX. De Rechabitis), auch abgedruckt bei TH. GOODWIN, Moses et Aaron, ed. J.H. HOTTINGER, Frankfurt am Main [2]1716, 144-167. In neuerer Zeit sind im Anschluß an BUDDE folgende Darstellungen besonders bezeichnend: SELLIN aaO 179-184; B. LUTHER in E. MEYER, Die Israeliten und ihre Nachbarstämme, 1906, 136-138; G. HÖLSCHER, Die Profeten, 1914, 171-173; GREßMANN, Geschichtsschreibung, 313; S. NYSTRÖM, Beduinentum und Jahwismus, Lund 1946, 61.
77 Bei Diodorus Siculus XIX 94,3.

nicht religiöse, sondern strategische Gründe nennt, und daß eine solche anekdotische Einzelheit cum grano salis zu nehmen ist, wurde übersehen.

Für die Sozial- und Religionsgeschichte des vorexilischen Israel und Juda muß die Überlieferung von den Rechabitern entfallen.

Amos und Jerobeam I.[1]

Zu den Ergebnissen der Amos-Exegese, die breiteste Anerkennung gefunden haben, gehört, daß die Datierung „in den Tagen Usias, des Königs von Juda, und in den Tagen Jerobeams, des Sohnes des Joas, des Königs von Israel" innerhalb der Buchüberschrift Am 1,1 ein Nachtrag ist.[2] Die ungefüge Syntax und auch inhaltliche Erwägungen erweisen es. „Die breite Notiz ... entspricht den üblichen Formeln der Redaktoren, die die Propheten aus größerem Abstand geschichtlich einordnen (vgl. Hos 1,1; Mi 1,1; Zeph 1,1; Jes 1,1; Jer 1,2 ...). Neben dieser weiträumigen Angabe steht die ungewöhnlich genaue: ‚zwei Jahre vor dem Erdbeben'. Ihr spürt man noch die Nähe des kürzlich erlebten Geschehens ab."[3] Für die nachgetragene Datierung bot, „was Jerobeam II. betrifft, neben 7,9 ... die Erzählung 7,10ff. den Anhaltspunkt".[4] Merkwürdigerweise wurde die zwingende Folgerung aus diesem Befund bisher nicht gezogen: Die Datierung des Amos darf sich nicht an Am 1,1 ausrichten! Die Vorlage Am 7,9.10-17 aber muß gedeutet werden, als sei Am 1,1 nicht vorhanden.

I

Die Szene zwischen Amazja und Amos in 7,9.10-17 ist in den Zyklus der Visionen 7,1-8; 8,1-2 nachträglich eingeschoben. Auch darüber besteht Einigkeit. „Dieser einzige Fremdbericht des Amosbuchs unterbricht auffallend die Visionenreihe".[5] Die Alternative, ob der Einschub auf einer Vorlage beruht, oder ob er als Erweiterung ad hoc entstanden ist, wird neuerdings immer deutlicher im zweiten Sinne entschieden. „Der Fremdbericht v. 10-17 scheint ... von Anfang an in die vier Visionen eingearbeitet worden zu sein und mit ihnen eine Einheit bilden zu

---

1 Vorgetragen am 20. Juli 1995 auf dem 15. Kongreß der International Organisation for the Study of the Old Testament in Cambridge.
2 Angedeutet bei E. KÖNIG, Einleitung in das Alte Testament, 1893, 307. Ausdrücklich bei M. LÖHR, Untersuchungen zum Buch Amos (BZAW 4) 1901, 3. W. NOWACK hat die Beobachtung in die 2. Aufl. seines Kommentars übernommen (Die kleinen Propheten [HK 3,4] ²1903, 126f.). Seither u. a. bei K. MARTI, Das Dodekapropheton (KHC 13) 1904, 155; B. DUHM, Anmerkungen zu den zwölf Propheten, 1911, 1; A. WEISER, Das Buch der zwölf Kleinen Propheten I (ATD 24) 1949, 113 (= ⁸1985, 131); W.H. SCHMIDT, Die deuteronomistische Redaktion des Amosbuches (ZAW 77, 1965, 168-193) 169f.; H.W. WOLFF, Dodekapropheton 2. Joel und Amos (BK XIV/2) 1969, 146; W. RUDOLPH, Joel – Amos – Obadja – Jona (KAT 13,2) 1971, 112; I. WILLI-PLEIN, Vorformen der Schriftexegese innerhalb des Alten Testaments (BZAW 123) 1971, 15; H.F. FUHS, Amos 1,1. Erwägungen zur Tradition und Redaktion des Amosbuches (in: H.-J. FABRY [Hg.], Bausteine biblischer Theologie. Festgabe für G.J. Botterweck [BBB 50] 1977, 271-289) 274; J. JEREMIAS, „Zwei Jahre vor dem Erdbeben" (Am 1,1) (1994; in: DERS., Hosea und Amos [FAT 13] 1996, 183-197) 185.
3 WOLFF, 146.
4 RUDOLPH, 112.
5 RUDOLPH, 251.

sollen".⁶ Das Stück „setzt ... bereits den Visionenzyklus als literarische Gegebenheit voraus; zusammen mit 9 unterbricht es den Zusammenhang von 7,8 und 8,1 und legt aus, was Jahwes schonungsloses Einschreiten konkret für Königtum, Kult und Volk bedeutet".⁷ Die Übereinstimmung reicht bis in solche Einzelheiten, daß 7,9.10-17 keine unabhängige Überlieferung sein kann. „Remarquons la reprise aux vv. 9-17 de plusieurs expressions du v. 8: *bᵉqèrèb ... yiśrā᾽ēl lō᾽* ... (v. 10), *῾ammî yiśrā᾽ēl* (v. 15), *lō᾽-᾽ōsîp*ʰ *῾ōd* (v. 13, à la deuxième personne)."⁸ Wolff schreibt die Auslegung der Amosschule am Ende des 8. Jh.s zu, Vermeylen der „école deutéronomienne". Williamson zeigt, daß der Amos dieses Abschnitts dem deuteronomistischen Prophetenbild nahekommt.⁹ Ackroyd rückt das Stück „between Kings and Chronicles".¹⁰ Trotz allem exegetischen Interesse, das sich der Amazja-Szene zugewendet hat: Zu Amos selbst ist von hier nicht zu gelangen.¹¹

Die dritte Amosvision 7,7-8 bedarf seit je der Erläuterung.¹² Der Anhang V. 9 ist ein erster Deutungsversuch. Ähnlich wie die Erweiterung der vierten Vision durch 8,3 bildet er einen Überschuß.¹³ Auf einem überlieferten Amoswort beruht er nicht; denn die Gottesrede von V. 8: „Siehe, ich setze Zinn (אֲנָךְ) mitten in mein Volk Israel", setzt sich ohne nennenswerten Bruch fort: „Und es werden verwüstet werden die Höhen Isaaks, und die Heiligtümer Israels werden zur Ödnis werden, und ich werde aufstehen gegen das Haus Jerobeam mit dem Schwert". Sie ist ad hoc ergänzt. אֲנָךְ wird durch das Stichwort חֶרֶב „Schwert" erläutert. Statt „mein Volk Israel" insgesamt zu betreffen, wird das Gericht auf „das Haus Jerobeam" eingeschränkt. Vor allem erhält es einen Grund: die Höhen Isaaks und die Heiligtümer Israels. Einen Hinweis auf das Alter des Verses gibt der Sprachgebrauch: מִקְדָּשׁ wird am häufigsten in Ez, P und Chr gebraucht und hat keine alten Belege. Die Schreibweise יִשְׂחָק findet sich neben Am 7,9.16 nur in Jer 33,26 (>LXX) und Ps 105,9.

Das Stichwort „Höhen" sagt aus, welche Art Sünde gemeint ist: der Verstoß gegen das Gebot der Kultzentralisation Dtn 12. בָּמוֹת ist der in den Frömmig-

---

6 WILLI-PLEIN, Vorformen der Schriftexegese, 46.
7 WOLFF, Joel und Amos, 355.
8 J. VERMEYLEN, Du Prophète Isaïe à l'Apocalyptique II (EtB) Paris 1978, 565; vgl. auch den ausführlichen Nachweis der „Kotextualität" durch H. UTZSCHNEIDER, Die Amazjaerzählung (Am 7,10-17) zwischen Literatur und Historie (BN 41, 1988, 76-101).
9 H.G.M. WILLIAMSON, The Prophet and the Plumb-Line. A Redaction-Critical Study of Amos vii (in: A.S. VAN DER WOUDE [ed.], In Quest of the Past [OTS 26] 1990, 101-121) 113-119.
10 P.R. ACKROYD, A Judgment Narrative between Kings and Chronicles? An Approach to Amos 7:9-17 (in: G.W. COATS /B.O. LONG [ed.], Canon and Authority. Essays in Old Testament Religion and Theology, Philadelphia 1977, 71-87) bes. 74-76.
11 Vgl. B.J. DIEBNER, Berufe und Berufung des Amos (Am 1,1 und 7,14f.) (DBAT 23, 1987, 97-120).
12 Vgl. zuletzt W. BEYERLIN, Bleilot, Brecheisen oder was sonst? Revision einer Amos-Vision (OBO 81) 1988; CH. UEHLINGER, Der Herr auf der Zinnmauer. Zur dritten Amos-Vision (Am. VII 7-8) (BN 48, 1989, 89-104); V. FRITZ, Amosbuch, Amos-Schule und historischer Amos (in: V. FRITZ /K.-F. POHLMANN /H.-CH. SCHMITT [Hg.], Prophet und Prophetenbuch. Festschrift O. Kaiser [BZAW 185] 1989, 29-42) 30f. mit Anm. 7; WILLIAMSON aaO 105-113; J. JEREMIAS, Das unzugängliche Heiligtum. Zur letzten Vision des Amos (1993; in: DERS., Hosea und Amos [FAT 13] 1996, 244-256) 246-248.
13 Vgl. WOLFF, Joel und Amos, 340; WILLI-PLEIN, Vorformen der Schriftexegese, 46.

keitsnotizen der Königebücher stehende Begriff. Parallel dazu meint מִקְדְּשֵׁי יִשְׂרָאֵל „Heiligtümer Israels" die für deuteronomistische Auffassung illegalen Kultstätten des Nordreichs, im engeren Sinne die Heiligtümer in Bethel und Dan, die nach 1 Kön 12,26-30 von Jerobeam ben Nebat eingerichtet worden sind. Mit einem Wort: Am 7,9 betrifft die „Sünde Jerobeams".[14] Die Drohung gegen das Königshaus bestätigt das. Der Begriff בֵּית יָרָבְעָם „Haus Jerobeam" bezieht sich ausnahmslos auf Jerobeam ben Nebat: 1 Kön 13,34; 14,10.13.14; 15,29; 16,3.7; 21,22; 2 Kön 9,9; 13,6. Stets geht es um das gewaltsame Ende der Dynastie, das als Gottesgericht gedeutet wird und in der Sünde Jerobeams seinen Grund gehabt haben soll. Es ist kein Zweifel, daß auch in Am 7,9 Jerobeam I. gemeint ist. Es führt in die Irre, wenn man die Aussage wegen Am 1,1 auf Jerobeam II. bezieht.

Die anschließende Szene bringt „Jerobeam, den König von Israel" selbst ins Spiel. V. 10-11 ist eine Inszenierung, die den König mit dem Gerichtswort V. 9 konfrontieren soll. Das gelingt auf dem Wege einer Botschaft Amazjas, des Priesters des betroffenen Heiligtums Bethel. Amazja ist eine erfundene Figur. „Den Priester von Bethel" kann es nicht gegeben haben.[15] Der Kommentar, der der Botschaft beigefügt ist, nennt „Aufruhr" (קֶשֶׁר) als Absicht und spielt auf eine Maxime wie Prv 30,21-23 an. Der Ergänzer hat also gesehen, daß V. 9 in den Umsturzberichten der Königebücher sein Vorbild hat. In der Wiedergabe ist das Gerichtswort verkürzt und auf die Person des Königs zugespitzt worden: „Durch das Schwert wird Jerobeam sterben." Die Voraussage wird erweitert um die Exilierungsdrohung aus der Kultpolemik gegen Bethel und Gilgal Am 5,5, die wiederum so abgewandelt ist, daß auch eine Anspielung auf 2 Kön 17,23 sichtbar wird, das Fazit nach dem Ende des Nordreichs, welches Jahwe „durch alle seine Knechte, die Propheten" angekündigt hatte: „So wurde Israel ins Exil geführt hinweg von seinem Land (מֵעַל אַדְמָתוֹ)."[16] Die Botschaft des Amos vom Ende Israels soll die ganze Geschichte des Nordreichs einbezogen haben, bis zum Untergang. Und zwar von Beginn an, der „Reichsteilung" mit der Gründung des selbständigen Jahwekults. Auch hier ist als Gegenspieler des Propheten an keinen anderen als Jerobeam I. gedacht.

Die Szene hatte mit der Mitteilung an den König ihr Bewenden. Von einer Reaktion erfährt man nichts; auf sie kam es nicht an. Stattdessen wendet Amazja sich Amos selbst zu und rät ihm, nach Juda zu gehen (V. 12-13). Man erkennt die Erweiterung am Fehlen der szenischen Verbindung. Sie dürfte der Frage entsprungen sein, woher Amazja die Botschaft des Amos gekannt haben mochte. Die naheliegende Lösung war, daß Amos sich in Bethel aufgehalten hat. Berichtet wird indessen im Gegenteil, warum Amos sich aus Bethel entfernt hat. Diese Volte erklärt sich wohl damit, daß das übrige Buch von einem Aufenthalt im Nordreich nichts weiß. Die berühmte Antwort des Amos V. 14-15 dürfte wegen der zu breiten Einleitung ein weiterer Nachtrag sein. Das Wort an Amazja V. 16-17 lenkt am Schluß auf V. 11 zurück.

---

14 Vgl. J. DEBUS, Die Sünde Jerobeams (FRLANT 93) 1967, bes. 93-95.
15 Die Ausleger pflegen Amazja zum *Ober*priester zu befördern. Das steht nicht im Text.
16 Die Wortverbindung sonst nur noch 2 Kön 25,21 // Jer 52,27 für Juda.

II

Die Erkenntnis, daß in Am 7 an Jerobeam I. als Gegenspieler des Amos gedacht ist, ist bereits innerhalb des Alten Testaments vorzufinden: in der Erzählung 1 Kön 13 von dem anonymen Gottesmann aus Juda, der Jerobeam I. die Zerstörung des Heiligtums von Bethel vorausgesagt haben soll. Wellhausen hat in ihr „eine Reminiscenz ... an Amos von Thekoa" erkannt, „der auch zur Zeit eines Jerobeam aus Juda nach Bethel kam, um den Untergang des dortigen Heiligtums zu verkündigen und ebenfalls geheissen wurde, sein Brot zu essen, wo er zu Hause sei."[17] Seine Beobachtung ist vielfach aufgenommen worden,[18] und Karl Barth konnte meinen, es in 1 Kön 13,1-5 „einfach mit einer etwas ereignisreicheren Variante zu dem an derselben Stelle geschehenen Zusammenstoß des Amos mit Amazja, dem Priester des zweiten Jerobeam (Amos 7,10f.) zu tun zu haben."[19] Die prägnanteste Form hat die These bei Eißfeldt erhalten: „Die Ähnlichkeiten zwischen des Amos Schicksal und Verkündigung einerseits und dem Auftreten des anonymen Propheten aus Juda anderseits sind in der Tat so groß, daß die Vermutung, 1.Kön 13 stelle eine volkstümliche Überlieferung über den Propheten unseres Amos-Buches dar, die diesen unter Jerobeam II. aufgetretenen Propheten als Zeitgenossen und Gegner des etwa zwei Jahrhunderte älteren Jerobeam I. betrachtet habe, außerordentlich nahe liegt".[20]

Eißfeldt hatte die These überspitzt und Widerspruch erfahren.[21] Die Bestimmung als volkstümliche Überlieferung greift fehl. Dem Stück liegt keine Vorgabe zugrunde.[22] Richtig hat Wellhausen die Gattung bestimmt: „Es ist eine Legende im Stil des Midrasch".[23] Ausgangspunkt ist das Vaticinium ex eventu V. 2, dessen Sinn es ist, der Zerstörung des Heiligtums von Bethel durch Josia 2 Kön 23,15 eine Ankündigung vorauszuschicken. „Nachdem der häretische Kultus kaum seinen Anfang genommen, wird ihm der Untergang angesagt".[24] V. 1a dient als sze-

---

17 J. WELLHAUSEN, Die Composition des Hexateuchs, [4]1963, 277f.; zuerst in F. BLEEK, Einleitung in das Alte Testament, bearbeitet von J. WELLHAUSEN, [4]1878, 244.
18 Vgl. die Kommentare. Besonders bestimmt äußert sich E. SELLIN, Das Zwölfprophetenbuch (KAT 12) 1922, 147: „Zweifellos knüpft die Erzählung von dem Mann aus Juda 1 Kön 13,1ff. an Amos an."
19 In seiner berühmten Auslegung von 1 Kön 13 im Rahmen der Erwählungslehre: K. BARTH, Die Kirchliche Dogmatik II/2, 1942, 434-453, dort 435; auch DERS., Exegese von 1. Könige 13 (BSt 10) 1955, 16f. Dazu M.A. KLOPFENSTEIN, 1. Könige 13 (in: ΠΑΡΡΗΣΙΑ. Festschrift K. Barth, 1966, 639-671) sowie O. BÄCHLI, Das Alte Testament in der Kirchlichen Dogmatik von Karl Barth, 1987, 181-184.
20 O. EIßFELDT, Amos und Jona in volkstümlicher Überlieferung (1964; in: DERS., Kleine Schriften IV, 1968, 137-142) 138f.
21 Vgl. M. NOTH, Könige. 1. Teilband (BK IX/1) 1968, 295; A. JEPSEN, Gottesmann und Prophet. Anmerkungen zum Kapitel 1. Könige 13 (1971; in: DERS., Der Herr ist Gott, 1978, 102-111) 110f. Anm. 17. Unentschieden äußert sich E. WÜRTHWEIN, Das Erste Buch der Könige. Kapitel 1-16 (ATD 11,1) 1977, 171f. Anm.
22 Gegen NOTH, Könige, 293-295, der aber S. 292 selbst feststellt: „Der Anfang ist mit 12,26-32 verquickt. Zunächst sieht es so aus, als sei die Erzählung von Kap. 13 einfach an 12,26-32 angehängt worden, setze also diesen letzteren Abschnitt voraus." WÜRTHWEIN, Könige II, 166-172, rechnet gar mit zwei ehedem selbständigen Einzelüberlieferungen.
23 WELLHAUSEN, Composition, 277.

nische Einkleidung. Ob bereits auf dieser ältesten Ebene an die Verkündigung des Propheten Amos gegen das Heiligtum von Bethel (Am 4,4; 5,5) und gegen dessen Altar (3,14; 9,1) gedacht ist, bleibt unsicher; denn das Drohwort erklärt sich durch 2 Kön 23,15, und das Auftreten des Gottesmannes folgt einem Muster, nach dem auch an anderer Stelle der Königebücher anynome Propheten Voraussagen machen.[25] Sobald indessen, erstmals durch die Zusätze V. 4aα.7-10, der König selbst ins Spiel kommt, werden die Anspielungen deutlich.[26] Der König hört das Wort des Gottesmannes und lädt ihn in sein Haus. Der Gottesmann aber entgegnet, ihm sei verboten, „Brot zu essen und Wein zu trinken an diesem Ort". Für die Rückkehr nach Juda dürfe er nicht einmal denselben Weg wählen.

Diese Antwort ist nicht an der noch merkwürdigeren Fortsetzung V. 11-32 zu messen, die sie später hervorgerufen hat. Sie stand einmal für sich. Der Schlüssel zu ihrem Verständnis liegt darin, daß der Gottesmann dem König das Gebot Amazjas aus Am 7,12 zitiert: „Geh, flüchte dich in das Land Juda und iß dort Brot"; nur daß es verschärft ist: zum Essen wird auch das Trinken genannt, und für die Rückkehr nach Juda wird ein anderer Weg vorgeschrieben. Die Einladung des Königs V. 4aα aber liest sich wie dessen Reaktion auf die Botschaft Amazjas, die man nach Am 7,11 vermißt.[27] In solchen Gedankenzügen, bei denen man mehr zwischen als in den Zeilen lesen muß, zeigt sich die Manier des Midraschs.

Gegen die Möglichkeit, in dem Gottesmann von 1 Kön 13 den Propheten Amos zu sehen, spricht der Anachronismus. „Amos gehört in die Zeit Jerobeams II., nicht Jerobeams I."[28] Gerade den späten Midrasch-Exegeten ist eine solche Verwechselung nicht zuzutrauen. Indessen besteht sie nicht, wenn zur Zeit von 1 Kön 13 die Datierung in Am 1,1 noch gefehlt hat. In diesem Falle mußte die Beziehung sich sogar aufdrängen.

Es gibt, nun wiederum im Amosbuch, einen Beleg, daß es sich tatsächlich so verhalten hat. Der sekundäre Amosschluß beginnt in Am 9,8 mit einem Wort ge-

---

24 WELLHAUSEN ebd.
25 Vgl. J. WELLHAUSEN, Prolegomena zur Geschichte Israels, [6]1905, 282f: „Was noch am meisten an die Chronik erinnert, ist, daß von Zeit zu Zeit ein Prophet eingelegt wird, der sich im Geiste des Deuteronomiums und in der Sprache Jeremias und Ezechiels äußert und dann verschwindet. ... Das krasseste Beispiel dieser Art, an historischem Unwert mit Jud. 19-21 oder 1. Sam. 7ss. zu vergleichen aber noch eine Stufe niedriger stehend, ist 1. Reg. 13." Zum Phänomen insgesamt vgl. W. DIETRICH, Prophetie und Geschichte (FRLANT 108) 1972.
26 Vgl. – bei etwas anderer Literarkritik – G. HENTSCHEL, 1 Könige (NEB) 1984, 87: „1 Kön 13,1a.2a.by.4.6 ist wohl ein spätes Echo der Auseinandersetzung von Am 7,10-17."
27 Der Partizipialsatz 1Kön 13,1b, der Jerobeam in Bethel anwesend sein läßt, ist später nachgetragen.
28 H.W. WOLFF, Das Ende des Heiligtums in Bethel (1970; in: DERS. Gesammelte Studien zum Alten Testament [TB 22] [2]1973, 442-453) 448, der nach eingehender Diskussion nicht ausschließen will, „hinter den Erwähnungen des Gottesmannes aus Juda, der gegen Bethel prophezeite, habe nicht doch eine Erinnerung an Amos gestanden" (449). Positiv jetzt auch A.H.J. GUNNEWEG, Die Prophetenlegende 1 Kön 13 – Mißdeutung, Umdeutung, Bedeutung (in: V. FRITZ /K.-F. POHLMANN /H.-CH. SCHMITT [Hg.], Prophet und Prophetenbuch. Festschrift O. Kaiser [BZAW 185] 1989, 73-81) 78: „Karl Barth, der – nicht als erster – hier einen Zusammenhang mit dem aus Juda stammenden Amos und dessen visionär empfangenen Wort gegen einen Altar des Nordreiches (Am 9,1) vermutete, könnte in dieser Hinsicht durchaus recht haben."

gen das „sündige Königtum" (הַמַּמְלָכָה הַחַטָּאָה). Jahwe wird es von der Fläche der Erde vertilgen. Die Drohung ist nichts anderes als eine verschärfte Wiederholung von 7,9, die als negatives Gegenstück zu der Verheißung für die verfallene Hütte Davids 9,11-12 dienen soll. Wieder geht es gegen das Haus Jerobeam, das nunmehr für das abtrünnige Nordreich insgesamt steht. Die Drohung aber ist ein Zitat von 1 Kön 13,34. „Bemerkenswert ist, daß in 1 Kö 13,34 hinsichtlich der ‚Sünde' des Hauses Jerobeam genau das Vokabular von 8aβ erscheint לְהַשְׁמִיד מֵעַל פְּנֵי הָאֲדָמָה".[29] Wie 1 Kön 13 auf Am 7,9-17 beruht, hat der Ergänzer von Am 9,8 dem Amos ein Wort aus 1 Kön 13 in den Mund gelegt. Noch zur Zeit des späten Amosschlusses war also die Verbindung des Amos mit Jerobeam I. geläufig.

III

Der Ergänzer von Am 1,1 hat Am 7 mißverstanden. Wahrscheinlicher: Vor die Wahl zwischen Jerobeam I. und Jerobeam II. gestellt, hat er sich bewußt für den zweiten entschieden. Gemessen an der Aussage von Am 7 war das nicht ohne Gewaltsamkeit. Was hatte er gewonnen? Die Reihenfolge in Am 1,1 läßt es erkennen: Amos rückte durch Jerobeam II. in die Zeit Usias von Juda. Aus dem Synchronismus, der sich den Königebüchern entnehmen ließ, folgt, daß Amos ein Zeitgenosse des Jesaja gewesen ist (vgl. Jes 1,1; 6,1). Die nachgetragene Datierung will nichts anderes, als diesen Querbezug ermöglichen. Der Beleg ist das Verb חזה. Es ist zusammen mit der Usia-Datierung wörtlich aus der Überschrift des Buches Jesaja übernommen. In der Verbindung חֲזוֹן יְשַׁעְיָהוּ אֲשֶׁר חָזָה hat es seinen gegebenen Ort, wohingegen die Verbindung דִּבְרֵי עָמוֹס אֲשֶׁר חָזָה eine crux ist.[30] Da Hosea und Micha ebenfalls innerhalb der Wirkungszeit des Jesaja angesetzt werden – die judäische Datierung in Hos 1,1 (Usia, Jotam, Ahas, Hiskia) ist mit Jes 1,1 deckungsgleich, Am 1,1 (Usia) und Mi 1,1 (Jotam, Ahas, Hiskia) ergänzen sich zu demselben zeitlichen Umfang –, bilden diese Datierungen ein System, das den Prophetenkanon übergreift, um die einzelnen Zeugen untereinander zu verknüpfen. Jesaja als der vornehmste unter ihnen bot den Rahmen.

Es ist nicht von vornherein auszuschließen, daß der Ergänzer mit seiner offenbarungsgeschichtlichen Theorie, ohne es zu ahnen, das historisch Richtige getroffen hat. Gibt es sonst Anhaltspunkte, daß Amos zur Zeit Jerobeams II. (787-747) aufgetreten ist?

Es liegt nahe, von der anderen Zeitangabe der Buchüberschrift auszugehen: „zwei Jahre vor dem Erdbeben". Deren Alter wird durch ihre Einzigartigkeit und Unerfindlichkeit vor dem Zweifel geschützt. Man hat gemeint, die Spuren dieses gewiß schweren Bebens in den Zerstörungen von Hazor, Stratum VI, wiederzu-

---

29 WOLFF, Joel und Amos, 400.
30 Vgl. die Kommentare. Wegen des Bezugs auf Jes 1,1 ist es nicht möglich, den Relativsatz אֲשֶׁר־חָזָה עַל־יִשְׂרָאֵל mit שְׁנָתַיִם לִפְנֵי הָרָעַשׁ zu verbinden und der älteren Überschrift zu belassen. Der Zusatz muß den ganzen V. 1bα umfaßt haben. Vgl. denselben sekundären Querbezug in Mi 1,1b.

finden, die um das Jahr 760, also in die Zeit Jerobeams II., angesetzt werden.[31] Doch der Verdacht besteht, daß der Datierungsvorschlag sich weniger auf einen eindeutigen archäologischen Befund stützt als auf den Text von Am 1,1. Ein solcher Zirkel ist wertlos. Erdbeben sind „in Palästina grundsätzlich so geläufig, daß eine genaue zeitliche Festlegung allein schon deshalb unmöglich ist."[32] Ohnehin ist das Erdbeben eher aus inhaltlichen als aus historischen Gründen genannt.[33]

So bleibt nur die innere Aussage des Buches. Die Sozialkritik des Amos wird allenthalben anhand der Zeitumstände erläutert, die unter Jerobeam II. geherrscht haben sollen. Was man indessen über die wirtschaftlichen und sozialen Verhältnisse jener Epoche zu wissen meint, ist ausschließlich wiederum dem Amosbuch entnommen.[34] Es versteht sich aus der Zeit Jerobeams II. unter der Voraussetzung, daß es sich aus der Zeit Jerobeams II. versteht. Von Jerobeam II. wissen wir bis auf weiteres nur soviel, wie sich aus 2 Kön 14,23-25a.28-29, dem ihn betreffenden Abschnitt der Königebücher, entnehmen läßt.[35] Danach hat er bemerkenswert lange, nämlich 41 Jahre, regiert, und es ist ihm gelungen, das Gebiet Israels in seinem vollen Umfang wiederherzustellen, „von Lebo-Hamat bis an das Meer der Araba (מִלְּבוֹא חֲמָת עַד־יָם הָעֲרָבָה)" (V. 25a). Das war möglich geworden, weil das erstarkende Assur die Kräfte der Aramäer gebunden hielt.

Es hat freilich den Anschein, als hätten diese Erfolge bei Amos ein Echo gefunden. Der vierte Weheruf Am 6,13 spricht von der Einnahme von Lodebar und Karnajim. Lodebar ist anhand der Grenzbeschreibung Jos 13,26 nördlich von Mahanajim zu suchen.[36] Karnajim ist als Vorort der assyrischen Provinz *Qarnini* erwähnt, die Tiglatpileser III. im Jahre 732 auf dem Gebiet des ehemaligen Aramäerreichs errichtet hat.[37] Es wird mit *šēḫ saʿd* im Bereich des mittleren Jarmuk, 4 km nördlich von Astarot, gleichgesetzt.[38] Welcher Art die Vorgänge waren, geht aus dem Wortlaut nicht hervor. Abhilfe schafft das folgende Drohwort V. 14, das voraussagt, Jahwe werde gegen das Haus Israel ein Volk aufbieten, „das wird euch bedrängen von Lebo-Hamat bis an den Bach der Araba (מִלְּבוֹא חֲמָת עַד־נַחַל הָעֲרָבָה)". Die Grenzbeschreibung stimmt mit der Notiz in 2 Kön 14,25a überein. Unübersehbar hängen beide Stellen zusammen: Jahwe stellt den militärischen Erfolgen Jerobeams II. im selben Ausmaß sein Gerichtshandeln entgegen.

Gerade die Übereinstimmung des Wortlauts schließt jedoch aus, daß Am 6,14 auf den Propheten zurückgeht. In einem solchen Fall liegt nicht verschriftete Prophetenrede, vielmehr ein literarischer, man kann sagen: exegetischer, Querverweis vor. Der Weheruf ist wie stets Wort des Propheten; das Drohwort hingegen ist Gottesrede. Der Weheruf nennt gattungsgerecht die Betroffenen in 3. Person; das

---

31 Y. YADIN /Y. AHARONI /R. AMIRAM /T. DOTHAN /I. DUNAYEVSKY /J. PERROT, Hazor II. An Account of the Second Season of Excavations, 1956, Jerusalem 1960, 36.
32 JEREMIAS, „Zwei Jahre vor dem Erdbeben" (s. Anm. 2) 16.
33 Dazu JEREMIAS.
34 Das ist bei WOLFF, Joel und Amos, 106, auf einen Blick zu sehen.
35 Der Verweis auf das Wort des Propheten Jona 2 Kön 14,25b-27 ist ein jüngerer Exkurs.
36 Eine sichere Lokalisierung hat sich als unmöglich erwiesen. Die Debatte referiert H. DONNER, Einführung in die biblische Landes- und Altertumskunde, 1976, 67-69.
37 Vgl. E. FORRER, Die Provinzeinteilung des assyrischen Reiches, 1920, 62.
38 Vgl. D. KELLERMANN, ʿAštārōt – ʿAšteʿrōt Qarnayim – Qarnayim. Historisch-geographische Erwägungen zu Orten im nördlichen Ostjordanland (ZDPV 97, 1981, 45-61).

Drohwort redet das Haus Israel an. Das Drohwort folgt dem Weheruf nach dem Schema Scheltwort – Drohwort; doch das Wehe trägt schon die Drohung in sich. Was will der Querverweis besagen? 2 Kön 14,25a ist in der Abfolge der Königebücher vor dem in 2 Kön 17 berichteten Untergang das letztemal, daß das Nordreich in seiner Ausdehnung umschrieben wird. Durch die Anspielung entsteht die Aussage, daß der Untergang Israel in seinem vollen Umfang und in hartem Gegensatz zu den früheren militärischen Erfolgen ereilen wird.

Wenn Am 6,14 für die Deutung des Weherufs ausscheidet, lassen sich nur mehr Vermutungen anstellen, was es mit Lodebar und Karnajim auf sich gehabt hat. Der bloße Wortlaut erlaubt sogar die Möglichkeit, daß das Wehe des Amos nicht Israel gegolten hat. Auch andere können über Lodebar die Siegesfreude angestimmt und Karnajim eingenommen haben. Doch welcher Art auch die Vorgänge gewesen sind, in jedem Falle verstehen sie sich besser im Zusammenhang mit der im Jahre 734 einsetzenden assyrischen Expansion als unter Jerobeam II.[39] Fritz hat daraus geschlossen, „daß die Weherufe nicht von Amos, sondern aus der Amos-Schule stammen."[40] Dabei hat er die umgekehrte Möglichkeit nicht gesehen: daß Amos nicht unter Jerobeam II. aufgetreten ist, sondern in späterer Zeit.

Am Ende tut man am besten, sich für die Datierung des Amos nicht an Indizien, sondern an den Kern seiner Botschaft zu halten. Er findet sich in der Deutung der vierten Vision: „Das Ende ist gekommen für mein Volk Israel" (8,2). „Alles, was sonst über Israels Zukunft von Amos gesagt wird, legt diesen härtesten Satz aus."[41] Ihn als Vaticinium ex eventu zu deuten, ist abwegig und unnötig; um so mehr, wenn die Beschränkung auf die vier Jahrzehnte Jerobeams II. dahinfällt. Am wahrscheinlichsten ist, daß Amos zur Zeit der assyrischen Bedrohung aufgetreten ist. Zwischen 734 und 722 hatte die Botschaft vom Ende Israels genügenden Realitätsgehalt.[42]

Vielleicht läßt sich die Zeitspanne noch einschränken. Amos hat den Untergang Israels als Judäer angesagt. Das Ende, das er voraussieht, gilt dem Nordreich, nicht dem Gottesvolk insgesamt.[43] Noch im heutigen Amosbuch ist der

---

39 Das gilt um so mehr, als die Erfolge Jerobeams II. nach 2 Kön 14,25a das westjordanische Israel betreffen. M. NOTH, Studien zu den historisch-geographischen Dokumenten des Josua-Buches (1935; in: DERS., Aufsätze zur biblischen Landes- und Altertumskunde I, 1971, 229-280) 271-275, hat die Nord-Süd-Ausdehung מִלְּבוֹא חֲמָת עַד־נַחַל הָעֲרָבָה ins Ostjordanland verlegt, unter anderem wegen der in Am 6,13-14 entstandenen Nähe zu Lodebar und Karnajim. Dem hat K. ELLIGER, Die Nordgrenze des Reiches Israel (PJ 32, 1936, 34-73) 40-45, mit guten Gründen widersprochen.
40 FRITZ, Amosbuch (s. Anm. 12) 39. Vgl. auch S. 32: „Nun ist für die Zeit der Wirksamkeit des Amos während der Regierungszeit Jerobeams II. (787-747) eine grundlegende Veränderung der politischen Lage nicht feststellbar. Erst mit den 734 beginnenden Eroberungen Tiglatpilesers III. und den zahlreichen Feldzügen seiner Nachfolger, die schließlich 722 zum Untergang Israels führten, sind grundsätzlich andere Verhältnisse gegeben, die eine Ankündigung des unabwendbaren Strafhandelns Gottes verständlich machen."
41 WOLFF, Joel und Amos, 124.
42 J. WELLHAUSEN, Rez. B. Duhm, Die Theologie der Propheten, Bonn 1875 (JDTh 21, 1876, 152-158) 153: „Ich halte es nicht für eine Nebensache zu beweisen, daß der drohende Zusammenstoß Israels mit der assyrischen Weltmacht den Funken der Prophetie im 8. Jahrh. vor Chr. geweckt hat." Vgl. DERS., Israelitische und jüdische Geschichte, [7]1914, 106f.
43 Vgl. L. ROST, Israel bei den Propheten (BWANT 71) 1937, 17f.

Süd-Nord-Antagonismus deutlich zu spüren. Deshalb läßt sich für sein Auftreten besonders an die Jahre 734-732 denken, als jene Auseinandersetzung zwischen Nordreich und Südreich ausbrach, die als „syrisch-efraimitischer Krieg" in die Geschichtsschreibung eingegangen ist.[44] Mit diesem Datum rückt Amos in die nächste Nähe Hoseas. Tatsächlich sagt die Deutung der Amosvision „*Das Ende* ist gekommen *für mein Volk* Israel", was auch die Bedeutung der Zeichenhandlung Hoseas ist: „Ihr seid *nicht mein Volk*, und ich bin nicht euer Gott" (Hos 1,9); nur daß das Nein des Amos das Nein des Hosea an Radikalität überwiegt.

Auf mehr als Plausibilitätserwägungen kann sich ein solcher Datierungsvorschlag nicht gründen. Für die traditionelle Datierung aber gilt nicht einmal das.

---

44 Vgl. die differenzierte Darstellung der Ereignisse von H. DONNER, Geschichte Israels II (GAT 4/2) 1986, 306-313. Bei der Verwendung der Belege im Jesaja- und Hoseabuch muß man allerdings sehr zurückhaltend sein.

Das Amosbuch der Anawim

I

Keiner der Propheten des Alten Testaments hat das Ende mit solcher Entschiedenheit angesagt, keiner sah den Tag Jahwes so drohend und unausweichlich voraus wie Amos von Tekoa. Diese Botschaft mußte das Buch Amos in der Spätzeit des Alten Testaments zu einer wichtigen Quelle der eschatologischen Enderwartung werden lassen. Die Frommen, die den Tag Jahwes als das kosmische Endgericht über Gerechte und Frevler erwarteten, haben seine Worte mit Eifer ausgeforscht. Auf den zeitgeschichtlichen Anlaß, den die Verkündigung des Propheten im 8. Jahrhundert gehabt hat, kam es dabei nicht mehr an.

Die Spuren dieser Wirkung sind im Alten Testament bald gefunden. Sie setzen ein in der Zeit des Exils. In der Not, den Untergang Judas mit dem Willen Jahwes in Einklang zu bringen, hat man auch die Worte des Amos herangezogen. Die Klage der Judäer: „Gekommen ist unser Ende" (Klgl 4,18), klingt wie ein Echo auf den „härtesten Satz"[1] des Propheten aus der vierten Vision: „Gekommen ist das Ende für mein Volk Israel!" (Am 8,2).[2] Die vierte Amosvision galt als eine Art Urbild prophetischer Gerichtsankündigung. Das ist daran abzulesen, daß man sie in der Berufungsszene, die der Sammlung der Worte des Jeremia vorangestellt ist, nachgeahmt hat (Jer 1,11-14).[3] Später wurde das Wort vom Ende in Ez 7 zum „Text" einer kapitellangen Erörterung.[4] Die Vorstellung greift dort über die geschichtlichen Katastrophen Israels und Judas hinaus ins Weltumfassende: „Gekommen ist das Ende über die vier Säume der Erde" (Ez 7,2). Der erwartete Untergang nimmt kosmische Züge an. In dieser ezechielischen Deutung hat dann die Priesterschrift das Wort des Amos aufgegriffen und zum Leitwort ihrer Fassung der Sintfluterzählung gemacht: „Das Ende alles Fleisches ist gekommen vor mir" (Gen 6,13).[5] „Der Autor der Priesterschrift hat" dem ‚„Ende'... vollends die weltweite Dimension gegeben".[6] „Was P schildert, ist nicht mehr ein irdisches Strafgericht, sondern eine kosmische Endkatastrophe von unvorstellbarem Ausmaß. Diese Katastrophe entspricht im Negativen genau dem Schöpfungsvorgang in Gen. 1. Was dort aufgebaut und geschieden ist, fällt hier chaotisch zusammen".[7] Als Gegenstück der Schöpfung wird die Sintflut seit der Priesterschrift zum Typus der Endkatastrophe der Endzeit, der für viele Untergangsschilderungen

---

1 H.W. WOLFF, Dodekapropheton 2. Joel und Amos (BK XIV/2) 1969, 124.
2 Ob die alphabetisierende Dichtung Klgl 4 in zeitlicher Nähe des Untergangs entstanden ist, kann dahingestellt bleiben. Die geistige Dimension der Katastrophe ist getroffen.
3 Vgl. W. BEYERLIN, Reflexe der Amosvisionen im Jeremiabuch (OBO 93) 1989, 47-57; zu Abhängigkeit und Datierung auch CH. LEVIN, Die Verheißung des neuen Bundes (FRLANT 137) 1985, 149-153. Eine weitere solche Nachahmung ist die Feigenkorbvision Jer 24.
4 Vgl. die Auslegung durch W. ZIMMERLI, Ezechiel (BK XIII) 1969, 158-186.
5 R. SMEND, „Das Ende ist gekommen". Ein Amoswort in der Priesterschrift (1981; in: DERS., Die Mitte des Alten Testaments. Exegetische Aufsätze, 2002, 238-243).
6 AaO 241.
7 G. V. RAD, Die Priesterschrift im Hexateuch (BWANT 65) 1934, 172.

der Apokalyptik den Vorstellungsrahmen bildet;[8] und zwar stets so, als hätte der Prophet Amos diese Endkatastrophe vorausgesagt. Demgemäß weitet sich der Sinn des Begriffs vom „Ende": „Auf dem Wege zur Apokalyptik und dann in deren Sprachgebrauch war ... קץ ein wichtiger Ausdruck."[9] Das auf Amos zurückgehende Stichwort begegnet in diesem Sinne in den Visionen des Danielbuchs nicht weniger als dreizehnmal.[10]

Eine noch größere Wirkung hat das Wehe des Amos über jene, die den Tag Jahwes herbeiwünschen, entfaltet. Am 5,18-20 ist bekanntlich „die Grundstelle für das prophetische Reden vom יום יהוה".[11] Sie läßt erkennen, daß Amos eine vorgegebene, offenbar heilvolle Erwartung polemisch umgedeutet hat: „Der Tag Jahwes ist Finsternis und nicht Licht, Dunkel und hat kein Leuchten."[12] Die weitere alttestamentliche Überlieferung vom Tag Jahwes, soweit sie ihn als Gerichtstag verstanden hat (vgl. bes. Jes 2; 13; Ez 7; Joël; Zef 1-2), steht ausnahmslos in der Folge des Amos. Das ist mit Händen zu greifen wiederum in Ez 7, weil dort die beiden Amos-Motive, das „Ende" und der „Tag Jahwes", miteinander verschränkt sind (V. 6-7). In der Verbindung kann das „Kommen" des Endes auf den Tag Jahwes überspringen. So findet man es in Joël 2,1-2, wo der dortige „Frühapokalyptiker"[13] sich wörtlich auf Am 5,18-20 bezieht: „Denn *gekommen* ist der Tag Jahwes, denn er ist nahe: ein Tag *der Finsternis und des Dunkels*, ein Tag der Wolken und des Wolkendunkels". In dem Gedicht vom Tag Jahwes, das den Kern des Zefanjabuchs bildet, ist auf dem Boden von Joël 2,1-2 (und Am 5,18-20) eine ganze Liste ähnlicher Stichworte gewachsen: „Nah ist der große Tag Jahwes, nah und sehr eilend. Ein Tag des Zorns ist jener Tag, ein Tag der Enge und Bedrängnis, ein Tag der Öde und Verödung, ein Tag der Finsternis und des Dunkels, ein Tag der Wolken und des Wolkendunkels, ein Tag des Alarmhorns und des Schlachtgeschreis" (Zef 1,14-16*). Wie das verstanden sein will, zeigt der Leitsatz Zef 1,2. Er greift wörtlich auf den Prolog zur Sintflut (Gen 6,7; 7,4) zurück: „Ich raffe, raffe *alles* hinweg *vom Angesicht der Erde*".[14] Auch hier wird die auf Amos zurückgehende Verkündigung auf die kosmische Katastrophe gedeutet.

---

8   Dem erklärten Rückbezug stand die Verheißung im Wege, daß die Flut sich nicht wiederholen werde. Der Sache nach freilich sah man „Schöpfung und Chaos in Urzeit und Endzeit" (vgl. H. GUNKEL, 1895) in heilsgeschichtlicher Symmetrie.
9   SMEND ebd. Auch DERS., Art. Eschatologie II. Altes Testament (TRE X, 1982, 256-264) 259: „Der Satz ,Das Ende ist gekommen über mein Volk Israel' (Am 8,2) ist noch nicht eschatologisch im technischen Sinne, und es wäre vermessen, aus ihm schon die spätere Eschatologie entwickeln zu wollen. Trotzdem rechtfertigt er völlig Duhms ... hingeworfene Sentenz von der ,seit Amos aufkommende(n) Eschatologie'." Vgl. B. DUHM, Das Buch Jesaja (HK 3,1) 1892, 196 = ⁴1922, 220.
10 Dan 8,17.19; 9,26.26; 11,27.35.40.45; 12,4.6.9.13.13; vgl. auch Hab 2,3.
11 ZIMMERLI, Ezechiel, 166. Gute Übersicht über Belege und Deutungen bei E. JENNI, Art. יוֹם *jōm* Tag (THAT I, 1971, 707-726) 723-726.
12 Das Wehewort umfaßte ursprünglich V. 18a.bβ.20b. Das Bildwort V. 19 ist ein Nachtrag, der „am Rande angemerkt und dann in den Text gedrungen ist" (M. LÖHR, Untersuchungen zum Buch Amos [BZAW 4] 1901, 19). Der Fragesatz V. 18bα dient als Überleitung, die Wiederholung von V. 18bβ in V. 20a als Wiederaufnahme.
13 WOLFF, Joel und Amos, 46.
14 Über den Rückbezug schafft die Konkordanz schnell Klarheit. Daß eine kosmische Katastrophe „die Vorstellungskraft nichtapokalyptischer Hörer ... übermäßig strapazieren würde" (K.

Der jüngste noch im Alten Testament enthaltene Beleg für die Wirkung des Amos findet sich in der sogenannten Jesaja-Apokalypse Jes 24-27, deren Entstehung an die ausgeprägte Apokalyptik des 2. Jahrhunderts heranführt. In Jes 24,17-20 variiert der Verfasser das Bildwort aus Am 5,19, um die Unausweichlichkeit des kommenden Gerichts zu schildern. „Einer flieht vor dem Löwen, da stellt ihn der Bär, er gelangt noch ins Haus und stützt seine Hand an die Wand, da beißt ihn die Schlange", wird zu: „Wer flieht vor dem Grauen, fällt in die Grube, und wer aus der Grube steigt, verfängt sich im Garn." Ohne Übergang folgt eine Anspielung auf die Sintflut: „Denn die Schleusen der Höhe sind geöffnet" (vgl. Gen 7,11). Das Ende selbst wird als ein großes Beben erwartet, das die ganze Erde vernichten wird. Den Schluß bildet das Zitat von Am 5,2: „Und sie fällt und steht nicht mehr auf."

II

Im Folgenden soll nicht die Wirkung des Amos auf die Apokalyptik der Gegenstand sein, vielmehr die Rückwirkung der Apokalyptik auf das Verständnis des Amosbuchs. Daß es diese Rückwirkung gegeben hat, bedarf keiner besonderen Begründung. Die Alten lasen die Bibel flächig. Ihre Botschaft galt ihnen als Einheit. Traditionsgeschichte, die im Sinne einer theologiegeschichtlichen Entwicklung ältere und jüngere Texte unterscheidet, war ihnen fremd, hingegen die Selbigkeit des Wortes Gottes, die die Offenbarungsgeschichte übergreift, Gewißheit. Die Folge: „Beim ersten Satz der Ankündigung der Sintflut an Noah mußte jeder Leser, der davon wußte, an die prophetische Gerichtsankündigung denken."[15] Und natürlich umgekehrt: Bei dem Satz des Amos vom Ende mußte in der Spätzeit jedem Leser die kosmische Katastrophe in Urzeit und Endzeit vor Augen stehen. Ebenso kann es nicht anders gewesen sein, als daß das Wehewort des Amos vom Tag Jahwes in spätalttestamentlicher Zeit die Katastrophenschilderungen wachrief, die in den jüngeren prophetischen und apokalyptischen Büchern mit der Vorstellung vom „Tag Jahwes" verbunden sind. Man kann sagen: Für die Leser des 3. und 2. Jahrhunderts war das Buch Amos eine apokalyptische Schrift.

Wie in der Entstehungsgeschichte des Alten Testaments die Regel, ist solche Lektüre nicht ausschließlich rezeptiv geschehen. Solange der Wortlaut des Prophetenkanons nicht vollends unantastbar geworden war, ist die Deutung in den vorgefundenen Text auch eingedrungen. Es wird sich zeigen, daß die heutige Gestalt des Amosbuchs in nicht unerheblichem Maße aus dieser späten Lektüre hervorging. Wer sich erst davon frei macht, das Buch allein aus den Voraussetzungen des 8. Jahrhunderts zu lesen (oder, wie die neuere redaktionsgeschichtliche Exegese, zusätzlich des 7. und 6. Jahrhunderts), wird alsbald eingestehen, daß Unter-

---

SEYBOLD, Satirische Prophetie. Studien zum Buch Zefanja [SBS 120] 1985, 23), ist nur dann stichhaltig, wenn das Zefanjabuch nicht von vornherein an Hörer gerichtet war, denen apokalyptische Vorstellungen vertraut waren. Auf die Datierung des Buches in die Zeit Josias kann man nichts geben, vgl. CH. LEVIN, Noch einmal: Die Anfänge des Propheten Jeremia (oben 216-225) 223-225.

15 SMEND, „Das Ende ist gekommen" (s. Anm. 5), 242.

gangsschilderungen wie in der Israel-Strophe des Völkerzyklus (2,13-16) oder in der fünften Vision (9,1-4) wenig mit der Bedrohung Israels durch die Assyrer oder mit der Bewältigung des Untergangs Israels oder Judas zu tun haben, mit der kosmischen Endkatastrophe um so mehr. Sie könnten ebensogut in der Jesaja-Apokalypse stehen.

Einzelne solcher späten Zusätze sind seit langem gesehen worden. Innerhalb des Buchschlusses 9,8-15, den die große Mehrzahl der Ausleger heute für nachgetragen hält, steht das Drohwort: „Durch das Schwert werden sterben alle Sünder meines Volkes, die sagen: Das Unheil wird uns nicht erreichen noch ereilen!" (9,10). Die Drohung mit dem Schwert, die ursprünglich der Dynastie Jerobeams galt (7,9.11), ist abgewandelt zur Ankündigung eines Säuberungsgerichts. Wellhausen fragt: „Hat Amos sich selbst hier völlig vergessen? ... Er zieht überall nur das Schicksal des ganzen Volkes in Betracht und unterscheidet dabei zwischen Gerechten und Ungerechten so wenig wie die Geschichte selber."[16] Die Unterscheidung zwischen den Gerechten, die in der kommenden Katastrophe bewahrt, und den ahnungslosen Sündern, die darin umkommen werden, ist hingegen das Lebenselement der späten Frömmigkeit, wie der Psalter und die Weisheitsschriften, die Psalmen Salomos und die Qumranschriften zeigen.

Auch der „Stoßseufzer"[17] 5,13 wird von den meisten Exegeten als Nachtrag beurteilt, eingefügt in die Scheltrede gegen jene, die die Gerechten und Armen unterdrücken: „Darum verstummt der Kluge (מַשְׂכִּיל) zu jener Zeit; denn es ist böse Zeit." Die „böse Zeit", als die der Glossator seine Gegenwart erfährt, ist die Endzeit. Die „Klugen" (מַשְׂכִּלִים) sind in Dan 11,33.35; 12,3.10 die Frommen, denen zur Zeit der letzten Bedrängnis der Lauf des Weltgeschehens offenbart ist.[18] In den Wehen der Endzeit verstummen sie. Denn sie sind gewisser Erwartung, daß das göttliche Gericht über die Sünder hereinbrechen wird. Eine solche Haltung ist von der Unheilsansage des Amos himmelweit unterschieden, „der wahrhaftig nicht schweigt und die Klugheit des Schweigens verächtlich finden würde".[19] Die Übereinstimmung der Begriffe belegt, daß das Amosbuch noch bis unmittelbar vor die Zeit der griechischen Übersetzung im 2. Jahrhundert literarische Nachträge erfahren hat.

III

Der Textzusammenhang läßt erkennen, auf wen solche späten Nachträge zurückgehen, wie die Ergänzer sich selbst verstanden haben und welche Stellung sie in der judäischen Bevölkerung ihrer Zeit innehatten. Der Stoßseufzer 5,13 reagiert nämlich darauf, daß in V. 11-12 die Bedrückung der Armen gebrandmarkt wird.

---

16 J. WELLHAUSEN, Die kleinen Propheten übersetzt und erklärt, ⁴1963, 95.
17 B. DUHM, Anmerkungen zu den Zwölf Propheten, 1911, 10.
18 I. WILLI-PLEIN, Vorformen der Schriftexegese innerhalb des Alten Testaments (BZAW 123) 1971, 36: „דמם [‚verstummen'] und משׂכיל [‚Kluger'] lassen sich ... am besten auf der Ebene des Danielbuches vereinigen, in dem (11,33.35; 12,3.10) משׂכיל die Frommen aus der Zeit der Bedrängnis bezeichnet. Damit rückt auch v. 13 in die Nähe der Apokalyptik".
19 DUHM, 10.

Offenbar sieht der Verfasser sich als einen der Ihren an. Armut war für die Frömmigkeit der Spätzeit ein wichtiger Teil ihres Selbstverständnisses. Was es damit auf sich gehabt hat, läßt sich anhand von Zef 2,3 erläutern. In der Fortführung des bereits erwähnten Gedichts vom „Tage Jahwes" heißt es: „Ehe über euch kommt der Tag des Zornes Jahwes, sucht Jahwe, alle ihr Armen im Lande (כָּל־עַנְוֵי הָאָרֶץ), die ihr sein Recht tut. Suchet Gerechtigkeit, suchet Armut (עֲנָוָה) – vielleicht könnt ihr euch bergen am Tage des Zornes Jahwes!" Armut (עֲנָוָה) ist für diese Anawim sowohl ein gegebener als auch ein gesuchter Zustand. Sie bestimmt ihren sozialen Status, aber mehr noch ihre Haltung und ihr Selbstverständnis. Daher ist sie eher spirituell als materiell aufgefaßt, ist eher humilitas als paupertas – sowenig beides sich ausschließt. Solche gesuchte Armut ist die Frucht des Gehorsams gegen den Willen Gottes und läßt auch gegebene Armut als Anzeichen besonderer Gottesnähe verstehen. So gibt sie die Gewißheit, dem erwarteten Gottesgericht zu entrinnen: „Im Feuer meines Eifers wird die ganze Erde gefressen werden, und ich will übrig lassen in deiner Mitte ein Volk, arm und gering (עָנִי וָדָל)" (Zef 3,8bβγ.12a). Die Gewißheit der Rettung ist um so größer, je deutlicher die Armen sich von den Reichen geschieden sehen. Am größten ist sie, wenn sie sich als die unmittelbaren Opfer der Reichen erfahren: „Selig seid ihr Armen, ... so euch die Menschen hassen und euch ausstoßen... Freuet euch an jenem Tage und frohlocket; denn siehe, euer Lohn ist groß im Himmel" (Lk 6,20-23*). Das ist die eschatologische Paradoxie.

Die eschatologische Armenfrömmigkeit ist innerhalb des Judentums seit der hellenistischen Zeit zu einer Bewegung geworden, die in religiösen Parteiungen Gestalt gewann. Ihre Spuren greifen wir dank der Qumranschriften am deutlichsten bei den Essenern, die sich selbst als die „Gemeinde der Armen" (עֲדַת הָאֶבְיוֹנִים) verstanden.[20] Die Psalmen Salomos, hinter denen man die Pharisäer als Traditionsträger vermutet,[21] spiegeln eine ähnliche Armenfrömmigkeit. Auch für die neutestamentliche Urgemeinde war es ausgemacht, daß leichter ein Kamel durch ein Nadelöhr eingehe, als ein Reicher in die Gottesherrschaft (Mk 10,25 parr.). Essener und Pharisäer sind hervorgegangen aus den Asidäern oder Chasidim, die im 2. Jahrhundert an der makkabäischen Erhebung beteiligt waren. Die Vorgeschichte dieser Armenfrömmigkeit läßt sich aus der späten Traditionsgeschichte des Psalters erschließen, für die die *Anawim*, wie sie sich zu jener Zeit offenbar genannt haben, eine tragende Bedeutung hatten.[22] Ein natürliches Interesse müssen diese Frommen an den prophetischen Schriften gehabt haben. Nachweislich gilt es für das Buch Jesaja.[23]

---

20 4QpPs 37 II 9; III 10; vgl. 1QpHab XII 3.
21 Vgl. zuletzt O. KAISER, Grundriß der Einleitung in die kanonischen und deuterokanonischen Schriften des Alten Testaments, III, 1994, 43f. (Lit.).
22 Vgl. CH. LEVIN, Das Gebetbuch der Gerechten (unten 291-313); ferner den wichtigen Forschungsüberblick von N. LOHFINK, Von der „Anawim-Partei" zur „Kirche der Armen". Die bibelwissenschaftliche Ahnentafel eines Hauptbegriffs der „Theologie der Befreiung" (Bib. 67, 1986, 153-175). Zur Geschichte der innerjüdischen Gruppenbildungen seit dem 3. Jahrhundert v. Chr. vgl. M. HENGEL, Judentum und Hellenismus (WUNT 10) ²1973, 319-381.
23 Vgl. J. VERMEYLEN, Du Prophète Isaïe à l'Apocalyptique (EtB) Paris 1977. 1978, 711-743; U. BECKER, Jesaja – von der Botschaft zum Buch (FRLANT 178) 1997, 156-159.168.234. 272.

Auch das Amosbuch enthält an zwei Stellen den Begriff, der zu den wichtigsten Selbstbezeichnungen der spätnachexilischen Frommen gehört hat: עֲנָוִים „die Armen" (2,7) und עֲנְוֵי אֶרֶץ „die Armen des Landes"[24] (8,4). Darin liegt ein unübersehbarer Hinweis. Das zeigt die weitere Verteilung auf einen Blick: Von den 37 Belegen des Plurals עֲנָוִים (oder עֲנִיִּים)[25] finden sich siebzehn in den Psalmen, vier im Proverbienbuch, drei bei Hiob.[26] Alle zehn Belege im Jesajabuch verstehen sich im Rahmen der späten Armenfrömmigkeit,[27] ebenso Zef 2,3. Würden Am 2,7 und 8,4 auf den Propheten Amos zurückgehen, gingen sie den übrigen Belegen um etwa vier Jahrhunderte einsam voran.

Dieser Befund hat Folgen für die Sozialkritik, die in der jüngeren Exegese bisweilen als die eigentliche Botschaft des Amos gegolten hat. Die Begriffsgeschichte macht es gewiß, daß man die Texte in der Spätzeit im Sinne der eschatologischen Armenfrömmigkeit gelesen hat. Aber noch mehr: Die Möglichkeit deutet sich an, daß die einschlägigen Aussagen im Zuge dieser späten Deutung erst entstanden sind. Daß das Amosbuch literarischen Ergänzungen noch lange offenstand, haben wir schon gesehen.

Bislang gilt für ausgemacht, daß der Sprachgebrauch des Amosbuchs sich mit der Bedeutung, die der Begriff עֲנָוִים in der Spätzeit unstreitig gehabt hat, nicht berührt. „Ein Indiz für eine religiös-ethische Interpretation" sieht man als „nicht gegeben".[28] Armut sei bei Amos vornehmlich oder ausschließlich im sozialen Sinne gemeint. Die Sozialkritik habe in den wirtschaftlichen und gesellschaftlichen Entwicklungen im Nordreich des 8. Jahrhunderts ihren Anlaß gehabt.

In Wahrheit gibt es im Amosbuch nur vier eng begrenzte Abschnitte, die sich im Wortlaut auf die Armen beziehen: die Israel-Strophe des Völkerspruchzyklus 2,6-8, das Wort gegen die Basankühe Samarias 4,1-2, die Fortführungen des Weheworts gegen die Verkehrung des Rechts 5,11-12 und das Wort gegen die falschen Händler 8,4-6. Das Motiv beherrscht das Buch bei weitem nicht so, wie man annimmt. Unter den vier Belegen gibt es ein vielsagendes Zusammenspiel. K. Koch hat es treffend beschrieben: „Die Erbitterung des Profeten und seines Gottes entzündet sich an der Behandlung einer bestimmten Gruppe von ‚Armen'. ... Amos greift nicht Einzelpersonen an ..., und nie empört er sich über Unrecht, das an einzelnen Personen geschieht, sondern stets ist von einer Gruppe die Rede, deren Mitglied fünfmal als *äbjon* ‚Bedürftiger' (2,6; 4,1; 5,12; 8,4.6), viermal als *dal* ‚gering Begüterter' (2,7; 4,1; 5,11; 8,6), zweimal *'anaw* ‚demütig Frommer' (2,7; 8,4 K) und schließlich einmal als *'aschuq* (3,9; vgl. 4,1) ‚Ausgebeuteter' bezeichnet

---

24 Lies K^{e}tîb wegen 2,7.
25 Der Unterschied der beiden Plurale kann hier auf sich beruhen.
26 Sach 11,7.11 entfällt durch Konjektur, vgl. LXX, BHS und die Kommentare. Besonders vielsagend ist die Verteilung des Doppelbegriffs עֲנְוֵי־אֶרֶץ: Jes 11,4; Am 8,4; Zef 2,3; Ps 76,10; Hi 24,4; vgl. Ps 37,11; Spr 30,14.
27 Jes 3,15; 10,2; 11,4; 14,32; 29,19; 32,7; 41,17; 49,13; 58,7; 61,1.
28 So stellvertretend für die Wolke der Zeugen die jüngste monographische Untersuchung von G. FLEISCHER, Von Menschenverkäufern, Baschankühen und Rechtsverkehrern (BBB 74) 1989, 274. FLEISCHER gibt S. 1 Anm. 2 eine Liste der Literatur.

wird".²⁹ Man kann hinzufügen, daß auch zweimal der Begriff צַדִּיק „Gerechter" im einschlägigen Sinne begegnet (2,6; 5,12).

In der Regel deutet man etwa so: „Der Ausdruck עניי ארץ ... faßt die Armen zu einer unübersehbaren Gruppe, zu einer ‚Klasse' innerhalb der Gesellschaft zusammen. ... Festzuhalten gilt es ..., daß die עניי ארץ keine religiöse Gruppe bilden. ... Sie sind ... eine soziale Klasse, die sich nicht aufgrund innerer Übereinstimmung zusammengeschlossen hat, sondern aufgrund des nach außen sichtbaren Zustands der Verelendung ... unter dem Begriff עניי ארץ zusammengefaßt werden."³⁰ Mittelbar ist mit dieser Abwehr aber zugestanden, daß die Aussage des Textes auch auf die frommen Armen der Spätzeit paßt, die sich als Gruppe oder Gemeinde von der übrigen judäischen Bevölkerung geschieden sahen und ihr Außenseiterdasein mit der Erwartung des bevorstehenden kosmischen Gerichts kompensierten.

Über die Alternative, die sich abzeichnet, entscheidet die Datierung, über die Datierung die Literarkritik. Gehören die einschlägigen Texte zum Grundbestand des Prophetenbuchs und spiegeln die gesellschaftlichen Zustände des 8. Jahrhunderts, oder zählen sie zu den Ergänzungen der Spätzeit?

IV

Wir beginnen die Durchsicht mit 8,4-8. Der Abschnitt ist darum für die Frage von besonderer Bewandtnis, weil er auf das Wort vom Ende fast unmittelbar folgt. „Offensichtlich soll mit 8,3-14 das unüberbietbar harte Urteil der vierten Vision: ‚Das Ende ist gekommen für mein Volk Israel' (8,2) noch einmal zusammenfassend begründet (8,4-7.8) und in seinen furchtbaren Auswirkungen ausgemalt werden (8,3.9-14)".³¹

> 4   *Hört dies,*
>   **[Weh denen,] die gieren**
>   *nach dem Armen* (אֶבְיוֹן)
>   *und zu beseitigen die Armen des Landes* (עֲנִוֵּי־אָרֶץ)³²
> 5   **folgendermaßen:**
>   **Wann wird der Neumond vorüber sein, daß wir Getreide verkaufen, und der Sabbat, daß wir Korn feilbieten?**
>   *das Maß zu verkleinern*
>   *und den Gewichtsstein zu vergrößern*
>   *und die Trugwaage zu biegen,*
> 6   *zu kaufen um Geld die Geringen* (דַּלִּים)
>   *und den Armen* (אֶבְיוֹן) *um ein Paar Sandalen,*

---

29 Die Entstehung der sozialen Kritik bei den Profeten (in: H.W. WOLFF [Hg.], Probleme biblischer Theologie. G. v. Rad zum 70. Geburtstag, 1971, 236-257) 242f. M. SCHWANTES, Das Recht der Armen (BET 4) 1977, hat gezeigt, daß die Begriffe רָשׁ, דַּל, אֶבְיוֹן und עָנִי weitgehend synonym verwendet werden.
30 FLEISCHER, Von Menschenverkäufern, 190.
31 J. JEREMIAS, Am 8,4-7 – ein Kommentar zu 2,6f. (1991; in: DERS., Hosea und Amos [FAT 13] 1996, 231-243) 232.
32 Qᵉrê עֲנִיֵּי־אָרֶץ.

und wir Abfall vom Korn verkaufen?
7 *Geschworen hat Jahwe bei dem Stolz Jakobs:*
  Niemals werde ich vergessen alle ihre Taten.
8 *Sollte darum nicht die Erde erbeben*
  und verschmachten jeder, der auf ihr wohnt,
  daß sie sich insgesamt hebt 'wie der Nil'
  und aufgewühlt wird ['und sinkt'] *wie der Nil Ägyptens?*

Daß der Abschnitt auf Amos zurückgeht, ist nachdrücklich in Zweifel gezogen worden; denn er trennt vierte und fünfte Vision. H.W. Wolff denkt an die „alte Amosschule", die freilich auch Worte ihres Meisters überliefert habe, „da der Wortlaut von 4 und 6a fast genau 2,6b.7a entspricht".[33] Dieses Urteil hat mit guten Gründen Schule gemacht.[34] Zuletzt hat J. Jeremias 8,3-14 „in eine erheblich fortgeschrittene Zeit" verwiesen.[35]

Der Abschnitt enthält Verwerfungen der hebräischen Syntax in solchem Maße, daß er literarisch nicht einheitlich sein kann. In V. 5 wechselt die Rede der gierigen Händler unvermittelt von den Kohortativen וְנַשְׁבִּירָה „daß wir (Getreide) verkaufen" und וְנִפְתְּחָה „daß wir (Korn) feilbieten" in den Infinitiv לְהַקְטִין „(das Maß) zu verkleinern". Dieser Infinitiv kann nicht nachgeordnet sein: Man verkauft nicht Getreide, um das Maß zu fälschen, allenfalls umgekehrt. Auch Nebenordnung gibt keinen besseren Sinn: „Wann wird der Neumond vorüber sein, ... daß wir das Maß verkleinern." „Denn nicht das Fälschen der Gerätschaften geschieht an jedem Geschäftstag aufs neue, sondern höchstens der Betrug mit Hilfe von gefälschten Maßen, Gewichten und Instrumenten."[36] Schließlich fehlt die innere Plausibilität: Daß die Händler von ihren Machenschaften in dieser anklagenden Weise gesprochen haben sollen, macht einen „geradezu grotesken Eindruck".[37] „Namentlich מאזני מרמה [‚betrügerische Waage'] passt auf keine Weise in den Mund der Wucherer."[38] Zwischen V. 5a und V. 5b liegt daher ein literarischer Bruch. An das Zitat der Händler ist der verbreitete Topos vom Fälschen von Waage, Maßen und Gewichten[39] nachträglich angehängt worden. Daß das mit Bedacht geschehen ist, zeigt V. 6b, der als rahmende Klammer zu dem Motiv des Kornverkaufs zurücklenkt.[40]

---

33 Joel und Amos, 132.
34 Vgl. WILLI-PLEIN, Schriftexegese, 49; L. MARKERT, Struktur und Bezeichnung des Scheltworts (BZAW 140) 1977, 185f; P. WEIMAR, Der Schluß des Amos-Buches (BN 16, 1981, 60-100) 95; FLEISCHER, Von Menschenverkäufern, 183-186; anders H. GESE, Der kosmische Frevel händlerischer Habgier (in: Prophet und Prophetenbuch. Festschrift O. Kaiser [BZAW 185] 1989, 59-72) 69-71.
35 S. Anm. 31; sowie: Der Prophet Amos (ATD 24,2) 1995, 114. Die folgenden Einheiten 8,9-10.11-12.13-14 sind als „sukzessive Fortschreibungen von V. 3-8" (ATD 24,2, 115) später hinzugekommen.
36 FLEISCHER, Von Menschenverkäufern, 178.
37 T. VEIJOLA, Die Propheten und das Alter des Sabbatgebots (1989; in: DERS., Moses Erben [BWANT 149] 2000, 61-75) 66.
38 WELLHAUSEN, Die kleinen Propheten, 92.
39 Vgl. Lev 19,35-36; Dtn 25,13-15; Ez 45,10-12; Hos 12,8; Mich 6,11; Spr 11,1; 16,11; 20,10. 23; Amenemope XVII 18 – XIX 9 (TUAT III 240-242).
40 B. DUHM, Die Zwölf Propheten. In den Versmaßen der Urschrift übersetzt, 1910, 17, verbindet V. 6b mit V. 5a: „Daß wir Korn feilbieten und Abfall vom Korn verkaufen." Das ist sach-

Auch im Übergang von V. 4 nach V. 5 bestehen starke Unebenheiten. „Die Einleitung des Zitats durch לֵאמֹר ist ausgesprochen unbeholfen ..., weil ihm kein verbum dicendi ... oder ein vergleichbares Verb ... vorangeht".[41] Der vorangehende Infinitiv וְלַשְׁבִּית „und zu beseitigen"[42] trägt zudem die Kopula „und", über die die Exegeten regelmäßig stolpern,[43] da sie den Infinitivsatz „zu beseitigen die Demütigen des Landes" mit dem Partizip הַשֹּׁאֲפִים „die gieren (nach dem Armen)" auf ein und dieselbe Ebene rückt. Wenn Nebenordnung beabsichtigt ist, warum wird das Partizip durch einen Infinitiv fortgeführt?[44] Demnach soll der zweite Satz zugleich auch untergeordnet sein: „Hört dies, die ihr giert, die Demütigen des Landes zu beseitigen." Das ist der offenbare Sinn. Allerdings verbindet er sich weder ohne weiteres mit dem voraufgehenden Partizip noch mit dem nachfolgenden Zitat. Das Knäuel löst sich, wenn man die Zitateinleitung unmittelbar auf das Partizip folgen läßt: „Hört dies, die ihr giert folgendermaßen: Wann wird der Neumond vorüber sein." Das übrige ist eingefügt, um den betrügerischen Handel nachträglich auf die Bedrückung der Armen (אֶבְיוֹן und עֲנִוֵי־אָרֶץ) zuzuspitzen.

Daß diese Zuspitzung nachgetragen ist, bestätigt sich in V. 6a. Wieder steht ein asyndetischer, also nachgeordneter Infinitiv: לִקְנוֹת „zu kaufen um Geld die Geringen und den Armen um ein Paar Sandalen". Das kann nicht der Sinn des in V. 5 genannten Maßfälschens sein. „Welche Zusammenstellung!"[45] Statt um den betrügerischen Getreidehandel geht es wieder um die materielle Bedrückung einer ganzen Bevölkerungsgruppe.[46] „V. 6a gibt eine Finalbestimmung, die inhaltlich V. 4 aufnimmt, während V. 6b als Modus des Betruges inhaltlich wieder zu V. 5 zurückkehrt".[47] In der Regel bessert man durch Umstellung.[48] Aber das einzige Kriterium dafür ist der erwünschte Text. Richtig hat vielmehr Gese in V. 6 „durch verschobene Stellung sich selbst kenntlich machende Glossen" wiedererkannt.[49] Die Anwendung auf die Geringen (דַּלִּים) und den Armen (אֶבְיוֹן) ist nachträglich eingefügt.

Der Anklage folgt in V. 7 die Drohung. Sie hat die Form des Schwurs. Jahwe verbürgt sich bei dem Stolz Jakobs, was er ansagt, wirklich eintreten zu lassen.

---

lich richtig, auch wenn es nicht der literargeschichtlichen Textfolge entspricht. Ebenso TH.H. ROBINSON (in: DERS. /F. HORST, Die zwölf kleinen Propheten [HAT 14] 1936) 100; WOLFF, Joel und Amos, 371.
41 VEIJOLA aaO 66.
42 Wörtlich: „aufhören zu machen".
43 WELLHAUSEN ebd.: „ו vor dem Infinitiv mit ל ist hier unbrauchbar."
44 Septuaginta ändert ins Partizip.
45 WELLHAUSEN ebd.
46 Auf die Ungereimtheit weist R. KESSLER, Die angeblichen Kornhändler von Amos viii 4-7 (VT 28, 1989, 13-22) 14-16, nachdrücklich hin.
47 GESE, Der kosmische Frevel (s. Anm. 34), 62. Zuvor wurde V. 6a neben anderen von W. NOWACK, Die kleinen Propheten (HK III 4) 1903, 166; K. MARTI, Das Dodekapropheton (KHC 13) 1904, 216f, und H. GREßMANN, Die älteste Geschichtsschreibung und Prophetie Israels (SAT 2,1) ²1921, 354, als Nachtrag bestimmt. Vgl. auch WELLHAUSEN ebd.
48 Die verschiedenen Möglichkeiten müssen hier nicht vorgeführt werden. Vgl. außer den Anm. 40 genannten Exegeten DUHM, Anmerkungen, 16; W. RUDOLPH, Joel – Amos – Obadja – Jona (KAT XIII 2) 1971, 262.
49 Ebd.

Die Notwendigkeit dieser Redeform sagt viel.[50] Es gilt, die Tatsache des Gerichts über den Zweifel zu heben: Jahwe könnte die Untaten vergessen. Solche Sorge haben nicht Täter, sondern Opfer. Die Opfer aber sind die Geringen und Armen. Die Drohung ist in Wahrheit ein Racheversprechen. „Alle ihre Taten" betrifft nicht zuerst den betrügerischen Handel, sondern die in V. 4* und V. 6a genannte Bedrückung. V. 7 gehört auf dieselbe literarische Ebene.

Von dieser Einsicht ist der Höraufruf „Hört dies" betroffen, der in V. 4 den Abschnitt eröffnet. „Da V. 4-6 ausschließlich nähere Charakterisierungen der im Vokativ angeredeten Hörer bzw. Leser bietet",[51] hätte der Aufruf ohne V. 7 kein Ziel. Auch er muß der Erweiterung angehören. Ohne den Höraufruf beginnt das zugrundeliegende Wort mit dem Partizip הַשֹּׁאֲפִים „die gieren". Das ist entweder „der im Amosbuch geläufige Partizipialstil"[52] oder der verstümmelte Beginn eines der für Amos typischen Weheworte (vgl. 5,18; 6,1).[53] Im zweiten Fall wäre das einleitende הוֹי „wehe" durch den Artikel des Partizips verschluckt worden, wie man es auch für 5,7 und 6,13 annimmt,[54] oder der Höraufruf hätte es verdrängt. Das Wehewort könnte erklären, daß dem älteren, mit V. 5a endenden Wort (wie auch der um V. 5b und 6b erweiterten Fassung) eine Drohung fehlt: Als vorweggenommene Totenklage ist es Anklage und Drohung in einem.

Der Höraufruf ist aber nicht nur nach vorn auf V. 7 gerichtet, sondern im Rückbezug ebenso auf die vierte Vision:[55] „Hört dies", nämlich: „Das Ende ist gekommen". „Am 8,4-6 begründet das ‚Ende Israels'"[56] mit der frevelhaften Bedrückung der Geringen und Armen. Jahwe wird diese Taten niemals vergessen. V. 8 zieht die Summe: „Sollte darum nicht die Erde erbeben?!" Dazu wird der Vorgang des Endes nun auch näher beschrieben. Man könnte an das Erdbeben denken, das Amos der Buchüberschrift zufolge „zwei Jahre vor dem Erdbeben" vorausgesagt hat. Dann müßte die Beschreibung freilich ein Rückblick auf die Vergangenheit sein. „Dagegen sprechen aber entschieden die ausschließlich verwandten Tempora des ipf. und pf. cs., ebenso der Vergleich mit der Nilüberflutung, der dem Erdbeben geradezu mythische Dimensionen gibt. Denn der aus der Unterwelt kommende und nach ägyptischer Anschauung mit dem Urgewässer Nun verbundene ... Nil wiederholt gleichsam die Sintflut, indem er den anfänglichen Chaoszustand der Erde eintreten läßt."[57] Mit anderen Worten: Das Ende ist die kosmische Katastrophe.

---

50 WOLFF, Joel und Amos, 242: Die Schwurformel „ist der älteren Prophetie sonst fremd".
51 JEREMIAS, Der Prophet Amos, 115.
52 JEREMIAS aaO 67, unter Verweis auf 3,12; 6,13 u. ö.
53 Diese Möglichkeit bringt FLEISCHER, Von Menschenverkäufern, 27-29, für die Parallele 2,7 ins Spiel.
54 Vgl. BHS z. St.; WOLFF, Joel und Amos, 269; RUDOLPH, Joel – Amos – Obadja – Jona, 195. 226. Anders JEREMIAS aaO 67.
55 Darauf verweist JEREMIAS, Am 8,4-7 (s. Anm. 31), 234; Der Prophet Amos, 115.
56 JEREMIAS, Der Prophet Amos, 116.
57 GESE, Der kosmische Frevel, 64.

Der Abschnitt 8,4-8, dem in V. 4*.5a (mit Erweiterung V. 5b.6b) ein älteres Wort zugrunde liegt, möglicherweise ein Wehewort,[58] ist in seiner heutigen Fassung als Deutung des Amosworts vom Ende ein Zeugnis der eschatologischen Enderwartung, wie sie aus anderen Quellen für das 3. und 2. Jahrhundert bezeugt ist. Träger dieser Erwartung sind die „Armen des Landes" (עַנְוֵי־אָרֶץ). Sie warten darauf, daß Gott ihnen zu ihrem Recht helfen wird. Ihre Bedrücker werden in einer neuen Sintflut zugrunde gehen.

V

8,4-7 berührt sich eng mit 2,6-8, dem Anfang der Israelstrophe des Völkerspruchzyklus. Da Völkersprüche und Visionsberichte sich in der Komposition des Buches entsprechen,[59] bilden die beiden Abschnitte so etwas wie einen Rahmen, der den Hauptteil des Buches umfaßt und dessen Aussage bestimmen will. Darüber hinaus gibt es beträchtliche wörtliche Übereinstimmungen.[60]

> 6 *So spricht Jahwe:*
> *Wegen der drei Frevel Israels*
> *und wegen der vier nehme ich es nicht zurück.*
> *Weil sie verkaufen um Geld den Gerechten* (צַדִּיק)
> *und den Armen* (אֶבְיוֹן) *um ein Paar Sandalen.*
> 7 *Die gieren* [auf dem Staub der Erde][61] *nach dem Kopf der Geringen* (דַּלִּים),
> *und den Wandel der Demütigen* (עֲנָוִים) *beugen sie.*
> Einer und sein Vater gehen zu ein und demselben Mädchen,
> um meinen heiligen Namen zu entweihen.
> 8 *Und auf gepfändeten Kleidern strecken sie sich aus*
> neben jedem Altar,
> *und Wein von Bußgeldern trinken sie*
> im Hause ihres Gottes.

Wieder ist vorab festzustellen, daß der Abschnitt mitsamt seinem weiteren Kontext schwerlich auf Amos zurückgeht.[62] Es ist Allgemeingut, daß der Zyklus der Völkersprüche 1,3–2,16 erst durch literarische Ergänzungen zu seinem heutigen Umfang gelangt ist. Auf den Wachstumskern führt die Analyse der Form. Das

---

58 Daß es wie andere Weheworte des Amosbuchs auf den Propheten zurückgeht, ist wegen der sachlichen Nähe zu Neh 10,32; 13,15-22 wenig wahrscheinlich, vgl. VEIJOLA, Sabbatgebot (s. Anm. 37), 66f.; O. KAISER, Der Gott des Alten Testaments (UTB.W 1747) 1993, 326.
59 Dazu H. GESE, Komposition bei Amos (1981; in: DERS., Alttestamentliche Studien, 1991, 94-115); J. JEREMIAS, Völkersprüche und Visionsberichte im Amosbuch (1989; in: DERS., Hosea und Amos [FAT 13] 1996, 157-171).
60 Vgl. bes. JEREMIAS, Am 8,4-7 (s. Anm. 31).
61 Die Umstandsbestimmung עַל־עֲפַר־אֶרֶץ ist ein exegetischer Querverweis auf den Fluch über die Schlange Gen 3,14-15. Er besagt wohl, daß das im hiesigen Zusammenhang schwierige שׁאף „schnappen, gieren" wie das verwandte שׁוף Gen 3,15 im Sinne von „treten, zermalmen" gelesen werden soll. Vgl. WELLHAUSEN, Die kleinen Propheten, 72; NOWACK, Die kleinen Propheten, 127; MARTI, Dodekapropheton, 167, und die meisten seither.
62 Vgl. – mit etwas anderer Begründung und Datierung – V. FRITZ, Die Fremdvölkersprüche des Amos (1987; in: DERS., Studien zur Literatur und Geschichte des alten Israel [SBAB 22] 1997, 97-108).

Schema, nach dem die Strophen regelmäßig gebaut sind, ist nicht auf Völker, sondern auf Städte gemünzt. Es sagt deren Eroberung an: „Ich will Feuer senden gegen die Mauer von ..., das soll seine Paläste verzehren!" Diese Drohung paßt nur bei den ersten drei Sprüchen, die tatsächlich gegen Städte gerichtet sind, genau auf den Adressaten: Damaskus, Gaza und Tyrus. Sie stehen nicht zufällig am Anfang. Unter ihnen wird die Tyrus-Strophe 1,9-10 nahezu einhellig als sekundäre Verdoppelung der Gaza-Strophe beurteilt.[63] Die Drohung der Damaskus-Strophe 1,3-5 aber gilt nicht der Stadt, sondern in eigentümlicher Abwandlung dem aramäischen Herrscherhaus. Folglich ist die Gaza-Strophe 1,6-7 (ohne die Erweiterung V. 8) die einzige, bei der Schema und Aussage wirklich übereinstimmen. Sie dürfte der Kern sein, der den ganzen Zyklus hervorgebracht hat; zumal in ihr die spätere Reihenbildung wie auch der Wechsel von Städten zu Völkern angelegt ist: Die Schuld Gazas hängt mit dem frevelhaften Verhalten der Edomiter zusammen, die sodann in 1,11-12 eine eigene Strophe erhielten.

Einen Hinweis auf die Entstehungszeit bietet der gegen Gaza erhobene Vorwurf: „Weil sie eine vollständige Deportiertenschaft (גָּלוּת) ins Exil geführt haben, um sie an Edom auszuliefern" (1,6b). Das ruft sofort die Übergriffe der Edomiter anläßlich der babylonischen Eroberung Jerusalems vor Augen, deren Nachbeben im Alten Testament an nicht wenigen Stellen registriert wird (vgl. Ez 16,57; 25,12; Joël 4,19; Ob 11-14; Ps 137,7; Klgl 4,22).[64] Gaza kann daran insofern beteiligt gewesen sein, als die Stadt aufgrund ihrer Lage den Fluchtweg nach Ägypten (vgl. Jer 42-43) abzuriegeln vermochte. Daß die Philister Judäer und Jerusalemer deportiert haben, sagt auch Joël 4,6.[65] Diese bestimmten Einzelheiten sprechen dafür, daß die Gaza-Strophe und mit ihr der Kern der Völkersprüche des Amosbuchs nicht vor der Exilszeit entstanden ist. Es ist noch zu sehen, daß der gesamte Zyklus 1,3-2,16 einmal gefehlt hat: Das „Buchmotto" 1,2 nimmt mit dem Bild des brüllenden Löwen unmittelbar 3,4.8 auf. In 3,8, der die Antwort rechtfertigt, mit der Amos in 7,14-15 gegenüber Amazja sein Prophetenamt begründet, klingt so etwas wie die Berufung des Propheten an, die an den Anfang des Buches gehört.[66] Die Bestreitung der Erwählung in 3,2 und 9,7 bildet einen nachgetragenen Rahmen um das ganze Buch, wie es seinerzeit vorlag.[67]

Die Israelstrophe 2,6-16 unterscheidet sich von den vorangehenden durch die Länge von elf statt zwei oder höchstens drei Versen. Das Schema ist nur für den Anfang beibehalten. Auf die ausführliche Anklage V. 6-8 folgt ein heilsgeschichtlicher Rückblick V. 9-11, der in V. 12 nochmals in eine Anklage mündet. Er fällt „vollkommen aus dem Rahmen"[68] und ist ergänzt.[69] Die Drohung V. 13-16:

---

63 Seit WELLHAUSEN, Die kleinen Propheten, 69f.
64 Vgl. W. DIETRICH, JHWH, Israel und die Völker beim Propheten Amos (ThZ 48, 1992, 315-328) 316f.
65 MARTI, Dodekapropheton, 160, nimmt an, daß Am 1,6 aus Joël 4,6 geschöpft habe. DUHM, Anmerkungen, 2, stimmt zu und datiert in die makkabäische Zeit. Das ist des Guten zuviel.
66 Auch WOLFF, Joel und Amos, 130, läßt aus anderen Gründen die Sammlung der „Worte von Amos aus Thekoa" mit Am 3 beginnen.
67 Vgl. H. GESE, Das Problem von Amos 9,7 (1979; in: DERS., Alttestamentliche Studien, 1991, 116-121); zu 3,1f. dort 121 Anm. 14.
68 DIETRICH aaO 320.
69 Für V. 10-12 nachgewiesen von W.H. SCHMIDT, Die deuteronomistische Redaktion des

„Siehe, ich werde unter euch schwanken machen ...", muß auf V. 8 gefolgt sein.[70] Statt die Paläste der Stadt oder des Landes mit Feuer zu bedrohen, sagt sie eine umfassende Katastrophe voraus. Keiner wird ihr entrinnen.

Unter den einzelnen Anklagen wird in Teilen von V. 8 eine weitere Ergänzung sichtbar. Der Parallelismus hat Überlänge und verbindet Verhaltensweisen, die von Hause aus nichts miteinander zu tun haben: Das Wohlleben zu Lasten Schwacher und den illegitimen Kult. Die Aussage klärt sich, wenn man die beiden lokalen Näherbestimmungen herausnimmt.[71] Den Zusätzen liegt das Gebot der Kultzentralisation Dtn 12 als Maßstab zugrunde: „Neben jedem Altar" hat eine Mehrzahl von Kultstätten vor Augen, „im Hause ihres Gottes" einen Tempel, dem die Eigenschaft, Heiligtum Jahwes zu sein, bestritten wird. Der Ergänzer ist empört, daß dieser illegitime Kult Abgaben entgegennimmt. Die Polemik unterstreicht wie Hos 4,8.10 den Anspruch des Jerusalemer Heiligtums gegenüber der andauernden Konkurrenz im Gebiet des ehemaligen Nordreichs.

Derselben Tendenz folgt V. 7b, der von den sozialen Vergehen zu einem familienrechtlichen Delikt wechselt: „Einer und sein Vater gehen zu ein und demselben Mädchen". Der Schlüssel zum Verständnis ist der Nachsatz: „um meinen heiligen Namen zu entweihen".[72] Diese Wendung findet sich nämlich fast wörtlich in Lev 20,3 am Anfang jenes Kapitels des Heiligkeitsgesetzes, das die Strafbestimmungen für familienrechtliche und sexuelle Delikte enthält, darunter für den Fall, daß der Sohn mit der Frau des Vaters (Lev 20,11 mit Verbot in Lev 18,8) und vice versa der Vater mit der Frau des Sohnes (Lev 20,12 mit Verbot in Lev 18,15) sexuellen Umgang hat. In Am 2,7b sind beide Delikte unter dem Begriff נַעֲרָה „Mädchen" zusammengefaßt. Die Übereinstimmung ist so groß, daß ein unmittelbarer Rückbezug vorliegen muß.[73] Wahrscheinlich wird die Tora beigezogen, um jene, die solchen strengen Regeln angeblich nicht folgen, aus dem Jahwe geheiligten Gottesvolk auszugrenzen.

Die Grundgestalt der Anklage hat ein einziges Thema: die Unterdrückung der Armen. Darin liegt ein logisches Problem. Wie in den übrigen Völkersprüchen ist auch in der Israelstrophe das Volk als ganzes betroffen. Aber die Anklage richtet sich allein auf jene in Israel, die die Armen bedrücken. Wieder könnte Wellhausen fragen: „Hat Amos sich selbst hier völlig vergessen?" Offenbar ist das Schema der Völkersprüche mechanisch übernommen, ohne daß Form und Inhalt zusammenpassen.[74] War also das Israel-Wort „ursprünglich ein eigenständiger Text ..., der

---

Amosbuchs (ZAW 77, 1965, 168-193) 178-183; für V. 9 von VERMEYLEN, Du Prophète Isaïe (s. Anm. 23), 536f. Der doppelte Einsatz dieses Rückblicks mit וְאָנֹכִי „ich aber" in V. 9 und V. 10 zeigt, daß literarisch mehrfach angesetzt worden ist. Zur Auslegung von V. 10-12 vgl. M. KÖCKERT, Das Gesetz und die Propheten in Amos 1-2 (in: Alttestamentlicher Glaube und Biblische Theologie. Festschrift H.D. Preuß, 1992, 145-154).

70 Daß der Nachtrag auch V. 8 umfaßt hätte (DIETRICH aaO 321), scheitert an der Zäsur zu Anfang von V. 9.
71 MARTI, Dodekapropheton, 168; DUHM, Anmerkungen, 3; GREßMANN, Geschichtsschreibung (s. Anm. 47), 334.337; WOLFF, Joel und Amos, 163.
72 Der Nachsatz für sich wird von vielen als Zusatz anerkannt, vgl. WOLFF, Joel und Amos, 163; FLEISCHER, Von Menschenverkäufern, 32.42f; JEREMIAS, Der Prophet Amos, 24. Doch sind Delikt und sakralrechtliche Definition nicht zu trennen, vgl. GESE, Komposition (s. Anm. 59), 111f. mit Anm. 55. Mit Recht scheidet GREßMANN den ganzen V. 7b aus (vgl. auch BHS).
73 Vgl. R. BACH, Gottesrecht und weltliches Recht in der Verkündigung des Propheten Amos (in: Festschrift G. Dehn, 1957, 23-34) 30-33; GESE, Komposition, 111f.
74 Ausführliche Darstellung des schon mehrfach beobachteten Sachverhalts bei FLEISCHER, Von Menschenverkäufern, 21-27.

erst durch redaktionellen Eingriff in den Völkerspruchzyklus integriert worden ist"?[75] Das ist wenig wahrscheinlich; denn die Anklage V. 6b-7a.8* setzt wie bei allen Völkersprüchen mit einer Infinitivkonstruktion ein. Wer hier einen Schnitt legen will, muß dem Redaktor einen tiefen Eingriff in das angeblich überlieferte Prophetenwort unterstellen. Viel eher ist die Israel-Strophe anhand des Schemas ad hoc geschaffen worden.

Dafür hat der Ergänzer weitere Vorlagen beigezogen; denn bereits die Syntax des Grundbestands ist nicht aus einem Guß. Auf den Infinitiv עַל־מִכְרָם „weil sie verkaufen" folgt das unverbundene Partizip הַשֹּׁאֲפִים „die gieren", darauf finite Imperfekte: יַטּוּ „sie beugen" (in V. 7a transitiv, in V. 8 intransitiv gebraucht) und יִשְׁתּוּ „sie trinken". Die Lösung ergibt sich aus der Parallele 8,4-7. Das Partizip הַשֹּׁאֲפִים stimmt mit 8,4 überein. Die identische Form ist nur an diesen zwei Stellen belegt. Da sie in 8,4 dem vorgefundenen (Wehe-)Wort angehört, dürfte sie nach 2,7 übernommen sein. Nunmehr hat das Gieren von vornherein die Bedrückung der Armen (דַּלִּים) zum Ziel. Wieder fällt das Stichwort עֲנָוִים. „Den Weg der Armen beugen" bezieht sich wie in 5,12b auf die Beugung des Rechts (Spr 17,23).

Bei der Dublette 2,6b // 8,6a liegt der Ursprung ebenfalls in Am 8. Das zeigen die kleinen Abweichungen. Das Objekt דַּלִּים „Arme" ist gegen צַדִּיק „Gerechter" ausgetauscht. Als Folge „bilden צַדִּיק und אֶבְיוֹן keine gute Parallele. צַדִּיק paßt nicht, denn es ist ja nicht die Rede vom Richten, sondern vom Verkaufen".[76] Indessen könnte צַדִּיק sehr wohl passen, wenn „gerecht" an dieser Stelle nicht im engeren forensischen, sondern – wie bei der Fülle der spätalttestamentlichen Belege – im Sinne des Gerechtseins vor Gott verstanden wird. Sofern als Zeichen solcher Gerechtigkeit die Armut gilt, können צַדִּיק und אֶבְיוֹן parallel gehen bis hin zur begrifflichen Deckung.[77] Daß anstelle von קנה „kaufen" nunmehr מכר „verkaufen" steht, dürfte sich als Torabezug verstehen, um den Frevel im Wortlaut zu belegen: In Ex 21,16 ist das Verkaufen eines Menschen mit dem Tode bedroht.

Auf der Tora beruht auch V. 8, der als einziger über 8,4-6 hinausreicht: Nach Ex 22,25 und Dtn 24,12-13 ist verboten, den Mantel über Nacht als Pfand zu behalten – ein besonders charakteristisches soziales Delikt. Schwer zu deuten ist der Begriff יֵין עֲנוּשִׁים „Wein von Bußgeldern".[78] Die Wurzel ענש bezieht sich auf geldliche Ersatzleistungen im Schadensrecht (Ex 21,22; Dtn 22,19) oder auf den politischen Tribut (1 Kön 10,15 [cj.]; 2 Kön 23,33). Es kommt vor, daß solche Leistungen unrechtmäßig erzwungen werden (Spr 17,26). Warum sie in Wein er-

---

75 So die Lösung von FLEISCHER, 28f.: „Der ursprüngliche Anfang ist als הוֹי [‚Wehe!'] oder שִׁמְעוּ [‚Hört!'] mit dem folgenden Partizip הַמֹּכְרִים [‚die ihr verkauft'] zu rekonstruieren." FLEISCHER referiert S. 26-28 frühere Vorschläge dieser Art.
76 DUHM, Anmerkungen, 2, der daraufhin recht wild צַדִּיק in צָעִיר „klein, gering" ändert.
77 H.H. SCHMID, Gerechtigkeit als Weltordnung (BHTh 40) 1968, 112 Anm. 160, zu Am 2,6: „Damit bahnt sich die in späteren prophetischen, vor allem aber Psalm- und Weisheitstexten recht häufige Vorstellung an, daß der Arme allein schon auf Grund seiner Armut Recht hat". Vgl. E. RENAN, Geschichte des Volkes Israel. Deutsche autorisierte Ausgabe, III, 1894, 41 (aus dem Kapitel „Die Anavim"): „Die Worte, die eigentlich ‚arm' heissen (Dal, Ebion) werden gleichbedeutend mit ‚heiligen Menschen, Gottesfreunden'."
78 עֲנוּשִׁים ist besser als Abstraktplural aufzufassen, nicht als part. pass. qal im Sinne „Wein von Gebüßten".

bracht worden sein sollen, bleibt rätselhaft. Innerhalb des Amosbuchs läßt sich an Vorwürfe wie 4,1 und 6,6 denken. Insgesamt ist die Anklage der Israelstrophe eine präzisierte und erweiterte Vorwegnahme von 8,4-8. Der Leser des Amosbuchs soll von Beginn an das umfassende Gericht an jenen, die die Armen bedrücken, als das leitende Motiv der prophetischen Botschaft vernehmen. Die Anklage mündet in die Drohung:

13 *Siehe, ich spalte unter euch auf,*
   wie der Wagen aufspaltet, der voll ist von Ähren.
14 *Da entschwindet ein Fluchtort für den Schnellen,*
   den Starken stärkt nicht seine Kraft,
   der Tapfere rettet sein Leben nicht,
15 *und der Bogenschütze wird nicht standhalten, ... Spruch Jahwes.*[79]

Dieses bevorstehende Gericht ist umfassender als eine kriegerische Niederlage. Ihm wird auch der nicht entkommen, der dem Kampf noch gewachsen wäre: der Schnelle nicht, der am ehesten imstande ist davonzulaufen, der Starke nicht, den seine Kraft zu retten pflegt, der kriegerische Held nicht, der im Kampf sein Leben davonträgt, der Schütze nicht mit seiner überlegenen Fernwaffe. Die unausweichliche Gefahr kommt von unten. Sie wird in einem Bild beschrieben: ein überfüllter Lastkarren, wie er die Ähren vom Feld zur Tenne bringt und dabei im Boden tiefe Furchen aufreißt, die an die Spalten eines Erdbebens erinnern.[80] Wieder hat die Strafe die Dimension der kosmischen Katastrophe.

VI

Das dritte Beispiel für die Polemik gegen die Unterdrückung der Armen ist das Wort gegen die Basankühe Samarias 4,1-2.

1   *Hört dieses Wort,*
    [Weh den] Basankühe[n] auf dem Berge Samarias,
    die die Geringen (דַּלִּים) bedrücken, die die Armen (אֶבְיוֹנִים) zerbrechen,
    die zu ihren Herren sagen: Bring her, daß wir saufen!
2   *Geschworen hat der Herr Jahwe bei seiner Heiligkeit,*
    denn siehe, Tage kommen über euch,
    da bringt man euch fort mit Stacheln
    und euren Überrest mit Fischhaken.

Die Einheit beginnt wie 3,1 (und später 5,1) mit dem Aufruf: „Hört dieses Wort!" Allerdings gibt es einen Unterschied. 3,1 richtet sich, der Gattung des Höraufrufs gemäß, an eine nicht näher bestimmte Öffentlichkeit, etwa an die rechtsfähigen

---

79 Die Fortsetzung V. 15aβb-16 ist nachgetragen, wie aus den Dubletten und aus der temporalen Verknüpfung בַּיּוֹם־הַהוּא „an jenem Tage" hervorgeht, vgl. DIETRICH aaO 325. Die abschließende Gottesspruchformel נְאֻם־יהוה gehört noch zum älteren Text.
80 Vgl. die Erklärung durch WOLFF, Joel und Amos, 208, und JEREMIAS, Der Prophet Amos, 27f. RUDOLPH, Joel – Amos – Obadja – Jona, 148f., deutet das Bild auf das Schwanken des Wagens. Auch das kommt auf ein Erdbeben hinaus.

Bürger im Tor, deren Aufmerksamkeit er gewinnen will.[81] Der Aufruf von 4,1 ist dagegen an eine bestimmte Zuhörerschaft gerichtet. Auch enthält die Verbindung: „Hört dieses Wort, ihr Basankühe!", eine Inkongruenz des Genus. Der Imperativ שִׁמְעוּ „Hört!" ist maskulinum, פָּרוֹת הַבָּשָׁן „Basankühe" ist femininum. Duhm hat geschlossen: „Im Anfang von v. 1 hat sich der Abschreiber eine gedankenlose Nachahmung von 3,1 geleistet, das masc. שמעו geht denn doch nicht an".[82] Gedankenlosigkeit zu unterstellen, sollte freilich nur die letzte Ausflucht des ratlosen Auslegers sein. Die Nachahmung könnte sehr wohl gedankenvoll sein, wenn nämlich der aus 3,1 übernommene Höraufruf ein bereits vorgegebenes Wort einleiten sollte. Für diese Möglichkeit spricht, daß die Anrede sich zunächst nicht fortsetzt. Zu erwarten wäre: „die ihr zu euren Herren sagt".[83] Stattdessen steht das Weitere in der 3. Person. Erst V. 2 kehrt in die Anrede zurück. Mit dem vorgegebenen Wort verhält es sich wie mit 8,4: Entweder hat es nach Art des für Amos typischen Partizipialstils mit dem Nomen „Basankühe" eingesetzt, oder dem Höraufruf ist ein „Wehe" zum Opfer gefallen.

Angelpunkt dieses Wortes ist der Begriff „Basankühe auf dem Berge Samarias". Der Gehalt der Metapher ist bekannt: Das Bild meint die Kühe des fruchtbaren Landes Basan im nördlichen Ostjordanland. „Amos ... wußte, daß die vom ostjordanischen Basan kommenden Kühe anspruchsvoll waren und von ihren Hirten verlangten, das Trinkwasser an sie heranzubringen".[84] Die wortführenden Bewohner auf dem Berge Samarias maßen sich an, mit großem Aufwand ausgehalten zu werden. Solche „Basankühe" müssen nicht notwendig die Frauen gewesen sein; denn der Begriff אָדוֹן „Herr" wird in der Regel nicht für den Eheherrn gebraucht.[85] Wahrscheinlich hatte der polemische Vergleich zur Zeit des Amos einen triftigen politischen Anlaß. Worin er bestand, wissen wir nicht.

Daß dieser Anlaß die Bedrückung der Geringen und Armen gewesen ist, ist auszuschließen. Der Vorwurf: „die die Geringen bedrücken, die die Armen zerbrechen", verläßt zu früh das Bild. Er ist zwischeneingekommen. Auffallend ist die „große Übereinstimmung mit dem Grundtext von Am 2,6-16 ... Zu nennen sind die Aufeinanderfolge von Anklage und Unheilsansage, der hämmernde Partizipialstil des Schuldaufweises und die Nennung der אביונים und דלים als Opfer."[86] Wieder liegt eine Erweiterung im Sinne der eschatologischen Armenfrömmigkeit vor. Die Ergänzer haben auf die Sprache der Weisheit zurückgegriffen, wie es die späte Frömmigkeit auch sonst tut. Zu עֹשֵׁק דָּל „den Geringen bedrücken" vergleiche Spr 14,31; 22,16; 28,3. עֹשֵׁק אֶבְיוֹן „den Armen bedrücken" findet sich sinngemäß Ez 22,29.

---

81 Die Näherbestimmung durch den Relativsatz: „das Jahwe gegen euch, ihr Israeliten, geredet hat folgendermaßen", ist nachgetragen, um 3,2, das Nein zur Erwählung, einzubinden, vgl. GESE, Das Problem von Amos 9,7 (s. Anm. 67), bes. 38 Anm. 14; sowie die differenzierte Auslegung durch JEREMIAS, Der Prophet Amos, 32-34. Noch später kam die Apposition V. 1b* mit dem Verweis auf die Heraufführung aus Ägypten hinzu. Der Höraufruf führt direkt auf V. 3-8.
82 DUHM, Anmerkungen, 6.
83 So die Vulgata.
84 G. DALMAN, Arbeit und Sitte in Palästina VI (BFChTh.M 41) 1939, 176.
85 Ausnahme ist Gen 18,12. Beachte auch das maskuline Suffix.
86 FLEISCHER, Von Menschenverkäufern, 86.

Während der Inhalt an 2,6-7 erinnert, folgt die Form des erweiterten Wortes dem Ablauf, den wir aus 8,4-8 kennen. Wieder ist die Gerichtsankündigung (V. 2) eingeleitet mit der Schwurformel (vgl. 8,7). Auch hier soll sie den Zweifel, daß Jahwe wirklich einschreiten wird, beschwichtigen und bedeutet im eigentlichen Sinne ein Racheversprechen. Auf den Grund der Gewißheit wird mit der Formel „Siehe, Tage kommen" hingewiesen.[87] Sie ist vorgeprägt. Dem Wortsinne nach leitet sie die Schilderung einer kommenden, heilvollen Zeit ein.[88] In Am 4,2 indessen sind die „kommenden Tage" nichts als das kommende Ende, der Tag Jahwes. Wie in 8,8 wird die Drohung ausgemalt: „Die häßliche Art, wie man heute noch im Orient Last- oder Zugtiere vorantreibt, indem man ihnen den vorn in einem Stachel endenden Ochsenstecken von hinten ins Fell sticht, werden sie am eigenen Leibe zu spüren bekommen; das daneben genannte Fischfanggerät ist dann naturgemäß keine Angel, sondern eine Art Harpune, und die scheinbar unlogische Hervorhebung des Restes, nachdem schon vorher nicht mit Ausnahmen zu rechnen war, ist eine rhetorische Figur, um die Totalität der Katastrophe zu veranschaulichen."[89]

Diese totale Katastrophe erinnert an das wohl von Amos stammende Drohwort 3,12*, das wenige Verse vorangeht: „Wie der Hirt rettet aus dem Maul des Löwen zwei Schenkel oder einen Zipfel vom Ohr, so werden die Israeliten gerettet werden." Wie in 8,4-8 weist der Aufruf „Hört dieses Wort" nicht nur nach vorn.[90] Er schafft dem überlieferten Gerichtswort einen neuen, nun eschatologischen Bezug.[91]

VII

Die vierte einschlägige Aussage findet sich unter den Fortsetzungen des Weheworts 5,7.

7 [Weh denen,[92]] die in Wermut verkehren das Recht
und die Gerechtigkeit zu Boden stoßen!
8   Der die Plejaden und den Orion schuf,
der die Dunkelheit zum Morgen wandelt
und den Tag zur Nacht verfinstert,
der den Wassern des Meeres ruft
und sie ausgießt über die Fläche der Erde:
Jahwe ist sein Name.
9   Der Verheerung herbeiführt wider den Starken
und Verheerung über die Festung ʽbringtʼ.
10   Sie hassen den, der im Tor richtig entscheidet,
und wer vollständig aussagt, den verabscheuen sie.

---

87 Die Formel nennt eher den Grund als den Inhalt des Schwurs. Die Syntax des Schwurs würde אִם לֹא verlangen (vgl. 8,7); hier indessen steht כִּי.
88 LEVIN, Verheißung, 22-31. Die ältesten Belege sind Jer 16,14; 31,27.31.
89 RUDOLPH, Joel – Amos – Obadja – Jona, 168.
90 Vgl. JEREMIAS (s.o. Anm. 55).
91 4,3 ist eine spätere Ausführung. Das zeigt die Gottesspruchformel נְאֻם־יְהוָה „Spruch Jahwes", die sie mit V. 1-2 verklammert.
92 S.o. S. 274.

| 11 | Darum weil ihr ... (?) wider den Geringen (דַּל)
und Kornabgaben von ihm nehmt:
Quadersteinhäuser habt ihr gebaut
und werdet nicht darin wohnen;
prächtige Weingärten habt ihr gepflanzt
und werdet ihren Wein nicht trinken. |
|---|---|
| 12 | Denn ich weiß, wie viel eure Frevel
und wie zahlreich eure Verfehlungen sind.
*Die den Gerechten (צַדִּיק) anfeinden, die Bestechung annehmen,
und die Armen (אֶבְיוֹנִים) beugen sie im Tor.* |
| 13 | Darum schweigt der Kluge zu jener Zeit,
denn es ist böse Zeit. |

In dieser Spruchfolge scheiden die Doxologie V. 8 (samt Anhang V. 9) und der bereits erwähnte Stoßseufzer V. 13 sogleich aus.[93] „Die Zusammengehörigkeit von 7 und 10 ist vom Thema her offensichtlich. Hier liegt höchstwahrscheinlich ein Weheruf vor ..., der als solcher in diesem Umfang durchaus eine selbständige rhetorische Einheit darstellen kann".[94] V. 11-12a wechseln unvermittelt in die Anrede. Sie erweisen sich schließlich sogar als Gottesrede. Nur Jahwe kann in solcher Weise „denn ich weiß" sagen. Die breite Anknüpfung „darum weil" (לָכֵן יַעַן) zeigt, daß dieser Abschnitt „wahrscheinlich erst nachträglich angeschlossen" ist.[95] Hingegen kehrt V. 12b in die beschreibende Rede zurück.

Das eigentliche Wehewort ist auf V. 7 begrenzt. Es handelt von der Rechtspflege im engeren Sinne. Bei Prozessen herrscht Willkür. Das überlieferte Recht (מִשְׁפָּט) wird umgestülpt (הפך), so daß das Untere zuoberst kommt. Aus Recht wird bitterer Wermut. Der Gerechtigkeit (צְדָקָה), das ist: der Treue zum überlieferten Recht, geschieht das Gegenteil dessen, was gute Ordnung wäre: Statt das Recht im Tor aufzurichten (vgl. V. 15), wird die Gerechtigkeit zu Boden gestoßen. Der Parallelismus ist mit seiner so bestimmten wie umfassenden Anschuldigung eine vollständige Aussage. Wieder kennzeichnet es das Wehewort, daß Drohung und Anklage ineins fallen.[96]

Die Weiterführung V. 10 ist bereits eine Zutat. Sie wechselt von den Partizipien ins finite Verb. Beschrieben wird, auf welche Weise die Verkehrung des Rechts vor sich geht: Wer im Tor für das gerechte Gericht eintritt, wird angefeindet. Der Haß trifft einerseits den מוֹכִיחַ (pt. hi. von יכח), der zurechtweist, überführt, ahndet, schlichtet, entscheidet, kurz all das tut, was die ordnungsgemäße Behandlung eines anstehenden Rechtsfalls erfordert, sowie den דֹּבֵר תָּמִים, den Zeugen, der vollständig und unverfälscht aussagt. Mit der Erweiterung ist das Wehewort nochmals abgeschlossen, ein abgerundeter Vierzeiler im Dreier-Rhythmus.

V. 12b ist ein zweiter Anhang. Das zeigt der Wechsel ins Partizip. Jetzt ändert sich auch die poetische Form: Der erste Stichos enthält vier Hebungen und bildet einen synonymen Parallelismus in sich, der zweite kehrt zum finiten Verb und zum Dreier-Rhythmus zurück. Bindeglied zu V. 10 ist die unitas loci „im Tor".

---

93 Vgl. WELLHAUSEN, Die kleinen Propheten, 81f; DUHM, Anmerkungen, 9; MARTI, Dodekapropheton, 190; NOWACK, Die kleinen Propheten, 149f; und viele andere.
94 WOLFF, Joel und Amos, 273.
95 WOLFF, 290.
96 Die Parallele 6,12b ist gegenüber 5,7 sekundär, vgl. VERMEYLEN, Du Prophète Isaïe, 565.

Das zeigt, daß nicht überlieferte Einzelworte aneinandergereiht sind, sondern der Text schrittweise gewachsen ist. Der Anhang trägt nach, wer von der verwerflichen Rechtspraxis benachteiligt wird: der Gerechte und die Armen. Wie in 2,6b stehen צַדִּיק und אֶבְיוֹן parallel. Wieder sind die Armen als die Gerechten verstanden und ist Gerechtigkeit durch Armut (nicht zuerst durch gerechtes Handeln) definiert. Dennoch wird solche Gerechtigkeit gerade vor Gericht ihrer selbst gewiß, wo sie sich als Opfer einer pervertierten Rechtspraxis erfährt. Da die Perversion des Rechts in scharfem Widerspruch zum Gottesrecht steht, wie die überlieferte Prophetie des Amos belegt (V. 7.10), bestärkt der Rechtsfrevel den Armen darin, daß er mit dem Gottesrecht im Einklang steht und coram Deo gerecht ist. Als Schriftbeleg ist diesmal noch deutlicher als in 2,7a das Verbot der Rechtsbeugung angeführt (Ex 23,6; Dtn 24,17; 27,19). Wie in Dtn 16,19 ist es verbunden mit dem Verbot, Bestechung anzunehmen (Ex 23,8; Dtn 27,25).[97] Auch 5,12b ist der späten Armenfrömmigkeit zuzurechnen.

V. 11-12a, die zwischeneingekommen sind, sind notwendig jüngeren Datums. Der Einschub, nun in der Anredeform, ist eine Gottesrede. Der Verfasser will seinen Worten starkes Gewicht geben. Auffallend ist die Förmlichkeit der Verurteilung nach dem Schema von Anklage (V. 11aα) und Drohung (V. 11aβb). Der Abschluß V. 12a läßt Jahwe beteuern, daß er um die vielen Untaten weiß. Dahinter bemerkt man eine hilflose Wut, die das Gottesgericht herbeisehnt.

Opfer ist wieder der Geringe (דַּל). Doch ist er dieses einzige Mal im Singular genannt, und kein אֶבְיוֹן oder עָנִי oder צַדִּיק steht ihm zur Seite. Was geschieht ihm? Die Aussage ist sprachlich und sachlich dunkel. Die Form בּוֹשַׁסְכֶם wäre regulär ein Po'el des sonst nicht belegten בשׁס. Das ist grammatisch zweifelhaft. Wellhausen hat vorgeschlagen, בּוּסְכֶם zu lesen (inf. qal von בוס): „darum weil ihr zertretet".[98] Dagegen spricht, daß die übrigen Belege von בוס die vollständige Vernichtung bedeuten. Das kann nicht gemeint sein; denn der Geringe soll ja Abgaben bringen.[99] Beliebt ist ein anderer Vorschlag. Im Akkadischen ist gelegentlich die Wendung šabāšu šibša (ina eqli) „Pachtgeld erheben (für ein Feld)" belegt. H. Torczyner hat daraus ein hebräisches Verbum erschließen wollen, das dem akkadischen šbš entspricht:[100] „weil ihr Pachtgeld auflegt". Hebräisches בשׁס ließe sich freilich mit akkadischem šbš nur bei einer Buchstabenvertauschung zusammenbringen. Noch dazu müßte ein Sibilantenwechsel שׁ > ס eingetreten sein, der ungewöhnlich, wenn nicht unmöglich ist.[101]

Die Fortsetzung ist sprachlich verständlich, sachlich aber ebenso rätselhaft: Man nimmt von dem Geringen Kornabgaben entgegen. מַשְׂאַת „Erhebung" findet sich im Sinne „Abgabe, Spende" nur noch Ez 20,40 für Opferabgaben an den Tempel und 2 Chr 24,6.9 für die Tempelsteuer gemäß Ex 30,11-16. Daß Abgaben in Korn (בַּר) erhoben würden, ist ohne Beispiel. Gewöhnlich denkt man an Zins in Naturalabgaben, ohne daß es dafür einen Anhaltspunkt gibt. Das Verbot, dem Armen (עָנִי) geldlichen Zins abzuverlangen (Ex 22,24; Lev 25,37; Dtn 23,20), gebraucht mit נֶשֶׁךְ einen anderen Begriff. Wenn in Am 8,5-6 anläßlich der Bedrückung der Armen von Korn die Rede ist, sind nicht Abgaben, sondern ist der betrügerische Handel gemeint.

---

97 Daß in Am 5,12 כֹּפֶר „Sühne, Lösegeld" statt שֹׁחַד „Geschenk, Bestechung" gebraucht ist, folgt einer jüngeren Begriffsentwicklung, die man im Übergang von 1 Sam 8,3 nach 1 Sam 12,3 beobachten kann. Wahrscheinlich ist der Sprachgebrauch der Priesterschrift von Einfluß gewesen. Der Fall, das Leben eines Mörders in Geld auszulösen (לקח כֹּפֶר Num 35,31f.), ist nicht gemeint. Vgl. B. JANOWSKI, Sühne als Heilsgeschehen (WMANT 55) 1982, 167f.
98 Die kleinen Propheten, 82.
99 FLEISCHER, Von Menschenverkäufern, 168.
100 H. TORCZYNER, Zu einigen akkadisch-hebräischen Wortbeziehungen (MGJW 80, 1936, 13-18) 17; DERS., Presidential Address (JPOS 16, 1936, 1-8) 6f.
101 FLEISCHER, 164-167, hat das Problem gut dargestellt.

Die Gerichtsankündigung V. 11b: „Quadersteinhäuser habt ihr gebaut und werdet nicht darin wohnen; prächtige Weingärten habt ihr gepflanzt und werdet ihren Wein nicht trinken", steht in engem Bezug zu der Verheißung 9,13-15*: „Siehe, Tage kommen, da werde ich das Geschick meines Volkes Israel wenden. Sie werden verwüstete Städte wieder aufbauen und bewohnen, sie werden Weinberge pflanzen und deren Wein trinken, sie werden Gärten anlegen und deren Frucht essen. Ich werde sie pflanzen auf ihren Boden, und sie werden nicht mehr ausgerissen werden aus ihrem Boden, den ich ihnen gegeben habe, spricht Jahwe, dein Gott." Die Querverbindung legt nahe, daß mit dem heilsprophetischen Buchschluß das Gerichtswort 5,11 austariert werden soll. Allerdings ist 9,13-15 sonst nicht auf Amosworte bezogen. Der Abschnitt besteht vielmehr aus lauter Wendungen, die der Heilsprophetie des Jeremiabuchs (Jer 29-33) entlehnt sind. Er beginnt wie das Trostbüchlein Jer 30-31: V. 13aα.14aα[102] ist aus Jer 30,3 übernommen. Er endet auch wie dieses: V. 15 beruht auf Jer 31,28.(40). Davon umschlossen ist ein Zitat aus Jeremias Brief an die Exulanten: „Baut Häuser und wohnt, pflanzt Gärten und eßt ihre Früchte" (Jer 29,5).[103] Die Weinberge, die zusätzlich genannt sind, so daß die Trias „Städte, Weinberge, Gärten" entsteht, erinnern an das Wort vom Ackerkauf Jer 32,15b, das den Kern von Jer 32-33 bildet: „Wieder werden Häuser und Äcker und Weinberge gekauft werden in diesem Lande". Am 9,14-15 bezieht damit auch den Brief Jeremias auf die Lage „in diesem Lande": Die Exulanten werden für immer in das Land der Väter zurückkehren (vgl. nochmals Jer 30,3) und die zerstörten Städte aufbauen. Wenn Am 9,14 in solcher Breite an die jeremianische Heilsprophetie anknüpft, kann es nicht zugleich auf Am 5,11 beruhen. Daraus folgt: Die Beziehung zu 5,11 verläuft umgekehrt. Nicht das Gerichtswort wurde ins Heil gewendet, sondern die Verheißung ins Gericht.[104] Da der positive Sinn des Begriffspaars „Bauen und Pflanzen" noch durchschimmert,[105] entsteht ein Bild fataler Vergeblichkeit.

Einen Hinweis auf den Anlaß könnte der Begriff גָּזִית „Quadersteine" enthalten, der über die Vorlage hinausgeht. Einzige Parallele ist das polemische Zitat Jes 9,9: „Ziegel sind gefallen, und Quadersteine wollen wir bauen."[106] Auch sie handelt wie Am 9,14 vom Wiederaufbau, und zwar von dem vergeblichen Wiederaufbau Samarias. Es ist denkbar, daß auch Am 5,11-12a als antisamaritanische Polemik gelesen werden will. Das könnte den rätselhaften Vorwurf V. 11a zu einem Teil erklären: Der Begriff מַשְׂאַת ließe sich so verstehen, daß man sich im Norden unterstand, kultische Abgaben entgegenzunehmen, wogegen der Süden wütenden Protest erhob.[107] Der Geringe (דַּל) aber wäre der Schwache, der im Gottesrecht unerfahren ist und den illegalen Machenschaften zum Opfer fällt. Es liegt in der Sache, daß man eine solche Deutungsmöglichkeit nicht sichern kann. In jedem Falle ist der Abschnitt weder alt, noch gehört er unter die Sozialkritik.

---

102 V. 13aβγb ist späterer Einschub. Er soll vielleicht im Rahmen des Zwölfprophetenbuchs eine Brücke nach Joël 4,18 schlagen, vgl. JEREMIAS, Der Prophet Amos, 137. Auch Lev 26,5a ist zu vergleichen.
103 Die Beziehung ist eindeutig wegen der Gärten (גַּנּוֹת), die in dieser Wendung sonst nur noch in dem Ableger Jer 29,28 vorkommen.
104 Dasselbe gilt für Zef 1,13, wo neben Am 9,14 auch Jer 29,5 (und vielleicht Am 5,11) eingewirkt haben. Meine früheren Feststellungen zur Traditionsgeschichte von „Bauen und Pflanzen" (LEVIN, Verheißung, 145 Anm. 43) sind für Am 5,11 falsch.
105 Vgl. R. BACH, Bauen und Pflanzen (in: R. RENDTORFF /K. KOCH [Hg.], Studien zur Theologie der alttestamentlichen Überlieferungen, 1961, 7-32).
106 Die übrigen Belege kommen sachlich nicht in Betracht: Ex 20,25; 1 Kön 5,31; 6,36; 7,9.11.12; Ez 40,42; Klgl 3,9; 1 Chr 22,2.
107 Vgl. oben S. 277. Für solche Polemik gab es in der Spätzeit Anlaß genug. Wo ließ sie sich besser einfügen als in die Bücher der Nordreichspropheten Amos und Hosea?

VIII

Unser Durchgang hat erwiesen, daß alle vier Worte des Amosbuchs, die die Bedrückung der Armen zum Inhalt haben, Nachträge sind. Die literarische Schichtenfolge verweist sie in ein fortgeschrittenes Stadium des Buches. Wegen der engen Verbindung zu den Voraussagen einer weltweiten Endkatastrophe, die besonders in 8,4-8 und 2,6-8.13-15 hervorsticht, stehen sie am ehesten mit der eschatologischen Armenfrömmigkeit der ausgehenden persischen und der hellenistischen Zeit in Zusammenhang, für die wir andernorts genügend Zeugnisse haben. Die Anawim jener Epoche betrachteten das Amosbuch als ihren geistigen Besitz und haben es durch Einträge vollends zu ihrem Buch gemacht. Literarisch bilden die Zusätze keine geschlossene Schicht; denn sie können sich in wörtlichen Entlehnungen aufeinander beziehen. Gleichwohl ist es berechtigt, sie als „Anawim-Bearbeitung" zu verstehen.

Die Bearbeitung hat sich in den vier behandelten Worten nicht erschöpft. Es ist wahrscheinlich, daß auch 6,8, der dritte Beleg der Schwurformel neben 4,2 und 8,7, auf sie zurückgeht: Das Wehe gegen das sorglose Wohlleben in Samaria 6,1-7 soll auf dasselbe Ende hinauslaufen wie 4,1-2 und 8,6-8. Damit wird es den Aussagen gegen die Unterdrückung der Armen gleichgestellt, auch wenn sich das im Wortlaut nicht niedergeschlagen hat.[108] Die durch die Schwurformel eingeleitete Drohung speist sich aus den Gerichtsankündigungen der Völkersprüche (vgl. 1,6.9). In 6,9-11 wird sie zusätzlich gesteigert. Das Schreckensbild greift das Amoswort 5,3 auf: „Von tausend bleiben hundert und von hundert zehn", um es zur letzten Katastrophe zu führen: „Und wenn noch zehn übrigbleiben in nur einem einzigen Hause, so sterben sie doch!" In denselben Themenkreis gehört die in 5,16-17 geschilderte umfassende Trauer: „Auf allen Plätzen Totenklage, auf allen Straßen Weh! Weh!"[109] Auch die Untergangsschilderungen in 8,3; 8,9-10 und 9,2-4 zielen nicht mehr auf eine geschichtliche Katastrophe, sondern auf den Zusammenbruch des Kosmos. Die Ansage des Amos, daß der Tag Jahwes Finsternis sein wird und nicht Licht (5,18), wird auf die Rücknahme der Schöpfung ausgedehnt (vgl. Gen 1,2-4): „Ich will die Sonne am Mittag untergehen lassen und die Erde am hellen Tage verfinstern" (8,9). Die Aktualisierung der überlieferten Prophetie geschieht in derselben Weise, wie wir es einleitend für das Zefanjabuch und die Jesaja-Apokalypse skizziert haben. Deshalb wird auch die Zeit dieser Worte dieselbe sein.

In diesen Rahmen ordnen sich schließlich die vielverhandelten Doxologien des Amosbuchs 4,13; 5,8; 9,5-6 ein, die jeder Leser als Fremdkörper erkennt.[110] Daß

---

108 Der Abschnitt, dessen alter Kern der Vorwurf der politischen Leichtfertigkeit zu sein scheint, wird heute von der eifersüchtigen Polemik gegen den illegitimen Kult beherrscht. Der Anspruch Jerusalems vertrug es nicht, daß das Haus Israel zu denen auf dem Berge Samarias kam (vgl. 1 Kön 12,30) – wo man sogar Psalmen sang!
109 Das „darum" von 5,16 ist ursprünglich auf den Anawim-Zusatz 5,12b gefolgt. Der Stoßseufzer 5,13 und die beiden Mahnworte 5,14.15 kommen als Bezug nicht in Betracht.
110 Die umfangreiche Debatte kann hier nicht wiedergegeben werden. Vgl. zuletzt JEREMIAS, Der Prophet Amos, 56-58; zuvor besonders H.-P. MATHYS, Dichter und Beter (OBO 132) 1994, 101-112.

die Doxologie 9,5 sich mit dem Anawim-Zusatz 8,8 wörtlich berührt, belegt die nähere Beziehung. Inhalt der Doxologien ist die umfassende Schöpfermacht Jahwes zum Heil wie zum Unheil. Dabei besitzt das Lob einen konfessorischen Zug: „Jahwe ist sein Name".[111] Zu den angrenzenden Gerichtsworten bilden die Doxologien einen absichtsvollen Gegensatz. F. Horst hat sie darum zu Recht als Gerichtsdoxologien bestimmt.[112] In welchem Verhältnis steht das bekennende Gotteslob zum Gericht? Horst sah den Ursprung der Gattung im sakralen Gerichtsverfahren. Der verurteilte Delinquent war genötigt, mit den Worten der Doxologie sein Einverständnis mit dem Gottesurteil zu erklären, bevor es an ihm vollstreckt wurde. In der Exilszeit, in die Horst die Amos-Doxologien datierte, habe die Gattung den Lesern ermöglicht, die Profetie des Amos auf den Untergang Judas zu beziehen. „Die rückschauende Gemeinde bejahte damit die Gültigkeit der Exilkatastrophe als Erweis der strafenden Richtermacht Gottes."[113] Indessen ist das Gotteslob als Antwort auf empfangene Strafe ein offenbarer Widersinn. Viel eher hat es das Gottesgericht an Dritten zum Anlaß.[114] Die Gerichtsdoxologien verstehen sich, nicht anders als der Jubel der Gerechten in der Jesaja-Apokalypse (Jes 24,14-16), als der Triumph derer, die von dem Gericht ihre Verschonung und Rechtfertigung erwarten, weil sie sich mit dem strafenden Gott im Einklang wissen: der Anawim.[115] Ein solcher Triumph kann zu keiner Zeit ein vollends geschehenes Gericht zum Anlaß haben, sondern bleibt seinem Wesen nach auf (eschatologische) Zukunft gerichtet. Die Doxologien des Amosbuchs haben das Ziel, „auf die göttliche Zukunft als einen großen endgültigen Vernichtungsschlag zu verweisen, der den gesamten Erdkreis betrifft." Die Ergänzer „befinden sich damit schon ein Stück weit auf dem Weg von der Profetie zur Apokalyptik".[116]

IX

Die Beobachtung, daß das Amosbuch aus den Händen der Anawim auf uns gekommen ist, hat Auswirkungen auf einige der vieldiskutierten Fragen der Amos-Exegese.

Die erste betrifft den Ursprung der prophetischen Sozialkritik. Es scheint, als habe die Sammlung der Worte des Amos von Tekoa, wie sie im 8. Jahrhundert

---

111 5,27, der vierte Beleg der Formel „Jahwe ist sein Name", zählt möglicherweise hinzu.
112 F. HORST, Die Doxologien im Amosbuch (1929; in: DERS., Gottes Recht [TB 12] 1961, 155-166).
113 HORST aaO 166.
114 Das ist indirekt schon von WOLFF, Joel und Amos, 136, zugestanden, wenn er die hymnischen Stücke einer Redaktion zuschreibt, die auf die Zerstörung des Heiligtums von Bet-El reagiert habe.
115 Vgl. in diesem Sinne die Gerichtsdoxologien der Psalmen Salomos PsSal 2,15-18; 8,23-26; 10,5-6. J. WELLHAUSEN, Die Pharisäer und die Sadducäer, 1874 (Nachdruck 1967), 116: „In Ps. 2 feiern sie diesen Triumph Gottes als ihren eigenen."
116 K. KOCH, Die Rolle der hymnischen Abschnitte des Amos-Buchs (ZAW 86, 1974, 504-537) 536f.

bestanden hat, keine im engeren Sinne sozialkritischen Worte enthalten. Die einschlägigen Aussagen in 2,6-8; 4,1-2; 5,11-12 und 8,4-8, die wir untersucht haben, scheiden als alte Überlieferung aus. In der Regel werden darüber hinaus 6,1-7 und 3,9-15 angeführt. Doch fehlt diesen beiden Abschnitten für sich genommen die Eindeutigkeit. Daß der „Schaden Josefs" (6,6) sozialer Art gewesen sei, kann man allenfalls unterstellen. Der Wortlaut läßt ebenso eine Deutung auf den illegitimen Kult und (auf älterer Stufe) auf den außenpolitischen Hochmut Samarias zu. Die Spruchfolge 3,9-15 aber liest sich als Nachtrag zu der Israelstrophe des Völkerzyklus und kann nicht älter als diese sein. Der Sprachgebrauch von V. 9 und 11 (mit V. 10 als späterem Einschub) knüpft deutlich an die Völkersprüche an. Dasselbe gilt auf wahrscheinlich früherer Stufe für 3,13-14a.15 (mit V. 14b als Nachtrag). 3,14a beruht wörtlich auf 2,6.[117] Innerhalb von 3,9-15 ist nur das Wort 3,12* eine alte selbständige Einheit:[118] die „Rettung", die die Vernichtung bedeutet. In seiner Bildkraft und Schärfe ist es ein Gegenstück zu dem Wort vom Ende 8,2. Auch diesmal hat der Prophet für das Unheil, das er kommen sieht, keinen Grund angegeben.

Wenn sich in der alten Amos-Sammlung keine Sozialkritik fand, bedeutet das nicht, daß sie keine Anklagen enthalten hätte. Sie gelten indessen nicht den sozialen Verhältnissen, sondern der Verkehrung des Rechts. Der Unterschied ist an 5,7(+10) im heutigen Kontext zu sehen. „Die Rechtsthematik wird ... charakteristisch anders behandelt als die Sozialkritik."[119] „Was Jahve fordert, ist Gerechtigkeit, nichts anderes; was er haßt, ist das Unrecht."[120] Freilich stehen auch solche Aussagen nicht im Zentrum der Botschaft. Die Prophetie in Israel und Juda ist weder von dem sozialen Unrecht noch von der korrupten Rechtspflege ausgelöst worden. Darin besteht zu der prophetischen Mantik in Israels altorientalischer Umgebung kein Unterschied.[121] „Nicht die Sünde des Volkes, an der es ja nie fehlt und deretwegen man in jedem Augenblick den Stab über dasselbe brechen kann, veranlaßt sie zu reden, sondern der Umstand, daß Jahve etwas tun will".[122] Bei der harten Unheilsbotschaft des Amos ist das am deutlichsten von allen.

Die Frage, wodurch die Sozialkritik des Amosbuchs veranlaßt worden ist, ist damit nicht abgetan. Sie stellt sich, gleichgültig ob die Anklagen im 8. oder im 3. Jahrhundert zu datieren sind. Selbst wenn man in den Anawim-Zusätzen allein einen Ausdruck der Frömmigkeitshaltung sieht, war auch diese nicht ohne einen sozialen Hintergrund. Je nach zeitlicher Ansetzung gibt es indessen Unterschiede der Quellenlage und der Plausibilität. Als Quellen für die sozialen Verhältnisse der vorexilischen Zeit gelten vor allem die prophetischen Schriften, vorausgesetzt, daß deren einschlägige Aussagen tatsächlich aus jener Epoche stammen. Für die Amosüberlieferung liegen die Anhaltspunkte dafür, daß während des 8. Jahrhunderts eine größere Verschiebung des gesellschaftlichen Gleichgewichts stattgefun-

---

117 Der Begriff פִּשְׁעֵי יִשְׂרָאֵל „Freveltaten Israels" findet sich außer Am 2,6 und 3,14 nur Mi 1,13.
118 Ohne die schlecht angeknüpfte Anwendung „die sitzen in Samaria ...", vgl. 6,1.4.
119 J. JEREMIAS, Tod und Leben in Am 5,1-17 (1989; in: DERS., Hosea und Amos [FAT 13] 1996, 214-230) 219.
120 J. WELLHAUSEN, Israelitische und jüdische Geschichte, ⁷1914, 106.
121 Vgl. KAISER, Der Gott des Alten Testaments (s. Anm. 58), 213-231.
122 WELLHAUSEN aaO 107.

den habe, einzig in den Worten des Amosbuchs, die scheinbar dagegen angehen.[123] Man deutet also die Überlieferung anhand der Überlieferung, die man deutet.[124] Das ist um so riskanter, als eine andere Quelle, nämlich die Weisheit, ein ganz anderes Bild der vorexilischen Gesellschaft bietet: „Hinweise auf Verschiebungen oder wenigstens bedrohliche Spannungen im Sozialgefüge müßte man schon mit der Lupe suchen. Der Gesamteindruck ist vielmehr der von Verhältnissen, die in allem Wesentlichen stabil sind und die als solche auch keineswegs als reformbedürftig angesehen werden. Daß von Armen und Armut viel die Rede ist, ist kein Gegenbeweis. Das gibt es immer und überall".[125]

Die soziale Stabilität ist in der ausgehenden persischen und in der hellenistischen Zeit verloren gegangen. Die erhaltenen Quellen geben für das 3. und 2. Jahrhundert einen gewissen Einblick in die wirtschaftlichen und sozialen Verhältnisse Syrien-Palästinas.[126] Für die ältere Zeit bildet der Bericht über die Schuldenkrise in Neh 5,1-13 einen Anhaltspunkt, auch wenn die Vorgänge sich im einzelnen anders abgespielt haben mögen. Die Ursachen der Veränderung können vielfältig gewesen sein. So ist an das persische Steuerwesen zu denken, das zu einer gewissen Überproduktion und damit zur Aufgabe der bloßen Subsistenzwirtschaft zwang. Arbeitsteilung und ein ausgedehnter Handel kamen auf. Als Folge dieser wirtschaftlichen „Modernisierung", die sich in hellenistischer Zeit verstärkte, entstanden sehr ungleiche Vermögensverhältnisse. Das Problem wirtschaftlicher Abhängigkeit und Verschuldung tritt in den Texten des Amosbuchs als das dringendste hervor. Es wurde um so schärfer empfunden, als es auch den inneren Frieden der Jahwe-Gemeinde gefährdete. In einem nicht staatlich verfaßten Gemeinwesen wie dem nachexilischen Judentum Palästinas bedrohen innere Krisen alsbald den Bestand nach außen. Das ausführliche Erlaßrecht Lev 25, in dem die Doktrin gewagt ist, daß Jahwe selbst der eigentliche Besitzer des Bodens sei (Lev 25,23), belegt gerade in seinen phantastischen Zügen, mit welcher Hilflosigkeit man der Entwicklung gegenüberstand. Letzten Endes blieb nur das eschatologische Ventil.

Damit stellt sich die Frage nach der normativen Grundlage der Sozialkritik. Der Gang durch die einschlägigen Anklagen des Amosbuchs hat gezeigt, daß sie immer wieder, sei es sachlich, sei es in wörtlichen Anspielungen, auf die Tora zurückgreifen. Diese Einsicht ist nicht neu, denn der Sachverhalt ist offensichtlich.[127] Er ist indessen unerklärlich, seit wir wissen, daß es die Tora im 8. Jahr-

---

123 Das ist bei WOLFF, Joel und Amos, 106, auf einer Seite zu sehen.
124 Daß man mit diesem methodischen Dilemma in der jüngeren Exegese so wenig Mühe gehabt hat, liegt wohl an dem höheren sozialethischen Ziel. Vgl. dazu H.-P. MÜLLER, Ein Paradigma zur Theorie der alttestamentlichen Wissenschaft: Amos, seine Epigonen und Interpreten (NZSTh 33, 1991, 112-138).
125 G. V. RAD, Weisheit in Israel, 1970, 105. Er findet es deshalb „verwunderlich ..., daß von den schweren Krisen im Sozialleben dieser Epoche, die sich aus der Botschaft der Propheten ablesen lassen ..., so wenig zu merken ist." Nicht verwunderlich, wenn es diese Botschaft noch nicht gegeben hat.
126 Vgl. bes. HENGEL, Judentum und Hellenismus, 61-107; ferner H.G. KIPPENBERG, Religion und Klassenbildung im antiken Judäa (StUNT 14) ²1982.
127 Vgl. bes. E. WÜRTHWEIN, Amos-Studien (1949; in: DERS., Wort und Existenz, 1970, 68-110) 102-110; sowie BACH, Gottesrecht (s. Anm. 73).

hundert noch nicht gegeben hat. Man hat der Spätdatierung des Gesetzes mit allerlei überlieferungsgeschichtlichen Hilfskonstruktionen zu begegnen versucht.[128] Sie erübrigen sich, wenn die einschlägigen Amos-Texte aus nachexilischer Zeit stammen. Seit sich in jüngster Zeit abzeichnet, daß das vorexilische Israel und Juda ein Volk wie jedes seiner altorientalischen Nachbarn gewesen ist und daß gar aus vorstaatlicher Zeit so gut wie keine Überlieferung vorhanden ist, werden auch die Grundlagen solcher Hilfskonstruktionen zunehmend brüchig. Das egalitäre Ideal des vorstaatlichen Gottesvolks, an das die prophetische Ethik hätte anknüpfen können, erweist sich, soweit es in den alttestamentlichen Texten überhaupt bezeugt ist, nicht als Relikt nomadischer Vorzeit, sondern als eine Rückprojektion, die sich aus den gesellschaftlichen Voraussetzungen sowie aus den Nöten und Hoffnungen des nachexilischen Judentums speist. Die Sozialkritik des Amosbuchs will in diesem Rahmen verstanden sein.[129]

Das hat Auswirkungen auf die viel verhandelte Frage nach dem Ziel der prophetischen Botschaft. Sie stellt sich als Alternative dar: Hat Amos das bedingungslose „Nein" verkündet, oder wollte seine Predigt die Israeliten zur Umkehr veranlassen?[130] Die ausgedehnte Debatte lebt davon, daß das Buch tatsächlich beide Arten von Aussagen enthält. Für Amos steht unwiderruflich fest, daß das Ende gekommen ist (3,12; 8,2); um so mehr, als der Anlaß des Endes nicht die Sünde der Israeliten, sondern die kriegerische Expansion Assurs gewesen ist, die im Laufe des 8. Jahrhunderts auf der syropalästinischen Landbrücke jeden Widerstand überrannt hat.[131] Die Schärfe und der politische Realismus dieser Botschaft mußten jede Ausflucht im Keim ersticken. Noch die späte apokalyptische Deutung hat das so empfunden. Sie hat die unausweichliche Gewißheit des Endes ihrerseits zur Voraussetzung.

Neben dem unausweichlichen „Nein" steht aber im heutigen Buch unübersehbar das „vielleicht" (אוּלַי, 5,15) und der Umkehrruf „Sucht Jahwe, damit ihr lebt!" (5,4.6.14). Auch wenn diese Aussagen nicht auf den Propheten des 8. Jahrhunderts zurückgehen,[132] sollte man das bedingte „Ja" für die Botschaft des heutigen Buchs nicht in Abrede stellen oder zur Nebensache erklären. Die Ansage des Endes und der Ruf zur Umkehr bilden nämlich nicht den Gegensatz, den man darin

---

128 Am wirksamsten ist der geniale Geschichtsentwurf Albrecht Alts gewesen. Seine Folgen für die Prophetenexegese werden deutlich bei H. DONNER, Die soziale Botschaft der Propheten im Lichte der Gesellschaftsordnung in Israel (OrAnt 2, 1963, 229-245).
129 Wenn man so sagen darf: Die Botschaft geht an die Kirche, nicht an die Welt, und ihre Norm ist eine ideale Wirklichkeit coram Deo, nicht eine gewesene Wirklichkeit, die erst durch die böse (kanaanäische /staatliche /rentenkapitalistische) Welt verdorben worden wäre. Das mindert nicht ihre Verbindlichkeit – für jene, die ihr Leben coram Deo führen wollen.
130 Vgl. als Beispiele einerseits R. SMEND, Das Nein des Amos (1963; in: DERS., Die Mitte des Alten Testaments. Exegetische Aufsätze, 2002, 219-237), andererseits E. ZENGER, Die eigentliche Botschaft des Amos (in: Mystik und Politik. Festschrift J.B. Metz, 1988, 394-406).
131 Zur Datierung des Propheten in die Zeit des syrisch-ephraimitischen Krieges um 734-732 vgl. CH. LEVIN, Amos und Jerobeam I. (oben 256-264).
132 Die Kultkritik 5,4-5 richtet sich im Sinne von Dtn 12 gegen die Heiligtümer im (ehemaligen) Nordreich. V. 6 ist eine Ergänzung, erkennbar an der Wiederholung. Sie setzt bereits die Völkersprüche voraus (vgl. 1,4.7.10.12.14; 2,2.5). Die beiden Worte 5,14 und 15 haben sich nachträglich zwischen 5,12b und 5,16-17 geschoben und sind jünger als diese (s.o. S. 285). Inhaltlich beruhen sie auf V. 4-6.

zu sehen pflegt. Die Umkehr wird das Weltgericht nicht abwenden. Sie will es nicht einmal; sondern sie öffnet den Ausweg, ihm zu entkommen. Diese Umkehr wäre als soziales Reformprogramm grob mißverstanden. Sie will die Welt nicht verbessern, sondern hinter sich lassen. Das „Ja" gilt nur einem Rest (שְׁאֵרִית, 5,15). Es stellt das umfassende „Nein" nicht in Frage, sondern hat es sogar zur Bedingung.[133] Im Amosbuch ist das Weltbild der Apokalyptik in dieser Hinsicht bereits voll ausgeprägt.

---

133 Das Beispiel des Noah, der während der Weltkatastrophe der Flut in der Arche übrig bleibt (שאר, Gen 7,23), illustriert die späte Vorstellung (Sir 44,17-18).

Das Gebetbuch der Gerechten

Literargeschichtliche Beobachtungen am Psalter[1]

I

Der Psalter übertrifft mit seiner traditionsgeschichtlichen Spannweite jedes andere Buch der Bibel. Die Psalmen sind auf der einen Seite die wichtigste Quelle für die vorprophetische Religion Israels und Judas. Unter religionsgeschichtlichem Gesichtspunkt sind sie das Älteste, das sich im Alten Testament erhalten hat, wie wir mit zunehmender Deutlichkeit sehen. Den Grundbestand nicht weniger Psalmen, in dem uns die Religion Israels und Judas unverhüllt als Spielart der altsyrischen Religionsgeschichte entgegentritt, kann man geradezu „voralttestamentlich" nennen. Anderseits ist der Psalter die wichtigste Quelle des hebräischen Kanons für die Geschichte der jüdischen Frömmigkeit in spätalttestamentlicher Zeit, mit fließenden Übergängen zur deuterokanonischen Literatur des zweiten und ersten Jahrhunderts. Die Psalmen sind auch das Jüngste, das in das hebräische Alte Testament noch Aufnahme gefunden hat. Die Wirkungsgeschichte bezeugt bis auf den heutigen Tag, wie ‚modern' die Psalmen sind; und zwar sind sie es nicht wegen ihrer vermeintlichen Zeitlosigkeit, sondern weil die theologischen Folgen des jüdischen Monotheismus im Psalter so deutlich werden wie kaum an anderer Stelle.

Diese Spannweite hat in der Exegese zu Zeiten zu einem scharfen Entweder-Oder geführt. Die Psalmenforschung am Ende des 19. Jahrhunderts, am großartigsten vertreten durch J. Wellhausen und B. Duhm, verstand die Psalmen durchwegs als Ausdruck der spätnachexilischen Frömmigkeit. Duhm äußerte entschieden: „Kein einziger Psalm bringt einen unbefangenen und tendenzlosen Leser auch nur auf den Gedanken, daß er vorexilisch sein könnte oder gar müßte. Ebenso kenne ich keinen Psalm, der an die persische Zeit zu denken veranlaßte".[2] Sofern die Psalmen zeitgeschichtliche Anlässe widerspiegeln, stammen sie für Duhm mit wenigen Ausnahmen aus der Zeit der makkabäischen Kämpfe und aus der Hasmonäerzeit. Für Wellhausen, der differenzierter über den Psalter urteilte, „ist die Frage nicht die, ob es auch nachexilische, sondern ob es auch vorexilische Lieder darin gibt".[3]

Mit der Entdeckung des altorientalischen Vergleichsmaterials und insbesondere mit dem Einsetzen der Gattungsforschung wandte die Forschung sich ins entgegengesetzte Extrem. H. Gunkel führte die Spätdatierung durch Wellhausen auf ein unheilvolles Vorurteil zurück, und das Ergebnis sei „ein wunderlicher Zustand völliger Verwirrung".[4] Stattdessen suchte Gunkel die Blütezeit der Psalmendich-

---

1 Vorgetragen vor der Herausgeberkonferenz der Zeitschrift für Theologie und Kirche am 23. Februar 1993 auf Schloß Sindlingen.
2 B. DUHM, Die Psalmen (KHC 14) ²1922, XII.
3 F. BLEEK, Einleitung in das Alte Testament, bearbeitet von J. WELLHAUSEN, ⁴1878, 507.
4 H. GUNKEL, Einleitung in die Psalmen. Zu Ende geführt von J. BEGRICH, 1933, 168.

tung in der Zeit vom 8. bis 5. Jahrhundert einschließlich. In der Folgezeit bewege die Psalmendichtung „sich in zunehmendem Maße nur noch in den überlieferten Gedanken, Formen und Bildern."[5]

Seither ist die Spannweite eher noch größer geworden. Das außeralttestamentliche Material liegt in Fülle vor, die frappierenden Parallelen der sumerischen, akkadischen und ägyptischen Hymnendichtung sind zahlreich.[6] Die vorexilische Psalmendichtung hat unbestritten als Teil der altorientalischen Kultur als ganzer zu gelten und ist nur in diesem Rahmen angemessen zu verstehen. Der mythologische Hintergrund der Vorstellung vom Königtum Jahwes wie auch der Theophanieschilderungen ist durch die Entdeckung der ugaritischen Epen ins Licht getreten.[7] Das Eigengewicht des Kultes tritt ins Blickfeld der Exegese, bis hin zu dem Unternehmen, auf der Grundlage der Psalmen eine regelrechte Tempeltheologie zu erschließen.[8] Anhand der neuassyrischen Prophetien und der altaramäischen Zakkurstele erweist sich für die Gattungen des Klageliedes des einzelnen, des Vertrauensliedes und des Dankliedes eine bemerkenswerte Nähe zum königlichen Kult der vorexilischen Zeit.[9] Die neu aufgekommene ikonographische Exegese, die die Vorstellungswelt des Alten Testaments anhand der altorientalischen Bildsymbolik in erhellender Weise zu deuten vermag, hat in den Psalmen ihren geeignetsten Gegenstand.[10] Neuere Inschriftenfunde werfen ein Licht auf die Volksfrömmigkeit im 8. bis 6. Jahrhundert und lassen die Sammlung der Wallfahrtspsalmen 120-134 als Ausdruck dieser Frömmigkeit sehen.[11]

Auf der Gegenseite findet auch in der Psalmenexegese der Ruf des Amerikaners B.S. Childs nach dem ‚Canonical Approach' Gehör, wonach die Endgestalt, die für die jüdische und kirchliche Tradition maßgebend geworden ist, die Richtschnur der Exegese zu sein hat.[12] Unter deutschsprachigen katholischen Psalmexegeten besteht zudem eine Neigung, diese Endgestalt des Psalters auf eine

---

5 AaO 432.
6 Vgl. die Sammlungen AOT; ANET; TUAT; W. BEYERLIN (Hg.), Religionsgeschichtliches Textbuch zum Alten Testament (GAT 1) 1975; sowie A. FALKENSTEIN /W. VON SODEN, Sumerische und akkadische Hymnen und Gebete, 1953; J. ASSMANN, Ägyptische Hymnen und Gebete, 1975.
7 Vgl. W. SCHMIDT, Königtum Gottes in Ugarit und Israel (BZAW 80) 1961; J. JEREMIAS, Theophanie (WMANT 10) 1965, 73-90.
8 Vgl. H. SPIECKERMANN, Heilsgegenwart. Eine Theologie der Psalmen (FRLANT 148) 1989.
9 M. WEIPPERT, Assyrische Prophetien aus der Zeit Asarhaddons und Assurbanipals (in: F.M. FALES [ed.], Assyrian Royal Inscriptions: New Horizons in Literary, Ideological, and Historical Analysis [Orientis Antiqui Collectio 17] Roma 1981, 71-111); H.-J. ZOBEL, Das Gebet um Abwendung der Not und seine Erhörung in den Klageliedern des Alten Testaments und in der Inschrift des Königs Zakir von Hamath (VT 21, 1971, 91-99).
10 Vgl. O. KEEL, Die Welt der altorientalischen Bildsymbolik und das Alte Testament. Am Beispiel der Psalmen, [5]1996.
11 Vgl. K. SEYBOLD, Die Wallfahrtspsalmen (BThSt 3) 1978, 77-85.
12 B.S. CHILDS, Introduction to the Old Testament as Scripture, Philadelphia 1979 (zu den Psalmen dort S. 511-523). Vgl. N. LOHFINK, Was wird anders bei kanonischer Schriftauslegung? Beobachtungen am Beispiel von Ps 6 (JBTh 3, 1988, 29-53); E. ZENGER, Was wird anders bei kanonischer Psalmenauslegung? (in: Ein Gott – eine Offenbarung. Festschrift N. Füglister, 1991, 397-413); sowie den Sammelband J. SCHREINER (Hg.), Beiträge zur Psalmenforschung. Psalm 2 und 22 (fzb 60) 1988.

'Endredaktion' zurückzuführen, die nach Art einer kirchlichen Lehrentscheidung die autorisierte Fassung festgelegt habe. Die Vorschläge für deren Datierung machen selbst Duhm zum Konservativen. Das Beweismittel ist die Psalmen-Rolle aus Höhle 11 in Qumran (11QPs^a), ein Florilegium, das die Psalmen 93 und 101-150 in zum Teil stark abweichender Textform und Reihenfolge enthält, vermischt mit einer Anzahl deuterokanonischer Psalmen.[13] Der Paläographie zufolge wurde die Handschrift in den Jahren 30-50 n.Chr. geschrieben. Der Herausgeber J.A. Sanders, der sie verständlicherweise sehr hoch einschätzte, vertrat die Meinung, eine Fassung des Psalters vor sich zu haben, die dem nachmaligen Masoretentext gleichrangig war.[14] Gemessen an den Abweichungen würde das bedeuten, daß das letzte Drittel des Psalters im 1. Jahrhundert v. Chr. noch nicht abschließend fixiert gewesen ist. Auch wenn die schlagenden Gegengründe[15] durchaus anerkannt werden, verbreitet sich die Auffassung, daß die ‚Endredaktion' des Psalters „um die Zeitenwende" zu datieren ist.[16]

Auch abgesehen von der Datierung findet die Endgestalt mit Recht neue Aufmerksamkeit. Neben der Auslegung des einzelnen Psalms tritt mehr und mehr das Buch als ganzes in den Blick. Der Aufbau gilt als bewußt gestaltet und durch die Stellung der großen doxologischen Abschnitte gegliedert.[17] Bis in die Abfolge der einzelnen Psalmen hinein sucht man nach gewollten Entsprechungen.[18] In umfassender Weise gilt der Psalter heute erneut als Zeugnis der jüdischen Frömmigkeit.[19] Nicht am zweiten Tempel, sondern in der Lehre und in der Meditation der Frommen habe die Sammlung ihren Sitz im Leben gehabt. Nach- und nebeneinander wurde sie im Sinne der späten Weisheit, der Gesetzesfrömmigkeit, der messianischen Hoffnung gelesen. Ursprünglich individuelle Psalmen wurden kollektiviert.[20] Der Psalter galt als prophetische Schrift. Er war das Erbauungsbuch der jüdischen Frommen.

---

13 J.A. SANDERS, The Psalms Scroll of Qumrân Cave 11 (11QPs^a) (DJD IV) Oxford 1965; DERS., The Dead Sea Psalms Scroll, Ithaca, New York 1967.
14 Vgl. J.A. SANDERS, Cave 11 Surprises and the Question of Canon (1968; in: S.Z. LEIMAN [ed.], The Canon and Masorah of the Hebrew Bible [LBS] New York 1974, 37-51) 41-48.
15 Vgl. bes. P.W. SKEHAN, Qumran and Old Testament Criticism (in: M. Delcor [ed.], Qumrân. Sa piété, sa théologie et son milieu [BEThL 46] Paris /Leuven 1978, 163-182), sowie das Referat von G.H. WILSON, The Editing of the Hebrew Psalter (SBL.DS 76) Chico, California 1985, 63-88.
16 Vgl. N. FÜGLISTER, Die Verwendung und das Verständnis der Psalmen und des Psalters um die Zeitenwende (in: SCHREINER , Beiträge, 319-384).
17 Der weitestgehende, allerdings abwegige Versuch stammt von A. ARENS, Die Psalmen im Gottesdienst des Alten Bundes (TThSt 11) ²1968.
18 Vgl. CH. BARTH, Concatenatio im ersten Buch des Psalters (in: Wort und Wirklichkeit. Festschrift E.L. Rapp, 1976, 30-40); A. DEISSLER, Die Stellung von Psalm 2 im Psalter. Folgen für die Auslegung (in: SCHREINER, Beiträge, 73-83); J. SCHREINER, Die Stellung von Psalm 22 im Psalter. Folgen für die Auslegung (aaO 241-277).
19 Der wichtigste Beitrag stammt von FÜGLISTER (s. Anm. 16); vgl. auch DERS., Die Verwendung des Psalters zur Zeit Jesu (BiKi 47, 1992, 201-208). Zuvor bes. J. REINDL, Weisheitliche Bearbeitung von Psalmen (in: J.A. EMERTON [ed.], Congress Volume Vienna 1980 [VT.S 32] Leiden 1981, 333-356).
20 Vgl. J. BECKER, Die kollektive Deutung der Königspsalmen (ThPh 52, 1977, 561-578).

Eine sachgemäße Auslegung muß zum Ziel haben, die im Psalter vereinten Extreme zu versöhnen. Das ist nur möglich, indem man vorexilischen Grundbestand und spätnachexilische Aktualisierung als Stufen einer geschichtlichen Entwicklung versteht. Gefordert ist die traditionsgeschichtliche Exegese des Psalters. Dazu genügt es nicht, den Bestand in alte und junge Psalmen einzuteilen. Die Sammlung als ganze ist einem Fortdichtungsprozeß unterworfen gewesen, der sich im literarischen Aufbau der einzelnen Psalmen niedergeschlagen hat. Der folgende Versuch will das an einem Beispiel zeigen.

II

Unser Ausgangspunkt ist der erste Psalm, dem bei der Frage nach der Letztgestalt des Buches eine Schlüsselrolle zukommt. Er gilt allgemein und mit Recht als eine Art Motto des Psalters.[21] Er trägt keine Überschrift und gehört keiner der dem Psalter voraufgehenden Sammlungen an, die erst ab Ps 3 mit dem vorderen Davidpsalter einsetzen. Wie vor ihm bereits Ps 2, der ebenfalls ohne Überschrift geblieben ist, ist er dem Buch nachträglich vorangestellt worden. Vollends dieser doppelte Rahmen stellt die Bedeutung von *Ps 1* außer Frage:

1 *Wohl dem, der nicht wandelt im Rat der Frevler*
noch auf den Weg der Sünder tritt
noch im Kreis der Spötter sitzt,
2 *sondern der am Gesetz Jahwes seine Lust hat*
und über seinem Gesetz sinnt Tag und Nacht.
3 *Er wird sein wie ein Baum, gepflanzt an Wassergräben,*
der seine Frucht gibt zu seiner Zeit
und dessen Laub nicht welkt,
und alles, was er tut, gerät wohl.
4 *Nicht so die Frevler,*
sondern sie sind wie Spreu, die der Wind verweht.
5 *Darum werden die Frevler nicht bestehen im Gericht*
noch die Sünder in der Gemeinde der Gerechten,
6 *Denn Jahwe kennt den Weg der Gerechten,*
aber der Weg der Frevler vergeht.

Mit großer Wahrscheinlichkeit war der Psalm kein vorgegebenes Stück, wurde vielmehr als Proömium geschaffen. Er ist, mit Gunkels Worten, „sicherlich nur ein bescheidenes Kunstwerk".[22] Er beginnt mit einer holperig eingeführten dreifachen Aufzählung. Ein regulärer Parallelismus findet sich nur in V. 2 und V. 5-6. Auch V. 3a bietet nur eine Aufzählung. In V. 3b-4 fehlt der Parallelismus ganz. Versuche, durch Ergänzungen oder Auslassungen den Mangel zu heben, haben kein überzeugendes Ergebnis gehabt. Nach einem durchgehenden Metrum muß man unter diesen Umständen nicht suchen.

---

21 Vgl. nur J. REINDL, Psalm 1 und der „Sitz im Leben" des Psalters (ThJb[L] 1979, 39-50); WILSON, Editing, 204-207; B.J. DIEBNER, Psalm 1 als „Motto" der Sammlung des kanonischen Psalters (DBAT 23, 1986, 7-45).
22 H. GUNKEL, Die Psalmen (HK II, 2) 1926, 3.

Ein weiteres Anzeichen künstlicher Bildung ist, daß der Psalm zwei Vorlagen verwendet. In Jer 17,5-8 findet sich ein doppelgliedriges Bildwort, das den Mann, der sich auf Menschen verläßt, und den Mann, der sich auf Gott verläßt, nach Art der in den Prosareden des Jeremiabuches üblichen Alternative einander gegenüberstellt. Der erste ist ein Wacholder in der Wüste, der zweite ein Baum am Wasser, der auch bei einfallender Hitze grün bleibt und unaufhörlich Frucht bringt. Das Bildwort hat eine Entsprechung im 4. Kapitel der Lehre des Amen-em-ope, das den „Heißen" dem rechten Schweiger gegenüberstellt.[23] Der erste wird einem zu sehr gepflegten Baum im Tempelgarten verglichen, der schließlich zu Brennholz wird, der zweite einem Baum des freien Feldes, der am Ende als Statue im Tempel Aufstellung findet.[24] Jer 17,8 und Ps 1,3a stimmen so weit überein, daß eine literarische Berührung vorliegen muß. Die Abhängigkeit liegt bei Ps 1. Der Vergleich ist aus dem Lot gebracht, weil der Verfasser die Frevler eines ausgeführten Bildes nicht für wert hält: Sie sind Spreu, die der Wind verweht. Der Baum aber gibt nicht Frucht, weil er grün bleibt, sondern bleibt grün, weil er Frucht bringt: Der Lohngedanke hat Ursache und Wirkung auf den Kopf gestellt.

Der Lohn gilt nach V. 2 dem unausgesetzten Studium der Tora. Für diese Aussage ist die zweite Vorlage beigezogen. In Jos 1,8-9 mahnt Jahwe am Schluß der Gottesrede, die die kriegerische Landnahme einleitet, den Josua, ohne Unterlaß im Buch der Tora zu lesen. Wenn er alles ausführe, was geschrieben steht, werde gelingen, was immer er sich vornehme. Der Rat paßt für die Situation überhaupt nicht, sehr gut indessen als Anwendung des mit Dtn 34 soeben abgeschlossenen Gesetzes. Er ist ein später Zusatz.[25] Daß Ps 1, der in V. 2b.3b wörtlich übereinstimmt, gleichwohl der nehmende Teil gewesen ist, beweist die Verschachtelung mit dem jeremianischen Bildwort. Die bedingte Verheißung: „Alles, was er tut, gerät wohl", gilt nicht dem Baum, sondern dem Gesetzesfrommen.

Der aus diesen Versatzstücken komponierte Introitus des Psalters intoniert den geläufigen Gegensatz zwischen Gerechten und Frevlern. Die Gerechten werden grünen. Alles, was sie tun, gerät wohl; denn Jahwe kennt ihren Weg. Die Frevler aber sind wie Spreu. Sie werden vor Gericht nicht bestehen. Ihr Weg wird vergehen. Bei einem so gegensätzlichen Geschick sollten wir wissen, wen es betrifft. Die einleitende Seligpreisung bietet gattungsgerecht eine Definition.[26] Sie ist überraschenderweise negativ. Beschrieben wird, was der Seliggepriesene nicht tut und damit nicht ist. In dreifacher Variation wird festgestellt, daß er im Gehen, Stehen und Sitzen, das heißt in jeder Hinsicht keine Gemeinschaft hat mit den Frevlern, Sündern und Spöttern. Diese Abgrenzung ist offenbar wichtiger als die positive Eigenschaft, die erst an zweiter Stelle genannt wird: seine Lust an der Tora. Auch die unterschiedliche Breite der Aussagen zeigt, daß die Abfolge eine Rangfolge ist. Für die Gegenseite, deren Definition man in V. 4 erwartet, ist der Ertrag noch dürftiger: לֹא־כֵן „nicht so". Die Frevler handeln nicht so wie die

---

23 AOT 39; BEYERLIN, Religionsgeschichtliches Textbuch, 77f; TUAT III, 230.
24 Deutung nach I. SHIRUN-GRUMACH, in: TUAT III, 222-250 (Lit.).
25 Vgl. C. STEUERNAGEL, Deuteronomium und Josua (HK I, 3) 1900, 154; R. SMEND, Das Gesetz und die Völker (1971; in: DERS., Die Mitte des Alten Testaments. Exegetische Aufsätze, 2002, 148-161) 148-150.
26 Hinter dem Wortlaut steht Jer 17,7 sowie, ins Positive gewendet, Dtn 27,15.

Gerechten, und ihr Geschick ist nicht so wie das der Gerechten. Da auch die Gerechten im wesentlichen negativ definiert sind, heben die beiden Definitionen sich auf. Es bleibt der bloße Gegensatz.

Läßt sich über die Frevler nichts sagen als, daß sie keine Gerechten sind, ist doch über die Gerechten ein wenig mehr auszumachen. Selig gepriesen wird „der Mann", also ein einzelner. In der Tat kann der Gesetzesgehorsam nur die Tat des einzelnen sein. Gleichwohl bedeutet er die Zugehörigkeit zu einer Gruppe: den Gerechten. Diese definieren sich so, daß sie nicht sind wie die Frevler. Man spürt, daß dieser Gegensatz kein Kalkül ist. Gerechte und Frevler sind nicht einfach Typen. Der Verfasser zeichnet mit dem Gerechten das Bild, das er von sich selbst hat. Durch Ps 1 als Proömium hat er den Psalter zu dem Gebetbuch der Gerechten erklärt.

Ps 1 wird üblicherweise in paränetischem Sinne gedeutet, als beschreibe er ein gefordertes Ideal: das eifrige Torastudium als Wesen der Frömmigkeit. Der Redaktor erkläre die Gesetzesfrömmigkeit zur Bedingung für den rechten Gebrauch der Psalmen. Diese Auffassung sieht mehr auf das Stichwort „Tora" als auf den Gedankengang. Das Ideal, das dem Beter vor Augen steht, ist nicht Anspruch, sondern Wirklichkeit. Auf dem Spiel steht nicht der Gehorsam, sondern der *Lohn* des Gehorsams. Die Frage ist, „ob die Frömmigkeit oder ob die Gottlosigkeit mit ihrer Grundüberzeugung Recht habe".[27] Diese Frage will die Seligpreisung des Gehorsamen beantworten – und vermag doch den Zweifel nicht zu lösen, nur zu beschwichtigen. Darum die leidenschaftliche Absetzung von den nicht Gehorsamen. Darum zum Abschluß die Beteuerung: „Jahwe kennt den Weg der Gerechten, aber der Weg der Frevler vergeht". Am Horizont steht das eschatologische Gottesgericht.

III

Ps 1 ist nicht lediglich ein Etikett, einem Buch angeheftet, das im übrigen von ganz anderer Art wäre. Wer den Psalter kennt, weiß, daß der Gegensatz zwischen Gerechten und Frevlern an vielen Stellen angesprochen wird. Er nimmt einen breiten Raum ein. Damit stellt sich die Frage, in welchem Verhältnis der erste Psalm zum weiteren Psalter steht. Es gibt zwei Möglichkeiten: Entweder faßt der Prolog zusammen, was in der seinerzeit vorliegenden Sammlung zu lesen war; oder das Thema vom Gegensatz zwischen Gerechten und Frevlern ist dem Psalter erst zugewachsen, und der Prolog ist das redaktionelle Signal dafür.[28]

Das Thema des ersten Psalms, wie V. 6 es abschließend zusammenfaßt, wiederholt sich gegen Ende des Psalters nahezu wörtlich in *Ps 146*, dem ersten Psalm des Großen Hallel:

(1) Lobe, meine Seele, Jahwe!
2 Ich will Jahwe loben mein Leben lang,
meinem Gott spielen, solange ich bin,

---

27 J. WELLHAUSEN, Israelitische und jüdische Geschichte, [7]1914, 203.
28 Vgl. zum Ganzen REINDL (s. Anm. 19).

3   Vertraut nicht auf Fürsten;
    auf einen Menschensohn, dem keine Hilfe eignet.
4   Wenn ihn sein Atem verläßt, kehrt er zur Erde zurück;
    an jenem Tage werden zunichte seine Pläne.
5   Wohl dem, dessen Hilfe der Gott Jakobs ist,
    dessen Hoffnung auf Jahwe, seinen Gott, steht,
6   der Himmel und Erde gemacht hat,
    das Meer und alles, was darinnen ist.
    der Treue bewahrt für immer,
7   Recht schafft den Unterdrückten,
    Brot gibt den Hungernden.
    Jahwe macht die Gefangenen frei,
8   Jahwe macht die Blinden sehend,
    Jahwe richtet die Gebeugten auf.
    Jahwe liebt die Gerechten,
9   Jahwe behütet die Fremdlinge,
    Waise und Witwe erhält er.
    Aber den Weg der Frevler führt er in die Irre.
10 Jahwe herrscht als König für immer,
    dein Gott, Zion, von Geschlecht zu Geschlecht.

Der Psalm ist ein Hymnus des einzelnen. In seiner heutigen Gestalt ist er zu einem Preis des Königtums Jahwes auf dem Zion ausgestaltet, das der Herrschaft von Menschen entgegengesetzt wird. Die Erweiterung V. 3-6a ist an dem unvermittelten Wechsel in die Mahnrede zu erkennen, und V. 10 ist angehängt. Die Grundgestalt besteht aus drei Dreizeilern und einem abschließenden Zweizeiler im durchgehenden Dreier-Metrum. An die Selbstaufforderung zum Lob und ein Lobgelübde schließt, angebunden mit Artikel als Relativum, eine Reihe von Prädikationen Jahwes, zunächst dreimal im hymnischen Partizipialstil: „der Treue bewahrt für immer, Recht schafft den Unterdrückten, Brot gibt den Hungernden", sodann in drei Nominalsätzen, bei denen der Jahwename einem partizipialen Prädikat voransteht: „Jahwe macht die Gefangenen frei, Jahwe macht die Blinden sehend, Jahwe richtet die Gebeugten auf". Ein Zweizeiler aus Nominal- und Verbalsatz schließt die Reihe ab. An dieser Stelle ist der Text gestört. Die Aussage: „Jahwe behütet die Fremdlinge, Waise und Witwe erhält er", die auf der bekannten Trias der Personae miserae „Fremdling, Witwe, Waise" beruht, ist von einem antithetischen Parallelismus gerahmt, der sich von der bisherigen Aufzählung abhebt: „Jahwe liebt die Gerechten, aber den Weg der Frevler führt er in die Irre". Die Rahmung läßt zwei neue Zweizeiler entstehen. Der zweite von ihnen zeigt, daß sie nicht ursprünglich sind: Waise und Witwe einerseits und die Frevler anderseits sind kein gegebenes Gegensatzpaar. G. Bickell half sich, indem er V. 8b und V. 9a vertauschte.[29] Duhm und Gunkel sind ihm gefolgt.[30] Wahrscheinlicher wurde die mit Ps 1,6 übereinstimmende Aussage nachgetragen, und zwar mit Rücksicht auf die vorgegebene Syntax sogleich in zwei Teilen.[31]

Die Selbstaufforderung, mit der Ps 146 anhebt: „Lobe, meine Seele, Jahwe!", verbunden mit dem Lobgelübde: „Ich will Jahwe singen mein Leben lang, mei-

---
29 G. BICKELL, Carmina Veteris Testamenti metrice, 1882, 101.
30 DUHM, Psalmen, 476; GUNKEL, Psalmen, 613.
31 Auch REINDL aaO 347f. nimmt literarische Ergänzung an, wenn auch begrenzt auf V. 9b.

nem Gott spielen, solange ich bin", bildet spiegelverkehrt den hymnischen Abschluß des großen Schöpfungslieds *Ps 104*:

31 Die Ehre Jahwes sei für immer.
   Es freue sich Jahwe seiner Werke.
32 Der die Erde anblickt, daß sie bebt,
   die Berge berührt, daß sie rauchen.
33 Ich will Jahwe singen mein Leben lang,
   meinem Gott spielen, solange ich bin.
34 Möge ihm mein Tun gefallen.
   Ich freue mich in Jahwe.
35 *Verschwinden sollen die Sünder von der Erde,*
   und die Frevler sollen nicht mehr sein.
   Lobe, meine Seele, Jahwe!

Das Lobgelübde ist am Ende eines Psalms noch eher am Platz als am Anfang, und tatsächlich dürfte V. 33 mitsamt dem Rahmen V. 35b (vgl. V. 1) den Abschluß von Ps 104 gebildet haben.[32] Allenfalls V. 34, der Wunsch des Beters für sein eigenes, betendes Tun und die Beteuerung seiner Freude an Jahwe, mit der er der Freude Jahwes an seinen Werken antwortet, könnte noch hinzugehören. Als zweiter Wunsch ist in V. 35 die Vernichtung der Frevler eingefügt. Da Sünder und Frevler Gottes Schöpfung stören, sollen sie von der Erde verschwinden. Wellhausen hat es das jüdische Ceterum censeo genannt: „die Gottlosen müssen zur Hölle fahren", und hinzugefügt, der Ausdruck dieses frommen Wunsches komme uns in Ps 104,35 oder 139,19 höchst unpassend vor.[33] Die Literarkritik kann abhelfen: „The imprecation of this verse is a late gloss".[34]

Was in Ps 146 und Ps 104 einen Anhang bildet, ist in *Ps 68* Prolog:

2   'Jahwe' steht auf. Seine Feinde zerstieben,
    und die ihn hassen, fliehen vor ihm.
3   *Wie 'verweht' Rauch, 'verweht',*
    wie zerschmilzt Wachs vor dem Feuer,
    werden die Frevler vergehen vor 'Jahwe'.
4   *Die Gerechten aber werden sich freuen,*
    werden frohlocken vor 'Jahwe'
    und jubeln in Freude.
5   Singt 'Jahwe', spielt seinem Namen,
    erhebt ihn, der auf den 'Wolken' daherfährt.
    Denn Jah ist sein Name, und frohlockt vor ihm.

Dem Psalm ist in V. 2 nachträglich der Ladespruch Num 10,35 vorangestellt worden. Der regelrechte hymnische Beginn folgt in V. 5. Daß man sich hier auf altem Grund befindet, zeigt der aus Ugarit bekannte Titel des „Wolkenfahrers",[35] der

---

32 Vgl. SPIECKERMANN, Heilsgegenwart, 42.
33 WELLHAUSEN, Israelitische und jüdische Geschichte, 203.
34 C.A. BRIGGS /E.G. BRIGGS, The Book of Psalms (ICC) II, Edinburgh 1907, 339. Vgl. REINDL aaO 349, sowie K. SEYBOLD, Psalm 104 im Spiegel seiner Unterschrift (ThZ 40, 1984, 1-11) 6.
35 KTU 1.2 IV 8.29; 1.3 II 40; III 38; IV 4.6; 1.4 III 11.18; V 60; 1.5 II 7; 1.10 I 7; III 36; 1.19 I 43f. Vgl. auch Dtn 33,26; Jes 19,1; Ps 18,11; 68,34.

ausdrücklich für Jahwe beansprucht wird: „Jah ist sein Name". Zwischen Ladespruch und Hymnus ist eine Deutung eingeschoben, die die Feinde und Hasser aus dem Ladespruch mit den Frevlern gleichsetzt. Die Aussage: „Die Frevler werden vergehen vor Jahwe", gleicht Ps 1,6b aufs Haar. Das Verb אבד ist dasselbe. Als Bild wird statt der Spreu aus Ps 1,4, die der Wind verweht, der Rauch genannt. Wieder ist das Verb נדף dasselbe. Das vor dem Feuer zerschmelzende Wachs, das um des Parallelismus willen hinzugefügt ist, ist aus der Theophanieschilderung übernommen (vgl. Ps 97,5). Ursprünglich betrifft es die Berge. Auch hier bilden den Gegenpart die Gerechten. Sie werden sich vor Jahwe freuen. Der folgende Hymnus ist nunmehr ihr Lied. Es ist greifbar, daß der Geist, wenn nicht der Verfasser des ersten Psalms eingewirkt hat.

Die Vernichtung der Frevler vor Jahwe ist der Gegenstand auch der heutigen Gestalt von *Ps 97*:

1 Jahwe ist König.
  Es frohlocke die Erde.
  Die vielen Inseln sollen sich freuen.
2 Wolken und Dunkel sind um ihn,
  Gerechtigkeit und Recht stützen seinen Thron.
3 Feuer geht vor ihm her
  und verbrennt ringsum seine Feinde.
4 Seine Blitze erleuchten den Erdkreis.
  Die Erde sieht es und bebt.
5 Die Berge zerschmelzen wie Wachs
     vor Jahwe
  vor dem Herrn der ganzen Erde.
6   Die Himmel verkünden seine Gerechtigkeit.
    Und alle Völker sehen seine Herrlichkeit.
7   Beschämt werden sollen alle, die ein Bild verehren,
      die sich der Götzen rühmen.
    Alle Götter neigen sich vor ihm.
8   Zion hört es und freut sich,
    und die Töchter Judas jauchzen
    um deiner Gerichte willen, Jahwe.
9   Denn du, Jahwe, bist der Höchste über die ganze Erde,
    bist hoch erhoben über alle Götter.
10 *Jahwe 'liebt', die das Böse 'hassen'.*
    Er bewahrt die Seelen seiner Treuen.
    Aus der Hand der Frevler rettet er sie.
11 *Licht 'geht auf' dem Gerechten*
    und den Rechtschaffenen Freude.
12 *Freut euch, ihr Gerechten, an Jahwe*
    und preist seinen heiligen Namen.

Das Jahwe-König-Lied ist einer der interessantesten, weil in seiner Traditionsgeschichte besonders weit gespannten Psalmen.[36] Grundlage ist eine Theophanie-

---

36 Vgl. E. LIPINSKI, La Royauté de Yahwé dans la Poésie et le Culte de l'Ancien Israël (VVAW.L 55) Brussel 1965, 173-275. J. JEREMIAS, Königtum Gottes in den Psalmen (FRLANT 141) 1987, 137-143, weist Ps 97 dem hellenistischen Zeitalter zu. Dabei bilden mangels literarkritischer Unterscheidung die jüngsten Nachträge den Maßstab. In Wahrheit gehört der Kern V. 1-6a.7b auf dieselbe traditionsgeschichtliche Ebene wie Ps 29 und Ps 93.

schilderung für den Wettergott, der im Gewitter daherkommt, so daß die Erde bebt und die Berge zerschmelzen vor dem „Herrn der ganzen Erde" (אֲדוֹן כָּל־הָאָרֶץ). Dieses Epitheton kennen wir aus dem Ugaritischen für den Baal.[37] Inschriftlich ist es im 7. Jahrhundert auch für Jahwe bezeugt.[38] Die Theophanie ist indessen ein Bruchstück;[39] sie dient wie in Ps 29 als Folie für die Thronbesteigung Jahwes. Deren Einzelheiten folgen dem Königsritual:[40] Die Proklamation „Jahwe ist König"; die rituelle Königsfreude, deren Subjekt hier die ganze Erde ist; die Verkündigung des Königtums im ganzen Land, hier auf der ganzen Erde, vollzogen vom Himmel selbst; die Huldigung des Hofstaats, darunter der potentiellen Rivalen, hier aller neben Jahwe bestehenden Götter. Wie das menschliche Königtum hat das Königtum Gottes sich nach außen ringsum im Sieg über die Feinde, nach innen in der gerechten Rechtsprechung zu bewähren. Die Regel: „Durch Gerechtigkeit wird ein Thron gestützt" (Spr 16,12), gilt auch für Jahwe. Wie die Theophanie versteht sich die Thronbesteigung Jahwes im Rahmen der kanaanäischen Religionsgeschichte. Ihr Typos ist das Königtum Baals nach dessen Sieg über Mut, von dem der ugaritische Baal-Anat-Mythos erzählt.[41]

Andere Töne kommen in dem Bekenntnis V. 9 auf, das an das Thronbesteigungslied angehängt ist: „Du, Jahwe, bist der Höchste über die ganze Erde." Während die Thronbesteigung Baals sich unterhalb der Ebene des höchsten Gottes El vollzieht, wird nunmehr Jahwe der Titel des höchsten Gottes zugesprochen: עֶלְיוֹן עַל־כָּל־הָאָרֶץ. Das Königtum des höchsten Gottes Jahwe über die ganze Erde ist für das nachexilische Zion der Anlaß zum Triumph über die Völkerwelt, die Jahwes Herrlichkeit (כָּבוֹד) zu sehen bekommt (V. 6b). In V. 8 beansprucht Zion die Königsfreude aus V. 1, Jahwes Gericht aber soll nun zugunsten Zions die Völker betreffen. Noch später wird in V. 7a der bildlose Kult Zions der Bildverehrung der heidnischen Religionen gegenübergestellt.

Auf die Klimax, die in V. 9, ursprünglich sogar in V. 7b gelegen hat, folgt mit V. 10-12 ein Anhang. Sein Thema ist der Gegensatz zwischen Gerechten und Frevlern. Jahwes Theophanie und Gericht wird auf den Untergang der Frevler gedeutet, aus deren Hand er die Gerechten erretten wird, weil er sie liebt. Das Leben derer aber, die Jahwe treu sind, wird bewahrt. Die schrecklichen Blitze schrecken sie nicht, sondern sind das Licht, das ihnen aufgeht. Wie in Ps 68 wird die Theophanie von der jubelnden Freude der Gerechten begleitet.[42]

---

37 KTU 1.3 I 3f; 1.5 VI 10; 1.6 I 42f; III 9.21; IV 5.16. Vgl. auch das erste Amulett aus Arslan-Tasch, Z. 15 (KAI 27; TUAT II 436).
38 Khirbet Beit Lei (TUAT II, 560); vgl. auch Jos 3,11.13; Jes 54,5; Mich 4,13; Sach 4,14; 6,5; 14,9.
39 Zur Ausgrenzung vgl. LIPINSKI, 219ff.; JEREMIAS, Theophanie, 29.
40 Vgl. CH. LEVIN, Der Sturz der Königin Atalja (SBS 105) 1982, 91-94.
41 Vgl. bes. KTU 1.2 IV; 1.4 VII; 1.6 V-VI. Deutsche Übersetzung von J. AISTLEITNER, Die mythologischen und kultischen Texte aus Ras Schamra (BOH 7) Budapest 1959; A. JIRKU, Kanaanäische Mythen und Epen aus Ras Schamra-Ugarit, 1962; in Auszügen bei BEYERLIN, Religionsgeschichtliches Textbuch, 210-239. Zum Ganzen SCHMIDT, Königtum Gottes, 10-21. Vgl. auch das hethitische Ullikummi-Lied bei BEYERLIN 176f.
42 Die Literarkritik erledigt die Alternative von kultischer oder eschatologischer Deutung der Thronbesteigungspsalmen auf traditionsgeschichtlichem Wege. Vgl. zur Fragestellung JEREMIAS, Königtum Gottes, 7-14.

Einen Eindruck von dieser Freude vermittelt Ps *118*. Er enthält in V. 5.14-21. 28 das Danklied eines einzelnen, das geradezu das Urbild der Gattung ist.[43] Anhand der Kurzform „Jah" des Gottesnamens läßt es sich ausgrenzen:

  5 Aus der Enge rief ich Jah an;
      es antwortete mir mit Weite Jah.
14 Mein Ruhm und Lied ist Jah,
      und er wurde mir zur Rettung.
15   Geschrei des Jubels und der Rettung
        in den Zelten der Gerechten:
        Die Rechte Jahwes tut Machttat!
16   Die Rechte Jahwes ist erhöht!
        Die Rechte Jahwes tut Machttat!
17 Ich werde nicht sterben, sondern leben
      und erzählen die Taten Jahs:
18 Gezüchtigt hat Jah mich sehr,
      doch dem Tod hat er mich nicht übergeben.
19 Öffnet mir die Tore der Gerechtigkeit!
      Ich will durch sie eingehen. Ich will Jah danken.
20   *Das ist das Tor Jahwes,*
        durch das die Gerechten eingehen.
21 Ich danke dir, denn du hast mich erhört
      und wurdest mir zur Rettung.
28 Du bist mein Gott, und ich danke dir;
      mein Gott, ich will dich erheben.

Der Beter preist seine Rettung durch Jahwe. Er war in Todesnot. Jahwe hat ihn hart gezüchtigt, doch er hat ihm das Leben bewahrt. Nun will er durch die Tore der Gerechtigkeit in den Tempel einziehen, um zu erzählen, was Jahwe an ihm getan hat, und ihm zu danken. In V. 20 ist nach Art einer eisegetischen Randanmerkung ad vocem „Tore der Gerechtigkeit" definierend hinzugefügt: „Das ist das Tor Jahwes, durch das die Gerechten eingehen." Das Stichwort צֶדֶק „Gerechtigkeit" hat den Ergänzer veranlaßt, in dem Beter einen der Gerechten zu sehen. Der Dank der Gerechten bezieht sich freilich nicht auf die Rettung aus persönlicher Todesnot. In V. 15-16 ist ein offenbar altüberlieferter kriegerischer Jahwe-Hymnus in das Danklied eingeschoben: „Geschrei des Jubels und der Rettung. Die Rechte Jahwes tut Machttat! Die Rechte Jahwes ist erhöht! Die Rechte Jahwes tut Machttat!" Ein Zusatz: „in den Zelten der Gerechten", legt ihn den Gerechten in den Mund. Der Hymnus preist Jahwes machtvolle und siegreiche Tat. So bejubeln die Gerechten den Sieg Jahwes über die Frevler, der zugleich ihre eigene Rettung ist.[44]

Die Rettung hat für den einzelnen zur Bedingung, daß er sich auf der richtigen Seite befindet. Er muß sicher von den Frevlern unterschieden und zu den Ge-

---

43 Vgl. F. CRÜSEMANN, Studien zur Formgeschichte von Hymnus und Danklied in Israel (WMANT 32) 1969, 217-223.
44 [Zur Analyse s. auch CH. LEVIN, Ps 136 als zeitweilige Schlußdoxologie des Psalters (unten 314-321) 315-317.]

rechten zu zählen sein. Die Trennung hervorzuheben, eignet sich besonders die Gattung der Unschuldsbeteuerung. Diese Untergruppe der Klagelieder des einzelnen hat ihren Sitz in der Gerichtsverhandlung im Tempel. Sie gilt der Abwehr ungerechter Anschuldigungen. Als Beispiel diene *Ps 26*:

1 Schaffe mir Recht, Jahwe,
   denn ich bin in Lauterkeit gewandelt.
   Und auf Jahwe vertraute ich,
   ohne zu wanken.
2 Prüfe mich, Jahwe, und versuche mich,
   'läutere' meine Nieren und mein Herz.
3 Denn deine Huld ist mir vor Augen,
   und in Treue zu dir bin ich gewandelt.
4   *Ich saß nicht bei den meineidigen Leuten,*
   und zu den Hinterlistigen ging ich nicht ein.
5   *Ich haßte die Versammlung der Bösewichte,*
   und bei den Frevlern saß ich nicht.
6 Ich wasche in Unschuld meine Hände
   und umwandle deinen Altar ' ',
7 hören zu lassen mit lauter Stimme das Danklied
   und zu erzählen alle deine Wunder.
8 Jahwe, ich liebe die Wohnung deines Hauses
   und die Stätte, da deine Herrlichkeit wohnt.
9   *Raffe nicht mit den Sündern meine Seele dahin*
   noch mit den Blutmenschen mein Leben,
10   *an deren Händen Unzucht klebt*
   und deren Rechte gefüllt ist mit Bestechung.
11   *Ich aber, in Lauterkeit wandle ich.*
   Löse mich aus und sei mir gnädig.
12 Mein Fuß steht auf ebenem Grund.
   In den Versammlungen will ich 'dich' loben, Jahwe.

Der Psalm setzt ein mit der Bitte, daß Jahwe den Beter richten und prüfen möge (V. 1a.2). Zum Erweis seiner Unschuld wäscht der Beter im Ritual seine Hände (V. 6a). Er umwandelt den Altar, wobei er weit vernehmlich das Danklied erhebt (V. 6b-7). Ein Anhang (V. 8.12) läßt den Beter seine Neigung zum Tempel bekunden, ein Motiv, das in nicht wenigen Psalmen zugesetzt ist.[45] Der Psalm schließt mit einem zweiten Lobgelübde. In dieses Gerüst ist eingefügt eine nachdrückliche Distanzierung von den Meineidigen, Hinterlistigen, Bösewichten und Frevlern. Das Bekenntnis: „Bei den Frevlern saß ich nicht", weist den Beter als einen Mann aus, der die Seligpreisung des ersten Psalms für sich beanspruchen kann. Weil er unverbrüchlich auf Jahwe vertraut hat, will er das Schicksal nicht teilen, das den Sündern und Blutmenschen droht. Um seiner Lauterkeit willen bittet er Jahwe um Erlösung und Erbarmen. Auch zu dieser Aussage gibt es im Psalter Parallelen. Die bekannteste ist das am Schluß von Ps 139 nachgetragene Bekenntnis, die Gottlosen redlich von tiefster Seele zu hassen (V. 19-22).

---

45 Vgl. Ps 27,4; 63,3; 92,14-16 u.ö.

Einen Eindruck von den Dimensionen des Gerichts vermittelt *Ps 36*:

2 *Rede von Sünde hat der Frevler in seinem Herzen.*
Es gibt keinen Gottesschrecken vor seinen Augen.
3 *Denn einfach macht er es sich in seinen Augen,*
seine Sünde zu finden haßt er.
4 *Die Worte seines Mundes sind Lug und Trug,*
er hat aufgehört, verständig und gut zu handeln.
5 *Frevel sinnt er auf seinem Lager,*
er tritt auf einen Weg, der nicht gut ist,
Böses verwirft er nicht.
6 Jahwe, 'bis an den Himmel' reicht deine Huld,
deine Treue bis an die Wolken.
7 Deine Gerechtigkeit ist wie die Gottesberge,
deine Rechtssprüche sind wie die große Urflut.
Menschen und Vieh hilfst du.
Jahwe, 8 wie kostbar ist deine Huld,
Götter und Menschen
bergen sich unter dem Schatten deiner Flügel.
9 Sie trinken sich satt am Fett deines Hauses,
und mit dem Strom deiner Wonne tränkst du sie.
10 Denn bei dir ist die lebendige Quelle,
in deinem Licht sehen wir das Licht.
11 *Bewahre deine Huld denen, die dich kennen,*
und deine Gerechtigkeit denen, die geraden Herzens sind.
12 *Des Hochmütigen Fuß möge nicht über mich kommen!*
Die Hand der Frevler möge mich nicht verjagen!
13 *Dort sind gefallen die Übeltäter,*
sind gestürzt und konnten nicht wieder aufstehen.

Der Mittelteil des Psalms ist ein Lobpreis der Huld (חֶסֶד) Jahwes. Man kann ihn ein soteriologisches Seitenstück des Serafengesangs nennen, vergleiche Ps 33,5: „Die Erde ist voll der Huld (חֶסֶד) Jahwes", mit Jes 6,3: „Die ganze Erde ist voll der Ehre (כָּבוֹד) Jahwes". Wie in Jes 6 geht die Vorstellung aus vom Tempel, wobei der kultische Mikrokosmos zugleich den Makrokosmos darstellt. Das Flügelpaar als Metapher für den Schutz Jahwes steht für das Dach des Tempels, in dessen Schatten die Beter weilen, und auch für den Himmel selbst. Die weltenfüllende Huld ist später im Sinne des Königtums Jahwes näher beschrieben worden mit den königlichen Tugenden „Recht und Gerechtigkeit" (מִשְׁפָּט וּצְדָקָה), die im Falle Jahwes so grundlegend sind wie die Berge, auf denen der Kosmos ruht, und so unendlich und uranfänglich wie die Urflut, die die Erde umgibt.

Der Satz: „Deine Rechtssprüche sind wie die große Urflut" (מִשְׁפָּטֶךָ תְּהוֹם רַבָּה) hat später eine andere Assoziation ausgelöst. תְּהוֹם רַבָּה „die große Urflut" findet sich in Gen 7,11 unter den Beschreibungen der Sintflut. Wenn in Ps 36,7 Jahwes Gericht (מִשְׁפָּט) mit der תְּהוֹם רַבָּה gleichgesetzt wird, mußte das kosmische Gericht über die Frevler in Urzeit und Endzeit gemeint sein. Der Lobpreis der Huld erhält vor diesem Hintergrund einen neuen Klang. V. 11 bittet nunmehr, Jahwe möge den Gerechten im kommenden Gericht seine Huld bewahren. Der Gewißheit aber, zu den Gerechten zu zählen, dient der Anfang des Psalms, der beschreibt, wie ein rechter Frevler beschaffen ist. Das Wichtigste: Er haßt, sich auf

Sünde zu überprüfen – das Verhalten gegen Gott ist ihm gleichgültig. Die literarische Uneinheitlichkeit des Psalms, den der Rahmen geradezu verunstaltet, ist offenkundig. Der scharfe Bruch zwischen V. 2-5 und V. 6-10 hat Duhm sogar veranlaßt, zwei selbständige, sekundär verbundene Psalmen anzunehmen.[46] Indessen zeigt die Ausrichtung von V. 11 auf V. 6, daß auch hier Bearbeitung vorliegt.

IV

Die Beispiele lassen sich leicht vermehren. Der Gegensatz von Gerechten und Frevlern, der nach dem Willen des ersten Psalms das leitende Thema des Psalters bildet, ist in etwa 42 der 150 Psalmen zu finden, also in etwas mehr als einem Viertel des kanonischen Bestands. Dabei ist das Thema in der Regel vorhandenen Psalmen nachträglich aufgesetzt.

Von dieser Regel gibt es nur wenige Ausnahmen: Neben Ps 1 sind es die acht Akrosticha Ps 9-10; 25; 34; 37; 111; 112; 119; 145. Ein Akrostichon verträgt wegen seines alphabetischen Aufbaus größere Nachträge nicht. Wenn gleichwohl das Thema von Ps 1 in den Akrosticha auftritt, muß die Entstehung der alphabetischen Gedichte in der Nähe der Bearbeitung gestanden haben. Tatsächlich ist das Akrostichon Ps 37 für den Gegensatz zwischen Gerechten und Gottlosen der einschlägige Text des Psalters. Ps 112 liest sich wie eine alphabetische Fassung von Ps 1. Die Verwandtschaft des Tora-Psalms 119 mit Ps 1 wird immer gesehen.

Die alphabetisierende Dichtweise wirft ein Licht auf die Geistesart der Bearbeiter. Sie lebten von dem ihnen überkommenen geistlichen Erbe, nicht von ihrer dichterischen Originalität. Bei eigenen Schöpfungen hielten sie sich statt an die klassischen Gattungen an ein künstliches Korsett. Im allgemeinen aber trugen sie ihre Anwendung in die vorliegenden Psalmen ein, wobei es auf deren Gattung nicht ankam. Der überarbeitete Psalter hat seinen Sitz im Leben nicht im Tempelgottesdienst. Er gehört in das Konventikel und ins Kämmerlein. Er ist Gegenstand des Schriftstudiums, Grundlage der Selbstvergewisserung und der Belehrung.

Das Thema ist ziemlich gleichmäßig über den Psalter gestreut. Die Verteilung zeigt, daß er zur Zeit der Bearbeitung annähernd die heutige Gestalt besaß. Sämtliche Teilsammlungen, die in das vorliegende Buch Aufnahme gefunden haben, sind berührt. Auf eine Redaktion im einschlägigen Sinne deutet nichts, ebensowenig darauf, daß wir es mit einer einmaligen, zielgerichteten Bearbeitung zu tun haben. Die Zusätze sind die „Gebrauchsspuren" einer aktiven Aneignung des Psalters als eines gegebenen geistlichen Besitzes.

---

46 DUHM, Psalmen, 145-150.

V

Wer waren die Gerechten, die diese Spuren im Psalter hinterlassen haben? Ihr Lebensgrund ist nach Ps 1,2 die Tora und mit ihr das ausgebildete Judentum. Aber auch mit den Frevlern müssen Juden gemeint sein. Die Schärfe der Abgrenzung erklärt sich nur, wenn die Gerechten sich mit ihnen auf ein und demselben religiösen Grunde befanden. Was die Gerechten unterscheidet, ist die eifrige Gesetzesobservanz. Da die Heilsgewißheit an der Observanz hängt, wird der minder eifrige Gehorsam, gar die Gleichgültigkeit zur Anfechtung: „Warum geht es den Frevlern gut?" Daß es ihnen nicht gut geht, daß es ihnen künftig nicht gut gehen wird, oder, falls auch das zu kurz greift, daß es ihnen eschatologisch nicht gut gehen wird, ist brennender Wunsch.

Wellhausen hat das Wesen dieser Frömmigkeit treffend nachempfunden: „Der jüdische Monotheismus ist ... der Glaube an die Allmacht des Guten. Das ist abstrakt ausgedrückt, Abstrakta aber existieren nicht. Es handelt sich nicht um Ideen, sondern um Gott und Menschen. Gott hilft dem Frommen und vernichtet den Bösen, das ist der Hauptartikel des jüdischen Glaubens. ... Die Gottlosen sind der Meinung, daß Gott sich nicht um die Menschen kümmere; wenn sie dieselbe auch nicht aussprechen, so handeln sie doch darnach. Von den Anderen wird das als tatsächliche Leugnung Gottes angesehen. Ein neutraler Gott ist kein Gott. Für die Menschen existiert er nicht, wenn er zwischen dem der ihn sucht und dem der nicht nach ihm fragt keinen Unterschied macht, sondern zu dem einen das gleiche Verhältnis hat wie zu dem andern. Dann ist die Frömmigkeit Illusion, sie streckt ihre Hand in die leere Luft, nicht einem Arm vom Himmel entgegen. Sie bedarf des Lohns, nicht um des Lohns willen, sondern um ihrer eigenen Realität sicher zu sein, um zu wissen, daß es eine Gemeinschaft mit Gott gibt und einen Zugang zu seiner Gnade. ... Der Widerspruch zwischen innerem Wert und äußerem Ergehn des Menschen erschüttert die Grundlage der Religion. Es ist das schwerste Ärgernis, wenn der Frevler floriert, wenn der Gerechte leidet. Denn es steht dabei immer das Prinzip auf dem Spiele".[47]

Solche Frömmigkeit hat ihrer Anlage nach einen separatistischen Zug. Sie setzt voraus, daß das Judentum als eine die Gehorsamsentscheidung des einzelnen heischende Religion zum gewöhnlichen Besitz einer Wohnbevölkerung geworden, gleichsam zur „Volkskirche" abgesunken ist. Da die Verbreitung den religiösen Anspruch nicht mindert, setzen jene, die mit ganzem Ernst nach der Gottesgemeinschaft suchen, sich als Ekklesiola von den übrigen ab. Solche Bewegungen haben das Judentum – und mutatis mutandis das Christentum – unter wechselnden Umständen und in wechselnden Formen durch seine ganze Geschichte begleitet. Wie Wellen strahlen sie aus in ihre Umgebung, verebben dabei zugleich und rufen so neue Wellen hervor, es sei denn, daß äußere Bedrängnis die gesamte Religionsgemeinschaft eindämmt und bei der Sache hält oder sie als ganze eine Minderheit in fremder Umgebung ist.

Daß die Gegner als eine ebenso umrissene Gruppe in Erscheinung treten, ist hingegen nicht Bedingung. Die Beflissenheit, mit der die Gerechten sich von

---

47 WELLHAUSEN, Israelitische und jüdische Geschichte, 202f.

ihnen absetzen, bezeugt eher das Gegenteil. Ihre Physiognomie, sofern sie sie haben, dürfte zu einem guten Teil die Projektion der Frommen sein, die sich ihr Gegenbild gleichsam selbst geschaffen haben als das die eigene Identität spiegelnde negative Pendant.

VI

Da der Niederschlag dieser Frömmigkeit als literargeschichtlicher Vorgang zu beobachten ist, läßt sich aus der Bearbeitungsgeschichte des Psalters Aufschluß über die Geschichte der innerjüdischen Gruppenbildungen erwarten, wie umgekehrt die Entwicklung der innerjüdischen Gruppen die letzte Phase der Entstehung des Psalters ins Licht rücken könnte.

Aus dem Auftreten der συναγωγὴ ἀσιδαίων in 1 Makk 2,42 ist zu entnehmen, daß jene Entwicklung, aus der seit der zweiten Hälfte des zweiten Jahrhunderts Essener und Pharisäer hervorgingen, in vormakkabäischer Zeit längst begonnen hatte. M. Hengel versetzt anhand der Vorrede der Damaskusschrift[48] die straffere Formierung der Asidäer oder Chasidim in die Zeit zwischen 175 und 170.[49] Um die Vorgeschichte, die diese Formierung ihrerseits gehabt haben muß, hat sich O. Plöger bemüht.[50] Er sieht in den Asidäern eschatologische Kreise im Erbe der Prophetie und beschränkt die Untersuchung neben dem Danielbuch auf späte Schichten der Prophetenbücher. Indessen ist das einschlägige Motiv auch andernorts vorhanden. Es hat die alttestamentliche Überlieferung zu einem guten Teil mitgeprägt.[51]

Der in biblischer Folge erste Beleg, der das Geschick des Gerechten und des Frevlers verhandelt, ist das Gespräch Abrahams mit Jahwe vor der Zerstörung von Sodom (Gen 18,23-32), von dem man seit Wellhausen weiß, daß es ein nachträglicher Einschub ist.[52] Abraham treibt die Angst, daß Jahwe in dem kollektiven Strafgericht auch Gerechte mit den Frevlern hinweggraffen könnte. „Dann wäre ja der Gerechte wie der Frevler. Sollte der Richter der ganzen Welt nicht das Recht tun?" Auf dem Spiel steht wie in Ps 1 die Rechtfertigung des Gerechten.[53] In diesem Sinne ist in der Erzählung vom Untergang Sodoms nachträglich betont, daß ausnahmslos alle Bewohner der Stadt an dem Frevel beteiligt waren. Derselben Absicht folgen die nachgetragenen Notizen von der Gerechtigkeit Abrahams in Gen 15,6 und von der Gerechtigkeit des vor der Sintflut geretteten Noach in Gen 7,1b.[54] Die Bearbeitungstendenz ist auch sonst in der Genesis zu greifen. Sie ge-

---

48 CD I,5-12. E. Lohse (Hg.), Die Texte aus Qumran. Hebräisch und Deutsch, ²1971, 66f.
49 M. Hengel, Judentum und Hellenismus (WUNT 10) ²1973, 320.
50 O. Plöger, Theokratie und Eschatologie (WMANT 2) 1959. Vgl. zur Fragestellung auch M. Smith, Palestinian Parties and Politics That Shaped the Old Testament, New York /London 1971.
51 Vgl. zum Ganzen O. Kaiser, Der Gott des Alten Testaments. Theologie des Alten Testaments I (UTB 1747) 1993, § 9, Lehrsatz 2.
52 J. Wellhausen, Die Composition des Hexateuchs, ⁴1963, 25.
53 Vgl. L. Schmidt, „De Deo" (BZAW 143) 1976, 131-164.
54 Zu Gen 15,6 vgl. R. Smend, Zur Geschichte von האמין (1967; in: Ders., Die Mitte des Alten Testaments [s. Anm. 25], 244-249) 245f. Zu Gen 7,1b vgl. Ch. Levin, Der Jahwist (FRLANT 157) 1993, 114.

hört in eine Zeit, die die Verbindung von Jahwist und Priesterschrift (die ‚Endredaktion') bereits voraussetzt.[55]

Ein zweiter Schwerpunkt dieser Bearbeitung ist die Weisheit. Namentlich im zweiten Teil des Buchs der Proverbien läßt sich eine Klasse von Weisheitssprüchen aus den vorgegebenen, teilweise nach sachlichen Gesichtspunkten geordneten Sammlungen regelrecht herauskämmen, deren wesentlicher Gegenstand das gegensätzliche Geschick des Gerechten und des Frevlers ist. Der Unterschied zu der Erfahrungsweisheit, die das Alte Testament mit dem Alten Orient teilt, ist deutlich wahrzunehmen:

> Rute und Tadel gibt Weisheit,
> doch ein Knabe, sich selbst überlassen, bringt seine Mutter in Schande.
> *Wo viele Frevler sind, mehrt sich die Sünde,*
> *doch die Gerechten werden ihren Sturz sehen.*
> Züchtige deinen Sohn, so wird er dich zufrieden machen
> und deiner Seele Angenehmes bringen (Spr 29,15-17).

Diesem Beispiel ließen sich in den Kapiteln 10-21; 28-29 zahlreiche weitere hinzufügen.[56] An die Stelle der Erfahrung oder Unterweisung tritt die Beteuerung, in gewissem Grade die Eschatologie. Man hat in dieser Klasse von Proverbien mit einigem Recht die „israelitisch-jüdische Ausprägung" der Weisheit gesehen.[57] Indessen entstammt sie einer breiten ‚Reinterpretation' der Weisheitsliteratur in später Zeit,[58] die zu der Bearbeitung des Psalters sachlich und zeitlich in nächster Nähe steht.

Widerrät bereits die Menge sowie die Streuung des biblischen Materials, hinter Ps 1 von vornherein mehr zu sehen als den literarischen Niederschlag der jüdischen Frömmigkeit, so auch die begriffliche Vielfalt. Die einschlägigen Zusätze im Psalter sind auf das Gegensatzpaar „Gerechte und Frevler" nicht beschränkt. Hinzu treten im Positiven wie im Negativen eine nicht geringe Zahl Synonyme. Neben den „Gerechten" (צַדִּיקִים) stehen die „Demütigen" (עֲנָוִים), die „Treuen" (חֲסִידִים), die „Rechtschaffenen" (יְשָׁרִים oder יִשְׁרֵי לֵב), die „Armen" (אֶבְיוֹנִים), die „Heiligen" (קְדֹשִׁים), die „Vollkommenen" (תְּמִימִים). Hinzu kommen vielfältige Partizipialverbindungen wie „die Gottesfürchtigen" (יִרְאֵי יהוה), „diejenigen, die Jahwe, seinen Namen, sein Heil, seine Weisung lieben" (אֹהֲבֵי יהוה u. ä.), „diejenigen, die Jahwe suchen" (דֹּרְשֵׁי יהוה). Die Aufzählung ist nicht vollständig und kann es um so weniger sein, als auch Begriffe gebraucht werden, die sonst verbreitet sind, wie „Knechte Jahwes" (עַבְדֵי יהוה).

Die Charakterisierung der Gegenseite ist etwas eindeutiger. Sie wird in den meisten Fällen als „Frevler" bezeichnet (רְשָׁעִים), aber auch als „Übeltäter" (פֹּעֲלֵי

---

55 Vgl. LEVIN aaO 100f. 114f. 168ff. 175ff. 194f. 235. 242f. 271f. 277f. 289f. 295 [sowie DERS., Gerechtigkeit Gottes in der Genesis, oben 40-48].
56 Man lese zur Probe Spr 10 ohne V.2-3.6-7.11.16.20-21.24-25.27-32.
57 Vgl. J. FICHTNER, Die altorientalische Weisheit in ihrer israelitisch-jüdischen Ausprägung (BZAW 62) 1933.
58 Vgl. „class C" der „sentence literature" bei W. MCKANE, Proverbs. A New Approach (OTL) London 1970, 10ff und 413ff. Der Anteil beläuft sich in Spr 10-22 auf 33 %, in Spr 28-29 gar auf 54 %.

אָוֶן), als „Bösewichte" (מְרֵעִים), als „Sünder" (חַטָּאִים). Da die Bezeichnungen sich mit der Feindklage im alten Klagelied des einzelnen berühren können, sind der Vielfalt kaum Grenzen gesetzt. Trotz fließender Übergänge besteht indessen zwischen „Feind" (אֹיֵב) und „Frevler" (רָשָׁע) und jeweiligen Synonymen ein Unterschied, wie O. Keel gezeigt hat.[59] Schließen wir die genannten Begriffe ein, wächst die Zahl der betroffenen Psalmen auf etwa 89 von 150, das heißt auf drei Fünftel des Bestands.

VII

Die Vielfalt der Begriffe für die „Gerechten" bringt auch inhaltliche Nuancen zum Ausdruck. צַדִּיק „gerecht" bezeichnet eher eine objektive Eigenschaft, gemessen am Maßstab der Tora und bezogen auf das (eschatologische) Gottesgericht. עָנָו „demütig" und חָסִיד „treu" sind eher subjektive Haltungen in den Anfechtungen der Gegenwart. In den letztgenannten Begriffen ist nun doch so etwas wie die Physiognomie verschiedener Gruppen zu erkennen: die „Demütigen" (עֲנָוִים) und „Armen" (אֶבְיוֹנִים) einerseits, die „Treuen" (חֲסִידִים) anderseits. Sie lassen sich sogar in eine traditionsgeschichtliche Folge bringen.

A. Rahlfs hat in seiner Göttinger Licenciaten-Dissertation von 1892 „עָנִי und עָנָו in den Psalmen" den Nachweis geführt, daß es sich bei den עֲנָוִים um eine innerjüdische Gruppenbildung gehandelt hat. „Die Anawim = Knechte Jahwes sind eine Partei innerhalb des Volkes" (S. 83). „Wenn auch das Volk als Ganzes noch nicht wesentlich anders geworden ist, so hat sich doch in ihm eine Partei gebildet, welche jene Umwandlung [scl. durch das Exil] zunächst an sich selbst vollzog und dann auch das ganze Volk umzuwandeln bestrebt war. Dies ist die Partei der Anawim" (S. 85). Die Datierung greift zwar viel zu hoch, und die missionarische Absicht der Anawim ist wohl falsch eingeschätzt; doch das Phänomen ist zutreffend erfaßt. Die Frömmigkeit der Anawim kann durch Zef 2,3 illustriert werden: „Ehe denn über euch kommt der Tag des Zornes Jahwes, suchet Jahwe, alle ihr Demütigen im Lande (כָּל־עַנְוֵי הָאָרֶץ), die ihr sein Recht tut. Suchet Gerechtigkeit, suchet Demut, vielleicht könnt ihr euch bergen am Tage des Zorns Jahwes!"[60] Die Demutshaltung bewährt sich in treuem Gehorsam und steht in der Erwartung des eschatologischen Gerichts.

Rahlfs unterscheidet im Psalter zwölf Psalmen (Ps 22; 25; 31; 34; 35; 38; 40; 69-71; 102; 109), die er auf die Anawim zurückführt. Die Beschränkung auf die Davidsammlungen des ersten und zweiten Psalmenbuchs sowie auf Ps 102 und 109 fällt auf. Das mag freilich an der Affinität dieser Psalmen-Gruppe zum Klagelied des einzelnen liegen. Auch die Anawim-Psalmen sind zum größeren Teil keine Neudichtungen. Das ist leicht zu sehen in *Ps 102*, der in der Überschrift nach-

---

59 O. KEEL, Feinde und Gottesleugner. Studien zum Image der Widersacher in den Individualpsalmen (SBM 7) 1969, bes. 107-131.
60 Der Vers ist eine späte Beischrift, vgl. B. DUHM, Anmerkungen zu den Zwölf Propheten, 1911, 58. „Die Ausdrücke und Begriffe sind hier schon ganz wie in den Psalmen" (J. WELLHAUSEN, Die Kleinen Propheten, [4]1963, 152f.).

träglich als תְּפִלָּה לְעָנִי „Gebet für einen Demütigen" definiert worden ist. Ein Beispiel für die inhaltliche Überarbeitung ist der Beginn von *Ps 86*:[61]

1 Neige, Jahwe, dein Ohr, antworte mir!
  Denn ich bin demütig und arm.
2 Bewahre meine Seele, denn
  ich bin treu. Hilf deinem Knecht,
  du bist mein Gott.
  der auf dich vertraut.
3 Sei mir gnädig, 'Jahwe',
  denn zu dir rufe ich allezeit.

Anrufung, Bitte und Vertrauensäußerung, die gattungsgerecht das Klagelied eröffnen, sind durchsetzt mit der Selbstbezeichnung des Beters: „Ich bin demütig und arm. Ich bin treu. (Ich bin) dein Knecht, der auf dich vertraut". Die heutige, unsinnige Satzfolge geht nicht auf zufällige Vertauschung zurück, auch nicht auf einfache Glossierung; denn die Bearbeitung setzt sich im weiteren Psalm fort. Besonders der Ausdruck „dein Knecht" zeigt, daß nicht die soziale Stellung des Beters oder eine Frömmigkeitshaltung benannt ist. Der Beter bekennt seine Zugehörigkeit zu einer bestimmten Gruppe.

Dieselbe Art der Selbstvorstellung findet sich in Ps 70,6 und Ps 109,22. *Ps 70* (par. Ps 40,14-18) ist ein kurzes Klagelied des einzelnen:

2 'Jahwe', mich zu erretten,
  Jahwe, zu meiner Hilfe eile herbei!
3 Schämen sollen sich und zuschanden werden 'mitsammen',
  die mir nach dem Leben trachten.
  Nach hinten weichen und beschämt werden sollen,
  die Gefallen haben an meinem Unglück.
4 Zurückweichen sollen ob ihrer Schmach,
  die zu mir sagen: Ha! Ha!
5 Es sollen jauchzen und sich freuen an dir
  alle, die nach dir trachten.
  Sie sollen beständig sagen: Groß ist 'Jahwe'!,
  die deine Hilfe lieben.
6 *Ich bin demütig und arm:*
  Jahwe', eile zu mir!
  Meine Hilfe und meine Zuflucht bist du;
  Jahwe, säume nicht!

Grundlage ist ein vierzeiliger Hilferuf im chiastisch angeordneten Fünfer-Metrum (V. 2.6aγb). Dieses Stoßgebet ist in V. 3-4 durch einen dreifachen Vernichtungswunsch gegen die Widersacher des Beters gefüllt. In V. 6αβ aber findet sich wiederum die Selbstbezeichnung „Ich bin demütig und arm", eingebunden mit einer Wiederholung des Hilferufs aus V. 2: „Jahwe, eile zu mir!" Auch dieser Psalm ist also von den Anawim gebraucht worden, um ihre Haltung gegenüber Jahwe zum Ausdruck zu bringen. Der Jubel der Gerechten V. 5, der indirekt die Feinde aus V. 3-4 den Frevlern (רְשָׁעִים) gleichsetzt, ist wahrscheinlich noch später hinzugekommen.

---

61 Das Beispiel zeigt, daß Rahlfs den Rahmen der Anawim-Psalmen zu eng gesteckt hat.

VIII

Die zweite unterscheidbare Gruppe sind die חֲסִידִים. Es ist kein Zufall, daß der Psalter den Begriff συναγωγὴ ἀσιδαίων aus 1 Makk 2,42 bereits enthält, nämlich in Ps 149,1 (קְהַל חֲסִידִים) und im syrischen Ps 154,12. Dazu ein Blick auf *Ps 149*. Er ist ein Siegeslied auf Jahwe, wie das Zitat von Ps 98,1, das ihn eröffnet, anzeigt:

> (1) Singt Jahwe ein neues Lied,
>   *seinen Lobpreis in der Versammlung der Treuen.*
> 2 Israel freue sich seines Schöpfers,
>   die Söhne Zions sollen jauchzen über ihren König.
> 3 Sie sollen preisen seinen Namen im Reigen,
>   mit Pauken und Leiern sollen sie ihm spielen.
> 4 *Denn Wohlgefallen hat Jahwe an seinem Volk.*
>   *Er wird die Demütigen durch Hilfe verherrlichen.*
> 5 *Die Treuen sollen frohlocken mit Herrlichkeit,*
>   *jubeln auf ihren Lagern.*
> 6 Erhebungen Gottes in ihrer Kehle
>   und ein doppelschneidiges Schwert in ihrer Hand,
> 7 Rache zu vollziehen an den Völkern,
>   Züchtigung an den Nationen,
> 8 zu binden ihre Könige mit Fesseln
>   und ihre Edlen mit eisernen Ketten,
> 9 *das Gericht zu vollziehen an ihnen, das geschrieben ist.*
>   *Das ist der Ruhm für alle seine Treuen.*

Wie es Brauch ist, wird der Sieger im Reigen, mit Pauken und Leiern bejubelt und sein Name gepriesen (V. 3, vgl. Ps 98,4-5; Ex 15,20-21). Das Siegeslied verbindet sich mit einem Jahwe-König-Lied. Israel und die Söhne Zions brechen in die Königsfreude aus, die zum Ritual der Thronbesteigung gehört (V. 2, vgl. Ps 97,1). Beides zusammen, der Sieg Jahwes wie sein Königtum, werden für Zion zur Gelegenheit der Rache an den Völkern. Die Söhne Zions, mit dem Jubelschrei ihres Gottes in der Kehle und dem Schwert in der Hand, siegen nun selbst über die Völker, deren Könige in Ketten gehen. Es ist deutlich, daß das ein Wunsch an die Zukunft ist, genährt von der Erfahrung, zum Opfer der Völker geworden zu sein.

Dieser Zionspsalm ist in V. 9 definierend auf die חֲסִידֵי יהוה bezogen worden: הָדָר הוּא לְכָל־חֲסִידָיו: „Dieser Ruhm gilt allen seinen Treuen". Nunmehr sind es die Jahwe-Treuen, nicht Israel insgesamt oder die Söhne Zions, denen das Gericht an den Völkern anheimgegeben ist. Auch dies will eschatologisch verstanden sein als die endliche Erfüllung der Verheißung, „die geschrieben ist". Ps 149 wird als ganzer zur eschatologischen Tehilla in der Versammlung der חֲסִידִים (V. 1b). Entsprechend lautet V. 5: „Die חֲסִידִים sollen frohlocken mit Herrlichkeit, jubeln auf ihren Lagern". In V. 4 ist im gleichen Sinne der ältere Begriff עֲנָוִים in Anspruch genommen, sowie עַמּוֹ „sein Volk", das sich hier auf die Minderheit des wahren Israel bezieht.

Daß der Bezug auf die חֲסִידִים sich gerade im vorletzten Psalm des kanonischen Psalters in einer Breite findet wie nirgends sonst, ist bedeutsam. Wir sind hier am letzten Ende des fertigen Buchs, unmittelbar vor der Schlußdoxologie Ps 150. Die Reichweite der Überarbeitung ist daher nicht auf den einzelnen Ps 149 beschränkt. Sie betrifft den Psalter als ganzen. Unmittelbar zuvor findet sich in *Ps 148,14* nach Art einer Randanmerkung die Definition: תְּהִלָּה לְכָל־חֲסִידָיו „Ein Lobpreis für alle seine Treuen". Auch dieser Psalm ist nachträglich auf die חֲסִידֵי יהוה bezogen worden.

Die zeitgeschichtliche Veranlassung kann bei dieser Überarbeitung nicht zweifelhaft sein. Die חֲסִידֵי יהוה begegnen in dem makkabäisch überarbeiteten *Ps 79* in einer Schicht, die die Aktualisierung aus der Mitte des 2. Jahrhunderts voraussetzt (V. 2).[62] *Ps 30* ist in der Überschrift durch nachträglichen Einschub zum „Lied auf die Weihe des Tempels" bestimmt worden, womit nach der Tradition und nach dem Begriff חֲנֻכָּה die makkabäische Tempelweihe gemeint ist. Für Wellhausen „ist es von grosser Bedeutung, dass der makkabäische Ursprung eines Psalmes hier einmal durch alte Tradition wahrscheinlich gemacht wird". Unter Verweis auf V. 5 nimmt er an, daß er „aus dem Kreise der Asidäer (...) stammt".[63] Gunkel widersprach wegen der Gattung, und zweifellos ist er im Recht, daß hier ein altes Danklied des einzelnen vorliegt.[64] Gleichwohl hat auch Wellhausen das Richtige gesehen, nämlich im Blick auf V. 5-6: „Spielt Jahwe, *ihr seine Treuen*, und preist seinen heiligen Namen. Denn ein Augenblick in seinem Zorn, ein Leben in seiner Huld, am Abend Weinen, und zum Morgen Jubel." Das ist nichts anderes als ein aktualisierender Nachtrag aus den Kreisen der חֲסִידֵי יהוה, die mit den Worten von Ps 98,5 und 97,12 das Ende der Verwüstung des Tempels bejubeln.[65]

Weitere Belege dieser Bearbeitung sind die letzten beiden Worte von *Ps 52*: נֶגֶד חֲסִידֶיךָ „vor deinen Treuen", die an das Lobgelübde angehängt sind,[66] und der Einschub *Ps 116,15*: יָקָר בְּעֵינֵי יהוה הַמָּוְתָה לַחֲסִידָיו „Der Tod seiner Treuen wiegt schwer vor Jahwe". Wieder ist der zeitgeschichtliche Hintergrund zu spüren. Eine ähnliche Aussage findet sich in *Ps 97,10aβ*: שֹׁמֵר נַפְשׁוֹת חֲסִידָיו „Er bewahrt die Seelen seiner Treuen".[67] In diesem Beispiel ist die חֲסִידִים-Ergänzung jünger als als die Ausrichtung des Psalms auf die Gerechten: Die Aussage trennt den sie umgebenden Parallelismus.[68] Daß der Psalter in der Mitte des 2. Jahrhunderts das Gebetbuch der Asidäer gewesen ist, kann danach nicht in Zweifel stehen. Er lag damals nahezu im heutigen Umfang vor.

Unsere Deutung wird vollends bestätigt durch die weitere Wirkungsgeschichte. Unter den Texten von Qumran hat sich bezeichnenderweise ein Pescher-Midrasch zu Ps 37 gefunden (4QpPs37), jenem Akrostichon, das den Gegensatz von Gerechtem und Frevler in besonderer Breite ausführt.[69] Nach diesem Midrasch haben die Qumran-Essener sich in der unmittelbaren Erbfolge der Anawim und der Asidäer gesehen. Ps 37,11 וַעֲנָוִים יִירְשׁוּ־אָרֶץ „Die Demütigen werden das Land

---

62 Vgl. das Zitat in 1 Makk 7,17. Das Klagelied des Volkes, das den Aktualisierungen vorgegeben war, findet sich in V. 5a.8(ab מַהֵר).9(nur עֲזָרֵנוּ אֱלֹהֵי יִשְׁעֵנוּ וְהַצִּילֵנוּ).11.13(ab נוֹדֶה).
63 J. WELLHAUSEN, Bemerkungen zu den Psalmen (in: DERS., Skizzen und Vorarbeiten VI, 1899, 163-187) 172.
64 GUNKEL, Psalmen, 127f. Den Grundbestand bilden V. 2-4.12-13.
65 Zur Literarkritik SPIECKERMANN, Heilsgegenwart, 257.
66 Zuvor bereits ist Ps 52 in V. 8-9 um das Motiv von Ps 1 ergänzt worden. Auch hier steht Jer 17,5-8 im Hintergrund.
67 Den Zusammenhang mit Ps 149 betont LIPINSKI, La Royauté de Yahwé (s. Anm. 36), 269.
68 S.o. S. 299 die in der Übersetzung von Ps 97 angedeutete Schichtung.
69 Bei LOHSE, Die Texte aus Qumran, 271-279.

ererben" beziehen sie auf sich selbst: „Seine Deutung bezieht sich auf die Gemeinde der Armen" (פשרו על עדת האביונים, 4QpPs37 II 8f). Der Geistesverwandtschaft entspricht es, daß die Psalmen dasjenige biblische Buch sind, von dem sich in den Höhlen die meisten Fragmente gefunden haben. In der neutestamentlichen Urgemeinde lebt die eschatologische Armenfrömmigkeit der Demütigen ebenfalls fort. Es genügt ein einziger Beleg: Ps 37,11 ist in Mt 5,5 unter die sekundären Erweiterungen der Seligpreisungen aufgenommen: μακάριοι οἱ πραεῖς, ὅτι αὐτοὶ κληρονομήσουσιν τὴν γῆν.

IX

In der Aneignung der Psalmen durch die Anawim, in ihrer Bearbeitung im Sinne von Ps 1 sowie in ihrer Beanspruchung durch die Asidäer zeigen sich Grundzüge einer Geschichte literarischer Weiterarbeit am Psalter. Die Fortschreibung des gegebenen Überlieferungsbestands ist kein einmaliges Geschehen gewesen, schon gar nicht ein Geschehen nur der äußersten Spätzeit. Nicht anders als das übrige Alte Testament sind die Psalmen über Jahrhunderte gewachsen. Für „kanonisch" galten sie lange Zeit im Sinne einer Richtschnur produktiver Weiterarbeit, nicht im Sinne einer ausschließenden Norm.

Von den Akrosticha abgesehen, gibt es nur wenige Psalmen, die literarisch aus einem Guß sind. Die Gattungskritik hätte das längst lehren können; denn die Zusätze verderben in der Regel die Form.[70] Bekannt ist die Kontroverse über das Ich der Psalmen, die eine traditionsgeschichtliche Lösung nachgerade verlangt.[71] Die Kette der Fortschreibungen beginnt bereits im vorexilischen Bestand, erkennbar daran, daß das Motiv der Thronbesteigung Jahwes auf vorgegebene Theophanieschilderungen aufgesetzt worden ist.[72] Auch die Wandlung Jahwes zum universalen Weltengott in der frühnachexilischen Zeit läßt sich als literarische Nacharbeit verfolgen.[73] Der Psalter wurde im messianischen Sinne bearbeitet, indem der Grundbestand durch Ps 2 und Ps 89 gerahmt[74] und durch einschlägige Zusätze ergänzt wurde. Der Psalter wurde im theokratischen Sinne gedeutet, indem an den Grundbestand die Sammlung der Jahwe-König-Psalmen Ps 93-100 angehängt wurde. Der Psalter wurde im Sinne des Triumphs Zions über die Völkerwelt bearbeitet.[75] Der Psalter wurde im Sinne einer Zionsfrömmigkeit bearbeitet, die mög-

---

70 Vgl. F. STOLZ, Psalmen im nachkultischen Raum (ThSt[B] 129) 1983, bes. 21-29.
71 Vgl. R. SMEND, Über das Ich der Psalmen (ZAW 8, 1888, 49-147); gegen ihn E. BALLA, Das Ich der Psalmen (FRLANT 16) 1912. Den traditionsgeschichtlichen Lösungsweg hat bereits J.Z. SCHUURMANS STEKHOVEN, Über das Ich der Psalmen (ZAW 9, 1889, 131-135), gewiesen.
72 Vgl. als Beispiel oben Ps 97,1-7*. Derselbe Textaufbau findet sich in Ps 29 (Theophanie V. 3a [bis הַמָּיִם]. 3b-5a.7-8a.9 [bis אַיָּלוֹת]; Thronbesteigung V.1 [ab הָבוּ]. 2.3a [ab אֵל]. 9 [ab וּבְהֵיכָלוֹ]. 10), sowie in Ps 93 (Meereskampf V. 3a.4.5b; Thronbesteigung V. 1a). Vgl. auch die Ergänzung von Ps 24,1-2 durch V. 7-10 und oben die Schichtung von Ps 36,6-10.
73 Vgl. oben Ps 97,9. Ein anderes Beispiel ist Ps 47, dessen Kern V. 2-3.6-7.8 (bis אֱלֹהִים).10 (nur מְאֹד נַעֲלָה) eine Relecture von Ps 97* und 98,4-9 ist.
74 So die Vermutung von J.W. ROTHSTEIN in seiner Übersetzung von S.R. DRIVER, Einleitung in die Literatur des alten Testaments, 1896, 399f. Anm.
75 Vgl. oben Ps 97,6b.8.

licherweise mit den Wallfahrten der Diaspora in Zusammenhang steht.[76] „Es hat in Israel so viele Arten der Neuinterpretation gegeben, wie es religiöse Strömungen und Interessen gab."[77]

Unter dem programmatischen Titel ‚Israel deutet seine Psalmen' hat J. Becker, anknüpfend an die anthologische Psalmenexegese A. Deisslers, die Notwendigkeit und zugleich die Fruchtbarkeit einer traditionsgeschichtlichen Auslegung der Psalmen erstmals mit Nachdruck aufgewiesen.[78] Seither hat die Analyse einzelner Psalmen große Fortschritte gemacht und die Möglichkeit traditionsgeschichtlicher, ja literarkritischer Zugänge erwiesen.[79] Die umstrittene Kolometrie wurde genutzt, um in ausgewählten Psalmen vorexilischen Grundbestand und jüdische Neudeutung zu sondern.[80] Die Redaktionsgeschichte von Teilsammlungen wurde mit Erfolg untersucht.[81] Was not tut, ist ein literarkritischer Zugang, der die Analyse des einzelnen Psalms mit der Traditionsgeschichte des Psalters als ganzes in Zusammenhang bringt.

---

76 Vgl. oben Ps 26,8.12 und die Anm. 45 genannten Parallelen.
77 J. BECKER, Israel deutet seine Psalmen. Urform und Neuinterpretation in den Psalmen (SBS 18) 1966, 32.
78 AaO; vgl. A. DEISSLER, Psalm 119 (118) und seine Theologie. Ein Beitrag zur Erforschung der anthologischen Stilgattung im Alten Testament (MThS.H 11) 1955.
79 Unter der sich rasch vermehrenden Literatur vgl. bes. T. VEIJOLA, Verheissung in der Krise. Studien zur Literatur und Theologie der Exilszeit anhand des 89. Psalms (AASF.B 220) Helsinki 1982; die Analysen von SPIECKERMANN, Heilsgegenwart; sowie die zahlreichen monographischen Beiträge von W. BEYERLIN.
80 O. LORETZ, Die Königspsalmen. Die altorientalisch-kanaanäische Königstradition in jüdischer Sicht. Teil 1: Ps 20, 21, 72, 101 und 144 (UBL 6) 1988.
81 Vgl. G. WANKE, Die Zionstheologie der Korachiten (BZAW 97) 1966; SEYBOLD, Die Wallfahrtspsalmen (s. Anm. 11).

Psalm 136 als zeitweilige Schlußdoxologie des Psalters[1]

Wie bei anderen Teilen des alttestamentlichen Kanons hat sich die jüngere Forschung auch beim Psalter den Kompositionsverhältnissen und der Endgestalt zugewandt.[2] Man tut gut daran, das vorliegende Buch nicht auf eine planmäßige ‚Endredaktion' zurückzuführen. Vielmehr ist auch beim Psalter ein langfristiges, nur gelegentlich durch bewußte redaktionelle Entscheidungen bestimmtes literarisches Wachstum zu beobachten. Die masoretische Buchgestalt ergab sich durch das allmähliche Versiegen des Traditionsstroms, der sich in die deuterokanonische Literatur verlagerte. Die Textüberlieferung zeigt, daß die Ränder des Psalters immer fließend geblieben sind.[3]

Die fließenden Grenzen zeigen sich besonders am Schluß. Bevor die große Sinfonie des Gotteslobs in dem Paukenschlag von Ps 150 ausklingt, gibt es mehrere Halbschlüsse, Kadenzen und Codae, die auf frühere Stadien der Sammlung von Sammlungen hinweisen. Der Königspsalm 89 hat wahrscheinlich einmal am Schluß des Buches gestanden und mit Ps 2 einen Rahmen um den „messianischen" Psalter gebildet.[4] Ps 89,53, die Schlußdoxologie des dritten Psalmenbuchs, ist unter dieser Voraussetzung einmal die Schlußdoxologie des Gesamtbuchs gewesen. Ps 100 könnte, wie er der Abschluß der Jahwe-König-Psalmen ist, auch einmal die Schlußdoxologie des um die Jahwe-König-Psalmen erweiterten, „theokratischen" Psalters gewesen sein.[5] Ps 117, der kürzeste aller Psalmen, versteht

---

1 Vorgetragen am 3. August 1998 auf dem 16. Kongreß der International Organisation for the Study of the Old Testament in Oslo.
2 Vgl. G.H. WILSON, The Editing of the Hebrew Psalter (SBL.DS 76) Chico 1985; N. FÜGLISTER, Die Verwendung und das Verständnis der Psalmen und des Psalters um die Zeitenwende (in: J. SCHREINER [Hg.], Beiträge zur Psalmenforschung. Psalm 2 und 22 [fzb 60] 1988, 319-384); E. ZENGER, Israel und Kirche im gemeinsamen Gottesbund. Beobachtungen zum theologischen Programm des 4. Psalmenbuchs (Ps 90-106) (in: DERS. /M. MARCUS /E.W. STEGEMANN [Hg.], Israel und Kirche heute. FS E.L. Ehrlich, 1991, 236-254); N. LOHFINK, Psalmengebet und Psalterredaktion (ALW 34, 1992, 1-22); J.C. MCCANN (ed.), The Shape and Shaping of the Psalter (JSOT.S 159) Sheffield 1993; M. MILLARD, Die Komposition des Psalters (FAT 9) 1994; E. GERSTENBERGER, Der Psalter als Buch und als Sammlung (in: K. SEYBOLD /E. ZENGER [Hg.], Neue Wege der Psalmenforschung [Herders Biblische Studien 1] 1994, 3-13); K. KOCH, Der Psalter und seine Redaktionsgeschichte (ebd. 243-277); R.G. KRATZ, Die Tora Davids. Psalm 1 und die doxologische Fünfteilung des Psalters (ZThK 93, 1996, 1-34); E. ZENGER, Der Psalter als Buch (in: DERS. [Hg.], Der Psalter in Judentum und Christentum, 1998, 1-57).
3 Vgl. Ps 151 LXX sowie die fünf syrischen Pss 151-155. 11QPs^a ist hingegen als ein von vornherein deuterokanonisches Florilegium anzusehen, vgl. P.W. SKEHAN, Qumran and Old Testament Criticism (in: M. DELCOR [ed.], Qumrân. Sa piété, sa théologie et son milieu [BEThL 46] Paris /Leuven 1978, 163-182), sowie das Referat von WILSON, Editing, 63-88.
4 So die Hypothese von J.W. ROTHSTEIN in der von ihm besorgten deutschen Übersetzung von S.R. DRIVER, Einleitung in die Litteratur des alten Testaments, 1896, 399f. Vgl. CH. RÖSEL, Die messianische Redaktion des Psalters (CThM.BW 19) 1999.
5 K. SEYBOLD, Die Psalmen (HAT I/15) 1996, 391 (unter Verweis auf M.E. Tate): „Ps 100 hat für die hymnisch-liturgische Psalmgruppe 93-99 die Funktion des Schlußakkords, der das Credo der nachexilischen Gemeinde zusammenfassend formuliert". Vgl. N. LOHFINK, Die

sich am ehesten als Schlußdoxologie, die vielleicht mit der Anbindung der David-Sammlung 101-110* in Zusammenhang steht.[6]

Meine These ist, daß auch Ps 136 eine Zeitlang der Abschluß des Psalters gewesen ist. Das breit angelegte Bekenntnis, das Schöpfung und Heilsgeschichte resümiert und als Wechselgebet in dieser Form im Psalter kein Gegenstück hat, fände so nach Art und Inhalt eine angemessene Erklärung.

I

Die abschließende Stellung von Ps 136 läßt sich noch erkennen. Sie geht mittelbar aus der Analyse von *Ps 118* hervor,[7] mit dem seinerseits „in verschiedener Hinsicht ein Schluß erreicht" ist.[8] Ps 118 ist keine ursprüngliche Einheit. Er ist aus Bestandteilen unterschiedlicher Herkunft zusammengesetzt, die sich nach Gattung und Stil voneinander scheiden. Die meisten von ihnen haben eine Vorgeschichte außerhalb des heutigen Zusammenhangs gehabt.

Die einleitenden Verse 1-4 führen auf ein litaneiartiges Wechselgebet. Nach der Eröffnung הוֹדוּ לַיהוָה כִּי־טוֹב כִּי לְעוֹלָם חַסְדּוֹ „Dankt Jahwe, denn er ist gut; denn für immer währt seine Huld!" werden Israel, das Haus Aaron und die Jahwefürchtigen aufgefordert, mit כִּי לְעוֹלָם חַסְדּוֹ „denn für immer währt seine Huld" zu antworten:

1 „Dankt Jahwe, denn er ist gut;
  denn für immer währt seine Huld."
2 Es spreche Israel:
  „denn für immer währt seine Huld."
3 Es spreche das Haus Aaron:
  „denn für immer währt seine Huld."
4 Es sollen sprechen, die Jahwe fürchten:
  „denn für immer währt seine Huld."

Man kann diese dreifach gestaffelte Aufforderung eine ‚liturgische Regieanweisung' nennen.

Auf V. 4 folgt eine tiefe Zäsur. Viele hebräische Handschriften lassen hier einen neuen Psalm einsetzen;[9] denn mit V. 5 beginnt ein Danklied des einzelnen, dem anhand der Kurzform יָהּ des Gottesnamens auch die Verse 14 und 17-19 zuzuweisen sind. Abgeschlossen wird es mit V. 21 und 28:

Universalisierung der ‚Bundesformel' in Ps 100,3 (ThPh 65, 1990, 172-183) 174: „Vielleicht ist er erst für diesen Ort im Psalter geschaffen worden. Er schließt die vorangehenden Jahwe-Königs-Psalmen ab. Der Gedanke liegt nahe, daß dies seine Funktion ist."

6 Nach SEYBOLD, Psalmen, 456, „mag seine ältere Funktion gewesen sein, den zeitweiligen Abschluß des Gesamtpsalters zu markieren (am Ende der Hallel-Gruppe, zusammen mit 118)".

7 Zu Ps 118 vgl. J. SCHRÖTEN, Entstehung, Komposition und Wirkungsgeschichte des 118. Psalms (BBB 79) 1995; J.L. MAYS, Psalm 118 in the Light of Canonical Analysis (in: G.M. TUCKER /D.L. PETERSEN /R.R. WILSON, Canon, Theology, and Old Testament Interpretation. Essays in Honor of B.S. Childs, Philadelphia 1988, 299-311).

8 SEYBOLD, Psalmen, 459.

9 Vgl. BHS.

> 5 Aus der Enge rief ich zu *Jah*;
> es antwortete mir mit Weite *Jah*.
> 14 Mein Ruhm und Lied ist *Jah*,
> und er ward mir zur Rettung.
> 17 Ich werde nicht sterben, sondern leben
> und erzählen die Taten *Jahs*.
> 18 Gezüchtigt hat *Jah* mich wohl,
> aber dem Tode hat er mich nicht übergeben.
> 19 Öffnet mir die Tore der Gerechtigkeit!
> Ich will durch sie eingehen. Ich will *Jah* danken.
> 21 Ich danke dir, denn du hast mich erhört
> und wurdest mir zur Rettung.
> 28 Du bist mein Gott, und ich danke dir;
> mein Gott, ich will dich erheben.

Diese Toda ist einmal ein selbständiger Psalm gewesen. Das zeigt einerseits die mustergültig reine Gattung, anderseits der konsistente Gebrauch des Gottesnamens יָהּ.[10] Von den 24 Belegen, die sich, abgesehen von dem הַלְלוּ־יָהּ-Ruf, für diese Kurzform finden, gehören allein sechs diesem Psalm an.[11]

Die Toda V. 5-28* bildet im heutigen Psalm ein Gerüst, in das vier weitere, klar abgegrenzte Stücke eingestellt sind. Ein erstes ist das Vertrauenslied des einzelnen V. 6-13. Es fand zwischen V. 5 und 14 seinen Platz, um den Erhörungsbericht der Toda weiter auszuführen:

> 6 Jahwe ist mit mir. Ich fürchte mich nicht;
> was können mir Menschen tun?
> 7 Jahwe ist mit mir unter meinen Helfern;
> ich aber, ich werde sehen auf meine Hasser.
> 10 Alle Völker umringen mich;
> im Namen Jahwes will ich sie abwehren.
> 11 Sie umringen, ja umringen mich;
> im Namen Jahwes will ich sie abwehren.[12]
> 12 Sie umringen mich wie Bienen das Wachs,
> sie entbrennen wie Feuer im Dorngestrüpp;
> im Namen Jahwes will ich sie abwehren.
> 13 Ich werde heftig gestoßen, daß ich fallen soll;
> aber Jahwe hilft mir.

Daß dieser Psalm einmal selbständig gewesen ist, erweist einerseits die Langform des Gottesnamens, die ihn von der umgebenden Toda deutlich abhebt, anderseits der Vergleich mit den gattungsreinen Vertrauenspsalmen 3; 23 und 27,1-6.

Innerhalb dieses Vertrauenslieds gibt es eine weitere Einschaltung. In V. 8-9, „a glossator adds a pentameter couplet of gnomic experience":[13]

---

10 F. CRÜSEMANN, Studien zur Formgeschichte von Hymnus und Danklied in Israel (WMANT 32) 1969, 217-225, hat die Gattung der Toda anhand von Ps 118 geradezu entwickeln können. Er unterscheidet freilich noch nicht zwischen der heutigen Gestalt des Psalms und den Vorstufen, sondern löst das Formproblem durch verschiedene Sprecher. So war es in der älteren Exegese üblich.
11 Sonst Ex 15,2; 17,16; Jes 12,2; 26,4; 38,11.11; Ps 68,5.19; 77,12; 94,7; 102,19; 115,17.18; 122,4; 130,3; 135,4; 150,6.
12 Der Vers ist möglicherweise ergänzt, vgl. SEYBOLD, Psalmen, 457-459.

8 Es ist besser, auf Jahwe zu vertrauen,
   als sich auf Menschen zu verlassen.
9 Es ist besser, auf Jahwe zu vertrauen,
   als sich auf Fürsten zu verlassen.

Ein solcher טוֹב מִן-Spruch (vgl. Spr 15,17; 16,8.19 u.ö.) ist gattungsgemäß eine Überlieferungsgröße für sich. Die Variante V. 9, die der Sentenz eine theokratische Spitze gibt, ist wahrscheinlich ein späterer Zusatz (vgl. Ps 146,3-6a.10).

Das Stichwort יְשׁוּעָה „Rettung" in V. 14 hat veranlaßt, in V. 15-16 einen altertümlichen Jahwe-Hymnus einzuschieben:

15 Geschrei des Jubels und der Rettung![14]
   Die Rechte Jahwes tut Machttat!
16 Die Rechte Jahwes ist erhöht;
   die Rechte Jahwes tut Machttat!

Er dürfte seinen Ursprung im Krieg gehabt haben, sei es als Kampfschrei (תְּרוּעָה vgl. Jos 6,5; Ri 7,18.20), sei es als Siegeslied (vgl. Ex 15,21; Ps 93,1).

Zuletzt findet sich zwischen V. 21 und 28 das Bruchstück eines Festpsalms, der offenbar einen eigenen „Sitz im Leben" gehabt hat:

22 Der Stein, den die Bauleute verworfen haben,
   ist zum Eckstein geworden.
23 Von Jahwe ist dies geschehen.
   Es ist ein Wunder in unsern Augen.
24 Dies ist der Tag, den Jahwe gemacht hat;
   wir wollen uns freuen und fröhlich an ihm sein.
25 Ach Jahwe, hilf doch!
   Ach Jahwe, laß doch gelingen!
26 Gesegnet sei, der im Namen Jahwes kommt!
   Wir segnen euch vom Hause Jahwes aus.
27 Jahwe ist Gott, er erleuchtete uns.
   Bindet den Reigen mit Seilen
   bis an die Hörner des Altars!

Dieses Stück, dessen Eigenart von allen Kommentatoren gesehen wird, hebt sich vom übrigen Psalm durch die „wir"-Rede ab.

II

Ps 118 ist, wie man sieht, eine kleine Sammlung von Psalmen und Psalmfragmenten. Daß das Patchwork nicht auseinanderbricht, ist dem rückwärtigen Rahmen zu danken: *Ps 118,29* wiederholt wörtlich V. 1 und klammert den Psalm als Einheit zusammen.

---

13 C.A. BRIGGS /E.G. BRIGGS, The Book of Psalms, II (ICC) Edinburgh 1907, 405.
14 Die Näherbestimmung „in den Zelten der Gerechten" ist ebenso wie V. 20 Zusatz einer spätnachexilischen Bearbeitung, s. CH. LEVIN, Das Gebetbuch der Gerechten (oben 291-313) 301.

Dieser Abschluß bietet selbst eine Schwierigkeit. Der hymnische Imperativ הוֹדוּ לַיהוה כִּי־טוֹב כִּי לְעוֹלָם חַסְדּוֹ, der hier wiederkehrt, gehört nicht an das Ende eines Psalms, vielmehr an den Beginn. Wörtlich gleich bildet er den Anfang von Ps 106; 107; 118 und 136, mit kleinen Abweichungen auch von Ps 105.

Wenn der Abschluß von Ps 118 in Wahrheit ein hymnischer Psalmbeginn ist, muß Ps 118 am Ende über sich hinausweisen. Worauf zielt der Verweis? Es versteht sich von selbst, daß er sich nicht auf den unmittelbar anschließenden, akrostichischen Gesetzespsalm 119 richtet. Das Ziel muß im weiteren Rahmen zu finden sein. Der gegebene Anschluß ist Ps 136, der mit ebendenselben Worten beginnt, mit denen Ps 118 endet. Die Nähe beider Psalmen wird durch die jüdische Passaliturgie erwiesen, in der Ps 136 auf das ägyptische Hallel Ps 113-118 folgt. „Daß Ps 136 ein zusätzlicher Abschlußpsalm des Ägyptischen Hallels bei der Pessach-Liturgie ist, ist nicht nur die mischnisch belegte Sitte, sondern hat auch eine Entsprechung in den Texten selbst: Ps 118 und 136 haben denselben Anfang."[15] In der Psalmenrolle aus Höhle 11 in Qumran (11QPs^a), Kolumne XVI, hat umgekehrt Ps 118 im Anschluß an Ps 136 seine Stellung gefunden.[16]

Der Wortlaut stellt außer Zweifel, daß die liturgische Regieanweisung 118,2-4 für das Wechselgebet Ps 136 bestimmt ist.[17] Nirgends anders als in der liturgischen Rezitation von Ps 136 geschieht es, daß Israel, das Haus Aaron und die Jahwefürchtigen mit „Denn für immer währt seine Huld" respondieren. Die Wiederholung von 118,1 in V. 29 ist deshalb als *Fangzeile* und Stichwortbrücke zu Ps 136 zu verstehen.

III

Wenn Ps 118,1-4 die Einleitung für Ps 136 gewesen ist, müssen die Psalmen 119-135 zwischeneingekommen sein. Keine Schwierigkeit birgt die Annahme, daß der Torapsalm 119 ein Nachtrag ist.[18] Wie locker er im Gefüge sitzt, zeigt 11QPs^a, wo Ps 119 sich nicht vor, sondern nach den Ma'alot-Psalmen findet.[19] Die Ma'alot-Psalmen aber können sammlungsgeschichtlich nur als Einheit gesehen werden: Ps 120-134 sind wie andere vorgängige Teilsammlungen als Block in den Psalter gelangt.

Das läßt sich an *Ps 135* ablesen. Er ist im Ursprung nichts anderes als das künstliche Gelenk, das den durch die Ma'alot-Psalmen zerrissenen Zusammenhang zwischen Ps 118 und Ps 136 wiederherstellt und eben damit bestätigt. Seinen Kern bildet eine Synthese von Ps 134 und Ps 118,1-4, so daß die Rezitationsanweisung für Ps 136 nunmehr mit der Schlußdoxologie der Ma'alot-Sammlung gefüllt wird.

---

15 MILLARD, Komposition, 33.
16 DJD IV, 37.
17 KOCH, Der Psalter und seine Redaktionsgeschichte, 257f., fragt: „Waren womöglich die Hymnen 135*; 136* einmal unmittelbar auf (107-)118 gefolgt, sollten sie den liturgischen Gesang vorführen, den die Wallfahrer von 118 nach ihrem Durchschreiten der Tempeltore anzustimmen hatten?"
18 Vgl. KOCH, 254f.
19 DJD IV, 27.

Ps 135 beginnt wie Ps 118 und Ps 136 als Hallel-Psalm.[20] Wie in Ps 134,1 richtet sich der einleitende Lobaufruf an die „Knechte Jahwes, die im Hause Jahwes stehen" (עַבְדֵי יהוה הָעֹמְדִים בְּבֵית־יהוה). Ps 135 schließt auch wie Ps 134, nur daß in 135,21 der Segenswunsch יְבָרֶכְךָ יהוה מִצִּיּוֹן „Jahwe segne dich vom Zion" zu dem Lobspruch בָּרוּךְ יהוה מִצִּיּוֹן „Gelobt sei Jahwe vom Zion" abgewandelt ist.[21] Hinter der Änderung steht der Lobaufruf 118,2-4. Er ist auch in 135,19-20 an Israel, an das Haus Aaron und an die Jahwefürchtigen gerichtet,[22] nur daß an die Stelle des Responsoriums כִּי לְעוֹלָם חַסְדּוֹ „denn für immer währt seine Huld" der hymnische Imperativ בָּרְכוּ אֶת־יהוה „Preist Jahwe!" aus 134,1 getreten ist. Unbeschadet der Änderung wird durch Ps 135,19-21 annähernd jener Übergang geschaffen, der einst zwischen Ps 118,1-4 und Ps 136 bestanden hat.

IV

Bauart und sammlungstechnische Funktion von Ps 135 werden noch klarer, wenn man den belehrenden, apologetischen Mittelteil, der mit כִּי אֲנִי יָדַעְתִּי „denn ich weiß" V. 5 einsetzt und bis V. 18 einschließlich reicht, als späteren Einschub erkennt.[23] Er stellt Jahwe den von Menschen gemachten Götzen gegenüber. Innerhalb dieses Mittelteils ist V. 7-14 eine weitere Auffüllung, die die Größe Jahwes durch seine Taten in Natur und Geschichte illustriert. Sie bildet nun auch mit Ps 136 eine Synthese, vgl. 135,8 mit 136,10 und 135,10-12 mit 136,17-22.

Ps 115, der eine sekundäre Variante zu Ps 135 ist, hat den Psalm noch ohne V. 7-14 gelesen. Die Abfolge 115,3-4 spiegelt die Abfolge 135,6 und 15. Hingegen ist die Verbindung der ‚liturgischen Regieanweisung' mit der Götzenpolemik, die in Ps 135 durch den sekundären Mittelteil V. 5-6.15-18 entstanden ist, in Ps 115 vorausgesetzt. Ps 115,9-13 belegt ein weiteres Mal die enge Beziehung zwischen 118,2-4 und 135,19-20. Die Trias „Israel, Haus Aaron und die Jahwefürchtigen" findet sich nur in Ps 118,2-4; 135,19-20 sowie, nochmals verdoppelt, in 115,9-11 und 12-13. Den Begriff בֵּית אַהֲרֹן „Haus Aaron" gibt es im Alten Testament ausschließlich an diesen vier Stellen, den Begriff יִרְאֵי יהוה „Jahwefürchtige" sonst

---

20 In Ps 117,2 und 135,21 ist הַלְלוּ־יָהּ jeweils zum folgenden Psalm zu ziehen, vgl. LXX.
21 Vgl. P. AUFFRET, La Sagesse a bâti sa maison (OBO 49) 1982, 541: „La parenté de l'invitation initiale du Ps 135 avec le Ps 134 ... est manifeste. ... Les points de contact sont aussi assez nets entre le Ps 134 et les invitations finales du Ps 135, invitations ici et là à bénir Yahvé (134,1-2; 135,19-21), tandis qu'à la bénédiction donnée par Yahvé depuis Sion (134,3) répond la bénédiction adressée à Yahvé depuis Sion également (135,21)." WILSON, Editing, 188f. und 225, stellt die augenfällige Übereinstimmung synoptisch dar.
22 Ad vocem בֵּית אַהֲרֹן „Haus Aaron" wurde in V. 20a בֵּית הַלֵּוִי „Haus der Leviten" hinzugefügt. Das geschah auf späterer Stufe, da der Zusatz in der Sekundärparallele 115,9-13 noch fehlt. Die Leviten werden nur dieses eine Mal im Psalter genannt.
23 CRÜSEMANN, Studien zur Formgeschichte, 128 Anm. 2, hat gesehen, daß sich V. 5-18 von V. 1-4.19-21 abhebt: „Die Stimme eines einzelnen, die hier laut wird, bringt ... etwas Neues." Vgl. die ähnliche Analyse bei R. ALBERTZ, Weltschöpfung und Menschenschöpfung (CThM A 3) 1974, 217f. Anm. 18.

nur Ps 15,4 und Mal 3,16.[24] In 115,9-11 ist zunächst an die Stelle der Aufforderung zum Lob der dreifache Aufruf zum Gottvertrauen getreten. Um den früheren Sinn nicht verlorengehen zu lassen, wird die Trias in 115,12-13 wiederholt; allerdings greift der Verfasser hinter den hymnischen Imperativ von 135,19-20 auf den Segenswunsch von 134,3 zurück. Die Querbezüge sind den späten Komponisten allemal geläufig gewesen.

V

Warum war Ps 135 als Klammer erforderlich? Durch den Einbau der Ma'alot-Psalmen 120-134 sollte Ps 136 aus seiner Stellung nicht verdrängt werden. Daraus folgt, daß das durch Ps 118,1-4 bemerkenswert breit eingeleitete Wechselgebet zu jener Zeit die Position der Schlußdoxologie des Gesamtpsalters innehatte.

In dieser Schlußposition konnte sich Ps 136 zunächst behaupten. Daher wurden weitere Zusätze nicht angehängt, sondern vor Ps 136 eingeschoben. Zu ihnen zählen neben der Sammlung Ps 120-134 (+ 135) auch Ps 119 sowie nicht zuletzt die in Ps 118 enthaltenen Psalmen und Psalmfragmente, die großenteils einmal selbständig gewesen sind. Damit ist der merkwürdige Aufbau von Ps 118 zu einem Teil erklärt.

Die soweit begründete These erlaubt für die Wachstumsgeschichte des Psalters vier Schlußfolgerungen und fünf Vermutungen. Die Schlußfolgerungen:

(1) Die zeitweilig beliebte Ansicht, „daß Ps 1 und 119 einen Rahmen darstellen, der ein bestimmtes Stadium des Entstehungsprozesses unseres Psalters bezeichnet", ist widerlegt. Zu keiner Zeit gab es „einen Psalter, der mit 1 begann und mit 119 endete".[25] Ps 119 ist nicht angehängt worden, sondern eingeschoben.[26]

(2) Die These, die Psalmen 135 und 136 seien als aufeinander bezogene Komposition ein Anhang zu den Ma'alot-Psalmen,[27] beruht auf richtigen Beobachtungen, ist aber in dieser Form falsch.

(3) Die Beobachtungen zur Sammlungs- und Kompositionsgeschichte erweisen ein weiteres Mal, daß die Anordnung von 11QPs^a gegenüber dem masoretischen Psalter sekundär ist.[28]

(4) Die weit verbreitete These, Ps 115 bilde die Vorlage für Ps 135, ist umzukehren.

---

24 Ob man dabei bereits wie in neutestamentlicher Zeit an die Proselyten denken soll (so H. GUNKEL, Die Psalmen [HK II 2] 1926, 506), mag offenbleiben.
25 C. WESTERMANN, Zur Sammlung des Psalters (1964; in: DERS., Lob und Klage in den Psalmen, 1983, 195-202) 197f.
26 Vgl. KOCH, Der Psalter und seine Redaktionsgeschichte, 254f.; MILLARD, Komposition, 81.
27 KOCH, 256; ebenso MILLARD, 78: „In der vorliegenden Form der Wallfahrtspsalmen sind ... Ps 135 und 136 an diese Sammlung herangewachsen."
28 Vgl. MILLARD, 219-223.

Die Vermutungen:

(1) Die aus Ps 118,1-4 und Ps 136 bestehende Schlußkomposition hat an Ps 117 als vorgängige Schlußdoxologie angeschlossen, um dem Buch statt dieses kurzen einen volltönenden Abschluß zu geben.

(2) Keimzelle und Vorbild ist die frühere Schlußdoxologie Ps 100 gewesen. Aus der Abschlußwendung הוֹדוּ־לוֹ בָּרֲכוּ שְׁמוֹ כִּי־טוֹב יהוה לְעוֹלָם חַסְדּוֹ וְעַד־דֹּר וָדֹר אֱמוּנָתוֹ „Dankt ihm, preist seinen Namen; denn Jahwe ist gut, für immer währt seine Huld und von Geschlecht zu Geschlecht seine Treue" hat sich der Psalmbeginn הוֹדוּ לַיהוה כִּי־טוֹב כִּי לְעוֹלָם חַסְדּוֹ „Dankt Jahwe, denn er ist gut; denn für immer währt seine Huld!" als Auftakt des großen Wechselgebets Ps 136 entwickelt.[29] Der Kehrvers כִּי לְעוֹלָם חַסְדּוֹ ist eine ad hoc geschaffene Kurzform.[30]

(3) Der Einsatz von Ps 118 und Ps 136 ist im weiteren auch auf Ps 105; 106 und Ps 107 übertragen worden; sei es, daß diese Psalmen sekundäre Bildungen sind, sei es, daß sie einen neuen Vorspruch erhielten. Sie bilden jetzt eine Lobkomposition, die auf den Abschluß durch Ps 118 und Ps 136 zuläuft.

(4) Das durch Ps 136 beschlossene Buch dürfte auch vor Ps 117 Erweiterungen erfahren haben. Sie dienen dazu, den doxologischen Schluß weiter auszubauen. Diese Absicht hat das ägyptische Hallel Ps 113-118 hervorgebracht. Innerhalb dieser Gruppe ist nicht nur Ps 115 eine künstliche Bildung; auch Ps 113 läßt das Vorbild von Ps 135 erkennen.

(5) Der Weg zum heutigen Psalterschluß erklärt sich womöglich mit der David-Sammlung 138-145. Daß sie eine vorgegebene Größe war, ist wahrscheinlich. Wenn die Sammlung nicht wie die Ma'alot-Psalmen eingeschoben, sondern angehängt worden ist, folgt das der natürlichen Weise, wie Großtexte wie der Psalter zu wachsen pflegen. Für den Aufbau des Gesamtbuchs hat dieser Anhang die sinngemäße Wiederholung der Lobkomposition Ps 113-118 und 136 erzwungen. Deshalb trat neben das ägyptische Hallel das kleine Hallel Ps 146-150.

---

29 Der Imperativ הוֹדוּ „dankt!" ist eine Merkwürdigkeit, da das Danklied dem Wesen nach ein Gebet des einzelnen ist. Die Verteilung läßt erkennen, daß der Ursprung in Ps 100,4 gesucht werden muß: Jes 12,4; Jer 33,11; Ps 30,5; 33,2; 97,12; 100,4; 105,1; 106,1; 107,1; 118,1.29; 136,1.2.3.26; 1 Chr 16,8.34; 2 Chr 20,21.
30 Die Wendung כִּי לְעוֹלָם חַסְדּוֹ findet sich nur Jer 33,11; Ps 106,1; 107,1; 118,1-4.29; 136,1-26; Esr 3,11; 1 Chr 16,34.41; 2 Chr 5,13; 7,3.4; 20,21. Da die chronistischen Belege vom Psalter abhängen, liegt die Nähe zwischen Ps 100,5 und Ps 118,1-4.29; 136 zutage.

The Poor in the Old Testament: Some Observations[1]

Introduction

One of the most striking features of both the Jewish and the Christian faith is the positive religious attitude to poverty. „Blessed are you poor, for yours is the kingdom of God" (Luke 6:20). By both Jews and Christians, poverty is held to be a sign of nearness to God. Poverty is therefore a deliberate choice taken by the devout. It is a religious ideal. Yet at the same time faith has moved into the centre of its ethics a resolute commitment to the poor and – as consequence of that – the surmounting of the difference between poor and rich. This would seem on the one hand to contradict the supposition that poverty for faith's sake is an ideal. But on the other hand it is the direct consequence of the fact that poverty is understood to be a sign of nearness to God: „Truly, I say to you, as you did it to one of the least of these my brethren, you did it to me" (Matt. 25:40).

The question which we have to put to Israel's religious history and (as its foundational source) to the literary history of the Old Testament is this: how was it possible to elevate to an ideal a state of affairs which all human experience declares to be a misfortune? This question is all the more insistent since in the ancient world as a whole the misfortune was also given a religious qualification – but a negative one. According to the rule that a person's destiny depends on his conduct, poverty is not evidence of nearness to God at all. On the contrary, it shows that God has turned away from the person concerned.

The Ancient Near Eastern and Preexilic Israelite Attitude to Poverty

For the countryman's mentality, which was the mark of pre-exilic Israel and Judah (even its literate upper class), it was a matter of course to see wealth as a proof of God's special closeness. It counted as blessing: „And Isaac sowed in that land, and reaped in the same year a hundredfold. Yahweh blessed him, and the man became rich, and gained more and more until he became very wealthy. He had possessions of flocks and herds, and a great household" (Gen. 26:12-14; cf. 24:35). A judgment of this kind was quite general. We find it again in inscriptions discovered in recent years such as Tomb Inscription 3 at Ḥirbet el-Kōm, which dates from the last quarter of the 8th century: „Urijjahu the rich has written it. Blessed be (/was) Urijjahu by Yahweh."[2] In an inscription of this kind we hear the voice of popular religion without any detour via Old Testament tradition. For this religion, the blessing of wealth counts directly as Yahweh's gift.

---

1 Guest lecture at the University of South Africa in Pretoria on 10 July 2000. Translation by Margaret Kohl.
2 Cf. G.I. DAVIES, *Ancient Hebrew Inscriptions. Corpus and Concordance*, Cambridge 1991, No. 25.003; also J. RENZ, *Handbuch der althebräischen Epigraphik* I, Darmstadt 1995, pp. 202-211.

According to this way of thinking, poverty is an indisputable given fact, something to be taken for granted. A saying of Jesus himself has been passed down which declares: „You always have the poor with you" (Mark 14:7; Matt. 26:11; John 12:8). A society without poor was beyond anything people were prepared to imagine, or could imagine. Anyone who had any reason to think about poor and rich, sees the distinction as no different from any of the other differences between human beings – male and female, evil and good, stupid and clever: „The rich and the poor meet together, Yahweh is the maker of them all" (Prov. 22:2; cf. 29:13). This aphorism does not mention the Deity because it wants to say that in the sight of God differences are abolished, and are therefore among human beings too incompatible with what human beings are intended for, and their dignity. God is mentioned because the aphorism finds it impossible to interpret out of hand the observation which it sees as a notable natural phenomenon. יהוה מוֹרִישׁ וּמַעֲשִׁיר „Yahweh makes poor and makes rich" (I Sam. 2:7).

A resigned abstention from explanation like this is certainly more merciful than putting poverty down to the guilt of the person concerned: „A slack hand causes poverty, but the hand of the diligent makes rich" (Prov. 10:4). We find this interpretation in many variations. General experience tells us that it is not in every case wide of the mark. But we also know that it is only in the rarest cases that it is a sufficient explanation. Who would be presumptuous enough to weigh up someone's guilt against his lot! Where we find a reference to laziness in the Old Testament, in most cases it is in fact clothed in the form of the admonition. Its aim is not so much to pin down the reason for the poverty as to help people to avoid it: „Go to the ant, o sluggard; consider her ways, and be wise ... A little sleep, a little slumber, a little folding of the hands to rest, and poverty will come upon you like a vagabond, and want like an armed man" (Prov. 6:6, 10-11; cf. 24:33-34).

Consequently one avoided despising the poor. Their existence was seen as a warning not to take one's own prosperity as a matter of course, while help for the poor was the occasion for showing respect for the Deity, who has distributed his gifts so unequally among men.[3] „He who mocks the poor insults his maker" (Prov. 17:5). The duty to give alms was the result: „He who is kind to the needy honours his maker" (Prov. 14:31).

This duty was laid on the king particularly, since he acted as the guardian of the social order for the good of all. Among the ways through which the king preserved the well-being and peace of the country, concern for the poor was considered to be among the noblest and highest.[4] It was translated into action when the king officiated as judge. In the framework of the ideology of kingship, concern for the poor was also attributed to the gods, whose vassals the kings were supposed to be. In the Sumerian and Babylonian royal inscriptions, the protection of the poor is one of the preferred themes. A single example may suffice. In the prologue to his codex, Hammurapi of Babylon calls himself „the devout, god-fea-

---

3   We find this attitude in Egypt in particularly emphatic form; cf. H. BRUNNER, Die religiöse Wertung der Armut in Ägypten, *Saec.* 12 (1961) 319-344.

4   Cf. F.C. FENSHAM, „Widow, Orphan, and the Poor in Ancient Near Eastern Legal and Wisdom Literature", *JNES* 21 (1962) 129-139.

ring prince, to cause justice to prevail in the land, to destroy the wicked and the evil, that the strong might not oppress the weak" (CH I 31-39).[5] Commitment to the poor must be understood in a merely exemplary sense, however. Whether it really permanently shaped legal practice may be doubted.[6] The same may be said about the king's concern for orphans and widows.[7] These too are picked out not because of their need but because they were not independent legal persons and were therefore dependent on representation through others for the protection of their interests, especially on the king as supreme judicial authority. This extreme case would seem to show the real state of justice and righteousness (*kittu u mišaru*, מִשְׁפָּט וּצְדָקָה) in the society.

The same maxim counted as a matter of course in pre-exilic Israel and Judah too: „If a king judges the poor with equity his throne will be established for ever" (Prov. 29:14). In a description of the way the king performs his judicial duties, the legal protection of the poor is the favourite example. It is significant that the illustrative case the prophet Nathan takes in the parable he puts before King David should be the parable of the rich and the poor man (II Sam. 12:1-4) – all the more significant because it does not fit the case in question at all: David's adultery. In line with the same view, the petitioner before the king, like the person petitioning the Deity in prayer, terms himself „poor" in order to win attention and commitment. Self-descriptions of this kind are stereotypes in the language of prayer, and it is impossible to deduce from them the real material status of the petitioner, especially since all the written traditions, in so far as they go back to pre-exilic times, actually derive from the sphere of the upper classes.

Solicitude for the poor, either from the side of the king as supreme judge, or by way of the alms given by everyone, did not aim to do away with the poverty. An egalitarian society was outside the bounds of anything that could be conceived. Nor did it signify a religious qualification of poverty as such when the Deity or the king took up the cause of the poor. All in all, the view of the world outlined here for the era of the Israelite and Judean monarchy shows us that there was essential assent to the existing world order, including its irremediable defects. These had to be alleviated in line with that order. But we cannot detect any protest against conditions, and the will for fundamental change.

The Social Criticism in the Prophetical Books of the Old Testament

The picture we have outlined so far here reproduces the normal view, so to speak, which was taken in antiquity. It is emphatically contradicted by Old Testament prophecy. The prophets in Israel and Judah seem to have condemned the oppres-

---

[5] ANET, 164.
[6] Cf. N. LOHFINK, „Poverty in the Laws of the Ancient Near East and of the Bible", *TS* 52 (1991) 34-50. LOHFINK points out that concern for the poor does not appear in the Near Eastern legal material itself.
[7] Cf. I. WEILER, „Zum Schicksal der Witwen und Waisen bei den Völkern der Alten Welt", *Saec.* 31 (1980) 157-193.

sion of the poor in the sharpest terms. Among them we can sense little agreement with the given world order. Everything thrusts towards change and fundamental remedy. In the background, however, is the threat of Yahweh's comprehensive judgment. How can this be explained?

We have the impression that in this phenomenon we hear among other things the voice of the specific Israelite belief in God, the thing which distinguishes Israel from the societies of its neighbours in the Ancient Near East, and from their religion. We might conclude from this – and the conclusion has in fact been drawn – that in championing the poor the prophets were faithfully preserving Israel's own self-understanding, which had existed from time immemorial, and were defending it against its decline: the ethos of an egalitarian tribal society characterized by the fact that all its members posessed more or less the same, essentially speaking. After the settlement and especially in the period of the Israelite monarchy (so this view runs), God's people were drawn into the vortex of the socially graduated conditions of life in Canaan, with all their conflicts.[8] Against the moral decline which was involved, the prophets crusaded passionately for the original ethos of the Yahweh faith.

This interpretation poses a number of questions. Prophecy is the most important phenomenon for an understanding of Israel's special religious development; about that there can be no question. On the other hand, the religious history of the Ancient Near East is familiar enough with prophets and prophetic mantic. We find it in many places and in many forms. The phenomenon in itself is anything but unique. Consequently it is by no means a foregone conclusion that Israel's special character was already at the root of prophecy, even in germ. It could equally well be that Israelite prophecy of judgment, and as its corollary, the characteristic Israelite form of belief in God, developed only gradually; that is to say, that it was a later, secondary phenomenon.

The most important exponent of prophetic social criticism was Amos. But we have to be cautious here. In saying this we are relying on the sayings we find in the biblical book of Amos. But prophetic book and prophetic proclamation are not one and the same. The whole of the book of Amos does not go back to the 8th century. About that there is general agreement in the exegesis concerned with tradition history. Even cautious scholars reckon today with late exilic additions, influenced by salvation eschatology.[9] It is also assumed that the end of the state of Judah in the 6th century is reflected in so-called „deuteronomistic" additions,[10] and that the book's criticism of the cult is linked with the religious policy of King Josiah in the 7th century.[11]

---

8 Cf. especially A. KUSCHKE, „Arm und reich im Alten Testament mit besonderer Berücksichtigung der nachexilischen Zeit", ZAW 57 (1939) 31-57. He has had many successors.
9 The final appended oracle Am. 9:11-15 is only seldom assigned to the proclamation of the prophet itself.
10 Cf. W.H. SCHMIDT, „Die deuteronomistische Redaktion des Amosbuchs", ZAW 77 (1965) 168-193.
11 Thus H.W. WOLFF's „Bethel" interpretation in his commentary Joel and Amos (BK XIV/2, 1969), trans. W. Janzen et al., Hermeneia, Philadelphia 1977, 217-218.

The social criticism in the book of Amos raises questions too. Recent exegesis of these texts has not been free of a degree of class-struggle romanticism, and has overlooked certain difficulties in the process. Amos was not merely a man who could write, with an eloquent command of language. He also counted as נֹקֵד (1:1; cf. 7:14), which means a possessor of flocks.[12] He was well to do. From there he was not the born advocate of the poor. Further, the supposition that 8th century Israel saw an economic and social development which resulted in the growth of an impoverished lower class is a deduction drawn solely from the sayings in the book of Amos which seem to attack this development. It was thought that the archeological finds at *Tell el-Fār'a* (North), which show notably different shapes of housing and therefore seemed to reveal the existence of some different classes of people within the settlement, would help us to escape from this circle; but the evidence is not unequivocal.[13]

Another familiar problem is to how to pin down the norm on which the social criticism rests. For it seems not infrequently to point to the Torah, whether by implication or whether at least in the content of what it says.[14] As long as the sayings in question are given a date in the 8th century (when the Torah did not yet exist) this presents us with a puzzle. Finally, we have another difficult question: what significance can social criticism have had for Amos's message? At the centre of his proclamation is Yahweh's irrevocable „No" over Israel: „The end has come upon my people Israel" (Amos 8:2).[15] The obvious occasion, historically, was the warlike expansion of Assyria in the 8th century, which none of the Syro-Palestinian states could stand up to in the long run. But if downfall is certain, the call to do away with social injustices is pointless. „Let us eat and drink, for tomorrow we die" (Isa. 22:13). In view of that, we could try to understand the criticism as a justification after the event of the divine judgment has had already taken place. But this interpretation has hitherto been avoided, and rightly so, for it is impossible to overlook the fact that according to the text the threat is acute. The passionate partisanship of the criticism can hardly be understood as looking back to a time now past and gone.

With these presuppositions it need come as no surprise to learn that the result of the literary-critical investigation is that the four sections in the book of Amos which have to do with the oppression of the poor cannot be assigned to the message of the 8th century prophet.[16] It can be shown that the oracle against Israel (Am. 2:6-8) was appended later to the cycle of oracles against the nations. Behind the saying about Samaria's cows of Bashan in Amos 4:1-2 is probably an earlier

---

12 Cf. akk. *nāqidu* (AHw 744a).
13 This has been the thesis of the excavator of the site R. de Vaux. See now G. FLEISCHER, *Von Menschenverkäufern, Baschankühen und Rechtsverkehrern* (BBB 74) Frankfurt 1989, 391-401.
14 Cf. especially E. WÜRTHWEIN, „Amos-Studien" (1949; in his *Wort und Existenz*, Göttingen 1979, 68-110), 102-110; also R. BACH, „Gottesrecht und weltliches Recht in der Verkündigung des Propheten Amos" in W. SCHNEEMELCHER (ed.), *Festschrift für Günther Dehn*, Neukirchen-Vluyn 1957, 23-34.
15 Cf. R. SMEND, „Das Nein des Amos" (1963), in his *Die Mitte des Alten Testaments*, Tübingen 2002, 219-237.
16 Cf. CH. LEVIN, „Das Amosbuch der Anawim", above 265-290.

woe-oracle whose intention was directly political, not socially critical. The woe-oracle in Amos 5:7 against the bending of the law is given a particular point – the oppression of the poor – only later, in vv. 10-12. A woe-oracle could also underlie the passage Amos 8:4-7, which is an exposition of the prophet's fourth vision. Its occasion, the infringement of the sabbath, is probably a late motif,[17] and the criticism that the merchants are cheating the poor is again a later addition.

The terms used in the polemic are significant. Above all עֲנָוִים „the poor" (Am. 2:7) and עַנְוֵי־אָרֶץ „the poor of the land" (8:4) occur in the post-exilic period as a self-description of the godly. This suggests that the pronouncements in the book of Amos in which these expressions are used were added in the late period, or were at least appropriately revised then. Apparently the revision was made in the context of late eschatology, for which the book of Amos had considerable importance because of its uncompromising proclamation of „the end" (Am. 8:2; cf. 3:12). We know that Amos's sayings about „the end" became the key concept in the story of the Flood in the Priestly Writing (Gen. 6:13),[18] and that for late eschatology the Flood was the prototype of the apocalyptic catastrophe.[19] The book of Amos was read with the same eyes as the apocalypses of Hellenistic Judaism.

This finding suggests that the prophetic social criticism is more closely connected with Jewish and early Christian idealization of the godliness of the poor than has hitherto been assumed. Factually at least, the proximity is close, and is perhaps also to be interpreted in the framework of development history. In the Old Testament canon we can certainly find traces of the attitude we find in the intertestamental writings and in Qumran from about the closing years of the Persian era. Zeph. 2:2-3 is a significant instance:[20] „Before there comes upon you the day of the wrath of Yahweh, seek Yahweh, all you humble of the land, who do his commands; seek righteousness, seek humility; perhaps you may be hidden on the day of the wrath of Yahweh." In this admonition poverty does not appear simply as a given fate. It is actually sought by the poor of the land (כָּל־עַנְוֵי הָאָרֶץ), and sought in expectation of the impending cosmic Judgment. Poverty does not simply determine the social status of the poor; it defines their attitude and self-understanding too. It counts as the fruit of obedience to God's justice and righteousness (מִשְׁפָּט): the Torah. This Torah obedience, which takes material form in poverty, as it were, gives to the godly the certainty of escaping the expected divine Judgment. The louder the rumblings of the stomach, the surer the eschatological salvation: „In the fire of my jealous wrath all the earth shall be consumed, and I will leave in the midst of you a people humble and lowly (עַם עָנִי וָדָל)" (Zeph 3:8bβγ, 12a).

---

17 Cf. T. VEIJOLA, „Die Propheten und das Alter des Sabbatgebots", in: Moses Erben, BWANT 149, Stuttgart 2000, 61-75.
18 Cf. R. SMEND, „‚Das Ende ist gekommen'. Ein Amoswort in der Priesterschrift" (1981), in *Die Mitte des Alten Testaments* (see n. 15), 238-243.
19 Cf. H. GUNKEL, *Schöpfung und Chaos in Urzeit und Endzeit*, Göttingen 1895.
20 The heading to the book of Zephaniah says that it belongs to the reign of King Josiah. It is doubtful whether this has a historical foundation; cf. CH. LEVIN, „Noch einmal: Die Anfänge des Propheten Jeremia", above 217-226, esp. 224-226. Equally doubtful is whether Zeph. 2:3 belonged to the book in its original form.

The Problem of Debt in the Torah and its Possible Cause in Post-Exilic History

Traces of this viewpoint are not confined to the books of Zephaniah and Amos. As another example I may point to Isa. 10:1-3. This too is based on a woe-oracle. It is reminiscent of Am. 5:7:

> 1 Woe to those who decree iniquitous decrees,
> and the writers who keep writing oppression,
> 2 *to turn aside the needy* (דַּלִּים) *from justice*
> *and to rob the poor of my people* (עֲנִיֵּי עַמִּי) *of their right.*
> that widows may their spoil,
> and that they make the fatherless their prey.
> 3 *What will you do on the day of punishment,*
> *in the storm which will come from afar.*
> *To whom will you flee for help,*
> *and where will you leave your wealth?*

In the original oracle, the reproach of distorting the law is exemplified in classic fashion by the oppression of widows and orphans. But in a further definition of the oppression's purpose (interpolated in v. 2a), the reproach is focussed on the oppression of the poor. Again we meet here the customary reproach. But the horizon against which the accusation is made is the final Judgment. That is brought out by the appended continuation v. 3. The threatening rhetorical question is surplus to the genre of the woe-oracle, which as proleptic lament for the dead is always accusation and threat in one. This makes it clear that the question has been appended. „The day of punishment" is the coming universal divine Judgment (cf. Jer. 23:12; 48:44; 50:27; Hos. 9:7; and frequently elsewhere).

In this way the motif of the poor, their rescue and the punishment of their oppressors has found a way into extensive sections of the prophetic writings. Over and above the instances I have mentioned, traces can be found in Proto-Isaiah (Isa. 3:14-15; 11:4; 14:30, 32; 25:4; 26:6; 29:19; 32:7), in Deutero-Isaiah (Isa. 41:17; 49:13) and Trito-Isaiah (Isa. 61:1; 66:2), in Jeremiah (Jer. 2:34; 5:28; 20:13; 22:16) and Ezekiel (Ezek. 16:49; 18:12; 22:29) as well as in Hab. 3:14 and Zech. 7:10; 9:9. Here we have to suspect that these scattered instances are brief additions which introduce the motif into already existing contexts. This inevitably raises the question: what concern was it, that appropriated the traditional canonical writings in this way? On what real historical ground did partisanship for the poor grow up? And what occasion motivated it? And further: what norm underlies the accusation which is put into the mouth of the prophet, or written into the book?

Here we may cast a glance at the instances in the Torah. Within the framework of the humanitarian provisions in Deuteronomy, Deut. 24:10-11 settles the procedure to be followed in calling in a loan:

> 10 When you make your neighbour a loan of any sort,
> you shall not go into his house to fetch his pledge.
> 11 You shall stand outside,
> and the man to whom you make the loan shall bring the pledge out to you.

The reason for the provision is obvious. The debtor has to be given the liberty to decide about his property, which is small in any case, and is to be protected against extortion. In vv. 12-13 a subsidiary case is added:

12   *And if he is a poor man* (אִישׁ עָנִי), *you shall not sleep in his pledge;*
13   *when the sun goes down, you shall restore to him the pledge*
     that he may sleep in his cloak and bless you;
     and it shall be righteousness to you before Yahweh your God.

The preciseness of this provision has rightly caused surprise: „For even in the main case the person concerned must surely have been a poor man, otherwise he would not have been liable for the loan."[21] What has been presupposed before, however, is now defined: אִישׁ עָנִי. But this poor person is said to have a close relationship to Yahweh; for when he blesses the author of the charitable act, this is accounted as righteousness (צְדָקָה) by Yahweh. Thus commitment to the poor becomes a „good work" which appears on the credit side in the divine Judgment. All of a sudden the postscript no longer talks about some random pledge but about the cloak; yet „we learn this only from the continuation."[22] It is only explicable at all if what the writer had in mind was the corresponding provision in the Book of the Covenant (Ex. 22:25-26). In the continuation we have to do with comparative inner-biblical exegesis, no longer with a legal precept.

The second example follows immediately. Deut. 24:14-15 regulates the remuneration to be paid to the day labourer. The purpose of this provision is again to prevent inequitable extortion and exploitation, in line with Deuteronomy's humanitarian ideal.

14   You shall not oppress a hired servant
     who is poor and needy
        of your brethren or of the sojourners who are in your land[23]
     within your gates;
15   you shall give him his hire on the day he earns it,
     before the sun goes down,
        for he is poor, and sets his heart upon it;
        lest he cry against you to Yahweh, and it be sin in you.

The labourer is undoubtedly one of the poor. It is therefore all the more surprising that the circumstance is now again especially stressed, and once more with the term עָנִי. At the beginning שָׂכִיר „hired servant" is defined in asyndetic apposition as עָנִי וְאֶבְיוֹן „poor and needy". In a postscript this definition is repeated כִּי עָנִי הוּא „for he is poor", and the provision justified by his particular need: „he sets his heart upon it". Again the poor man is seen in a close relationship to Yahweh, so that one could even say that a person's relation to God is decided by his behaviour to the poor. This time the negative variant is chosen: the refusal of

---

21   G. SEITZ, *Redaktionsgeschichtliche Studien zum Dueteronomium*, BWANT 93, Stuttgart, Berlin, Cologne and Mainz 1971, 178.
22   Ibid.
23   The closer definition has been added later, following the deuteronomic brethern ethic; cf. CH. LEVIN, „Das Deuteronomium und der Jahwist", above 96-110, esp. 105-110.

commitment counts as sin (חטא) in the divine Judgment. The two provisions in Deut 24:10-13 and 14-15 stand side by side as conditional blessing and conditional curse.

The third example touches the loan to be made to the poor (אֶבְיוֹן) in time of need, according to Deut. 15:7-9:

> 7 If there is among you a poor man,
>   one of your brethren,[24]
>   in any of your gates
>   within your land which Yahweh your God gives you,[25]
>   you shall not harden your heart
>   *or shut your hand against your poor brother,*
> 8 but you shall open your hand to him,
>   and lend him sufficient for his need,
>   *whatever it may be.*
> 9   *Take heed lest there be a base thought in your heart,*
>   *and you say, The seventh year, the year of release is near,*
>   *and your eye be hostile to your poor brother,*
>   *and you give him nothing,*
>   *and he cry to Yahweh against you, and it be sin in you.*

This commandment, which in its original form speaks for itself, is then subsequently given sharper form through the prohibition of the opposite behaviour: „you must not shut your hand against your poor brother." But in a coda (v. 9) it is furnished with a threat, as in Deut 24:15. The warning is a precaution lest the institution of the Year of Release, in which the debtor was freed of his debts (vv. 1-2), should diminish the readiness to help. This pointer to the wider textual context is secondary, over against the earlier provision. Again the poor man's special relationship to Yahweh is presupposed: that is the reason why not to have helped him will count as sin (חטא) in the divine Judgment.

With regard to the distribution of the various instances, Norbert Lohfink has observed:[26] „The two expressions אביון and עני appear in Deuteronomy only in the laws which have to do with the problem-complex ‚procedure in the case of debt'. That is an astonishing phenomenon."[27] The observation can be extended to another instance from the humanitarian laws in the Book of the Covenant. The law about usury in Ex. 22:24 originally read: „If you lend money to any of my people, you shall not be to him as an usurer." That means that among God's people interest is not to be so excessive that it amounts to extortion. In an apposition which disturbs the flow of the text, the fellow-countryman (עַמִּי) who takes the loan is described as „the poor with you" (הֶעָנִי עִמָּךְ).[28] This new direction seems

---

24 The stress on brother, מֵאַחַד אַחֶיךָ „one of your brethren" is again a subsequent addition; cf. H.-J. FABRY, „Deuteronomium 15. Gedanken zur Geschwister-Ethik im Alten Testament", *ZAR* 3 (1997) 92-111, esp. 103f.

25 The historicization of the commandment „within your land which Yahweh your God gives you" is also a later addition.

26 We need not consider Deut. 15:4, 11 further here. But see below.

27 N. LOHFINK, „Das deuteronomische Gesetz in der Endgestalt - Entwurf einer Gesellschaft ohne marginale Gruppen" (1990) in his *Studien zum Deuteronomium und zur deuteronomistischen Literatur* III, SBAB 20, 1995, 205-218, esp. 212.

to be connected with the complete prohibition of interest. It can be recognized as certainly a later addition because of the change into the plural: „you shall not charge him interest."

The striking thematic concentration of the instances suggests that the problem of debt was the sore point which led to the introduction of the motif of the poor into the paranesis. To assume that real historical circmstances were behind this is an irrefutable presumption. The literary-historical position within the existing complex of writings points us to the post-exilic period. And in fact the account in Neh. 5:1-13 is evidence that at that time there was a real agricultural crisis, even if events may have taken a different course in detail from the way they are related there.[29] Nehemiah ordered a general remission of debts in order to restore the social stability. Such a measure could help temporarily, but it could not do away with the cause. The Persian taxation system may perhaps have driven the development forward, forcing farmers to overproduce and hence to give up mere subsistence farming. The result was a division of labour and extensive trading. This economic „modernization", which increased in the Hellenistic period, gave rise to differences of wealth. The extant sources give us a degree of insight into economic and social conditions in Syria-Palestine in the 3rd and 2nd centuries.[30] The problem of economic dependence and debt was felt all the more acutely because it endangered the inner peace of the Yahweh community. In the relevant provisions of the Torah we can see the attempt to master the situation. As well as the commandments in Deuteronomy and the Book of the Covenant which we have already mentioned, this may also be said of the detailed land laws in Leviticus 25. Here the doctrine was even promulgated that Yahweh himself was the owner of the soil and that the Israelites were merely his tenants (Lev. 25:23). But these very features in their utopian character show how helpless one was in the face of the development.

The Poor as a Distinctive Group Within Late Postexilic Judaism

It would seem that under these circumstances a social group crystallized out in Judaism which compensated for their economic situation religiously, declaring their poverty to be a positive privilege in God's sight. This was the group of the poor, as Yahweh's own community.[31] It is not without reason that an examination of the instances in the book of Amos has shown that „the expression ענוי ארץ ...

---

28 E. OTTO, *Wandel der Rechtsbegründungen in der Gesellschaftsgeschichte des Antiken Israel*, StB 3, Leiden, New York, Copenhagen and Cologne 1988, 39: „The parallelism of *'ammî* and *hae'anî 'immak* shows that there has been an expansion in the course of tradition history."

29 On the interpretation in the framework of social history, cf. H.G. KIPPENBERG, *Religion und Klassenbildung im antiken Judäa*, StUNT 14, 2nd ed., Göttingen 1982, 54-77.

30 Cf. especially M. HENGEL, *Judentum und Hellenismus*, WUNT 10, 2nd ed. 1973, 61-107 (ET *Judaism and Hellenism*, London and Philadelphia 1974, reissued 1991); also KIPPENBERG, *Religion und Klassenbildung*, passim.

31 Cf. N. LOHFINK's important survey of the research „Von der ‚Anawim-Partei' zur ‚Kirche der Armen'. Die bibelwissenschaftliche Ahnentafel eines Hauptbegriffs der ‚Thelogie der Befreiung'", *Bib.* 67 (1986) 153-175.

gathers the poor together into an distinctive group, a ‚class' within society"[32]; only it has hitherto been presupposed that the polemic goes back to the prophet himself: „The embitterment of the prophet and his God is kindled by the treatment of a particular group of ‚the poor' ... Amos is not attacking individuals ... and he never expresses outrage at injustice perpetrated against individuals; he is always talking about a group."[33]

From the 4th to the 3rd century this group of the poor (*Anawim*) acquired a considerable influence in Judaism, as we can see from the degree to which they were able to introduce their interpretation into the holy scriptures, the Torah and the Prophets. Even if their economic situation was modest, their religious situation was by no means so. They saw themselves as the true Israel, which will stand in the divine Judgment, whereas the fate of the rich, even the rich members of the Jewish people, was at best uncertain: „How hard it will be for those who have riches to enter the kingdom of God" (Mark 10:23).

The special relationship of the poor to Yahweh finds its clearest expression in the psalms. One example is the beginning of Psalm 86. The lament begins, in accordance with its genre, with the invocation, petition and expression of trust:

1 Incline thy ear, Yahweh, and answer me.
    For I am poor and needy.
2 Preserve my life, for
    I am godly. Save thy servant,
    thou art my God.
    who trusts in thee.
3 Be gracious to me, 'Yahweh',
    for to thee do I cry all the day.

In today's text the sequence is interwoven with what the petitioner says about himself: „For I am poor and needy. I am godly. Save thy servant, who trusts in thee." Here the intervention has resulted in nonsense, which no Bible translation has left uncorrected: „thou art my God, who trusts in thee". It is the clue which shows the literary addition.

This is one example among many. The psalms have passed over to the use of the poor to such an extent that in the late period they can actually be called „the prayer book of the *Anawim*".[34] Here too this was due in many cases not to new

---

32 FLEISCHER, *Von Menschenverkäufern* (see n.13), 190.
33 K. KOCH, „Die Entstehung der sozialen Kritik bei den Profeten" in H.W. WOLFF (ed.), *Probleme biblischer Theologie. Gerhard von Rad zum 70. Geburtstag*, Munich 1971, 236-257, 242f.
34 A. RAHLFS's investigation *'ānî* und *'ānāw* in den Psalmen, Göttingen 1892, is fundamental. Rahlfs puts down the following psalms to the *Anawim*: 22, 25, 31, 34, 35, 38, 40, 69-71, 102 and 109. This does not exhaust the extent of the motif, as the list of the relevant references shows: Pss. 9:13(12), 19(18); 10:2, 9, 12, 17; 12:6(5); 14:6; 18:28(27); 22:25(24), 27(26); 25:9, 16; 34:3(2), 7(6); 35:10; 37:11, 14; 40:18(17); 41:2(1); 49:3(2); 68:11(10); 69:30(29), 33(32), 34(33); 70:6(5); 72:2, 4, 12, 13; 74:19, 21; 76:10(9); 82:3, 4; 86:1; 88:16(15); 102:1; 107:41; 109:16, 22, 31; 112:9; 113:7; 132:15; 140:13(12); 147:6; 149:4. As an example of recent interpretation cf. N. FÜGLISTER, „‚Die Hoffnung der Armen ist nicht für immer verloren.' Psalm 9/10 und die sozio-religiöse Situation der nachexilischen Gemeinde" in G. BRAULIK *et al.* (eds), *Biblische Theologie und gesellschaftlicher Wandel. Festschrift Norbert Lohfink*, Freiburg, Basel and Vienna 1993, 101-124.

compositions but to literary revision.³⁵ The individual laments especially could be understood as prayers of the poor. In this way Psalm 102, for example was subsequently defined in the heading as תְּפִלָּה לְעָנִי „a prayer for a poor man". Equally characteristic is the way the psalmist describes himself: כִּי־עָנִי וְאֶבְיוֹן אָנִי „for I am needy and poor", a description which can be found with variations no less than seven times (Pss. 25:16; 40:18(17) ∥ 70:6(5), 69:30(29); 86:1; 88:16(15); 109:22). What is remarkable is the precise agreement with the laws about the poor in Deuteronomy which we mentioned above: כִּי עָנִי הוּא „for he is poor" (Deut. 24:15), similarly וְאִם־אִישׁ עָנִי הוּא „and if he is a poor man" (Deut. 24:12).³⁶ The psalmist is thereby not so much describing his individual need as acknowledging his membership of a particular group. It is as if he were presenting Yahweh with his membership card.

An outstanding testimony to the religious self-confidence of the poor is that they finally claim Moses as one of their own: „The man Moses was very poor (עָנָו), more than all men that were on the face of the earth" (Num. 12:3). „This verse, which could possibly be a later addition ... speaks in the strongest terms about Moses' meekness (עֲנָוָה ...). When we remember that the older traditions elaborated on the contrasting emotions in Moses, especially his sudden anger ..., this change to exemplary meekness is surprising indeed."³⁷ The striking wording rests on the statement about Israel's election and modifies it: „The comparison מכל־ ... אשר על־פני האדמה occurs only in Deut. 7:6 = 14:2 (העמים) Ex. 33:16 (העם) Num. 12:3 (האדם) and has probably spread in this sequence".³⁸ That is to say: the man who succeeded more than any other in coming close to God, and who was counted worthy to receive the revelation of the Torah, is „the poor man" *per se*. With this the *Anawim* claim Mosaicity in addition to, and over against, all the others who can also appeal to Moses, such as the priests or the scribes of the Temple school. They claim a sovereign right to interpret the Torah. The additions which the *Anawim* have made to the Torah, the Prophets and the Writings are justified as being „Mosaic".

The Poor (Anawim) and the Messiah

There were two ways out of the situation of oppressive poverty. The one was expectation of a comprehensive divine Judgment, which would bring about a new world. The *Anawim* looked for the eschatological catastrophe with hope, not fear. For them it meant not a threat but the restoration of justice. Consequently it was they who in anticipation raised the doxologies which accompany the terrible pictures of doomsday in the book of Amos (Am. 4:13; 5:8; 9:5-6) and in the Isaiahapocalypse (Isa. 24:14-16; 25:1-5; 26:1-6).³⁹ „For thou hast been a strong-

---

35 Cf. the indications in CH. LEVIN, „Das Gebetbuch der Gerechten. Literargeschichtliche Beobachtungen am Psalter", above 291-313, esp. 308f. Earlier J. BECKER, *Israel deutet seine Psalmen*, SBS 18, Stuttgart 1966, 74-77.
36 RAHLFS (89) considers that „The poor and wretched in the above psalms are not identical with the עניים of the law"; but this view cannot be maintained.
37 G. VON RAD, *Old Testament Theology* I, New York 1962, 295.
38 E. AURELIUS, *Der Fürbitter Israels*, CB 27, Stockholm 1988, 112 n.92.

hold to the poor, a stronghold to the needy in his distress" (Isa. 25:4). „For he has brought low the inhabitants of the height ... The foot tramples it, the feet of the poor, the steps of the needy" (Isa. 26:5-6).

The other way out was hope for a political turn of events. From the time when the Davidic dynasty fell in the 6th century, the Jews yearned for the return of their own monarchy. On the model of David and Josiah, the Messiah counted as the guarantor of peace and of general prosperity: from Dan even to Beer-sheba every man was to dwell in safety under his vine and under his fig tree (I Kings 5:5). By its very nature this hope was shared by everyone, but in the late period the poor made it their own to a special degree.[40] We regularly find its literary traces in the messianic texts.

Apart from David, the founder of the dynasty, it was Josiah especially who was quintessence of the good king, under whom in the 7th century Judah experienced its last flowering, after the end of Assyria. His tragic death at Megiddo lent him an unfading lustre, which was even intensified by the contrast of his successor, who certainly did not take after him. It was not long before the prophet Jeremiah held up to Jehoiakim his father's example (Jer. 22:13-16*):

> 13 Woe to him who builds his house by unrighteousness,
>   and his upper rooms by injustice! ...
> (15) Did not your father eat and drink
>   and do justice and righteousness?
>   Then it was well with him.
> 16 *He judged the cause of the poor and needy;*
>   *then it was well.*
>   Is not this to know me! says Yahweh.

Whatever this argument may have meant (and the mention of eating and drinking and well-being especially calls for interpretation[41]) it shows at least that for Josiah the classic concern for justice and righteousness (מִשְׁפָּט וּצְדָקָה) was at the centre of royal activity, instead of magnificent building works. An addendum interprets this as being care for the poor. That this is an addition can be seen from the repetition אָז טוֹב „then it was well", with which it was fitted into the sentence. Josiah, the prototype of the Messiah, was supposed to have been the king of the poor.

A comparable narrowing down of the focus can be found in the familiar prophecy in Isaiah 11. This text presupposes the end of the Davidic dynasty: the stem of Jesse is only a stump that has been hewn down:

> 1   There shall come forth a shoot from the stump of Jesse,
>   and a branch shall grow out of his roots.
> 2   And the spirit of Yahweh shall rest upon him, ...
> (3) He shall not judge by what his eyes see,
>   or decide by what his ears hear;

---

39 See here LEVIN, *Das Amosbuch der Anawim*, above 285f.
40 Cf. M. SCHWANTES, *Das Recht der Armen*, BET 4, Frankfurt 1977, 182-197: Der Messias und die Armen.
41 R. SMEND, „Essen und Trinken - ein Stück Weltlichkeit des Alten Testaments" (1977) in *Die Mitte des Alten Testaments* (see n. 15) 250-261, esp. 255f., offers an anthology.

> 4 *but with righteousness he shall judge the poor,*
> *and decide with equity for the meek of the earth;*
> *and he shall smite the 'ruthless' with the rod of his mouth,*
> *and with the breath of his lips he shall slay the wicked.*
> 5 Righteousness shall be the girdle of his waist,
> and faithfulness the girdle of his loins.

As is customary in the case of a king, when he is enthroned, the spirit of God descends on this shoot. So he can judge justly. It is on this very point that the hope of the poor is pinned, in a literary addition. The expansion can be recognized because the presupposition (v. 5) follows the consequence.

The promise in Isaiah 61 sounds as if it links directly on to Isaiah 11. Now the future king himself is speaking:

> 1 The spirit of the lord Yahweh is upon me,
> because Yahweh has anointed me,
> *to bring good tidings to the poor he has sent me,*
> *to bind up the brokenhearted,*
> *to proclaim release to the captives,*
> *and the opening of the prison to those who are bound;*
> 2 to proclaim the year of Yahwehs favor,
> and the day of vengeance of our God,
> *to comfort all who mourn;*
> 3 to grant to those who mourn in Zion,
> to give them a garland instead of ashes ...

The purpose of his anointing is the rehabilitation of despised Zion, which has been humiliated by its enemies. The metaphorical language used is on the one hand cultic: „to proclaim the year of Yahweh's favour".[42] On the other hand it calls to mind the Holy War: „the day of vengeance of our God". This time too, the Messiah is claimed by the poor for their own concerns. His anointing means the gospel for the poor. The utterance, which has found an important echo in the christology of the New Testament (Luke 4:18; Matt. 11:5 // Luke 7:22) is by no means meant in a merely spiritual sense. It is intended to have practical consequences: „release to the captives". That means nothing other than that what is expected of the coming king is release from debt: the phrase לִקְרֹא שְׁנַת־רָצוֹן „proclaim the year of favour" has called up association with the technical term לִקְרֹא דְרוֹר „proclaim release" in Lev. 25:10. The passive participle שְׁבוּיִם „being captured" suggests that it is slavery for debt that is thought of here, not (any longer) the exile.

Psalm 72 is a particularly sonorous expression of the hope of the poor. In its form it is a wish for the king's health and prosperity on his enthronement, but the psalm has long counted as messianic.[43] The most recent investigations have shown on the basis of the neo-Assyrian coronation ritual that an ancient formulary, perhaps going back even to the time of the Judean monarchy, probably under-

---

42 On רָצוֹן „favour" as a cultic term cf. G. GERLEMANN, *THAT* II, 812; H.M. BARSTAD, *ThWAT* VII, 648f.
43 B. STADE, „Die messianische Hoffnung im Psalter" (1892) in his *Ausgewählte Akademische Reden und Abhandlungen*, 2nd ed. Giessen 1907, 37-76, esp. 53.

lies the prayer.[44] It is characterized by the shift between general wishes for good health and elaborated concrete hopes. The underlying structure is provided by vv. 1, 5, 7, 17:

> 1 ‚Yahweh' give the king thy justice,
> and thy righteousness to the son of the king!
> 5 ‚May he live' while the sun endures,
> and as long as the moon throughout all generations.
> 7 In his days ‚righteousness' flourish,
> and peace abound, till the moon be no more.
> 17 May his name endure for ever,
> his fame continue as long as the sun!

These wishes were originally filled out in vv. 3, 6, 16 so as to let the king's righteousness be reflected in the blessing of nature:

> 3 Let the mountains bear prosperity for the people,
> and the hills in righteousness.
> 6 May he be like rain that falls on the mown grass,
> like showers that water the earth.
> 16 May there be abundance of grain in the land,
> on the tops of the mountains may it wave;
> may its fruit ‚blossom' like Lebanon,
> ‚and its grain' like the grass of the field.

So much for the original royal psalm. In a further step, the structure was expanded in vv. 2, 4, 12-14 in such a way that the king's concern for the poor now became the psalm's central motif.[45] It is true that, as we saw at the beginning, care for the *personae miserae* belongs to the ideology of kingship in the Ancient Near East. But the choice of words shows that the statements in Psalm 72 which belong here come from the pen of the late theology of the poor:

> 2 *May he judge thy people with righteousness,*
> *and thy poor* (עֲנִיֶּיךָ) *with justice.*
> 4 *May he defend the cause of the poor of the people* (עֲנִיֵּי־עָם),
> *give deliverance to the sons of the needy* (בְּנֵי אֶבְיוֹן)
> *and crush the oppressor.*
> 12 *For he delivers the needy* (אֶבְיוֹן) *when he calls,*
> *the poor* (עָנִי) *and him who has no helper.*
> 13 *He has pity on the weak* (דַּל) *and the needy* (אֶבְיוֹן),
> *and saves the lives of the needy* (אֶבְיוֹנִים).
> 14 *From oppression and violence he redeems their life,*
> *and precious is their blood in his sight.*

---

44 Cf. M. ARNETH, „*Sonne der Gerechtigkeit*". *Studien zur Solarisierung der Jahwe-Religion im Lichte von Psalm 72*, Beihefte zur Zeitschrift für Altorientalische und Biblische Rechtsgeschichte 1, Wiesbaden 2000, 18-108.

45 H. SPIECKERMANN, „Recht und Gerechtigkeit im Alten Testament", in: J. MEHLHAUSEN, *Recht, Macht, Gerechtigkeit*, Gütersloh 1998, 253-273, esp note 10, also assumes literary expansions which introduce in the psalm the theology of the poor. A still later expansion has finally added the universal perspective we find in vv. 8-11, 15, 17aγb; cf. E. ZENGER, *Dein Angesicht suche ich. Neue Psalmenauslegungen*, Freiburg, Basel and Vienna 1998, 157f.

Here the dramatic element is intensified compared with the previous instances. The poor see their lives endangered. The coming king is to save them from the violence with which they are directly threatened. It is possible that here we should already think of the political events of the 2nd century.

The appropriation of the messianic hope reaches its peak when the *Anawim* declare that the coming king is himself a poor man (עָנִי). In Zech. 9:9 we read the familiar prophecy:

> Rejoice greatly, O daughter of Zion!
> Shout aloud, O daughter of Jerusalem!
> Lo, your king comes to you;
> righteous and victorious is he,
>   *poor*
> and riding on an ass,
> on a colt the foal of an ass.

Here the catchword „poor" (עָנִי) is quite unrelated to the rest, and is in sharp contrast to the attributes of the coming king. The ass is not an expression of humility – an association often made.[46] It is the steed of the upper classes and the sign of royal dignity (Gen. 49:11; Judges 10:4; 12:14; II Sam. 19:26). The genre „cry of the messengers of joy" is also evidence that the coming king is appearing as the radiant victor (cf. Isa. 40:9-11; 52:7-10). The catchword (עָנִי) is therefore probably a literary addition. We have already seen the point of this: it means that the messiah „is going to come not from the ruling party of the godless in Jerusalm but from the oppressed among the godly."[47] Just as the *Anawim* view Moses as the עָנָו *per se*, so for them it was inconceivable that the Messiah could come from any group except their own.

Outlook

With its christological recourse to Zech 9:9, the New Testament community acknowledges that the hope for the messiah of the poor has at last been fulfilled (Matt. 21:5; cf. John 12:15). As we know, this happened in a very different way from what had been expected. We might say that the hope was confuted and fulfilled at one and the same time.

Until this point was reached, the Jewish people had to accept many a lesson from history. The Maccabean rising, which was intended to restore the Davidic empire, ended for the *Anawim* (or *Asidim*, as their descendants called themselves) in a rift with the Hasmonean monarchy. They withdrew disappointed from the confusion which was bound up with the worldly power. The utopia of the just and righteous world remained a utopia. At most it served a purpose as domestic morality for Jewish groups such as the Essenes and the Pharisees. From then on at latest, poverty became the expression of renunciation of the world.

---

46 Thus again M. SCHWANTES, *Das Recht der Armen*, 195.
47 J. WELLHAUSEN, *Die kleinen Propheten*, 4th ed. Berlin 1963, 189.

But that is the paradox: this very renunciation gave rise to an ethics with the power to change the world. The contradiction which remained unsolved in Deuteronomy 15 conceals a profound truth. „There will be no poor among you" (v. 4) and „the poor will never cease out of the land" (v. 11). Both statements are promise. We should not read even the second in the sense of resignation. That is the lesson of Ps. 37:11: „the poor (עֲנָוִים) shall possess the land."

In the pesher to Psalm 37 (4QpPs37 II 8f.) the Qumran community applies this promise to itself. It also returns once more on the lips of the one who is rightly called poor, and with equal right king: „Blessed are the poor, for they shall inherit the earth" (Matt. 5:5). A statement of this kind can by its very nature be only an eschatological truth, and provide the foundation for an eschatological ethics. It is not an appeal; it is a promise: we are blessed because before God we are always the poor. This is the genesis of an ethic which sees itself called to action not because it thinks that the improvement of the human condition is laid inescapably and exclusively in the hands of men, but because it trusts that God acts, and in the end, with or without the Last Judgment, will turn everything to good. Before God we are all „the least of the brethren of Christ" (cf. Matt. 25:40). Consequently without any compulsion and without the fatal fear of the cleft between rich and poor, we should accept our poor brother as brother. A brotherhood of this kind, founded on faith, hope and love, shared by those who before God are always poor, is the best reason not to despair in the chaos of our time but, in spite of all setbacks, to start out afresh, again and again, to do something against poverty and need, and for the improvement of the world.

Abstract

The positive religious attitude to poverty distinguishes the Old Testament from its environment in the Ancient Near East. According to the world view held in antiquity, poverty was simply a given fact. In the ancient ideology of kingship, for example, concern for the poor counted as one of the king's special duties; but this concern was designed to preserve the world order, not to change it. The Old Testament view is very different. Prophecy condemns the oppression of the poor in the strongest terms and proclaims Yahweh's comprehensive judgment on their oppressors. Everything thrusts towards change and fundamental remedy. At the same time, the poor (Anawim) count as Yahweh's people in a special sense.

It emerges from literary analysis that this special character did not as yet exist in the pre-exilic period. The relevant texts are evidently brief and late ad hoc additions. This is true both of the Torah (Ex. 22; Deut. 15; 22) and of the prophets (Isa. I-III; Jer.; Ez.; Amos; Zeph.; Hab.; Zech.), as well as of the psalms (passim). There are historical reasons for this. We know from Neh. 5 that the impoverishment of wide sections of the population was a problem in the post-exilic community. One possible cause was the economic „modernization" which took place in the Persian and Hellenistic period. The poor, who interpreted their fate as the fruit of obedience to the Torah, expected Yahweh to bring about the reversal of that fate, either through the intervention of the Last Judgment or through the coming of the Messiah. As well as Moses (Num. 12:3), the Messiah himself (Zech. 9:9), was in the end also viewed as being one of the poor.

Nachweis der Erstveröffentlichungen

Altes Testament und Rechtfertigung
Zeitschrift für Theologie und Kirche 96, J.C.B. Mohr (Paul Siebeck) Tübingen 1999, 161-176.

Tatbericht und Wortbericht in der priesterschriftlichen Schöpfungserzählung
Zeitschrift für Theologie und Kirche 91, J.C.B. Mohr (Paul Siebeck) Tübingen 1994, 115-133.

Gerechtigkeit Gottes in der Genesis
Studies in the Book of Genesis. Literature, Redaction and History, ed. by A. WÉNIN (Bibliotheca Ephemeridum Theologicarum Lovaniensium 155) Peeters Leuven 2001, 347-357.

Dina: Wenn die Schrift wider sich selbst lautet
Schriftauslegung in der Schrift. Festschrift für Odil Hannes Steck zum 65. Geburtstag, hg. v. R.G. KRATZ, TH. KRÜGER und K. SCHMID (Beihefte zur Zeitschrift für die alttestamentliche Wissenschaft 300) de Gruyter Berlin 2000, 61-72.

Der Dekalog am Sinai
Vetus Testamentum 35, Brill Leiden 1985, 165-191.

Über den ‚Color Hieremianus' des Deuteronomiums
Das Deuteronomium und seine Querbeziehungen, hg. v. T. VEIJOLA (Schriften der Finnischen Exegetischen Gesellschaft 62) Finnische Exegetische Gesellschaft Helsinki /Vandenhoeck & Ruprecht Göttingen 1996, 107-126.

Das Deuteronomium und der Jahwist
Liebe und Gebot. Studien zum Deuteronomium für Lothar Perlitt zum 70. Geburtstag, hg. v. R.G. KRATZ und H. SPIECKERMANN (Forschungen zur Religion und Literatur des Alten und Neuen Testaments 190) Vandenhoeck & Ruprecht Göttingen 2000, 121-136.

Das System der zwölf Stämme Israels
Congress Volume Paris 1992, ed. by J.A. EMERTON (Supplements to Vetus Testamentum 61) Brill Leiden 1995, 163-178.

Das Alter des Deboralieds
2001. Unveröffentlicht

Das vorstaatliche Israel
Zeitschrift für Theologie und Kirche 97, J.C.B. Mohr (Paul Siebeck) Tübingen 2000, 385-403.

Erkenntnis Gottes durch Elia
Theologische Zeitschrift 48, Friedrich Reinhardt Verlag Basel 1992, 329-342.

Die Instandsetzung des Tempels unter Joas ben Ahasja
Vetus Testamentum 40, Brill Leiden 1990, 51-88.

Josia im Deuteronomistischen Geschichtswerk
Zeitschrift für die alttestamentliche Wissenschaft 96, de Gruyter Berlin 1984, 351-371.

Noch einmal: Die Anfänge des Propheten Jeremia
Vetus Testamentum 31, Brill Leiden 1981, 428-440.

Das Kinderopfer im Jeremiabuch
1974. Unveröffentlicht

Die Entstehung der Rechabiter
„Wer ist wie du, HERR, unter den Göttern?" Studien zur Theologie und Religionsgeschichte Israels für Otto Kaiser zum 70. Geburtstag, hg. v. I. KOTTSIEPER, J. VAN OORSCHOT, D. RÖMHELD und H.M. WAHL, Vandenhoeck & Ruprecht Göttingen 1994, 301-317.

Amos und Jerobeam I.
Vetus Testamentum 45, Brill Leiden 1995, 307-317.

Das Amosbuch der Anawim
Zeitschrift für Theologie und Kirche 94, J.C.B. Mohr (Paul Siebeck) Tübingen 1997, 407-436.

Das Gebetbuch der Gerechten. Literargeschichtliche Beobachtungen am Psalter
Zeitschrift für Theologie und Kirche 90, J.C.B. Mohr (Paul Siebeck) Tübingen 1993, 355-381.

Ps 136 als zeitweilige Schlußdoxologie des Psalters
Scandinavian Journal for the Old Testament 14, Taylor & Francis Basingstoke 2000, 16-25.

The Poor in the Old Testament: Some Observations
Religion & Theology 8, Brill Leiden 2001, 253-273.

Register

Hebräische Wörter und Wendungen

אֶבְיוֹנִים	307. 308	אֱלֹהִים חֲדָשִׁים	136
אֲדוֹן כָּל־הָאָרֶץ	300	חַוִּי	55
אֹהֲבֵי יהוה	130. 307	חַטָּאִים	308
אוה	63	חמד	63
פֹּעֲלֵי אָוֶן	307-308	חֶסֶד	303
מְאֹרַת	31. 34	כִּי לְעוֹלָם חַסְדּוֹ	321
אָח	102-110	חָסִיד	308
אֹיֵב	308	חֲסִידִים	307. 308. 310
אִישׁ הָאֱלֹהִים	160. 167	חֻקִּים וּמִשְׁפָּטִים	90
אֲנָשִׁים אַחִים	104	חֶרֶב	79-80
אַךְ	187. 204-205	חֶרֶב	79-80
אמר hi.	91-92	חשׁב	47
אֲנִי יהוה	102	חשׁק בְּ-	51
אֲרוֹן	193	טֹבָה	47
אֲשֵׁרָה	208	טמא	57-58
בֶּדֶק	188	בְּטֶרֶם	33
שֹׁמֵר הַבְּגָדִים	211	יבב	131
בחר	136	יָד לְיָד	244
בֶּטַח	54-55	וְנָטִיתִי (אֶת־)יָדִי עַל	224-225
בַּיִת	62-63	נתן יָד	243-245
בַּיִת + Gentilicium	252	הוֹדוּ	321
בֵּית אַהֲרֹן	319	יָהּ	316
בֵּית־יהוה	177	כָּל־יָמָיו	169-171
בֵּית יָרָבְעָם	258	יוֹם יהוה	266
בָּמוֹת	231. 232. 257	יַלְדָּה	51
רֹאֹה בִּבְנוֹת הָאָרֶץ	51	סֵפֶר תּוֹלְדֹת	32
בְּעָרְתָּ	106	לֶקַח מוּסָר	249. 252
בְּרַכְוּ יהוה	127	יֵצֶר מַחֲשֶׁבֶת	45
וְגַם	205. 212	יִרְאֵי יהוה	307. 319
דבק בְּ-	51	סֵפֶר הַתּוֹרָה	215
דִּבֶּר עַל־לֵב	53	יְשָׁרִים	307
דְּבַר־יהוה	38. 158. 253	יִשְׁרֵי לֵב	307
וַיְהִי אַחַר הַדְּבָרִים הָאֵלֶּה	162	יַחַד	139-140
דּוֹר	44	הַכֹּהֵן הַגָּדוֹל	189
הלך בְּדַרְכֵי יהוה	93	הַכֹּהֵן הָרֹאשׁ	189
דֹּרְשֵׁי יהוה	307	כְּמָרִים	206. 225
וַיְהִי־כֵן	30. 38	כנע ni.	212-213
הֵיכַל יהוה	202. 207	כֶּסֶף עוֹבֵר	182. 183
הַר הָאֱלֹהִים	79	כֶּסֶף הַקֳּדָשִׁים	180-182
זֶה	78. 133	כֹּפֶר	283

לֹא־יִכָּרֵת אִישׁ לְ־	247	רָזַן	132
וְהִכְרַתִּי + מִן	225	הָרְכָבִים	252. 253
בְּכָל־לְבָבְךָ וּבְכָל־נַפְשְׁךָ	89	רֶכֶב	245
עלה על־לֵב	180. 230	מֶרְכָּבָה	245
מָהַר	53	רֵעֲךָ	103
מָחַק	138	רָעָה	45. 47
מָכַר	192-193	הִנְנִי מֵבִיא רָעָה	248
מֶלֶךְ	228. 240-241	מְרֵעִים	308
נדב hit.	127	רֶשַׁע	308
נחם ni.	44-45	רְשָׁעִים	307
נָכְרִי	102. 105	מַשְׂכִּלִים	268
נֶפֶשׁ חַיָּה	31	שָׂעִיר	206
מַשְׂאֵת	283	שָׂרֹף בָּאֵשׁ	234. 239
נתך hi.	188	שֹׁחַד	283
זֶה סִינַי	78-79. 133	הַשְׁכֵּם + Inf. abs.	248
שֹׁמְרֵי הַסַּף	202	הִזְכִּיר שֵׁם	101
עַבְדֵי יהוה	307	מִשְׁנֶה	211
הַעֲבִיר בָּאֵשׁ	236-239	שפט	12
עֵדוּת	171	מִשְׁפָּטִים	71-73
עֲמָמִים	136	מִשְׁפָּט וּצְדָקָה	12. 282. 303. 324. 334
עָנוּ	308	תֹּהוּ וָבֹהוּ	33
עֲנָוָה	269	תְּהוֹם רַבָּה	303
עָנִי וְאֶבְיוֹן	107. 329	תְּמִימִים	307
כִּי־עָנִי וְאֶבְיוֹן אָנִי	333	תּוֹעֲבוֹת הַגּוֹיִם	237
עֲנָוִים	270. 307. 308. 327. 338		
עַנְוֵי אָרֶץ	270. 271. 327		
עִקְּבֵי־סוּס	129		
פקד pt. ho.	186		
פֶּרַע	127		
פִּשְׁעֵי יִשְׂרָאֵל	287		
עצב hitp.	44		
צְבָא הַשָּׁמַיִם	208. 225		
צדק	44		
צַדִּיק	43-44. 271		
צַדִּיקִים	307		
שמר מִצְוֹת יהוה	93		
צֶלֶם אֱלֹהִים	35-36		
קְדֹשִׁים	307		
קֳדָשִׁים	207		
קֳדָשִׁים	172-174. 179-181. 192		
שמע בְּקוֹל יהוה	86. 93-94		
הַמָּקוֹם הַזֶּה	225		
בְּכָל־הַמָּקוֹם אֲשֶׁר	100		
קִנֵּא לַיהוה	243		
בְּרֵאשִׁית	33		
תְּרוּעָה	317		

Stichworte

Abimelech von Sichem	153	Beschneidung	52. 53-56
Adiabene	52	Bethel	206. 258-260
Ägypten	145. 150	Bildverbot	64
Akrostichon	304	Billigungsformel	30
Alleinverehrung Jahwes	15	Brautverhandlung	52-53
Altar	175. 176	Brautwerbung	51-52
Altargesetz	97-101	Bruder-Ethik	102. 105-110
Altes Testament	142-143	Brüdermärchen	122
Amarna-Archiv	12. 150-151. 155	Bund und Gesetz	81-82
Amos	326	Bundesbruch	83
Amos, Datierung	263-264	Bundesbuch	64. 66. 71-73. 82. 97-101
Amosbuch	265-290. 325-326		
Amosbuch, Doxologien	141. 285-286. 333	Bundesformel	87. 90-93
Amosbuch, Sozialkritik	262. 270. 287. 326	Bundesschluß	69-73. 90-92
Amosbuch, Völkersprüche	274-276	Bundestheologie	68. 85. 88-95. 146. 199
Amphiktyonie	111	Bundesverpflichtung	71-73
Analogieschluß, hermeneutischer	253	Chaos	13. 33
Anawim	269. 286-287. 308-309. 331-337	Chronikbücher	197. 212-213
		Chronologie	177-178
Anawim-Bearbeitung	285. 308-309	Creatio ex nihilo	32. 37
Anthropologie, alttestamentliche	18. 35. 44-46	Dan (Stamm)	120-121
Apirū	151-152. 154	Danklied	132. 141. 315-316
Apokalyptik	266. 267. 286. 290. 327	David	156
		Deboralied	79. 122. 124-141. 148
Aramaismus	125-126. 203. 231		
Arme, Armut	269. 270. 277. 278. 283. 288. 322-338	Dekalog	60-66. 71-73. 81. 87
Arme, Bedrückung	280. 328	Dekalog, Urdekalog	63-64. 78
Armenfrömmigkeit	107. 269-270. 327	Demütigung (Motiv)	212-213
Armenfürsorge	323-324	Deuteronomistisch, Begriff	159
Armutsideal	269. 322	Deuteronomistische Frömmigkeitszensuren	169
Aschera	208		
Asidäer	269. 306. 310-312. 337	Deuteronomistische Geschichtsdeutung	84
Asser	121	Deuteronomistische Geschichtsschreiber	169-170. 172
Assur	204. 207. 289. 326		
Atalja	171	Deuteronomistisches Geschichtswerk	144. 198-201
Baal	14. 192. 225. 232. 240. 242. 300	Deuteronomistisches Rahmenschema	169
Bauen und Pflanzen	284	Deuteronomium	96-100. 198. 223
Becher des Zorns	251-252	Deuteronomium, bundestheologische Bearbeitung	88-94. 200
Bekehrung zum Judentum	52. 54		
Benjamin	119-121		

344 Stichworte

Deuteronomium, Erstredaktion	107-110	Eschatologie	141. 266. 296. 327
		Esel	337
Deuteronomium, Historisierung	88	Essener	269. 337
		Ethisierung	47
Deuteronomium, Paränese	84	Ethnischer Antagonismus	147
Deuteronomium, Rahmen	88-90	Exil	17. 100. 149
		Exodus, Exoduscredo	67. 78. 84. 86. 88. 145
Deuteronomium, Theologie	85	Ezechielbuch	161. 167
Deuteronomium, Urdeuteronomium	82. 85. 97. 107-110. 199. 209	Fälschen der Waage usw.	272
		Feind aus dem Norden	223
Diaspora	96. 100. 144. 145	Feinde Jahwes	130. 135
Dina	49-59. 120	Flächenstaaten	151. 155
DtrH	159. 168. 173. 200. 204. 208	Flutmythe, Sintflut	16-19. 43. 142. 267. 303. 327
DtrN	159. 200	Frömmigkeit	269. 305. 307. 327
DtrP	158-159. 168		
Du-Paränese	200	Gad	120-121
		Gaza	276
Edom	276	Gerechte und Frevler	40. 42. 268. 283. 295-306
Efraim	115. 120. 156		
Egalitäres Ideal	289	Gerechtigkeit Gottes	13-21. 40-48. 159. 166. 213
Eifern für Jahwe	243		
Eigennamen	210	Gerechtigkeit	12-21. 278. 283. 329. 336
Einzigkeit Jahwes	15-17		
Eisenzeit	150	Gerichtsdoxologie	141
Elia	159-165. 243	Gesetz und Geschichte	67-68
Elisa	166-167. 242	Gesetz und Propheten	87
Elohist (Quelle)	47. 119	Gesetzesobservanz	305
Elterngebot	61-62	Gilead	156
Ende	265-266. 274. 289. 327	Glaube	20
		Gottesberg	68. 74. 77-79. 146
Endgericht	19. 131. 265-268. 274. 279. 290. 296. 308. 327. 329. 330. 338	Gottesebenbildlichkeit	35-36
		Gottesliebe	89
		Gottesmann-Bearbeitung	160-168
		Gottesname, Kurzform	301
Endredaktion (J/P-Redaktion)	43. 47. 73. 114. 117-118. 307	Gottesschau	69-70
		Gotteswahl	136
		Gruppen, innerjüdische	306
Engel Jahwes	129		
Enuma elisch	33-34. 37	Habakuk	209
Erdbeben	261-262	Hallel, ägyptisches	321
Erkenntnisformel	160-161	Hallel, kleines	321
Erstes Gebot	63-64. 98. 199	Handschlag	244-245
Erstgeburt	239	Hauptgebot	63. 84. 86-88. 199
Erwählungstheologie	199	Haus Aaron	319
Erweislegende	164	Hazor	152
Erweiswort	161. 167	Hebrew, Ancient Biblical	125

Hebrew, Standard		Josia	198-200. 208-209. 218-222. 325. 334
Biblical	126		
Heiligkeitsgesetz	103	Josia, Fundbericht	213
Hermeneutik	11	Josia, Kultreform	200. 221. 223-224
Himmelsheer	207. 225	Josia, Reformbericht	201-209
Hirbet el-Kōm	322	Juda	116. 119-121. 151
Höhenkult	204. 206. 231. 232. 257	Judas Gaue	209
Höhennotiz	204-205. 208	Kanaanäer	146-148
Hoherpriester	189. 194. 210	Kanaanisierung	254
Horeb	79-80	kanonisch, Kanonizität	60. 312
Huldaorakel	209-213. 221. 225	Katastrophe, kosmische	s. Endgericht
Hüter der Gewänder	211	Kedeschen	207
Hymnus des einzelnen	141	Keniter-Hypothese	254
		Kinderopfer	227-241
Ich der Psalmen	312	Könige von Juda, Tagebücher	191
Instandsetzungsbericht	183-189. 201	Königinmutter	131
Israel	121. 152-153	Königserzählungen	155
Israel, Volk	147. 149	Königsideologie	36. 323-324
Issachar	119. 121	Königskritik	13. 148-149
		Königspsalmen	336
Jahwe, Einzigkeit	15-17	Königsritual	300
Jahwefürchtige	319	Königtum Gottes	13-14. 300
Jahwe-Krieg	130. 138	Königtum	12-13. 148-149
Jahwereligion, Beginn	149		
Jahwewort-Bearbeitung	159. 161-164. 168	Konnubiumsverbot	55
Jahwist	17. 96. 101-105. 110. 119. 144. 147	Krieg, syrisch-ephraimitischer	264
Jakobsegen	116. 129	Krönungshymnus	335-336
Jehu	242-246	Kultkritik	83. 289
Jephtha	156	Kultreinheit	200
Jeremia	209. 211. 217-224	Kultzentralisation	97-102. 198-201. 257
Jeremiabuch	221		
Jeremiabuch, Prosareden	240		
Jeremiabuch, Redaktion	253	Labaja	151. 153
Jeremia-LXX	247	Ladespruch	134. 298
Jerobeam I.	256. 258-261	Landnahme	122. 145. 147
Jerobeam II.	256. 261-263	Lectio brevior	60. 191
Jerusalem	151. 156	Levi	55. 114-115. 119-121
Jerusalem, Topographie	211		
Jesaja, Jesajabuch	261. 269	Leviten	239
Jesaja-Apokalypse	267. 333	Listenwissenschaft	34
Joahas	223	Liturgische Regieanweisung	315. 318
Jojada	171. 172. 175		
Jojakim	222	Ma'alot-Psalmen	318. 320
Jonadab ben Rechab	242-246. 250. 253	Maaseja	251
Josef	119. 122	Manasse (Stamm)	115. 120
Josefsgeschichte	47-48. 120. 122	Manasse (König)	208

Manasse, Sünde	213. 225. 233	Quellenscheidung	204
Mantel als Pfand	278		
Mari, Personennamen	113	Rechabiter	247-255
Meerlied	135. 140	Recht und Gerechtigkeit	12. 14. 157. 303. 324
Mer-en-Ptah	152-153		
Merom	130. 137	Rechtfertigung	9-22. 306
Meros	130	Rechtfertigung Gottes	15-21
Messias	333-337	Religion, vorexilische	81. 199
Midianiter-Hypothese	146. 254	Rest	290
Midraschexegese	40-41. 49. 165. 174. 192. 254. 260	Retter	128
		Reue Jahwes	44-45
Militärkönigtum	154. 156	Richterschema	136
Mirjamlied	135	Richterzeit	148
Moloch	240	Ringkomposition	209. 211
Mose	146. 333	Ruben	116. 119. 120. 122
Moselied	140	Ruhetagforderung	65
Nabatäer	254	Sabbat, Sabbatgebot	26-28. 65-66
Nächster	103	Samaria, Ostraka	115
Naftali	120-121	Saul	156
Nahum, Buch	209	Schafan	210
Nasiräer	254	Schamgar	135. 136
Nomadisches Erbe	147	Sch^{e}ma'	88-89
Nomadisches Ideal	249. 254	Schöpfung	13. 23-39
Nota relationis	171	Schriftprinzip	9
		Schuldenkrise	288. 328
Opferstock	175-177. 193-194	Schuldrecht	330
		Schwellenhüter	186. 194. 202
		Sebulon	120-121
Paulus	11. 21	Sechstagewerk	27-28
Perfectum copulativum	190-191. 203	Segen	100. 322
Poesie und Prosa	125	Segen und Fluch	93-94
Priester	176-178. 193	Seïr	134
Priester, Versorgung	179-180	Sichem	51. 151. 154-155
Priesterliche Bearbeitung	175. 191-196	Siedlungsgeographie	122
Priesterschrift	18. 35. 37. 71. 73. 116. 118. 143. 168. 173. 265	Siegeslied	317
		Simeon	55. 119. 120. 122
		Simson	127. 136
Privilegrecht	146. 199	Sinai	68. 74. 79-81. 133. 146
Prolog im Himmel	16		
Propheten, Prophetie	15. 19. 37. 85. 96. 159. 167. 287. 324-325	Sinai, Wüste	80
		Sinai-Gesetz	88
		Sinaiperikope	67-80
Prophetenbücher, Datierungssystem	261	Sinai-Tradition	78
		Sonnengott	206
Prophetie und Gesetz	63. 82	Sozialkritik, prophetische	270. 324-327
Psalmen, makkabäische	311	Spätbronzezeit	12. 149-150
Psalmenforschung	291-293. 312-313	Staat, Staatenbildung	12. 157
Psalter	269. 291-294. 312-313	Stamm, Kategorie	122
		Stämmebund	111. 325

Stämmelisten	112-114	Weltschöpfungs-	
Stämmesprüche	128	vorstellungen	34
Streitwagenfahrer	246. 252	Wettergott	14. 146. 300
Stufenparallelismus	132. 137	Wiederaufnahme	209-211. 219
Substitutionsopfer	239	Wolkenfahrer	298
		Wort Jahwes (s. auch	
Tag Jahwes	266-267	Jahwewort-Bearbei-	
Taumelwein	251-252	tung)	36-39. 159. 249.
Tempelkammern	251		253
Tempelregesten	172	Wort, Präexistenz	39
Theodizee-Bearbeitung	19-21. 41-48	Wort, Theologie	38
Theophanie	68-69. 75-76. 299-300	Wüstenitinerar, -zug	74. 147
Thronbesteigung Jahwes	14. 300	Zefanjabuch, Datierung	209. 224-226. 267
Toda	315-316	Zeichenhandlung,	
Toledotformel	31-32	prophetische	246. 249. 253
Tophet	206. 231. 235. 236. 239	Zeltpflock	139-140
Tora	288-289. 326	Zwölfstämmesystem	111-113. 128
Tora, Buch der	213-215	Zwölfer-Symbolismus	120. 122
Trunkenheit	251		
Tun und Ergehen	40. 322-324		

Überlieferungskritik	143
Umkehrpredigt	289
Unaufhörlichkeitsformel	247-248
Urbekenntnis Israels	67. 86
Urkundenhypothese	69
Urrolle	220-221

Vätererzählungen	122. 144-145
Väterzeit	144-145
Verantwortung des Menschen	14. 36
Vergebung, Akt	14
Vergleich, synoptisch	191. 230
Verheißung	20-21
Vertrauenslied	316
Verunreinigung, Kultstätte	204
Vollmond	66

Wagen	245
Wehewort	274. 281-282. 327
Weihegaben, königliche	172-175. 192
Weingenuß, Verbot	249-250. 254
Weisheit, alttestamentliche	288. 307
Weltordnung	13-14

Autoren

Ackroyd, Peter R.	257	Briggs, Charles Augustus	79. 133. 246. 298. 317
Aharoni, Yohanan	262		
Aistleitner, Joseph	300	Briggs, Emilie Grace	298. 317
Albertz, Rainer	319	Brockelmann, Carl	78. 138
Albright, William Foxwell	192	Brown, Francis	246
		Brunner, Hellmut	323
Allegro, John M.	78	Buber, Martin	236
Alt, Albrecht	66. 111. 112. 124. 145-148. 150. 155. 199. 209	Budde, Karl	27. 79. 127. 130. 133. 135. 139. 140. 147. 173. 203-206. 247. 249. 254
Amiran, Ruth	262		
Arens, Anton	293	Bultmann, Christoph	102
Arneth, Martin	336	Burney, Charles Fox	127. 129. 136. 170. 171. 176. 182. 243
Assmann, Jan	13. 292		
Auffret, Pierre	319		
Aurelius, Erik	333	Campbell, Edward F.	155
		Carcopino, Jérôme	241
		Caroll, Robert P.	253
Bach, Robert	277. 284. 288. 326	Chabot, Jean-Baptiste	241
Bächli, Otto	111. 259	Childs, Brevard S.	292
Baentsch, Bruno	112. 114	Colenso, John William	50. 59
Balla, Emil	312	Conrad, Diethelm	99
Barstad, Hans M.	335	Cornill, Carl Heinrich	87. 229. 235
Barth, Christoph	293	Cross, Frank Moore	144
Barth, Karl	35. 259	Crüsemann, Frank	141. 148. 301. 316. 319
Baumgartner, Walter	192. 198. 206		
Bechmann, Ulrike	126		
Becker, Joachim	293. 294. 313. 333	Dalman, Gustav	280
Becker, Uwe	269	Davies, Graham I.	322
Becker-Spörl, Silvia	126	Debus, Jörg	258
Ben-Gavriêl, M. Y.	249	Deissler, Alfons	293. 313
Benzinger, Immanuel	158. 164. 165. 168. 173. 176. 178. 179. 181. 182. 184. 186. 192. 194. 196. 205-207. 243	Dickson, H. R. P.	140
		Diebner, Bernd-Jørg	140. 257. 294
		Dietrich, Manfried	14
		Dietrich, Walter	15. 38. 147. 158. 161. 166-168. 185. 191. 194. 200. 207. 211. 214. 233. 240. 260. 276. 277. 279
Bertheau, Ernst	139		
Beyerlin, Walter	33. 37. 257. 265. 292. 295. 300. 313		
Bickell, Gustav	297	Dillmann, August	49. 57
Birkeland, Harris	78	Donner, Herbert	145. 151. 155. 262. 264. 289
Blenkinsopp, Joseph	130		
Blum, Erhard	144	Dothan, Trude	262
Böhmer, Eduard	49	Driver, Godfrey Rolles	171. 246
Boling, Robert G.	126	Duhm, Bernhard	79. 84. 133. 142. 220. 224. 228. 232. 235. 247. 248. 253. 256. 266. 268. 272.
Bousset, Wilhelm	49		
Braulik, Georg	10		
Breasted, James Henry	152		

Autoren

		273. 276-278. 280. 282. 291. 297. 304. 308	Goethe, Johann Wolfgang v.	23-24. 26
Dunayevsky, Immanuel	262		Görg, Manfred	130
Dürr, L.	37		Graetz, Heinrich	195
Dussaud, René	241		Graf, Karl Heinrich	142
			Gray, John	176. 178. 182. 243
Eerdmans, Bernardus Dirk	118		Greßmann, Hugo	49. 163. 170. 176. 182. 194. 204. 205. 243. 252. 273. 277
Ehrlich, Arnold Bogumil	170. 182. 187. 243		Grether, Oskar	129
Eichhorn, Johann Gottfried	26. 27		Groot, Johannes de	175
			Gross, H.	10
Eißfeldt, Otto	128. 167. 176. 185. 188. 194. 195. 198. 220. 228. 236. 239. 241. 243. 259		Gunkel, Hermann	41-43. 47. 57. 120. 141. 266. 291. 294. 297. 311. 320. 326
			Gunneweg, Antonius H. J.	260
Elliger, Karl	28. 182. 226. 235. 241. 263			
			Hahn, Ferdinand	21
Erbt, Wilhelm	229. 247		Halbe, Jörn	66. 99. 101. 146
Ewald, Heinrich	27. 62. 170. 182. 187		Hanhart, Robert	217
			Härle, Wilfried	9
			Hartlich, Christian	26
Fabry, Heinz-Josef	105. 109. 110. 330		Haupt, Paul	171
Falkenstein, Adam	292		Heiler, Friedrich	120
Fensham, Frank C.	323		Helck, Wolfgang	36
Février, James G.	241		Hengel, Martin	269. 288. 306. 331
Fichtner, Johannes	307		Hentschel, Georg	158. 159. 243. 260
Finkelstein, Israel	150		Herder, Johann Gottfried	23. 125
Fishbane, Michael	133		Herms, Eilert	9
Fleischer, Gunther	270-272. 274. 277. 278. 280. 283. 326. 332		Herrmann, Siegfried	145. 146
			Heyne, Christian Gottlob	26
Fohrer, Georg	118. 120. 148. 161. 162. 164. 171		Hobbs, T. R.	243
Forrer, Emil	262		Hoffmann, Hans-Detlef	178. 185. 189. 191
Frankfort, Henri	13		Hoftijzer, Jacob	241
Frick, Frank S.	246. 252		Hollenstein, Helmut	202. 203. 205
Fritz, Volkmar	149. 257. 263. 275		Hölscher, Gustav	176. 185. 203-205. 208. 210. 229. 254
Füglister, Notker	293. 314. 332			
Fuhs, Hans Ferdinand	256		Holzinger, Heinrich	113
			Hopper, S. R.	229
Gabler, Johann Philipp	27		Horst, Friedrich	106. 204. 210. 211. 213. 217. 234. 286
Gehman, Henry Snyder	171. 174. 176. 182. 185. 195. 243		Hossfeld, Frank-Lothar	60. 62. 63. 66. 68. 70-73. 87. 98
Gerlemann, Gillis	137. 335			
Gertz, Jan Christian	97. 107		Hupfeld, Hermann	117. 119
Gese, Hartmut	24. 272-277. 280		Hyatt, James Philip	217. 222. 229
Geus, C. H. Jan de	111			
Giesebrecht, Friedrich	228. 235. 250		Ilgen, Karl David	27. 32

Jacobi, Günther	23	Kuenen, Abraham	28. 49. 52. 58. 59. 143. 184. 185
Janowski, Bernd	283		
Janssen, Enno	204	Kuhl, Curt	209. 219. 234
Jenni, Ernst	266	Kuhn, Karl Georg	61
Jepsen, Alfred	98. 162. 171. 176. 185. 203. 204. 212. 213. 215. 217. 259	Kuschke, Arnulf	325
		Lambert, Wilfred G.	16
Jeremias, Jörg	13. 133. 146. 256. 257. 262. 271. 272. 274. 275. 277. 279- 281. 284. 287. 292. 299. 300	Lemaire, André	115
		Lemche, Niels Peter	151
		Levenson, Jon D.	247
		Levinson, Bernard M.	98. 100
		L'Hour, Jean	237
Jirku, Anton	300	Lichtheim, Miriam	37
Jolles, André	154	Liedke, Gerhard	244
Joüon, Paul	127	Lindars, Barnabas	136
		Lipinski, Éduard	133. 299. 300. 311
Kaiser, Otto	142. 200. 206. 227. 235. 269. 275. 287. 306	Lohfink, Norbert	28. 35. 66. 86. 91. 97-100. 213. 215. 269. 292. 314. 324. 330. 331
Kallai, Zecharia	129		
Kaplony-Heckel, Ursula	152	Löhr, Max	256. 266
Kayser, August	117	Lohse, Eduard	306. 311
Keel, Othmar	292. 308	Loretz, Oswald	14. 313
Keil, Carl Friedrich	181. 183	Lotz, Wilhelm	252
Kellermann, Diether	262	Luther, Bernhard	254
Kessler, Rainer	273	Luther, Martin	18. 182
Keukens, K. H.	251. 252		
Kilian, Rudolf	41. 43. 161	Mallowan, Max E. L.	244
Kimchi	182	Mann, Thomas	57
Kippenberg, Hans G.	288. 331	Markert, Ludwig	272
Kittel, Rudolf	79. 133. 163. 173. 175. 176. 178. 180. 182. 186. 194. 196. 213. 243	Marquard, Odo	11
		Marti, Karl	256. 273. 275-277. 282
		Mathys, Hans-Peter	285
Klopfenstein, Martin A.	15. 259	May, Herbert G.	217
Klostermann, August	171. 175. 176. 178. 182. 187. 191. 193. 243	Mays, James Luther	315
		McCann, J. Clinton	314
		McKane, William	175. 247. 248. 250. 254. 307
Knauf, Ernst Axel	146		
Knudtzon, Jørgen A.	12. 150	Melanchthon, Philipp	9
Koch, Klaus	10. 270. 271. 286. 314. 318. 320. 332	Merendino, Rosario Pius	107. 108. 234. 237
		Meyer, Eduard	49
Köckert, Matthias	145. 277	Meyer, Ivo	222
Koenig, Jean	253	Meyer, Rudolf	203. 235
Köhler, Ludwig	192. 254	Millard, Alan Ralph	16
König, Eduard	256	Millard, Matthias	314. 318. 320
Kraetzschmar, Richard	71	Minokami, Yoshikazu	164. 242. 243. 246.
Krašovec, Jože	10	Mittmann, Siegfried	67. 68. 70. 72. 73. 75. 88. 150
Kratz, Reinhard Gregor	314		

Montgomery, James A.	171. 174. 176. 182. 185. 192. 195. 207. 243	Reichert, Andreas	71
		Reindl, Josef	293. 296. 297
		Renan, Ernest	278
Moore, George Foot	79. 131. 133	Rendtorff, Rolf	179
Moscati, Sabatino	231. 236	Renz, Johannes	142. 322
Mowinckel, Sigmund	14. 229	Reventlow, Henning Graf	11
Mulder, M. J.	254		
Müller, Hans-Peter	288	Richter, Wolfgang	41. 67. 126. 130. 132-136. 139. 140. 209
Munn-Rankin, Joan M.	244		
Muraoka, Takamitsu	127		
		Rietzschel, Claus	247
Neef, Heinz-Dieter	126	Robinson, Theodore H.	273
Nestle, Eberhard	224	Röllig, Wolfgang	142
Niehr, Herbert	12. 147	Roschinski, Hans Peter	236. 239
Niemann, Hermann Michael	138	Rösel, Christoph	314
		Rost, Leonhard	263
Noth, Martin	20. 41. 67. 75. 79. 86. 98. 111-118. 120. 124. 144. 145-148. 155. 173. 180. 198. 241. 259. 263	Rothstein, Johann Wilhelm	312. 314
		Rudolph, Wilhelm	224. 229. 232. 235. 240. 256. 273. 279. 281
Nötscher, Friedrich	229		
Nowack, Wilhelm	256. 273. 275. 282		
Nyström, Samuel	254	Sachs, Walter	26
		Šanda, Albert	163. 170. 171. 176. 179. 182. 185-187. 190. 195. 196. 215. 243
Oates, David	244		
Oeming, Manfred	20		
Oestreicher, Theodor	201. 203. 204		
Otto, Eckart	97-99. 102. 106. 331	Sanders, James A.	293
		Schmid, Hans Heinrich	13. 18. 44. 278
		Schmidt, Hans	185
Pedersen, Johannes	245	Schmidt, Ludwig	41. 42. 306.
Perlitt, Lothar	15. 60. 68. 69. 71. 73. 75. 78-80. 85. 86. 96. 102. 103. 106. 108-110	Schmidt, Werner H.	13. 26. 36. 146. 256. 276. 292. 300. 325
		Schmitt, Armin	160. 162
Perrot, Jean	262	Schmitt, Hans-Christoph	160. 166. 167. 243
Peters, Christian	9	Schmökel, Hartmut	33
Petrie, William M. Flinders	152	Schnabel, Paul	34
		Schottroff, Willy	101. 102
Plöger, Otto	306	Schreiner, Josef	292. 293
Pohlmann, Karl-Friedrich	42. 212	Schröten, Jutta	315
		Schunck, Klaus-Dietrich	231. 232
Procksch, Otto	114. 117. 118. 182	Schürer, Emil	52
		Schuurmans Stekhoven, J. Z.	312
Rad, Gerhard v.	11. 20. 28. 30. 47. 93. 100. 124. 146. 198. 265. 288. 333	Schwab, Eckart	162
		Schwally, Friedrich	30. 176. 182. 184. 188. 194. 195. 243
Rahlfs, Alfred	308. 309. 332. 333		
Raschi	33	Schwantes, Milton	271. 334. 337

Schwienhorst-Schönberger, Ludger	99	Uehlinger, Christoph	257
Seeligmann, Isac Leo	41. 127	Utzschneider, Helmut	257
Segert, Stanislav	138	Van Seters, John	43. 144
Seitz, Gottfried	94. 106-108. 234. 237. 329	Vaux, Roland de	207. 254. 326
Sellin, Ernst	204. 254. 259	Veijola, Timo	13. 15. 21. 89. 148. 200. 247. 272. 273. 275. 313. 327
Sethe, Kurt	33		
Seybold, Klaus	267. 292. 298. 313. 314-316	Vermeylen, Jacques	257. 269. 277. 282
		Vernes, Maurice	125
Shirun-Grumach, Irene	295	Virolleaud, Charles	192. 193
Skehan, Patrick W.	293. 314	Volz, Paul	229. 232. 253
Smend, Rudolf	19. 312		
Smend, Rudolf	12. 20. 35. 38. 60. 91. 123. 124. 142. 145. 146. 148. 158. 159. 161-163. 168. 169. 198. 200. 215. 265-267. 289. 295. 306. 326. 327. 334	Wagner, Max	127. 138
		Waltisberg, Michael	126. 127. 135-137
		Wanke, Gunther	313
		Watson, Wilfred G. E.	132
		Weber, Max	147. 148
		Weiler, Ingomar	324
		Weimar, Peter	46. 272
Smith, George	142	Weippert, Helga	82. 112. 142. 149. 150. 152. 155. 248
Smith, Morton	306		
Smith, William Robertson	142	Weippert, Manfred	292
		Weiser, Artur	229. 256
Soden, Wolfram v.	241. 292	Wellhausen, Julius	19. 27-29. 31. 33. 34. 40. 41. 44. 46. 49. 56. 57. 63. 65. 68. 70. 71. 82. 85. 96. 97. 99. 101. 112. 113. 115. 119. 124. 125. 139. 142. 143. 158. 165. 167. 177. 179. 183. 197. 208. 223. 259. 263. 268. 272. 273. 275-277. 282. 283. 286. 287. 291. 296. 298. 305. 306. 308. 311. 337
Spieckermann, Hermann	10. 11. 14. 146. 176. 179. 185. 187. 188. 191. 194-196. 204. 292. 298. 311. 313. 336		
Stade, Bernhard	142. 143. 149. 152. 156. 176. 181. 182. 184-188. 190. 194-196. 205. 243. 335		
Stamm, Johann Jakob	101		
Steck, Odil Hannes	29. 30. 38. 59. 161. 164. 243		
Steuernagel, Carl	106. 108. 110. 295		
Stolz, Fritz	252. 312	Welten, Peter	189
Strack, Hermann Leberecht	253	Westermann, Claus	18. 144. 320
		Wette, Wilhelm Martin Leberecht de	27. 198
		Whitley, Charles F.	217
Tate, Marvin E.	314	Wilke, Fritz	241
Thenius, Otto	170. 182. 243	Willi, Thomas	170. 188
Thiel, Winfried	45. 82. 159. 200. 212. 219. 229-230. 240. 247. 252	Williamson, Hugh G. M.	257
		Willi-Plein, Ina	253. 256. 257. 268. 272
Torczyner, Harry	283	Wilson, Gerald H.	293. 314. 319
Torrey, Charles Cutler	188	Winter, Georg	130

Witsius, Hermann	254
Wolff, Hans Walter	41. 122. 256. 257. 260. 262. 263. 265. 266. 272-274. 276. 277. 279. 282. 286. 288. 325
Würthwein, Ernst	144. 158. 161. 163. 165. 171-173. 175. 176. 178. 179. 182. 184. 185. 193. 203-206. 207. 210. 215. 242. 243. 252. 259. 260. 288. 326
Yadin, Yiggael	152. 262
Young, Ian	125. 138
Zapletal, Vincenz	130
Zenger, Erich	68. 73. 289. 292. 314. 336
Ziegler, Joseph	176
Ziegler, Werner Carl Ludwig	27
Zimmerli, Walther	64. 71. 161. 167. 238. 239. 265. 266
Zobel, Hans-Jürgen	292

Bibelstellen

Genesis		24,35	322	15,1-18	126. 135. 140-141
1,1-2,4	24-38. 168	26,12-14	322		
1,9	31	27,46	51	15,20-21	310
2,2-3	27-28. 65	28,10-20	101-102	15,21	135. 317
2,5	33	29,15	104	16	28
2,24	51. 54	29,24.29	118	18	146
3,14-15	275	29,31-30,24	118-120	19	75-76
4,9-11	104	30,21	50. 51	19,1	73. 74
6,5-8	16-19. 41. 43-47	30,27	53	19,2.3	74
		31	47	20,1	71. 75
6,5-6	44. 47. 57	32,21	105	20,2-17	60-66
6,7	266	32,28-30	121	20,7	64
6,8-9	17-18. 44	33,8-11	53. 105	20,11	65
6,13	265. 327	33,19	51	20,12	61-62. 250
7,1	16. 18. 44. 306	34	49-58. 117. 120	20,13-15	63
				20,16	64
7,4	16. 266	35,5	56	20,17	62-63
7,11	267. 303	35,16-20	119	20,20-23	72. 98
7,23	290	35,22-26	117-118	20,24-26	97-101
8,21	18. 45. 47	37,26-27	105	20,25	195
8,22	247	38	118. 120	21,1	71. 98
9,9.11	35	39	47	21,1–22,16	82
12,1-9	101	41,50-52	118. 120	21,2-7	106
12,3	17	42-43	47	21,16	106. 278
12,19	54	45	47	21,22	278
13,8-9	54. 104	46,8-25	114-118	21,23-24	107
15,6	20-21. 47. 306	47,31	47	22,15-16	58
		48	120	22,24	330
16,2-4.15	120	49	111. 116	22,25-26	278. 329
16,11	119	49,5-7	50. 58	23,1	107
17,6-8	35	49,13.14.17	128-129	23,4-5	110
17,10	52. 53. 56	50	47	23,6.8	283
18,12	280	50,20	21	23,12	66
18,22-33	19-20. 41-43. 306			23,20	101
		Exodus		24,1-2.9-11	69-71
19	42-43. 306	1,1-5	115. 118	24,3	71-73
19,2	139	2,1-10	121. 146	24,3-8	69-73
19,7	105	2,11	104	24,4	122
19,8	58	2,11-23a	146	24,7	215
20	46	3,1	79	24,11.12-14.18	77
20,13	100	3,1-4	146		
22	239	3,7	119	24,13.15.16-18	73-74
22,1.20	162	3–4	74. 146		
23	51	4,18	104	29,44-46	35
23,10.18	54	6,4-7	35	30,11-16	181-182
23,16	182	6,14-16	118	30,12-13	183
24,3	17	12,48	52	31,12-17	28
24,7	101	13,12	237	32	77

Bibelstellen

34,7	64-65	3,6-7	56	22,7	62
34,10-26	64. 146	4,40	61-62	22,13-21	58
34,15-16	54	5	67	22,19	278
34,21	65-66	5,3	88	22,22	46
34,28	74. 77	5,6-21	60-66	22,28-29	58
35,1-3	28	5,9-10.11	64	23,18	207
		5,15	65	23,20-21	105. 107
Leviticus		5,16	61-62. 250	24,7	106
5,15	180-181	5,17-19	63	24,10-13	328-329
7,7-10	179-180	5,17-21	66	24,12-13	278
18,8	117. 277	5,20	64	24,12.15	333
18,15	277	5,21	62	24,14-15	106-107. 329-330
18,20	58	5,33	62. 86		
18,21	206. 233. 235-237. 240-241	6,4-6	15. 89-90	24,17	283
		6,7-9	89	24,18	65-66
		6–11	88. 89	25,1-3	108
19	103	7,1-3	54-56	25,15	61
19,18	157	7,9-10	64	26,1-4.11	94
20,2-4	233. 236-237. 240-241	9–10	77	26,16	90. 92
		11,24	100	26,16-19	90-93. 213. 215
20,3.11.12	277	12	84. 97. 99-100. 199. 257. 277. 289		
25,10	335			27,11-13	112
25,23	288. 331			27,15	295
26,5	284	12,13	100	27,19.25	283
27,2-8	181	12–26	85. 97	28	94. 212
		12,26	173	28,69	88
Numeri		12,29–14,2	199	32	140-141
1,5-15	111-114	12,31	234. 238. 240	32,17	135. 136
1,20-43	112. 114	14	97	33	112
2,3-31	112	14,21	105	33,2	78-79. 134
3,11-13	239	15,1-3	108-109	34,1.2	121
7,12-83	112	15,3	105		
10,11	74	15,4.11	338	Josua	
10,14-28	113	15,7-9	330	1,5	100
10,35	134. 298	15,12-18	106	1,8-9	295
12,3	333	16,18–21,9	97	2	147
13,4-15	113	16,19	283	4	122
14,18	64	16,21–17,7	199	4,11	136
18,16	181	18,6-8	204	6	147
22–24	147	18,9-10	205	6,5	317
25,11.13	243	18,10	237-238. 240	8	147
26,5-51	111. 114-116. 118	19,1-13	97	8,26-27	56
		19,16-21	107	10,12-13	138
26,57-62	114	20,13-14	56	11,5	138
31,7-9	56	21,10-21. 22-23	110	11,5.7	130
34,16-29	113	21,11	51	11,14	56
		22,1-4	109-110	12,21	138
Deuteronomium		22,5-12.13– 23,1	110	15,21-62	209
1,23	122			17,1-3	115. 137
2,34-35	56			17,11	138

18,21-28	209	12,3	283	17,2-6.7-16	161
19,1-39.41-46	209	13,15	156	17,17-24	159-161
21,45	38	13,19-22	136	17,24	163
23,14	38	14,2.50	156	18,31-32	122
24,15.22	136	18,22-23.		18,36.37	163
24,29	162	26.27	156	18,40	243
24,32	51	23,1-13	156	19,8	77. 79
		25	156	19,10.14	243
Richter		27	156	20	155. 167
1	147			20,33	245
2,1-5	129	2. Samuel		21,1	162
3,15	137	2,1-4	156	21,29	213
3,25	139	2,9	121	22	155
3,26-28	134	5,1-5	156	22,47	207
3,31	136	7	197	22,53	200
4	121. 135-140	8,11-12	173		
4,1	136	12,1-4	324	2. Könige	
4,6.10	121	13,12-13.		1	163-165
5	122. 124-	15-17	58	2,19-22	166
	141. 148	22	140-141	3	155
5,5	78			3,2-3	200
5,14-18	121	1. Könige		4,1-7	162. 166
6,38	30	4,8-19	121	4,8-17	166
7,18.20	317	5,5	121. 334	4,23	66
8,11	54	6,7	195	4,42-44	166
9	153-155	6–7	197	5,1-27	166-167
9,28	51	7,39	175	5,15-19	52
9,50-54	138	7,48-50	195	6–7	155
10,1	121	7,51	173	7,20	30. 38
10,14	128. 136	8,56	38	8,18.27	200
11–12	156	11,4-10	205	9–10	155. 242
12,1-6	156	11,5	225	9,22	242
12,12	121	12	205. 206	9,30	131
12,14	128	12,25	155	10,15	243-245
13,2.25	121	12,26-30	258	10,16	242-243
14,2	51	12,30	285	10,18-27	242-243
14,7	53	13	206. 259-260	10,28	200
15,15-16	136	13,34	261	11	171. 175.
18	121	14,1	162		191. 197
18,7.10.27	54. 55	14,24	207	11,14	196
19,3	53	14,25-26	172. 173	11,17	215
19,23.24	58	15,3	205	11,18	192
20,6.10	58	15,11-14	208	12,3	169-171
		15,12.13	207	12,5	179-183
1. Samuel		15,15.18	173	12,5-17	174-175.
2,1-10	140. 141	15,17-22	172		189-196. 201
2,7	323	15,20.27	121	12,7-10	175-178
8,3	283	16,31-32	200	12,10	202
11	156	16,32-33	205. 208	12,17	179-180
11,7	58	17	159-163	12,18-19	172-173

Bibelstellen

13,1.3	178	25,18	202	4,15	121
14,8-14	172			5,28	328
14,9	51	Jesaja		7,3.6.7	248
14,25	262-263	1,1	256. 261	7,9	63. 64. 87
15,12	30. 38	1,13	66	7,13	248
15,29	121	3,14-15	328	7,20	211
16,3	237-238	5,3	249	7,21-25	83-86
16,5.7-9	172	6,1	261	7,22-23	90
16,10-18	197	6,3	303	7,23	92
17,16-17	237-238	8,23	121	7,25	248
17,31	234. 238	9,9	284	7,28	249
18,4	199. 204. 205	10,1-3	328	7,31	206. 227-240
18,13-15	172	11,1-5	328. 334-335	8,14	250
20,1	162	12,4	321	8,16	121
21,1-9	205	14,30.32	328	11,2.10	249
21,2-3	200. 204. 208	22,13	326	13,2-4.8	253
21,3-5.7	233	24,14-16	141. 286. 333	13,10	249
21,6	237-238	24,17-20	267	15,4	213. 233
21,10-15	213	25,1-6	141. 333	16,9	253
21,11.16	233	25,4	328. 334	16,14	281
21,20	200. 204	26,1-6	141. 333	17,5-8	295. 311
22–23	197. 198-216. 221. 224	26,6	328. 334	17,23	249
		29,19	328	18,2-6	253
22,3	221	30,33	235. 239-240	18,7-12	19. 42. 45-46. 48
22,3-7.9	183-189. 192-196. 201. 208	32,7	328		
		40,6-8	39	18,11	248. 249
		41,17	328	18,16	128
22,8-11	213-214	49,13	328	19	225. 235
22,12-20	209-213	51,9	137	19,3	211
22,13-20	214-215	52,1	137	19,5	227-234. 238. 240
23,1-3	213. 215	55,10-11	38		
23,2	202	57,5.9	238	19,8	128
23,4	201. 202	61,1-3	328. 335	19,13	225
23,4-20	201-209. 225	66,2	328	19,15	248
23,5	225	63,19	132-134	20,13	328
23,7	207			22,10-12	223
23,8	135. 204	Jeremia		22,10.13-15	209. 334
23,10	233. 235-237. 240-241	1,1-3	218-219	22,16	328
		1,2	221-222. 256	23,12	328
23,11	251	1,3	223. 250	23,29	38
23,13	225	1,4-14	253	25,1	223
23,15	165. 259-260	1,11-14	265	25,1-3	220-221
23,16	166	1,12	38	25,4	248
23,17-18	165	1,16	211. 212	25,7	211. 212
23,26	213. 233	2,1-2	253	25,15-29	251
23,29-34	223	2,23	232. 240	26	222
24,1-2	250	2,34	328	26,1	223
24,3	213. 233	3,6	218-222	26,3	220
24,10-13.15	172	3,24	232. 240	26,5	248
25,14-15	195	4,5	250	27,1	223

29,5	284	4,2	63. 87	6,14	262-263
29,19	248	4,8.10	277	7,7-8	257
29,28	284	5,8	136	7,9	261. 268
30,3	284	9,7	328	7,9-17	256-258
31,27.31	281	10,5	225	7,11	268
31,28.(40)	284			7,13	173
31,34	220	Joël		7,14-15	276
31,37	247	2,1-2	266	8,2	263-264.
32,15	284	2,13-14	45		265. 287.
32,18	64	2,23	14		326. 327
32,29	225	4,6	276	8,3	285
32,33	248	4,18	284	8,4-8	271-275.
32,35	227-234.				278. 327
	238. 240-241	Amos		8,5	66
33,11	321	1,1	256. 261	8,9-10	285
33,14-26	247	1,2	276	9,1-4	268. 285
33,18	247	1,3–2,16	275-276	9,5-6	141. 285-
35	246-253	2,6-8	275-279. 326		286. 333
35,1	222. 223	2,6-16	276-277	9,7	276
35,4	202	2,7	327	9,8	260-261
36,1	223	2,13-16	268. 279	9,10	268
36,1-3	219-220	3,1	280	9,11	261
36,9	223	3,2	276	9,13-15	284
36,10.12.		3,7	38. 168		
20.21	251	3,8	276	Obadja	
44,4	248	3,9-15	287	18	122
45,1	223	3,12	281. 287. 327		
48,44	328	4,1-2	279-281. 326	Jona	
50,27	328	4,13	141. 285-	1	52
			286. 333	3,9.10	45
Ezechiel		5,6.15	122	4,2	45
7	265-266	5,2	267		
14,12-14	20. 42	5,3	285	Micha	
16,20-21	238	5,4.6.14	289	1,1	256. 261
16,49	328	5,7	274. 327		
18,12	328	5,7-13	281-284	Habakuk	
20,25-26	239	5,8	141. 285-	2,3	266
20,31	238		286. 333	3,3	79
20,40	283	5,12	278	3,14	328
22,29	280. 328	5,13	268		
23,37.39	238	5,15	289	Zefanja	
37,15-28	122	5,16-17	285	1,1	224. 256
48,1-29.		5,18-20	266	1,2	266
31-35	112	5,19	267	1,4-5	224-226
		5,27	286	1,13	284
Hosea		6,1-7	287	1,14-16	266
1,1	256. 261	6,6	122. 279	2,3	269-270.
1,9	264	6,8.9-11	285		308. 327
2,13	66	6,12	282	3,8.12	269. 327
2,16	53	6,13	262. 274		

Bibelstellen

Sacharja		79	311	14,31	280. 323
7,10	328	86,1-3	309. 332	15,17	317
9,9	328. 337	89	312. 314	16,8.19	317
		89,53	314	16,12	300
Maleachi		92,10	130	17,5	323
2,13	176	92,14-16	302	17,23.26	278
3,16	320	93	299	22,2	323
		93–100	312	22,16	280
Psalmen		93,1	317	24,33-34	323
1	294-296.	97	299-300	28–29	307
	304. 306. 320	97,1	310	28,3	280
1,4	299	97,10	311	29,13	323
1,6	130. 299	97,12	311. 321	29,14	324
2	312	98,1.4-5	310	29,15-17	307
3	316	98,5	311		
8,7	14	100	314. 321	Hoheslied	
18	141	101–110	315	7,1	137
15,4	320	102	308. 333		
23	316	103,3-4.8	14	Klagelieder	
24,1-2	14	104,31-35	298	2,6	66
26	302	105–107	321	4,18	265
26,8.12	313	109,22	309. 333		
27,1-6	316	112	304	Daniel	
27,4	302	113–118	321	8,17.19	266
29	299-300	115	319-320	9	213
30	311	116,15	311	9,26	266
30,5	321	117	314. 321	11,27.35.	
33	37	118	141. 301.	40.45	266
33,2	321		315-318. 320	11,33.35	268
33,5	303	118,29	317-318	12,4.6.9.13	266
36,7	14	119	304. 318. 320	12,3.10	268
36	303-304	120–134	318. 320		
37	304	134	319-320	Esra	
37,11	311-312. 338	135	318-320	3,12	133
37,20	130	136	318-320	6,17	122
40,14-18	309	138–145	321		
45,18	101	139,19	298	Nehemia	
47	312	139,19-22	302	5,1-13	288. 331
52,8-9.11	311	146	296-297	10,32	275
63,3	302	146–150	321	13,15-22	275
68	148	146,3-6.10	317		
68,2-5	298	148,14	311	1. Chronik	
68,8-9	132. 134	149	310. 311	2,55	252. 254
68,8-13	133	154,12	310	9,17-26	202
68,9	78. 122. 133-				
	134	Sprüche		2. Chronik	
68,18	78	6,6.10-11	323	24	170
70	309	10	307	24,6	183. 283
72	335-337	10–21	307	24,7	175
73,27	130	10,4	323	24,8	193

24,9	283	Römer	
24,10	177	3,21	11
24,14	174	7	18
28,3	235. 238	8,32	21
33,6	235. 238		
34,9	202	Hebräer	
34,10	187	11,7	18
34,16	214		
		Jakobus	
1. Makkabäer		2,21	21
2,42	306. 310		
7,17	311	Offenbarung	
		15,3-4	141
Judith		19,1-7	141
9,2-4	59		
13,16	59		

Sirach
44,17-18   290

Psalmen Salomos
2,15-18   141. 286
8,23-26   141. 286
10,5-6   141. 286

Matthäus
5,5   312. 338
21,5   337
25,40   322. 338
26,11   323

Markus
10,23   332
10,25 parr. 269
11,5   335
13,31 parr. 39
14,7   323

Lukas
4,18   335
6,20-23   269. 322
7,22   335

Johannes
1,1   23-24
12,8   323
12,15   337